Laurence Leamer · Ingrid Bergman

Laurence Leamer

Ingrid Bergman

Die Biografie

Aus dem Amerikanischen von
Dr. Uta Benz-Lindenau

ERNST KABEL VERLAG

Titel der amerikanischen Originalausgabe:
Laurence Leamer
AS TIME GOES BY
The Life of Ingrid Bergman
Harper & Row, New York

FÜR VESNA

Lektorat: Reinhold Wulff
Schutzumschlagentwurf: Theodor Bayer-Eynck
Satz: Alois Knab, Freudenberg-Lintach
Herstellung: Clausen & Bosse, Leck
ISBN 3-8225-0059-3

Inhalt

Der Star, der alles hatte ... 7
1. »Papa, das will ich auch einmal machen!« ... 11
2. »Oh, sie fängt aber gut an, findet ihr nicht?« ... 25
3. »Für Hollywood bestimmt« ... 44
4. »Eine Person, mit der man zu rechnen hat« ... 59
5. »Eine große Lady der Leinwand« ... 73
6. »Die Gitter meines Käfigs sind gebrochen« ... 86
7. »As Time Goes By« ... 97
8. »Eine Tigerin, die ihre Beute erlegt hat« ... 111
9. »Ingrid, Sie haben gewonnen!« ... 125
10. »So long, Ingrid!« ... 143
11. »Der Kampf um Johanna hat begonnen!« ... 158
12. »Ti amo« ... 177
13. »Stackars lilla pappa, stackars lilla mamma« ... 197
14. »Allein in den Ruinen« ... 225
15. »Ein Kind der Liebe« ... 247
16. »Ich bin die große Bergman« ... 275
17. »Willkommen zu Hause, Miss Bergman« ... 291
18. »Das ist alles für mich« ... 315
19. »Man lebt einfach so« ... 346
20. »Liebling, das bist du, die weint« ... 367
21. »Meine Tage sind gezählt« ... 388
22. »Oh, Wendy, es ist doch nur ein Spiel« ... 402
23. »Ich will nicht, daß der Film vorbei ist« ... 422
24. »Ich bin allein« ... 439
Das endlose Meer ... 453
Danksagung ... 455
Anmerkungen ... 459
Literaturverzeichnis ... 476
Filme, Theater- und Fernsehauftritte ... 479
Personen- und Filmregister ... 492

Der Star, der alles hatte

Das Flugzeug, das Ingrid Bergman nach Rom bringen sollte, flog hoch über dem Atlantik.

Wenige Dinge genoß sie so sehr wie das Reisen, nur im Augenblick zu leben, wie eingehüllt von ihm, ohne Vergangenheit und Zukunft. Zehn Jahre zuvor war sie an Bord der Queen Mary zum Filmen nach Amerika gekommen. Viele Male war sie mit der Eisenbahn durch das Land gereist, auch mit dem Flugzeug, einmal von New York nach Hollywood in Howard Hughes' Privatmaschine. Sie war mit ihrem Mann Dr. Petter Lindström und Clark Gable, Gary Cooper und Ernest Hemingway zur Jagdhütte in Sun Valley gefahren. Sie hatte im Mercedes das vom Krieg verwüstete Deutschland durchquert. Und jetzt, im Frühjahr 1949, war sie wieder unterwegs, auf einem 24-Stunden-Flug nach Rom, um einen Film mit Roberto Rossellini zu drehen, dem Meisterregisseur des neuen italienischen Kinos.

In den vergangenen Jahren war Ingrid Bergman zum populärsten Filmstar Amerikas, vielleicht der ganzen Welt geworden. Vor drei Monaten war hoch über dem Times Square ein über 20 Meter hohes Bild von ihr als Johanna von Orléans in weißer Plastikrüstung angebracht worden. Gleichermaßen hoch stand sie selbst über den Skandalen und dem Klatsch von Hollywood. Die in Schweden geborene Schauspielerin galt als die Personifikation des Guten, eine verletztliche Frau, doch eine Frau von großer moralischer Stärke.

Gestalten von eher fragwürdiger Moral, wie Clio Dulaine in *Spiel mit dem Schicksal* oder Alicia Huberman in *Berüchtigt*, erscheinen in Ingrid Bergmans Darstellung als im Grunde ihres Wesens gute Frauen, eine überwirkliche Reinheit strahlt von ihnen aus. Und wenn sie reine, tugendhafte Frauen spielt, wie die Maria in *Wem die Stunde schlägt* oder Schwester Benedict in *Die Glocken von St. Marien*, dann scheint sie nur Seiten ihres eigenen Wesens darzustellen.

Zu einer Zeit, da die moralischen Standards des Durchschnittsamerikaners auf Schritt und Tritt in Frage gestellt wurden, war hier ein Star, mit dem anständige Leute sich identifizieren konnten. Anders als so viele ihrer Kollegen, war Ingrid Bergman nie Gegenstand häßlicher Skandalgeschichten. Jeder Leser der Filmmagazine und Klatschkolumnen wußte: sie führte in Hollywood ein glückliches Familienleben mit ihrem Mann Petter und ihrer Tochter Pia.

Doch jetzt war sie dabei, alles aufs Spiel zu setzen. Während des Fluges unterhielt sie sich freundlich mit ihrer Sekretärin Ellen Neuwald und sagte kein Wort davon, daß sie nicht nur eines Films wegen nach Italien flog, sondern um den Mann zu treffen, den sie liebte.[1]

Einen Monat zuvor war Rossellini wegen dieses Films, den er mit Ingrid Bergman auf Stromboli drehen wollte, in Hollywood gewesen. Er hatte in ihrem Haus in Beverly Hills gewohnt. Sie war fasziniert von ihm. Sie und ihr Mann hatten eigentlich noch ein zweites Kind haben wollen, einen Jungen, sie hatte sogar schon einen Namen für ihn, Pelle; doch jetzt war ihr der Gedanke daran unerträglich geworden.

Früher war Ingrid Bergman immer imstande gewesen, die Kontrolle über ihre Affären zu behalten. Ihre Liebhaber waren oft von Nutzen für sie bei der Filmarbeit, und sie beendete das Verhältnis, wenn sie es beenden wollte, und kehrte zu ihrem Mann und ihrer Tochter zurück. Auch jetzt war sie stark an dem Regisseur Rossellini interessiert — er sollte einen guten Film mit ihr drehen. Aber ohne ein Wort zu ihrem Mann, hatte sie einen Großteil ihrer Kleider, Pelze, Schmuck und ihre Zeitungsausschnitte eingepackt. Sie sagte Pia beim Abschied nichts davon, daß es Monate dauern könnte, bis sie wiederkäme. Unangenehme Szenen konnte sie nicht ausstehen. Sie hatte nur den Wunsch, in Rom bei Rossellini zu sein und einen bedeutenden Film zu machen.

Sie ahnte nicht, daß sie bald im Mittelpunkt des größten Gesellschaftsskandals der Nachkriegszeit stehen sollte. Ein Skandal, den man als kennzeichnend für eine Epoche ansehen würde, in Amerika und in Europa.

Hier war eine Frau, die alles hatte, was das mächtigste Land der Welt geben konnte. Ruhm, Glück und Erfolg, man vergötterte sie. Sie hatte ein Zuhause und eine Familie. Für die Amerikaner war sie zum Inbegriff von Weiblichkeit und Schönheit geworden. Und jetzt wollte sie Amerika aufgeben, und sich selber. Sie war im Begriff, ihren Mann und ihr Kind zu verlassen und mit einem verheirateten italienischen Filmregisseur davonzulaufen.

Wenn Ingrid Bergman all das hinter sich ließ, was geschah dann in den USA? Sie hatte Amerika verraten. Für viele in Amerika wurde sie zum Symbol des moralischen und sozialen Verrats durch Hollywood, zum Teil einer Fünften Kolonne, die angetreten war, die traditionellen amerikanischen Werte zu untergraben.

Für die Italiener war Ingrid Bergman *der* Hollywoodstar. Eine riesige Menschenmenge sammelte sich am Flughafen Ciampino bei Rom und erwartete ihre Ankunft. Sie war Schwester Benedict. Sie war Johanna von Orleans. Sie war der größte Star von allen. Ingrid Bergman flog nach Rom, um in einem italienischen Film mitzuwirken.

Und sie würde nicht etwa einen aufwendigen Film in Cinecittà, dem neuen »Hollywood am Tiber«, machen, sondern einen modernen, neorealistischen Film, der auf einer abgelegenen Insel gedreht werden sollte. Und sie machte diesen Film nicht mit irgendeinem Regisseur, sondern mit Roberto Rossellini, dessen Liebesaffären beinahe so leidenschaftlich diskutiert wurden wie seine Filme.

»Italien hatte gerade den Krieg hinter sich«, sagt der Regisseur Federico Fellini[2], der damals mit Rossellini zusammenarbeitete. »Die Menschen hatten Hunger. Es gab soviel Unglück. Ingrid war wie eine Botschafterin des Wohllebens. Sie war sehr bekannt, wie alle die Hollywoodmythen, wie Clark Gable, wie Gary Cooper, wie Mickey Mouse.

Man traute ihr wer weiß was zu. Sie war so etwas wie eine gute Fee für die Leute, eine, die kleine Wunder tun konnte. Sie war mehr eine Walt-Disney-Figur. Das war das Faszinierende. Für die Italiener, die so tief von der Katholischen Kirche und der Gestalt der Jungfrau Maria berührt sind, war sie so etwas wie eine amerikanische Heilige."

Die Maschine näherte sich dem Flughafen, setzte zur Landung an, und als sie zum Stehen kam, drängte die Menschenmenge nach vorn. Alle anderen Passagiere stiegen aus. Rossellini ging die Rolltreppe hinauf und begrüßte Ingrid Bergman mit einem Kuß und einem Strauß Rosen, so groß, daß eine kleinere Frau unter ihm verschwunden wäre. Sie lächelte, und es war, als erleuchtete ihr Lächeln die Nacht. Sie blickte auf die jubelnde Menschenmenge. Dann stieg sie die Treppe hinab. Und nach ein paar Wochen war nichts mehr so wie vorher.

1.

»Papa, das will ich auch einmal machen!«

Am Sonnabend nachmittag gingen die Stockholmer gern spazieren auf der eleganten Uferstraße Strandvägen mit ihren großen neuen Wohnhäusern. Kleine Kinder hüpften über das Kopfsteinpflaster. Schauspieler vom nahe gelegenen Königlich Dramatischen Theater ließen sich von den Leuten bewundern. Paare sahen sich die Auslagen in den Schaufenstern an.

Spaziergängern, die in das Fenster des Fotogeschäfts Strandvägen Nr. 3 blickten, bot sich ein anrührendes Bild: ein silberner Babyschuh und das Bild einer Mutter und ihrer kleinen Tochter. Eine robuste, füllige junge Frau mit breiten Augenbrauen über kleinen, spottlustigen Augen und einem Mund, der über einen heimlichen Scherz zu lächeln schien. Das kleine Mädchen hatte die Augenbrauen der Mutter und blickte mit seinem Engelsgesichtchen heiter in die Welt.

Soviel Glück und Wärme ging von dem Bild aus, daß ein Betrachter wohl einen Augenblick des Neides empfinden mochte. Doch der kleine Silberschuh und das Foto dienten der Erinnerung an ein vergangenes, kurzes Glück. Die Frau auf dem Bild lebte nicht mehr.[1]

Ingrid Bergman war erst drei Jahre alt, als ihre Mutter Friedel mit vierunddreißig Jahren an einem Leberleiden starb.[2] Ingrid hatte keine wirkliche Erinnerung an sie — nur ein paar Fotos, einige Meter körnigen Film, ein Porträt, Liebesbriefe, das, was andere über sie erzählten. Doch sie konnte gut verstehen, warum ihre Mutter sich so sehr in ihren Vater Justus Samuel Bergman verliebt hatte.

Justus Bergman war das elfte von dreizehn Kindern, sein Vater war Lehrer und Organist in Slätthög. Die Bergmans waren zum größten Teil praktische und verantwortungsbewußte Leute. Nur Ingrids Vater war eine Ausnahme, ein Künstler, ein Bohemien. Friedel Adler, eine Deutsche aus Hamburg, war in Lütjenburg nahe der Ostsee geboren, als zweite von drei Töchtern eines Stellmachers. Während ihrer Sommerferien in Schweden war sie zufällig auf Justus Bergman getroffen, der in den Wäldern um Stockholm seine Bilder malte. Friedel Adler war eine hübsche, mütterlich wirkende Frau und so praktisch und erdverbunden wie ihr späterer Mann unpraktisch und versponnen war. Nichts schien weniger zu ihrem Charakter zu passen — doch sie verliebte sich in Justus Bergman.

Friedel Adlers Familie in Hamburg erhob Einwände. Vor allem: Justus Bergman war kein Deutscher, sondern »bloß« Schwede. Er war dreizehn Jahre älter als Friedel[3], und er hatte es in all den Jahren weder zu einer Position noch zu Reichtum gebracht.

Doch Liebe ist Liebe, und Justus gab seiner Friedel den Verlobungsring. Damit ihre Familie nichts merkte, trug sie den Ring tagsüber an einer Kette um den Hals, nur nachts in ihrem Zimmer steckte sie den Ring an den Finger. Als die Adlers schließlich dahinterkamen, stellten sie ihre Forderungen auf: das Paar könnte erst heiraten, wenn Bergman sich eine Existenz aufgebaut hätte. Und so eröffnete Justus Bergman sein Fotogeschäft am Strandvägen, und er arbeitete dort sieben Jahre, bevor er für würdig befunden wurde, Friedel Adler zu heiraten.

Ingrid Bergman glaubte, daß ihr Vater ein Maler von Format hätte werden können, wenn er seine künstlerischen Fähigkeiten entwickelt hätte. Das spricht mehr für ihre töchterliche Loyalität als für ihr künstlerisches Urteilsvermögen. Vielleicht hatte Justus Bergman Glück, von dem träumen zu dürfen, was aus ihm hätte werden können, und dabei erfolgreich ein Geschäft zu betreiben, das seinen künstlerischen Neigungen entgegenkam. Einige seiner Gemälde sind erhalten geblieben; daß er viele weggegeben hat, war womöglich nicht Ausdruck von Großzügigkeit, sondern lag daran, daß es ihm an Förderern fehlte.

Wie begabt er als Maler auch immer gewesen sein mag, Justus Bergman war ein Mann mit Charme, ein Ästhet. Obwohl es ihm an Geschäftssinn mangelte, lief der Laden gut. Er fotografierte, entwickelte Filme, verkaufte Kameras und Rahmen.

Er hatte sogar eine Vorrichtung, mit der die Kunden selbst ein Paßfoto von sich schießen konnten. Er war schließlich so erfolgreich, daß er zwei Ganztagskräfte einstellen konnte, und er spielte den Chef und stattete dem Laden nur einen Besuch ab, wenn er es für angebracht hielt.

Die Bergmans wohnten über dem Laden, im sechsten und obersten Stockwerk des Hauses. Es war ein eindrucksvolles Gebäude, mit glatt verputzter Front, kleinen Balkonen zur Wasserseite und einem Teerdach mit Kupferverzierungen und Türmchen. Genau die Art von Haus, die Bergmans Künstlerfreunde als hoffnungslos bürgerlich verspotteten. Die Wohnung der Bergmans war groß und bequem, sie hatten ein halbes Dutzend Zimmer und ein Atelier, Raum genug für eine größere Familie. Friedel Bergman war vor Ingrids Geburt tatsächlich schon zweimal schwanger gewesen. Ein Kind war bei der Geburt, das zweite nach einer Woche gestorben.

Ingrid wurde am 29. August 1915 geboren, die Eltern waren überglücklich und liebten das kleine Mädchen sehr. Ihren Namen gaben sie ihr nach der zweijährigen schwedischen Prinzessin. An ihrem ersten Geburtstag nahm Justus Bergman seine Familie mit in den Park und filmte sie dort. Die kleine Ingrid im weißen Kleidchen küßt ihre kniende Mutter. Dann geht der Vater aufgeräumt den Weg entlang, im Anzug mit Weste, mit Hut und Stock. Er kniet sich hin, und die Kleine küßt ihn, das Gesicht hinter seiner Hutkrempe verborgen. Auch an Ingrids zweitem Geburtstag machte Bergman einen Film. Ingrid im weißen Kleid, sie schlingt die Ärmchen um den Hals der knienden Mutter. Die Mutter küßt sie. Ingrid gibt ihr die Hand und macht einen Knicks und dann wieder einen, so als hätte sie ein neues Kunststück gelernt.

Das nächste Mal als Justus Bergman einen Film mit der Familie drehte, war Ingrid drei; sie trug einen dunklen Mantel und hatte weiße Blumen in der Hand. Die Blumen legte sie auf das Grab ihrer Mutter.

Justus Bergman hätte jetzt zu einem unkonventionelleren Lebensstil zurückkehren können. Aber da war die kleine Tochter, der gegenüber er Verpflichtungen hatte. Also zog Ingrids Tante Ellen in die Wohnung am Strandvägen. Sie war neunundvierzig Jahre alt und die einzige der dreizehn Bergman-Geschwister, die nicht geheiratet hatte. Sie hatte sich Gott zugewendet und lebte für ihre Brüder und Schwestern. Sie hatte ein schwaches Herz, und sie verließ kaum die Wohnung. Tante Ellen war eine strenge alte Jungfer, die in den unschuldigsten Freuden den Makel der Sünde witterte und das Höllenfeuer nach den Füßen der Gottlosen züngeln sah.

Einige Jahre nach dem Tod von Friedel Bergman rief einmal die Mutter einer Schulfreundin von Ingrid an.

»Ist Frau Bergman da?« fragte sie.

»Sie ist heimgegangen zu Gott«, war Tante Ellens Antwort, so als wäre die Erde auf dem Grab noch frisch.[4]

Im Sommer ließ Justus Bergman seine Tochter immer nach Hamburg zu ihren Großeltern und Tanten fahren. Für die Adlers war Ordnung das halbe Leben, mindestens, und sie hatten dauernd etwas an Ingrid herumzumäkeln und -zuerziehen. Wenn ihr Vater dann von seinen Sommerwanderungen zurückkam, flüchtete sie sich geradezu in seine Arme.

Justus Bergman benahm sich nicht wie ein Patriarch. Er war Lehrer, Freund und Gefährte seiner Tochter. Er verwöhnte sie, überhäufte sie mit Zuneigung. Sie war auch eines seiner bevorzugten Modelle beim Fotografieren. Sie war wohl sechs oder sieben, da hat er sie aufgenommen, wie sie, in Vaters Mantel und Hut und seine Brille auf der Nase, Zeitung liest, ein leichtes Grinsen im Gesicht.

Justus Bergman hatte vielfältige Interessen. Er war Mitglied eines Chores, der zweimal nach Amerika reiste. Er liebte die Musik und träumte davon, daß seine Tochter Opernsängerin werden sollte. Ingrid machten die Klavierstunden, die er sie nehmen ließ, viel Spaß, und sie liebte es, ihrem Vater vorzusingen, der sich dann vor Stolz kaum zu fassen wußte.

Noch mehr liebte sie es, ihrem Vater etwas vorzuspielen und ihn mit ihren Worten und Gesten fröhlich zu machen. Theaterspielen, das bedeutete Freude und Vergnügen für Ingrid selbst und für die Menschen um sie herum; es war wie eine Reise hinaus aus der Alltagswelt. Wenn sie allein war, spielte sie auch, für sich selbst, und sie erschuf sich eine Welt wunderbarer Gestalten und Geschichten.

Ach, leider konnte sie nicht immer spielen und beim Spielen ihre Scheu überwinden und vergessen, daß sie keine Mutter mehr hatte und sich sehr oft sehr allein fühlte.

Justus Bergman schickte seine Tochter auf die Palmgrenska

Samskola, die angesehenste Mädchenschule Stockholms. Ingrid war keine gute Schülerin und auch nicht besonders beliebt.

»Sie war oft traurig als Kind und schüchtern und ängstlich«, erinnert sich Disa Lauhren, die dieselbe Klasse wie sie besuchte. »Aber wenn sie spielte, dann spielte sie wie ein Star. Wir hatten ein kleines Spielhaus bei uns zu Hause. Wir machten ein Feuer im Herd und machten kleine Pfannkuchen. Aber Ingrid war die ganze Zeit jemand anders, sie spielte Theater.«[5]

Wieviel besser ist es, eine Prinzessin zu spielen, einen Polizisten, einen Hund, einen Vogel, alles besser, als einfach nur ein kleines Mädchen ohne Mutter zu sein. Als Ingrid neun war, kam Greta Danielsson als Erzieherin ins Haus. Justus Bergman hatte jemanden für seine Tochter haben wollen, der fröhlich war und sie aufheitern könnte, und in der achtzehnjährigen Greta hatte er das gefunden — und noch mehr. »Ich denke, ihr Vater wollte jemand, der wie eine ältere Schwester für sie war«, sagt Greta Danielsson heute. »Und ich glaube, wir waren Schwestern. Sie war sehr glücklich.«[6]

Greta kam aus Norrtälje, einer kleinen Stadt in der Nähe von Stockholm. Sie träumte davon, Opernsängerin zu werden. Sie half Ingrid nicht nur bei den Schulaufgaben, sondern auch bei ihren Klavierstunden. Abends saßen alle beisammen, Greta, Ingrid und ihr Vater, spielten Klavier und sangen.

»Er hatte eine schöne Stimme«, erinnert sich Greta Danielsson. »Ich habe ihn am Klavier begleitet. Und wir haben Spaziergänge zusammen gemacht, wir drei.«

Greta war strahlend und hübsch und von sanfter Güte. Sie war die Jugend und das Lachen, die dem Haus so gefehlt hatten. Sie war immer da, wenn Ingrid aus der Schule kam.

Als sie eines Tages sehr spät nach Hause kam, fragte Greta, wo sie so lange gewesen sei.

»Da war ein kleiner Vogel, der ist gestorben, und wir haben ihn im Park begraben. Und wir haben gesungen.«

»Was habt ihr gesungen?« fragte Greta.

»Das einzige Lied, das ich kannte, war ›Fröhlich wie ein Vogel am Morgen‹.«

Justus Bergman war dreiundfünfzig Jahre alt, als die junge Gouvernante im Jahre 1924 in sein Haus einzog. Zuerst verspürte er nur väterliche Zuneigung für sie, er war schließlich fast dreimal so alt wie sie, doch allmählich liebte er sie immer weniger wie eine Tochter. Ein anderer hätte vielleicht mit der jungen Frau geflirtet und die Sache dann vergessen. Schließlich hatte man keine Affäre mit einer so jungen Erzieherin. Oder falls doch, machte man es heimlich und unter Heuchelei. Aber Justus Bergman war ein Romantiker, und er war einsam. Und unter den Augen von Tante Ellen, der auch die geringste Ungehörigkeit nicht zu entgehen pflegte, entwickelte sich eine Romanze.

Im Sommer fuhren Justus Bergman, Greta und Ingrid in Tante Ellens Sommerhaus außerhalb Stockholms. Die drei waren glücklich und ausgelassen: der Vater, der eher »wie ein großer Bruder« war, so Ingrid Bergman später; Greta, auch keine Autoritätsperson, sondern »eine ältere Schwester«; und Ingrid, die diese kleine Gemeinschaft als natürlich und schön empfand.

Justus Bergmans Liebe kam Greta teuer zu stehen.

»Wir verliebten uns und alles war sehr schwierig«, sagt Greta Danielsson. »Er war so schön. Wir konnten über so vieles miteinander reden. Ich mochte ihn sehr, aber ich war eben viel jünger. Er wollte mich heiraten. Es war sehr schwierig. Ihre Tante sagte, sie würde nicht bleiben, wenn wir heiraten würden. Sie wollte aber bei Ingrid bleiben. Und ich konnte das verstehen. Ich sagte, heiraten ist unmöglich. Ich fing in einer Gesangsakademie an, aber ich sah Ingrid und ihren Vater immer noch sehr oft.«[7]

Im Namen von Sitte und Anstand vertrieben Tante Ellen und andere Verwandte Greta aus dem Haus. Und mit ihr alle Fröhlichkeit und Unbeschwertheit.

Bald danach, Ingrid war zwölf Jahre alt, kam ihr Vater zu ihr und zeigte ihr eine Röntgenaufnahme. Er erzählte ihr, daß er Krebs habe und bald nichts mehr würde essen können.

Bergman hatte von einem Arzt in Bayern gehört, der irgendeine Wunderkur gegen Krebs anwandte. Er wollte hinfahren. Selbst wenn die Reise vergeblich wäre — er würde es Ingrid damit ersparen, seinen Verfall mitanzusehen. Er bat Greta, ihre Gesangs-Ambitionen erst einmal zu lassen und ihn zu begleiten.

»Er war sehr, sehr krank«, erzählt Greta Danielsson. »Der Arzt sagte, er hätte nicht mehr lange zu leben. Seine Schwester weinte. Er sagte, ich sollte mitgehen. Ich studierte damals Gesang. Ich fuhr mit ihm nach Deutschland, aber da war nichts zu machen. Er konnte nichts essen. Nur ein bißchen Bouillon, sonst nichts. Vielleicht dachte er, in Deutschland würde es ihm besser gehen. Aber es war nicht nur das. Seine Brüder und Schwestern waren alle so traurig und weinten so viel. Er dachte, ich könnte ihm ein bißchen Leben geben. Er gab sich Mühe, und ich auch. Er war sehr, sehr krank.«[8]

Justus Bergman kehrte als abgemagerter, gealterter Mann aus Deutschland zurück. Sein Ende stand bevor, aber Tante Ellen und die anderen wollten nicht, daß Greta in seine Nähe kam. Erst als Ingrids Tante Elsa Adler aus Hamburg nach Stockholm kam, wurde es Greta gestattet, zurückzukehren. Elsa Adler war eine furchterregende Frau, die es nicht gewöhnt war, daß man ihr widersprach. Die kleine Ingrid nannte sie »Tante Mutti«.

In den letzten Wochen seines Lebens ordnete Justus Bergman seine Angelegenheiten. Er ließ sich seine Gemälde bringen und verschenkte sie dann. Er gab Greta den Schlüssel zu seinem Atelier und bat sie, seine Papiere zu vernichten. Sie verbrannte die Papiere, die sie für persönliche Aufzeichnungen hielt, ungelesen.

Und dann kam das Ende. Ingrid und Greta saßen beide an seinem Bett. Er wandte den Kopf und sah seine Geliebte an, und dann sah er seine Tochter an. Und er starb.

Die nächsten sechs Monate lebte Ingrid allein mit ihrer Tante Ellen in der großen Wohnung. Eines Nachts hörte sie die Tante nach ihr rufen, sie fühle sich sehr krank, Ingrid solle sofort ihren Onkel holen. Als der Onkel dann schließlich ins Zimmer stürzte, hielt Ingrid eine Sterbende in den Armen.

Tante Ellen war jetzt auch tot.

Ingrid zog zu ihrem Onkel Otto und ihrer Tante Hulda und den fünf Cousins und Cousinen. Deren Wohnung war nicht weit entfernt von ihrem Zuhause am Strandvägen, aber es war eine ganz andere Welt. Ihr Vater war Künstler gewesen, und es hatte in der Wohnung nach Ölfarbe gerochen, und aus dem Wohnzimmer konnte man Gesang hören. Bei der Tante und dem Onkel wurden nur Kirchenlieder gesungen, und gemalt wurde überhaupt nicht. Wenn Ingrid von ihrem Vater und dem vergangen Leben träumte, dann träumte sie auch von einem Künstlerleben.

Onkel Otto hatte ein Bilderrahmengeschäft und gefiel sich in der Vorstellung, er sei ein Erfinder; doch hauptsächlich erfand er Gründe, warum es ihm nicht gelang, genügend Geld zu verdienen. Tante Hulda war das Rückgrat der Familie, sie war ein Genie darin, die Suppe immer noch einmal zu strecken und einen Wintermantel immer noch einmal zu flicken. Sie schlief in einem winzigen Klappbett im fensterlosen Flur, die beiden Mädchen hatten ein Schlafzimmer, die drei Jungen auch. Ingrid hatte das größte Zimmer für sich allein, darin standen auch einige Sachen aus der elterlichen Wohnung, darunter das Klavier.

Die ganze Familie lebte von den Einnahmen aus Bergmans Fotogeschäft, also verdiente Ingrid das größte Zimmer. Die Sommerferien verbrachte die Familie in dem kleinen Sommerhaus am Mälarsee, das Ingrid von Tante Ellen geerbt hatte.

Am nächsten stand ihr die zwei Jahre jüngere Cousine Britt, und sie sollte das ganze Leben ihre Freundin bleiben. »Sie war wie eine Schwester«, erzählt Britt Engström. »Es war ganz selbstverständlich für uns. Wir haben uns gut verstanden. Sie war sehr sensibel als Kind, und ich hatte das Gefühl, sie hat viel empfunden. Sie hatte ihre Phantasien. Sie lebte in einer anderen Welt.«[9]

Als Ingrid ungefähr elf war, hatte ihr Vater sie ins Theater mitgenommen. Und in der ersten Pause hatte sie verkündet: »Papa, das will ich auch einmal machen!«[10] Sie wohnten damals nicht weit entfernt von Schwedens größtem Theater, dem Königlich Dramatischen Theater. Die magische Theaterwelt begann schon draußen, auf den Marmorstufen des schönen Gebäudes; dort, wo jeden Abend die Damen in langen Kleidern und die Herren in Abendanzügen eintrafen.

Ingrids neues Zuhause war nicht weit entfernt von Stockholms Filmpalast Röda Kvarn (Rote Mühle). Das im Jahre 1915 erbaute Filmtheater war so elegant wie ein Opernhaus; die Musik zu den Stummfilmen wurde von einem der besten Orchester Stockholms gespielt. Das gutgekleidete Publikum bekam nicht nur Charlie Chaplin und Mary Pickford zu sehen, sondern auch Filme der großen schwedischen Regisseure Victor Sjöström und Mauritz Stiller.[11]

In der Schule war Ingrid nicht nur schüchtern und unbeholfen, sie war auch keine gute Schülerin und hatte Schwierigkeiten mit dem Rechnen. Die andern Mädchen mochten ruhig von

Jungen träumen, Ingrid träumte vom Theater und von der Bühne. Sie zog sich immer mehr in ihre Phantasiewelt zurück, die ihr wirklicher vorkam als ihr alltägliches Leben. Zu Hause ging sie in ihr Zimmer, schloß die Tür hinter sich und spielte verschiedene Rollen, als ob sie verschiedene Kostüme anprobierte — das goldene Brokatgewand einer Prinzessin, die grauen Lumpen eines Bettlers, die steife Uniform einer Krankenschwester. Sie träumte davon, wie sie in ihr Tagebuch schrieb, »eines Tages im Oscar-Theater zu stehen — und das Publikum würde dasitzen und diese neue Sarah Bernhardt bewundern«. Sie träumte davon, »eines Tages vielleicht mit Gösta Ekman spielen zu können, meinem Idol«.[12]

Am Sonntag ging sie oft zum Essen zu dem Blumenhändler Gunnar Spångberg, einem alten Freund ihres Vaters. Nach dem Essen bat Spångberg sie dann, etwas für seine Freunde vorzutragen. Ingrid genoß die Aufmerksamkeit und den Applaus, und sie freute sich immer sehr auf diese Abende.

Einmal, es war in der Weihnachtszeit, konnte Ingrids Klasse die Turnhalle nicht benutzen, weil dort eine Bühne für eine Aufführung älterer Schüler aufgebaut war. Als die Mädchen dasaßen und warteten, daß die Turnstunde verging, sprang Ingrid plötzlich auf die Bühne und sagte, sie wolle ein Stück aufführen, ein paar von ihnen könnten mitmachen. Und dann spielten Ingrid und ein paar andere Mädchen die Kömödie *Der grüne Fahrstuhl*, eine Dreiecksgeschichte. Mitten im Spiel kam die Lehrerin zurück und schickte die Schülerinnen hinaus. Ingrid beendete ihre Vorstellung im Park, auf einer Bank stehend.

»Wenn man an Ingrid als Kind denkt, dann hat man sie immer als Schauspielerin in Erinnerung«, sagt Disa Lauhren. »Wenn es draußen regnete, spielte ein Mädchen Klavier und Ingrid trug Gedichte vor. Sie war still, aber wenn sie das machte, das war dann die wahre Ingrid.«[13]

Onkel Otto versuchte Ingrid davon abzubringen, Schauspielerin zu werden. »Mein Vater war ein sehr religiöser Mann«, sagt Britt Engström. »Er glaubte, sie würde beim Theater schlechte Menschen treffen. Er versuchte sie für andere Dinge zu interessieren.«[14]

Ingrids Onkel Otto hatte ein Leben voller Enttäuschungen gehabt. Er dachte wohl, sie hätte kaum Aussichten als Schauspielerin, und er wollte seine Nichte schützen. War sie nicht viel zu schüchtern und zurückhaltend, um auf der Bühne zu bezaubern? Sie hatte in letzter Zeit auch noch ein nervöses Leiden entwickelt: manchmal schwollen Lippen, Augenlider und Finger an, daß es fast grotesk aussah.

Wenn Ingrid über das Theaterspielen sprach, tat sie das mit ungläubigem Staunen und in großer Unschuld. Trotzdem war sie von einem gewaltigen Ehrgeiz besessen, auch wenn sie sich selbst vielleicht nicht über dessen Ausmaß im klaren war, so wie es anderen verborgen blieb.

In späteren Jahren bestand Ingrid Bergman darauf, daß sie damals, als alles anfing, sehr einsam und unglücklich gewesen sei. Sicher, Onkel und Tante konnten ihrer verwaisten Nichte kein idyllisches Familienleben bieten; aber wenn sie sich nur an ihr Unglücklichsein erinnert, dann dramatisiert die Schauspielerin sich wohl ein wenig selbst. Die, die sie am besten kannten in jenen Jahren, erinnern sich nicht, daß sie so verzweifelt unzufrieden gewesen ist. »Ich hatte nie das Gefühl, sie war unglücklich«, sagt Britt Engström. »Ich denke, daß sie übertrieben hat.«[15] Greta Danielsson, eher unparteiische Beobachterin, stellt das gleiche fest: »Ich denke, sie ist glücklich gewesen als Kind. Aber sie war in einem schwierigen Alter, als sie zu ihrem Onkel kam. Da waren so viele Kinder, und vorher war sie das einzige gewesen.«[16]

Durch Greta bekam Ingrid zum ersten Mal Kontakt mit dem Film. Greta war wieder zu ihrem Musikstudium zurückgekehrt und hoffte auf eine Karriere an der Oper. Sie war eine hübsche junge Frau, und irgend jemand bot ihr Arbeit beim Film an. Sie war Statistin und bekam sogar ein paar kleine Rollen. Es hätte wohl mehr daraus werden können, aber an einer Filmkarriere war sie nicht interessiert. Sie wollte nur Geld, um weiter singen zu können.

Alles, worüber Ingrid reden konnte, war Theater und Film, Film und Theater. Eines Tages schlug Greta ihr vor, mit ins Studio zu kommen. Sie verschaffte der Fünfzehnjährigen sogar einen Auftritt als Statistin.

Die Studios von Svensk Filmindustri lagen am Stadtrand von Stockholm, auf einem Gelände, wo zwei Jahrzehnte zuvor eine Straußenfarm gewesen war.[17] An jenem Morgen im Jahre 1931, als Ingrid durch die Tore der Filmstudios fuhr, gehörte das erste Goldene Zeitalter des schwedischen Films ebenso der Vergangenheit an wie Straußenfedern auf Damenhüten. Mit dem Beginn der Tonfilmära kamen die meisten besseren Filme aus Amerika. Der Filmhistoriker Jean Béranger spricht von einem »Zeitalter der Lethargie«. Selbst die beiden Regisseure, die den großen schwedischen Film der Anfangsjahre repräsentiert hatten, waren nach Hollywood gegangen. Victor Sjöström drehte den Klassiker *Der Wind (The Wind)*, bevor er nach Schweden zurückkehrte. Mauritz Stiller reiste zusammen mit seinem Schützling Greta Garbo nach Westen. Er war in Hollywood so erfolglos wie sie erfolgreich war; er kehrte nach Stockholm zurück, wo er 1928 starb.

Svensk Filmindustri war ein gewaltiges Unternehmen mit seiner Kette von eigenen Filmtheatern. Jede kleine Stadt, jedes Dorf hatte ein Kino. Jahrhundertelang waren die Schweden ein Bauernvolk gewesen, das ein kärgliches Leben in einem kärglichen Land führte. Dann setzte eine große Wanderungsbewegung ein, nicht nur in die Städte, sondern auch nach Amerika. Die ersten Spuren von Wohlstand drangen selbst in die kleinsten Dörfer. Die Menschen auf dem Land verlangten nach Unterhaltung und Wissen, was ihnen der Pastor nicht liefern konnte. »Das Kino war die Kirche des Dorfes«, sagt der schwedische Filmhistoriker Rune Waldekranz.[18]

Was in der neuen »Kirche« gepredigt wurde, waren vor allem Komödien und öde Dramen. Für ihre erste Statisten-Rolle bekam Ingrid — und mit ihr ein Dutzend anderer junger Mädchen — ein dickes gelbes Make-up verpaßt. Sie mußten sich vor einer Ziegelmauer aufstellen, vor einem Schild MODEHUSET ESTELLE (Modehaus Estelle). Die jungen Frauen hatten pelzbesetzte Wollmäntel an und waren so hübsch und wohlgenährt, daß sie beinahe wie Mannequins wirkten. Dabei sollten sie — laut Anweisung des Regisseurs — verzweifelte arbeitslose Frauen darstellen, die sich um eine Stelle bewerben, und sie sollten aussehen, als wären sie hungrig und machten sich Sorgen. Ingrid stand in der zweiten Reihe. Sie sollte eigentlich nach vorn gucken, wie die andern auch. Doch sie drehte ihr Gesicht leicht zur Kamera. Die Szene wurde gedreht, und sie war die einzige, deren Gesicht voll zu sehen war.

Das war alles für diesen Tag, und es war erst halb elf. Ingrid hatte nicht vor, schon zu gehen. Stundenlang streifte sie über das Filmgelände und besah sich die verschiedenen Kulissen und Aufbauten; ihr Make-up trug sie immer noch. Spät am Nachmittag, fast alle waren schon fort, traf sie zufällig ein Produktionsassistent, und er gab ihr zehn Kronen für ihre Arbeit. »Sie war so fasziniert, daß sie nicht weg wollte«, sagt Greta Danielsson. »Sie war so glücklich. Sie sagte: ›Ich muß unbedingt Schauspielerin werden.‹«

Wenn sie eine große Schauspielerin werden wollte, dann gab es nur einen Ort, damit anzufangen: die Schauspielschule des Königlich Dramatischen Theaters (Kungliga Dramatiska teaterns elevskola). 1788 von König Gustav III. gegründet, ist es Schwedens Nationaltheater. Auch seine Schule ist eine besondere Institution. Sie ist sehr klein, der Wettbewerb ist erbittert, die Ausbildung sehr streng — die Zulassung garantiert beinahe schon eine erfolgreiche Theaterkarriere.

1933 bewarben sich 75 junge Frauen und Männer um die acht Plätze. Die Zulassung hing nicht von Referenzen, Schulzeugnissen oder bereits absolvierten Auftritten ab, sondern von dem Vorsprechen vor einem Prüfungsausschuß. In späteren Jahren gab Ingrid Bergman zu verstehen, daß sie eine hilflose Naive gewesen sei, die durch Glück und Mut zum Theater gekommen sei. Es war, als gäbe es zwei Ingrids: da war das ängstliche, unscheinbare junge Mädchen, das am Rande lebte, allein in seinem Zimmer, in der letzten Bankreihe in der Schule. Ihre größte Gabe war eine verborgene Schlauheit, ihre größte Leistung bestand darin, die andere Ingrid zu schaffen, die für die Öffentlichkeit.

Ingrid verfügte über Hilfsquellen, die sie zu gebrauchen wußte; sie bereitete sich mit größter Sorgfalt auf die Sprechprobe vor. Sie hatte ihren eigenen Schauspiellehrer, Gabriel Alw. Sie nahm private Gymnastikstunden bei Ruth Kylberg, die mit den Schülern der Schauspielschule arbeitete.

Das erste Vorsprechen war ein großer Augenblick in Ingrid Bergmans Leben, und sie redete auch später sehr gern über diesen Tag. Wenn ein großer Darsteller die Bühne betritt, dann spürt das Publikum, daß sich etwas verändert. Noch bevor er ein einziges Wort gesprochen hat. Nach Ingrid Bergmans Erinnerung war ihr erster Auftritt auf der Bühne des Königlichen Theaters solch ein Augenblick. 1959 erzählte sie ihrem Biografen Joseph Steele, sie habe den Jungen aus Rostands *L'Aiglon* gespielt. Sie erwartete Applaus von den Prüfern, aber als sie fertig war, herrschte nur Schweigen. Erst zwei Tage später erfuhr sie, daß sie aufgenommen worden war. Und noch viel später, daß die Jury von ihrer Darbietung so beeindruckt war, daß sie unfähig war zu applaudieren. »Sie saßen einfach still da, bis die Lichter angingen, und dann brach der Jubel los«, erzählte Ingrid Bergman. »Aber da hatte ich das Theater schon verlassen.«[19]

In ihrer Autobiografie erzählt sie die Geschichte etwas anders. Sie habe ein dreistes, energisches Bauernmädchen aus dem Stück eines ungarischen Autors gespielt; sie erinnerte sich aber weder an den Namen des Autors noch an den Namen des Stücks. Sie schildert es so: »Ich laufe los, mache einen Sprung, und da bin ich, mitten auf der Bühne, und lache los, als wollte ich Tote erwecken. Ich mache eine kurze Pause und spreche meinen ersten Satz. Dann werfe ich einen schnellen Blick in den dunklen Bühnenraum auf die Jury — und glaube, meinen Augen nicht zu trauen. Sie sehen mich nicht einmal an . . . Und dann höre ich jemanden sagen: ›Genug, genug. Das wär's.‹«[20]

Jahre später habe ihr einer der Prüfer erzählt, was damals geschehen war: »In dem Augenblick, als du auf die Bühne gesprungen kamst und uns an-, beziehungsweise auslachtest, drehten wir uns zueinander um und sagten: ›Die hat's geschafft!‹ Wir brauchten dir nicht weiter zuzuhören. ›Schaut sie euch an‹, haben wir gesagt, ›wie sie dasteht, wie sie die Bühne füllt. Diese Impertinenz.‹«[21]

Leider ist das Leben selten so dramatisch, ist das Erreichte so einzigartig, sind die Triumphe so rein, wie Ingrid Bergman es gern haben wollte. Es ist zwar niemand mehr da, der sich an das Vorsprechen im August 1933 erinnert; aber 1946, als Ingrid Bergman vermutlich der populärste Filmstar der Welt war, fuhr ein amerikanischer Reporter nach Stockholm, um über die Königlich Dramatische Schauspielschule zu schreiben. Er fand heraus, daß Ingrid Bergman zuerst eine Szene aus *The Tower of the Conscience* vorgetragen hatte, »mit nur geringfügigen Patzern«. Wie die anderen Kandidaten spielte sie noch etwas aus zwei Stücken eigener Wahl vor, aus Rostands *L'Aiglon* und aus Strindbergs *Traumspiel*. Einer der Juroren notierte: »Obwohl sie zu sehr wie ein Mädchen vom Lande aussieht, ist sie doch sehr natürlich, der Typ, der kein Make-up benutzt, weder fürs Gesicht noch für den Geist.«[22]

Ingrid Bergman war sicher besser gewesen als andere, sonst hätte sie nicht zu den acht Auserwählten gehört, aber sie hat die anderen nicht so weit überstrahlt. Ihre größte Schöpfung war sie selber, und an jenem Tag hatte sie den ersten öffentlichen Auftritt *ihrer* Ingrid Bergman stattfinden lassen. Der Prüfer hatte ihre Natürlichkeit hervorgehoben, dabei war sie in der Stadt geboren und aufgewachsen, und sie hatte ihren privaten Schauspiellehrer gehabt. Und jetzt war sie auf dem Wege, eine richtige Schauspielerin zu werden.

2.

»Oh, sie fängt aber gut an, findet ihr nicht?«

Zwei Monate nach ihrem Eintritt in die Schauspielschule saß Ingrid mit einer Cousine und zwei Freundinnen im Grand Hotel. Als kleines Mädchen hatte sie vom Fenster aus die hohe Turmspitze des größten Hotels in ganz Schweden sehen können. Hier wohnten die berühmten Künstler und Nobelpreisträger, wenn sie nach Stockholm kamen. Sie hatte vorher nie die Halle betreten, erst recht nicht in einem der vornehmen Restaurants gesessen.

Ihre Cousine hatte für sie eine Verabredung mit einem erfolgreichen jungen Zahnarzt arrangiert, mit Petter Aron Lindström, seit seiner Kindheit Aron genannt. Jetzt warteten die Mädchen auf ihn; er verspätete sich. Ingrids Leben hatte sich sehr verändert, zum Besseren. Ihr Gesicht und ihre Hände schwollen nicht mehr an. Noch vor zwei Jahren war sie ein linkisches junges Mädchen gewesen, doch jetzt war sie schön, strahlte vor Jugend und Gesundheit. Sie war kein niedliches Ding, sondern eine robuste, füllige junge Frau, einen Meter fünfundsiebzig groß und wog ungefähr hundertzwanzig Pfund. In vieler Hinsicht sah sie aus wie tausend andere hübsche Mädchen in Schweden, doch es war etwas Außergewöhnliches an ihrer Erscheinung. Wer glaubte, daß Schönheit nur auf der Haut ist und nicht aus größeren Tiefen kommt, brauchte sie nur anzusehen, um zu spüren, daß er sich irrte. Ingrid schien nicht nur gut auszusehen, sondern gut zu *sein*; von einer Reinheit, die vor den niederen Angriffen des Alltäglichen beschützt werden mußte.

Die Drehtür bewegte sich, und ein gutaussehender, sehr großer junger Mann kam herein, Ingrid wußte sofort, das war ihre Verabredung. Er kam schnell auf die Gruppe zugeschritten, er hielt sich sehr gerade, so als hätte er einen Laternenpfahl als Rückgrat.

Petter Lindström entschuldigte sich für sein Zuspätkommen, und er wurde Ingrid vorgestellt.

Das erste, was er sagte — wie sie sich später erinnerte —, war: »Ihre Haare gefallen mir . . . Und Ihre Stimme mag ich auch.«[1]

Er war ein energischer junger Mann mit selbstsicherem, sogar etwas anmaßendem Auftreten. Er hatte hellbraunes Haar und strahlte Sauberkeit und Gesundheit aus. Wie Ingrid bald feststellte, war er ein wunderbarer Tänzer. Wenn er ihr hätte aufzählen wollen, was er schon alles geschafft hatte, wäre sie kaum zu Wort gekommen. Lindström hatte in Deutschland und Schweden Zahnmedizin studiert und als einziger in Schweden den Doktortitel in Zahnmedizin erworben. Er hatte einen Sommer lang nördlich des Polarkreises in einem Lungensanatorium gearbeitet, das die Lappländer auch zahnärztlich versorgte. Er hatte Fachaufsätze veröffentlicht und arbeitete in einer Privatpraxis. Außerdem hatte er eine Assistenzprofessur an der Zahnmedizinischen Fakultät des Karolinska Instituts in Stockholm inne. Und als ob das noch nicht genug wäre, studierte er am selben Institut auch noch Medizin.

Er war mit Leib und Seele Lehrer, aber sehr streng; wehe dem Studenten, der unvorbereitet in seinen Kurs kam. Und wenn er nicht arbeitete: er liebte Wortspiele und verschonte die andern ebensowenig mit seinem Humor wie sich selber. Er war sportlich, boxte und lief Ski, er liebte Rucksack-Wanderungen und sammelte Steine. Außerdem kannte er Künstler und Schriftsteller und fand noch die Zeit, ins Konzert und Theater zu gehen.

Lindström rief Ingrid Bergman ein paar Tage später an, und sie begannen sich regelmäßig zu treffen. Er kam aus einer ganz anderen Umgebung als sie. Er war in Stöde, einem Dorf in Nordschweden, aufgewachsen. Die meisten Menschen dort waren Bauern oder Holzarbeiter; sein Vater war der Landschaftsarchitekt der Provinz.

»Als ich klein war, kamen viele hungrige Menschen, die kein Zuhause hatten, durch das Dorf«, erzählt Petter Lindström. »Meine Eltern erlaubten, daß sie im Heu in der Scheune übernachteten, und sie gaben ihnen zu essen. Es war nicht aus religiösen Gründen, sondern das war eben die Einstellung der Familie. Meine Mutter wollte vielleicht deshalb, daß ich Pfarrer werden sollte, weil der Pfarrer die höchste Achtung im Ort genoß.«[2]

Es gibt ein altes schwedisches Sprichwort, »Nachbarn sind Brüder«, und obwohl Petter Lindström nicht Pfarrer wurde, half er seinen Mitmenschen, wo er konnte. Er mußte es einfach tun. Auch als Ingrid Bergman ihn kennenlernte, gab es viele Leute, denen er half: mit Ratschlägen, mit Geld, indem er sie behandelte oder ihnen seine Zeit widmete.

Er war ein Mann von großem Stolz; der Stolz, gegen den die Pastoren in ihren Sonntagspredigten wetterten. Doch der Stolz war gerade die Kraftquelle all seiner Tugenden. Mit Stolz war er großzügig, mit Stolz menschlich, mit Stolz fürsorglich, und er liebte mit Stolz. Er war ein guter Mensch und das wußte er, und der Beweis für seine Güte war in allem, was er tat.

Lindström lebte in Stockholm, doch in vieler Hinsicht blieb er der Mann aus Stöde. Das Leben dort war rauh, einfach und gut gewesen. Sauna am Wochenende, Nacktbaden im Sommer (Männer und Frauen getrennt), Sport das ganze Jahr über. Trotz seiner Ambitionen — nach solch einem Leben strebte er: rauh, einfach und gut.

Ingrid Bergman hatte bereits eine Beziehung gehabt, mit einem Künstler, und ihr wurde plötzlich von vielen jungen Männern der Hof gemacht. »In manchen Dingen war sie vollkommen natürlich«, erinnert sich Britt Engström. »Viele Jungen vom Theater verliebten sich in sie. Sie riefen an und standen unten vor dem Fenster. Aber ihre Karriere ging vor.«[3]

Petter Lindström war achteinhalb Jahre älter als Ingrid Bergman, damals kein dramatischer Altersunterschied. Er war einer der begehrtesten Junggesellen Stockholms, kein Wunder, daß sie sich durch seine Aufmerksamkeit geschmeichelt fühlte. Und beginnt die Liebe manchmal mit einem wundersamen Aufruhr der Sinne, so beginnt sie ebensooft mit einer Kalkulation.

An Jungen war Ingrid Bergman nicht interessiert. Ihre Gedanken kreisten um ihre Karriere. Lindström war ein guter Zuhörer. Er saß da, und sie redete endlos übers Theater und die Schauspielschule. Er war ein Mann, der gern die Dinge in die Hand nahm; Ingrid brauchte sich um viele langweilige Kleinigkeiten keine Sorgen mehr zu machen, er kümmerte sich darum. Er machte sich Gedanken über sie und gab ihr Ratschläge. Er war da, wenn sie ihn brauchte. Er bot ihr Sicherheit. Er war fröhlich und witzig und liebevoll. Er war unendlich besorgt um Ingrid.

Wenn er den Frauen nicht nachlief, so lag das an seinem Selbstwertgefühl und an seiner Moral. Er begriff Ingrids Wert. Sie war über alle Maßen liebreizend. Eine Zierde für jeden Mann — süß, unschuldig und allein. Er hätte gar nichts Besseres tun können.

Wenn sie ihm auch nicht besonders klug vorkam und sogar Schwierigkeiten mit dem Einmaleins hatte — das spielte keine Rolle. Wenn sie auch nicht so interessiert war an dem, was um sie herum vorging — auch das spielte keine Rolle. Er war der Mann, und er kümmerte sich um das, was um ihn herum vorging, so sehr, daß es für beide reichte.

Noch bevor sie einander ihre Liebe gestanden, erlebte Ingrid Bergman die erste Krise in ihrem Berufsleben. Alf Sjöberg, einer der Prüfer beim Vorsprechen, bot ihr eine größere Rolle in einem Stück an, bei dem er Regie führte. Jeder Schauspielschüler im dritten Jahr hätte sich um eine solche Rolle gerissen; es war schon ungewöhnlich, einem Anfänger überhaupt eine Rolle zu geben.

Die jungen Schauspieler verhielten sich, als wären sie Brüder und Schwestern in der Kunst, und es wurde gleichmäßig geteilt. Es gibt gute Rollen und schlechte Rollen — und gar keine. Ingrids Glück erregte den Neid der anderen; sie sei von den anderen Mädchen sogar geschlagen worden. Sie hatte immer einen Hang zum Dramatisieren, Lindström kann sich nicht erinnern, daß sie damals von körperlichen Angriffen auf sie gesprochen hätte. Vielleicht waren es nur verbale Attacken, die ihrem Ego weh getan haben. Doch damit der Aufruhr sich legte, wurde ihr die Rolle wieder genommen.

Diese Ungerechtigkeit machte ihr deutlich, daß es im Leben mehr Leute gibt, die den Preis zu erringen trachten, als es Preise zu gewinnen gibt, und daß am besten zu sein manchmal nicht gut genug ist. Ingrid Bergman fiel zurück in die Anonymität der Anfängerklasse, aber glaubte immer noch, sie werde von den älteren Mädchen gehaßt.

Die anderen Schüler waren zweifellos genauso mit sich selbst und mit ihren Karrieren beschäftigt wie Ingrid Bergman. Was sie an Ingrid beeindruckte, war ihr Selbstbewußtsein und ihre Entschlossenheit. Als sie eines Tages darüber diskutierten, ob sie sich trauten, ins Filmstudio zu gehen und selber nach einer Rolle zu fragen, da soll Ingrid Bergman losgelegt haben: »Ha! Sich um eine Rolle bemühen! Die sollen gefälligst zu *uns* kommen!«

Es fällt auf, wie wenige Erinnerungen ihre Mitschüler an sie haben. Die schwedische Schauspielerin Signe Hasso war eines der älteren Mädchen, die Ingrid angeblich haßten. Doch Signe Hasso versichert, sie überhaupt nicht gekannt zu haben. »Ich war so beschäftigt, ich habe nie jemanden gesehen«, sagt sie. Der Schauspieler und Regisseur Frank Sundström, der mit Ingrid Bergmann zusammen auf einem Klassenfoto zu sehen ist, sagt, er habe sie nie kennengelernt. Gunnar Björnstrand — sehr bekannt geworden durch seine Filme mit Ingmar Bergman — sagt, er habe fast keine Erinnerung an sie.[4]

Als das Schuljahr vorüber war, fuhren viele aus der Schauspielschule nach Rußland, um das Theater dort zu studieren; Ingrid Bergman blieb in Stockholm. Sie sagte, sie wolle Petter nicht allein lassen.

Sie hatte begonnen, ihn als Vorwand zu benutzen. Sie hatte andere Gründe, nicht mitzufahren. Sie hatte nur wenige Freunde an der Schule, und es wäre kein Vergnügen für sie gewesen, 24 Stunden am Tag mit jungen Schauspielerinnen zusammenzusein, die sie, wie sie meinte, verabscheuten. Der reine Schauspielunterricht begann sie zu langweilen. Und sie hatte wahrscheinlich andere Vorstellungen von ihrer Karriere, Ideen, über die sie nicht zu offen zu sprechen wagte. Frauen durften ihren Ehrgeiz nicht unverhüllt zeigen und sich stolz ihrer hohen Ziele rühmen. Ingrid Bergman mußte ihre Absichten in ein bescheideneres Gewand kleiden. Sie spielte die süße Naive, doch sie war wild entschlossen, in dem gewählten Beruf Erfolg zu haben.

Sie besuchte Gunnar Spångberg, in dessen Haus sie am Sonntag nach dem Essen immer etwas vorgetragen hatte. In seinem Blumengeschäft in der Nähe des Schauspielhauses kauften viele Leute vom Theater. Ingrid Bergman wollte, daß Spångberg jemanden fragte, ob er ihr zu einer kleinen Rolle beim Film verhelfen könnte. Und sie wußte auch, wen er fragen sollte: Karin Swanström, künstlerische Leiterin bei Svensk Filmindustri.

Wäre es nicht nett, wenn Spångberg Karin Swanström ein paar Rosen schenkte und sie dabei fragte, ob Ingrid mal ins Studio kommen könnte und mit ihr sprechen, sie um Rat fragen? Bescheidener konnte man es wirklich nicht anfangen, nicht einmal nach einer Statistenrolle fragen, sondern nur um einen Rat bitten. Spångberg erzählte Karin Swanström, Ingrid sei sein kleines Mädchen, die Tochter seines besten Freundes und eine Waise. Das war eine Geschichte, die war ergreifender als so viele der Melodramen, die in den Studios produziert wurden, und Karin Swanström stimmte einem Treffen zu.

Ingrid Bergman wußte, wie sie Leute dazu bringen konnte, ihr zu helfen. Karin Swanström sah sich selbst gern als Grande Dame und war nicht unempfindlich für die feineren Formen der Schmeichelei. Am nächsten Morgen gab sie Ingrid nicht nur Ratschläge, sondern sie hörte sich auch ihre Gedichtrezitationen an. Und sie vereinbarte Probeaufnahmen mit ihr für den folgenden Tag.

Bevor sie am nächsten Tag ins Studio fuhr, ging Ingrid Bergman noch einmal auf den kleinen Friedhof, auf dem ihre Eltern begraben lagen. Sie war nicht sicher, daß sie an Gott glaubte, aber sie glaubte an ihre Fähigkeiten als Schauspielerin. Sie sprach ein Gebet am Grab der Eltern.

Im Studio wurde sie von dem bekannten Regisseur Gustav Molander in Empfang genommen. Sie wurde rot vor Aufregung und Erwartung. Sie brauchte keine Sätze zu sprechen. Sie saß nur da, und die Kamera fuhr um sie herum, und sie bewegte den Kopf und lächelte oder blickte ernst.

Ein Filmschauspieler muß sich ganz und gar konzentrieren und doch entspannt wirken. Wie Ingrid Bergman dasaß, so anmutig, so liebenswürdig, verhielt sie sich, als stünde sie vor einem großen Publikum; sie spielte. Die Qualitäten, die sie zum Star machen sollten, waren hier zu spüren, diese unerklärliche, magische Ausstrahlung: ihre Weiblichkeit, zugleich sinnlich und unschuldig; ihr Lächeln, von dem einem warm ums Herz wird; ihre frische, reine Schönheit, wie Morgentau auf ihrem Gesicht.

Einzig die Kamera hatte das Auge, das zählte. Einzig der Film entschied darüber, wie gut sie war. Erst als Molander am nächsten Tag die Aufnahmen sah, wußte er genau, was für eine Entdeckung diese Ingrid Bergman war.

Im geplanten Film *Der Graf von der Mönchsbrücke (Munkbrogreven)* sollte der Schauspieler Edvin Adolphson, der auch die Hauptrolle übernehmen würde, zum ersten Mal Regie führen. Er hätte einen ernsten Film vorgezogen, aber im Schweden der dreißiger Jahre waren übermütige Komödien ein beliebtes Genre. Adolphson hatte bereits ein geeignetes Ensemble beisammen. Die einzige noch unbesetzte Rolle war die der Jungen Naiven. Er suchte ein Mädchen mit Charakter dafür.

Ingrid Bergman kam für die Rolle in Frage, doch Adolphson hatte etwas gemischte Erinnerungen an das jüngste Sternchen im Studio. Im Jahr zuvor war sie Statistin in einem Stück gewesen, in dem er die Hauptrolle spielte. In seinen Memoiren beschreibt er, wie zwei Statistinnen »eine Szene mit Inga Tidblad und mir in Sheridans Stück *Die Nebenbuhler* ruiniert haben. Inga und ich hatten eine große Szene auf einem Sofa in einem Park, im Hintergrund gingen Leute. Gerade als der wichtige Dialog stattfand kamen zwei elegante Damen mit Krinoline und Sonnenschirm und kicherten genau vor unserem Sofa, so daß das Publikum weder Inga noch mich sehen konnte . . . Eine der beiden war Ingrid Bergman«.[5]

Ein Statist, der dem Hauptdarsteller die Schau stiehlt — das ist eine Sünde gegen den Geist des Theaters. Ingrid Bergman erhielt einen strengen Verweis. Aber ihr Verhalten zeigte sicherlich Charakter, sie wußte, was sie wollte. Adolphson gab ihr die Rolle.

Niemand im Studio war so neugierig auf sie wie Birgit Tengroth. Sie war ungefähr in Ingrid Bergmans Alter, aber sie filmte schon seit fünf Jahren und war eine bekannte Schauspielerin. Sie hätte zuversichtlich in die Zukunft schauen können, aber diese Ingrid Bergman machte ihr angst; wenn sie auftauchte, würde ihre eigene Karriere vielleicht bald beendet sein. Es war zwei Jahre her, da erzählte ihre Gymnastiklehrerin ihr von einer Schülerin, die so aussehe wie sie, Birgit Tengroth, und die sich an der Königlich Dramatischen Schauspielschule bewarb. Das hatte gereicht, ihr den ganzen Tag zu verderben. Und vor kurzem, als sie eine höhere Gage verlangte, da sagte man ihr, es gebe »ein Mädchen, das mir so ähnlich sieht, daß sie sie an meiner Stelle nehmen könnten«. Und jetzt hatte diese Ingrid Bergman die Rolle, von der Birgit Tengroth geglaubt hatte, sie bekäme sie.

Sie fühlte sich verbraucht und alt. Sie litt keineswegs an Verfolgungswahn, war nur ein perfektes Produkt ihres Metiers. Jahrelang war sie aufgeputzt und verhätschelt und zum Mittelpunkt der Welt gemacht worden. Und jetzt, auf einmal, war »die neue Birgit Tengroth« da.

Kein Wunder, daß Birgit Tengroth sich mit Selbstzweifeln quälte und furchtbar litt. Selbst Ingrid Bergmans Ankunft am Morgen war spektakulär gewesen. Kein Filmstar — und keiner, der ein Star werden wollte — war je mit dem Rad, eine Sonnenbrille im Gesicht, ins Studio gefahren gekommen. Ebenso hätte sie in einer von Pferden gezogenen Kutsche vorfahren können.

Ingrid Bergman schien völlig frei von Selbstzweifeln zu sein. »Ich war ganz niedergeschmettert, ich saß in meiner Garderobe und quälte mich mit Sorgen«, schrieb Birgit Tengroth später. »Ich hörte sie die Treppe heraufkommen und den Flur entlang, und dann griff sie zum Telefon, rief das Restaurant an und bestellte zwei Sandwiches, eins mit Leberpastete und eines mit Kalbfleisch, und dann ihr kräftiges Lachen und ihre Worte: ›Ich esse und schlafe furchtbar gern.‹«[6]

Birgit Tengroth hätte sich nicht so einschüchtern zu lassen brauchen. Wenn Ingrid Bergman den ganzen Weg zum Studio auf dem Fahrrad zurückgelegt hätte, dann hätte sie sehr früh aufgestanden sein müssen. Ingrid Bergman fuhr mit dem Wagen in die Nähe der Studios, und nur die letzten paar hundert Meter fuhr sie mit dem Fahrrad und kam vom Wind zerzaust und strahlend an. Sie und Petter Lindström fanden das einen gelungenen Scherz.

In *Der Graf von der Mönchsbrücke* spielt Ingrid Bergman ein Zimmermädchen. Ihr Freund — zusammen mit seinen etwas anrüchigen Kameraden — liefert der Polizei eine fröhliche Verfolgungsjagd durch das Künstlerviertel Stockholms. Die Handlung war nur ein dünner Faden, an dem eine wilde Szene nach der andern aufgereiht war. In einer Szene, es war am ersten Drehtag, sollte Tollie Zellman, eine bedeutende Komikerin, einen Fisch für einen Kunden einpacken. Ingrid Bergman, auch Kundin in der Szene, sollte zusehen. Während alles für die Aufnahme vorbereitet wurde, ging sie zu Tollie Zellman und zeigte der erfahrenen Schauspielerin, wie man einen Fisch richtig einpackt.

Tollie Zellman blickte zuerst auf den Regisseur und dann auf Ingrid Bergman. Ihr Blick sprach Bände.

»Und wer ist *das*?« fragte sie, während Adolphson sich amüsierte.

»Sie ist das junge Mädchen, das gerade angefangen hat.«

»Oh, sie fängt aber gut an, findet ihr nicht?«[7]

Ein Teil des Films wurde in den Straßen Stockholms gedreht. »Adolphson hatte manchmal etwas Diabolisches an sich«, erinnert sich Åke Dahlquist, der Kameramann. »Einmal drehten wir auf der Straße, er wollte noch ein paar Gesichter am Fenster in der Szene. Und er schrie: ›Los, ihr häßlichen alten Weiber, hängt mal euer Gesicht aus dem Fenster!‹ Und dann hatte er seine Gesichter.«

Ingrid Bergmans erste Rolle war nur klein, aber sie machte das Beste daraus.

Gut anzufangen — dazu gehörte auch, wie Ingrid Bergman aussah, nicht nur, wie sie spielte. Dahlquist, der Kameramann bei diesem und sechs weiteren schwedischen Filmen mit ihr, hat das geschaffen, was der »Bergman-Look« wurde. Er hatte auch die Aufnahmen gemacht, die Greta Garbo den Weg nach Hollywood geebnet hatten. Er hatte eine zarte, lyrische Art, Frauen zu fotografieren. »Im Studio haben sie besondere Standfotos von Ingrid gemacht, um zu zeigen, daß ihr Gesicht ganz regelmäßig geschnitten war«, sagt Dahlquist. »Es war eher ein Experiment. Dann nahmen sie zwei rechte Seiten und setzten sie aneinander, dann zwei linke. Das Gesicht sah genauso aus. Als sie das mit anderen Schauspielerinnen machten, bekamen sie oft schreckliche Ergebnisse.

Beim Fotografieren wurde eine Seite ihres Gesichts stärker beleuchtet als die andere. Ich machte das immer so. Man mußte vorsichtig sein. Ich versuchte eine zu starke Profilaufnahme zu vermeiden. Ich dachte, das wäre ›zu scharf geschnitten‹.«[8]

Gleich nach Beendigung des Films *Der Graf von der Mönchsbrücke* bekam Ingrid Bergman einen Studio-Vertrag angeboten. Das bedeutete, sie müßte die Schauspielschule verlassen. In den zwanziger Jahren hatte die Garbo die Schule vorzeitig verlassen, aber das war höchst ungewöhnlich. Was die Sache noch komplizierter machte: Gustav Molander hatte Ingrid Bergman für den Film verpflichtet, und der neue Direktor des Theaters und der Schauspielschule war sein Bruder Olof. Die Brüder verstanden sich überhaupt nicht. Ihre Rivalität und Eifersucht aufeinander grenzten an Haß.

Olof Molander führte sich auf wie ein Patriarch aus dem Alten Testament, der den wahren Glauben durch falsche Verlockungen bedroht sieht. Er hatte damit begonnen, das Königlich Dramatische Theater neu zu beleben, und er führte es zu einer seiner kreativsten Perioden. Im Jahr zuvor hatte er O'Neills *Trauer muß Elektra tragen* auf die Bühne gebracht, und er bereitete gerade eine neue, realistischere Version von Strindbergs *Traumspiel* vor. Olof Molander hielt es für undenkbar, daß jemand, der ernsthaft Schauspieler werden wollte, das Studium aufgeben könnte, um in dem Bereich zu arbeiten, in dem sein Bruder wirkte; dort ging es doch nur um Ruhm und Geld.

Wenn Ingrid Bergman auf der Schule geblieben wäre, hätte sie Disziplin und Techniken des Theaters gelernt und wäre vielleicht eine große Bühnenschauspielerin geworden. Das sagte ihr jedenfalls Olof Molander, als sie zu ihm kam, um ihm ihre Entscheidung, im September nicht wiederzukommen, mitzuteilen. Er tobte, abwechselnd drohte und schmeichelte er ihr, er versuchte sie zu überreden, und am Ende verbot er ihr einfach, die Schauspielschule zu verlassen.

Doch Ingrid Bergman war entschlossen. Sie ging, und Olof Molanders Prophezeiungen klangen ihr wie ein Fluch in den Ohren. Sie nahm dann zwar privaten Schauspielunterricht, aber sie hat nie eine formale Ausbildung erhalten und auch keine Bühnenerfahrung gesammelt, wie es viele ihrer berühmten Schauspielerkollegen in Schweden getan haben. Ihr ging es ähnlich wie so vielen jungen Filmschauspielern heutzutage in Amerika: Sie mußte sich auf ihren Instinkt und ihre Persönlichkeit verlassen und sehen, was sie im Laufe der Zeit nebenbei lernen konnte.

Ingrid Bergman hatte kaum *Der Graf von der Mönchsbrücke* beendet, als sie auch schon mit dem zweiten Film begann, *Brandungen (Bränningar)*, eine melodramatische Geschichte, in der sie eine Fischerstochter spielt, die von einem Geistlichen verführt und geschwängert wird. *Brandungen* wurde als einer der besten schwedischen Filme in dem Jahr angesehen und vertrat Schweden im Sommer 1935 bei den Filmfestspielen in Venedig.

»Man glaubte ihr ihre Zärtlichkeit und Treue«, hieß es in einer Kritik. Wenn sie auf der Leinwand erschien, war eine Aura von Güte und Liebe um sie, ganz gleich, was für eine Figur sie darstellte.

In ihrem dritten Film, *Die Swedenhielms (Swedenhielms)*, tritt sie an der Seite von Gösta Ekman auf, ihrem Idol, einem der großen Namen im schwedischen Film. Zum ersten Mal wurde sie gewahr, wie sehr Image und Realität auseinanderklaffen können. Ekman wirkte wie ein guter Familienvater, doch er war homosexuell und drogenabhängig. »Ekman sagte Ingrid, daß es keine Rolle spiele, was die Leute über einen reden, wichtig sei nur, daß sie überhaupt über einen reden«, erzählt Petter Lindström. »Das hat sie von ihrem Idol gelernt, und sie sagte es dann auch immer.«

In *Die Swedenhielms* stellt sie ein reiches Mädchen dar, Ekman einen brillanten Wissenschaftler, der zu Unrecht einer Fälschung beschuldigt wird und den Nobelpreis deshalb ablehnt. Aber am Ende triumphieren die Liebe und die Wahrheit, und Ingrid Bergman ist wie immer edel und selbstlos. Ihre Schönheit scheint aus ihrem Innersten zu kommen, anschaubare Güte zu sein. In *Walpurgisnacht (Valborgsmässoafton)*, ihrem vierten Film, spielt sie eine ähnliche Rolle wie in *Brandungen*. Wieder einmal liebt sie, in aller Reinheit, einen Mann, den zu lieben ihr nicht erlaubt ist; es ist in diesem Fall ihr Chef. Seine Frau wird schwanger, läßt das Kind abtreiben, tötet ihren Erpresser und begeht schließlich Selbstmord. Die treue Ingrid wartet, bis der Geliebte aus der Fremdenlegion zurückkehrt, und sie heiraten und gründen eine Familie.

In ihrem fünften Film, einer Komödie mit dem Titel *Auf der Sonnenseite (På Solsidan)*, hat Ingrid Bergman eine Waise aus guter Familie zu spielen, die einen reichen älteren Mann heiratet und auf sein Landgut zieht. Ihr Mann, Lars Hanson stellt ihn dar, fürchtet, daß das ruhige Landleben seine junge Frau langweilen könnte. Er lädt den Mann ein, für den sie einmal geschwärmt hat, einen unkonventionellen Schriftsteller, den Edvin Adolphson spielt. Es gibt Spannungen zwischen den drei Personen und es kommt fast zum Knall, aber — wie sollte es anders sein — Liebe und Tugend triumphieren.

Tag für Tag fuhr Ingrid Bergman zu den Studios hinaus, und sie übernahm eine Rolle nach der andern. Der Ruhm hatte sie noch nicht erreicht. Sie hatte schon drei Filme abgedreht, als *Der Graf von der Mönchsbrücke* am 21. Januar 1935 im Skandia Theater in Stockholm Premiere hatte. Ingrid Bergman bekam ganz beachtliche Kritiken, doch keiner ihrer frühen Filme war ein überwältigender Erfolg, der sie mit einem Schlag zum Star gemacht hätte. Aber sie erlangte eine ziemliche Bedeutung und wurde der Liebling der Stockholmer Kinogänger. Ihr Name und Gesicht waren dem Publikum in den entferntesten

Dörfern Schwedens vertraut. Sogar Hollywood nahm zum ersten Mal Notiz von ihr. *Variety*, das bedeutendste Fachblatt der Unterhaltungsindustrie, notierte am 16. September 1936 in einer Kritik des Films *Auf der Sonnenseite*, daß die Eva Bergh »zu den besseren Personendarstellungen im Film« gehöre. Ingrid Bergman in dieser Rolle sei »hübsch und begabt, ihr käme ein Platz in Hollywood zu«.

Der bei weitem bedeutendste ihrer frühen Filme war *Intermezzo (Intermezzo)*; sie selbst hielt ihn für einen der drei Filme, auf die ihre Karriere sich gründete (*Casablanca* und *Herbstsonate* waren die beiden andern). *Intermezzo* war nicht nur ein großer, ein verdienter Erfolg, er definierte auch für alle Zeiten Ingrid Bergmans Filmpersönlichkeit. Gösta Ekman spielt einen weltberühmten Geiger, Holger Brandt, der sich in die schöne junge Pianistin Anita Hoffman (Ingrid Bergman) verliebt. Er verläßt ihretwegen seine Familie. Das Paar reist durch Europa, und bei ihren gemeinsamen Auftritten begleitet Anita Brandt am Klavier. So sehr sie ihn liebt, ihr wird klar, daß ihre Liebe keine Zukunft hat. Sie geht heimlich fort. Brandt kehrt zu seiner unendlich geduldigen Frau zurück. Als die kleine Tochter über die Straße läuft, um den heimkehrenden Vater zu begrüßen, wird sie von einem Auto angefahren. Doch sie wird wieder gesund werden.

Gösta Ekman hatte die bei weitem größte Rolle im Film, und *Intermezzo* hätte eigentlich *sein* Film sein sollen, sein Drama der Sühne. Doch von dem Augenblick an, als Ingrid Bergman auf der Leinwand erscheint, schön wie warme Milch mit Erdbeeren, ist *Intermezzo ihr* Film. Die wehmütigen Klänge des musikalischen Themas werden zu ihrem Leitmotiv, zur Musik ihrer Seele. Sie beherrscht die Leinwand, selbst dann noch, wenn ihre Szenen vorüber sind.

Von *Intermezzo* geht eine Melancholie aus, der man sich nicht entziehen kann. Als der Film am 16. November 1936 im Röda Kvarn Theater Premiere hatte, berichtete *Dagens Nyheter*, daß die Zuschauer am Ende still dagesessen hätten, weil sie die Faszination des Films nicht hätten stören wollen.

Ingrid Bergman hatte das Publikum in einer Rolle begeistert, die ihm allmählich vertraut wurde. In dreien ihrer ersten sechs Filme spielt sie eine Frau, die in eine unerlaubte Affäre verwickelt ist. Was sie dennoch unschuldig erscheinen läßt, sind ihre Ahnungslosigkeit und die Reinheit und Tiefe ihres Gefühls. Für ihr Publikum sanktionierte sie damit Verhaltensweisen, die den moralischen Geboten der damaligen Zeit widersprachen. Diese Rolle sollte sie immer wieder spielen.

Am Ende von *Intermezzo* ist Ingrid Bergman weggegangen, sie wird sich ihrer Karriere widmen. Auch das ein typischer Schluß in ihren Filmen: sie geht weg; besteigt ein Flugzeug; verläßt eine Schule; verläßt das Haus ihrer Tochter; geht weg und ist unterwegs.

Ihre Karriere entwickelte sich, und Ingrid Bergman hielt Privat- und Berufsleben streng voneinander getrennt. Wie die meisten Schauspieler redete sie dauernd über ihre lieben Freunde in der Theaterwelt, lobte sie überschwenglich in der Öffentlichkeit und schwärmte von ihnen. Aber sie hatte keine wirklichen Freunde beim Film, niemand, dem sie völlig vertraute, und sie traf sich auch nicht in einer Clique anderer zum Eisessen und Reden im Operncafé. Ihr Privatleben, das war Petter Lindström; sie war seine »fästmö«, sein festes Mädchen. Die Wortbedeutung schließt sexuelle Intimität nicht aus. Sie nahm ihn nicht mit ins Studio oder zu ihren Filmpremieren. Er war genauso beschäftigt wie sie und ganz genauso ehrgeizig. Abends, wenn sie ihren Text für die Dreharbeiten am nächsten Tag lernte, saß er über seinen medizinischen Lehrbüchern. Aber am Wochenende gingen sie oft auf lange Wanderungen.

Ingrid Bergman war nur mäßig interessiert an allem, was außerhalb der Studiomauern vor sich ging. Mit Petter Lindström redete sie immer nur über Film und Theater. Sie las kaum Bücher, und sie wußte praktisch nichts über die politischen Entwicklungen in Europa. Sie kochte selten und warf nur die Arme hoch bei der Vorstellung, einen Haushalt zu führen. Lindström nahm ihr alles ab. Sie war frei, das zu tun, was sie am besten konnte. Bei ihm konnte sie aufrichtig und offen sein. In seiner Gesellschaft war sie oft wie ein Kind und strahlte vor Freude.

Am 4. Juli 1935 verließen die beiden Stockholm zu ihrer ersten gemeinsamen Reise, nach Nordnorwegen. Sie planten, ein Tagebuch zu führen, das sie später, wenn sie alt wären, wiederlesen wollten. In einer Pension mieteten sie zwei Zimmer mit einer Verbindungstür, doch sie benutzten nur das kleinere Zimmer.

Lindström nannte Ingrid Bergman »Kätzchen«. In der zweiten Nacht kam eine schwarze Katze in ihr Schlafzimmer. Ingrid fragte sich, ob eine zweite Katze Glück bedeutete. Die schwarze Katze schmiegte sich an Lindströms Bauch und machte es sich dort gemütlich. Am nächsten Tag war die Rivalin immer noch im Bett, und Ingrid hatte den Eindruck, daß Petter zu seinen beiden »Katzen« lieb war.

Je weiter sie nach Norden fuhren, desto leerer wurden die Straßen, und schließlich waren sie praktisch allein. Er fotografierte sie, wie sie sich auf den Felsen sonnte. Eines Abends schlugen sie ihr Zelt an einem brausenden Fluß auf und krochen erst am Mittag des folgenden Tages wieder heraus. Sie wartete, als er einem Paar half, das eine Autopanne hatte, und schrieb während der Zeit in ihr Tagebuch: »Er macht das vielleicht, um mich zu beeindrucken, und das tut er auch in hohem Maße. Ich denke, er ist so süß, und ich liebe ihn so sehr.«

Ingrid Bergman hatte keine Mutter, die über Lindström ein Urteil hätte abgeben können, und keinen Vater, bei dem er um ihre Hand hätte anhalten können. Er machte ihr keinen förmlichen Heiratsantrag, das brauchte er nicht; sie gehörten zueinander, so schien es beiden, wie zwei Blumen, die zusammen gewachsen sind. Die Glückszahl ihrer Mutter war die Sieben, und sie wollte sich am siebten Tag des siebten Monats verloben, und zwar in Hamburg. Lindström betete sie an, er wäre für sie wer weiß wohin gefahren. Anfang Juli 1936 reisten sie dorthin.

Ingrid Bergmans Verwandten ging es gut in den ersten Jahren des »Dritten Reiches«. »Alle waren da, und sie grüßten mit ›Heil Hitler‹«, erinnert Lindström sich. »Ingrid tat das auch. Ich sagte nur ›Guten Tag‹, und ich sagte ihr: ›Wenn du das nochmal tust, fahre ich nach Schweden zurück.‹ Aber sie sagte, ›Heil Hitler‹ ist doch bloß ein Gruß.

Am Tag nach unserer Ankunft — es war der Morgen unserer Verlobungsfeier — nahm Frau Adler mich beiseite und sagte: ›Ich muß Ihnen erklären, warum wir Ihren Namen ändern müssen.‹ Dann sagte Frau Adler: ›Wir können keinen jüdischen Namen in unserer Familie haben.‹

›Oh‹, sagte ich. Was hätte ich auch sagen sollen.

›Ich möchte nie wieder, daß du Aron genannt wirst‹, sagte Ingrid. Ich machte mit, denn obwohl ich mein ganzes Leben lang Aron genannt worden war, war mein Rufname in Wirklichkeit Petter, laut Geburtsurkunde und Paß.«

Am siebten Tag des siebten Monats standen Ingrid Bergman und Petter Lindström in der Kirche, in der ihre Eltern getraut worden waren. Sie tauschten Verlobungsringe aus Platin, mit eingravierten Linien, die sich voneinander entfernen aber immer wieder zusammenführen.

Ingrid Bergman hatte es immer sehr schön gefunden, nach Hamburg zu kommen, fast jeden Sommer seit ihrer Kindheit. Besonders bewunderte sie die ältere Schwester ihrer Mutter, Elsa Adler, genannt Tante Mutti, und zu ihr hatte sie am meisten Vertrauen. Sie war eine kultivierte Frau, nicht so wie Onkel Otto und Tante Hulda. Lindström sah das etwas anders, er war ein wenig überrascht von seinen zukünftigen Verwandten. Elsa Adler war mit einem reichen französischen Plantagenbesitzer verheiratet, der in Haiti lebte. Ihr hatte es dort nicht gefallen. Sie war nach Deutschland zurückgekehrt und hatte ihre beiden Söhne beim Vater gelassen.

Wie jeder gute schwedische Lutheraner glaubte Petter Lindström, wenn man verheiratet ist, dann ist man verheiratet. »Ingrid wuchs in einer Umgebung auf, wo Sex keine große Affäre war«, sagte er Jahre später. »Als ich zu Besuch kam, hatte Frau Adler ihren Ehemann seit zehn Jahren nicht mehr gesehen. Sie lebte mit einem anderen Mann. Er hat uns einmal sein Schlafzimmer gezeigt. Da war das größte Bett, das ich je gesehen hab', und das Bett war wie ein riesiges Herz geformt.«

Was ihn mehr bedrückte, war die politische Einstellung der Familie. »Der Mann, mit dem Frau Adler zusammenlebte, war ein hoher Nazi, er verkaufte Uniformen an die SS. Ingrid kam zu diesen Leuten, die den Hitlergruß benutzten, und sie hat ihn selber auch in Hamburg benutzt. Frau Adler hat sie schon beeinflußt. Ich wollte, daß Ingrid ein Buch über den Nazismus liest, aber sie wollte nicht. Sie hatte kein wirkliches Interesse an Politik.«

Ingrid Bergman schrieb später, daß sie es abgelehnt hätte, mit »Heil Hitler« zu grüßen; und ob es so war oder nicht, gewiß war sie keine Anhängerin des Nationalsozialismus. Sie kümmerte sich nicht um Politik, wenn es nicht mit ihrer Karriere zu tun hatte. Für das, was sich in Deutschland anbahnte, hatte sie kein Auge. Sie war Schauspielerin, und sie war fasziniert vom deutschen Theater. Aber sie verschwendete kaum Gedanken an das Land, und die Verlobten waren bald wieder in Stockholm.

Zu ihrem 21. Geburtstag schenkte Lindström Ingrid Bergman einen Silberfuchs. Sie war allein in ihrer Wohnung, als sie das Geschenk auspackte. Sie war keine extravagante Frau, an so etwas hatte sie nie gedacht. Sie rannte zum Telefon, um sich bei ihrem Verlobten zu bedanken; da stolperte sie und brach sich den Knöchel.

Im Serafimer Hospital bekam sie viel Besuch, auch die Schauspielerin Birgit Tengroth kam. Im Jahr zuvor war sie wegen eines nervösen Leidens selbst im Krankenhaus gewesen. Ihr Gesicht war angeschwollen, und niedergeschlagen hatte sie sich im Spiegel betrachtet. Das war schlimm genug. Aber was sie wirklich ärgerlich machte, war Ingrid Bergman, die in strahlender Laune zu Besuch kam. »Wie glücklich ich bin«, hatte sie gesagt, kaum die rechte Begrüßung. »Das ist für dich.« Sie schob ihr eine Dose mit Keksen hin.[9]

Und heute brachte Birgit Tengroth Ingrid Bergman eine riesige Schachtel Pralinen mit. »Danke«, sagte sie, »ich hab' schon haufenweise Pralinen.« Gerade in dem Moment wurde ihr Essen hereingebracht. Sie schnupperte. »Wie gut das riecht! Und wie gefährlich das ist mit dem guten Essen!«

Sie aß alles auf, und dann nahm sie ihr Strickzeug zur Hand. »Wie glücklich ich jetzt bin, ich stricke einen Pullover für meine Cousine«, sagte sie, als gäbe es nichts Schöneres für sie, als mit einem eingegipsten Bein im Krankenhausbett zu sitzen.

»Ich war eifersüchtig, aber es war nicht einfach ein Fall von ›jalousie de métier‹«, schrieb Birgit Tengroth später. »Ich beneidete sie um ihre Kühle und Frische, daß sie so strahlend und so wirklich war, ich beneidete sie um diese wunderbare Fähigkeit, Problemen mit einem schallenden Lachen zu begegnen. Sie hat einmal zu mir gesagt: ›Eine schlechte Kritik würde ich nie überleben.‹ Aber sie bekam niemals eine schlechte Kritik. Und sie wußte, daß sie nie eine bekommen würde. Wie machte sie das bloß? Sie hatte ein Geheimwissen, was den Erfolg anbetraf, darum mußte jeder sie beneiden.«

Ingrid Bergman war als Schauspielerin mittlerweile viel prominenter als ihre ehemalige Rivalin. Beide gehörten zu einer kleinen Gruppe von Schauspielern und Regisseuren, die eine Theaterkompanie gebildet hatten, um immer etwas zu tun zu haben. Ingrid Bergman war beschäftigter als die meisten andern Gruppenmitglieder; sie war die einzige, die gerade einen

Film drehte. Trotzdem machte sie nicht nur mit bei der ersten Produktion der Kompanie, sie spielte sogar die Hauptrolle. Es handelte sich um *Jean*, eine politische Komödie des Ungarn Bus-Feketes.

»Wir waren alle bloß Regisseure für die einzige Schauspielerin, Ingrid Bergman, die zum ersten Mal eine große Bühnenrolle spielte«, schrieb Edvin Adolphson in seinen Memoiren. In diesem Beruf, wo die Luft geschwängert ist von Eifersucht und Neid, schaffte Ingrid Bergman es immer wieder, daß Leute ihr helfen wollten und daß sie ihr halfen. Birgit Tengroth beobachtete dieses Spektakel mit ehrfurchtsvoller Verwirrung, sie hatte einen ausgezeichneten Platz dafür: Sie war Ingrids Mädchen, in steifer Tracht und Rüschenschürzchen, ein silbernes Tablett mit Visitenkarten in der Hand. »Sie (Ingrid) spielte ein junges Mädchen aus guter Familie, sie verliebt sich in ihren Diener, hat aber genug Charakter, um auf ihre Liebe zu verzichten«, erzählt Birgit Tengroth. »Die Rolle war wie geschaffen für sie. Sie war ein Kind aus einer gesicherten Welt. Sie machte keine Fehler bei Dienern. Und sie hatte Nerven wie Drahtseile.«

Wie beinahe alles, was Ingrid Bergman anfaßte, wurde das Stück ein großer Erfolg, es lief bis in den Frühling hinein. Zu der Zeit war sie mit den Dreharbeiten zu ihrem neuen Film *Dollar (Dollar)* beschäftigt, einer romantischen Komödie, bei der Gustav Molander Regie führte. Sie verkörpert darin eine Schauspielerin, die mit einem erfolgreichen Geschäftsmann verheiratet ist.

Edvin Adolphson gehörte auch zu den Hauptdarstellern in diesem Film. Er war zu einem Problem für Ingrid Bergman geworden, er ließ sie nicht in Ruhe mit seinen Annäherungsversuchen. An einem Abend organisierte die Filmgesellschaft ein offizielles Essen. Jeder junge Star hätte gewußt, daß die Teilnahme daran obligatorisch war, nicht so Ingrid Bergman. Als sie Adolphson erzählte, daß sie nicht kommen würde, wurde er wütend. Er hatte sich so auf diesen Abend gefreut; er war halbkrank vor Liebe.

Ingrid Bergman hatte anderes im Kopf: ihre Hochzeit. Sie wollte am 7. Juli heiraten, aber die Produktion verzögerte sich, und der Hochzeitstermin mußte auf den 10. verlegt werden. Sie schrieb leidenschaftliche Briefe an Petter Lindström, nannte ihn ihr Goldkätzchen, den einzigen, den sie je lieben würde. Sie träume von dem Augenblick, da er sie in die Arme nehmen und küssen würde. Sie beschwor ihn, sie nie zu verlassen, sie würde ihn auch niemals verlassen.

»Wieviele Stunden bleiben mir noch als Fräulein?« fragte Ingrid Bergman, als sie auf der Veranda des Hauses der Familie Lindström in Stöde stand.[10] »Drei«, sagte Petter Lindström. Er war der Junge aus der Kleinstadt, der in die Großstadt gegangen war und Erfolg gehabt hatte und jetzt mit seiner schönen Braut, einer Filmschauspielerin, zurückkehrte. Das war eine Geschichte, wie die Leute aus dem Ort sie im Kino sehen konnten.

Beide träumten von einem glücklichen Eheleben, beide hatten jedoch ganz Unterschiedliches erlebt. Wenn Petter Lindström an eine gute Ehe dachte, dann hatte er seine eigene Familie vor Augen. Sein Vater war der Herr im Haus, ein Patriarch. Nie hatte er seine Eltern streiten sehen. Er liebte und bewunderte sie und wollte ihnen mit seinem eigenen Leben Ehre erweisen. Ingrid Bergman konnte sich nicht daran erinnern, was es heißt, Mutter und Vater und ein glückliches Familienleben zu haben. Sie hatte gesehen, wie glücklich ihr Vater mit Greta war, aber Greta war eher wie eine ältere Schwester. Und eine Ehe war das auch nicht. Bei Tante Hulda lebte sie wohl in einer richtigen Familie, aber sie wurde wie die reiche Verwandte behandelt. In Deutschland hatte sie gesehen, daß ihre Tante Mutti mit einem Mann lebte, mit dem sie nicht verheiratet war. Sie hatte nie emotionale Sicherheit erfahren. Worte wie »Treue«, »Zuverlässigkeit« und »Ergebenheit« hatten für sie wohl kaum dieselbe Bedeutung wie für Petter Lindström.

Die Dorfbewohner Schwedens liebten das Zeremonielle. Hochzeiten wurden mit soviel Würde und Feierlichkeit begangen, daß die jeweilige Ehe eigentlich eine vollkommene werden mußte.

Zur festgesetzten Stunde, um vier Uhr nachmittags am 10. Juli 1937, war die Kirche voll. Dies war eines der größten Ereignisse in der Geschichte Stödes. Die Dorfbewohner drängten sich in den Kirchenbänken. Einige jüngere Leute nahmen »Stehplätze« ein. Jeder war im Sonntagsstaat, die Damen in ihren besten Baumwollkleidern und elegantesten Hüten, die Männer in frischgebügelten Anzügen, die Bügelfalten scharf wie Rasiermesser.

Die meisten Leute in der Kirche kannten Petter Lindström

schon seit Jahren, doch in seinem eleganten Cut sah er aus wie ein junger Prinz. Und Ingrid Bergman — sie hätte direkt von der Leinwand herabgestiegen sein können, so schön war sie. Sie trug ein langes weißes Seidenkleid, das bis auf ihre weißen Schuhe fiel. Auf ihrem blonden Haar eine kleine netzartige Kappe, von der der Schleier herabfloß. Im Arm trug sie Orchideen, Maiglöckchen und Stephanotis.

Diese Hochzeit sollte eigentlich privat stattfinden, aber eine junge Reporterin, Barbro (»Bang«) Alving, war doch dort aufgetaucht. Sie fand, die Versammlung »benahm sich manchmal, als wäre man im Theater« bei dieser Hochzeit, nach der »der populärste Filmstar Schwedens nicht mehr Ingrid Bergman war, sondern Frau Ingrid Lindström«.

Die Frischvermählten machten ihre Hochzeitsreise nach Norwegen und England. In Stockholm entdeckten sie ihr Bild auf der Titelseite von *Dagens Nyheter*, es zeigte sie beim Verlassen der Kirche. SCHWEDENS SCHÖNSTE BRAUT ZU WENIG IN DER ÖFFENTLICHKEIT ZU SEHEN lautete die Schlagzeile zu Bang Alvings langem, liebevollen Artikel. Wenn die Kamera ein Freund war, der Ingrid Bergman niemals verriet — die Publicity ließ sie auch nie im Stich.

Lindström erinnert sich, daß sie auf der Hochzeitsreise sagte: »Ich denke, ich sollte dieser Bang eine Postkarte schicken. Sie könnte wichtig für mich werden.« Ingrid Bergman machte es wie ein junger Politiker: sie ging daran, sich eine Anhängerschaft zu gewinnen. Bang Alving wurde bald eine gute Freundin, und sie schrieb eine Reihe von Artikeln über Ingrid Bergman.

Nach außen wirkte Ingrid Bergman offen und ohne Arg. Doch im stillen war sie rasend eifersüchtig auf Birgit Tengroth und Signe Hasso und andere Schauspielerinnen, wie Lindström sich Jahre später erinnerte. Es spielte keine Rolle, daß sie die anderen als Filmstar überrundet hatte, sie fühlte sich, so sah Lindström es, immer noch bedroht.

Und sie konnte recht seltsame Dinge sagen. Sie waren erst ein paar Wochen verheiratet, da sagte sie zu ihrem Mann: »Ich würde gern mit Männern jeder Rasse schlafen, wenigstens einmal.«

Lindström glaubte nicht, daß aus dieser Bemerkung je etwas folgen würde.

3.

»Für Hollywood bestimmt«

»Ich war immer, mein Leben lang, auf die Hilfe von Männern angewiesen«, erzählte Ingrid Bergman später in ihrer Autobiografie. »Zuerst war es mein Vater, dann Onkel Otto und dann Petter, die für mich Entscheidungen trafen. Ich richtete mich schon vor unserer Ehe nach Petters Ratschlägen. Er war es, den ich in meinen frühen Jahren immer um Rat fragte und von dem ich Hilfe erwartete.«[1]

Sie wollte wohl ebensosehr den Eindruck erwecken, sie sei auf die Hilfe anderer angewiesen. Justus Bergman hatte seine einzige Tochter mit seiner Zuneigung überschüttet, wie alleinstehende Väter es häufig tun. Ingrid hatte gelernt, ihrem Vater einzureden, alles sei seine Idee, um zu bekommen, was sie wollte. Und ihr Onkel Otto war ein Mann mit hohen moralischen Standards, doch eine schwache Persönlichkeit. Ingrid hatte ihm höflich zugehört und dann getan, was sie wollte.

Sie hatte gelernt, Menschen zu benutzen, ohne daß es so aussah, als benutzte sie sie. Sicher war es ihr nicht immer bewußt, es war viel Intuition dabei. Sie begriff einfach, wie sehr es Leuten beim Film und beim Theater gefällt, einen Schützling zu haben, jemanden zu »machen«. Sie hatte schon mehrere Mentoren gehabt, unter ihnen Karin Swanström und Gustav Molander; und sie würde sie im geeigneten Moment bereitwillig fallenlassen.

Auch Lindström war ein Mentor für Ingrid Bergman. Er war ein starker, dominierender Mensch. Aber auch ein Liebender; er hatte auf ihr Verlangen den Namen Aron aufgegeben. Er half ihr, die Person »Ingrid Bergman« zu erschaffen. Er mußte sie zurechtweisen, so wollte sie es, wenn sie zuviel aß, sich schlecht hielt oder die Stirn runzelte. Er mußte ihr ein Zeichen geben, wenn sie auf Partys zuviel redete.

Er tat in jenen Jahren nur, worum sie ihn bat. Beide gemeinsam erschufen allmählich eine Schauspielerin, eine Person, die ganz anders war als die Frau, die er geheiratet hatte.

»Ich hatte das Gefühl, er bewunderte sie sehr«, sagt Elsa Holm, deren Mann Cyril Ingrid Bergmans Anwalt war. »Es war nicht meine Idealvorstellung vom Umgang zwischen Mann und Frau. Er bewunderte sie. Ich hätte nicht gewollt, daß mein Mann so wäre.«[2]

Lindström tat alles für seine Ingrid, und sie halste ihm vieles Unangenehme auf. Sie hatte nie in einer Familie gelebt, in der man sich den Konflikten stellte und sie offen diskutierte. Unannehmlichkeiten mochte sie überhaupt nicht, und andere mußten für sie den Kopf hinhalten — auch da hatte sie Ähnlichkeit mit Politikern. Es war nie Ingrid Bergman, die etwas geändert haben wollte, es war immer Petter Lindström oder sonst irgend jemand. Und Lindström schirmte seine Ingrid sehr wirkungsvoll ab.

Er kam allerdings nie ins Studio und ging nicht zu den Premieren ihrer Filme. »Ingrid hat neun Filme in Schweden gemacht«, sagt er. »Ich habe sie nie bei den Dreharbeiten besucht. Ich habe nie einen der Schauspieler kennengelernt. Ich habe nie einen Vertrag gesehen. Ich hatte nie etwas mit ihren Filmen zu tun.«

Bei ihrem nächsten Film, *Das Gesicht einer Frau (En kvinnas ansikte)*, hat Lindström allerdings auf bestimmte Weise mitgewirkt. Ingrid Bergman spielt darin eine junge Frau, deren Gesicht durch Verbrennungen entstellt ist. Er konstruierte für sie einen Mundeinsatz, durch den die linke Gesichtshälfte verzerrt wurde. »Der Regisseur, Gustav Molander, wollte eine Seite des Gesichts normal, die andere entstellt«, erzählt Åke Dahlquist, der Kameramann. »Also hat ihr Mann dieses Ding gebaut, das sie im Mund tragen mußte. Aber es hat die Mundschleimhaut verletzt, und sie mußte es rausnehmen.«[3] Lindström zufolge lag das allerdings nicht an seiner Erfindung, sondern daran, daß sie den Einsatz die ganze Zeit über trug.

Das Gesicht einer Frau — es gab später in Hollywood ein Remake mit Joan Crawford in der Hauptrolle — war ein Film, den Ingrid Bergman sehr gern machen wollte. Die Anna Holm, wie sie sie darstellt, ist eine Frau, deren seelische Verletzungen weit schlimmer sind als die äußerlich sichtbaren. Sie ist die Anführerin einer Erpresserbande, sie ist boshaft und mißtrauisch.

Bei einem ihrer Erpressungsversuche gerät sie an einen Facharzt für plastische Chirurgie; er bietet ihr an, ihr mit einer Operation zu einem besseren Aussehen zu verhelfen.

Die Anna Holm war eine außergewöhnliche Rolle, und Ingrid Bergman spielte sie mit Brillanz. Als Anna mit den Narben hält sie ihre Hand nahe ans Gesicht, um ihre Häßlichkeit vor der Welt zu verbergen. Ihr Rücken ist leicht gekrümmt, der Kopf schräg zur Seite geneigt. Sie hat nur Verachtung für die Welt; man spürt, wie sehr sie leidet. Nach der Operation sind die äußerlichen Narben beseitigt, doch die seelischen Verletzungen sind geblieben, es ist kein Leuchten in ihrem Gesicht. Erst als sie langsam ins Leben zurückkehrt und menschliche Belange für sie Bedeutung gewinnen, da beginnt Schönheit ihr Gesicht zu erleuchten. Als *Das Gesicht einer Frau* ein Jahr später in New York gezeigt wurde, schrieb *World-Telegram*: »Ingrid Begman ist eine zweite Garbo . . . so gut wie die Garbo in ihren Anfängen.«

Um die Rolle der Anna Holm spielen zu können, mußte Ingrid Bergman sich einverstanden erklären, *Nur eine Nacht (En enda natt)* zu drehen, ein Film, den sie für »Schund« hielt, doch er entsprach ihrem Rollenklischee. Für die schwedischen Kinogänger war sie das »herrgårdsflicka« geworden, das Mädchen vom Herrenhaus, reich, schön, doch nahezu unerreichbar; es war wohl Rune Waldekranz, der sie zuerst in einer Kritik so bezeichnet hat. In *Nur eine Nacht* verläßt ein gutaussehender junger Mann, gespielt von Edvin Adolphson, seine Geliebte und den Wanderzirkus, in dem er arbeitet, um seine Ansprüche als unehelicher Sohn eines reichen alten Aristokraten geltend zu machen. Auf dem Landsitz seines Vaters verliebt er sich in Ingrid Bergman; sie weist einen rüden betrunkenen Verführungsversuch zurück, und ihm wird klar, daß er beim Zirkus glücklicher ist. Er verläßt das Gut und heiratet seine Geliebte.

Nur eine Nacht war eigentlich ein schwülstiges Melodram, doch Ingrid Bergmans bloße Anwesenheit schien schon auszureichen, einen Film bemerkenswert zu machen. Ihre Schönheit war jetzt voll erblüht, eine wie überwirkliche Schönheit, die einem den Atem nahm und der sich kaum jemand zu entziehen vermochte, auch ihre Filmpartner nicht. Adolphsons Verführungsszenen waren wohl nicht nur gespielt. »Adolphson legte seine Arme wie schützend um sie«, so ein Schauspieler, der damals dabei war, »aber ich kannte seine wahren Motive. Ich fand das schrecklich. Er war bekannt dafür, daß er sich die Mädchen einfach nahm. Er war groß und stark, und das hatte es ihr angetan. Ingrid wollte immer jemand Starkes.«

»Ich weiß noch, als Petter und Ingrid gerade verheiratet waren und wir sie besuchten«, erzählt Elsa Holm. »Ingrid war ärgerlich, weil Edvin Adolphson mit ihr zu flirten versuchte. Petter sollte Adolphson sagen, daß er sich anständig benehmen solle, sonst würde sie nicht weiterfilmen. Sie war sehr aufgebracht. Und sie wollte immer, daß Petter sich um die Dinge kümmerte. Sie selbst wollte mit den Problemen nicht in Berührung kommen. Sie drängte Petter, das zu tun.«

Ingrid Bergman war einer der populärsten Stars in Schweden, doch sie hatte höhere Aspirationen. Hollywood war die Hauptstadt des Films, doch gab es schließlich auch in Deutschland eine bedeutende Filmindustrie. Ingrid Bergman konnte Deutsch, sie war ja halbe Deutsche. Anfang 1938 unterzeichnete sie — gegen Lindströms Widerstand, wie er sagt — mit der UFA einen Vertrag über drei Filme. Ihr erster Film war *Die vier Gesellen*, ein etwas geistloses Lustspiel. Aber danach, im nächsten Film, sollte sie Charlotte Corday, die Mörderin Marats, spielen, und das war eine Rolle, die sie sehr reizte.

Ingrid Bergman war schwanger, aber das war kein Grund für sie, nicht zu arbeiten. Als sie zu den Dreharbeiten in Berlin eintraf, waren Hitlers Truppen gerade in Österreich einmarschiert. Deutsche Flugzeuge flogen Angriffe gegen die Spanische Republik. George Orwell sprach in jenem Sommer 1938 vom Zeitalter der »Gummiknüppel und Konzentrationslager«. Doch Ingrid Bergman bemerkte wenig von dem, was um sie herum vorging, und noch weniger verstand sie. Sie war sich nicht bewußt, daß sie mit ihrer Anwesenheit in Deutschland dem Naziregime Glaubwürdigkeit verschaffte.

Sie war nicht die einzige schwedische Schauspielerin, die in Deutschland filmte. Zarah Leander war UFA-Star. Kristina Söderbaum, die später im berüchtigten *Jud Süß* spielte, war mit einem deutschen Regisseur verheiratet und mehr Deutsche als Schwedin. Auch Signe Hasso hatte für die Deutschen gefilmt.

Später erzählte Ingrid Bergman, daß es sie erschreckt habe, was sie in Berlin gesehen hat. Als Carl Froelich, der Regisseur der *Vier Gesellen*, sie mitnahm zu einer Nazi-Veranstaltung, bei der auch Hitler anwesend war, da habe sie sich geweigert, den Arm zum Hitlergruß zu heben.

Lindström hat eine andere Erinnerung an die Haltung seiner Frau. »Ingrid wußte, daß Goebbels nicht nur Propagandaminister war, sondern auch die Oberaufsicht über die Filmstudios hatte. Frau Adler nahm sie einmal mit zu einer Veranstaltung, auf der Goebbels redete, und sie sagte, es sei eine phantastische Rede gewesen.«

Ingrid Bergman wollte nur arbeiten, keine unübliche Haltung bei einer Schauspielerin. Filmstars werden verurteilt, wenn sie politisch Standort beziehen; es heißt dann, sie nutzten ihre Berühmtheit aus. Und sie werden verurteilt, wenn sie schweigen; es heißt dann, sie seien indifferent und hätten nur ihre Karriere im Sinn. Das, was Ingrid Bergman ausstrahlte, ließ ihr Publikum nur zu gern glauben, sie stehe auf der Seite des Rechts und des Guten. Sie war jedoch — in Deutschland und auch später — allem Politischen gegenüber indifferent.

Während Ingrid Bergman in Berlin war, verbrachte Lindström viel Zeit damit, ein Haus zu suchen, Cyril und Elsa Holm begleiteten ihn oft. »Er hielt immer nach dem Besten für Ingrid Ausschau«, sagte Elsa Holm. »Er wollte das allerschönste Haus.«

Lindström selbst erinnert sich: »Ich habe ihr mehr Schmuck geschenkt als ich mir leisten konnte.« Einer seiner Patienten war der Hofjuwelier Carleman. Dafür daß Lindström ihn behandelte, verkaufte er ihm zum Selbstkostenpreis mehrere wertvolle Schmuckstücke, unter anderem einen Diamantring und einen Platinring mit einem großen Aquamarin.

Als Ingrid Bergman eines Tages aus dem Filmstudio ins Hotel Adlon zurückkam, saß Petter Lindström in der Halle. Er war extra aus Stockholm gekommen, damit sie sich nicht so allein fühlte, und er wohnte in einem schäbigen Hotel in der Nähe des Adlon. Er tat alles für sie, er wollte so sehr, daß aus ihr etwas Bedeutendes würde.

Die vier Gesellen war keineswegs ein Stück Nazi-Propaganda. Der Film beschreibt die Abenteuer von vier jungen Frauen in einer Werbeagentur, und er war etwas dürftig für eine Schauspielerin wie Ingrid Bergman. Für die Dreharbeiten wurde ihr Bauch hochgebunden. Damit man ihre Schwangerschaft nicht sah. Am Wochenende gingen Lindström und eine deutlich erkennbar schwangere Ingrid Bergman durch die Straßen von Berlin. Petter Lindström fotografierte verstohlen Symbole des neuen Deutschland, indem er z. B. Ingrid Bergman vor jüdischen Geschäften, die mit Hakenkreuzen beschmiert waren, posieren ließ.

Für ihn konnten die Dreharbeiten nicht schnell genug beendet sein — in diesem Deutschland, in dem Hitler donnerte und lärmte, mit der Besetzung der Tschechoslowakei drohend, falls seiner Forderung nach Übergabe des zum großen Teil von Deutschen bewohnten Sudetenlandes nicht entsprochen würde. Ingrid Bergman jedoch war so freundlich zu ihren Gastgebern, daß ihr ein Nazi-Orden verliehen wurde; er befand sich noch am Ende des Zweiten Weltkrieges in ihrem Haus.

Einen Monat nach ihrer Rückkehr nach Schweden wurde ihre Tochter geboren, am 20. September 1938. Sie nannten das Baby Friedel Pia, Friedel nach Ingrid Bergmans Mutter, Pia zusammengesetzt aus den Anfangsbuchstaben von Petter, Ingrid, Aron, davon abgesehen ist Pia ein durchaus üblicher Name in Schweden. Ingrid Bergman hatte nie in einem Haushalt gelebt, in dem es ein Baby gab. Sie hatte ihre Schwangerschaft mit Lässigkeit hingenommen und nicht daran gedacht, daß ein Kind ihr Leben dramatisch verändern könnte. Sie war nicht besonders mütterlich. Sie hat später selbst zugegeben, Friedel Pia keine gute Mutter gewesen zu sein. Studiofotografen machten romantische Fotos von der Schauspielerin mit ihrem Kind; doch ein Schnappschuß von Lindström kam der Realität wohl näher. Da ist eine verwirrte junge Frau zu sehen, die fast noch wie ein Kind wirkt, ihr Baby hält sie unbeholfen auf dem Arm, so als wüßte sie nicht recht, was sie mit dem hilflosen kleinen Bündel anfangen sollte.

Ingrid Bergman konnte immer in ihre Rollen fliehen und da eine schönere Realität finden. Nach Friedel Pias Geburt plante sie nach Deutschland zurückzukehren und einen zweiten Film zu drehen. Sie stellte sich vor, einfach zwischen den Filmmetropolen hin- und herfahren zu können. Sie sah nicht, daß Anfang 1939 in Berlin einen Film zu machen ein politischer Akt war.

Petter Lindström wollte unter keinen Umständen, daß seine Frau nach Nazi-Deutschland fuhr. »Ich hatte ihr schon beim ersten Mal gesagt, sie sollte nicht hinfahren«, erzählt er. »Dieses Mal sagte ich ihr, wenn du nach Berlin gehst, ist es aus mit unserer Ehe.« Er wußte sehr gut, der einzige Weg, sie von der Erfüllung ihres Vertrages abzuhalten, bestand darin, anderswo bessere Möglichkeiten zu finden. So nahm er, ohne Ingrid etwas davon zu sagen, Kontakt zu Helmer Enwall auf, einem führenden Theateragenten, und bat ihn, Rollen für sie in England oder Amerika zu suchen.

Ingrid Bergman war in Amerika schon bekannt, zumindest bei denen, die ständig auf der Suche nach Talenten für Hollywood waren. Als *Intermezzo* im Dezember 1937 im Cinema de Paris in New York Premiere hatte, machten sowohl der Film als auch seine Hauptdarstellerin entschieden Eindruck. »Der Film ist ergreifend und voller Pathos, und, vor allem, er zeigt eine talentierte, schöne Schauspielerin, Ingrid Bergman«, schrieb *Variety* und fügte hinzu: »Miss Bergmans Stern ist für Hollywood bestimmt.«

Ingrid Bergman hat immer Kay Brown das Verdienst zugeschrieben, sie für Amerika entdeckt zu haben. Ende der dreißiger und Anfang der vierziger Jahre arbeitete Kay Brown in New York für den Hollywood-Produzenten David O. Selznick als seine Repräsentantin an der Ostküste. Ingrid Bergman erzählte gern die Geschichte, wie Kay Brown in der Park Avenue Nr. 230, wo sie ihr Büro hatte, von einem begeisterten schwedischen Liftboy zum ersten Mal auf *Intermezzo* aufmerksam gemacht wurde. Kay Brown erinnert sich nicht an diese Episode; doch es bedurfte kaum der Intervention eines jungen Schweden, damit Selznick International über Ingrid Bergman stolperte. »Wie ich mich erinnere, schickte David eine seiner berühmten Aktennotizen, wir sollten ausländische Filme ansehen und feststellen, ob sie sich für ein Remake eigneten«, sagt Kay Brown. »Meine Assistentin Elsa Neuberger und ich sahen uns *Intermezzo* an. Die Geschichte gefiel mir nicht besonders, aber da war dieses wundervolle Mädchen.«[4]

Wenn es jemandem zuzuschreiben ist, Ingrid Bergman für Amerika entdeckt zu haben, dann jedoch nicht Kay Brown, sondern Jenia Reissar; ihre Rolle in der Angelegenheit ist völlig in Vergessenheit geraten. Jenia Reissar war damals und bis in die fünfziger Jahre hinein Selznicks Repräsentantin in London. Kay Brown schrieb am 26. Juli 1938 an Selznick: »Miss Reissar drängt mich schon seit langem, ich soll mir einen Film mit Ingrid Bergman ansehen. Heute hatte ich die Gelegenheit, *Intermezzo* zu sehen . . . Ganz offen gesagt, ich weiß nicht, was ich über Miss Bergman sagen soll. Sie ist einfach bezaubernd in einigen Teilen des Films und in anderen furchtbar häßlich . . . Die Story ist zu konstruiert, aber falls Sie interessiert sind an Miss Bergman, nachdem Sie den Film gesehen haben, ich habe alle Daten über sie im New Yorker Büro.«[5]

Sie schickte am nächsten Tag eine Kopie des Films nach Hollywood. In der Filmbranche wird das Prädikat »Genie« ungefähr so häufig vergeben wie Abzeichen bei den Pfadfindern. Doch Selznick verdiente es wie nur einer. Schon in den dreißiger Jahren war er leitender Produzent bei RKO und MGM gewesen, jetzt.hatte er sein eigenes Studio, Selznick International, und er war mitten in der Produktion des Films, den man erwartete, wie man noch keinen Film in Hollywood erwartet hatte: *Vom Winde verweht (Gone with the Wind)*.

Der Satz »Produced by David O. Selznick« war fast schon eine Garantie für Qualität. Selznick war stolz darauf, daß er den Details eine so außergewöhnliche Aufmerksamkeit widmete — sei es Marlene Dietrichs Haar in *Der Garten Allahs (The Garden of Allah)* oder das Geräusch der Brandung in *Ein Stern geht auf (A Star Is Born)*.

Alles an *Intermezzo* begeisterte Selznick; das Drehbuch, der Regisseur, Ingrid Bergman. »Behandeln Sie es vertraulich«, schrieb er in einer Aktennotiz vom 15. August, »ich möchte einen Vertrag über ein Remake; mit dem Regisseur und mit dem Mädchen.«[6] Selznick war so begeistert von Ingrid Bergman, daß er Kay Brown am nächsten Tag telegrafierte, er »würde auch noch interessiert sein, wenn sie erst nächstes Jahr anfangen kann«.[7] Selznick war ganz und gar nicht frei von Paranoia, und er malte sich schon aus, was alles schiefgehen könnte. Er hatte bemerkt, daß im Vorspann von *Intermezzo* Gustav Molander und Gösta Stevens an erster Stelle genannt wurden und kabelte an Kay Brown: »Ein kalter Schauer durchläuft mich, daß wir uns vielleicht um das falsche Mädchen bemühen. Vielleicht ist Gösta Stevens das Mädchen, das wir haben wollen.«[8] Stevens, männlichen Geschlechts, hatte mit Molander zusammen das Drehbuch zu *Intermezzo* verfaßt; es war das erste und das letzte Mal, daß er mit Ingrid Bergman verwechselt wurde.

Wenn Selznick sich etwas in den Kopf gesetzt hatte, dann

ergoß sich bald eine Flut von Aktennotizen und Anweisungen über seine Mitarbeiter, und er sprudelte über vor Ideen, ohne Rücksicht auf Zeit und Geld. Innerhalb von drei Tagen erfuhr er, daß Svensk Filmindustri 25 000 Dollar für die Rechte an *Intermezzo* verlangte. Er hatte nicht die Absicht zu warten, bis er die Rechte formal erworben hatte. Er hatte eine Menge Ideen, wer alles als Darsteller für den Film in Frage kommen könnte: Charles Boyer, Leslie Howard, William Powell oder Ronald Colman für die Hauptrolle; Andrea Leeds für Ingrid Bergmans Part; die Nazimova oder Gloria Swanson für die Ehefrau; Lionel Barrymore für den Manager des Geigers. Ein Übersetzer wurde für 75 Dollar die Woche engagiert, und am 24. September gab es eine erste englische Version des Originaldrehbuchs.

Das schwedische *Intermezzo* wurde den Zensoren der Production Code Administration vorgeführt, Leiter dieser freiwilligen Selbstzensur der Filmindustrie war damals Joseph Breen.

Die Vorführung des Films besorgte Val Lewton, Selznicks Repräsentant für die Westküste. Lewton war ein Mann mit trockenem Witz. Er hatte sein Vergnügen an den Eigenheiten der Zensoren und machte sich einen Spaß daraus, sie zu ironisieren. Noch vor kurzem, während der Dreharbeiten zu *Die jungen Herzen sind's (The Young in Heart)*, hatte er Selznick gewarnt wegen einer Szene, in der Billie Burke angeblich »ihren Kopf zwischen die Beine einer männlichen Statue drängt, aufblickt und sagt: ›Sind sie nicht süß‹, oder etwas ähnliches. Unnötig hervorzuheben, daß es nur einen Teil der männlichen Anatomie gibt, den man mit den Worten ›they‹ oder ›them‹ bezeichnen kann. Ich habe in der Tat zuverlässige Informationen, daß Mr. Breen einmal folgenden Dialog aus einem Western entfernen ließ: ›Come on, boys, cut them off at Eagle Pass‹ (Schneidet sie am Eagle-Paß ab).«[9]

Die Zensoren hatten vor allem eine Sorge: »Die ›Bestrafung des Mädchens‹ muß ein wenig härter ausfallen.«

Ingrid Bergman hörte durch Jenia Reissar aus London von dem Angebot. Es war kurz vor der Geburt ihres Kindes; und Jenia Reissar kabelte Kay Brown nach New York: »Bergman nicht besonders interessiert. Kann sowieso die nächsten sechs Monate nicht arbeiten, da sie Baby kriegt und noch einen Film für die UFA machen muß.«

Ende September reiste Jenia Reissar nach Stockholm in der

Hoffnung, Ingrid Bergman und den Regisseur Molander für *Intermezzo* verpflichten zu können, den Vertrag mit Svensk Filmindustri abzuschließen und eventuell noch eine andere junge schwedische Schauspielerin unter Vertrag zu nehmen, Signe Hasso. In den Hotels waren kaum Ausländer. Plakate in den Straßen verkündeten die Mobilmachung der britischen Flotte. Die Zeitungsschlagzeilen berichteten von Hitlers Ultimatum an Prag. Bei einem Treffen Jenia Reissars mit Selznicks schwedischem Anwalt wurde dieser telefonisch für den nächsten Tag zu seiner Artillerieeinheit in Südschweden einberufen.

»Das Gefühl des Unbehagens fängt an sogar mich zu überwältigen!« schrieb Jenia Reissar an Kay Brown. Trotzdem schaffte sie es, die Rechte an *Intermezzo* für 12 500 Dollar zu erwerben. Bei Ingrid Bergman hatte sie weniger Glück. Sie traf mit Lindström zusammen, der ihr sagte, »es hätte nicht viel Sinn im Augenblick, mit ihr (Ingrid) Geschäftliches zu besprechen, da sie nicht am Filmen im Ausland interessiert sei, aber sie wollte mich treffen . . . Ich mußte ihm allerdings versprechen, bei ihr nicht auf bestimmten Verhandlungspunkten oder gar einer Antwort zu bestehen.«[10]

Am Nachmittag ging Jenia Reissar in das Haus der Lindströms. »Sie war gerade mit dem Baby nach Hause gekommen«, erinnert sie sich. »Sie war so stolz und glücklich. Sie brachte es herein und zeigte es mir. Sie sagte, sie könnte im Moment nicht nach Amerika kommen oder überhaupt etwas in Erwägung ziehen, das Kind müßte erst älter sein. Ich erzählte ihr, daß man für die männliche Hauptrolle an Leslie Howard dachte. Sie war ganz verrückt nach ihm, und das hat, glaube ich, großen Eindruck auf sie gemacht, sie wollte mit ihm arbeiten. Aber sie war noch nicht soweit, über Geschäfte zu reden.«[11]

»Es war ein psychologisch sehr ungünstiger Moment, mit dem Mädchen zu reden«, schrieb Jenia Reissar an Kay Brown. Molander hatte Ingrid Bergman gedrängt, den Vertrag zu unterzeichnen. Er erzählte ihr, er dürfe bei der amerikanischen Version von *Intermezzo* nur unter der Bedingung Regie führen, daß sie mit ihm ginge. Das brachte sie durcheinander, doch sie gab seinen Bitten nicht nach. Jenia Reissar versicherte ihr, daß die Verhandlungen mit Molander ganz und gar getrennt geführt würden.

»Vor 1940 käme für sie, wenn überhaupt, nur ein Filmvertrag in Schweden in Frage, über etwas anderes wollte sie nicht reden«, schrieb Jenia Reissar an Kay Brown. »Sie fühlte sich geschmeichelt durch Selznicks Interesse, ich denke, das war ehrlich. Obwohl Hollywood ihr Angst einzujagen scheint, möchte sie doch sehr gern hin, aber sie möchte nicht so gern wieder *Intermezzo* machen . . . Ich denke, man wird besser mit ihr reden können, wenn sie ihren UFA-Film abgedreht hat und wieder in Arbeitsstimmung ist. Im Moment ist sie ganz zufrieden mit ihrem Zuhause und mit Mann und Kind.«[12]

Da war wieder die Ingrid Bergman, die schüchtern erscheinen konnte, aber selbstsicher genug war, eine Rolle auszuschlagen und die Selznick-Leute zu bitten, noch wenigstens 15 Monate Geduld zu haben.

Selznick war nicht mehr interessiert an Signe Hasso oder an Molander, aber er wollte immer noch Ingrid Bergman verpflichten, selbst wenn es nicht für die Rolle in *Intermezzo* wäre. Er hatte einen hervorragenden Blick für Talente, und er war nicht der einzige Hollywood-Produzent, der sich für Ingrid Bergman interessierte: Hal Wallis von Warner Brothers war kurz zuvor in Stockholm gewesen und hatte *Das Gesicht einer Frau* gesehen.

Die Besetzungsfrage machte Selznick furchtbar zu schaffen. Er hatte sogar mit dem Gedanken gespielt, Jascha Heifetz, den großen Violinvirtuosen, für die Hauptrolle zu gewinnen. Er versuchte, Loretta Young zu bekommen, aber das klappte nicht, und im Januar kam er widerstrebend zu dem Schluß, daß »es anscheinend keine Möglichkeit gibt, den Film angemessen zu besetzen und die Kosten dabei im Rahmen zu halten. Ich bekomme allmählich das Gefühl, das beste wird es sein, auf die Bergman zu warten und dann um ihr Debüt in dem Film einen gewaltigen Rummel zu machen.«

Selznick wurde, wie er selbst zugab, »ziemlich verzweifelt . . . wir haben nämlich keinen Film zwischen *Vom Winde verweht* und *Rebekka* eingeplant, und *Intermezzo* wäre genau richtig«. Selznick spielte immer mit hohem Einsatz. Ingrid Bergmans vertragliche Verpflichtungen der UFA gegenüber kümmerten ihn nicht. Er beschloß, sie zu drängen, möglichst sofort nach Hollywood zu kommen, selbst auf das Risiko hin, sie für immer zu verlieren.

In London bemühte sich Jenia Reissar angestrengt, per Telefon mit Ingrid Bergman in Verhandlungen zu kommen. Sie schrieb an Kay Brown: »Auf fast jede Frage hat sie geantwortet: ›Vielleicht. Ich weiß noch nicht. Ich schreibe Ihnen.‹ Und das ist alles — außer daß sie nicht schreibt.«[13] Jenia Reissar blieb beharrlich und überredete Ingrid Bergman schließlich dazu, *Intermezzo (Intermezzo. A Love Story)* zu machen.

Je mehr Ingrid Bergman über die Rolle nachdachte, desto aufgeregter wurde sie. Als Jenia Reissar das nächste Mal anrief, war sie schon begeistert. Und sie war noch mehr interessiert, als sie Ende Januar 1939 erfuhr, daß die UFA das Charlotte-Corday-Projekt aus politischen Gründen fallenließ. (Im nachhinein erscheint es kaum vorstellbar, daß dieses sympathische Portrait einer Tyrannenattentäterin im Nazi-Deutschland hätte realisiert werden können.)

Ingrid Bergman schrieb gleich an Jenia Reissar, daß sie im Herbst 1939 oder im Jahr darauf für einen Film zur Verfügung stehe, sie verlangte 3000 Dollar pro Drehwoche, bei einem Minimum von sechs Wochen. Aber Selznick wollte Ingrid Bergman sofort. Er schickte Kay Brown nach Europa. Während sie den Atlantik überquerte, gingen zwischen London und Stockholm Telegramme hin und her, die die Einzelheiten des Vertrages klären sollten. Ingrid Bergman wurde gebeten, zum Vertragsabschluß nach London zu kommen. Doch das gefiel ihr nicht. Sie bestand darauf, daß Kay Brown nach Schweden kam.

Im Februar flog Kay Brown von London aus nach Stockholm. Mit ihr kam ein Londoner Anwalt, Joynson Hicks, der die rechtlichen Fragen klären sollte. Kay Brown erkältete sich auf dem Flug; sie saß im Morgenrock in ihrer Suite im Grand Hotel und sah kaum so aus, wie man sich eine Top-Frau aus der Filmbranche vorstellt.

Sie hatte keinen Anruf von den Lindströms bekommen, aber plötzlich klopfte es an der Tür, und da standen die beiden. »Ingrid sah wunderschön aus. Sie trug einen Mantel aus Biberpelz und einen Hut, in der Hand einen Strauß mit gelben und blauen Blumen für mich.«

»Willkommen in Schweden«, sagte Ingrid Bergman, und dann entschuldigte sie sich, sie und Petter hätten eine Einladung zum Essen und könnten nicht bleiben. Lindström rief noch eine Ärztin an, die Kay Brown behandeln sollte.

Kay Brown gab später offen zu, daß sie ärgerlich und enttäuscht gewesen sei.[14] Am nächsten Tag gestand Petter Lindström lachend, daß sie gar keine Essenspläne gehabt hätten. Sie hatten Kay Brown bloß begutachten wollen.

Ingrid Bergman tat zwar so, als sei es ihr gleichgültig, aber sie fand die Aussicht sehr aufregend, in Hollywood zu filmen. Kay Brown hatte ihr William Wyler als Regisseur und Leslie Howard als Partner versprochen, die sie beide bewunderte. Lindström lag vor allem daran, Ingrid von Deutschland und deutschen Filmen wegzubekommen. Kay Brown wußte gar nicht, wie sehr die beiden den Erfolg der Verhandlungen wollten. Sie schrieb an Selznicks Büro: »Als ich in Schweden eintraf, fand ich Miss Bergman in so großer Verwirrung über unsere verschiedenen Bitten an sie, über Änderungen von Daten etc., daß es aussah, als würden wir nie zu einer Abmachung kommen.«[15] Ingrid Bergman und Petter Lindström waren nicht sicher, wie eindeutig Kay Browns Auftrag war, Ingrid nach Hollywood zu bringen. Und so verhandelten sie drei Tage lang: der Agent Helmer Enwall, Ingrid Bergmans Anwalt Cyril Holm, Kay Brown und ihr Londoner Anwalt. Ingrid Bergman saß dabei und sagte wenig.

Kay Brown wurde klar, daß »Ingrid nur zu ihren eigenen Bedingungen nach Hollywood gehen wollte«. Eigentlich sollte Ingrid Bergman den üblichen Vertrag über sieben Jahre erhalten, eine Form vertraglich geregelter Sklaverei, bei der Selznick das Recht hatte, sie jedes Jahr fallenzulassen. Doch laut Kay Brown stimmte Lindström einem solchen Vertrag nicht zu. Lindström sagt allerdings, er sei bei den Verhandlungen überhaupt nicht dabeigewesen und habe mit dem Vertrag nichts zu tun gehabt. Ingrid Bergman und Kay Brown versicherten Jahre später beide, daß Ingrid einen Vertrag über einen Film mit der Option auf einen zweiten unterzeichnet habe. In der Tat unterschrieb Ingrid Bergman für *Intermezzo*, die Gage belief sich auf 20 000 Dollar. Aber der Vertrag[16] sah auch vor, daß Selznick in den nächsten fünf Jahren ein oder zwei Filme pro Jahr mit ihr machen konnte, die Gage würde sich auf 40 000 Dollar pro Film erhöhen. Und Ingrid Bergman hatte das Recht, zwei Filme pro Jahr außerhalb Amerikas zu drehen.

Selznick gefiel der Name Ingrid Bergman nicht. Er telegrafierte Kay Brown ins Grand Hotel, sie möge nach Vertragsabschluß mit Ingrid Bergman darüber sprechen, daß ihr Name »für ein angelsächsisches Publikum einen irgendwie unattraktiven, ja semitischen Klang« habe. Eine Woche später, als Selznick noch nichts über eine mögliche Namensänderung gehört hatte, telegrafierte er noch einmal: »Ich hoffe, mit dem Telegramm ist nichts schiefgegangen.«[17]

Kay Brown erzählte später, Ingrid Bergman habe auf sie wie ein unschuldiges junges Mädchen gewirkt. Es gab Leute in Schweden, die sagten, diese Unschuldsaura sei trügerisch. Ingrid Bergman sei eine berechnende, ehrgeizige, egoistische junge Schauspielerin. Aber eben diese Aura von Unschuld war es, die Kay Brown in *Intermezzo* erspürt hatte. Und das war es, was Selznick verpacken und dem amerikanischen Publikum verkaufen wollte.

Kay Brown bekam allerdings auch einen Eindruck von einer anderen Ingrid Bergman. Sie hatte in Stockholm mit Signe Hasso gesprochen. »Ich hatte Angst, Ingrid Bergman könnte herausfinden, daß ich Signe Hasso getroffen hatte«, schrieb Kay Brown an Selznick, »also erwähnte ich sie beiläufig im Gespräch, und Ingrid Bergman sagte, sie kenne sie zwar nicht, wisse aber, daß sie Schauspielerin sei. Die Bergman hat eine herrliche Arroganz an sich, die mir persönlich gefällt.«

Kay Brown behauptet, sie sei versucht gewesen, Ingrid Bergman auszureden, nach Amerika zu gehen. Sie habe ihr geraten, es sich gut zu überlegen, schließlich habe sie ein entzückendes Baby und ein schönes Heim.

Das war jedoch eine merkwürdige Äußerung der Repräsentantin von Selznick. Kay Brown hatte nicht vor, mit leeren Händen nach Amerika zurückzukehren, um Selznick zu erklären, sie habe sich nicht an der Korrumpierung einer Unschuld beteiligen wollen. Ihre »Gewissensbisse darüber, was ich diesem wundervollen jungen Paar antat«, waren wohl als eine Verneigung vor dieser »Aura von Unschuld« zu verstehen.

Kay Brown begriff schnell, daß Ingrid Bergman einen starken Willen hatte und unnachgiebig war, wenn es um ihre Karriere ging. Wegen der Probleme bei *Vom Winde verweht* stand Leslie Howard nicht mehr als Hauptdarsteller für *Intermezzo* zur Verfügung. Charles Boyer war eine Alternative, falls man den Drehbeginn bis Juni verschieben konnte. Ingrid Bergman telegrafierte, daß sie »zutiefst enttäuscht«[18] sei. Sie bestand auf Howard oder einem Star gleicher Bedeutung. Sie erinnerte die Selznick-Organisation daran, daß sie »schon zwei Filme in Eupa geopfert« habe, um *Intermezzo* zu drehen.

Sie war teilweise besänftigt, als Howard wieder ihr Partner sein sollte, aber sie hatte immer noch eine Menge Wünsche und verrückter Einfälle. Lindström sagt, auf ihr Verlangen habe er einen langen Brief an Kay Brown geschrieben. Sein Englisch war nicht gerade perfekt, aber es wurde klar, was er sagen wollte.

Die Leute sollten Ingrid nicht belästigen: »Meine Frau, die seit ihrer Kindheit sich selbst überlassen war, vermeidet gern fremde Leute und Gesellschaftsleben . . . Sie hat Angst, daß in Hollywood eine Menge Leute aus Skandinavien und heutzutage sogar Deutsche sie stören könnten, sie einladen usw.« Er wollte eine angemessene Unterkunft: »Diese könnte in der Nähe des Studios sein, wenn möglich auf einer Anhöhe und mit etwas Ausblick. Kein Luxus-Appartement! Mehr als 2 bis 3 Zimmer werden wohl nicht nötig sein. In einem Hotel könnte sie gestört werden.« Über ihre Filme: »Sie wird natürlich nicht, auch nicht in der Zukunft, in einem Film arbeiten, der irgendeine Tendenz oder Propaganda gegen ein Land hat, das ihre Dienste in Anspruch genommen und ihr Gastfreundschaft gezeigt hat . . . Natürlich werde ich sehr froh sein, wenn wir die UFA informieren könnten, daß Selznick Int. z. B. nicht die Absicht hat, deutschfeindliche Filme herauszugeben.«[19]

Ingrid Bergman beschloß, daß sie die Schiffsreise nach New York zusammen mit John Hay (»Jock«) Whitney, dem Vizepräsidenten von Selznick International, machen wollte. Whitney beschloß, daß er nicht mit Selznicks Neuentdeckung die Zeit allein verbringen wollte; wieder gab es ein Problem. WENN WIR SIE DAUERND MIT SAMTHANDSCHUHEN ANFASSEN MÜSSEN SOLLTEN WIR SIE VIELLEICHT GLEICH IN DIE GLASFABRIK ZURÜCKSCHICKEN, kabelte Selznick an Kay Brown.[20]

Doch schließlich brach Ingrid Bergman auf und ließ ihren Mann und das sechs Monate alte Baby in Stockholm zurück. Sie plante, die Dreharbeiten zu *Intermezzo* bis zum Juli abgeschlossen zu haben. Aber auch die Zukunft in Deutschland lag noch vor ihr.

4.

»Eine Person, mit der man zu rechnen hat«

Ingrid Bergman fuhr von Southampton aus mit der Queen Mary nach New York. Die New Yorker Zeitungsleute hätten sich sicher um eine Story über die Ankunft des neuesten »Selznick-Stars« gerissen; doch als das Schiff am 20. April 1939 in New York City anlegte[1], war nur Kay Brown zur Begrüßung an der Gangway. Sie verfrachtete Ingrid Bergman schnell ins Chatham Hotel.

Selznick hatte Kay Brown gesagt, daß er keine Publicity wollte. Er dachte noch immer über eine Namensänderung nach. Außerdem spürte er, daß das Publikum von dem gewaltigen Jubel über diesen oder jenen ausländischen Star genug hatte. Sie kamen in einer endlosen Parade — Pola Negri, Anna Sten, Miliza Korjus, Luise Rainer, Luli Deste, Isa Miranda, Tilly Losch, Lya Lys. Sie wurden herumgereicht, fotografiert und in fast allen Fällen vergessen. »Ich denke, das Beste wird es sein, sie ohne Aufsehen ins Studio zu holen«, schrieb Selznick an Kay Brown, »dann mit ihr den Film zu machen, mit nicht mehr Publicity als für irgendeine unbedeutende Hauptdarstellerin, und sie richtig rauszubringen, wenn der Film fertig ist.«[2]

Selznick hatte unbestreitbar ein geniales Gespür für Publicity. Noch bevor er Ingrid Bergman kennenlernte, hatte er erkannt, was sie einzigartig machte. Er würde sie verkaufen — eben dadurch, daß es so aussah, als verkaufte er sie nicht. Er würde an ihrem Namen herumbasteln, notfalls würde sie Ingrid Bergman für Europa bleiben und nur in den Staaten einen eingängigeren Namen bekommen; jedenfalls würde er mit ihrer »Natürlichkeit« werben.

Ingrid Bergman wußte davon nichts. Falls sie es seltsam fand, daß keiner da war, um sie bei ihrer Ankunft zu interviewen, so sagte sie doch nichts. Sie hatte ohnehin wenig Zeit, sich den Kopf zu zerbrechen, Kay Brown hielt sie auf Trab. Auf Dinnerpartys war Ingrid Bergman die Sensation. Kay Brown hatte Vergnügen daran, sie mit »geeigneten Leuten«, wie sie sagte[3], zusammenzubringen, ein Service, den Lindström nicht sehr amüsant gefunden hätte. Ein äußerst wohlhabender Begleiter wollte ein Flugzeug mieten und mit Ingrid Bergman über New York fliegen. Sie sagte nein zu diesem Angebot, wie sie auch zu anderen nein sagte.

Wenn sie über ihre Vergangenheit sprach, betonte Ingrid Bergman für gewöhnlich die einfacheren Aspekte ihres Lebens, doch es fiel ihr überhaupt nicht schwer, sich hier an Champagner und Kaviar zu gewöhnen. Ein anderer europäischer Star hätte sich vielleicht für das Chateaubriand im Stork Club entschieden oder ein spätes Abendessen im El Morocco, aber Ingrid Bergman entdeckte das Zentrum der kulinarischen Genüsse, das Schrafft's. Sie konnte allerhand »vermöbeln«, am liebsten aß sie Eisbecher.

Die Selznick-Leute waren nicht davon angetan, daß ihre engelgleiche Neuerwerbung bei Schrafft's Vanilleeis in sich hineinschlang. »Ich bekam Probleme«, erzählt Elsa Neuberger. »Ihr gefiel es, aber sie sagten, das wäre kein Ort für Ingrid. Sie war eine sehr ungewöhnliche Frau. Sie war einfach in einer Weise, wie wenige Schauspielerinnen es sind. Sie wollte über Amerika etwas wissen. Sie wollte mit dem Bus fahren, also fuhr ich mit ihr Bus.«[4]

An ihrem ersten Sonntag lernte Ingrid Bergman Joan Payson, die Schwester von Jock Whitney, kennen, sowie William S. Paley, den Präsidenten von Columbia Broadcasting, und seine Frau. Sie war eine »Sensation«, wie Joan Payson es nannte. Joan Payson und die Paleys waren so eingenommen von Selznicks Entdeckung, daß sie ihr anboten, sie zur Eröffnung der Weltausstellung mitzunehmen.

Ingrid Bergman konnte nicht genug bekommen von Theaterstücken und Filmen. Sie ging in *Tobacco Road* von Erskine Caldwell, das gerade ein großer Hit war. Sie konnte den Hillbilly-Dialekt nicht verstehen, ein Handikap, das sie wohl mit einigen New Yorkern im Publikum teilte. Am nächsten Abend sah sie sich Raymond Massey in *Abe Lincoln in Illinois* an. Die geschnörkelte Sprache des 19. Jahrhunderts war ihr so fremd wie Suaheli.

Ingrid Bergman war nicht sehr glücklich darüber, daß die Dreharbeiten zu *Intermezzo* erst in einem Monat beginnen sollten. Kay Brown schrieb an Selznick: »Sie stellt mir jeden Tag tausend Fragen über Sie und hat Angst, daß sie Sie enttäuschen wird.«

Ingrid Bergman war eine Fremde in Amerika. In vieler Hinsicht war sie ihr ganzes Leben lang eine Fremde gewesen. Sie war als halbe Deutsche in Schweden aufgewachsen, einem Land, in dem es nur wenige Ausländer gab. Sie hatte keinen Mann aus Stockholm geheiratet, sondern einen, der aus dem dörflichen Schweden stammte und andere Wertvorstellungen hatte als ein Großstädter. Sie hatte gerade einen Film in Deutschland gemacht, wo sie sich oft mit den Feinheiten von Sprache und Gestik abmühen mußte. Jetzt war sie in den Vereinigten Staaten von Amerika, für sie das fremdeste Land von allen.

Jahre später schrieb Ingrid Bergman einer Verwandten, daß sie wie ein Zugvogel sei. Sie war auch jemand, der immer die Schutzfärbung seiner Umgebung annahm. Allerdings nicht gleich, am Anfang war sie sehr befangen. Sie fand es seltsam, wie die Amerikaner sich so häufig mit Vornamen anredeten und so taten, als wäre jedermann ein guter Freund.

Kay Brown führte sie herum und fuhr überall mit ihr hin. Kay Brown kleidete sich sehr weiblich — Seide, Pelze, Parfüm, teure hochhackige Schuhe —, doch sie war eine clevere Frau, die präzise dachte und hart argumentierte. Sie war Absolventin des Wellesley-College, hatte einen Mann und zwei Kinder und war die klassische »Karrierefrau« ihrer Zeit. Wäre sie dreißig Jahre später geboren, sie wäre wohl Produzentin geworden. Sie hatte Selznick in den Ohren gelegen, daß er die Rechte an *Vom Winde verweht* kaufen sollte. Kay Brown betrachtete Ingrid Bergman als ihre Entdeckung, und sie wachte mit Eifer, aber auch mit Zuneigung über sie.

Die Selznicks hatten Ingrid Bergman angeboten, in Los Angeles ein paar Tage in ihrem Haus zu wohnen — eine außergewöhnliche Geste. David und Irene Selznick hatten in ihrem weißen Ziegelhaus am Summit Drive in der Nähe des Beverly Hills Hotels fast nie Gäste, die über Nacht blieben. Der gesamte Haushalt hatte genug mit dem Hausherrn zu tun. *Vom Winde verweht* war jetzt in der Endphase, und Selznick war angespannt und gereizt. Er trank zuviel und nahm Aufputschmittel, war manchmal bis zum Tagesanbruch wach, aber auch dann war er noch besser als manche, die den Schlaf der Gerechten geschlafen hatten.

Ihr Zug traf am 6. Mai 1939 in Pasadena ein. Ingrid Bergman war überrascht, daß Selznick sie nicht vom Bahnhof abholte. Ein Presseagent fuhr sie zu dem Zweieinhalb-Morgen-Besitz der Selznicks.

Ingrid Bergman und Kay Brown gingen über den Rasen auf Irene Selznick zu, die am Radio ein Pferderennen verfolgte. Als Ingrid Bergman freundlich »Guten Tag« sagte, hörte sie nur ein lautes »Schsch!«, so als wäre sie ein lästiger Dienstbote. Irene Selznick war in diesem Moment wirklich nicht entzückt darüber, daß man ihr Ingrid Bergman aufgehalst hatte. Die Herrin von Summit Drive war die Tochter von Louis B. Mayer, dem Filmmogul der frühen Jahre.

Sie war als »Hollywood-Prinzessin« aufgewachsen, umgeben von einer königlichen Familie aus Moguln, Finanziers, Regisseuren, Produzenten und Agenten. Die dunkelhaarige junge Frau mit den scharfen, schmalen Augen, die wie eine Kamera arbeiteten, war ein Snob, in der besonderen Weise, in der man in Hollywood ein Snob ist. Hier gab es eine Gesellschaft, die nicht auf Blut gegründet war, sondern auf Erfolg. Der Erfolg konnte auf geheimnisvolle Weise kommen und er konnte ausbleiben, wie der Santa-Ana-Wind, der auf ihr neues Haus herunterwehte. Der Erfolg könnte sogar zu dieser großen, grobknochigen jungen Frau kommen, die da vor ihr auf dem Rasen hockte. Irene Selznick begrüßte sie schließlich.

Als Ingrid Bergman in ihr Zimmer ging, um sich frisch zu machen, bemerkte ihre Gastgeberin, daß sie nur einen einzigen Koffer bei sich hatte. Ingrid Bergman sagte, das sei ihr ganzes Gepäck. Sie sei ja nur für drei Monate nach Hollywood gekommen, um einen Film zu drehen, und für die Dreharbeiten würde sie mit Kleidung versorgt.

Irene Selznick bemerkte, daß der Schützling ihres Mannes ganz rot wurde, und schnell wechselte sie das Thema: die Dinnerparty, die die Selznicks am kommenden Sonnabend Ingrid zu Ehren geben würden. Ingrid Bergman erklärte, daß sie sogar ein Abendkleid mithätte, das würde sie dann auf der Party anziehen. Irene Selznick sagte ihr, die Party sei »informell«, eines der unergründlicheren Wörter aus dem bizarren Wörterbuch

Hollywoods. Doch als Ingrid Bergman dabei blieb, ihr Abendkleid anziehen zu wollen — sie hatte ja nichts Passenderes —, rief Irene Selznick die Gäste an und bat sie, in »formeller« Kleidung zu erscheinen.

An jenem Abend machte Ingrid Bergman ihren ersten Ausflug in die Hollywood-Welt, auf einer Dinnerparty bei Don the Beachcomber's, einem Prominentenrestaurant, das wie die Kulisse zu einem Hawaii-Musical wirkte. Die Gastgeberin war Elsa Maxwell, unermüdlich auf der Suche nach Berühmtheiten. Sie wußte nicht, wer Ingrid Bergman war, eine Unwissenheit, die sie mit praktisch jedem in Hollywood teilte.

Berühmtheiten schart man nicht um sich, indem man sich mit unbekannten schwedischen Schauspielerinnen abgibt, die kaum den Satz »Bitte reichen Sie mir die Butter« verstehen, geschweige denn den Hollywood-Klatsch oder die Insider-Witze. Irene Selznick versuchte Konversation mit ihrem Gast zu machen und bemerkte gleichzeitig, daß Elsa Maxwell kaum mit Ingrid Bergman sprach, und auch Grace Moore, Miriam Hopkins und Richard Barthelmess nicht, die Stars, die mit am Tisch saßen. Später, als Ingrid Bergman sich an dieses Essen erinnerte, machte sie es so wie immer: das Unangenehme ließ sie beiseite und erinnerte sich nur an exotische Kokosnuß-Drinks und ein paar Gesprächsfetzen.

Nach dem Essen gingen alle in Miriam Hopkins' Haus, um sich einen noch nicht aufgeführten Film anzusehen. Ingrid Bergman hatte noch immer nicht den mysteriösen David O. Selznick zu Gesicht bekommen, und sie war ängstlich; doch erst mal schaute sie den Film an.

Eine Hand faßte sie an der Schulter: »Mr. Selznick ist eingetroffen, er ist in der Küche und ißt, und er würde Sie gern sehen.«[5]

Endlich sollte sie den Mann kennenlernen, der aus ihr einen Star machen würde. Selznick saß am Tisch und stopfte Essen in sich hinein. Er sah aus wie ein neurotischer Teddybär, den man in eleganteste Maßkleidung gesteckt hatte.

»Mein Gott, ziehen Sie die Schuhe aus!« rief er, als er Ingrid Bergman sah. Diese Frau war ja eine Amazone im Vergleich zu seinen anderen großen Entdeckungen, Vivien Leigh oder Joan Fontaine.

»Das würde nichts nützen. Ich trage Schuhe mit sehr flachen Absätzen.«

Selznick stöhnte.

»Macht es Ihnen etwas aus, wenn ich mich hinsetze?«

»Natürlich nicht. Wie war Ihre Reise? . . . Ihnen ist natürlich klar, daß Ihr Name unmöglich ist.«

»So? Warum?«

»Nun, erst mal der Vorname. Wir können das nicht aussprechen. Man würde Ein-grid sagen, und Bergman geht auch nicht. Klingt viel zu deutsch. Es gibt eindeutig bald Probleme mit Deutschland, und wir wollen nicht, daß irgend jemand denkt, wir hätten eine deutsche Schauspielerin engagiert.«

Selznick ging nicht weiter ins Detail. Bemerkenswert an ihrem ersten Treffen war, wie Ingrid Bergman sich erinnerte, daß es kaum zum Austausch von Höflichkeiten kam. Man kam sofort aufs Geschäftliche. Und wenn Ingrid Bergman auch in Gesellschaft oft schüchtern und unbeholfen wirken mochte — wenn es um ihre Karriere ging, war sie unbefangen und zielbewußt. Sie bestand darauf, daß Selznick ihren Namen nicht änderte. Sie war eine Schauspielerin, die sich selbst als internationalen Star betrachtete, der Filme in Schweden und Deutschland drehte und wahrscheinlich auch bald in England.

Laut Ingrid Bergman beklagte Selznick sich über ihre Zähne und ihre breiten Augenbrauen, aber sie wollte nichts daran verändert haben. Und sie sagte ihm: »Lassen Sie den Film doch erst mal herauskommen, und wenn die Leute entscheiden, daß sie mich mögen, dann können Sie die Publicity machen und ich gebe Interviews. Aber lassen Sie mich doch versuchen, die Zuneigung des amerikanischen Publikums zu gewinnen.« Selznick soll geduldig zugestimmt haben.

Da Selznick schon Monate vorher beschlossen hatte, noch nicht die Werbetrommel für Ingrid Bergman zu rühren, waren es wahrscheinlich Selznicks Worte und nicht Ingrid Bergmans. Jahre später wandte er sich erbittert gegen ihre Behauptung, es sei ihre Idee gewesen, nur ein einfaches Make-up zu tragen. 1945 schrieb er ihr einen zornigen Brief und erinnerte sie an seine »revolutionären Anweisungen, Ihr Make-up betreffend, und daß Sie so in Ihrer unberührten Schönheit bleiben sollten, Augenbrauen und alles (und jetzt muß ich in der Presse lesen, Sie hätten im Studio darum kämpfen müssen, so bleiben zu können wie Sie waren)«.[6]

Viele von Hollywoods Elite waren zu der Party am Sonnabend

in Selznicks Haus gekommen. Die großen Stars: Gary Cooper, Katharine Hepburn, Tyrone Power, Greer Garson, Joan Fontaine. Die großen Regisseure: King Vidor, Victor Fleming, Ernst Lubitsch. Wohin Ingrid Bergman blickte, fast überall ein berühmtes Gesicht.

Wäre das ein Film gewesen und Ingrid Bergman hätte einen Star gespielt, der aus Europa nach Hollywood kommt, dann hätte sie alle bezaubert an diesem Abend mit ihrem Witz und ihrer Fröhlichkeit. Doch dies war kein Film und sie spielte keine Rolle, und den größten Teil des Abends saß sie in der Ecke. Sie hatte ein Kleid an, das sie schon einmal auf der Leinwand getragen hatte.

In andern gesellschaftlichen Kreisen wäre es zumindest eine Frage der Höflichkeit gewesen, das Wort an den Ehrengast zu richten. Doch im Kosmos Hollywood rotiert das Leben um die etablierten Stars, und fast niemand sprach mit Ingrid Bergman. Die Gäste taxierten sie, als wäre sie ein exotischer Kunstgegenstand, den die Selznicks sich ins Wohnzimmer gestellt hatten. Besonders die Frauen übten wenig Nachsicht.

»Wir haben so schon genug Probleme, Jobs zu kriegen«, sagte Joan Bennett. »Müssen sie auch noch Küchenmädchen importieren?«[7] »Sie ist solch ein großes Bauernmädchen«, äußerte sich Lubitsch.

Die meisten der Menschen im Raum kamen aus den Gettos Rußlands und Polens, von den Farmen der Präriestaaten oder aus den kleinen Städten im Südwesten. Alles an ihnen roch förmlich nach Unsicherheit und Ungewißheit, und es machte ihnen Spaß, irgendwelche hochfliegende Ambitionen von Eindringlingen gleich im Keim zu ersticken. Wenn Selznick recht hatte in bezug auf seine Neuentdeckung, was würde dann aus ihnen werden?

Ingrid Bergman war verwirrt von dieser Parade von Berühmtheiten und ahnte nicht, daß man sie kurzerhand ignorierte. Nach dem Essen, als sie vor dem Kamin auf einem Sofa saß, setzte sich Ernst Lubitsch zu ihr. Viele der anwesenden Schauspielerinnen wären von einem Tête-à-tête mit dem Regisseur von *Ninotschka (Ninotchka)* entzückt gewesen. Lubitsch, der vor dem Essen noch zu denen gehört hatte, die über Ingrid Bergman hergefallen waren, redete ihr jetzt zu, den Mut nicht zu verlieren.

Irene Selznick hatte genau beobachtet, wie die Gäste sich

dem Ehrengast gegenüber verhielten. Sie sah jetzt, wie Ingrid Bergman ihren Charme spielen ließ und Lubitsch »betört« zu sein schien. Als der letzte Wagen mit Gästen den Weg zum Sunset Boulevard hinunterfuhr, war sie zu dem Schluß gekommen, daß Ingrid Bergman sich als »eine Person, mit der man zu rechnen hat«, erwiesen hatte.

Das Studio mietete ein kleines Haus für Ingrid Bergman am South Camden Drive Nr. 260 in Beverly Hills. Sie beklagte sich nicht über das Haus und auch nicht über die junge Frau, die als Fahrerin für sie engagiert worden war. Nur ihre Hauswirtin, die ständig unangemeldet bei ihr hereinspazierte, störte sie.

Sie hatte wenig Zeit für Streitereien mit der Wirtin. Schon bald nach ihrer Ankunft in Hollywood begannen die Probeaufnahmen. Die Make-up-Leute waren bereit, sie nach Belieben zu schminken und zu pudern und an ihr herumzuzupfen. Doch davon wollte Selznick nichts wissen. Nichts durfte verändert werden.

Sie machte die Probeaufnahmen zusammen mit Leslie Howard, ihrem Partner. Howard wirkte auf der Leinwand wie ein Gentleman, ja vornehm — die Welt würde ihn bald so in *Vom Winde verweht* erleben —, in Wirklichkeit war er oft heftig, arrogant und anspruchsvoll. Um ihn zu besänftigen, hatte Selznick zugestimmt, ihn bei *Intermezzo* zum Co-Produzenten zu machen und ihm 10 000 Dollar pro Woche zu zahlen, gegenüber 7500, die er für seine Rolle in *Vom Winde verweht* bekommen hatte. Howard hatte sich außerdem entschieden gegen Gregory Ratoff als Regisseur ausgesprochen, und Selznick hatte William Wyler an seiner Stelle verpflichtet.

Selznick hatte viel mit den letzten Arbeiten an *Vom Winde verweht* zu tun, doch er fand noch die Zeit, die Dreharbeiten von *Intermezzo* zu überwachen. Bald nach Drehbeginn feuerte er Wyler und ersetzte ihn durch Ratoff. Howard erklärte sich einverstanden. Ratoff war russischer Herkunft, und Ingrid Bergman war jetzt mit einem Akzent konfrontiert, den sie nur mit Mühe verstehen konnte. Ein Journalist beschrieb Ratoffs Englisch als »eine Kombination aus Chaucer, Minsk, Pinsk und spätem Okmulgee, Oklahoma«.[8]

Für Ingrid Bergman wäre es sehr schwierig geworden, wenn ihre neue Englischlehrerin, Ruth Roberts, nicht gewesen wäre.

Ruth Roberts hatte drei Söhne zu versorgen, und sie verdiente ihr Geld mit Englisch-Unterricht für ausländische Filmstars; sie hatte zum Beispiel Hedy Lamarr unterrichtet. Als sie las, daß Ingrid Bergman nach Hollywood kommen würde, ließ sie sich von Selznick engagieren. Sie wußte, wenn Ingrid Bergman schnell Englisch lernen sollte, wäre es besser, sie würde nicht erfahren, daß ihre Lehrerin Schwedisch sprach.

An einem der ersten Drehtage hatte Ingrid Bergman den Satz zu sprechen: »I am glad to meet you, Mr. Brandt«, nicht gerade eine Herausforderung an die Schauspielkunst, und sie machte sich mit ihrer üblichen Professionalität daran.

»Yi! Yi!« rief Ratoff. »Soch han hawkcent! Deez way say heet: ›I ham glad zu mit you, Meeser Brunt.‹«[9] (Welch ein Akzent! So muß es sich anhören: Sehr erfreut, Sie zu treffen, Herr Brunt.)

Ingrid Bergman lernte Ratoffs Akzent zu ignorieren, aber sie hatte Schwierigkeiten, ihn zu verstehen. Joe Finnochio, der für den Ton verantwortlich war, hatte ein gewaltiges Vergnügen daran, die schwerverständlichen Wortwechsel über seine Kopfhörer zu verfolgen, es war die reinste babylonische Sprachverwirrung. »Ich habe mich gekugelt vor Lachen«, erzählt er. »Der ganze Film war ein einziges Gelächter. Immer diese Auseinandersetzungen, was sie in der jeweiligen Szene machen sollte. Sie hatte es schwer, weil sie es nicht mitkriegen konnte.«[10]

Als es einmal besonders schwierig wurde, fiel Ruth Roberts bei ihren Erklärungen ins Schwedische.

»Meine Güte, warum haben Sie mir nicht gesagt, daß Sie Schwedisch sprechen?« fragte Ingrid Bergman.

Als Selznick die ersten Vorführungen sah, war er nicht zufrieden mit der Art, wie Ingrid Bergman fotografiert wurde. Ihre unverdorbene Natürlichkeit wirkte auf der Leinwand weder unverdorben noch natürlich. Selznick ermahnte Harry Stradling, den Ersten Kameramann, er sollte tun, was immer nötig wäre, um Ingrid »die Kombination aus erregender Schönheit und frischer Reinheit« ausstrahlen zu lassen, die sie im schwedischen *Intermezzo* ausgestrahlt hatte. Stradling konnte die Aufgabe nicht in der gewünschten Weise erfüllen. Selznick feuerte ihn.

Ingrid Bergman war für einen Moment bestürzt. Sie war erst

ein paar Tage dabei, und schon waren der Regisseur und der Kameramann entlassen worden. Als Selznick ihr erzählte, daß Stradling gehen müßte, hatte sie Tränen in den Augen. Sie fragte, ob das Stradlings Karriere schaden würde, und falls ja, es würde ihr nichts ausmachen, ein bißchen schlechter fotografiert zu werden.

Die ersten Aufnahmen mit dem neuen Kameramann, Gregg Toland, gefielen Selznick auch nicht. »Mehr als bei jedem andern Mädchen beim Film, das ich kenne, kommt es bei Miss Bergman darauf an, daß sie richtig fotografiert wird, damit sie schön aussieht und nicht wie irgendein Durchschnittsmädchen«, unterwies er Toland. »Das bedeutet nicht nur: die weniger schöne Seite ihres Gesichts vermeiden; sie den Kopf möglichst tief halten lassen; die richtige Frisur, das richtige Makeup für den Mund, die Totale vermeiden, damit sie nicht zu groß aussieht . . . aber das Wichtigste sind die Schattierungen auf ihrem Gesicht, man muß bei ihr ständig mit Lichteffekten arbeiten.«[11]

Selznick hielt die junge Ingrid Bergman für »die gewissenhafteste Schauspielerin«, mit der er je gearbeitet hatte. Sie ging ganz auf in dem Film. Sie hatte *Intermezzo* schon einmal gedreht und hatte eine Fülle von Ideen, wie es gemacht werden müßte. Sie wußte, was für ein Image von Ingrid Bergman sie auf der amerikanischen Leinwand erscheinen lassen wollte. Sie arbeitete mit großer Energie, wie unter Zwang. Als sie einmal eine dramatische Szene mit Howard probte, bestand sie auf absolute Ruhe im Studio. Jedes Detail ihrer Rolle hatte zu stimmen. Sie war fast immer pünktlich im Studio, ganz anders als Howard, der die Hälfte der Zeit zu spät kam.

»Ingrid war morgens um sechs hier fürs Make-up, und sie drehte bis sechs Uhr abends«, erinnert sich Reginald LeBorg, der Regisseur des Zweiten Stabes. »Danach sollte ich mit ihr eine Stunde lang an einer Piano-Attrappe arbeiten, für die Szenen, in denen sie Klavier spielt. Ich hatte ihr zu erklären, wie ein Pianist durch die Haltung seines Kopfes dem Spiel Nachdruck verleihen kann. Nach einer Woche dachte ich, sie hat es raus. Aber sie sagte: ›Nein, nein, ich will mehr.‹ Um sieben war ich müde. Ich konnte nicht begreifen, wo das Mädchen die Energie hernahm. Sie wollte so sehr, daß ihr alles gelang. Ich mußte ihretwegen bis neun oder halb zehn dableiben. Sie hatte diese Energie und diesen unwahrscheinlichen Eifer.«[12]

LeBorg machte zu dieser Zeit einen schüchternen Annäherungsversuch und erfuhr, daß bei ihr »eigentlich alles um den Beruf ging«. Das war eine Lektion, die auch andere Männer lernen mußten. Ingrid Bergman hatte nur Interesse an ihrer Arbeit. Sie wäre gern bis Mitternacht in den Selznick-Studios in Culver City geblieben. Tatsächlich fragte sie Selznick einmal, ob ihre Garderobe nicht auch als Schlafplatz hergerichtet werden könnte, damit sie das Studio nicht zu verlassen brauchte.

Selznick hatte nicht unbedingt etwas gegen ein Techtelmechtel auf der Couch, aber bei Ingrid Bergman gab es so etwas nicht. In ihr hatte er einen Menschen getroffen, der so war wie er selbst, jemand, der in Filmen ein Leben jenseits des Lebens fand, ein Leben, in dem es Unsterblichkeit gab. Selznick war nicht nur ein Schöpfer von Mythen, er glaubte auch an sie. Er glaubte an Ingrid Bergmans Image von Reinheit und Unberührtheit. Er glaubte an die Magie, die sie auf der Leinwand ausstrahlte. Hätte er nicht daran geglaubt, so wäre seine ganze Aktion für sie nur ein zynischer Schachzug gewesen, und er hätte niemals soviel Wirkung erzielen können, er hätte sie kaum zu dem Star machen können.

Als Selznick Ingrid Bergman bat, eine Fotografie für ihn zu signieren, schrieb sie: »Für David, ich habe keine Worte«. Sie fragte ihn wegen aller möglichen Dinge um Rat. Sie holte ihn aus Konferenzen heraus, um mit ihm über so wichtige Dinge wie ein Paar Schuhe zu diskutieren. Sie befragte ihn über alle Einzelheiten, die die Publicity betrafen, und er leitete und beschützte sie.

Trotz Ingrid Bergmans Anstrengungen gab es nicht diese untergründige Erregung, die in Hollywood erstes Anzeichen für einen großen Erfolg ist. Selznick war noch immer nicht zufrieden mit den Aufnahmen von ihr, er blieb aber wenigstens zuversichtlich. Andere waren nicht so optimistisch. »Ich höre nicht gerade Gutes über Ingrid in *Intermezzo*«, schrieb Kay Brown am 17. Juli 1939 an Val Lewton. »Und es tut mir wirklich furchtbar leid, denn sie ist so glücklich bei uns gewesen, und ich weiß, daß sie wird zurückkommen wollen.«[13]

Selznicks Presseabteilung unternahm jetzt einige Anstrengungen, um Ingrid Bergman bekannt zu machen. Man versuchte, ein Treffen mit Greta Garbo in den Kulissen von *Ninotschka* zu arrangieren, doch die Garbo hatte kein Interesse, eine Kollegin aus ihrer Heimat zu begrüßen. Selznicks Presseleute dachten daran, das Gerücht auszustreuen, die Garbo selbst habe versucht, den neuen Import aus Schweden zu treffen, aber Ingrid sei wirklich zu beschäftigt gewesen, da sie Tag und Nacht an *Intermezzo* arbeite.

Eines der wenigen Interviews, die Ingrid Bergman gab, führte Åke Sandler mit ihr, ein schwedischer Journalist, Sohn des schwedischen Außenministers. »Man sagte mir, ich könnte in dem Artikel nicht darüber berichten, daß Ingrid auch Filme für die UFA macht«, sagt Sandler. »Als ich das in Artikeln, die in Schweden veröffentlicht wurden, erwähnte, wurde mir der Zugang zu den Selznick-Studios untersagt und ich durfte sie nicht wieder interviewen. Ich habe gar nicht so etwas Negatives gesagt, nur daß sie naiv war und nicht verstand, was politisch vor sich ging. Aber Selznick war da unnachgiebig. Er wollte, daß nicht einmal der Verdacht entstünde, sie sei eine deutsche Schauspielerin.«[14]

Als die Dreharbeiten sich dem Ende näherten, stand Ingrid Bergmans Abreise nach Berlin bevor. Sie hatte vor, mit der Bremen, einem deutschen Schiff, zu fahren. Anfang Juli sagte Daniel O'Shea ihr, daß Selznick das für gefährlich hielt. Sie war einverstanden, ein anderes Schiff zu nehmen.

Selznick hatte gehofft, daß Ingrid Bergmans Verpflichtungen in Deutschland so lange aufgeschoben werden könnten, bis sie in Vergessenheit gerieten. Er hatte daran gedacht, sie aus dem Vertrag freizukaufen, aber er wollte es nicht, bevor er wußte, wie *Intermezzo* laufen würde. Doch jetzt war er mit einem Public-Relations-Problem konfrontiert, das den Film ruinieren konnte. Im März waren deutsche Truppen in die Tschechoslowakei einmarschiert und hatten den mit dem Münchner Abkommen verbundenen Friedenshoffnungen ein Ende bereitet. Und in dieser Situation hatte Selznick einen Star, der glaubte, er könnte fröhlich von einem amerikanischen Film zu einem deutschen Film wandern und dann zu einem schwedischen.

Die Selznick-Leute warnten Ingrid Bergman, sie sollte »nichts davon sagen«, daß sie »nach Deutschland gehen oder einen Film in Deutschland drehen« würde. Trotz aller Vorsichtsmaßnahmen erschien am 28. Juli im *Hollywood Reporter* eine Geschichte mit der Überschrift INGRID BERGMAN SPIELT HAUPTROLLE IN NAZIFILM ›KOMMANDANT‹.

Im Artikel stand, daß sie nach Abschluß der Dreharbeiten an *Intermezzo* in Berlin einen Film über eine Tibet-Expedition drehen würde.

Selznick nahm die Sache sehr ernst und entschied, daß Ingrid Bergman überhaupt keine Interviews mehr geben sollte, bevor sie die Staaten verließ, und in New York sollte sie sich im Hotel unter einem anderen Namen eintragen.

»Sie war höchst überrascht zu erfahren, daß die anti-deutschen Gefühle in diesem Land so stark sind, aber sie behauptet, und ich glaube, das ist ihr gutes Recht, daß sie keinen Groll gegen die Deutschen hat«, schrieb Selznick an Kay Brown, an dem Tag, als der Artikel im *Hollywood Reporter* erschien. »Sie ist der typische skandinavische Isolationist, und ich denke, wir sollten es dabei bewenden lassen.«[15]

In den letzten Wochen der Dreharbeiten war es Ingrid Bergmans Wunsch, die Arbeit in Hollywood zu beenden und dann ihren Film in Deutschland zu drehen, auch wenn das bedeutete, direkt nach Berlin zu fahren, ohne Petter und das Baby vorher zu sehen. Ende Juli telegrafierte Lindström ihr, der UFA-Film werde nicht gedreht, es gebe Schwierigkeiten, ihr die Gage in Schweden zu zahlen. Sie hätte noch ein paar Tage länger in Los Angeles bleiben können, doch jetzt wollte sie so schnell wie möglich nach Stockholm zurück.

Am 3. August, ihrem vorletzten Tag in Hollywood, hatte Ingrid Bergman ihre ersten Probeaufnahmen in Farbe, in den Dekorationen von *Vom Winde verweht.* Ein Assistent hielt eine Karte vor ihr Gesicht: Ingrid Bergman — Kein Make-up — Test Eins. Sie hatte keine Rolle zu spielen, sondern drehte nur den Kopf in diese oder jene Richtung und sagte ein paar Worte. Sie liebte den reinen Akt des Gefilmtwerdens, wenn die Kamera ihr Gesicht genau erforschte, ohne sie doch je zu berühren. Sie sah scheu und verlegen aus und äußerst weiblich, ihre zarte Haut glühte vor Lebendigkeit.

Es wurden bemerkenswerte Aufnahmen; Selznick besorgte den Schnitt und nahm Bilder heraus, auf denen sie den Schatten eines Schnurrbartes hatte oder harte Linien im Gesicht. Als Kay Brown die Probeaufnahmen sah, wurde ihr klar: »Wenn man sie erst einmal in Technicolor fotografiert, dann ist es vorbei mit der Freiheit meines Lieblings.«

Selznick war allerdings immer noch nicht zufrieden mit allen Einstellungen in *Intermezzo*. Er fand, daß sie in Hosen von hinten »fürchterlich« aussah. Er war besessen von der Idee, ein ganz neues Image zu schaffen. Wenn Ingrid Bergman das erste Mal auf der Leinwand erschien, mußte das amerikanische Publikum spüren, daß es etwas sah, das es noch nie zuvor gesehen hatte. Und an ihrem letzten Tag in Hollywood drehte Selznick ihre erste Szene aus *Intermezzo* noch einmal und immer wieder, bis Ingrid Bergman zum Zug mußte.

Sie kam fast zu spät. Auf dem Bahnsteig rannte ein kleiner Junge hinter ihr her und drückte ihr ein Päckchen in die Hand, ein Geschenk von Selznick: es war eine Tonbandaufnahme mit Gesprächen und Grüßen der Leute, mit denen sie bei *Intermezzo* zusammengearbeitet hatte.

Ingrid Bergman wußte, daß sie bei ihrer Ankunft in New York nicht mit Reportern reden sollte, aber sie wußte wohl nicht, wie weit die Selznick-Organisation darin gegangen war, sie zu isolieren. Ein UFA-Film war zwar abgesagt worden, aber später im Jahr sollte sie einen anderen Film in Deutschland drehen. Selznick wollte nicht, daß das bekannt würde. Es hatte Pläne gegeben für ein großes Presse-Essen ihr zu Ehren in New York und für Fotositzungen bei *Harper's Bazaar* und *Vogue*. Das war alles abgesagt worden.[16] Um Reportern am Grand Central-Bahnhof zu entgehen, lieh Selznick Jock Whitneys Yacht aus und ließ sie den Hudson hinauffahren.[17] Ingrid Bergman stieg in Albany aus dem Zug — Kay Brown holte sie ab — und fuhr auf der Yacht nach New York City, dann verließ sie das Land an Bord der Queen Mary, und kaum jemand wußte davon. Von Bord kabelte sie an Selznick, daß sie traurig sei, Amerika nicht mehr sehen zu können und dankte ihm für das »Color-Gesicht«.

5.

»Eine große Lady der Leinwand«

Die ersten Tage in Stockholm weinte Pia und wollte nicht zu der Mutter gehen, die sie seit über drei Monaten nicht gesehen hatte.[1] Doch bald kehrte die Routine im Haus der Lindströms wieder ein. Am 1. September 1939 säumte Ingrid Bergman gerade Vorhänge fürs Wohnzimmer, als sie im Radio hörte, daß die Deutschen Polen überfallen hatten. Der Zweite Weltkrieg begann.

Wenn die UFA ihren Film nicht abgesagt hätte, wäre Ingrid Bergman zu dieser Zeit in Berlin gewesen. Doch auch so war ihre Beziehung zu Deutschland nach wie vor ein Problem für die Selznick-Organisation. Ende September erschien eine Kolumne von Louella Parsons, die sich für Hollywoods Schiedsrichter in Moralfragen hielt und deren Einfluß in der Filmindustrie kaum zu überschätzen war. Sie behauptete, Ingrid Bergman hätte eine Beziehung mit einem hohen Nazi.[2] Selznick machte sich Sorgen, daß »daraus eine Kampagne gegen die Bergman werden könnte, wenn wir nicht aufpassen«.[3] Ingrid Bergman wies die Vorwürfe in einem Telegramm an Selznick zurück, sie habe weder irgendein politisches Interesse noch »persönliche Beziehungen« zu ausländischen Offiziellen.[4]

Sie hätte noch weiter gehen können und sagen, daß sie keine Filme mehr in Nazi-Deutschland drehen würde, aber das tat sie nicht. Kay Brown berichtete, Ingrid Bergman habe ihr am Telefon erzählt, daß die UFA meinte, »sie hätten Anspruch auf sie für einen Film am Ende des Krieges«.[5]

Kay Brown war gar nicht beeindruckt von Ingrid Bergmans politischer Feinfühligkeit. »Sie wissen so gut wie ich, daß Ingrid nicht gerade gut informiert ist, was die internationale Situation angeht«, schrieb sie an O'Shea. »Ich habe sie gefragt, ob es stimmt, daß sie Verdunklung in Stockholm hätten, wie es in der Zeitung steht, und sie sagte, alles wäre in Ordnung und man würde gar nicht merken, daß Krieg ist. Das war eine äußerst dumme Bemerkung, aber nicht ganz unverständlich, wenn man Ingrid kennt.«

Selznick bekam jetzt Angst vor negativer Publicity. Wäre er nicht so sicher gewesen, daß Ingrid Bergman »der größte Star des Films« werden würde, dann hätte er sie vielleicht fallengelassen. Tatsächlich war er sich sogar so sicher, daß er an einen neuen Vertrag dachte, um sie noch enger an sich zu binden.

Er war sehr beschäftigt mit den Vorbereitungen für die Premiere von *Vom Winde verweht*, die am 15. Dezember 1939 in Atlanta stattfinden sollte. Trotzdem kümmerte er sich auch noch eingehend um *Intermezzo;* der Film sollte seine Premiere in Amerikas größtem und angesehenstem Kino haben, der Radio City Music Hall.

Die Zuschauerreaktionen bei Probeaufführungen von *Intermezzo* waren positiv gewesen. Ingrid Bergman wußte das, trotzdem wartete sie ängstlich auf die Premiere. Sie schrieb Selznick, daß sie nicht mit ihren Englischstunden anfangen würde, bevor sie nicht wüßte, was die »furchteinflößenden amerikanischen Kritiker« zu sagen hatten. »Vielleicht brauche ich dann gar nicht mehr so sehr an meinen Englischstunden interessiert zu sein!!«[6]

Intermezzo hatte im Oktober Premiere, und die Kritiker waren nicht übermäßig begeistert. In der amerikanischen Version war viel von der Melancholie des Originals verlorengegangen. Über Ingrid Bergman jedoch schienen die Kritiker nicht Beurteilungen zu schreiben, sondern ihr zu Ehren Violinen erklingen zu lassen. Frank S. Nugent schrieb in der *New York Times:* »Da ist dieses tiefe Leuchten um Miss Bergman, dieser spirituelle Funken, der uns glauben läßt, daß Selznick wieder eine große Lady der Leinwand entdeckt hat.« Er fand sie »schön; das meint nicht die Vollkommenheit von Gesichtszügen oder eine Schönheit, die durch Weichzeichner hervorgebracht wird, sondern schön in ihrer Frische, Heiterkeit und — ein Wort, das oft mißbraucht wird — Gesundheit«. Howard Barnes von der *New York Herald Tribune* nannte Ingrid Bergman den »begabtesten und attraktivsten Neuzugang aus dem Ausland seit langem«. Wendy Hale schrieb in den *New York Daily News:* »Es ist außerordentlich unfair, sie eine zweite Garbo zu nennen, nur weil sie aus Schweden kommt. Man erblickt in ihr eine Kombination aus seltener Schönheit, Frische, Vitalität und Begabung, die so ungewöhnlich ist wie das Erblühen einer Jahrhundertpflanze.«

Intermezzo war Ingrid Bergmans Film, Ingrid Bergmans Triumph. Als Selznick ihr am Telefon von der Reaktion erzählte, weinte sie. Ingrids Triumph war auch Selznicks Triumph, und er drängte sie, über einen neuen Vertrag zu verhandeln. Es war ihm gleich, daß außerhalb der großen Städte *Intermezzo* nicht sehr gut lief. Er wollte Ingrid Bergman wiederhaben.

Er schrieb ihr und teilte ihr im Vertrauen mit, daß *Intermezzo* außerhalb New Yorks eine Enttäuschung gewesen sei, »aber das bedrückt mich nicht, denn der Hauptzweck des Films sollte immer sein, Sie dem amerikanischen und englischen Publikum vorzustellen«.[7] Das war eine noble Feststellung, und sie paßte zugleich gut in seine Pläne. Ingrid Bergman wußte nicht, wieviele andere Schauspielerinnen er für den Part hatte haben wollen. Es war nicht schlecht, mitten in schwierigen Verhandlungen, ihr zu zeigen, daß sie Selznick zu Dank verpflichtet war.

Ingrid Bergman wollte gern in die Vereinigten Staaten zurückkehren. Sie war ebenfalls daran interessiert, in England einen Film mit Leslie Howard zu machen. Die Vertragsbedingungen sahen allerdings vor, daß sie keinen englischsprachigen Film für jemand anders als für Selznick machte. Um sie zu besänftigen, telegrafierte Selznick an den Produzenten Gabriel Pascal und fragte wegen Shaws Heiliger Johanna für sie an, eine Rolle, auf die sie ganz versessen war.

Ingrid Bergman wußte Selznicks Bemühungen zu schätzen, aber sie war eine zähe Verhandlungspartnerin. Selznick erkannte, wie er an Kay Brown schrieb, »so ein Engel ist sie auch wieder nicht, daß das Geld sie kaltließe«.[8] Sie war bereit, noch einen dritten Film zu ihrem Vertrag hinzuzufügen, hatte aber nicht die Absicht, mehr als zwei Filme pro Jahr für Selznick zu machen. Sie wollte auch die Filmarbeit in Deutschland nicht aufgeben. Zwar sei ihr »gegenwärtig« nicht danach, in Deutschland zu filmen, wie sie Kay Brown schrieb, doch sie hoffe auf bessere Zeiten.[9]

Im Oktober 1939 war sie wieder in Schweden und spielte in dem Film *Die Juninacht (Juninatten)* die Hauptrolle, eine junge Frau, die sich in einen Matrosen verliebt. Es war eine Rolle voll zarter Romantik, und sie erhielt ausgezeichnete Kritiken. Doch für die Vierundzwanzigjährige war der Film nur eine Fingerübung. Es bedeutete keine Herausforderung für sie, Schwedisch zu sprechen. Das Team und das Studio bei Svensk Filmindustri schienen klein und beinahe amateurhaft im Vergleich zu dem, was sie in Hollywood gehabt hatte.

Am 30. November marschierte die Sowjetunion in Finnland ein; das Netz des Krieges zog sich enger um Schweden. Obwohl die Selznick-Organisation noch keinen Film für Ingrid Bergman hatte, drängte sie sie, in die Vereinigten Staaten zu kommen. Selznick war besorgt um sie, er bot ihr sogar Geld an, von dem sie leben konnte, während sie auf Arbeit wartete.

Und so machten sich im Dezember 1939 Ingrid, Petter, Pia und eine junge Kinderschwester auf die Reise nach Genua. Sie fuhren mit dem Zug und kamen am Silvestertag an. Lindström wollte nicht mit nach Amerika fahren, er wollte nur seine Frau und seine Tochter in Sicherheit wissen.

Am 2. Januar 1940 verließ die Rex den Hafen von Genua. Ingrid Bergman stand mit Pia auf dem Arm an Deck, sie weinte und winkte ihrem Mann zum Abschied.

Selbst auf hoher See konnte man nicht vergessen, daß Krieg herrschte. Das Schiff legte unerwartet in Lissabon und Horta an und nahm neunzig Menschen an Bord, deren Flüge gestrichen worden waren. Unter denen, die auf der Rex nach New York reisten, war Anne Morgan, die Vorsitzende der »American Friends of France«. Sie war in Frankreich gewesen, um die Zivilbevölkerung im Notfall zu unterstützen; Chaim Weizmann, der Präsident des Jüdischen Weltkongresses, fuhr nach Amerika, um Unterstützung für die Sache der verfolgten Juden zu finden.[10] Die prominente Journalistin Martha Gellhorn hatte über den finnisch-sowjetischen Krieg berichtet und kehrte jetzt in die Staaten zurück. Sie bemerkte Ingrid Bergman, »eine Frau mit einem Baby auf dem Rücken«, aber sie dachte erst Monate später wieder an sie.[11]

Selznick telegrafierte Ingrid Bergman an Bord, er plane als nächsten Film für sie *Die Heilige Johanna.* Dann erreichte sie ein Telegramm von Kay Brown: Ingrid Bergman könne bei ihrer Ankunft den Reportern von dem Film erzählen. Es sei alles arrangiert, damit die Presseleute Pia nicht zu sehen bekämen, sie sollten nicht erfahren, daß Ingrid Bergman eine Tochter hatte. Seit ihrer Kindheit war Ingrid Bergman fasziniert gewesen von der Gestalt der Jungfrau von Orléans. Sie kabelte zurück, sie sei bereit für die Presse: ICH BIN TAPFER . . . INGRID.[12]

Neun Monate zuvor war sie als Unbekannte nach New York gekommen, und keiner hatte sie erwartet — jetzt wollten alle mit ihr sprechen. Reporter von der *New York Times* warteten auf sie, von *Associated Press, New York Daily News,* von *Screenland* und *Harper's Bazaar.* Kay Brown war auch da und achtete darauf, daß kein Foto von Pia auf Ingrid Bergmans Arm gemacht werden konnte.

»Reden sie nicht soviel über die Jungfrau von Orléans, ja?« sagte Myer Beck, einer von Selznicks Presseleuten, zu ihr, bevor sie die Reporter traf.

»Was soll das heißen?«

»Nun, wir machen den Film nicht, jedenfalls nicht gleich, aber darüber reden wir später mit Ihnen. Sie lächeln einfach, sagen, es gibt bald einen Film und Sie gehen nach Kalifornien.«[13]

In der Schiffskapelle hatte Ingrid Bergman Gott für die Rolle der Heiligen Johanna gedankt. Aber der liebe Gott hatte zu Beginn des Zweiten Weltkrieges wohl andere Dinge im Kopf, denn bei ihrer Ankunft erfuhr sie, daß das Ganze offensichtlich nur ein Publicity-Gag war. Sie war kaum noch in der Stimmung, mit der amerikanischen Presse zu reden.

Die Reporter drängten sich um sie. Die Kameraleute gingen in die Knie und versuchten so viel Bein wie möglich aufs Bild zu bekommen. Fragen über Fragen. Schwärmte sie für Swingmusik? Hatte sie ihren Mann verlassen?

Ingrid Bergman brach in Tränen aus und lief aus dem Pressekonferenzraum.

Der am meisten gefeierte, am meisten beneidete und am meisten bewunderte Produzent Amerikas hatte Ingrid Bergman nach Amerika geholt. *Vom Winde verweht* war im ganzen Land zu sehen, der größte Triumph in Hollywoods Geschichte und einer der größten Hollywoodfilme, die je gedreht wurden. Im Februar 1940 gewann er die meisten Oscars, die je einem einzelnen Film verliehen worden sind. Selznicks neuer Film, *Rebekka (Rebecca),* war zwar kein zweites *Vom Winde verweht,* aber auch er bekam einen Oscar, für den besten Film.

Ingrid Bergman stellte sich vor, daß Selznick sie in seinem nächsten großen Film herausstellen würde, und wenn es nicht die Heilige Johanna wäre, dann eben eine andere schöne Rolle. Jetzt war sie erst mal einfach aufgeregt, in New York zu sein, der Stadt, die sie so liebte. Es ging sehr schnell, in Kay Browns großes Appartement an der Park Avenue einzuziehen, denn, wie Kay Brown bemerkte, »ihre Garderobe ist ähnlich umfangreich wie ihre Make-up-Ausrüstung — und die besteht aus einer Riesentube Zahnpasta«.

Doch bald war Ingrid Bergman ganz verzweifelt. Selznick hatte keine Arbeit für sie. Lebendig sein bedeutete für sie, etwas zu tun zu haben. Sie konnte es einfach nicht verstehen. In ihrem Vertrag stand, daß sie ein oder zwei Filme pro Jahr für Selznick machen sollte, und das Vertragsjahr begann am 1. April 1940. Doch Kay Brown sagte ihr rundheraus, das bedeute nicht, daß auch die Dreharbeiten am 1. April beginnen müßten. Als Ingrid Bergman das klarwurde, da war es endgültig vorbei mit ihrer guten Stimmung.

Am 22. Januar fuhr sie mit dem Zug nach Los Angeles, um sich im Lux Radio Theatre *Intermezzo* anzusehen; Pia blieb inzwischen bei ihrem Kindermädchen. Ingrid Bergman wußte genug über Hollywood, um sich im klaren darüber zu sein, wie wichtig es war, daß man ihre Anwesenheit bemerkte, daß sie sich auf den richtigen Parties zeigte und mit den richtigen Leuten zusammenkam. Trotzdem mochte sie nicht gehen, als Selznick versuchte, sie zu verschiedenen Parties mitzunehmen. In der Woche in Hollywood ging sie nur einmal zu einer Filmvorführung in Selznicks Haus. Dort lernte sie den Schauspieler Fredric March kennen. March war so eingenommen von Ingrid Bergman, daß er sie als Partnerin in seinem neuen Film *Sieg (Victory)*, nach Joseph Conrads Roman, haben wollte.

Selznick fragte sich allmählich, ob er und Kay Brown Ingrid Bergman nicht zu viele schöne Träume vorgegaukelt hatten. In New York, als Kay Brown sie auf eine Party nach der andern geschleppt hatte, hatten Broadwayproduzenten und -regisseure ihr lauter verlockende Angebote in Aussicht gestellt. Doch die Filmstudios schienen jetzt überraschenderweise kaum Interesse an Ingrid Bergman zu haben. Selznick erweckte zwar den Eindruck, daß Lubitsch sie haben wollte, doch war es Selznick selber, der Lubitsch dafür zu gewinnen suchte, einen Film mit seiner schwedischen Entdeckung zu drehen.

»Ich habe eine deutliche Veränderung in ihrem Verhalten bemerkt, jetzt, wo sie wieder hier ist«, schrieb Selznick an Kay Brown. »Ich denke immer noch, sie ist ein Engel . . . ich sage das bloß, weil die Gefahr besteht, daß wir uns nur Probleme schaffen, wenn wir sie im Glauben lassen, daß alle Welt sie haben will, und wir machen nichts mit ihr. Es könnte tatsächlich schon zu spät sein, diesen Eindruck zu korrigieren.«[14]

Zuerst betrachtete Ingrid Bergman Selznick wie einen Vater, er konnte nichts falsch machen. In seinen Aktennotizen sprach er sehr unverblümt über sie, aber in ihrer Gegenwart war er höflich, ihr Vertrauter und Mentor, und er malte ihr eine herrliche Zukunft aus. Als Ingrid Bergman am 4. Februar wieder nach New York kam, erzählte sie Kay Brown, daß sie gleich mit den Vorbereitungen für die *Heilige Johanna* beginnen sollte, sie wollte das Stück einstudieren und einen Lehrer zu Hilfe nehmen.

Selznick sagte Kay Brown, er wolle nicht, daß Ingrid von einem Repetitor »verdorben« würde, außerdem sei es ungewiß, ob die *Heilige Johanna* überhaupt realisiert werden könnte. Kay Brown blieb die wenig beneidenswerte Aufgabe, Ingrid Bergman bei Laune zu halten.

Kay Brown hätte einen guten Strafverteidiger abgegeben; sie wußte so viele Argumente, warum Ingrid Bergman erst ein oder zwei andere Filme machen sollte, bevor sie die *Heilige Johanna* spielte. Sie redete vom Englischunterricht, vom Theater und von Auftritten im Radio. Sie hörte Ingrid Bergmans endlosem Geplapper zu und sprach von der großen Zukunft, die vor ihr lag. Aber allmählich bekam sie genug — von Selznick, der sich beklagte, daß sie Ingrid verderben würde, und von Ingrid selbst, deren Interessen doch sehr begrenzt waren.

Kay Brown schrieb an Selznick: »Ich sehe nicht im geringsten, wieso ich sie verdorben hätte. Ich kann sie doch nicht in der Wohnung einsperren und sie von allen Leuten fernhalten; und sie ist kein bißchen daran interessiert, jemanden zu treffen, der nichts mit dem Theater zu tun hat . . . Ich empfinde viel Zuneigung und Freundschaft für Ingrid, aber andererseits ist es so, als hätte man vier Kinder anstatt zwei, und es ist kein reines Vergnügen.«[15]

Ingrid Bergman war nun bei weitem nicht der Star Nummer Eins bei Selznick International. Eines Tages ließ Kay Brown ihr eine Fernsehsendung vorführen, ein Stück über Charlotte Corday, mit Vivien Leigh in der Hauptrolle. Danach sprach sie ganz begeistert davon, wie gern sie diese Rolle in einem Film spielen würde. Als die Selznick-Leute das hörten, machten sie sich Sorgen, es könnte zu einem Hauen und Stechen zwischen ihrer schwedischen Neuerwerbung und dem Star aus *Vom Winde verweht* kommen. Selznick bat Kay Brown, Ingrid Bergman über Vivien Leighs ältere Rechte zu informieren.

Was Ingrid Bergman aus ihrer trüben Stimmung brachte, war ein Rollenangebot vom Theater; es handelte sich um das Stück *Liliom (Liliom)* des Ungarn Ferenc Molnár, das später als Grundlage des Musicals *Carousel* von Rodgers und Hammerstein noch bekannter wurde. Der Jahrmarktausrufer Liliom verliebt sich in das Dienstmädchen Julie und lebt mit ihr. Er ist ein brutaler Mensch, anscheinend lieblos, er schlägt seine süße Julie. Er tötet sich, als er bei einem Überfall von der Polizei gestellt wird. Sechzehn Jahre später darf er für einen Tag auf die Erde zurückkehren.

Als Ingrid Bergman das Stück las, so erzählte sie später, da nahm sie an, sie sollte nicht die Hauptrolle spielen, sondern Julies Freundin Marie. Woher plötzlich diese Bescheidenheit? Kay Brown zufolge stimmt diese Geschichte auch gar nicht.[16] Die Frage war nur, ob Ingrid Bergmans Englisch für eine größere Bühnenrolle ausreichen würde. Kay Brown setzte sich jedenfalls gleich wegen der Rolle der Julie mit Selznick in Verbindung.

Ingrid Bergman war nicht bange und Kay Brown hielt es für eine gute Idee, aber Selznick hatte anfangs etwas gegen das Projekt. Er hatte zwar im Moment keine Angebote für sie, obwohl er sich in Hollywood rühmte, er hätte welche. Doch er machte sich Sorgen, ihr Wert für den Film würde sinken, wenn sie schlechte Kritiken für *Liliom* erhielte. Aber was konnte er schon gegen sie ausrichten, wenn es ihr um ihre Karriere ging! Sie besprach das Angebot am Telefon mit ihm, und sie überredete ihn, sie die Rolle spielen zu lassen.

Sie hegte aber doch Befürchtungen, als sie bei den Proben erfuhr, daß der Produzent sie anfangs mit einer anderen schwedischen Schauspielerin verwechselt hatte, mit Signe Hasso, die weitaus mehr Bühnenerfahrung hatte als sie. Und dann spielte sie auch noch mit einem jungen Schauspieler zusammen, Burgess Meredith, den sie um Haupteslänge überragte. Doch Meredith war sehr angetan von Ingrid Bergman, wie die meisten ihrer Partner, und man spürte die Anziehung zwischen den beiden während der Proben.

Dann kam der Abend der Premiere, am 25. März 1940. Manche Schauspieler haben nur ein wenig Lampenfieber, bevor der Vorhang aufgeht. Andere durchleiden furchtbare Ängste. Meredith saß vor Beginn der Vorstellung in seiner Garderobe und ließ sich von einer Zigeunergruppe Musik vorspielen. Ingrid Bergman hatte keine Musikanten, und obwohl Kay Brown meinte, sie sei »nicht übermäßig nervös bei der Premiere« gewesen[17], sagte Ingrid Bergman später, sie sei wie versteinert gewesen und habe geglaubt, kein Wort herausbringen zu können.

Und dann war sie auf der Bühne. Sie sprach. Sie war jemand anders. Alles war gut.

Es gibt viele gute Filmschauspieler, die auf der Bühne wie Gestalten aus dem Wachsfigurenkabinett wirken; sie sind einfach keine Bühnenschauspieler. Ingrid Bergman jedoch gehörte zu denen, die die Bühne beherrschen, bevor sie noch einen einzigen Satz gesagt haben. Es war keine Frage der Technik, sie war durchaus in mancher Hinsicht noch amateurhaft. Doch es gelang ihr, wie Brooks Atkinson in der *New York Times* schrieb, »die Rolle mit Leben zu erfüllen, sie erleuchtet sie von innen mit Schönheit«. Als sie ihre letzten Sätze sprach, da gehörte das Publikum ihr. Sie bekam soviele Vorhänge wie der bekanntere Meredith.

Die meisten Kritiken waren positiv, aber es gab auch Lästerer, besonders John Mason Brown von der *New York Post.* Er fand die ganze Aufführung »Schund«. Er gab zwar zu, daß Ingrid »reizend anzusehen« war und gut spielen konnte, aber er war der erste Kritiker, der etwas anklingen ließ, das sie für Jahre verfolgen sollte: »Es gelingt Miss Bergman als Julie nicht, jene sanfte Selbstverleugnung deutlich zu machen, mit der sie Liliom liebt, die sie seine Schläge ertragen läßt; das aber gehört zum Text und macht seine Zartheit aus . . . Ihr Make-up hilft nichts. Sie ist so gesund und wohlgenährt und rotwangig, daß man ihr nur schwer die Ergebenheit Julies glauben kann.«

»Gott sei Dank ist alles vorüber, und Sie brauchen sich nicht für mich zu schämen!« schrieb Ingrid Bergman nach der Premiere an Selznick.[18]

Eine Hauptrolle in einem Erfolgsstück ist etwas ganz Besonderes. Zum ersten Mal in ihrem Leben drängten sich Fans um sie, die einen Zauber in ihrer Person erblickten. Nach einigen Vorstellungen mußte sie die Tür ihrer Garderobe gegen den Ansturm der Gratulanten verbarrikadieren.

»Das Theater war Mutter und Vater für mich«, erzählte sie eines Abends nach der Vorstellung einem Interviewer.[19] Sie fühlte sich sehr wohl, solange das Stück lief. Es gab nichts, oder fast nichts, worüber sie sich den Kopf zerbrechen mußte: Keine Zeit für Dinnerparties, wo sie neben New Yorker Gentlemen saß, deren Charme sie als Belastung empfand und deren Worte sie manchmal nur halb verstand. Keine Zeit, sich über den Fortgang ihrer Karriere zu grämen. Sie mußte nicht lange langweilige Tage mit Pia verbringen, sondern sah sie nur für eine angenehme Stunde oder so. Keine Zeit. Nur die Freude und Herausforderung jeder Vorstellung und der Applaus, mit dem sie überschüttet wurde.

Erfolg in Amerika war eine Sache für sich. Die Leute betrachteten einen als öffentlichen Besitz, sie flüsterten über einen und faßten einen an. In Läden fingen ganz Fremde plötzlich eine Unterhaltung an, nicht nur, weil sie Ingrid Bergman für einen Star hielten oder für schön, sondern weil diese sofortige Vertraulichkeit amerikanische Art ist. Die Reporter waren auch nicht besser. Sie fragten sie, ob sie Petter im Stich gelassen habe und nannten Namen möglicher Liebhaber. Eines Abends belästigte ein kleiner Junge sie mit Autogrammwünschen, eins reichte ihm nicht. Als sie in ein Taxi stieg, sprang er hinterher und flehte sie um weitere Autogramme an. Der Selznick-Repräsentant neben Ingrid Bergman packte den Jungen am Kragen und beförderte ihn nach draußen.

»Oh, Sie haben ihm weh getan!« rief Ingrid Bergman.

»Ach was, weh getan«, sagte der Mann, »umgebracht habe ich ihn! Aber solange ich kein Schießeisen benutze oder ihm keine runterhaue, ist es legal. Amerika wird Ihnen gefallen. Es ist ein großartiges Land!«[20]

Ingrid Bergman hielt Amerika für ein großartiges Land, aber sie machte sich doch Sorgen, welches ihre nächste Rolle in Hollywood sein würde. Sie war auf das angewiesen, was Selznick und Kay Brown ihr erzählten, und sie behandelten sie wie ein Kind. *Vom Winde verweht* war ein Höhepunkt in Selznicks Karriere gewesen, und in Hollywood flüsterte man, er sei ausgebrannt. Sein Problem war größer. Er ließ sich ständig etwas

Neues einfallen, für Ingrid Bergman, für seine anderen Stars, und verschwendete Geld, Zeit und Begeisterung auf eine Fülle von Projekten, die dann nicht zustandekamen. Er war wie der kleine Junge, der von so viel Spielzeug umgeben ist, daß er nicht weiß, womit er spielen soll.

Ingrid Bergman behandelte er wie ein Stück Besitz, das man verkaufen und verleihen kann. Er konnte ihr unmöglich von allen Plänen und Verhandlungen ihretwegen erzählen. Bestimmt sagte er ihr nicht, daß er die Rolle in *Victory* zurückgewiesen hatte, eine Entscheidung, die er wenige Monate später bereute. Und bestimmt sagte er ihr auch nicht, daß er sie nicht an eine andere Filmfirma ausleihen wollte, weil ihm statt der verlangten 75 000 $ nur 50 000 $ geboten worden waren.

Im Mai las Ingrid Bergman das Skript zu *So Ends Our Night*, einem entschieden antifaschistischen Film, nach der Romanvorlage *Liebe Deinen Nächsten (Flotsam)* von Erich Maria Remarque. Doch selbst jetzt, wo Hitler Dänemark und Norwegen besetzt hatte und durch die Niederlande, Belgien und Frankreich marschierte, machte Ingrid Bergman deutlich, daß sie nur »ungern etwas so eindeutig Anti-Deutsches spielen« wollte.[21] Kay Brown meinte trotzdem, daß man sie überreden könnte, die Rolle anzunehmen.

Ingrid Bergmans Einstellung Nazi-Deutschland gegenüber hätte man früher vielleicht mit Unwissenheit entschuldigen können und mit ihrer Zuneigung zu ihren deutschen Verwandten. Doch jetzt konnte keiner mehr die Augen vor der Realität verschließen. Sie hatte ja sogar den Atlantik auf einem Schiff überquert, auf dem sich auch Flüchtlinge und andere Zeugen des faschistischen Terrors befanden. Bei ihr konnte man nur noch von vorsätzlicher Ignoranz sprechen.

Außer ihrer Karriere galt Ingrid Bergmans einzige Sorge Petter und dem Land, das sie verlassen hatte. Gefühlsmäßig befand sie sich auf halbem Wege zwischen Hollywood und Stockholm. Reporter, die mit ihr redeten, bemerkten, daß sie Tränen in den Augen hatte, wenn man sie nach Schweden und nach ihrem Mann fragte. Im Juni wollte Lindström zu Besuch kommen, sie war sehr aufgeregt. Sie ließ Pia und das Mädchen in Kay Browns Sommerhaus auf Long Island und nahm sich ein Zimmer im Hotel Pierre mit Blick auf den Central Park.

Lindström übernahm die Rolle, die seine Frau von ihm erwartete: er trat als ihr Mentor und Beschützer auf. Es gab einige wichtige Entscheidungen zu treffen. Selznick wollte Ingrids Vertrag ändern und sie fester an sich binden. Er achtete darauf, daß sie sich nicht an irgendeinen Agenten band.

Lindström war eher mißtrauisch gegenüber den schnellredenden, überschwenglichen Hollywood-Typen. Er bestreitet zwar, jemals mit O'Shea oder Selznick über Verträge diskutiert zu haben, doch Ingrid Bergman erinnerte sich anders, und der Schriftwechsel innerhalb der Selznick-Organisation spricht ebenfalls gegen seine Version. O'Shea fand, er sei »störrisch wie ein Maulesel«.[22]

Laut Vertrag durfte Ingrid Bergman in Europa nur Filme in anderen Sprachen als Englisch drehen. Lindström glaubte, daß Schweden neutral bleiben könnte, und er wollte, daß seine Frau bis Weihnachten wieder zu Hause wäre. Nach einem Treffen mit ihm schrieb O'Shea an Selznick: »Er reitet dauernd auf der Tatsache herum, daß wir sie hergeholt haben und seit sechs Monaten keinen Film mit ihr gemacht haben, und daß es nicht so aussieht, als würden wir in Kürze einen mit ihr machen. Wir hätten ihr den deutschen Markt und auch den schwedischen verdorben . . . Ich habe ihm sehr deutlich gesagt, daß Hollywood und Deutschland nicht zusammengehen. Wenn sie ein Star in Deutschland wird, dann wird sie keiner mehr in Hollywood.«

Als Selznick O'Sheas Brief las, bekam er die Wut. »Es ist unerhört, daß sie daran denken, die Gastfreundschaft zivilisierter Nationen anzunehmen und dann mit den Nazis arbeiten wollen«, schrieb er an O'Shea. »Ich habe kein Recht, ihr oder ihrem Mann irgendwelche Moralmaßstäbe aufzuzwingen — aber ich möchte klargestellt wissen, daß ich schockiert bin, daß sie Arbeit in Deutschland überhaupt erörtern, wo sie dauernd von Ethik und Moral reden . . . Ich denke, Sie sollten Ingrid und ihrem Mann klipp und klar sagen, wenn sie nur in Kategorien von Geld denken können und das das einzige ist, was sie verstehen, dann sollen sie sich darauf einrichten: wenn sie noch einen einzigen Film in Deutschland dreht, dann wird sie nie wieder in einem der übriggebliebenen zivilisierten Länder einen Film machen . . . Man würde wahrscheinlich die Kinos, in denen ihre Filme gezeigt würden, mit Steinen bewerfen — und ich könnte es den Leuten nicht mal verdenken.«[23]

Eine wesentliche Tatsache blieb bestehen: Ingrid Bergman wollte in den Vereinigten Staaten bleiben und tun, was zu tun war, um ein Star zu werden. Und Petter Lindström war bereit, in die Vereinigten Staaten zu kommen, um seine medizinischen Studien fortzusetzen.

6.

»Die Gitter meines Käfigs sind gebrochen«

Lindström fuhr bald zurück nach Europa, und Ingrid Bergman blieb den größten Teil des Sommers 1940 über allein. Sie lebte mal hier, mal dort, in Kay Browns Windmill Cottage in Amagansett auf Long Island, im Hotel Volney in New York, im Garden of Allah in Hollywood.

Sie fühlte sich so sehr als Beobachter der Filmwelt, daß sie sich eines Tages in Hollywood die Häuser der Filmgrößen zeigen ließ. »Sie haben sicher schon mal von David Selznick gehört, nicht?« fragte sie der Führer, als sie durch die Hügel Hollywoods fuhren.

»Flüchtig«, sagte Ingrid Bergman.[1]

Es ergab sich die Möglichkeit für sie, bei Columbia Pictures den Film *Adam hatte vier Söhne (Adam Had Four Sons)* unter der Regie von Gregory Ratoff zu drehen. Sie las den Roman, nach dem der Film entstehen sollte. Sie und Kay Brown fanden ihre Rolle als Gouvernante zu negativ, Stars spielen keine negativen Rollen. Sie nahmen an, daß der Part im endgültigen Drehbuch positiver ausfallen würde.[2]

Ingrid Bergman machte sich keine Illusionen über den Erfolg des Films, aber im Augenblick gab es keine Alternative. Ihr Hauptproblem war Ratoff. Der Regisseur hatte keine Ahnung, was sein Star in Wirklichkeit von ihm hielt. Sie war immer außerordentlich liebenswürdig zu ihm. Sie schmeichelte ihm so sehr, daß er sie später »My Sweetest Swedish Baby« nannte. Aber wenn sie mit Kay Brown allein war, dann sprachen sie beide mit Verachtung von Ratoff, und sie fanden nicht, daß er sie in *Intermezzo* gut geführt hatte.

Ingrid Bergman war nicht sicher, ob sie den Film machen sollte. Auf einer Party bei den Paleys fragte sie Selznick um

Rat. Er sagte ihr, er halte die Rolle nicht für gut genug, er würde es vorziehen, sie dafür zu bezahlen, daß sie nichts täte und auf die richtige Rolle wartete.

Doch Nichtstun konnte Ingrid Bergman nicht ertragen. Sie begann zwanghaft zu essen und nahm fast fünf Pfund zu. Sie hatte das Gefühl, sie müßte spielen, und sei es in einem Film, der ihrer Karriere wenig nützen würde. Also fuhr sie westwärts, um in einem Film zu spielen, von dem sie wußte, er würde nicht sehr gut sein, unter einem Regisseur, zu dem sie nur wenig Vertrauen hatte.

Europäern kam Hollywood manchmal wie eine gigantische Kulisse vor. Von Stars erwartete man, daß sie wie Stars lebten, auch wenn ihr Haus und ihr Rolls-Royce nur gemietet und die Kleider Leihgaben aus dem Studio waren. Ingrid Bergman mochte keine Protzerei und wollte auch nichts vortäuschen. Sie mietete sich keinen Palast in den Hügeln Hollywoods, sonder nahm sich ein Appartement am Shirley Place. Es war hübsch, mit genug Platz für Pia und Mabel, dem Kindermädchen. Aber nach Hollywood-Standard war ihre Wohnung verdächtig bescheiden. Zudem fuhr sie mit einem gemieteten blauen Ford Coupé ins Studio, ein Gefährt, das ihrem Maskenbildner hätte gehören können.

»Immerhin etwas, in das ich hineinbeißen konnte, auch wenn der Apfel nicht besonders gut war«, notierte sie in ihr Tagebuch.[3] Sie hatte nicht viel erwartet, war aber nicht darauf vorbereitet, daß es ein so wüstes Durcheinander bei den Dreharbeiten geben würde. Jeden Tag wurden neue Dialogpartien geschrieben. Ratoff hatte keine Ahnung, wie sein Film enden sollte, und nachdem der Film abgedreht war, nahm Selznick sich eine Woche Zeit, um den Film zu schneiden, mit dem er nichts zu tun hatte; er tat das einzig und allein, damit die Katastrophe für seinen Star nicht zu groß würde.

Was Ingrid Bergman half, war, daß Ruth Roberts wieder mit ihr arbeitete. Sie hatte ihr von der Ostküste aus regelmäßig geschrieben, vor allem über ihre Arbeit. Ruth Roberts wurde für sie mehr als eine Sprachlehrerin, sie wurde ihre Vertraute, ihre Freundin. Mit ihr konnte Ingrid Bergman ganz offen über ihre Karriere diskutieren. Sie brauchte sie und bestand von nun an darauf, daß sie bei jedem ihrer Filme dabei war.

Ruth Roberts wurde »abhängig von Ingrid«, so drückt es ihre langjährige Hausgenossin Rae Pober aus.[4] Sie war eine Frau mit Talenten, aber sie steckte Ingrid Bergman zuliebe ihre eigenen Ziele zurück. Die beiden Frauen waren häufig zusammen, doch im offiziellen Hollywood hielt Ruth Roberts Abstand von Ingrid Bergman und gab nicht vor, ihr gleichgestellt zu sein.

Ingrid Bergman beendete die Dreharbeiten zu *Adam hatte vier Söhne* an einem Morgen um drei Uhr und begann sieben Stunden später mit ihrem nächsten Film, *Gefährliche Liebe (Rage in Heaven).*[5] Diesmal hatte Selznick seinen Star an MGM ausgeliehen, für 34 000 Dollar. Es war eine konventionelle, ja abgedroschene Story, nach dem Roman von James Hilton. Selznick machte sich immerhin die Mühe, das Drehbuch durchzugehen und einige Vorschläge anzubringen.

Ingrid Bergman spielt in dem Film eine junge Frau, die erkennen muß, daß sie einen Psychotiker geheiratet hat. Der Freund ihres Mannes versucht ihm zu helfen, doch er bleibt von Eifersucht und Selbsthaß gequält. Er begeht schließlich Selbstmord und arrangiert es so, daß es aussieht, als hätte der Freund ihn getötet.

Ingrid Bergman lernte bei den Dreharbeiten Christopher Isherwood kennen, der am Drehbuch mitgearbeitet hatte. Der junge Romancier ging jeden Tag mit ihr die Szenen durch.

»Es gibt Leute, die im besten Sinne des Wortes Amateure sind, die es ihrer Schönheit und ihrem Charme zu verdanken haben, daß sie Stars werden«, sagt Isherwood. »Aber sie war ein richtiger Profi. Ich fühle mich zu Hause bei richtigen Profis, so wie Hemingway Stierkämpfer mochte. Sie sind sehr zäh und haben eine Art von Glamour. Sie war ganz bezaubernd. In gewisser Hinsicht war sie die schönste Frau, die ich je getroffen habe — nicht daß Frauen meine Spezialität sind. Sie war keine Frau, mit der man seine Zeit verbringen würde, es sei denn, man hatte ein Verhältnis mit ihr. Sie hatte etwas beinah Maskulines an sich . . . Wenn Studio-Leute ihr in den Hintern kniffen oder so was, dann lächelte sie gelangweilt, als ob sie Männer in einem Umkleideraum wären.«[6]

Wie bei *Adam hatte vier Söhne* gab es auch bei dieser neuen Produktion Probleme über Probleme. MGM feuerte die ersten beiden Regisseure und engagierte schließlich W. S. Van Dyke II; das Bemerkenswerteste an ihm war sein ausgefallener Name, und berühmt war er vor allem dafür, daß er jeden Film zu Ende kriegte, mochte geschehen was wollte.

Van Dyke kleidete sich militärisch, hohe Lederstiefel und Reithosen. Er putzte die Schauspieler herunter, als wären sie Rekruten. Ingrid Bergman meinte mit solch einem Mann nicht arbeiten zu können, sie ging zu Selznick und beklagte sich. Selznick hatte bei MGM nichts zu sagen; überdies wollte er nicht, daß sie den Ruf bekam, eine launenhafte Schauspielerin zu sein. Er schickte sie zurück ins Studio.

Was ihre Arbeit anging, war sie jedoch unerbittlich. Einmal war sie nicht zufrieden mit einer bestimmten Szene.

»Ich kann es noch besser machen«, sagte sie und bat um Wiederholung der Szene.

»Wir zirkeln das schon hin«, sagte Van Dyke und wollte weitermachen.

»Wir drehen zu schnell«, beharrte Ingrid und machte ihm eine Szene vor dem Team.[7]

Eines Tages in ihrer Garderobe sagte sie es ihm ganz deutlich: »Warum sind Sie nicht in der Armee geblieben? Sie kümmern sich überhaupt nicht um die Gefühle Ihrer Mitarbeiter. Und Sie wissen ganz und gar nicht, wie man mit Schauspielerinnen arbeitet.«[8]

Noch während der Dreharbeiten im Dezember 1940 hielt Ingrid Bergman Ausschau nach einer besseren Rolle für ihren vierten amerikanischen Film. Wenn sie nicht bald in einer besseren Produktion mitspielen konnte, würde es ihr gehen wie so vielen anderen ausländischen Stars, sie würde an den Untiefen Hollywoods scheitern.

Ingrid Bergman hatte an Selznick geglaubt, doch er schickte sie nur herum, anstatt ihr eine Hauptrolle in »A David O. Selznick Production« zu geben.

Victor Fleming, der Regisseur von *Vom Winde verweht* und einer der erfolgreichsten Regisseure Hollywoods, interessierte sich für Ingrid Bergman. Anderthalb Jahre zuvor hatte er sich mit Selznick nicht nur jeden Abend die am Tage abgedrehten Szenen von *Vom Winde verweht* angeschaut, Selznick hatte ihm auch jeweils die erste Kopie von *Intermezzo* gezeigt.

Spencer Tracy nannte den gutaussehenden, hochgewachsenen Fleming den »Clark Gable der Regisseure«. Der Siebenundfünfzigjährige lebte mit seiner Familie auf einer Farm in Brentwood; er hatte früher die ganze Welt bereist und sein eigenes Flugzeug geflogen. Als Regisseur war er ein ausgemachter Profi und hatte Filme in ganz unterschiedlichen Genres gedreht.

Fleming war genügend beeindruckt von Selznicks Schützling, daß er sie für seinen neuen MGM-Film *Arzt und Dämon (Dr. Jekyll and Mr. Hyde)* haben wollte, die Dreharbeiten sollten im Februar beginnen. Spencer Tracy verkörperte den Dr. Jekyll, und Ingrid Bergman würde natürlich Beatrix Emery, die tugendhafte Verlobte Jekylls, spielen. Die Rolle der sinnlichen, amoralischen Ivy Peterson sollte ein anderer neuer Star, Lana Turner, übernehmen. Doch Ingrid Bergman wollte die Ivy spielen.

Zuerst mußte sie Victor Fleming überzeugen. Sie ging zu ihm, wie sie sich erinnerte, und sagte: »Könnten wir nicht tauschen? Lana Turner spielt die Verlobte und ich das kleine Flittchen aus der Bar?«

»Unmöglich«, so Flemings Antwort. »Bei Ihrem Aussehen? Das nimmt Ihnen keiner ab.«

In ihrer Autobiografie schreibt Ingrid Bergman, sie habe um Probeaufnahmen gebeten, doch Fleming habe ihr gesagt, daß Selznick seinem Star diese Demütigung nicht antun würde. Also machten sie und Fleming den Test heimlich und zeigten ihn dann einem ungläubigen Selznick.

Ingrid Bergman behandelte jeden Mann, mit dem sie eine Beziehung hatte, als wären sie beide verschworen gegen den Rest der Welt. Das war die Art von Intimität, die sie einem Mann bot, das Gefühl, daß er und sie aneinandergefesselt waren, einer gleichgültigen, gefühllosen Welt gegenüber. Selznick glaubte, daß er Ingrid Bergmans großer Mentor sei, der sie auf die Höhen des Ruhms führte und Fleming sanft drängte, damit er gern mit ihr arbeiten wollte. Was Fleming anging, so hatte er das Gefühl, als wären er und Ingrid Bergman Künstler und Liebende, die Schönheit und Ruhm und Reichtum miteinander erschaffen würden.

Zu einem Zeitpunkt mag Fleming geglaubt haben, daß er und Ingrid Bergman beinahe gegen Selznick zusammenarbeiteten. Doch in Wirklichkeit wußte Selznick von Anfang an über die Probeaufnahmen Bescheid. Er glaubte, Ingrid Bergman könnte durchaus »eine Hure« spielen. Anfang Dezember rief er Fleming sogar an, um mit ihm darüber zu sprechen, ob er bei den Aufnahmen dabeisein könnte. Ingrid Bergman war diejenige, die sich Sorgen machte, daß die Probeaufnahmen schlecht werden könnten. Sie wollte vorher die Rolle nur lesen, damit, falls es nicht klappte, »nicht irgendwelche schlechten Probeaufnahmen in Umlauf sind«.[9]

Ingrid Bergman bekam die Rolle der Ivy. Das war ein wunderbares Weihnachtsgeschenk für sie und ein Gegenmittel gegen ihre schlechten Erfahrungen bei den Dreharbeiten zu *Gefährliche Liebe.* Außerdem war Petter zu Weihnachten aus Schweden gekommen. Zwei Wochen nach seiner Ankunft flogen die beiden nach Sun Valley in Idaho zum Skilaufen. Lindström war ein hervorragender und ein begeisterter Skiläufer. Ingrid Bergman interessierte sich mehr für die Skihütte und mochte gern in der Sonne sitzen: die Ferien waren eine willkommene Atempause für sie.

Da war nicht nur die Rolle in *Arzt und Dämon,* die ihr durch den Kopf ging, sie würde eventuell auch die Möglichkeit bekommen, in der Verfilmung von Hemingways Roman *Wem die Stunde schlägt (For Whom the Bell Tolls)* die Rolle der Maria zu spielen.

Es gab in Hollywood einen gewaltigen Rummel um das Buch, von dem innerhalb weniger Monate mehr als eine halbe Million Exemplare verkauft worden waren; solch eine Aufregung hatte es seit der Suche nach einer Darstellerin für die Scarlett aus *Vom Winde verweht* nicht mehr gegeben. Als Selznick *Wem die Stunde schlägt* las, dachte er, daß die Maria, das junge Mädchen, das von den Faschisten gequält und vergewaltigt worden ist, eine ideale Rolle für Ingrid Bergman sein würde. Ingrid Bergman, die den Roman mit Hilfe eines Wörterbuchs durchackerte, dachte das auch. Selznick hatte die Möglichkeit, etwas zu machen. Sein Bruder Myron, Hollywoods führender Agent, hatte die Rechte an dem Buch für 150 000 $ an Paramount verkauft, das war die bis dahin höchste Summe für Filmrechte an einem Roman, und Hemingway war ihm dankbar. Selznick beauftragte seinen Bruder, dabei zu helfen, Ingrid Bergman die Rolle zu verschaffen.[10]

Hemingway war so berühmt und bekannt wie ein Filmstar. Und er selbst soll Ingrid Bergmans Namen genannt haben. Was erstaunlich war — wenn auch Ingrid Bergman und Selznick es nicht erstaunlich fanden —, denn im Roman heißt es über Maria: »Ihre Zähne waren weiß in dem braunen Gesicht, ihre Haut und ihre Augen waren von dem gleichen goldgelben Braun . . . Ihr Haar hatte das goldene Gelb eines Kornfeldes, das die Sonne gebräunt hat, aber sie trug es sehr kurz geschnitten, so daß es nicht viel länger war als die Haare eines Biberpelzes.« Diese Beschreibung klang nicht gerade nach Ingrid Bergman, allerdings auch nach keinem anderen Hollywood-Star.

Ingrid Bergman hatte Glück gehabt. Im Jahr zuvor, bei der Überfahrt nach New York, war auch die Journalistin Martha Gellhorn an Bord gewesen. Sie hatte inzwischen Hemingway geheiratet; und Ingrid Bergman war ihr in Erinnerung geblieben. »Ich habe Ingrid für *Wem die Stunde schlägt* vorgeschlagen«, erzählt sie. »Ich hatte sie auf dem Schiff gesehen, eine Frau mit einem Baby auf dem Rücken. Und dann sah ich sie in einem Film. Und dann machte ich Hemingway den Vorschlag.«[11]

Hemingway erwähnte Ingrid Bergman als mögliche Maria in einem Artikel in *Life*. Das reichte Selznick, sich um ein Treffen zwischen den beiden zu bemühen. Hemingway stand kurz vor einer China-Reise, er wollte von San Francisco aus mit dem Schiff fahren. Ingrid Bergman und Lindström verkürzten ihre Ferien, um ihn noch vorher treffen zu können. Man kam dann in Jack's Restaurant zusammen, und dieses private Treffen wurde, wie es sich gehört, von Life-Reportern verewigt.

»Wenn Sie nicht in dem Film spielen, Ingrid, arbeite ich nicht daran mit«, sagte Hemingway ihr, und sie war, wie *Life* berichtete, erst »scheu«, aber »schließlich lachte sie«.[12]

Auf dem Flug nach Los Angeles las Ingrid Bergman, was Hemingway ihr in ein Exemplar von *Wem die Stunde schlägt* geschrieben hatte: »To Ingrid Bergman, who is the Maria of this story.«

Hemingway hatte getan, was er konnte. Jetzt war es an Selznick und ihr selber, alles zu tun, um die Rolle zu bekommen. Paramount zog auch andere Schauspielerinnen in Erwägung, zum Beispiel Paulette Goddard, Betty Field und Annabella.

Die Karriere seiner Frau begeisterte Lindström durchaus. Aber er wollte nicht Mr. Ingrid Bergman werden. Er begann sich an medizinischen Hochschulen zu bewerben, um seine Studien fortzusetzen und Arzt in Amerika zu werden. Er würde diesmal derjenige sein, der sich für Monate von ihr trennte. Es war ein Zeichen, welches Vertrauen er in sich selbst und in seine Beziehung zu Ingrid Bergman setzte, doch es sagte auch einiges über den Charakter ihrer Ehe aus. Lindström war ein Mann, der an die Unantastbarkeit von Ehe und Familie glaubte. Trotzdem hatten er und seine Frau während ihrer dreieinhalbjährigen Ehe fast die Hälfte der Zeit getrennt voneinander gelebt. Es war eine Ehe der besonderen Augenblicke, sie trafen sich in Hotels oder in den Ferien, oder zwischen Filmen und anderen Projekten. Sie waren im Grunde noch immer Jungverheiratete, die nicht im Alltag zusammengelebt und ihre Partnerschaft auf die Probe gestellt hatten. Es gab in diesen Kriegsjahren Millionen von Paaren, die getrennte Leben lebten; doch es war nicht der Krieg, der Ingrid Bergman und Petter Lindström so häufig trennte.

Er glaubte, daß ihr Vertrag ihr einige Monate Zeit geben würde, mit ihm zu leben. Doch er wußte auch, daß sie ruhelos war und von unbändigem Ehrgeiz beherrscht.

Ingrid Bergman hatte einen Mann, der sie anbetete und ihr treu war. Doch das war ihr nicht genug. »Ingrid erzählte mir oft, sie könnte nicht gut arbeiten, wenn sie nicht entweder in ihren Partner oder den Regisseur verliebt sei«, sagt Lindström. Er fragte sie nicht, was »verliebt« bedeutete.

In *Arzt und Dämon* spielte sie eine Frau von zügelloser Erotik. Wenn sie eine Rolle spielte, dann wurde diese Rolle zu ihrem Leben, und es war kein Wunder, daß sie eine Beziehung sowohl mit Fleming als auch mit Tracy einging.

Bevor sie vor die Kamera trat, war sie, wie Charles Schram, der Maskenbildner, sich erinnert, »scheu und befangen und sehr ruhig und ein wenig verängstigt, sie wurde leicht rot«,[13] doch sobald die Kamera lief, erschien sie als die Personifikation der schlimmen Ivy.

Fleming holte eine erstaunliche schauspielerische Leistung aus ihr heraus; es lag wohl auch daran, daß sie die sinnliche Frau nicht nur vor der Kamera spielte. Und Fleming war im Verruf als Frauenheld. Tatsächlich hatte ihn 1934 ein Kameramann auf 150 000 $ Schmerzensgeld verklagt, weil er seine Frau verführt habe.[14]

Fleming war mehr als doppelt so alt wie Ingrid Bergman, aber in ihrer Gegenwart schienen seine Jugend und Vitalität zurückzukehren. In einer Szene muß Tracy Ingrid die Treppe hinauf in ihr Zimmer tragen. Fleming führte es ihm vor: er nahm sie auf die Arme und ging mit ihr die Stufen hinauf, als wäre es der Weg zu seiner Privatwohnung und keine Kulisse. Tracy hatte nicht vor, sich so abzumühen. Er ließ für sich eine Schlinge installieren, mit deren Hilfe er sie hinaufschaffte.

Zuzeiten konnte Fleming beinahe sadistisch sein. In einer Szene sollte Ingrid Bergman hysterisch weinen, und er schlug ihr vorher ins Gesicht. Von einem anderen hätte sie sich das wohl kaum gefallen lassen, aber sie war, wie sie zugab, »sehr in ihn verliebt«.[15] Und verliebt war sie wohl auch in das, was er aus ihr als Schauspielerin herausholte.

Ein Verhältnis hatte sie ebenfalls mit Spencer Tracy. »Ich habe ihre Beziehung mit Spencer während der Dreharbeiten beobachtet«, sagt der Regisseur und Schauspieler John Houseman. »Aber das ist nichts Ungewöhnliches in diesem Gewerbe.«[16] Tracy war außerordentlich begeistert von Ingrid Bergman. Er erzählte Selznick auf einer Party, daß er in seiner ganzen Karriere nichts Vergleichbares gesehen habe, weder auf der Bühne noch auf der Leinwand. Sie sei eindeutig dazu bestimmt, der größte Filmstar zu werden.[17]

»Kann ich je glücklicher in meiner Arbeit sein?« fragte Ingrid Bergman in ihrem Tagebuch. »Ich war nie glücklicher. Nie habe ich mich so völlig hingegeben. Zum ersten Mal bin ich aus dem Käfig ausgebrochen, der mich umschlossen hält . . . Es ist, als könnte ich fliegen. Ich fühle keine Fesseln. Ich kann höher und höher fliegen, weil die Gitter meines Käfigs gebrochen sind . . .«[18]

Als der Film beendet war, war auch die Affäre mit Fleming zu Ende. Sie sagte später, Fleming habe Schluß gemacht, weil er nicht in sie verliebt gewesen sei.[19] Doch die Gründe waren wohl komplizierter. An Spencer Tracy behielt Ingrid Bergman offenbar länger Interesse. Lindström zufolge mußte er sie Monate später davon abhalten, mit dem Schauspieler zwei Wochen nach San Francisco zu gehen, wo sie mit ihm »über Rollen sprechen« wollte.

Selznick hatte im Moment keinen neuen Film für sie, aber im August sollte sie in Eugene O'Neills *Anna Christie* die Hauptrolle spielen. Bevor die Proben begannen, hatte sie noch Zeit, zu Petter an die Ostküste zu fahren. Sie schien glücklich, aber war voll Unsicherheit: Selznick reagierte nicht schnell genug, nachdem er *Arzt und Dämon* gesehen hatte; sie war sicher, sein Schweigen bedeutete, daß ihm der Film nicht gefallen hatte.

Im Juni verbrachte sie ein paar Tage mit Petter und Pia auf dem Landsitz von Burgess Meredith im Norden des Bundesstaates New York. Zu den Wochenendgästen gehörte auch Olivia de Havilland. Sie erinnert sich, wie Ingrid Bergman und Lindström in Leinenstühlen vor dem Gästehaus saßen. Er las, und sie plauderte und ging Drehbücher durch. »Er betete sie an, und ich denke, sie wußte es, aber ich denke, jeder Mann betete sie an«, sagt Olivia de Havilland. Wenn es Zeit fürs Mittagessen war, sprang sie auf, ging hinüber zum Haupthaus und wühlte den Kühlschrank durch. Und dann wurde schnell eine einfache Mahlzeit bereitet.[20]

Lindström war an der Medizinischen Fakultät der Universität von Rochester in New York angenommen worden, und Ingrid Bergman reiste erst mal wieder nach Westen. Die Rolle in *Anna Christie* war eine gewaltige Herausforderung für sie. »Anna ist eine Hure«, sagt John Houseman, der bei dem Stück Regie führte. »Und das war schwierig für Ingrid. Wenn sie versuchte böse zu sein, klappte es gewöhnlich nicht.«

Als das Stück am 30. Juli 1941 im Lobero Theater in Santa Barbara Premiere hatte, waren mehr Stars im Publikum als auf der Bühne. »Gimme a whiskey and make it a double!« (Gib mir 'nen Whiskey, und zwar 'nen doppelten!) sagte Ingrid Bergman, als sie auf die Bühne kam, und das Publikum brüllte vor Lachen. Sie war bald ganz in der Rolle drin, und vier Tage später notierte der Kritiker des *Call-Bulletin*, er habe seit einem Jahrzehnt nicht solch einen Beifall gehört.

Mitte August fuhr Ingrid Bergman mit dem Zug nach New York, da *Anna Christie* auch noch einige Zeit in New Jersey gespielt werden sollte. *Arzt und Dämon* hatte gerade Premiere gehabt, und die ersten Kritiken erschienen. Nach übereinstimmender Meinung war »nur Miss Bergman einigermaßen ruhmreich aus dem Ganzen hervorgegangen«, wie es in der *New York Times* hieß.

Ingrid Bergman hatte Gelegenheit, sich selbst in *Arzt und Dämon* zu sehen und sich auch andere Filme anzuschauen; und sie gab eine Reihe von Interviews. Die recht abgebrühten New Yorker Reporter waren alles andere als amüsiert, als sie entdeckten, daß ihnen allen ein »Exklusiv«-Interview gewährt worden war. Aber sie waren dann doch sehr eingenommen von Ingrid Bergman und hielten geradezu Lobreden auf sie.

Vor Ingrid hatte es die Garbo gegeben. Greta Garbo, die Unnahbare, die Geheimnisvolle, die Unvergleichliche. Und jetzt diese andere Schwedin, die ganz offensichtlich ungeschminkt war und wie das vollkommene amerikanische College-Girl aussah und sich auch so kleidete.[21] Sie schien nicht so unzugänglich zu sein, und ihr Geheimnis war der anscheinende Mangel an Geheimnis. Um sie gab es keine Skandalgerüchte, sie war glücklich verheiratet, Mutter eines Kindes, und sie lebte nicht in Palm Springs oder Hollywood, sondern, ausgerechnet, in Rochester, einem Provinznest. Ingrid Bergman war, wie die *New York Post* ihren Artikel überschrieb, »die Garbo der vierziger Jahre«.[22]

Alles lief sehr gut für sie, und *Anna Christie* war hier sogar ein noch größerer Erfolg als im Westen. Lindström telegrafierte an Selznick:

JEDEN ABEND HIER AUSVERKAUFT UND NUR FEUERWEHR KONNTE DIE MENGE AUFHALTEN . . . ES IST ALLES SO SCHÖN UND JE MEHR WIR AN EUROPA UND COCA COLA DENKEN DESTO MEHR MÖGEN WIR AMERIKA.[23]

7.

»As Time Goes By«

Die Lindströms mieteten sich in Rochester ein Haus an der South Avenue 985. Ingrid Bergman sagte, sie sei »richtig glücklich«, das Haus war »richtig süß«, fast ein »Traumhaus«. Aber, wie es üblicherweise geschah, wenn sie nicht arbeitete, sie wurde nervös und langweilte sich. Und dann wurde sie eine schwedische Hausfrau, für die das Leben ein einziger Frühjahrsputz ist. Aber auch das stellte sie nicht zufrieden. Rochester war ein Zentrum der Landwirtschaft und es gab herrliches Essen — Ziegenkäse, frische Äpfel, gute Würste. Und Ingrid Bergman fing wieder an zu essen, zwanghaft. Sie war keine Frau, die darüber nachdachte, warum sie wohl soviel aß.

So jemand wie Ingrid Bergman hatte noch nie in der Provinzstadt Rochester gelebt, und in den Lokalzeitungen erschienen Artikel über ihre Ankunft. Ein gewisser H. C. Hosmer, der weder sie noch Lindström interviewt hatte, tat sich besonders hervor: Menschenmengen vor ihrem Haus; Fans, die auf dem Rasen campierten; Neugierige, die durch die Fenster spähten. Und er berichtete über zwei Einbrüche, bei denen Wäsche und persönliche Artikel gestohlen worden waren, offenbar etwas für Andenkenjäger. Er behauptete schließlich, Ingrid Bergman leide so sehr, daß sie Rochester verlassen wolle.[1]

Die Einbrüche haben nie stattgefunden. Ingrid Bergman hat die Geschichte zwar auch häufiger erzählt, aber Selznick gegenüber in einem Brief versichert, daß niemand in ihr Haus eingedrungen sei und auch keine persönlichen Sachen verschwunden seien.[2] Sie war manchmal mit Anrufen belästigt worden, hatte sich aber eine Geheimnummer geben lassen. Das Problem war eher, daß es zu ruhig in Rochester war.

Allzu lange brauchte sie das Leben in Rochester nicht zu ertragen, nach wenigen Wochen war sie schon wieder in Hollywood, um Probeaufnahmen für *Wem die Stunde schlägt* zu machen. Sie hatte Angst, daß sie unbefriedigend werden könnten. Dan O'Shea berichtete damals, sie habe gesagt, daß sie ein schlechter Verlierer sei. Wenn sie eine Sache wie diese in Angriff nehme, sei eine Ablehnung für sie schlimmer, als wenn sie es überhaupt nicht erst versucht hätte.[3]

Selznick hatte Verständnis für die Probleme seines Stars. Er bestand auf einer Reihe von Bedingungen für die Probeaufnahmen, sie sollten z. B. nicht unter ihrem richtigen Namen laufen.

Ingrid Bergman wartete tagelang, während die Vertreter von Selznick und von Paramount über die Probeaufnahmen verhandelten. Ende Oktober telefonierte Selznick mit Sam Wood, dem Regisseur des Films, und erfuhr, daß der meinte, Ingrid sei ganz falsch für die Rolle. Wood glaubte, sie könnte Hosen nicht gut tragen, und er hielt sie für zu groß.[4]

Ingrid Bergman fuhr zurück nach Rochester. Sie hatte gehört, was Wood gesagt hatte, aber sie war sich bewußt, »ein anderer Grund (vielleicht der wahre) hätte mich mehr verletzt«.[5]

Ingrid Bergman hatte keinen Agenten, und die Selznick-Leute versuchten mit Lindström zu verhandeln. Er hatte Kay Brown schon gewarnt, sie müsse »mit der Möglichkeit rechnen, die Stimme eines Agenten aus Rochester laut zu vernehmen«. Er hielt Wort.

»Ich fühle wirklich eine große Verantwortung«, schrieb er an Kay Brown. »Ich bin so glücklich gewesen, den feinsten Charakter und eine der größten Schauspielerinnen zu treffen, beides in einer Person. Wir wissen nicht viel über die Zukunft dieser Person, aber es wird wohl noch einige Jahre aufwärts gehen. Wenn nicht, dann ist der Grund wohl, daß die Leute um sie herum — mich eingeschlossen — sie in die Irre geführt haben.«[6]

Selznick wollte Ingrid Bergman in einem längerfristigen Vertrag binden, und er hatte vor, sie nicht mehr an andere Firmen auszuleihen, bis sie den Vertrag unterschrieben hatte. Ingrid Bergman wußte von seinen Plänen, fand es aber besser, die Unschuldige zu spielen. Am 7. November schrieb sie ihm aus Rochester: »Mit Ihrer Klugheit und meiner Intuition sollten wir weit kommen!«

Rochester war weit von Schweden entfernt, aber man konnte

ein sehr »schwedisches« Leben dort führen. Lindström genoß es, und er glaubte, Ingrid könnte es ebenso genießen. »Sie hat nur acht Wochen im Jahr gearbeitet, und ich dachte, sie würde in Rochester bleiben«, erzählt er. »Ich dachte, sie könnte genausogut dort sein — wir konnten Ski laufen, schwimmen, es gab Dampfbäder. Sie war ein gesundes Mädchen. Ich war ein gesunder Junge. Sie hatte Sinn für Humor. Ich war immer hoffnungsvoll wegen unserer Ehe. Wir dachten immer, sie würde arbeiten, bis sie ungefähr vierzig wäre. Dann wäre ich als Arzt allmählich auf dem Höhepunkt meiner Karriere.«

Ingrid Bergman sah nicht, daß das Leben nicht eine Serie von Episoden ist, sondern ein Kontinuum. Sie war immer unruhig. Aber wenn man unablässig in Bewegung ist, riskiert man, nichts anderes mehr zu sein als Erinnerungen, Anekdoten, Zeitungsausschnitte und Filmspulen. Lindström war sich nicht klar über den Charakter seiner Ehe. Er dachte immer, sie würde sich ändern.

Ingrid Bergman war nur ein paar Wochen in Rochester, dann war sie wieder in New York, wo sie eine Radiosendung mit Spencer Tracy machte. Womöglich suchte sie nur Vergnügen, ein wenig Aufmerksamkeit. Wenn sie einen attraktiven Mann sah, dann mußte sie wissen, daß er sie haben wollte. Es war wie in den Spiegel blicken, und wenn es manchmal im Bett endete, dann war das nur ein Beweis dafür, daß sie begehrenswert war.

Im Dezember konnte man in Rochester Ski laufen. Lindström hatte allerdings viel zu tun, und Ingrid Bergman war oft allein. Mabel, das Mädchen, erledigte meistens die Einkäufe, manchmal auch ging Ingrid mit Pia. Oder sie gingen zum Schlittschuhlaufen auf dem Riley Pond im Cobbs Hill Park oder sie tollten durch den Schnee im Highland Park. Zuweilen saß Ingrid Bergman auch am Fenster und blickte auf den Schnee hinaus, hörte Radio, strickte Pullover für Pias Puppen und dachte, daß sie so weit, weit von einer Kamera entfernt sei.

Lindström gab einmal ein Essen für eine Reihe seiner Kollegen und deren Frauen. »Ingrid sagte gar nichts und saß einfach da«, erinnert er sich. »Hinterher sagte sie: ›Lad' nie wieder Ärzte ein. Die verstehen nichts vom Film.‹ Von da an wollte sie nichts mehr mit Ärzten zu tun haben. Es waren auch nie wieder welche im Haus. Ich wurde hin und wieder eingeladen, aber ich konnte mich nie revanchieren. Ich ging mit den Leuten statt dessen essen.«

Zu denen, die Lindström zum Essen ausführte, gehörte Dr. Ella McCann, eine Biochemikerin, die ihn in Wissenschaftsenglisch unterwies. »Wir redeten über seine Arbeit«, erzählt sie von den Essen mit Lindström und Ingrid Bergman. »Über sie haben wir nicht viel geredet. Er sagte ihr immer, sie rede zuviel. Er sagte: du hast Verstand, aber du redest zuviel. Ich denke, er hielt eine Menge von ihr. Er war sehr stolz auf ihre Karriere. Ich dachte, das wäre eine von diesen europäischen Ehen, die nie auseinandergehen. Sie waren sich nicht ähnlich. Keine Frage. Sie waren ganz verschieden.«[7]

Selznick schenkte Ingrid Bergman teuren Topasschmuck zu Weihnachten, aber nicht das, was sie sich mehr als alles andere wünschte: eine Rolle in einem neuen Film. Alles, was sie für 1942 in Aussicht hatte, war die Rolle der Schwester Veronica in *Schlüssel zum Himmelreich (The Keys of Kingdom).* Selbst Selznick meinte, daß es sehr heikel für ihre Karriere aussah.[8]

Obwohl Ingrid Bergman, Lindström zufolge, kaum mehr als zwei Wochen auf einmal in Rochester verbrachte, hatte sie das Gefühl, als wäre »nur eine Hälfte von mir am Leben. Die andere Hälfte aber stirbt ab«.[9] Im Januar fuhr sie für die Kate Smith Show im Radio nach New York. Zurück in Rochester, machte sie wieder ihre Spaziergänge mit Pia, las und schrieb. Im Februar war ihr alles gleichgültig geworden. Sie mochte kaum reden und meinte, Petter bemerkte das nicht einmal. Sie ging nicht mehr mit Pia spazieren und machte nicht mehr ihre Gymnastikübungen.[10]

Alles schien schiefzulaufen. Sie wollte so gern eine amerikanische Version des englischen Stücks *Gaslight* machen, aber Selznick drohte, er würde die Rechte nicht erwerben, wenn sie nicht einen längerfristigen Vertrag unterschriebe. Sie hatte das Gefühl, Selznick und Kay Brown hätten jeden Anstand verloren, sie wüßten, daß sie fast so weit sei, die Fußböden in Selznicks Büro zu schrubben. Sie verlor all die Rollen, die sie wollte. Sie hatte Kay Brown gesagt, sie würde ihr alles vergeben, nur nicht, wenn nicht sie, sondern Bette Davis die Rolle in *Fremde Frau (Strange Woman)* bekäme. — Warner Brothers hatten gerade bekanntgegeben, daß Bette Davis die Rolle bekommen hatte.

Ingrid Bergman konnte mit ihren Vertrags-Problemen nur zu ihrem Mann gehen. Er meinte, es brauchten keine neuen Verhandlungen geführt zu werden und schrieb an Kay Brown: »Ich wäre sehr glücklich, wenn Sie in zehn Jahren wieder mit mir darüber sprechen würden.«[11]

Ingrid Bergman und Selznick hatten immer liebenswürdige Briefe miteinander gewechselt, mochte privat auch einer über den andern häßliche Dinge sagen. Doch diese Fassade brach jetzt zusammen.

Sie schrieb an Ruth Roberts, sie habe Selznick beim letzten Treffen furchtbar angeschrien, und sie hoffe, er würde sie fallenlassen. Aus Selznick-Dokumenten geht hervor, daß Lindström und Kay Brown stundenlang ergebnislos miteinander verhandelt haben. Kay Brown war verblüfft über »sein Genie, zu allem jein zu sagen«.[12] Ein neuer Vertrag für Ingrid Bergman wurde nicht ausgehandelt. Statt dessen unterzeichnete sie einen Vertrag mit dem Hollywood-Agenten Charles Feldman, eine Lösung, die beiden zusagte, Ingrid Bergman und Selznick.

Als Ingrid Bergman am 24. März im Radioprogramm des Book-of-the-Month Club auftrat, ließ sie einen kleinen Seitenhieb auf Selznick los. Der Interviewer sagte: »Ich habe einige seltsame Akzente in Hollywood gehört, und zwar von einheimischen Schauspielern. Ich meine, die waren weiter von gutem Englisch entfernt als Ihr Akzent es ist.«

»Ich hoffe, Mr. Selznick hört zu«, war Ingrid Bergmans Antwort.[13]

Eine Woche später spielte sie Jenny Lind in der Sendung Cavalcade of America; Selznick hörte nicht zu. Aber man berichtete ihm, daß ihr Akzent umwerfend gewesen sei. Er schrieb an Kay Brown: »Ich wünschte, Du würdest Ingrid sagen, daß sie es ist, die als erste wegen ihrer Faulheit und Gleichgültigkeit leiden wird.« Er hatte genug von ihrem »Gezeter darüber, daß ich keine Filme mit ihr mache«.[14]

Selznick wollte, daß Ingrid Bergman nicht in dem Gefühl lebte, die einzige Schauspielerin in Hollywood zu sein. Rosalind Russell hatte *Schlüssel zum Himmelreich* gelesen und war »ganz verrückt« nach der Rolle. Ingrid wußte Selznick einfach nicht zu würdigen. »Sie könnte ja jetzt auch in Schweden sitzen und auf die Deutschen warten, wo ich sie doch so schlecht behandle . . . Ich glaube, es wird Zeit, daß ich erwachsen werde und lerne, daß Schauspielerinnen alle gleich sind, ob sie in Brooklyn geboren sind oder in Stockholm.«

Kay Brown bekam allmählich genug von Selznicks Ausbrüchen. Trotzdem unterstützte sie seine Kritik an Ingrid Bergman. Die konnte es nicht verstehen, sie hatte hart für die Rolle der Jenny Lind gearbeitet, und die New Yorker Kritik hatte sie gelobt. Als sie von Kay Brown erfuhr, daß Rosalind Russell sich wegen der Rolle in *Schlüssel zum Himmelreich* an Selznick gewandt hatte, da sagte sie ihr Essen mit Kay Brown ab. Sie war so unglücklich, daß sie niemanden sehen wollte.[15]

Selznick hatte seit *Rebekka* keinen Film mehr gemacht. Aber er führte große Reden und er schimpfte. Er schimpfte auf »dies schwedische Genie Lindström«[16], er schimpfte auf Ingrid, die er für unverschämt und undankbar hielt und die ihn, wie er sagte, nur Geld koste.

Geld, Macht und Ruhm — das war das einzige, was helfen konnte. Aber es ergab sich nichts an Rollen für Ingrid Bergman.

Schließlich ergab sich doch etwas. Ingrid Bergman erfuhr im April 1942, daß sie eine Rolle in einem Film bekam. Sie war so aufgeregt, daß sie nicht schlafen konnte. In ein paar Tagen würde sie wieder in Hollywood sein, in ihrer Welt. Sie wußte nichts über den Film, außer seinen Namen, *Casablanca (Casablanca)*, aber das spielte kaum eine Rolle. Sie telegrafierte Selznick, sie »weine, schreie, falle ihn Ohnmacht« und bereite sich auf die Rückkehr nach Hollywood vor.[17]

Vier Monate lang hatte der Produzent Hal Wallis nach der geeigneten Darstellerin für die Rolle der schönen Ilsa Lund gesucht. Ann Sheridan war für die Rolle in Erwägung gezogen worden.[18] Dann Hedy Lamarr, aber MGM wollte sie nicht ausleihen. Schließlich entschloß Wallis sich, Michèle Morgan zu testen und mit Selznick über Ingrid Bergman zu sprechen.[19]

Wallis hielt Ingrid Bergman für die Idealbesetzung als ausländisches Mädchen mit einem leichten Akzent. Von Selznick hielt er wenig, er dachte, er sei »im Grunde ein Agent«, er verachtete Selznicks Tricks, die Preise für die Stars in die Höhe zu treiben, Stars, die er »selten in langfristigen Verträgen an sich band . . . und dann zu überhöhten Preisen verpachtete«.[20]

»Selznick war immer sehr ausweichend«, sagt Wallis. »Ich mußte mich mit ihm abfinden, es blieb mir nichts anderes übrig bei solch einem Projekt, er hatte nämlich die Trümpfe in der Hand.«[21] Selznick beantwortete Wallis' Anrufe nicht. Also rief Wallis Selznick während einer New-York-Reise im Hotel, in dem sie beide wohnten, an. Selznick war interessiert, aber er wollte mehr über das Skript wissen.

Julius und Philip Epstein, die beiden Drehbuchautoren, bekamen die Aufgabe, Selznick den Plot zu erzählen, das Drehbuch war aber erst teilweise geschrieben.

»Was sollen wir ihm sagen?« fragte Julius.

»Irgendwas. Aber kriegt die Bergman«, sagte Wallis.[22] Die Epstein-Zwillinge waren ein höchst erfolgreiches Team. Mit ihrem Witz und ihrer Schnelligkeit kamen sie gut in Hollywood zurecht. Sie konnten innerhalb weniger Stunden ein Drehbuch vollkommen auseinandernehmen und umschreiben, und mit David O. Selznick konnten sie auch umgehen.

Julius Epstein redete, während Selznick an seinem Schreibtisch beim Essen saß und niemals hochblickte. Epstein war in genügend Story-Konferenzen gewesen, um zu wissen, daß es schlecht für ihn aussah. Er hatte noch nicht einmal über Ingrid Bergmans Rolle gesprochen. Ein Trick klappte immer in Hollywood: man sagte einfach, man wollte einen Film machen wie den, der gerade den größten Erfolg hatte. Also sprach Epstein von *Algier (Algiers)*, dem Film mit Charles Boyer und Hedy Lamarr. »Ich sagte, *Casablanca* wird viel von diesem *Algier*-Schmalz haben — viel Atmosphäre, Zigarettenrauch, Gitarrenmusik«, erinnert Epstein sich. »Selznick guckte hoch und nickte. Da wußten wir, wir hatten die Bergman.«[23]

Jetzt mußte der Handel perfekt gemacht werden. Wallis hatte auch ein paar gute Karten. Warners hatten vor kurzem die Rechte an Edna Ferbers Roman *Saratoga Trunk* erworben, und Wallis hatte gehört, daß Ingrid Bergman gern in diesem Film spielen wollte. Er wußte überdies, daß Selznick gern Olivia de Havilland für einen seiner Filme haben wollte, sie stand aber bei Warner Brothers unter Vertrag. So konnte ein Handel zustandekommen, und Ingrid Bergman wurde für *Casablanca* verpflichtet.[24]

Selznick machte sich nicht einmal die Mühe, das unfertige Skript durchzulesen, bevor er den Vertrag unterzeichnete, so Wallis. Einer der Gründe war: er hatte gehört, daß Schweden bald gezwungen werden könnte, den Achsenmächten um Deutschland beizutreten, und er wollte deshalb ganz schnell einen Film für Ingrid Bergman bekommen.[25]

Indem er Ingrid Bergman für einen Anti-Nazi-Film verpflichtete, lud er Wallis und Warner Brothers ein Public-Relations-Problem auf, das sich verheerend auf den Erfolg von *Casablanca* auswirken konnte — doch das schien für Selznick bei all seiner Besorgnis keine Rolle zu spielen. Besonders paradox war die Tatsache, daß noch ein Jahr zuvor Ingrid Bergman *Casablanca* sehr wohl als zu anti-deutsch abgelehnt haben könnte.

Ingrid Bergman war begeistert, wieder in Hollywood zu sein; sie wohnte jetzt South Spalding Drive 413 in Beverly Hills. Jeden Morgen kutschierte sie in ihrem alten Coupé den Sunset Boulevard hinunter und fuhr durch das weiße Säulentor von Warner Brothers. Sie war voller Energie und Erwartung. Ihr Streit mit Selznick schien vergessen.

Michael Curtiz, ihr neuer Regisseur, hatte eine ähnlich geheimnisvolle Vergangenheit wie Rick Blaine aus *Casablanca*. Curtiz, ein ungarischer Jude, behauptete, als Jongleur und Trampolin-Artist in einem Wanderzirkus aufgetreten zu sein, bevor er in der aufstrebenden Budapester Filmindustrie zu arbeiten begann. 1919 kehrte er dem kurzlebigen kommunistischen Regime Béla Kuns den Rücken und verließ Ungarn. Er war der erfolgreichste Regisseur bei Warner Brothers. Er hatte einen Landsitz und spielte den Gutsbesitzer. Er hatte aber nicht vergessen, wie damals, als er noch ein Junge war, ein Polizist in Budapest auf der Straße ausrief: »Lang lebe der König und nieder mit den Juden!«[26]

Seinen Filmen sieht man diese Erfahrungen nicht an. Er hat Western und Musicals gedreht und war der Meinung, »wir sind nicht da, um mit Filmen zu predigen, politisch Stellung zu beziehen oder eine Botschaft zu übermitteln. Wir sind da, um zu unterhalten.« Er wußte, mit *Casablanca* würde er eine exotische Romanze drehen.

Casablanca wurde Sequenz für Sequenz gedreht, von Anfang an. Das war eine unübliche und teure Prozedur, aber Wallis hatte kaum die Wahl, da das Skript nicht fertig war. Ingrid Bergmans erster Auftritt würde erst in einer späteren Szene erfolgen, jetzt ging es noch darum, für sie die geeignete Garderobe zu finden. Mit den meisten Hüten sah sie nicht gut aus, alle bis auf einen großen weißen wurden ausrangiert. Ebenso ein

Abendkleid, in dem sie zu massig aussah. Selznick erinnerte daran, daß sie kein Make-up nehmen sollte, sie finde gerade wegen ihres frischen Aussehens Anklang, sie sollte so sein wie in *Intermezzo*. Sie versprach darauf zu achten und weniger Make-up zu benutzen.[27]

Lindström besuchte sie Anfang Juni 1942, aber sie war sehr beschäftigt mit den Vorbereitungen zu *Casablanca*.

Dem Drehbuch von *Casablanca* lag ein (unaufgeführtes) Stück von Murray Burnett und Joan Alison zugrunde, *Everybody Comes to Rick's*. Die Epstein-Zwillinge und Howard Koch waren für das Drehbuch zuständig, außerdem Casey Robinson, ebenfalls Drehbuchautor bei Warner Brothers. Er wurde im Vorspann nicht genannt, dabei tat er, so Wallis, »zusammen mit den Epsteins wahrscheinlich die Hauptarbeit«.[28]

Ingrid Bergman war die Story in groben Umrissen bekannt. Casablanca ist Wegstation zwischen den Nazis und dem Westen, ein gefährliches Pflaster, denn das Vichy-Regime kontrolliert die Stadt. Man trifft sich in Rick's Café Américain, Besitzer des Nachtklubs ist Rick Blaine (Humphrey Bogart), ein Amerikaner mit sarkastischer Redeweise und undurchsichtiger Vergangenheit. Ingrid Bergman ist die Norwegerin Ilsa Lund, sie kommt mit dem berühmten tschechischen Widerstandskämpfer Victor Laszlo — er ist ihr Mann — nach Casablanca, von da aus wollen sie in den Westen. Für den Flug nach Lissabon brauchen sie Transitvisa. Der Nazi-Major Heinrich Strasser will verhindern, daß sie diese Dokumente bekommen, die sich, was er nicht weiß, in Ricks Besitz befinden.

Ingrid kommt in Rick's Café und dort trifft sie Rick wieder, der früher in Paris ihr Geliebter war und den sie am Tag als die Deutschen einmarschierten, ohne Erklärung verlassen hat. Rick versucht seinen Kummer bei Alkohol und Zigaretten zu vergessen. Ilsa erklärt Rick, warum sie ihn damals verlassen hat: sie war schon mit Laszlo verheiratet, mußte aber annehmen, er sei im Konzentrationslager umgekommen. Dann erfuhr sie, daß ihr Mann am Leben war, und sie wußte, daß er sie brauchte. Rick und Ilsa lieben sich noch immer mit großer Leidenschaft. Jetzt ist die Frage: wird Ilsa sich für ihren Geliebten entscheiden oder für ihren Mann?

Für einen männlichen Hollywoodstar gibt es nur ein Gebot: der Held bekommt das Mädchen. Bogart und Henreid bestanden beide darauf, daß Ingrid am Schluß mit ihnen fortginge.

Paul Henreid hatte gerade *Jetzt, Reisender (Now, Voyager)* abgedreht und Filmgeschichte gemacht, indem er sich zwei Zigaretten auf einmal zwischen die Lippen steckte, anzündete und eine dann Bette Davis reichte. Nach dieser Rolle machte er sich Sorgen, daß sein neuer Part ein wenig albern sein könnte: der heroische Victor Laszlo unterhält sich in einem nordafrikanischen Nachtklub mit Nazis. Bei Warner Brothers meinte man, Henreid habe »etwas von einem Schmierenkomödianten«.[29] Seine Rolle wurde verändert, so daß er sie akzeptierte. Bogart war mit seiner Rolle auch nicht viel glücklicher. Kein romantischer Filmliebhaber hatte je so ausgesehen wie er. Er fragte sich, ob das Publikum glauben würde, daß eine so schöne Frau wie Ingrid Bergman auf einen Mann mit solcher Visage hereinfiele. Außerdem war ihm der Rick, so wie er im Stück konzipiert war, zu schwächlich, ein »Jammerlappen«. Wallis stimmte zu, die Figur verändern zu lassen.

Der Regisseur Curtiz glaubte, Ingrid Bergman brauchte nur ihre Rolle als attraktive Frau zu spielen, um erfolgreich zu sein. Sie spielte als Ilsa in der Tat wieder einmal ihre archetypische Rolle, aber das hatte wenig mit »attraktiv sein« zu tun; ein Verhalten, das ein großer Teil ihres Publikums für unmoralisch angesehen hätte, schien gerechtfertigt, allein durch ihre Darstellung. Ilsa strahlt Güte und Verletzlichkeit aus. Dennoch ist sie eine Frau, die »keine Fragen« nach ihrer Vergangenheit gestellt bekommen will. Ihre — vor Beginn der Handlung liegende — Beziehung mit Rick ist eine, »die in einem Film nicht zulässig scheint«[30], wie ein Leser des Stücks bemerkte. Denn entweder war es eine ehebrecherische Affäre, oder, wenn es stimmt, was sie Rick erzählt, eine glühende Romanze, kurz nach dem vermuteten Tod ihres Mannes. Es war nicht einfach, die Gestalt der Ilsa so anzulegen, daß die moralische Ambiguität und die Sinnlichkeit nur noch unterschwellig da waren. Das Publikum sollte mit Ilsa mitfühlen von dem Augenblick an, da sie auf der Leinwand erscheint.

Wenn es eine Definition dafür gibt, was ein großer Filmstar ist, dann diese: die Welt ist eine andere, wenn er erscheint. Ingrid Bergman tritt das erste Mal in der 75. Einstellung des Films auf. Sie kommt mit Henreid in Rick's Café, sie trägt ein weißes Kleid. Als sie dann neben Henreid sitzt, ist sie nicht einmal im Zentrum des Bildes. Doch es ist, als wäre ein Lichtstrahl in Rick's Café gedrungen.

Ilsa bemerkt Ricks schwarzen Pianisten Sam (Dooley Wilson) und bittet ihn, »As Time Goes By«[31] zu spielen. Zögernd stimmt Sam zu und singt mit Ergriffenheit in der Stimme:

You must remember this
A kiss is just a kiss
A sigh is just a sigh
The fundamental things apply
As time goes by.

Rick kommt herein, er kann es nicht ertragen, dieses Lied zu hören, und hat Sam gesagt, er solle es nie wieder spielen. Rick erblickt Ilsa. Und ihr Blick vermag so vieles auszudrücken im Laufe des Films: Sehnsucht, Mut, Ungewißheit, Verwirrung, Liebe, Melancholie und Schmerz.

»Ich habe nichts gemacht, was ich nicht vorher auch gemacht hätte«, sagte Bogart später über seine Rolle in *Casablanca*. »Aber wenn die Kamera auf dieses Gesicht zufährt, und Ingrid Bergman sagt zu dir, sie liebt dich — da würde jeder wie ein Romantiker aussehen.«[32]

Sie schienen sich gegenseitig sehr anzuziehen, und viele Kinogänger nahmen an, es müßte auch außerhalb des Films so sein. Aber wenn Ingrid Bergman danach gefragt wurde, sagte sie immer: »Ich habe ihn geküßt, aber ich kannte ihn eigentlich nicht.«

Bogart entsprach nicht seinem Leinwandimage, er war voller Unsicherheiten und Selbstzweifel. Wenn seine Szenen abgedreht waren, flirtete er nicht mit Ingrid Bergman und warf auch nicht mit Bonmots um sich. Er hielt sich für gewöhnlich in seinem kleinen Wohnwagen auf, redete mit Freunden wie Howard Koch über seine Rolle, holte sich Ratschläge, spielte Schach mit ihnen.

Bogart hatte wenig Mühe, wie einer auszusehen, der des Lebens überdrüssig ist. Er wußte auch, was eine tragische Romanze war. Das Leben mit Mayo Methot, seiner dritten Frau; das war Schnaps, Blut, lärmende Streitereien, ein Schlachtermesser im Rücken, ein Faustkampf im Wohnzimmer, Pistolenschüsse in die Zimmerdecke. Seine Frau war so eifersüchtig auf Ingrid Bergman, daß er es nicht wagte, seiner Filmpartnerin überhaupt näherzukommen. Dabei war sie so schön, so unwiderstehlich, und sie tat ihre Arbeit mit großer Professionalität — womöglich würde es *ihr* Film werden und nicht seiner.

Ingrid Bergman wußte nicht viel über Bogarts persönliches Leben. Sie hatte sich — vor Beginn der Dreharbeiten — immer wieder *Die Spur des Falken (The Maltese Falcon)* angesehen, in dem Bogart den Detektiv Sam Spade spielt, und sie wußte, daß er ein besonders guter Filmschauspieler war. Sie hatte ein wenig Angst vor dem Kennenlernen gehabt. Sie entdeckte, daß er seinem Image ganz und gar nicht entsprach. Doch bei Dreharbeiten war er immer der Profi. Sie ahnte nicht, wie sehr er sich bemühte, in ihren gemeinsamen Szenen besser zu sein als sie.

Mel Baker, der Bogart beriet, hatte ihm gesagt: »Das ist das erste Mal, daß du den romantischen Liebhaber spielst mit einem bedeutenden Star als Partnerin. Du stehst still, du mußt immer sie zu dir kommen lassen. Curtiz wird das wahrscheinlich gar nicht merken, und wenn sie sich beklagt, kannst du ihr sagen, das Drehbuch verlangt es so. Du hast etwas, das sie haben will, also muß sie zu dir kommen.«[33]

Bogart machte es so. Es lief gut, nicht nur für ihn, auch für Ingrid Bergman, sie bewegte sich zwischen den beiden so unterschiedlichen Männern hin und her. Auf der einen Seite Rick Blaine, romantisch, erotisch anziehend, witzig, doch einer, dem man nicht unbedingt vertrauen konnte; und auf der andern Seite Victor Laszlo, vertrauenswürdig, verantwortungsbewußt, zurückhaltend, väterlich und solide.

Ingrid Bergman war als Schauspielerin am besten, wenn sie in ihren Partner verliebt war. Es hätte sich vielleicht eine Romanze zwischen Bogart und ihr entwickeln können, wenn seine Frau nicht so eifersüchtig aufgepaßt hätte. »Ich denke, Bogart war in Ingrid verliebt«, sagt Bob William, Bogarts Presseagent bei *Casablanca*. »Er war irgendwie eifersüchtig, wollte nicht, daß ich jemand anders mit zu den Dreharbeiten bringe, einen andern Mann, der sie treffen könnte. Er war immer schlecht gelaunt. Ich hatte so ein Gefühl, er war verknallt in sie.«[34]

Was Curtiz anging — mit einem Mann von solchem Ruf ließ Ingrid Bergman sich nicht ein. Sie bemerkte sehr wohl, daß er fast immer wenigstens ein »Starlet« dabeihatte, dessen größte Vorstellung in Curtiz' Garderobe stattfand. Eines Tages installierte Peter Lorre heimlich ein Mikrofon im Liebesnest des Regisseurs. »Oh, God! Oh, no, no, no . . .« Curtiz' erregte Stimme war zu hören. »Oh, yes, yes . . . Oh, God, yes . . .«[35]

Die Mitwirkenden in *Casablanca* kamen aus sehr verschiedenen Ländern, die Presseabteilung bei Warners verzeichnete Angehörige von 34 Nationalitäten.[36] Unter ihnen gab es viele, die auch im wirklichen Leben vor den Nazis geflohen waren. Henreid hatte Wien nach dem Einmarsch der Deutschen verlassen und war in England beinahe als feindlicher Ausländer interniert worden. Madeleine LeBeau, die eine schöne junge Flüchtlingsfrau spielt, war vor kurzem aus dem besetzten Frankreich geflohen. Der technische Direktor, der Franzose Robert Aisner, war aus einem deutschen Konzentrationslager entkommen und über Casablanca nach Hollywood gelangt. Conrad Veidt, der den Major Strasser spielt, war ein bekannter Nazigegner.

Das war etwas Ungewöhnliches für Hollywood. Es war beinahe so, als hätten Vivien Leigh und Clark Gable — in *Vom Winde verweht* — selbst den Bürgerkrieg erlebt und die schwarzen Schauspieler wären einst Sklaven gewesen.

Auch Ingrid Bergman zog sich gern in ihre Garderobe zurück, wie Bogart. »Sie hielt sich etwas abseits, wohl weil sie nicht so viele Leute kannte«, meint Carl Schaeffer, einer von den Presseleuten bei *Casablanca*.[37]

Es war nicht leicht, mit Curtiz zusammenzuarbeiten. Er wußte, was geschehen konnte, falls der Film ein Mißerfolg wurde. »In Europa, wenn ein Schauspieler oder Regisseur es geschafft hat, dann ist alles in Ordnung«, sagte Curtiz später. »Aber hier — wenn er nicht genug Moos macht, dann fliegt er raus. Hollywood ist Geld, Geld, Geld. Ich arbeite, weil ich nicht rausgeschmissen werden will. Es gibt nur einen Weg, oben zu bleiben: immer lächeln und deine Zähne zeigen. Du fühlst dich lausig und sie fragen, wie du dich fühlst. Du sagst, oh, gut, wirklich gut. Alles ist wunderbar.«[38]

Das Problem war, Ingrid Bergman wußte nicht, wen sie im Film lieben sollte, Henreid oder Bogart. Wie konnte sie ihre Rolle spielen, wenn sie nicht wenigstens das wußte? Curtiz sagte ihr: »Wir wissen es nicht. Spiel es einfach . . . dazwischen.«

Sie versuchte es. Beide Männer, im Film, waren ihrer Liebe würdig. In einem typischen Hollywood-Melodram wäre sie mit Bogart geflohen, nach einem heldenhaften Tod Henreids. Aber hier bleiben beide Männer am Leben, und sie braucht nicht zwischen ihnen zu wählen. »Ich weiß nicht mehr, was falsch und was richtig ist«, sagt sie zu Rick. »Du wirst für uns beide denken müssen, für uns alle.« Und Bogart trifft die Entscheidung für sie, er sagt ihr, sie solle mit Laszlo gehen.

In der vielleicht berühmtesten Abschiedsszene der Filmgeschichte sagt Bogart Ingrid auf Wiedersehen, auf dem grauen Rollfeld auf Bühne 21, eingehüllt vom Nebel aus den Nebelmaschinen. Bogart, in seinem zerknitterten Trenchcoat und mit Hut, blickt Ingrid in die Augen, die voller Tränen sind, und sagt: »Ich will hier nicht die Rolle des Edlen spielen, aber es ist doch nicht zu übersehen, daß die Probleme dreier Menschen in dieser verrückten Welt völlig unwichtig sind. Eines Tages wirst du das verstehen . . . Ich seh' dir in die Augen, Kleines.«

8.

»Eine Tigerin, die ihre Beute erlegt hat«

Während der letzten Drehtage dachte Ingrid Bergman schon an die Rückkehr nach Rochester. Und dann hörte sie unglaubliche Neuigkeiten. Die erste Vorführung von *Wem die Stunde schlägt* mit Vera Zorina, einer in Deutschland geborenen Norwegerin, war so schlecht, daß Paramount jetzt Ingrid Bergman für die Rolle der Maria testen wollte. Es waren Probeaufnahmen im Studio und am Drehort geplant. Hunderttausende von Dollars sowie die Karrieren mehrerer Paramount-Leute standen auf dem Spiel. Es gab Gerüchte, daß Paramount den Film vielleicht ganz abschreiben würde, wenn es mit Ingrid Bergman nicht klappte.

Selznick hielt die Idee mit den Probeaufnahmen für »absoluten Unsinn«.[1] In Hollywood konnte man nichts geheimhalten. Wenn herauskam, daß Ingrid Bergman für die Rolle getestet worden war, war Vera Zorina erledigt. Man müßte unbedingt versuchen, die Sache so still wie möglich abzuwickeln. Es ging auch um Ingrid Bergmans Ruf.

Stars betrachten »screen tests« gewöhnlich als Demütigung. Ingrid Bergman beharrte immer darauf, es sei nur ein Make-up-Test gewesen. Aber es waren richtige Probeaufnahmen, und jedermann in Hollywood wußte davon. Zwei Tage vorher stand im *Hollywood Reporter,* daß »Buddy DeSylva (der Produzent) und Sam Wood regelrecht miteinander kämpfen. Es sieht so aus, als könnte der Regisseur sich noch immer nicht mit der Besetzung der Maria abfinden . . . Ingrid Bergman wird im stillen getestet, und falls Zorina ersetzt wird, dann wird Ingrid es sein.«[2]

Die Maria aus *Wem die Stunde schlägt* ist ein Mädchen aus den Bergen. Ingrid Bergman hatte gehört, Vera Zorina sei durch die felsige Berglandschaft der Sierra Nevada getänzelt, als habe sie Angst um ihre Tänzerinnenbeine. Ingrid Bergman wollte höchstens ihr Gesicht schützen. Und ihr Gesicht sollte ihr auch die Rolle der Maria gewinnen. Sie wollte verschiedene Testaufnahmen machen lassen, mit künstlichen Wimpern und ohne, mit wenig Make-up und ganz geschminkt.[3]

Vera Zorinas schöne lange Haare waren für die Rolle der Maria so häßlich abgeschnitten worden, daß sie im Film wie ein frischgeschorenes Lamm aussah. Ingrid Bergman hatte nicht vor, sich die Haare schneiden zu lassen, bevor es nicht endgültig sicher war, daß sie die Rolle hatte. Sie wollte für den Test auch keine Perücke tragen, sondern sich die Haare nur hochstecken lassen.

Sam Wood hatte sich darüber beklagt, daß sie in Hosen nicht gut aussehe. Sie konnte jetzt die Dienste von Miss Ray von Magnin's in Anspruch nehmen, eine Dame, die Selznick ungalant als »die beste Hüfthalter-Frau« bezeichnete.

Die Probeaufnahmen fanden an einem Freitag statt, doch erst am Sonntag würde es zu einer Entscheidung kommen.

Am Sonntag saß Ingrid Bergman am Telefon und wartete auf Sam Woods Anruf. Aber er meldete sich nicht.

Am nächsten Morgen war sie im Studio und machte Pressefotos für *Casablanca*, zusammen mit Henreid. Als sie gemeinsam filmten, hatte Henreid sich manchmal gefragt, wie jemand, der so lieb, bescheiden und verletzbar wie Ingrid war, überhaupt ein Star hatte werden können. Er nahm an, daß es jemanden im Hintergrund geben mußte, der sie anspornte.

Die beiden posierten für den Fotografen, und Ingrid Bergman schien sich unbehaglich zu fühlen.

»Geht es dir gut?« fragte Henreid, immer der europäische Gentleman. Sie schien den Tränen nahe.

»Gut? Ich bin todunglücklich.«

Henreid war ein Mann von Welt. Er wußte wohl, daß Ingrid weit weg in Rochester einen Ehemann hatte, doch nahm er an, sie sei jetzt in eine unglückliche Liebesaffäre verstrickt. Er versuchte sie aufzuheitern.

»Nein! Nein!« rief sie. »Ich rede von *Wem die Stunde schlägt* . . . Das wird ein Knüller, und ich habe Probeaufnahmen dafür gemacht. Es ist eine phantastische Rolle.«

»Vielleicht bekommst du sie ja«, meinte der Schauspieler, mit dem ewigen Optimismus seines Berufs.

»Oh, Paul, nein. Sie haben sie Vera Zorina gegeben! Ich wollte sie so sehr, das kannst du dir gar nicht vorstellen. Ausgerechnet Vera Zorina. Sie kann nicht spielen, Paul. Sie kann's einfach nicht, und ich bin gut. Ich bin wirklich gut! Ich hoffe nur, sie merken, wie schlecht sie ist.«

Henreid erkannte Ingrid Bergman gar nicht wieder.

Das Telefon klingelte. Ingrid Bergman nahm ab.

Selznicks vertraute Stimme.

»Ja, ja . . .«, sagte Ingrid.

»Ingrid, du bist Maria!«

Ein Aufschrei. Für Henreid klang es wie »eine Tigerin, die ihre Beute erlegt hat«.

»Ich hab' sie, Paul, ich hab' die Rolle. Ich wußte doch, wenn ich kämpfe, dann kommen sie zur Vernunft und sehen, daß die Zorina falsch ist und nicht spielen kann. Paul, das müssen wir feiern.«

Ingrid Bergman war wieder sie selbst, aber einen Augenblick lang hatte Henreid ihre »triumphierende Vitalität und Kraft« gesehen.[4]

Selznick kam schnell mit Paramount zu einem Vertragsabschluß. Ihm wurden 90 666 $ gezahlt, und er zahlte Ingrid Bergman 31 770 $. Er hätte vielleicht mehr herausholen können. Ihr war es egal. Selznick hatte um zwei Wochen Pause für sie gebeten. Doch sie wollte sich nicht ausruhen. Für sie war Arbeit Erholung.

Ingrid Bergman trug das Buch *Wem die Stunde schlägt* jetzt immer mit sich herum, sie strich Stellen an und machte sich Notizen. Sie kannte die Geschichte von Robert Jordan und Maria so gut, daß sie daraus rezitieren konnte. Jordan, ein amerikanischer Professor, kämpft im Spanischen Bürgerkrieg auf der Seite der Republikaner gegen die Faschisten. Er bekommt den Auftrag, in den Bergen bei Segovia eine strategisch wichtige Brücke zu sprengen. In der Gruppe von Guerillas, die ihm dabei helfen sollen, lebt das Mädchen Maria. Ihre Eltern sind getötet worden, und sie wurde von den Faschisten vergewaltigt, das Haar wurde ihr geschoren. Maria und Jordan verlieben sich ineinander und erleben ein kurzes Glück. Bei der Sprengung der Brücke wird Jordan verwundet, er weiß, daß er sterben muß, er ermöglicht den anderen die Flucht und besteht darauf, daß Maria mit ihnen geht.

Casablanca war für Ingrid Bergman nur ein Kommerzfilm

gewesen, *Wem die Stunde schlägt* war Literatur. Mit einem Budget von annähernd drei Millionen Dollar war das die größte Produktion seit *Vom Winde verweht*, und man bemühte sich auch hier um eine möglichst werkgetreue Verfilmung.

Vor Ingrid Bergmans Hollywood-Filmen hatte es immer endlose Kostümproben gegeben, Frisuren, Make-up-Tests. Es war etwas, das sie an der Filmarbeit nicht sehr schätzte. Diesmal probierte sie echte Kleidung an, ein Paar Männerhosen, in der Taille mit einem Strick zusammengehalten, ein langärmeliges Hemd, eine braune Jacke. Edith Head, die Kostümbildnerin, hatte diese Sachen aus dem Statistenfundus, für den Film selbst ließ sie allerdings neue Kleidung bleichen und färben.[5]

Am Mittwoch ging Ingrid Bergman in Begleitung von David und Irene Selznick wegen ihres Haarschnitts zu Paramount. Selznick wollte nicht, daß sie scheußlich geschoren würde. Der »Ingrid-Bubikopf«, den Sidney Guilaroff kreierte, war reizvoll genug, um eine Zeitlang Mode zu werden.

Zwei Tage später fuhr Ingrid Bergman ins Hochland der Sierra Nevada. Der Drehort war 450 Meilen von Los Angeles entfernt und zwei Stunden von der nächsten Stadt, Sonora. Sie schreckte nicht zurück vor den primitiven Drehbedingungen. Ruth Roberts, die sie begleitete und die sie so gut kannte, sah, daß sie »fast platzte vor Glück«.[6]

Kaum war Ingrid Bergman dort angekommen, wo sie in der nächsten Zeit mit Ruth Roberts wohnen würde, machte sie sich auf die Suche nach der Filmcrew und den Schauspielern. Sie mußte noch eine halbe Stunde fahren, dann nahm sie für den Weg in die Berge hinauf ein Pferd, und als das nicht mehr weiterkonnte, »kletterte sie auf allen vieren auf den Felsen, wo die Schauspieler arbeiteten«.[7]

Als sie Gary Cooper sah, wurde sie rot. »Hallo, Maria«, sagte er, und sie wurde wieder rot. Cooper hatte ein Gesicht, das nicht einfach nur gut aussah, sondern von menschlichem Mut zu künden schien. Ingrid Bergman blickte auf den großen, schlaksigen Schauspieler und dachte, er ist »ein schöner Mann«. Cooper war einer der großen Stars in Hollywood. Er hatte gerade einen Oscar für seine Rolle in *Sergeant York (Sergeant York)* bekommen. In Hemingways *In einem anderen Land (A Farewell to Arms)* hatte er die Hauptrolle gespielt, und er ging mit »Papa« selbst in Sun Valley auf die Jagd.

Ingrid Bergman war verheiratet und Cooper auch. Er übte eine außerordentlich starke Anziehung auf Frauen aus, auf der Leinwand und im Leben, und die Tatsache, daß man wußte, daß er die Frauen sehr liebte, schadete seinem Ruf überhaupt nicht. Für Ingrid Bergman wäre es allerdings nicht gut gewesen, wenn es Gerüchte über sie und Cooper in den Klatschspalten gegeben hätte. Zu ihrem Glück wurde der Film weit entfernt von Hollywoods neugierigen Augen gedreht.

Sie verliebte sich in Cooper — oder war es Maria, die sich in Jordan verliebte? Die beiden verbrachten viel Zeit miteinander. Sie bereiteten ihre Rollen gemeinsam vor, und abends aßen sie oft zusammen. Als man bei Paramount die erste Kopie von Liebesszenen sah, nahm man sofort an, daß eine Romanze begonnen hatte.

Ruth Roberts sagte zu ihr: »Hör auf, ihn so anzusehen. Ich weiß, du mußt dich als Maria in ihn verlieben, aber das heißt nicht, daß *Ingrid* sich in ihn verlieben muß!«[8]

Ruth Roberts wußte mehr über Ingrid Bergmans Privatleben als sonst jemand. Sie war, ohne daß sie es recht merkte, Teil einer kleinen Verschwörung geworden und verbarg die Wahrheit über Ingrid Bergmans Liebesleben, vor allem verbarg sie sie vor Petter Lindström.

Ingrid Bergman war fasziniert von Cooper, vom Ausdruck seiner Augen und seines Gesichts, und sie meinte, er sei der natürlichste Schauspieler, mit dem sie je zusammengearbeitet habe.

»Sagen Sie ihm (Selznick), daß ich so glücklich bin selbst in den tragischsten Szenen, daß meine Augen vor Freude tanzen«, schrieb sie an Dan O'Shea.[9] Und an Irene Selznick schrieb sie: »Ich bin verblüfft über die Geduld, die Vorbereitung und die Perfektion, mit der Wood an die Sache herangeht.« Nun, wenn Ingrid Bergmans Augen vor Freude tanzten — die ganze Szenerie war ebenfalls zu lebendig und farbenfroh. Man sprühte schwarze Farbe auf Bäume und Felsen, aber das nützte nicht viel.

Ingrid Bergmans Beine und Füße waren ganz zerkratzt, ihre Fingernägel abgebrochen, ihre Ohren voller Staub; aber sie schrieb an Irene Selznick, »du wirst keine Klagen von Maria hören«.[10]

Anfang September kamen schließlich alle aus den Bergen zurück, und die letzten zwölf Wochen der Dreharbeiten fanden in den Paramount-Studios statt. Ingrid Bergman hoffte, daß *Wem die Stunde schlägt* sich als »Wendepunkt« ihrer Karriere erweisen würde. Sie glaubte an die Qualität des Films. Aber es würde noch Monate dauern, solch einen Monumentalfilm für die Vorführung fertigzustellen.

Casablanca, ein Produkt aus Hollywoods Studio-System, hatte bereits Premiere, am 26. November 1942 in New Yorks Hollywood Theater. Alliierte Truppen waren in Casablanca einmarschiert, und Wallis wollte die Publicity nutzen. Der Film war sofort ein großer Erfolg und ständig ausverkauft.

Casablanca erhielt sechs Oscar-Nominierungen und bei der Verleihungszeremonie 1944 drei Oscars, für das beste Drehbuch, den besten Regisseur und als bester Film des Jahres '43.

Ironie des Schicksals: *Casablanca* wurde der unsterbliche Film, und nicht *Wem die Stunde schlägt*. *Casablanca* — der Film, den Ingrid Bergman nur als schlechte Alternative angesehen hatte, als sie glaubte, sie würde die Maria nicht spielen können — war der Film, der dazu beitrug, sie zum drittbeliebtesten weiblichen Filmstar in Amerika zu machen; es war der Film, den man sich ansehen sollte, den man lieben und bewundern sollte, noch lange nachdem viele ihrer anderen Filme bereits in die Keller der Studios verbannt waren.

Am Tag als Ingrid Bergman zum Drehen in die Sierra Nevada fuhr, diktierte Selznick ein langes Telegramm an Petter Lindström, das ihre Beziehung zu Selznick sicher grundlegend verändert haben würde — wenn er es abgeschickt hätte. Alle Versuche, Ingrid Bergman zur Unterzeichnung eines neuen Vertrages zu bewegen, waren fehlgeschlagen, und Selznick war voller Ärger: »Mein ganzes Leben lang im Filmgeschäft habe ich keinen solchen sturen Widerstand gegen den gesunden Menschenverstand erlebt, solche permanenten Versuche, mich und meine Partner auszutricksen, soviel Undankbarkeit für selbstlose Bemühungen.«[11]

Die Situation war noch verschlimmert dadurch, daß Kay Brown nicht mehr vermitteln konnte. Ihre Beziehung zu Selznick hatte in einem bitteren Zerwürfnis geendet.

Ende 1942 kehrte Ingrid Bergman nach Rochester zurück. Sie liebte ihren Mann und ihre Tochter, machte aber doch Selznicks Presseleuten gegenüber die Bemerkung: »Auch mit meiner Familie muß ich geschickt umgehen.«[12]

Sie wollte nicht, daß irgend jemand in Rochester Interviews machte und schirmte Mann und Tochter vor der Öffentlichkeit ab. Und Lindström sah auch nicht ein, daß er von öffentlichem Interesse sein sollte, nur weil er mit Ingrid Bergman verheiratet war.

Die Artikel über Ingrid Bergman, die in Hollywood fabriziert wurden, hatten wenig mit Journalismus zu tun. Sie selbst, die Studios und die Presse arbeiteten zusammen am Image der Ingrid Bergman: ein großartiger Filmstar, eine großartige Mutter, großartige Ehefrau, großartige Persönlichkeit. Im Januar erschienen zwei Interviews, in *Silver Screen* und *Movies*, die sie selber für »fürchterlich« hielt, und ihr war klar, daß sie nicht unschuldig daran war. Die Presseabteilung von Paramount hatte diese Artikel zum Teil verfaßt, sie hatte sie gelesen und genehmigt. Sie sah ein, sie hätte nicht über »gute« und »schlechte« Frauen sprechen sollen, und auch nicht über ihre Familie. Noch mehr Sorgen bereitete ihr eine angekündigte »life story« in *Photoplay*. Sie schrieb an Selznick und bat ihn, etwas zu unternehmen. Selznicks Büro konnte das Exemplar vor der Drucklegung sehen und sprach den MacFadden Publications dafür seinen »tiefsten Dank« aus.[13]

Ingrid Bergman genoß die karge Winterlandschaft um Rochester, solange sie wußte, daß sie bald wieder wegfahren könnte. Sie fuhr nach New York, und zwei Tage vor Weihnachten war sie wieder zurück. Dies war schon der dritte Jahreswechsel, den sie fern von Schweden verbrachte. An Silvester schrieb sie an Selznick. »Lieber Boß!« begann sie. »Ich hoffe, daß 1943 ein gutes Jahr wird und daß wir zusammenhalten, ganz gleich, was um uns herum geschieht! . . . Ich verspreche, wie ich es immer zum neuen Jahr tue, ein ganz liebes Mädchen zu sein.«[14]

Um Mitternacht öffneten Lindström und sie eine Flasche Champagner. Es gab so vieles, worauf sie sich im nächsten Jahr freute. Im Sommer, in der Sierra Nevada, hatten sie, Sam Wood und Cooper Edna Ferbers neuen Bestseller *Saratoga Trunk* gelesen. Sie hatten beschlossen, gemeinsam einen Film danach zu drehen.

In ganz Amerika redeten die Leute darüber, wer die Hauptrollen spielen sollte: die sinnliche, hinterhältige Clio Dulaine, eine kreolische Abenteurerin, und ihren Liebhaber, den gutaussehenden texanischen Spieler Clint Maroon. Bei Umfragen von

Cosmopolitan hatten Cooper und Vivien Leigh die meisten Stimmen bekommen. Ingrid Bergman, die vom Typ her kaum der dunkelhaarigen feurigen Schönheit entsprach, war nur auf dem 26. Platz gelandet. Das gefiel ihr wenig. Sie schrieb an Ruth Roberts, sie könnte die Rolle nicht so spielen wie Vivien Leigh, sie würde es nicht einmal versuchen, sie so zu spielen. Ihre Darstellung der Rolle würde für alle eine Überraschung sein.

Selznick hatte anfangs nicht gewollt, daß sie diese Figur spielte, nach der unschuldigen Maria. Aber sie konnte ihn überzeugen, zum Teil sicher auch deshalb, weil man mit ihr Geld verdienen konnte. Warners bezahlten ihm für Ingrid Bergman 253 802 $, wovon er ihr 69 562 $ zahlte. Außerdem durfte Olivia de Havilland bei ihm einen Film drehen.[15]

Selznick war überzeugt gewesen, daß Cooper die Rolle des Clint Maroon ablehnen würde, weil sie nicht bedeutend genug war. Doch »Cooper wollte den Film machen«, erinnert sich Hal Wallis, der Produzent. »Ich glaube, da hatte es zwischen ihm und der Bergman eine Romanze gegeben, das hatte in *Wem die Stunde schlägt* angefangen und setzte sich in unserem Film fort, was dem Film nicht geschadet hat.«[16]

Im Februar 1943 verließ Ingrid Bergman Rochester zum letzten Mal. Pia und das Mädchen begleiteten sie, Petter würde in ein paar Monaten folgen, um in San Francisco ein medizinisches Praktikum zu beginnen.

Sie hatte zugestimmt, auf dem Weg nach Hollywood einen Abstecher nach Minnesota zu machen, um dort für das »Office of War Information« einen Dokumentarfilm, *Schweden in Amerika (Swedes in America)*, zu drehen. Sie hatte erst gezögert, weil sie keine Gage dafür bekam. Selznick hatte sie ermahnt: »Ich meine wirklich, man hat bisher sehr wenig von Ihnen verlangt, was unsere gemeinsamen Anstrengungen angeht, und wir alle müssen gewisse Unbequemlichkeiten auf uns nehmen.«[17] Als klar war, daß ihr die Unkosten ersetzt würden, war sie bereit, den Film zu machen.

Ingrid Bergman kam am nächsten Abend im winterlichen Minneapolis an. Selznicks neuer Pressechef, Joseph Henry Steele, holte sie ab. Steele war ein höflicher Mann mittleren Alters; er hatte zwei Eigenschaften, die in seinem Beruf höchst hinderlich waren: zu hohe Prinzipien und ein zu ausgeprägtes Ego.

Ingrid Bergman stieg aus dem Zug in einem langen Nerzmantel und rot-weiß-blauem Strickhut. Hinter ihr kam das Mädchen, die Pia auf dem Arm trug.

Steele war völlig eingenommen von Ingrid Bergman. Er war erstaunt darüber, wie wenig sie sich in den Vordergrund spielte unter den rauhen schwedisch-amerikanischen Farmern.[18] Ihre Lebhaftigkeit beeindruckte ihn, und ihre frische, natürliche Schönheit. Und sie brauchte nur eine Viertelstunde, um sich für das Essen mit ihm fertig zu machen. »Das ist einfach nicht wahr«, sagte er, als er ihr in den Nerz half. »Sie sind ganz und gar unwirklich.«

Als sie in Hollywood ankamen, hatte sich Steele vermutlich schon in sie verliebt. Es war keine gewöhnliche Liebe. Er war nicht auf ein Abenteuer im Hotelzimmer aus. Er liebte ihr goldenes Image.

Was er von nun an über sie schrieb oder für sie, war geprägt von Engagement und Leidenschaft. Er glaubte an Ingrid, *seine* Ingrid, und er wollte, daß die Welt von ihr erfuhr. Steele war Schriftsteller gewesen, und seine Ingrid war eine Mischung aus Tatsachen, Phantasien und Vermutungen. Er erblickte in ihrem Glanz und Ruhm eine überirdische Schönheit, die er glaubte, berühren zu können, weil er sie kannte. Er hatte auch die Arroganz eines Fans, als ob er sie besser kennte und verstünde als sie sich selbst. »Manchmal denke ich, sie ist die schönste Frau, die ich je getroffen habe«, schrieb er in einem Artikel. »Wenn das nicht Schönheit ist, dann habe ich in mehr als vierzig Jahren nichts, aber auch gar nichts gelernt.«[19]

Anfang März, als Ingrid mit den Dreharbeiten zu *Spiel mit dem Schicksal (Saratoga Trunk)* begann, hatten die Zensoren die Figur der Clio Dulaine bereits abgemildert. Probleme gab es auch mit einer Szene, in der Clio zusammen mit ihrer schwarzen Dienerin Angelique und dem Zwerg Cupidon in einem berühmten Restaurant in New Orleans zu sehen sein sollte. »Die Menschen aus den Südstaaten könnten es sehr übel vermerken, daß sich Farbige offensichtlich in Restaurants und an öffentlichen Plätzen unter Weiße mischen dürfen«, schrieb Mr. Obringer vom »Production Code Office« an Jack Warner. Und so wurde die Szene geändert.[20]

Ingrid Bergman war noch nie in einem so reich ausgestatteten Film aufgetreten. Sie hatte 31 Kostüme. Und sie sah phantastisch in den auf Figur gearbeiteten Kleidern aus. Mit ihrer dunklen Perücke und dem seltsamen Akzent wirkte sie zwar nicht unbedingt wie eine französische Kurtisane, doch sie strahlte soviel Sinnlichkeit aus, daß dies kaum eine Rolle spielte.

Sie und Gary Cooper waren in bester Laune. Er nannte sie »Frenchie«, und sie ihn »Texas«. Man sah sie gemeinsam den Sunset Boulevard hinunterfahren.[21] Es wurde allerhand geklatscht über ihre Beziehung, auch Coopers Frau mag davon gehört haben. Aber Ingrid Bergman war sakrosankt für Klatschkolumnen und Filmmagazine. Nirgendwo konnte man etwas über eine Romanze lesen.

Eines Tages besuchte die vierjährige Pia das Studio, das erste Mal, daß sie ihre Mutter bei Dreharbeiten sah. Es wurde gerade eine Ballsaalszene gedreht und Ingrid Bergman trug ein wunderschönes Kleid, um sie herum lauter elegant angezogene Männer und Frauen. »Ich kann auch Schauspielerin sein«, verkündete Pia. »Ich will Schauspielerin werden.«

Pia sah ihre Mutter nur selten. Ingrid Bergman war weg, bevor die Kleine aufwachte, und sie kam meistens spät zurück. Sie stellte einen Rekord auf, arbeitete an 62 Drehtagen hintereinander, Sonntage ausgeschlossen. Eines Tages kam sie im Studio an mit einer Stimme, die so rauh war, daß man sie nicht aufnehmen konnte. Sie mußte ins Bett, mit Kehlkopfentzündung und strapazierten Stimmbändern. Auch nach einigen Tagen konnte sie erst stundenweise arbeiten.

Im Zeitplan von *Spiel mit dem Schicksal* war bereits eine wochenlange Verzögerung aufgetreten, und Ingrid Bergmans Krankheit verschärfte die Situation noch. Sie war zwar nach einer Woche zurück im Studio, aber nach einem Monat war sie wieder krank. Selznick schob Warners die Schuld an ihrer Krankheit zu, sie hätten sie zu viel arbeiten lassen.

Ingrid Bergman war zu dieser Zeit auch unter großem emotionalen Druck. Petter wollte in San Francisco arbeiten, mit dem Flugzeug nicht weit von Los Angeles entfernt. Bisher hatte sie zwei Leben geführt: eines als Miss Ingrid Bergman, Schauspielerin und Star, und eines als Mrs. Petter Lindström, siebenundzwanzigjährige Ehefrau eines zukünftigen Chirurgen. Und sie brauchte beides — die Freiheit und das Abenteuer ihrer Filmarbeit und die Sicherheit und Geborgenheit in ihrer Ehe.

Nach dem Ende der Dreharbeiten fuhr sie für fünf Wochen nach San Francisco zu ihrem Mann. Die Affäre mit Cooper war vorbei. »In meinem ganzen Leben war nie eine Frau so verliebt in mich wie Ingrid«, sagte Cooper Jahre später. »Und am Tag nachdem der Film abgedreht war, konnte ich sie nicht mal mehr ans Telefon kriegen.«[22]

Männer glaubten oft, daß Ingrid Bergman sie mit ihrem ganzen Wesen liebte. Sie schien so ganz für einen Mann dazusein, und dann war es plötzlich vorbei, und er wunderte sich, was er in seinen Armen gehalten hatte und wer ihn da geküßt und gestreichelt hatte. Er verstand nicht, wie sie sein Verlangen, sie zu besitzen, ausgenutzt hatte.

Wem die Stunde schlägt hatte endlich Premiere, am 16. August 1943 in Los Angeles, und seit Kriegsbeginn hatte man bei solchem Anlaß nicht so viele Stars gesehen. Ingrid Bergman erschien am Arm von Frank Freeman, dem Vizepräsidenten von Paramount. Sie war, als Maria, auf dem Cover von *Time*, und *Variety* nannte *Wem die Stunde schlägt* »einen der bedeutendsten Filme aller Zeiten«. Paramount hatte einen gewaltigen Werberummel veranstaltet, und trotz bissiger Kritiken in manchen Zeitungen ließ der Film, wie *Variety* vermerkte, »die Kinokassen klingeln«.

Mochten die Zuschauer auch in den Film strömen, *Wem die Stunde schlägt* war nur ein lebloses Ungetüm von einem Film. Ingrid Bergman war von Coopers Schauspielkunst zwar beeindruckt gewesen, doch auf Zelluloid wirkte seine Darstellung so hölzern, daß man sich wundern mußte, daß Ingrid Bergman nicht den Mund voller Splitter bekam. Worte wie ›Sozialist‹, ›Kommunist‹, ›Anarchist‹, ›Faschist‹ waren aus dem Film getilgt worden. Politik kam nicht mehr vor.

Die besten Momente im Film waren noch die Szenen mit Ingrid Bergman, ihre Verletzlichkeit, ausbalanciert zwischen Ekstase und Tränen. Sie wurde als beste Schauspielerin für den Oscar nominiert. Doch ihr war klar, daß der Film seine Schwächen hatte. Sie notiert in ihrem Tagebuch: »Mir machte es Spaß, und vor allem freute ich mich über die Zusammenarbeit mit Gary Cooper. Der Fehler war, daß ich diese Freude im Spiel zeigte — ich war zu glücklich, um die Tragik, die in der Figur der Maria liegt, deutlich werden zu lassen.«[23]

Mit dem Erfolg von *For Whom the Bell Tolls* war Ingrid Bergman einer der größten Stars in Hollywood, und, wie James Agee in *Time* schrieb, »schlug die Glocke (Bell) mit einem so kräftigen Klang, wie man ihn seit den Tagen Greta Garbos nicht mehr hören konnte«. Außerdem meinte Agee, Ingrid Bergman habe keinen Feind in ganz Hollywood und sie sei eine ungewöhnlich ausgeglichene und bezaubernde Person.[24]

Leider war sie weit davon entfernt, »ungewöhnlich ausgeglichen« zu sein. Sie aß wieder viel zuviel. Sie bekam einen unreinen Teint. Selznick schickte sie zum Arzt, sie sollte auf ihre Diät achten.

Ihr nächster Film sollte *Das Haus der Lady Alquist (Gaslight)* sein. Seit Jahren schon hatte sie die Rolle der beeinflußbaren jungen Paula Alquist spielen wollen, die von ihrem Mann beinahe in den Wahnsinn getrieben wird. Das war eine neue Rolle für sie, eine Geschichte, die auch von sexueller Unterjochung handelte. Ingrid Bergman war sogar einverstanden, daß Charles Boyer im Vorspann zuerst genannt wurde.

In dem Film konnte sie keine Perücke tragen, sie mußte sehr schön frisiert werden, romantisch und weiblich. Das brauchte Zeit, wie auch ihre Garderobe. »Ingrid war überall groß«, sagt Marion Keyes, die Kostümbildnerin. »Sie war einfach ein großes Mädchen. In *Das Haus der Lady Alquist* trug sie ein Korsett. Sie redete nicht viel. Die Leute damals meinten, sie sei sehr zurückhaltend.«[25]

An den Wochenenden flog Ingrid Bergman nach San Francisco, wo sie mit Petter im Hotel wohnte. Es war eher eine Wochenendaffäre, eine distanzierte Romanze, als eine Ehe.

Ihren achtundzwanzigsten Geburtstag feierte sie auf einer Party bei den Selznicks, Lindström kam auch, flog aber am Abend wieder zurück. Sie bekam von Selznick Perlen geschenkt, am Abend schrieb sie ihm einen kleinen Dankesbrief: »Ich gehe jetzt nach Hause und trinke eine Flasche von Ihrem Champagner, voller Dankbarkeit für einen vollkommen glücklichen Geburtstag.«[26]

Ingrid Bergman und Selznick vermieden heikle Themen, wie ihren Vertrag zum Beispiel, sie sprachen lieber über zukünftige Rollen für Ingrid. Selznick hatte immer noch große Träume und viele Ideen, aber es sah so aus, als würde er nichts mehr zustandebringen. Seine Frau beschuldigte ihn eines Tages, er werde allmählich »ein Fleisch-Hausierer«, der seine Vertragskünstler an den Meistbietenden verkaufe.[27]

Steele verbrachte ziemlich viel Zeit mit Ingrid Bergman. Mittlerweile, so Selznick, »mißtraute Miss Bergman jedem in der Presseabteilung außer Joe Steele«.

Steele war bereit, Ingrid Bergman durch alle Labyrinthe Hollywoods zu führen, wenn er nur ein wenig Aufmerksamkeit von ihr dafür bekam. Doch sie behandelte ihn manchmal nur wie irgendeinen von Selznicks Untergebenen.

Einmal fuhr er um halb zwei morgens durch Beverly Hills und sah plötzlich Ingrid Bergman, die allein durch die Straßen ging, im Trenchcoat, mit flachen Schuhen, ohne Hut. Ein seltsamer Anblick, bei der Frau, die *Reader's Digest* »The First Lady of Hollywood« nannte. Sie wollte Steeles Angebot, sie zu ihrem Auto zu fahren, nicht annehmen. Also ging er mit ihr zu Fuß durch die verlassenen Straßen.

Ende 1943 gab Steele seinen Posten als Pressechef auf und erfuhr die traurige Wahrheit über seine Beziehungen zu den Selznick-Stars. Niemand kam und dankte ihm oder fragte ihn, wie es ihm gehe — niemand, nicht einmal Ingrid Bergman.

Nach Beendigung der Dreharbeiten drängte Lindström seine Frau, eine Tournee zu den amerikanischen Soldaten in Alaska zu machen, im Rahmen der Truppenbetreuung. Er meinte, man müßte etwas für dieses Land tun, das ihnen beiden so viel gegeben hatte. Ingrid Bergman flog kurz vor Weihnachten nach Norden; sie würde an den Festtagen nicht bei ihrem Mann und ihrer Tochter sein können, doch sie war sehr aufgeregt und voller Erwartung. Alaska war weit von der Front entfernt, doch den Krieg spürte man auch hier: die Verwundeten in den Lazaretten, die Einsamkeit, die Kameradschaft von Männern im Krieg, Tausende von Soldaten, die auf ein lebendiges Pin-up-Girl blickten.

Ingrid Bergman schrieb an Selznick: »Am schlimmsten ist es in den Krankenstationen, wenn man sich mit den Soldaten unterhält. Wir bringen da nicht die ganze Show, sondern ein Mädchen singt, und manchmal singe ich, manchmal erzähle ich eine Geschichte. Beim ersten Mal fing ich an zu weinen. Ich war so sehr um Worte verlegen.«[28]

Ingrid Bergman verbrachte viel Zeit bei den Soldaten, auch am Weihnachtsabend war sie nicht im Offiziersklub, in den sie eingeladen war. »Ich habe vier Stunden ohne Pause getanzt«, schrieb sie an Selznick. »Ich wünschte, Sie hätten Ihre zurückhaltende Schwedin sehen können, wie sie Jitterbug tanzt, und 500 Jungen um sie herum stehen, für die das die schönste Zeit ist, die sie in Alaska je hatten.«

Ingrid Bergman erkältete sich, bekam eine Lungenentzündung und mußte ins Krankenhaus. Ihr wurde klar, daß sie sich wahrscheinlich nicht vollständig von ihrem »Zusammenbruch« während der Dreharbeiten zu *Spiel mit dem Schicksal* erholt hatte. Sie wollte ihre Tour aber nicht abbrechen, nach ein paar Tagen war sie wieder auf den Beinen.

Sie lernte wenigstens einen Offizier kennen, dessen Gesellschaft sie reizvoll fand: Generalleutnant Simon Bolivar Buckner Jr. »Buck« verliebte sich sehr in sie und besuchte sie in Kalifornien. Er schrieb ihr Briefe, und sie schrieb ihm auch, bis er am 28. Juni 1945 auf Okinawa fiel.

9.

»Ingrid, Sie haben gewonnen!«

Von dem Moment an, als ihr Auto in die lange, ansteigende Auffahrt einbog, wußten Ingrid Bergman und Petter Lindström, daß das ihr Heim sein würde. Das einstöckige Haus aus Stein und Mammutbaumholz sah aus wie eine Berghütte. Es lag vom Sunset Boulevard zwei Meilen den Benedict Canyon hinauf, verborgen hinter dichtem Laub, in einem noch weitgehend ländlichen Gebiet. Das Haus hatte einen riesigen Wohn-Eß-Raum mit gewölbter Decke, den Ingrid Bergman »Scheune« nannte, einen großen offenen Kamin und mehrere Badezimmer.

Es sah so aus, als könnten sie hier sehr glücklich werden. Lindström hatte sein Praktikum abgeschlossen und arbeitete seit kurzem als Neurochirurg am Los Angeles County Hospital.

Zum ersten Mal in ihrem Leben hatte Ingrid Bergman ihr eigenes Haus, in dem sie mit Mann und Kind lebte. Ein einfaches Leben war das nur nach Hollywood-Maßstäben. Sie war jetzt die Schauspielerin Nummer Eins in Amerika.[1] Im Hause lebten eine Haushälterin und eine Teilzeit-Sekretärin. Sie hatte noch eine weitere Sekretärin, Ellen Neuwald, und später einen persönlichen Presseagenten.

Ingrid Bergman beschloß eine Einweihungsparty zu geben. Sie zeigte Irene Selznick die Gästeliste, und Irene Selznick sagte ihr, sie könne unmöglich so verschiedenartige Leute bei einer Einladung zusammenbringen, vom Boß der Columbia-Studios bis zum Kameramann, vom berühmten Star bis zu Ruth Roberts.

Ingrid Bergman richtete sich nach Irene Selznicks Ratschlag und betrachtete die Episode als ihre »erste Lektion« in Hollywoods Gesellschaftsleben. Sie äußerte sich allerdings nicht dazu, daß ihre ursprüngliche Gästeliste niemanden verzeichnete, den Petter vielleicht gern gesehen hätte, es war kein einziger Mediziner dabei.

»Ingrid sagte: ›Mich interessieren nur zwei Sorten von Menschen: die, die mich amüsieren und die, die meine Karriere fördern können‹«, erinnert sich Lindström. Bei ihrer ersten Hollywood-Party gab Ingrid Bergman zu verstehen, daß ihr Mann nicht Teil ihrer Welt war, Teil dessen, was für sie zählte.

Bis jetzt hatte Ingrid Bergman die Illusion aufrechterhalten können, daß ihre Ehe ihr viel bedeutete. Aber jetzt, wo sie Tag für Tag mit Petter zusammenlebte, würde sich nicht mehr lange verheimlichen lassen, wie es in Wirklichkeit um ihre Ehe stand.

Lindström sah Ingrid Bergman nicht so wie der »Rest der Welt«. Selznick war immer beeindruckt, wie wenig sie sich um ihr Aussehen sorgte. Sie verwendete tatsächlich weniger Zeit auf ihre Person und ihre Kleider als andere Stars; doch Lindström hielt seine Frau für sehr eitel. Er sah sie, wie sie am Morgen eine halbe Stunde vor dem Spiegel saß und sich zurechtmachte und sich heimlich die Haare aus der Stirn rasierte. »Ingrid glaubte, sie würde mit einer hohen Stirn intelligenter aussehen«, sagt Lindström. »Also saß sie jeden Morgen da und rasierte einen Zentimeter oder so weg. Sie wollte nicht, daß jemand das wußte. Dann legte sie Make-up auf, aber so, daß es nicht wie Make-up aussah.«

Reporter und Kolumnisten glaubten, daß Ingrid Bergman nicht besonders an Publicity interessiert war. Doch Lindström sah, wie sie sich mit ihren Alben mit Zeitungsausschnitten beschäftigte. Seiner Meinung nach legte sie außerordentlich großen Wert darauf.

Es gab schöne Zeiten im Haus Benedict Canyon Drive 1220, wenn Gäste da waren und man vor dem Kaminfeuer saß und Käse und Cracker aß und Shrimps und Hummer, wenn Gelächter im Haus erklang.

Die Lindströms fanden auch Freunde in der Gegend. Zu ihren engsten Freunden gehörten Jean und Dido Renoir, sie wohnten ein Stück die Straße hinauf auf einem Hügel, in Sichtweite der Lindströms. Ingrid Bergman war eine der ersten gewesen, die Renoir und seine Frau nach ihrer Flucht aus dem besetzten Frankreich 1941 in Hollywood kennengelernt hatten. Wenn Lindström am Nachmittag nicht zu Hause sein konnte, schickte er manchmal die kleine Pia ins Haus der Renoirs, wo die Wände mit Gemälden von Auguste Renoir, dem Vater von Jean, geschmückt waren.[2]

Dann waren da noch George und Phyllis Seaton. Er war Drehbuchautor und Regisseur und hatte Oscars für seine Arbeiten bekommen. Pia und Mary Seaton besuchten beide die »Hawthorne Elementary School«, eine öffentliche Schule. Pia ging oft zum Spielen zu den Seatons. Später, als die Lindströms sich einen Swimmingpool gebaut hatten, lernte Mary bei ihnen schwimmen. Petter Lindström und George Seaton respektierten und bewunderten sich gegenseitig und wurden enge Freunde.

Die Selznicks wohnten auch nicht weit entfernt, und wenn es auch keine wirkliche Freundschaft zwischen Ingrid Bergman und ihrem Arbeitgeber gab, so schloß sie sich doch enger an Irene Selznick an, die sie über alle Kleinigkeiten Hollywoods unterrichtete. Irene Selznick verstand sich auch mit Lindström gut; er sagt, sie habe sich ihm später, als ihre Ehe in die Brüche ging, anvertraut.

Ingrid Bergman nahm Lindström zu einigen Hollywood-Parties mit. Sie war keine Fremde mehr in dieser Welt, wo Berufs- und Privatleben nicht streng voneinander getrennt sind, wo man Verträge am Tennisplatz oder Swimmingpool schließt ebenso wie im Büro. Sie mußte zu diesen Parties gehen, um andere zu sehen und selbst gesehen zu werden, über Verträge zu diskutieren und den neuesten Klatsch zu hören.

Wenn Ingrid Bergman sich — aus beruflichen Gründen — den Hof machen ließ, unterhielt Lindström sich oft mit den anwesenden Ehefrauen. Er konnte sehr charmant und freundlich sein, wie er es auch zu seinen Patienten war. Er hatte Vergnügen am Umgang mit anderen, auf eine unschuldige, fröhliche Art. Ingrid Bergman tat sich viel schwerer mit anderen Menschen. Mehr als alles andere liebte Lindström jedoch das Tanzen, und er tanzte wie nur wenige in Hollywood. Er war für gewöhnlich ernsthaft und beherrscht, doch wenn er aus sich herauskam, dann richtig. Er nahm ein Extrahemd mit auf die Party, wenn er wußte, es würde getanzt werden, denn er geriet leicht ins Schwitzen.

Mit Ingrid tanzte er nicht besonders gern. »Sie war nie eine wirklich gute Tänzerin«, sagt er. »Sie war furchtbar um ihr Aussehen besorgt. Sie mußte immer gucken, ob die anderen auch zusahen.«

»Petter war ein fanatischer Tänzer«, erinnert sich Gregory Peck. »Er hopste herum wie verrückt. Ich glaube, Ingrid war nicht gerade begeistert davon, sie schüttelte manchmal nur den Kopf.«[3]

Es gab welche, die machten sich über ihn lustig. Sie dachten, er schwenke die Damen nur so wild herum, um Ingrid eifersüchtig zu machen. Und es gab welche, die nannten ihn nur den »Zahnarzt«, obwohl er doch Neurochirurg war.

Er hatte eine hervorragende Kondition. Er liebte es, andere Männer, besonders Stars, zum Armdrücken herauszufordern, und er blieb fast immer Sieger. Am Wochenende nahm er Pia auf den Rücken und lief mit ihr den Hügel bis zum Mulholland Drive hinauf. Er verbrachte mehr Zeit mit Pia als Ingrid Bergman. Sie hat, so Lindström, niemals die Schule ihrer Tochter besichtigt. Wenn sein Zeitplan es erlaubte, holte er Pia gern ab. »Ich bin um zwei aus der Schule gekommen«, erzählt Pia Lindström. »Ich kann mich nicht erinnern, daß meine Mutter mich je abgeholt hätte.«[4]

Einige von Ingrid Bergmans Freunden hielten Lindström für knickerig und tyrannisch. Dabei war er ganz bestimmt niemand, der nur an sich dachte; er schickte während des Krieges Pakete an Verwandte in Schweden und Deutschland.

Es gab auch welche im Filmgeschäft, die ihn wohl bewunderten, doch glaubten, daß er sich Ingrid und ihrer Welt überlegen fühle. »Lindström ist ein sehr guter Arzt und Menschenfreund, aber er hatte einige altmodische europäische Vorstellungen«, sagt der Regisseur Lewis Milestone. »Er hatte die Einstellung, daß er einem armen Waisenmädchen seinen guten Namen verliehen hätte, und sie müßte ihm nun ein Leben lang dafür dankbar sein. Er ließ es sie niemals vergessen. Aber wie lange kann so etwas gutgehen? Man kann nicht ständig Dankbarkeit verlangen.«[5]

Besucher waren bestürzt, wie sehr Lindström sich als Herr im Hause aufführte. Er nannte Ingrid oft »käringen« (altes Weib). Das war zwar als Kosewort gemeint, doch hatte es auch etwas leicht Herabsetzendes.

»Ingrid wollte immer jemand Starkes«, sagt Alf Kjellin. Der schwedische Schauspieler und Regisseur hat mit Ingrid Bergman in ihrem letzten schwedischen Film, *Die Juninacht*, zusammengearbeitet. »Deswegen war Petter so gut für sie. Er war so, wie sie einen Mann haben wollte.

Als ich nach Beverly Hills zu ihnen nach Hause kam, war ich überrascht über die Art, wie er mit ihr redete und sie behandelte. Er war der Herr im Haus. Und er war der Mann. Er litt wahrscheinlich darunter, so sein zu müssen, wie sie ihn haben wollte. Petter ist die einzige Peer-Gynt-Gestalt, die ich in meinem Leben kennengelernt habe, stark und verletzbar.

Und Ingrid, sie war wie eine Gestalt aus der schwedischen Folklore. Da gibt es diese Männer, die die ganze Nacht als Köhler im Wald arbeiten und Holzkohle herstellen. Sie haben die Vision einer wunderschönen Frau mit rotem Haar, die aus den Bäumen herausspäht. Sie wollen zu ihr hingehen, und dann sehen sie, daß ihre andere Seite nur ein hohler Baumstamm mit einem Fuchsschwanz ist.

Ingrid hatte diese schöne Seite, und sie hatte auch die andere Seite. Sie war eine smarte Frau und es war Kälte um sie. Sie konnte für sich selbst sorgen und doch auch einen Mann brauchen. Eine Seite war ganz weich, die andere wie Stahl.«[6]

In der ersten Juniwoche des Jahres 1944 ließ Joe Steele sich zum neuen Haus der Lindströms chauffieren. Ein paar Tage zuvor hatte Ingrid Bergman ihn angerufen und lebhaft und vertraut mit ihm geredet, als hätte es keinen Bruch in ihrer Beziehung gegeben. Sie wollte eine dreiwöchige Tournee zur Propagierung von Kriegsanleihen unternehmen, die sie in neunzehn Städte führen sollte. Sie wünschte, daß Steele sie als ihr Presseagent begleitete. Er war gleich einverstanden; und es begann die Phase seiner Karriere, in der er, wie er sagte, am meisten Erfüllung fand.

»Ist das nicht herrlich!« sagte Ingrid Bergman, als sie im Wagen zum Bahnhof fuhren. »Ich mag das, immer in Bewegung sein. Ich hasse es, stillzusitzen.«

Die Tournee wurde ein großer Erfolg, sie konnte viele Kriegsanleihen verkaufen.

Zur selben Zeit machte Selznick in Hollywood sich Sorgen um seinen Star. Zum ersten Mal seit *Intermezzo*, seit fast fünf Jahren also, sollte Ingrid Bergman wieder die Hauptrolle in einer David-O.-Selznick-Produktion spielen. Selznick schickte ihr das Drehbuch nach Pittsburgh ins Hotel.[7]

Es handelte sich um einen Thriller über die Möglichkeiten der Psychoanalyse, den Alfred Hitchcock drehen wollte: *Ich kämpfe um dich (Spellbound)*. Selznick unterzog sich selbst gerade einer Therapie und hatte vielleicht deshalb einen anderen Blick auf die Dinge und betrachtete Ingrid Bergmans Verhalten mit Besorgnis. Er kannte ihre Gewohnheit, »als Extra-Nachtisch drei oder vier Eisbecher zu essen«.[8] Er dachte, seine Analytikerin Dr. May E. Romm könnte einen Fachmann finden, der eine Diät für Ingrid Bergman ausarbeitete. Sie war bereit, es mit einer neuen Diät zu probieren — aber wenig enthusiastisch.

Ein paar Tage nach ihrer Rückkehr von der Tournee begannen die Dreharbeiten zu *Ich kämpfe um dich*. Ingrid Bergman spielte in dem Film die Psychiaterin Dr. Constance Peterson, die sich in den geheimnisvollen »J. B.« verliebt. »J. B.«, dargestellt von Selznicks neuestem Star, Gregory Peck, ist ein junger Arzt, der sein Gedächtnis verloren hat und zu dem Schluß kommt, er habe den Mann, für den er sich ausgegeben hat, getötet. Dr. Peterson hilft ihm, in der Tiefe seiner Seele die Wahrheit zu finden, und er kann sich von seinem Wahn befreien. Und sie entdeckt bei der Analyse einer seiner Träume den wirklichen Mörder.

Ingrid Bergman war kein Mensch, der über seine eigene Psyche nachdachte. Sie konnte nie begreifen, warum es in Hollywood solch eine Mode war, sich einer Analyse zu unterziehen.

Der Engländer Alfred Hitchcock war ein Meister des psychologischen Thrillers. Er trug die gleichen vergoldeten Fesseln wie Ingrid Bergman: Auch er war 1939 nach Hollywood gekommen, um einen Film für Selznick zu machen. Er hätte beinahe den Regieauftrag für *Intermezzo* bekommen und hatte statt dessen dann bei dem Klassiker *Rebekka* Regie geführt. Seit damals war er für ein halbes Dutzend Filme an andere Studios ausgeliehen worden.

Am 10. Juli 1944, dem ersten Drehtag, schrieb Ingrid Bergman einen kurzen Brief an Selznick, sie benutzte Briefpapier mit dem Aufdruck »The Green Manor«, dem Namen der Klinik im Film. Sie schrieb: »Es ist so schön, wieder zu Ihnen nach Hause zu kommen!« Etwas durcheinander war sie nur, weil sie das erste Mal mit einem Partner spielte, Gregory Peck, der jünger war als sie.[9]

Sie hatte die Rolle anfangs ablehnen wollen, weil sie »die Liebesgeschichte nicht für glaubhaft« hielt.[10] Sie hatte die Absicht, etwas dazu zu sagen, wie die Constance Peterson ihrer Meinung nach dargestellt werden müßte. In ihrer ersten Szene sollte sie durch ein Zimmer gehen, die Kamera sollte sie von oben aufnehmen. Ingrid Bergman wollte ihre Sätze sprechen und dabei innehalten, und das sagte sie Hitchcock.[11]

Hitchcock gestattete keinerlei Einmischung von ihrer Seite. Filmemachen war für ihn die Vorbereitung dazu: er kümmerte sich um das Drehbuch und um jede einzelne Einstellung. Ingrid Bergman dachte während der Dreharbeiten, Hitchcock »betrachtete uns Schauspieler nur als Leute, die seine Phantasien stören«.

Schon 1941 hatte Hitchcock eine Idee für einen Film mit Ingrid Bergman gehabt, dessen Story Selznick für »ziemlich erotisch« hielt. Daraus war nichts geworden, doch auch in diesem Film war ein erotischer Unterton: die pedantische, prüde Psychiaterin verliebt sich, sie scheint von ihrer Liebe besessen. Ingrid Bergman spielte die Rolle jedoch, als wäre sie die Heldin in einem romantischen Thriller. Von dem Augenblick an, als sie Gregory Peck zum ersten Mal verliebt und sehnsuchtsvoll ansieht, wußte das Publikum, daß es auf vertrautem Terrain war.

Noch während der Dreharbeiten dachte Hitchcock an einen weiteren Film mit Ingrid Bergman, in dem das Moment des Erotischen, des Unerlaubten stärker in den Vordergrund treten sollte, ein Film »über einen Mann, der eine Frau dazu zwingt, mit einem anderen Mann ins Bett zu gehen, weil er beruflich dazu verpflichtet ist«.

Was Hitchcock für Ingrid Bergman empfand, das schien Besessenheit zu sein, man spürte es bei den Dreharbeiten. »Er zog Ingrid zu gern auf«, erinnert sich Gregory Peck. »Er spielte immer mit dem Doppelsinn der Worte. Er sagte Dinge, die am Rande der Obszönität waren, aber er sagte es auf eine trockene Art. Er konnte sie zum Lachen bringen mit seinen leicht anzüglichen Bemerkungen über ihren Busen oder ihre Beine. Sie sagte dann immer: ›Oh, Hitch, Sie sind schrecklich.‹«

Humor diente Hitchcock zur Abwehr, die Kunst war ihm Tröstung, und Film sein Voyeurtum, und es gab nie irgendwelchen Klatsch über »Hitch« und Ingrid. Klatsch gab es über sie und Gregory Peck, besonders an dem Tag, als, so einer der am

Film Beteiligten, »Ingrid und Peck spät kamen und ganz zerzaust aussahen, da gab es allerhand Spekulationen«. Peck sagt: »Über solche Dinge rede ich nicht.«

Ingrid Bergman spielte in *Ich kämpfe um dich* eine Psychiaterin, die weiß, daß die menschliche Seele ein dunkler Magier sein kann, der die Wahrheiten des eigenen Lebens verbirgt und den Menschen in Zwangsvorstellungen und endlose Selbsttäuschung treibt. Nur durch eine Therapie oder ein brutales Schockerlebnis kann das Zauberkunststück aufgedeckt und der Mensch in die Lage versetzt werden, frei zu leben.

Ingrid Bergman hätte sich selber fragen können, warum sie zwanghaft jede Minute mit Aktivität ausfüllte, warum sie nicht auch Zeit zu Hause mit Petter und Pia verbrachte, warum sie es nie zu Hause aushielt und sie immer irgendwohin mußte, nur weg. Sie stellte sich solche Fragen nicht. Kaum waren Mitte Oktober die Dreharbeiten beendet, da war sie schon wieder auf Reisen, verkaufte Kriegsanleihen, machte eine Radio-Show, stellte ihre Filme vor und warb für sie. Sie war in Kanada, in New York, in Chicago und Minnesota — insgesamt einen Monat unterwegs.

In Toronto bekam Ingrid Bergman von Selznick ein Paket mit »Essen, das nicht dick macht, und einem Pfund Kaviar«. Sie schickte Petter ein Telegramm, das mit den Worten endete: UND JOE WILL MICH NICHT ESSEN LASSEN. Sie war wie ein Schulmädchen in den Ferien. Kaum war sie in New York eingetroffen, wo sie in der Kate Smith Show auftreten sollte, ging sie erst mal zum Essen in den Hamburger Heaven, und danach nahm sie einen Schokoladeneisbecher bei Schrafft's. Sie hatte so viel Vergnügen, daß sie Selznick telegrafisch bat, ein paar Tage länger bleiben zu dürfen.[12]

Dann fuhr Ingrid Bergman nach Minnesota. Nicht nur Joe Steele reiste mit, sondern auch Bob William, der Warner-Brothers-Presseagent, der bei *Casablanca* für Bogart gearbeitet hatte. William war ein geselliger, natürlicher Mensch. Steele war nicht gerade begeistert von der Idee, daß ein weiterer Presseagent *seine* Ingrid begleitete. William fand Steele »anmaßend, wie ein kleiner russischer Impresario. Er war wirklich verliebt in sie.«[13]

Dann war Thanksgiving (Erntedankfest). Keine Versammlungen, keine Ansprachen. Ein leeres Hotelzimmer. Ein leerer

Tag. Das Telefon klingelte in Ingrid Bergmans Zimmer. William hatte gute Neuigkeiten, er hatte einen Leihwagen aufgetrieben, was an diesem Feiertag keine einfache Sache war.

»Danke, Bobby, ich tat mir schon selber leid«, sagte Ingrid Bergman. Man kam überein, zum Thanksgiving-Dinner nach Stillwater ins Lowell Inn zu fahren.

In der Hotelhalle gab William ihr eine Thermosflasche mit einem roten Band darum.

»Da sind Martinis drin, Ingrid«, sagte William. »Und wir werden bei jedem Stoppschild, das wir auf dem Weg ins Gasthaus antreffen, einen Toast ausbringen.«

Der Wagen mußte an sechsundzwanzig Stoppschildern halten. Als die drei auf dem Parkplatz des Gasthauses aufkreuzten und mittlerweile Winston Churchill und Franklin Delano Roosevelt hochleben ließen, waren sie sternhagelvoll.

Die Geschäftsinhaber erkannten einen Star, wenn sie einen vor sich hatten. Man wies ihnen einen Vorzugsplatz zu, in der Nähe eines steinernen Fischteiches.

»Wofür ist das?« fragte Ingrid Bergman mit etwas trunkener Stimme.

»Oh, da können Sie sich den Fisch fürs Essen aussuchen«, erzählte ihr der Besitzer stolz.

»Oh«, sagte Ingrid Bergman und steckte ihren Arm bis zum Ellbogen ins Wasser, ihr Ärmel wurde ganz naß.

Ein Blitzlicht flammte auf. Ein zweites flammte in Williams Kopf auf. Man würde ihn feuern, wenn das Bild in die Zeitungen gelangte.

Aber es war Thanksgiving und man vergaß solche Sorgen. Es gab Pilzcremesuppe mit Mandeln und Truthahn und noch mehr gute Dinge. Auf der Rückfahrt erzählte William einen Witz nach dem anderen. Ingrid Bergman lachte so sehr, daß sie vom Sitz rutschte.

»Aufhören, aufhören«, rief sie. »Mir tun die Rippen weh.«

Sobald Ingrid Bergman nach Beverly Hills zurückkam, mußten sie und Selznick entscheiden, welches ihr nächster Film sein sollte. Es gab zwei Möglichkeiten: ein Selznick-Film mit dem Titel *Daybreak*, wofür das Drehbuch zum größten Teil noch nicht geschrieben war, und *Die Glocken von St. Marien (The Bells of St. Mary's)*, mit Bing Crosby, unter der Regie von Leo McCarey. Der Film war eine Fortsetzung des außerordentlich populären Films *Der Weg zum Glück (Going My Way)*, mit Crosby und Barry Fitzgerald.

Zuerst wollte Selznick nicht, daß Ingrid Bergman in dem McCarey-Film mitspielte. Er hielt »Fortsetzung« für gleichbedeutend mit »zweitklassig«.[14] McCareys Filme waren ungeheuer beliebt, aber Selznick mag gemeint haben, sie seien ein wenig unter dem Niveau eines »Selznick-Stars«; McCarey hatte immerhin den Ruf, seine Filme seien so süß und rührselig, daß man davon Bauchschmerzen bekommen konnte.

Wie Ingrid Bergman sich erinnerte, überredete sie Selznick, sie die Rolle der Schwester Benedict spielen zu lassen. Aber in der Aktennotiz, die Selznick nach ihrem Treffen diktierte, steht: »Ingrid ist im Zweifel, welchen Film sie lieber machen möchte . . . und ich bin ziemlich sicher, daß ich sie mit jedem der beiden glücklich machen kann, für welchen ich mich auch für sie entscheide«.

Selznick handelte eines der lukrativsten Ausleih-Abkommen in der Geschichte Hollywoods aus. Selznick erhielt 175 000 Dollar in bar, die Rechte, einen Film mit Gregory Peck zu machen und die Remake-Rechte für *Kleine Frauen (Little Women)*.[15] Alles in allem war das, was er bekam, 425 000 $ wert, ein Vielfaches dessen, was er Ingrid Bergman zahlte. Trotzdem war Selznick noch unzufrieden, daß er ihr 25 000 Dollar extra zahlen mußte, weil die Dreharbeiten nach dem vertraglich festgesetzten Datum begannen.[16]

Nach der Vertragsunterzeichnung verabredeten Ingrid Bergman und McCarey ein gemeinsames Essen in Lucey's Restaurant, gegenüber von den RKO-Studios. Sie war so aufgeregt, wieder arbeiten zu können, daß sie viel zu früh von zu Hause aufbrach. Sie fuhr ganz langsam und war immer noch zwanzig Minuten vor der verabredeten Zeit da. Sie wollte nicht bis eins allein im Restaurant sitzen und entschloß sich, in ein Stück zu gehen. Sie ging um den Block, und da stand McCarey, der seit Mittag gewartet hatte.

McCarey war ein gutaussehender Mann von fünfundvierzig Jahren, bereits ein Hollywood-Veteran; er hatte Komödien inszeniert wie den Marx-Brothers-Film *Die Marx Brothers im Krieg (Duck Soup)* und den mit einem Oscar ausgezeichneten Film *Die schreckliche Wahrheit (The Awful Truth)*. In *Die Glocken von St. Marien* spielt Bing Crosby den Pater O'Malley. Dieser gute Prieser ist immer bereit, ein Lied anzustimmen, wenn die Handlung etwas schwächer wird. Ingrid Bergman ist die Mutter Oberin der Pfarrschule, das Schulgebäude ist leider recht baufällig. Schwester Benedict ist eine altmodische Nonne, die daran glaubt, daß Gebete helfen. Mit der Hilfe Gottes, einer Schar von Kinderdarstellern und der Unterstützung eines geizigen Industriellen, der aber ein Herz aus Gold hat, wird die Schule gerettet.

In ihrer Nonnentracht konnte Ingrid Bergman ohne Bedenken soviel Eis essen wie sie wollte. Hier kam es auf ihr Gesicht an, und sie sah wirklich sehr fromm aus.

Am Abend der Oscar-Verleihung arbeitete Ingrid Bergman noch bis sechs Uhr im Studio. Sie, McCarey und Crosby wünschten sich gegenseitig Glück, denn alle waren sie nominiert worden, McCarey und Crosby für *Der Weg zum Glück* und Ingrid Bergman für *Das Haus der Lady Alquist*.

Lindström traf während der Pause ein und setzte sich zu Ingrid und David Selznick in den Saal. Während sie darauf wartete, wer als beste Schauspielerin ausgezeichnet würde, hielt sie Petters und Selznicks Hand. McCarey hatte seinen Oscar schon, und Crosby auch.

Die Kandidatinnen wurden genannt: Ingrid Bergman, Claudette Colbert, Bette Davis, Greer Garson, Barbara Stanwyck.

Ingrid Bergman hörte nicht richtig.

»Das sind Sie, Ingrid!« rief Selznick laut. »Sie haben gewonnen! Sie haben gewonnen!«

Sie wandte sich zu Petter. »Hol' ihn dir«, sagte er sanft und küßte sie.

Am nächsten Morgen war Ingrid Bergman wieder bei den Dreharbeiten, sie wurde mit Champagner gefeiert und weinte vor Glück, als sie zwischen McCarey und Crosby saß.

Es war schon seltsam, bei allen dreien. Crosby spielte gute Priester, gesellige, selbstlose Menschen. Doch privat war er sehr verschlossen, zeigte seine Gefühle kaum, und Ingrid Bergman gelang es nicht, ihn näher kennenzulernen.

McCarey — der berühmteste populäre Regisseur des Tages, als Held gefeiert von der Kirche, ein Mann, der Louella Parsons erzählte, er könnte »nie eine Story machen, die anzüglich oder vulgär wäre« — dieser Mann hatte solche Probleme, daß er während der Dreharbeiten zu *Die Glocken von St. Marien* zweimal festgenommen wurde, einmal wegen Ruhestörung und Trunkenheit, und dann wegen des Verdachts auf Trunkenheit, weil er in der falschen Richtung auf einem Highway gefahren war.[17]

Und Ingrid Bergman, deren Lob als perfekte Ehefrau und Mutter in ganz Amerika gesungen wurde. Gleich nach Beendigung der Dreharbeiten wollte sie wieder wegfahren, diesmal zur Truppenbetreuung nach Europa. Seit Jahren erhielt sie die Illusion einer guten Ehe aufrecht. Sie gab vor, gern im Benedict Canyon Drive zu Haus zu sein und zu kochen, mit Pia zu spielen; aber nach wenigen Tagen fiel ihr die Decke auf den Kopf. Sie sagte ihrem Mann nicht, daß die Dinge nicht gut liefen. Sie versuchte immer, Konflikten und Auseinandersetzungen aus dem Wege zu gehen. Sie fühlte, daß Petter ihr viel gegeben hatte und daß er stark war und sie sich auf ihn verlassen konnte. Doch sie wollte etwas Neues, etwas Aufregendes — eine Party, eine Nacht lang trinken, ein Rendezvous irgendwo, alles, nur nicht die Stille von Benedict Canyon. Petter langweilte sich fast nie. Er tat immer irgend etwas — arbeitete im Garten, tollte mit Pia herum. Doch Ingrid Bergman langweilte sich, das Leben, wie die meisten Menschen es leben, war für sie nur langweilig, nichts als Langeweile.

»Goodbye, goodbye, goodbye . . .« schrieb sie am 13. Juni 1945 im Zug Richtung Ostküste an Selznick. »Ich bin so aufgeregt und kann kaum glauben, daß ich unterwegs bin. In Alaska habe ich nicht alles geschafft, das wird auf dieser Tour nicht passieren. Ich kann fast jeden schlagen mit meinem Jitterbug und ich kann Samba, Rumba, Conga, Swing, Big Apple und was Sie wollen!«[18]

Als Ingrid Bergman in New York ankam, litt sie an einer Stirnhöhlenvereiterung und Infektion der Ohren, sie war so krank, daß sie nicht mit den anderen fahren konnte und kam ein paar Tage später nach.

So vieles von dem Europa, das sie gekannt hatte, gab es nicht mehr. Genua, von wo aus sie nach Amerika gefahren war, war jetzt eine Stadt der Hungernden und Versehrten. Hamburg, die Stadt ihrer Mutter, war ein Bild der Zerstörung, und ihre einst so stolzen Verwandten waren von den Paketen abhängig, die Lindström aus Amerika schickte. Und Berlin, wo sie für die UFA einen Film gedreht hatte, war eine Ruinenstadt.

Ingrid Bergman kam nach Augsburg. Wie überall, hatten die Amerikaner auch hier die besten Häuser für ihre Offiziere beschlagnahmt. Im dortigen Hauptquartier traf sie in einem der Räume einen drahtigen kleinen Mann, der Klavier spielte. Diese Musik hatte sie noch nie zuvor gehört.

»Das ist eine schöne Musik. Ich will immer kommen und zuhören, wenn Sie spielen.«

»Das ist nur etwas, das ich mir ausgedacht habe«, sagte der Pianist.[19]

Der Pianist war Larry Adler, der auch zu denen gehörte, die die Truppen unterhalten sollten. Adler war der berühmteste Mundharmonikaspieler der Welt. Er konnte Sachen mit seinem Instrument machen, die noch keiner vor ihm gemacht hatte. Er war ein Virtuose ersten Ranges.

Er war recht neurotisch, ein leidenschaftlicher Intellektueller, rechthaberisch, egozentrisch, politisch stand er links; er war nicht die Art Mann, die Ingrid Bergman anzog.

Doch sie redete gern, und Adler redete auch gern. Sie freute sich über das, was er von sich erzählte, und sie erzählte ihm von ihrem Leben. Sie hielt ihn für einen Mann von großer Brillanz, und bei zwei Shows pro Tag hatte sie genug Zeit, eine Beziehung mit ihm anzufangen.

»Ingrid war nicht faszinierend, aber man war einfach wie geblendet von ihrer Schönheit«, sagt Adler. »Man merkte, daß sie niemals ein Buch las. Sie hatte kein Interesse an dem, was in der Welt vor sich ging. Das eine, worüber ich nie mit ihr reden konnte, war ihre Filmarbeit in Deutschland. Ich denke, wenn Ingrid einen guten Film hätte machen können, dann hätte sie ihn auch für die Nazis gemacht, für jeden. Sie widmete sich einer Sache ganz. Sie liebte die Arbeit. Und ich glaube nicht, daß irgendein Mensch ihr so wichtig war wie ihre Arbeit.

Ich glaube, es war ihr ein Bedürfnis, zu zeigen, daß sie Macht über Männer hatte. Sie war nicht kokett, sie foppte einen nicht. Ingrid war nicht allzusehr am Sex interessiert. Sie machte es wie ein artiges Mädchen.«[20]

An einem ihrer ersten Abende in Deutschland wurden Ingrid Bergman und die anderen von einem Offiziersklub zu einer Dinnerparty in die ehemalige Jagdhütte von Fritz Thyssen eingeladen. Nach dem Essen ging man in das Musikzimmer. An einem Ende des Raumes stand ein großes Piano, davor lag ein weißes Bärenfell.

Ingrid Bergman stand mit Leutnant Robert Orbach zusammen. Eine junge Pianistin wurde angekündigt, ein Flüchtling aus Ungarn, eine von den Millionen »Displaced Persons«. Sie hatte ein schwieriges Stück ausgesucht und sie spielte es wunderbar. Als sie fertig war, lief Ingrid Bergman durch den Raum und fiel neben dem Klavier auf die Knie. Sie dankte der jungen Frau mit ein paar Worten Französisch, der einzigen Sprache, die beide verstanden.[21]

Was Ingrid Bergman in den Shows vorführte, war nicht sehr viel. Sie hatte nicht den Humor von Jack Benny, dem Leiter der Show. Sie konnte nicht singen wie Martha Tilton, die berühmt war als Sängerin bei Benny Goodman. Sie konnte kein Instrument spielen, wie Adler. Aber sie konnte Stichwortgeber für den Komiker Jack Benny sein, sie konnte dieses oder jenes rezitieren, und sie konnte einfach da sein, ein Bild der Schönheit für die Soldaten.

Sie entschloß sich, etwas aus Maxwell Andersons *Johanna aus Lothringen (Joan of Lorraine)* zu rezitieren, einem neuen Stück, das sie in Amerika zu spielen hoffte. Die Jungfrau von Orléans — das war wirklich nicht das, worüber die Soldaten etwas hören wollten. Die waren unruhig, während Ingrid Bergman ihre Sätze vortrug, sie warteten auf Musik, auf Witze. In Kassel versuchte sie es wieder und ignorierte die Tatsache, daß die Soldaten sich dafür nicht interessierten. Als sie sah, daß einige von ihnen Kondome, GI-Ausgabe, in der Luft schwenkten, rannte sie weinend von der Bühne. Adler wollte das Benehmen der GIs nicht hinnehmen und rief ihnen zu: »Wie schade, daß ihr keine bessere Verwendung für die Dinger habt.«[22] Dem stimmten sie jedenfalls zu.

Als Ingrid Bergman im Hotel Ritz in Paris ankam, ging ein anderer großer Star gerade weg: Marlene Dietrich. Sie zeigte sich wenig beeindruckt von dem Aufmarsch der Leute. Jetzt, wo der Krieg aus war, da kamen sie alle: die Schauspieler, die Sänger und Komödianten, die Politiker und Geschäftsleute, die Offiziere von den rückwärtigen Stellungen in ihren Front-Uniformen, die Kolumnisten und Reporter, herausgeputzt für den Krieg. Das Ritz war voll von ihnen.

Eines Nachmittags kehrte Ingrid Bergman in ihr Hotelzimmer zurück und fand einen Zettel unter der Tür. Zwei Männer luden sie zum Essen ein. Sie schrieben, sie hätten nicht genug Geld, um ihr Blumen zu schicken *und* sie zum Essen auszuführen und hätten sich für das Essen entschieden. Ingrid Bergman tat für gewöhnlich solche Dinge nicht, und sie hatte keine Ahnung, wer Bob Capa und Irwin Shaw sein mochten. »Wenn wir noch mehr schreiben, bleibt uns nichts mehr für die Unterhaltung übrig, da unser Vorrat an Charme begrenzt ist«, hieß es zum Schluß auf dem Zettel.

Irgend etwas gefiel Ingrid Bergman an der kleinen Botschaft, warum also nicht? Sie wollte Paris sehen, und wenn die beiden sich als Langweiler herausstellten, würde sie sie einfach abschieben.

Sie verabredete sich mit Capa und Shaw in der Bar. Sie kam um halb sieben herunter und trug eine rote Blume im Haar.

Capa und Shaw hatten sich etwas Mut angetrunken. Shaw wollte ein großer Schriftsteller werden; er schrieb später *The Young Lions,* eines der besten Bücher über den Krieg. Capa war der berühmteste Fotograf des Krieges. Das bedeutete aber noch nicht, daß ein Star wie Ingrid Bergman sich mit einem traf. Und dann kam sie, es war kaum zu glauben.

»Sie haben gesagt, sie wollen mich zum Essen ausführen«, sagte Ingrid Bergman, und sie klang für Capa wie »ein Schulkind«, das auf schelmische Weise seinen ganzen Mut zusammennimmt. »Ich hoffe, Sie haben genug Geld, denn ich bin sehr hungrig.«

Der Krieg in Europa war vorbei, und Paris war wieder die Lichterstadt. Und sie fuhren im Taxi zu Fouquet's. Und als sie gegessen und getrunken hatten soviel sie konnten, gingen sie zu Maxim's, und dann gingen sie noch auf den Montmartre. Sie tanzten und lachten und keiner wollte, daß die Nacht zu Ende ginge. Als Capa und Shaw kein Geld mehr hatten, bezahlte Ingrid Bergman, und als sie sich am frühen Morgen auf Wiedersehen sagten, da wußten Ingrid und Capa, daß sie sich wiedersehen würden.

Ingrid Bergman wußte nichts über Capa, aber sie fühlte sich sehr angezogen von dem dunkelhaarigen gutaussehenden Fotografen, der zwei Jahre älter war als sie. Mit *Wem die Stunde schlägt* hatte sie einen Film gedreht, der dem Krieg so ähnlich war wie Glyzerin einer Träne. Capa war im Spanischen Bürgerkrieg gewesen. Er hatte seine Geliebte Gerda Pohorylles verloren, die von einem Panzer zermalmt worden war. Und er hatte das berühmteste Foto des Krieges gemacht: Ein Soldat der Republikaner im Augenblick, da ihn die tödliche Kugel trifft. Das war mehr als Journalismus, mit diesem Bild war die Grenze zur Kunst überschritten.

Capa, ein Jude, war als Endre Friedmann in Budapest geboren. Er war überall und nirgends zu Hause. Wenn er glückliche Familien fotografierte oder Gebäude, dann war er ein guter Fotograf. Aber wenn er den Krieg fotografierte, dann gab es keinen, der besser war als er, und das wußte er. Es war nicht nur, daß er mutig war, sondern daß er immer da war. Er war da, als Italiener sich in Palermo ergaben. Er war in Neapel und sah das Begräbnis italienischer Kinder, die im Kampf gegen die Deutschen gestorben waren. Er war am 6. Juni 1944 in Omaha Beach bei der Landung der Alliierten in Frankreich dabei, als einziger Fotograf. Er fuhr ins befreite Paris ein. Er war da bei der Ardennenoffensive.[23]

Er war ein Mann, der in gewisser Hinsicht seine eigene beste Schöpfung war, darin war er wie Ingrid Bergman. »Die Herstellung seiner Legende diente nicht mehr einfach dazu, seine Freunde zu unterhalten«, schreibt sein Biograf Richard Whelan. »Es war auch eine Sache des Geschäfts.«[24]

In Italien hatte er an die Innenseite seines Helms geschrieben: »Eigentum von Robert Capa, großer Kriegskorrespondent und Liebhaber.« Was seinen Ruf als Don Juan anging, scherzte er: »Ich fürchte, ich verteidige mich nur sehr schlecht gegen die Frauen.«

Capa lebte leichtsinnig, er begann zu früh am Tag zu trinken und trank zu lange, er spielte zuviel und zu schlecht.

Capa konnte hingehen, wohin er wollte, und als die Tournee nach Berlin ging, war er auch in der Stadt.

Adler war ebenfalls da. Ingrid Bergman, Adler und Capa gingen zusammen durch die ausgebombten Straßen der Stadt. Mitten auf einer Straße lag eine Badewanne, und Capa fotografierte Ingrid Bergman und Adler darin. »Am nächsten Tag fragten wir ihn nach den Bildern und er sagte, sie seien nichts geworden«, erzählt Adler. »Er lächelte dann und sagte: ›Ich hasse es, Bilder von meinen Freunden zu machen.‹«[25]

Am 4. Juli, dem amerikanischen Nationalfeiertag, stand Ingrid Bergman neben Adler auf dem Balkon von Hitlers zerstörter Reichskanzlei. Sie trug Abraham Lincolns Gettysburg-Ansprache vor und Adler spielte Harmonika. Am selben Tag flog die Gruppe nach Nürnberg und gab eine Vorstellung für die Soldaten dort.

Capa begleitete die Gruppe nicht auf der ausgedehnten Tour, und Ingrid Bergman und Adler setzten ihre Beziehung fort. Adler war ein lebhafter Mensch und jemand, der immer die Wahrheit sagte. Eines Abends sah er mit ihr ihren Film *Spiel mit dem Schicksal*. Sie war an seiner Meinung darüber besonders interessiert, denn in den Vereinigten Staaten war der Film noch nicht herausgekommen, obwohl er hier GIs gezeigt wurde. Adler sagte ihr frank und frei, er habe selten ein so krasses Beispiel von Fehlbesetzung gesehen, ein gesundes schwedisches Mädchen, das eine schwarzhaarige Kurtisane aus New Orleans spielt. Ein paar Tage lang wollte Ingrid Bergman nichts mit Larry Adler zu tun haben.[26]

Eines Tages fuhr sie mit Adler im Mercedes über Land. Als der Chauffeur einen Wachtposten übersah und weiterfuhr, feuerte der Soldat einen Schuß auf den sich entfernenden Wagen ab. Adler glaubte die Kugel in seinem Rücken zu spüren.

»Ich bin getroffen! Ich bin getroffen!« schrie er und fiel auf die Knie. Ingrid Bergman hielt ihn in den Armen, und er bat sie, seiner Familie von ihm Lebewohl zu sagen.

Ihre Tante war in ihren Armen gestorben, doch dies unruhige Bündel war offenbar noch nicht soweit, sein Leben auszuhauchen.

Die Kugel hatte eine Feder im Polster getroffen. Und die Feder hatte Adler in den Rücken gestochen.[27]

Jack Benny, Adler und die anderen sahen sich ein Konzentrationslager an, Ingrid Bergman weigerte sich mitzugehen, sie »wollte das nicht in meinem Kopf haben«.

Mitte August kehrte Ingrid Bergman mit der Truppe nach Paris zurück, rechtzeitig, um die Kapitulation Japans zu feiern. Der Krieg ging zu Ende.

Ganz Paris feierte, Zehntausende von Menschen waren auf den Straßen. Ingrid Bergman saß mit Capa in einem Jeep auf den Champs-Élysées und sie sah, wie die französischen Mädchen auf die Soldaten zugingen und ihnen Küsse gaben. Und Amerikas größter Filmstar sprang aus dem Jeep, lief auf einen Soldaten zu und küßte ihn auf den Mund. Und der Soldat erwiderte den Kuß.

Ingrid Bergman, Adler und Capa waren eine Zeitlang zu dritt in Paris ausgegangen. Adler erzählt: »Eines Abends waren wir drei in einem Nachtklub am Montparnasse. Ingrid machte deutlich, daß sie wollte, daß ich gehe. Am nächsten Morgen kam sie in mein Zimmer und sagte, es täte ihr leid. Sie meinte, sie habe mich im Stich gelassen. So fühlte ich mich auch. Danach empfand ich ein wenig anders. Aber dann verschwand Capa und ich blieb mit ihr in Paris. Ich glaube, Ingrid hatte Angst, am Ende der Tournee nach Hause zu fahren. Sie wollte nicht nach Hause. Sie schlug vor, in Paris zu bleiben, und das taten wir auch ein paar Tage lang. Aber ich war ein Feigling. Ich wußte, meine Frau und meine Kinder würden erfahren, daß die Tournee beendet war, und Jack würde ja auch zurück sein. Und ich schlug ihr schließlich vor, wir sollten zurückfahren.

Ingrid gefiel das überhaupt nicht. Sie wollte nicht nach Kalifornien zurück. In New York versuchte sie mich dazu zu bringen, ein paar Tage zu bleiben. Dann wollte sie das ›langsamste‹ Flugzeug nach Los Angeles nehmen.«[28]

10.

»So long, Ingrid!«

Ingrid Bergmans Affären waren eine Gefahr, nicht nur für ihre Ehe, sondern für ihr Image. Aber sie waren aufregend; und sie kam davon, ohne daß ein Wort darüber in den Kolumnen erschien oder es Unruhe unter ihren Fans gab. Und unter denen, die Bescheid wußten, schien keiner deswegen schlechter von ihr zu denken.

Sie spielte häufig Figuren, deren Verhalten konventionelle Moralvorstellungen verletzt hätte, doch bei ihr schien es zulässig — ja beinahe romantisch. Ihre Darstellung der Alicia Huberman in Hitchcocks *Berüchtigt (Notorious)* ist ein besonders gutes Beispiel dafür, wie durch ihr Spiel das Verhalten einer Person seine Anstößigkeit verliert. Alicias Vater ist als Nazi-Spion verurteilt worden. Sie trinkt viel und kennt sehr viele Männer. In Miami trifft sie den Regierungsagenten Devlin (Cary Grant). Devlin bittet sie, mit ihm nach Rio zu gehen und ihm zu helfen, eine Gruppe von Nazis auszukundschaften. Alicia erklärt sich mit einem Schulterzucken einverstanden, als spiele es kaum eine Rolle, was sie tut.

In Rio verlieben sich Alicia und Devlin ineinander. Er bittet sie, sich mit einem alten Bewunderer von ihr, Alexander Sebastian, zu treffen. Im Namen der Pflicht und um sich seine eigenen Gefühle Alicia gegenüber nicht eingestehen zu müssen, handelt Devlin als Kuppler. Alicia schläft mit Sebastian (»Du kannst ihn auf die Liste meiner Liebhaber setzen«). Um die Geheimnisse der Gruppe besser ausforschen zu können, stimmt Alicia einer Heirat mit Sebastian zu. Mit ihrer Hilfe entdeckt Devlin, daß die Nazis Uran abbauen. Als Sebastian und seine Mutter dahinterkommen, daß Alicia sie verrät, beginnen sie sie langsam zu vergiften. Als sie dem Tode nahe ist, rettet Devlin sie, und sie können gemeinsam entkommen.

Alicia lebt in einer Welt, wo die Dinge nie das sind, was sie zu sein scheinen. Devlins Küsse sollen sie vielleicht nur zur Spionage verführen. Ihre leidenschaftliche Umarmung mit Devlin vor dem Weinkeller, in dem das Uran versteckt ist, ist kein Zeichen von Liebe, sondern dient dazu, ihren Mann zu täuschen. Und im Kaffee, den ihr Mann ihr bringt, ist Gift.

In ihrem privaten und beruflichen Leben spielte Ingrid Bergman eine Rolle, die der Alicias nicht unähnlich war. Die Dinge waren nicht, was sie zu sein schienen.

Sie unterhielt weiterhin ihre Beziehung zu Larry Adler. Wenn Lindström arbeitete, gingen sie zusammen zu Parties, zu einem Essen bei den Hitchcocks, oder in eine Show. Sie erregten die Neugier der anderen. Man klatschte über sie.

»Ich höre, du hast eine wunderbare Affäre mit Ingrid«, schrie Mary Livingston von ihrem Wagenfenster aus Larry Adler zu.[1]

Es war nicht das, was Hollywood unter einer »wunderbaren Affäre« verstand — leidenschaftliche Treffen im Garden of Allah oder in einem privaten Bungalow. Ingrid Bergman war, wie Adler entdeckte, nicht dermaßen an Sex interessiert. Aber es machte ihr viel Spaß, mit ihm zu reden, und sie brachte ihn dazu, Noten lesen zu lernen. Sie redeten beim Essen bei Lucey's oder wann immer sie ein paar Stunden erübrigen konnten. Adler unterzog sich einer Psychoanalyse, und er wußte, wie er Ingrid zum Sprechen bringen konnte.

»Sie war unglücklich mit Petter«, sagt Adler. »Es war sehr schwer, den Mann zu mögen. Ich erinnere mich an eine Dinnerparty bei Ingrid. Jean Renoir und Alfred Hitchcock waren da. Petter beherrschte das Gespräch und er hatte nicht viel zu sagen. Ingrid sagte immer, sie wüßte, daß Petter ein schwieriger Mann sei. Sie sagte, er habe viel für sie getan. Er hatte viel dazu getan, daß sie erwachsen wurde.

Ingrid und ich haben auch über Heirat gesprochen. Was mich davon abgehalten hat: ich wußte verdammt gut, ich würde Mr. Ingrid Bergman werden, und das läßt mein Stolz nicht zu. Ich habe es ernst mit ihr gemeint, eine Weile jedenfalls. Ich habe es ernst gemeint, solange sie mich ließ. Ich dachte, ich sei in sie verliebt, aber ich glaube nicht, daß sie je verliebt in mich war. Ich denke, sie hatte mich gern. Sie mochte mich.«

Ingrid Bergman mochte auch Capa. Er war vermutlich nach Hollywood gekommen, um seine Kriegserinnerungen für einen eventuellen Film aufzuschreiben, aber sicher auch, um Ingrid

Bergman wiederzusehen. Sie trafen sich auf Parties oder heimlich in Irwin Shaws Haus in Malibu, um sich zu lieben.

Wenn Ingrid Bergman nach Hause kam, aus dem Studio, von einer Party, oder von einem Treffen mit Adler oder Capa, dann war Lindströms Zuneigung, seine Besorgtheit wie ein langsam wirkendes Gift für sie. »Ich hatte Schuldgefühle, weil ich nicht zufrieden war mit all dem, was ich hatte«, sagte sie. »Ich habe mir immer wieder gesagt, wie glücklich ich doch bin, mit einem Mann, der mir treu ist, der mich liebt und alles für mich tut, mit einem lieben Kind, mit einem schönen Haus. Ich war gesund, ich hatte Geld und Erfolg mit meiner Arbeit, aber es war ein ständiger Kampf in meinem Innern, ich suchte immer nach irgend etwas. Petter verstand meine Rastlosigkeit, vielleicht besser als ich. Wir führten lange Gespräche über unser Leben, und ich fühlte eine große Erleichterung, daß ich mich an ihn lehnen und ihn die Entscheidungen treffen lassen konnte.«

Ingrid Bergman konnte mit Lindström nicht offen über Capa, Adler und die anderen reden, aber sie konnte mit ihm über ihre Karriere sprechen. »Ingrid sagte, Petter manage ihre Karriere«, erzählt Ellen Neuwald, ihre Sekretärin. »Ich denke, damit gab sie ihm etwas, damit er auch Anteil an ihrem Leben haben konnte. Ich erinnere mich, wie sie sagte, ich muß das mit Petter diskutieren. Sie schloß sich immer seiner Meinung an.«[2]

Wenn Ingrid Bergman mit Lindström über ihre Karriere sprach, die ihr mehr als alles andere bedeutete, dann herrschte ein gutes Verständnis zwischen den Eheleuten. »Sie sagte, sie haßt Selznick«, erzählt Lindström. »Sie haßte ihn nicht wirklich, aber sie mochte ihn aus mehreren Gründen nicht. Er hatte keine Arbeit für sie, wenn sie arbeiten wollte. Er wollte gegen ihren Willen ihren Vertrag verlängern. Er wollte nicht, daß sie im Radio auftrat. Wenn er sie an andere Studios auslieh, dann erhöhte er niemals ihre Gage, obwohl er das hätte tun können. Sie hatte fest beschlossen, nie wieder einen Vertrag mit ihm zu machen.«

Fast nichts in Ingrid Bergmans Leben war, was es zu schein schien. Auf der Leinwand knisterte es zwischen ihr und Cary Grant vor Spannung, aber der englische Filmstar hatte kein erotisches Interesse an ihr. Hitchcock filmte sie — in *Berüchtigt*

— beim Küssen, und es wurde eine der berühmtesten Kußszenen der Filmgeschichte. Über zweieinhalb Minuten lang knabbern die beiden aneinander, küssen sich auf den Mund, berühren Hals und Ohren des andern mit den Lippen. »Hitchcock sagte, redet worüber ihr reden wollt«, erinnert sich Grant. »Wir haben dann darüber gesprochen, wer das Geschirr abwäscht. Es sieht richtig verschmust aus. Nasen sind ein Problem bei Kußszenen.«[3]

Nicht Grant, das Idol von Millionen von Frauen, war verliebt in Ingrid Bergman, sondern der sehr wenig attraktive Alfred Hitchcock. Mit *Berüchtigt* drehte Hitchcock seine erste richtige Liebesgeschichte. Was Hitchcock zu dieser Zeit quälte, beschreibt sein Biograf Donald Spoto als »die nicht in die Tat umgesetzten und unglücklichen, jugendlich romantischen Gefühle eines liebeskranken Regisseurs in mittleren Jahren, die sich auf eine unerreichbare Göttin richteten«.[4]

Die Lindströms waren mit Alfred und Alma Hitchcock gut bekannt und gingen manchmal zum Essen zu ihnen in die Bellagio Road. Eines Abends, so erzählte Hitchcock, kam Ingrid Bergman im Schlafzimmer auf ihn zu und bestand darauf, daß er mit ihr ins Bett gehen sollte. Hitchcocks Biograf hält die Geschichte für »eine Erfindung, die damals noch frisch aus der Werkstatt seiner fiebrigen Träume kam«.[5]

Immerhin, für Ingrid Bergman war Sex keine große Affäre. Sie wußte, daß Hitchcock sie anbetete. Sie hatte sich ständig seine sexuellen Scherze anhören müssen. Sie war verliebt in das, was er aus ihr als Schauspielerin herausholte. Sie mag sehr wohl ein Rendezvous vorgeschlagen haben, oder sie hat Hitchcock geneckt, vielleicht weil sie wußte, daß er nie darauf eingehen würde.

Ingrid Bergmans Beziehung zu Selznick war eine andere Art von unerfüllter Liebe. Selznick sah sich selbst als den wahren und edlen Beschützer seiner Ingrid. Er meinte, daß Ingrid und Petter sehr undankbar waren. Er hatte soviel getan. Er liebte Ingrid, als hätte er sie aus Lehm geformt, ihr Atem eingehaucht und sie tanzen, singen und lachen gelehrt.

Aber anstatt seine Schöpfung der Welt vorzuführen, in einem eigenen Film, hatte er sie immer wieder verkauft. Für Ingrid Bergman war das ein Bruch ihres Abkommens. Solche Reden machten Selznick wütend. Er wollte nicht Talent-Hausierer genannt werden. Er zählte Ingrid Bergmans Erfolge auf. Er hatte die Rollen für sie mit genau derselben Sorgfalt ausgewählt, als wenn er die Filme selbst produziert hätte, und er hatte oft beim Drehbuch und der Regie geholfen.

Ingrid Bergmans Vertrag mit Selznick lief Ende 1945 aus. Sie hatte eigene Pläne für 1946, sie wollte den Film *Triumphbogen (Arch of Triumph)* machen, nach Erich Maria Remarques Roman. Es sollte der erste Film einer neuen Filmgesellschaft, Enterprise Pictures, werden. Der Film war ein potentieller Knüller: ein Bestseller; ein großer Schriftsteller; Charles Boyer als Partner, auch er ein großer Star; ein großer Regisseur, Lewis Milestone, berühmt durch *Im Westen nichts Neues*. Und das große Geld, allein für Ingrid Bergman 175 000 Dollar und 25 Prozent der Nettoeinnahmen.[6]

Im November war Ingrid Bergman auf dem Titelbild von *Life*, BERGMAN'S YEAR lautete die Schlagzeile, und das war es tatsächlich. Schon im Jahre 1945 waren *Spiel mit dem Schicksal* und *Ich kämpfe um dich* zu großen Erfolgen geworden. In ein paar Wochen würde *Die Glocken von St. Marien* als Weihnachtsattraktion in der Radio City Music Hall Premiere haben, und in ganz Amerika sollten sich diesen Film mehr Leute ansehen als *Vom Winde verweht*. »Stell dir vor«, so hieß es zu dieser Zeit, »ich habe gerade einen Film gesehen, in dem Ingrid Bergman *nicht* mitgespielt hat.«

Selznicks Jahr war es nicht. Sein Leben war in Aufruhr. Er war gerade dabei, seine Frau zu verlassen, wegen Jennifer Jones, auch ein »Selznick-Star«. Er produzierte praktisch keinen Film mehr. Er traute seinem Glück nicht länger. Ingrid Bergman hatte Erfolg gehabt, mit seiner Hilfe. Wenn sie ihn jetzt verließ, dann fürchtete er wohl nicht, daß sie scheitern würde, sondern daß sie noch mehr Erfolg haben würde.

Ingrid Bergman brauchte immer einen starken Mann. Als sie für immer nach Amerika kam, war Selznick, nach Hollywoods Maßstab, der stärkste von allen. Sie nannte ihn »mein Vater« und »mein zweiter Ehemann«. Sie hörte auf ihn. Sie lachte über seine Scherze. Sie neckte ihn, aber lieb und freundlich. Selznick war nie sicher, ob Ingrid so bescheiden, so spontan war, wie es erschien, oder ob sie unaufrichtig war. Aber wenn sie eine Delila war, dann hat sie diesem Simson das Haar nicht im Schlaf abgeschnitten, sondern während er im Friseurstuhl saß und dem neuen Haarschnitt zustimmte.

Selznick gab Lindström die Schuld, daß die Verhandlungen

sich so in die Länge zogen; Ingrid Bergman verhielt sich Selznick gegenüber immer konziliant. Er schlug ihr einige Projekte vor, die ihr aber alle nicht zusagten. Sie war aber einverstanden, so Selznick, 1946 noch einen Film für ihn zu machen, zu den alten Vertragsbedingungen.

Bald danach schrieb Lindström an Ingrids Anwalt einen Brief, der andeutete, daß solch ein Abkommen gar nicht getroffen worden war. Selznick war wütend und beschuldigte Lindström »phantastischer Verdrehungen«, er tue alles, um die außerordentlich herzliche Partnerschaft zwischen Miss Bergman und ihm zu zerstören.[7]

Ingrid Bergman war sich ihres eigenen Wertes durchaus bewußt, und sie sah nicht tatenlos zu, wie über ihre Zukunft entschieden wurde. Ihr Anwalt teilte Selznicks Verhandlungspartnern mit, sie sei »sehr überzeugt von ihrer eigenen Bedeutung in der Filmindustrie, und das bestimme ihr Denken bis zu einem gewissen Grade«.[8]

Um noch einen Film zu den alten Vertragsbedingungen machen zu können, mußte Selznick spätestens am 29. Dezember 1945 mit der Produktion beginnen. Mitte November schickte er ein wütendes Telegramm an Jenia Reissar in London, er wollte die Rechte an George Bernard Shaws *Candida* erwerben.[9] Aber es war Wahnsinn, ein solches Projekt so kurzfristig in Angriff nehmen zu wollen, sogar Selznick sah das ein und er erkannte, daß seine einzige Hoffnung darin bestand, Ingrid Bergman zur Unterzeichnung eines neuen Vertrages zu bewegen. Wenn das nicht gelang, wollte er sie wenigstens für einen neuen Film verpflichten. Er legte viel Geld auf den Verhandlungstisch, viel mehr als sie früher bekommen hatte. Er schlug vor, ihr 150 000 Dollar plus 5 Prozent der Bruttoeinnahmen zu zahlen. O'Shea kabelte an Selznick, daß Lindström dieses Angebot abgelehnt habe, »ohne einen Eiszapfen dieses eisigen Gesichts zu bewegen«.[10]

Es war alles vorüber. Es war das Ende des Jahres, das Ende einer Ära. Für Ingrid Bergman begann jetzt eine Karriere auf eigene Faust, es bestand Aussicht, sehr viel Geld zu verdienen.

Für Selznick war es, als hätte er eine Ehefrau verloren. Er schrieb Ingrid von seinem »Kummer über unsere Scheidung nach so vielen Jahren glücklicher Ehe. Sie sagten einmal, Sie hätten ›zwei Ehemänner‹, doch Petter sei der ältere und ranghöhere . . . So long, Ingrid! Möge das Neue Jahr, und jedes zukünftige Neue Jahr, Ihnen alles bringen, wovon Sie träumen.«

Einer kleinen Rache war Selznick nicht abgeneigt. Er wußte, daß Ingrid Bergman seit Jahren die Jungfrau von Orléans in einem Film spielen wollte. Selznick kündigte eine neue Eigenproduktion für den Sommer und Herbst an, *Johanna von Orleans (Joan of Arc),* mit Jennifer Jones in der Hauptrolle.

Ingrid Bergman und Petter Lindström waren beide derselben Droge verfallen: Arbeit. Ihrer Ehe war das nicht zuträglich, sie sahen sich kaum noch. Elsa Neptune, die drei oder vier Tage die Woche als Haushälterin bei ihnen arbeitete, erinnert sich, »manchmal nicht vor zwei Uhr morgens nach Haus gekommen zu sein«. Erst dann kamen entweder Lindström oder Ingrid Bergman zur Tür herein. »Ich bin Schwedin, und ich habe spezielle Gerichte gekocht, die Ingrid dann aufgewärmt hat«, erzählt Elsa Neptune.[11] Das gehörte auch zur Illusion: Ingrid Bergman, die in aller Eile schwedische Delikatessen zubereitet, und nichts weiter tut als den Herd anstellen.

»Wir waren beide beruflich sehr in Anspruch genommen«, sagt Lindström. »Rückblickend betrachtet, sah die Ehe am Anfang gut aus, aber wenn man es genau bedenkt, die Charaktere und wie unser Leben sich entwickelt hat: die Ehe ruhte nicht auf guten Fundamenten. Ingrid war, seit sie acht oder zwölf war, zu sehr mit sich selbst beschäftigt.«

Die Fan-Magazine und Filmkolumnisten schrieben, daß die Ehe der Lindströms eine perfekte Ehe sei. Einmal, als er nach Hause fuhr und über seine Ehe nachdachte, wurde Petter übel, er mußte an den Straßenrand fahren und sich übergeben. Er wußte nicht Bescheid über die Affären seiner Frau, obwohl die Anzeichen mehr als deutlich waren. Der Gedanke an eine Scheidung war unvorstellbar für ihn. Und er liebte Ingrid immer noch.

Einmal rief er spätnachts bei Ruth Roberts an und sie sagte ihm, Ingrid sei bei ihr. Er fuhr zu dem Haus.

»Sie ist in einem Zimmer«, sagte Ruth Roberts, wie Lindström sich erinnert.

»Ich möchte sie sehen.«

»Sie ist nicht hier«, gab Ruth Roberts schließlich zu.

»Wo ist sie?«

»Sie hat eine Verabredung.«

»Mit einem Mann?«

»Ja.«

»Wo ist sie denn?«

»Ich weiß es nicht.«

Ingrid Bergman kam um drei Uhr morgens nach Hause, so Lindström. »Das geschah noch ein zweites Mal. Ich wollte mir nicht eingestehen, was vor sich ging. Ich wollte glauben. So kam sie damit durch.«

Die Einsamkeit in einer schlechten Ehe — manchmal redete Lindström mit ihr darüber, was nicht in Ordnung war. »Warum tun wir so, als führten wir eine perfekte Ehe, wenn du die ganze Zeit arbeitest und ich die ganze Zeit arbeite?« erinnert er sich, sie gefragt zu haben.

Manchmal versuchte sie mehr Interesse an seinem Leben zu zeigen. Einmal ging sie mit Joe Steele ins Krankenhaus und sah zu, wie Petter einem neunjährigen schwarzen Jungen einen Hirntumor herausoperierte. Sie schien seltsam unberührt, fast gelangweilt von dem, was sie sah. Steele suchte nach einer Erklärung und kam zu dem Schluß, daß Ingrid Bergman ihr ganzes Leben lang ihre Emotionen verborgen habe. Und jetzt, nach all den Jahren, sei diese »psychische Ausflucht« Teil ihrer Persönlichkeit geworden.[12]

Fast überall, wo Ingrid Bergman jetzt hinkam, erkannte man sie. Sie fühlte sich wohl unter den anderen Berühmtheiten. Wenn sie und Lindström skilaufen gingen, dann war das kein Wochenendspaß im Schnee, sondern es war ein großartiger Ski-Trip nach Sun Valley, noch bevor der Erholungsort offiziell geöffnet war, und Cooper und Gable und andere Stars waren auch da.

Hemingway war ebenfalls in Sun Valley. Er mochte Ingrid Bergman, und sie mochte ihn. Einmal ging Lindström in Sun Valley mit Cooper, Gable und Hemingway auf die Jagd. »Wir fuhren im Jeep die Hochspannungsleitungen entlang«, erzählt er, »und sie haben die Adler oben von den Leitungen heruntergeschossen, sie benutzten Fernrohre und Stative für die Gewehre. An einem andern Tag gingen wir auf Kaninchenjagd. Sie haben Farmer engagiert, damit die ihnen mit Lastwagen die Kaninchen zusammentreiben. Ich habe nicht einmal geschossen, an keinem der beiden Tage. Sie haben vielleicht fünfzig Kaninchen getötet. Kein Mensch wollte sie haben.«

So schön Ingrid Bergman dieses Leben fand, irgendwann mußte sie wieder zurück in den Benedict Canyon Drive. Am schlimmsten waren die Wochenenden. Sie begleitete Petter und Pia fast nie auf deren Wanderungen. Sie saß zu Hause über ihren Alben mit Zeitungsausschnitten, ging ihre Fan-Post durch, schlug die Zeit tot. »Was fangen Sie bloß am Sonntag mit sich selber an?« fragte Ingrid Bergman die Frau eines Studio-Angestellten einmal. »Ich hasse die Sonntage, ich kann den Montag kaum abwarten, wo ich wieder zur Arbeit kann.«[13]

Jetzt, wo *Berüchtigt* abgedreht war, war der Montag auch nur ein Sonntag. Eine Weile hatte sie Spaß daran, mit Pia zu spielen, aber das wurde bald langweilig. Sie mußte unbedingt wieder weg.

Einmal verbrachten alle drei einen Tag in Sam Woods Strandhaus in Malibu. Ingrid Bergman ging ins Wasser und begann zu schwimmen. Sie schwamm immer weiter hinaus in die Brandung hinein.

»Sollten wir nicht der Lebensrettungsstation Bescheid geben?« fragte Laurence Stallings, ein junger Drehbuchautor, der auch bei Wood zu Besuch war.

»Das würde Ingrid nicht gefallen«, sagte Wood. »Eines Tages schwimmt Ingrid los und kommt nie mehr zurück.«

»Warum?« fragte Stallings.

»Ich weiß nicht«, war Woods Antwort. »Aber so ist Ingrid eben.«[14]

Im Frühling, vor dem Beginn der Dreharbeiten zu *Triumphbogen*, fuhr Ingrid Bergman zu einem Besuch nach New York. Sie verbrachte viel Zeit mit Cary Grant, den sie für einen charmanten Begleiter hielt. Einen Abend gingen sie zu einer Cocktailparty ins Sherry Netherland Hotel.[15] Keiner von beiden schätzte solche Parties besonders, aber Grant hatte für Ingrid Bergman ein Treffen mit Howard Hughes arrangiert, mit Hughes, dem legendären Multimillionär, der Stars und Starlets sammelte, als wären es Porzellanfiguren.

Es regnete, und das bedeutete, daß Ingrid Bergman und Grant unbeobachtet durch die Straßen gehen konnten, sie schlenderten in alten Regenmänteln die Fifth Avenue entlang, während die New Yorker unter ihren Schirmen heimwärts hasteten. Sie sahen sich die Schaufenster an und wußten, daß jeder Pullover oder jedes Schmuckstück, das sie gern haben wollten, ihnen zur Ansicht ins Hotel geschickt werden konnte.

Grant, immer elegant angezogen, war auch für diesen Anlaß richtig gekleidet. Ingrid Bergman trug einen einfachen Rock und eine Bluse, unter all den herausgeputzten Damen mit Schleierhüten und Goldschmuck. Solche Leute hielten es für den Gipfel der Höflichkeit, bemüht gleichgültig zu erscheinen, wenn irgendeine Berühmtheit auftauchte. Aber als Ingrid Bergman und Cary Grant den Raum betraten, da herrschte einen Moment Schweigen.

Hughes kam und Grant stellte ihn Ingrid Bergman vor. Hughes, gutaussehend und kräftig gebaut, hatte den Ruf, ein Frauenliebhaber zu sein, und doch konnte er fast schüchtern sein. Als Ingrid Bergman mit Hughes sprach, kam ein Mann nach dem anderen auf Grant zu und bat darum, ihr vorgestellt zu werden.

Später gingen Ingrid Bergman, Grant, Hughes und Irene Selznick zum Tanzen ins El Morocco.

Freunde von Hughes und Leute, die für ihn arbeiteten, riefen Ingrid Bergman immer wieder an, Hughes wollte wieder mit ihr ausgehen.

Sie konnte sich nicht beklagen, es gab viele Männer, die sie begehrten; die Aufmerksamkeit der Männer tat ihr gut, sie fühlte sich wohl. Sie machte sich keine Gedanken darüber, was andere von ihrem Verhalten denken könnten. Sie hatte nur die Absicht, ihr Leben so zu leben wie sie es wollte.

In New York hieß das, daß sie ihre Abende für Capa reservierte, wenn der Fotograf in der Stadt war. Man sah die beiden eines Morgens um vier Uhr eng aneinandergeschmiegt in einem Nachtklub in Greenwich Village.

In New York wollte Ingrid Bergman nicht, daß Steele ihr Leben zu genau kontrollierte. Sie gab Anweisung, Telefonanrufe direkt zu ihr durchzustellen.

Eines Abends fragte Steele sie, ob sie eine Verabredung mit Capa habe. Sie wurde ärgerlich und sagte, sie habe genug davon, dauernd überwacht zu werden.[16]

Am nächsten Tag schob sie ihren Terminplan unter Steeles Tür durch. Sie wollte sich Gemälde ansehen und einen Drink mit Grant nehmen, dann ins Bad gehen und sich fürs Essen umziehen. Und dann: »Dinner (nicht mit Cary)« und zum Schluß: »Zu Hause?«

Ingrid Bergman verbrachte trotzdem ziemlich viel Zeit mit Steele. Sie sahen sich zusammen Filme an. Sie machte einen Einkaufsbummel und kaufte acht Kleider bei Bonwit Teller und Bergdorf Goodman, sie gab 837 Dollar aus, mehr als sie jemals zuvor für Kleidung ausgegeben hatte.

Dann war es Zeit, nach Hause zurückzukehren. Howard Hughes bestand darauf, sie in seinem Privatflugzeug nach Los Angeles zu bringen. Hitchcock und Grant würden auch an Bord sein.

Am Abflugmorgen wurde an seinem Flugzeug ein Maschinenschaden festgestellt und Hughes bestellte eine andere Maschine. Ingrid Bergman schlief ein, kaum daß sie an Bord saß. Bei der Zwischenlandung in Kansas City brachte eine TWA-Constellation neben ihnen ihre Maschinen auf Touren. Hughes (er war Besitzer der Fluglinie) wurde wütend: der Lärm könnte Ingrid aufwecken. Er ordnete an, die Motoren abzustellen.

Er wählte eine Route über den Grand Canyon. Die Dämmerung zog herauf; Steele weckte Ingrid Bergman, damit sie dieses Naturschauspiel sehen konnte.

Ingrid Bergman hatte Kummer mit ihrem Haar, und die Dreharbeiten sollten jetzt beginnen. Selznicks Leute hatten immer dafür gesorgt, daß sie gut aussah, aber jetzt war sie allein, und ihr Haar war eine Katastrophe. Enterprise Pictures war eine neue Gesellschaft und sie wußte nicht, an wen sie sich wenden sollte.

Sie machte schließlich einen Termin bei dem französischen Friseur Marcel Machu ab, der ihre Sekretärin und mehrere der Stars frisierte.[17] In seinem Geschäft in Beverly Hills fragte sie unter Tränen, was sie bloß mit ihren Zotteln anfangen sollte, die durch die Dauerwelle ganz filzig geworden waren. Machu wusch ihr Haar in milder Seife, spülte es in Bier und machte ihr eine moderne Kurzhaarfrisur. Am nächsten Tag kam er ins Studio, und von da an machte er ihr zweimal am Tag die Haare.

In *Triumphbogen* spielt Ingrid Bergman die Joan Madou, eine junge Frau von sehr lockerer Moral. Joan liebt den österreichischen Flüchtling und Untergrundkämpfer gegen die Nazis, Dr. Ravic (Charles Boyer), und durch diese Liebe wird sie verändert, so daß man mit ihr mitfühlen muß.

Das war soweit die archetypische Ingrid-Bergman-Rolle,

aber was dann kam, nicht. Joans Geliebter wird aus Paris deportiert und sie fängt etwas mit dem Playboy Alex an. Ravic tötet den Nazi Haake und will seine Beziehung mit Joan wiederaufnehmen. Aber sie will ihren neuen Liebhaber nicht aufgeben, der jedoch ist eifersüchtig und er tötet sie.

Man hätte einen großen Film über Flüchtlinge im Paris der Vorkriegszeit machen können. Doch, und das war eine schmerzliche und kostspielige Erfahrung, aus Remarques Roman konnte man keinen »großen Film« machen.

Irwin Shaw, der Paris so gut kannte, hatte versucht, das Drehbuch zu schreiben, aber sein Text wurde abgelehnt. Dann machte sich Harry Brown, ein Drehbuchautor aus Hollywood, daran, und sein Skript war wenigstens ein Anfang; während der Dreharbeiten wurden nachts weitere Seiten geschrieben. Sogar Bertolt Brecht wurde um Mitarbeit gebeten.[18]

Ingrid Bergman wollte, daß *ihre* Joan Madou im Zentrum des Films stehen sollte. Sie und Ruth Roberts hatten alle Stellen mit Joan Madou im Roman angestrichen, und wehe, Lewis Milestone würde davon abweichen oder die Rolle kürzen.

»Ingrid war begeistert davon, diese Rolle zu spielen«, erinnert sich Norman Lloyd, der mit dem Regisseur zusammenarbeitete. »Sie sah die Chance einer großen romantischen Rolle, und dann mit Boyer als Partner. Sie wollte, daß alle Aspekte gewahrt blieben. Es gibt eine Szene, da gehen Ingrid und Boyer nach Südfrankreich und machen Urlaub. Als Brecht diese Szenen sah, sagte er, kein Mensch würde das glauben, wenn er das sieht, daß sie nämlich an der Riviera so herrlich leben. Die Szene sollte herausgenommen oder noch einmal gedreht werden. Ingrid wollte davon nichts wissen, weil es so romantisch war und man sie im Badeanzug sehen konnte. Das war es, was das Publikum verlangte, so glaubte sie jedenfalls. Und die Szene blieb.«[19]

Ingrid Bergman spielte die Joan Madou sehr dezent. In einer Szene in Boyers Hotelzimmer sollte sie sich ausziehen, und Milestone zeigte ihr, wie sie das machen sollte, sie sollte ihren Schenkel kurz »blitzen« lassen, wenn sie ihren Strumpfgürtel abnahm.

»Ich bin sicher, die Frauen trugen zu der Zeit gar keine Strumpfgürtel«, sagte Ingrid Bergman. »Ich will meine Strümpfe nur einfach herunterrollen.«[20]

Und so wurde die Szene gedreht.

Bei Dreharbeiten lebte Ingrid Bergman immer im Augenblick und ihr ganzes Wesen war von der Rolle in Anspruch genommen, sie hatte für nichts anderes Sinn. Doch bei *Triumphbogen* schien sie oft woanders zu sein und mit anderen Dingen beschäftigt. Als nächstes sollte sie die Jungfrau von Orléans am Broadway spielen. An mehreren Tagen in der Woche lief sie über die Straße zur Western Costume Company, um ihre Rüstung anzuprobieren. Nach *Johanna aus Lothringen* sollte sie in einem historischen Film unter der Regie von Hitchcock spielen, *Sklavin des Herzens*, aber das war noch über ein Jahr hin. Doch sie und Ruth Roberts arbeiteten schon an ihren Kostümen für den geplanten Film und prüften in ihrer Garderobe Stoffe und Spitzen.

Am Abend ging Ingrid Bergman häufig nicht gleich nach Hause, sondern traf sich mit den anderen im Büro von David Lewis, dem Produzenten. Es gab gute Gespräche, gutes Essen und gute Getränke, und es war im allgemeinen spät, wenn sie nach Hause zurückkehrte.

Eines Morgens kam Ingrid Bergman sehr verstört zu den Dreharbeiten. In der Nacht zuvor, als sie spät nach Hause gekommen war und vor dem Spiegel saß und sich abschminkte, kam die siebenjährige Pia ins Zimmer. »Warum bist du nicht mehr zu Hause?« fragte Pia.[21]

Ihr Friseur sah eine Ingrid Bergman, die ihr Gesicht nicht für die Öffentlichkeit hergerichtet hatte. »Sie war die meiste Zeit sehr unglücklich«, sagt Marcel Machu. »Sie weinte ohne Begründung. Worüber sie am meisten sprach, war ihre Tochter. Sie war außerordentlich stolz auf ihre Tochter.«

Larry Adler hatte sie etwas anderes über ihre Beziehung zu Pia erzählt. »Sie erzählte mir eines Tages, sie sei spät aus dem Studio gekommen, und Pia rannte auf sie zu und wollte sie umarmen und küssen«, berichtet Adler. »Und Ingrid schlug sie. Ingrid sagte, sie sei müde gewesen und sie könnte nicht einmal sagen, daß sie ein schlechtes Gewissen gehabt hätte. Ingrid kritisierte sich durchaus selbst. Sie sagte, alles was mich interessiert, ist meine Arbeit, und wenn mir jemand dazwischenkommt, dann hat er Pech gehabt. Sie schämte sich, aber sie bat nie um Entschuldigung, soweit ich weiß.«[22]

Pias Kindheit war womöglich besser als die der meisten Kinder von Stars. Da kamen nicht dauernd neue »daddies« ins Haus und ins Schlafzimmer ihrer Mutter, und sie wurde nicht ins Internat verfrachtet. Doch in den entscheidenden Jahren lebte sie nicht in einer Familie, in der Mutter und Vater beide Tag für Tag anwesend waren. Sie hungerte nach dem, was sie Jahre später ein »normales« Leben nannte, auch wenn sie keine Vorstellung hatte, was das wohl sein mochte. »›Das ist Ingrid Bergmans Tochter‹, so hieß es immer, in der Schule und auf Parties. Mama war eine Filmkönigin, aber ich schämte mich, wenn ich sah, wie so schwärmerische Damen sie um Autogramme anflehten und einen Aufstand machten. Sie war immer so beschäftigt, daß wir nur für Minuten zusammen waren. Wenn ich sie bei den Dreharbeiten besuchte, war ich ganz verwirrt, diese Aufmerksamkeit, die Mama zuteil wurde, die Leute, die hinter ihr herjagten . . . In der Mitte von all dem stand Mama, eine Insel in einem dunklen Meer. Ich war getrennt von ihr — und von der Welt. Ich sehnte mich so sehr danach, ›normal‹ zu sein wie jede andere.«[23]

Ingrid Bergman war üblicherweise so mit ihrem Beruf beschäftigt, daß sie persönliche Probleme beiseite schieben konnte. Doch jetzt arbeitete sie an ihrer ersten unabhängigen Produktion, und sie hatte das Gefühl, der Film würde ein Reinfall werden. Und sie lebte in einer Ehe, die zu scheitern drohte. Die Spannungen begannen sich zu zeigen.

In Film *Triumphbogen* hatte sie rauchen müssen, sie fing dann bald auch privat an zu rauchen, und sie rauchte sehr viel, eine Gewohnheit, die sie dann ihr Leben lang beibehielt. Viel getrunken hatte sie immer. Jetzt schien sie sogar noch mehr zu trinken, eine Frau mit schwächerer Konstitution hätte sich damit ruiniert. »Sie war so betrunken eines Nachts, daß sie hinfiel, und sie hat eine Narbe über der linken Augenbraue behalten«, sagt Lindström. »Ich schlief, und dann hörte ich den Fall. Damals entdeckte ich eine Flasche unter dem Bett.«

Capa brachte viel Zeit im Studio zu und war bei den Dreharbeiten dabei. Er wohnte im Garden of Allah und einen Teil der Zeit bei Larry Adler. Capa hatte keinen richtigen Auftrag von einer Zeitung oder einem Magazin, aber das schien ihn nicht zu kümmern. Er liebte es, Aufnahmen von Ingrid Bergman zu machen und verschoß einen Film nach dem andern.

Ingrid Bergman spielte eine Szene mit Charles Boyer. Der Regisseur gab das Stichwort. »Ich habe gewartet. Gewartet. Und du bist nie gekommen«, sagte Ingrid Bergman, Boyer stand vor ihr. »Du mußt mir helfen, Ravic!« Als die Kameras sich auf die ergreifende Szene zwischen den beiden zubewegte, machte Capa seine Standfotos von dem, was er als »die größte Liebesszene, die je gefilmt wurde«, bezeichnete.

Ingrid Bergmans Leben war wie diese russische Holzpuppe, in der eine weitere Puppe verborgen ist, in der wiederum eine Puppe ist. Im Film liebte sie Charles Boyer. Aber es war Capa, in den sie in Wirklichkeit verliebt war. Und Capa wohnte bei Adler, mit dem sie eine Affäre hatte. Und dann war da Milestone, ihr Regisseur, der geradezu vernarrt in sie war, dessen Gefühle sie nicht erwiderte.

Männer verfolgten sie und umwarben sie und liebten sie, und sie liebte sie auch, oder ein kleiner Teil von ihr tat es. Wenn der Mann aufrichtig war, merkte er, daß Ingrid Bergman keine Frau von tiefer Leidenschaft war. Sie konnte auch niemandem vollständig vertrauen, nicht einmal Petter. Das einzige, was wirklich war, war die Unwirklichkeit ihrer Karriere, ihr Leben auf der Bühne und auf der Leinwand. Sie war voller Spannung. Sie war ständig nervös und reizbar. Doch sie wahrte ihr Image, in der Öffentlichkeit merkte man ihr nichts an.

Im Oktober, bevor Ingrid Bergman nach New York zurückfuhr, um mit den Proben zu *Johanna aus Lothringen* zu beginnen, hatte sie mit Petter eine lange Diskussion vor dem Kamin. Wie sie sagt, bat sie ihren Mann an dem Abend um die Scheidung. Lindström erinnert sich anders. Sie habe die Möglichkeit einer Scheidung nicht einmal angedeutet.

Wohin Lindström in Hollywood auch ging, er traf Leute, die über Ingrids Affären Bescheid wußten und hinter seinem Rücken redeten. Er hatte das Gefühl von Verrat. Er versuchte, an seiner Ehe festzuhalten und seinen Stolz zu bewahren.

11.

»Der Kampf um Johanna hat begonnen!«

Ingrid Bergman hatte als junges Mädchen in Schweden über die Jungfrau von Orléans gelesen und war fasziniert von ihrer Geschichte. Seit Jahren wollte sie das Mädchen spielen, das den Märtyrertod gestorben ist. Mit Selznicks versprochenem Film war es nichts geworden, zum Teil auch, weil Selznick während des Krieges keinen Film machen wollte, der England als den Angreifer Frankreichs darstellte.

Ingrid Bergman hegte weiter ihren Traum, die Johanna zu spielen. Es gab immer noch die Möglichkeit, George Bernard Shaws *Heilige Johanna (Saint Joan)* zu machen, aber sie fand, Shaws *Johanna* sei genau das: Shaws Johanna, »ein gewitztes, streitsüchtiges kleines Mädchen, eine Art politische Agitatorin des 15. Jahrhunderts«. Ingrid Bergman wollte die Johanna so spielen, wie sie *wußte*, daß sie gewesen war, ein bescheidenes, ungebildetes Mädchen, dessen Herz Gott angerührt hatte, ein Mädchen von einfacher Schönheit und schöner Einfachheit, eine Leuchte der Reinheit. Ingrid Bergman wollte Johanna *werden* und die Bühne oder die Leinwand mit ihrer Vollkommenheit erhellen.

Ingrid Bergmans Berühmtheit war zu einer Art weltlicher Heiligkeit geworden. Die Kinogänger blickten auf sie wie auf eine mythische Gestalt. Ihr Image war Johanna-ähnlich, ein einfaches Mädchen, unverdorben und selbstlos. Als Jungfrau konnte man sie natürlich nicht darstellen, aber die Artikel über sie erwähnten fast immer die langen Trennungen von ihrem liebenden Ehemann und erweckten den Eindruck, als lebte sie während dieser Zeit enthaltsam.

Ingrid Bergman sah Ähnlichkeiten zwischen der französischen Heiligen und sich selber. Johanna war immer allein. Sie war eine Frau unter lauter Männern, ein Bauernmädchen unter Adligen, eine Ungebildete unter Gebildeten. Sie war eine Frau, doch es war etwas Maskulines an ihr. Eine Frau, die keiner besessen hat, die nur besessen war von Gott und ihrer Vision.

Ingrid Bergman hat ihre Vergangenheit durchaus ihrem Image entsprechend dargestellt: »Ich wußte, ich sah wie Johanna von Orléans aus, sie war auch ein großes Bauernmädchen. Ich bin nur hierhergekommen, weil David Selznick sagte, ich könnte die Johanna spielen . . . und dann sagte er, jetzt nicht, aber eines Tages werde ich sie spielen, und so habe ich gewartet und gewartet; und Ruth Roberts sagte mir, hab' Vertrauen. Und wir lasen Bücher über Johanna und sahen uns Gemälde und Statuen an und schrieben sogar selbst Drehbücher. Und bald dachte ich gar nicht mehr an Johanna als eine Rolle, ich liebte sie so sehr . . . Ich liebe die wirkliche Johanna so sehr, daß ich ihr treu bleiben will.«

Ingrid Bergman war nicht selbst auf ein Drehbuch oder Stück über ihre Johanna gestoßen. Maxwell Anderson, ein New Yorker Dramatiker, hatte ihr sein neues Stück, *Johanna aus Lothringen*, zugesandt.

In Andersons Stück probt eine Gruppe von Schauspielern ein Stück über die Jungfrau von Orléans. Sie haben lange Diskussionen über solche Dinge wie »Warum glaubst du was du glaubst?«. Die Hauptfigur, Mary Grey, soll die Johanna spielen. Aber sie ist sich mit dem Regisseur uneinig darüber, wie sie gespielt werden sollte. Sie glaubt, Johanna würde und könnte nie einen Kompromiß mit dem Bösen schließen. Der Regisseur sagt, daß sie es getan habe. Als die Schauspielerin bei einer Probe die Johanna spielt, ruft sie aus: »Ich weiß es jetzt! Sie wird keinen Kompromiß schließen, wenn es um ihre eigene Seele geht. Eher würde sie sterben!«

Was den intellektuellen Anspruch und die Langatmigkeit von Andersons Stück angeht, so wirkt Shaws *Heilige Johanna* daneben wie Commedia dell'arte. Aber es war nichtsdestoweniger Johanna in dem Stück im Stück, und Ingrid Bergman beschloß, das Stück am Broadway zu spielen.

Alle warteten auf Ingrid am 5. Oktober 1946, als sie mit Joe Steele und Ruth Roberts ins Alvin Theater kam. Daß sie in *Johanna aus Lothringen* dabei war, war fast schon eine Garantie für Erfolg. Karten wurden schon für zwölf Wochen im voraus verkauft. Eine Gruppe von Fans wartete draußen, um Ingrid Bergman zu sehen und ihr vielleicht auch ein paar Schritte zu folgen, wenn sie vom Theater zu ihrer Suite im Hampshire House an der 59. Straße ging. Aber nicht nur die Fans draußen hatten Ehrfurcht vor ihr. Sam Wanamaker, der junge Broadway-Schauspieler, der den Jimmy Masters, den Regisseur im Stück, spielte, konnte nicht einmal mit ihr sprechen; er war so begeistert von dem, was er ihre »Aura« nannte, »zum Teil ihre Schönheit, zum Teil etwas Geistiges, zum Teil ihre Würde und Zurückhaltung«.[1]

Ingrid Bergman wußte diese Aura einzusetzen. Sie und Ruth Roberts aßen fast jeden Tag mit Maxwell Anderson zu Mittag. Anderson war Ingrid Bergman nicht gewachsen. Als sie und Ruth fertig mit ihm waren, war aus dem Stück etwas anderes geworden, nach ihrer Einschätzung »siebzig Prozent Johanna und dreißig Prozent Gespräche«.

Johanna aus Lothringen sollte drei Wochen im Lisner Auditorium in Washington, D. C., zur Probe gespielt werden. Ingrid Bergman erzählte später, sie habe bei ihrer Ankunft erfahren, daß im Theater Rassentrennung praktiziert wurde. Sie behauptete, daß sie am Abend vor der Premiere angekündigt habe, sie würde erst wieder in Washington spielen, wenn Schwarze und Weiße zusammen im Theater sitzen könnten. Nun, es war keine so mutige Handlung gewesen, wie sie es gern sehen wollte. Es hatte seit Wochen in New York Kampagnen verschiedener Organisationen gegeben, die sich für die Aufhebung der Rassentrennung in mehreren bedeutenden Theatern in Amerika einsetzten.[2] Mehrere Leute hatten sich mit der Bitte um Unterstützung an Ingrid Bergman gewandt, unter ihnen Wanamaker und Steele.

Sie gab am Tag ihrer Ankunft in Washington eine Presseerklärung ab. »Wenn ich von dieser Diskriminierung vorher gewußt hätte, wäre ich nicht gekommen«, erzählte sie einer Gruppe von Reportern im Carlton Hotel. »Ich hörte vor ein paar Tagen mitten in den Proben, daß kein Neger in das Theater kommen darf.«[3]

Ingrid Bergmans Energien waren ganz auf *Johanna aus Lothringen* konzentriert. Die Proben liefen nicht gut. Vor der Washingtoner Premiere probte das Esemble zweimal bis nach Mitternacht. Ingrid Bergman hatte sich seit Monaten nicht ausruhen können. Steele saß im dunklen Zuschauerraum und sah ihren sorgenvollen Gesichtsausdruck. Er kannte sie gut genug, um die Zeichen von Streß und emotionaler Krise zu erkennen.[4]

Am nächsten Tag kam Lindström mit dem Flugzeug. Er hatte auf dem Rückweg von einer kurzen Schwedenreise auch in New York Station gemacht und hätte beinahe Ingrid mit Capa treffen können, sie waren zu der Zeit miteinander ausgegangen. Capa schickte ihr eine weiße Rose nach Washington. Sie kabelte: »Meine weiße Rose ist mir sehr nahe.«[5] Steele bemerkte, daß Lindström anders war als sonst. Vielleicht hatte er im Radio gehört, daß die Hollywood-Kolumnistin Sheilah Graham seine Ehe für praktisch gescheitert erklärt hatte. Steele fragte sich, wieviel Lindström über Capa wußte.

Es gab stehende Ovationen bei der ersten Aufführung von *Johanna aus Lothringen*. Danach feierten alle Mitwirkenden eine große Party im 2400 Hotel. Lindström forderte einen jungen Schauspieler, Kenneth Tobey, zum Armdrücken heraus und besiegte ihn zweimal.

Am nächsten Morgen flog Lindström nach Kalifornien. Bald danach kam Capa nach Washington, und als er in der ersten Reihe saß, gab Ingrid Bergman »alles«. Es gab immer noch Probleme mit dem Stück. In der letzten Woche übernahm Sam Wanamaker die Regie.

»Wie fühlst du dich?« fragte Steele Ingrid Bergman, als sie auf ihren Auftritt bei der Premiere im Alvin Theater am Broadway wartete, am 18. November 1946.

»Wenn nicht bald der Vorhang aufgeht, zerfalle ich in lauter kleine Stücke.«

Ingrid Bergman erschien in Andersons wortreichem, langweiligem Stück wie ein Lichtstrahl, überirdisch und rein. Walcott Gibbs vom *New Yorker* schrieb über ihre Darstellung, es gebe »wohl nichts Vergleichbares im Theater heutzutage«.

»Es geht eine Reinheit von ihr aus, die grenzt an Heiligkeit«, schrieb John Mason Brown in der *Saturday Review*, als spräche er nicht von einer Schauspielerin. »Sie bringt es zuwege, Unschuld aufregend zu machen und Tugend interessant.«

Romney Brent, der den Dauphin spielte, sagte: »Sie hat enormen Charme und eine natürliche Art . . . sie drängt sich nicht in den Vordergrund und ist rücksichtsvoll. Manchmal denke ich, sie ist wirklich die Heilige Johanna.«[6] Und Maxwell Anderson schrieb, Ingrid sei als Johanna so erfolgreich gewesen, weil sie »so rein, so sauber, so unverdorben als Person« sei.[7] In der *New York Times* stand: »Als Miss Bergman sprach, ähnelte sie mehr denn je dem Bauernmädchen aus Domremy. Man spürte, daß der Glauben eine Rolle bei ihrem Erfolg gespielt hat.«[8]

Joan of Lorraine war der größte Hit in New York. Nach jeder Vorstellung warteten Menschenmengen auf Ingrid, die Johanna aus Lothringen. An Matinee-Tagen sammelten sich ungefähr 150 Leute vor dem Theater. Manchmal kamen Fans auch bis zum Hampshire House und warteten dort. Eines Tages folgten ein Junge und ein Mädchen Ingrid Bergman vom Hotel aus ein Dutzend Blocks weit. Warren Thomas und Adaire Curie gehörten zu einer großen Gruppe Fans, die meisten gingen noch zur Schule. Als sie die beiden bat, ihr nicht zu folgen, fügten sie sich. Alles, was sie wollten, war ein Blick, ein Lächeln vielleicht, das war genug.[9]

Ingrid hatte eine hübsche Suite im 25. Stock des Hampshire House am Central Park South. Sie konnte aus dem Fenster bis zur Brooklyn Bridge sehen. Am meisten liebte sie die Abenddämmerung, wenn die Lichter in der Stadt angingen, das war kurz bevor sie ins Theater aufbrach. Sie ließ sich für gewöhnlich hinfahren, oft eine halbe Stunde oder eine Stunde, bevor sie da sein mußte.

In der Hoffnung, Ingrid Bergman zu einer Verlängerung zu bewegen, hatte die »Playwrights Company« hinter der Bühne zwei Wände eingerissen und einen großen Garderobenraum für sie eingerichtet, mit hellen Tapeten in Rosa und Blau. Ingrid Bergman hatte Bilder der Heiligen Johanna an die Wände gehängt. Hier zog sie sich um, und nach der Vorstellung kamen die Berühmtheiten unter den Zuschauern zu ihr, um ihr ihre Reverenz zu erweisen.

Durch Michel Bernheim, der Technischer Direktor bei *Triumphbogen* gewesen war, lernte Ingrid Bergman Mitglieder seiner Familie, die in New York lebten, kennen; seine Mutter und zwei Brüder, Alain und Claude. Claude Bernheim war der Chef von Coty Parfums in Amerika, ein charmanter und kultivierter Mann. Ingrid Bergman fühlte sich oft von europäischen Männern angezogen, und sie begann eine Affäre mit dem Franzosen.

Robert Capa war immer noch ihr Favorit. Eines Abends ging sie mit Capa Arm in Arm Central Park South entlang, als sie Lewis Milestone und Norman Lloyd trafen. Milestone war noch immer in Ingrid Bergman verliebt. »Bob, komm, laß uns was trinken«, sagte er und zog Ingrid aus Capas Armen. Milestone erschien Lloyd wie »das Bild eines total frustrierten Mannes«.[10]

Ingrid Bergman erhielt für *Johanna aus Lothringen* mehr Auszeichnungen als für irgendeine ihrer vorhergehenden Darstellungen, auf der Bühne oder im Film. Die *Drama League* lobte sie für »die hervorragendste Darstellung« des Jahres. Sie war nicht nur »Queen of the Broadway Season«, wie *Newsweek* sie in einer Titelgeschichte nannte, sie wurde auch am besten bezahlt, sie bekam 15 Prozent der Bruttoeinnahmen, ungefähr 129000 Dollar für sechs Monate Spielzeit.[11] George Gallup stellte in Umfragen fest, daß Ingrid Bergman die populärste Schauspielerin in Amerika war. *Associated Press* ernannte sie zur »Woman of the Year« im Bereich des Films.

Ingrid Bergman konnte jetzt weitgehend das tun, was sie wollte, und sie wollte gern einen Film über die Heilige Johanna machen. Selznicks grandiose Pläne für eine *Johanna von Orléans* mit Jennifer Jones waren ins Wasser gefallen, und Ingrid Bergman hatte freie Bahn. Sie hoffte, ihre *Johanna von Orléans* mit dem Produzenten Sam Briskin von Liberty Pictures machen zu können, und als Regisseur wünschte sie sich William Wyler. Und sie wollte zu einem Drittel an den Einnahmen beteiligt werden, für ihre Rolle als die heilige Johanna. Von den Verhandlungen hielt sie sich fern, als ob solche Angelegenheiten unter ihrer Würde wären; Lindström dagegen nahm zumindest an einem Treffen mit Briskin teil.

Eines Abends kam Victor Fleming zu ihr in die Garderobe, er wollte Ingrid Bergman als Star für seinen neuen Film haben. Doch sobald er sie auf der Bühne gesehen hatte, wurde ihm klar, daß sein Projekt »Schund« war und daß die Frau, die er da auf der Bühne sah, eine ganz andere Ingrid war, eine große Schauspielerin, eine bedeutende Persönlichkeit. Fleming wollte *Johanna aus Lothringen* immer und immer wieder sehen.

Am nächsten Tag aßen Ingrid Bergman, Fleming und Steele im »21« zu Mittag. Steele erkannte, daß der alternde Regisseur alles für Ingrid tun würde. Er schlug ihr vor, daß Fleming bei einem Film über die Heilige Johanna Regie führen sollte.

Fleming begeisterte sich für das Projekt, seit *Vom Winde*

verweht hatte er keinen größeren Erfolg mehr gehabt. Er trank sehr viel; er sagte später, er habe »mehr auf den Alkohol als auf Gott vertraut«.[12] Ein Film über die Jungfrau von Orléans war eine große Chance für ihn, es sollte ein bedeutender Film werden, mit seiner Ingrid im Mittelpunkt. Er hatte sich in sie verliebt, und den Film würde er seiner Liebe darbringen. Es würde sein größter Film werden, und es würde *seiner* werden, in einer Weise, wie *Vom Winde verweht* es nicht gewesen war.

Vor den Weihnachtstagen gingen Ingrid Bergman und Pia mit Claude Bernheims Mutter spazieren. Auf einmal rannte Pia ein Stück voraus. »Komm zurück, Pia«, rief Ingrid Bergman.

Pia lief weiter.

»Pia, du solltest das nicht tun«, schalt Mrs. Bernheim sie sanft.

Das Kind antwortete: »Ich mag nicht mit meiner Mutter spazierengehen, wenn all diese Leute sie angucken.«[13]

»Es stimmt nicht, daß ich nicht neben meiner Mutter gehen mochte«, sagt Pia Lindström heute. »Es ist nur, ich war noch klein, und es war schwierig für mich. Ich hatte Hemmungen, wenn die Leute sie so anstarrten. Ich hatte das Gefühl, ich bin auffällig. Sie war doch meine Mutter, und ich wollte nicht angestarrt werden. Die Leute wollen berühmte Leute immer anfassen. Wenn man noch klein ist und man muß das Fenster hochdrehen, weil sie einen anfassen wollen, das prägt sich ein.«[14]

Ein paar Tage später traf Lindström ein. »Eine Frau vom Hotel kam zu mir und sagte, daß Pia und das Mädchen bis zu meiner Ankunft in einem anderen Stockwerk gewohnt hätten, das war der Tag, als Fleming auszog«, erzählt Lindström. »Sie sagte, Fleming hätte in dem Zimmer neben Ingrid gewohnt. Ich fragte Ingrid: ›Warum hast du zwei Räume?‹ Sie sagte: ›Ich kann mir zwei leisten.‹«

In den letzten Tagen des alten Jahres wurde Ingrid Bergman krank. Sie verlor ihre Stimme. Dann bekam sie eine Schwellung am Auge, und als das besser war, mußte sie mit einer schweren Erkältung ins Bett.

Lindström fuhr wieder ab, und Ingrid Bergman erholte sich, doch ihr Leben war nach wie vor voller Komplikationen. Capa war in Europa. Er schrieb ihr regelmäßig, manchmal beinahe täglich. Seine Briefe waren voller Melancholie und er erwähnte oft den Alkohol. Er schrieb ihr von den »850 Flaschen Wein«, die vom vorigen Mal noch übrig seien und die er nicht »mit jemand anderem trinken will«.

Aus Paris schrieb er, er würde ihr einen »fröhlichen Neujahrsbrief« schicken, wenn sie ihm nur schreiben würde. An Silvester schrieb er wieder: »Also: warum ist es bloß so schwer, die Dinge, die mir in den Momenten des Betrunkenseins durch den Kopf gehen, zu denken, einfach aufzuschreiben und zu sagen.« Am nächsten Tag schrieb er ihr von seinem Katzenjammer. Aus Istanbul dann beklagte er sich darüber, daß es keinen Champagner in der Türkei gebe und bat sie, sich zu beeilen und schnell ihren Film fertig zu machen . . . »*Bitte*, höre auf meine Stimmen.«[15]

Ingrid Bergman las Capas Briefe und legte sie beiseite. Sie redete regelmäßig mit Petter, sie plauderten miteinander mit der Kameradschaftlichkeit eines glücklich verheirateten Paares. Er beriet sie und übernahm eine Fülle kleiner Aufgaben für sie. Sie erzählte ihm von ihren Plänen, *Johanna von Orléans* mit Fleming als Regisseur und Walter Wanger als Produzent zu drehen, und bat ihn, sie von weiteren Verhandlungen mit Liberty Pictures zu befreien.

Er nahm es auf sich. Er schrieb an William Wyler, daß Briskin zurückgetreten sei, weil Ingrid zuviel Geld verlangt hätte. Lindström schloß den Brief mit den Worten: »Ich möchte hinzufügen, daß keinesfalls Ingrid verantwortlich ist für das Ergebnis unserer Verhandlungen.«[16]

»Lindström war wirklich der Sündenbock«, sagte Wanger. »Sie handelte immer unüberlegt, ging verrückte finanzielle Verbindlichkeiten ein, und er war dann derjenige, der sie da rausholen mußte. Ihr Urteilsvermögen war erbärmlich, ihr Enthusiasmus unecht.«[17]

Fleming nahm sich im Hampshire House eine Suite zu 75 Dollar den Tag, und jetzt begannen die ernsthaften Vorbereitungen für *Johanna von Orléans*. Ingrid Bergman war zusammen mit Fleming und Wanger Partner in einer Produktionsgesellschaft. Richard Day wurde zum Art Director ernannt. Noel Howard, ein junger Künstler, wurde zu den Cloisters* in New York geschickt, um Skizzen anzufertigen.

---

* Ein Museum in einem Park Manhattans; Rekonstruktion mittelalterlicher europäischer Klosterbauten mit originalen Bauteilen (Anm. d. Ü.).

Bald hatte man das Gefühl, eine fröhliche Künstlergemeinschaft zu sein, um so mehr, als der Regisseur gern trank. Man redete weiß Gott auch nicht bloß über *Johanna von Orléans.* John Steinbeck kam zu Besuch in Flemings Suite, und Boyer, Remarque und andere. Man redete und trank und spielte bis in die Morgenstunden.

Zur Vorbereitung des Films reiste Fleming regelmäßig nach Hollywood. Ingrid Bergman ärgerte sich über diese endlosen geschäftlichen Besprechungen, wobei »jeder nur versucht, den letzten Dollar aus dem Film herauszuschlagen«. Und dabei war sie es, die einen Vertrag ausgehandelt hatte, der ihr 175 000 Dollar plus fünf Prozent der Bruttoeinnahmen zusicherte.[18]

Fleming konnte es nicht ertragen, auch nur ein paar Tage von Ingrid getrennt zu sein. Wo immer er war — im Zugabteil, im Studio-Büro, im Hotelzimmer —, er schrieb ihr leidenschaftliche Briefe, beängstigend in ihrer Intensität.

»Die Tränen sind ebenso naß und salzig in meinem Bett wie in deinem eigenen — und die Nacht ist ebenso dunkel«, schrieb er. »Denn was ich verloren habe, ist verloren für immer . . . Ich liebe dich.«[19]

Bald war Fleming wieder im Hampshire House. Eines Abends kam Lindström unangemeldet zu Besuch. Ingrid war nicht in ihrer Suite, und er wartete in der Hotellobby. In den frühen Morgenstunden kam Ingrid Bergman an Flemings Arm zurück aus dem Klub »21« und ging hinauf.

Lindström nahm den Fahrstuhl nach oben, aber sie war nicht in ihrem Zimmer. Er rief in Flemings Suite an. Ingrid sagte, sie würde gleich unten sein.

Am nächsten Morgen gegen acht rief Fleming Steele in seinem Zimmer an und sagte ihm, daß diese Episode »verdammt peinlich« und »ganz schön happig« gewesen sei.[20] Am selben Nachmittag traf Lindström mit Steele zusammen und erwähnte den Vorfall nicht einmal. Er beeilte sich, das Nachmittagsflugzeug nach Los Angeles zu bekommen.

Lindström war jetzt unmittelbar mit den Tatsachen konfrontiert worden, was Ingrids Beziehung mit Fleming anging. Er hatte sogar die Liebesbriefe des Regisseurs in Ingrids Suite gesehen. Aber er weigerte sich noch immer, zu sehen und zu verstehen. Es war eine gewaltige Willensanstrengung, seinen Zorn zu unterdrücken und wieder zu Pia und dem Mädchen in das Haus am Benedict Canyon Drive zurückzukehren.

Ingrid Bergman war froh, ihn abreisen zu sehen. Sie wollte nichts von dem hören, was er ihr mitzuteilen hatte. Wenn er sie in jenen Tagen in New York besuchte, dann schien sie krank zu werden, und sobald er abreiste, nahm sie ihr hektisches Leben wieder auf. Er schien sie nur zu stören bei ihrer Karriere und ihren Affären.

Als die letzten Wochen der Laufzeit von *Johanna aus Lothringen* kamen, wurde Ingrid Bergman von verwirrenden Gefühlen befallen. Sie spürte, daß ihre Darstellung nicht mehr so gut war. Sie schaffte es kaum, jeden Abend ins Theater zu kommen. Sie war die meistgepriesene Schauspielerin in New York, und man riß sich um sie, sie mußte zu jeder Veranstaltung kommen. Sie war müde, ganz einfach müde.

Bei ihrem neuen Film hatte Ingrid Bergman eine Reihe von Verantwortlichkeiten, die sie zuvor nie gehabt hatte. Capa erzählte ihr das eine, jemand anders hatte andere Vorschläge zum Drehbuch zu machen. Maxwell Anderson war engagiert worden, um das Filmdrehbuch zu verfassen, aber er kam nicht überein mit Ingrid Bergmans Auffassung der Johanna, sie war ihm zu simpel. Ingrid Bergman war erschöpft. Sie aß zuviel, trank zuviel, bekam zuwenig Schlaf.

Bald würde sie wieder zu Hause bei Petter sein, der ihr geschrieben hatte, »der Junge, der dafür gesorgt hat, daß du im Oscar-Theater Blumen bekamst — er hat immer noch Sehnsucht nach dir«. Steele erzählte sie, »Petter ist so einsam«. Doch so erschöpft sie war, und soviele Wochen es her war, daß sie Pia gesehen hatte, sie fürchtete, wie sie Ruth Roberts schrieb, in drei Wochen »gehe ich zurück in meinen Käfig, sitze in der Sonne, gehorche Petter, bin brav und sehe aus, als wäre ich achtzehn«.[21]

Das war das Schlimme daran. Das, was ihr Mann ihr zu bieten hatte — Liebe, Fürsorge, Stabilität —, das wollte sie nicht mehr, wenigstens nicht von ihm, aber vielleicht auch überhaupt nicht mehr. Fleming arbeitete unermüdlich an dem Projekt, doch seine Liebe war ebenfalls eine Belastung für sie, zeitlich und gefühlsmäßig. »Glaube ja nicht, ich könnte Victor um meinen kleinen Finger wickeln«, schrieb Ingrid Bergman an Ruth Roberts, »aber ich versuche, wie ein Engel zu sprechen, stark wie Gott und gefährlich wie der Teufel zu sein. Nur zu, meine Freunde! Der Kampf um Johanna hat begonnen!«[22]

Fleming verließ das Hampshire House zum letzten Mal, um

nach Hollywood zurückzukehren und mit der Produktion der *Johanna von Orléans* zu beginnen. Der Zug war auf dem Weg nach Westen; und Fleming schrieb Ingrid, er habe weder schlafen noch essen können. Als er in Los Angeles ankam, weinte er und sagte sich, »es gibt keinen größeren Narren als einen alten Narren«.[23]

Lindström traf ein paar Tage vor der letzten Vorstellung von *Johanna aus Lothringen* in New York ein. Ingrid Bergman bekam eine so schwere Erkältung, daß sie die letzte Mittwochs-Matinee absagen mußte, doch am Sonnabend war sie wieder wohlauf. Nach der letzten Matinee warteten ungefähr 300 Leute vor dem Theater auf sie.

Sie hatte beschlossen, das Theater nicht zum Essen zu verlassen. Sie fragte, ob die Leute nicht hereinkommen dürften, so daß sie ein paar Worte an sie richten könnte. Ingrids Fans strömten herein. Als sich die Nachricht am Broadway verbreitete, kamen immer mehr Leute ins Theater. Ingrid Bergman stand in einem weinfarbenen Morgenrock auf der Bühne und dankte ihren Verehrern.

Das formell gekleidete Publikum am Abend unterschied sich sehr von den buntscheckigen Fans, die sich ein paar Stunden vorher im Theater gedrängt hatten. Beim letzten Vorhang kamen ungefähr fünfzehn ihrer glühendsten Verehrer ins Theater herein in den Mittelgang. Einer von ihnen, der dreizehnjährige Frank Edwards, arbeitete stundenweise bei einem Blumenhändler in der Bronx und hatte einen ganzen Armvoll Narzissen mitgebracht. Als Ingrid Bergman in Johannas einfachem Gewand vor dem Vorhang stand, warfen Frank und seine Freunde ihr die Blumen zu Füßen.[24]

Am nächsten Tag flogen Ingrid und Petter nach Los Angeles. Am Flughafen schob Lindström die Fans zur Seite, die gekommen waren, um Ingrid auf Wiedersehen zu sagen. Als Manhattans Wolkenkratzer im Dunst verschwanden, legte sie den Kopf auf Petters Schulter und schloß die Augen.[25]

Ingrid Bergman hatte auch vorher schon große Rollen gespielt, doch niemals war sie so sehr im Mittelpunkt gewesen wie in *Johanna von Orléans*. Niemals hatte sie soviel Zeit auf ein Filmprojekt verwandt. Sie begann gleich nach ihrer Rückkehr nach Los Angeles im Mai am Film zu arbeiten, doch die Dreharbeiten begannen erst am 17. September 1948 und dauerten 92 Tage.

Die Johanna von Orléans, die Ingrid Bergman darstellen wollte, war nicht die historische Figur. Es war nicht eine Johanna, die aus der Demut eine so hohe Tugend machte, daß Hochmut daraus wurde. Ingrid Bergman wollte die mythische Johanna spielen, die Johanna aus ihrem Schulbuch. Sie fühlte die Herausforderung, dieses spirituelle Wunder zu verkörpern, Johannas Heiligkeit glaubhaft zu machen, die Zuschauer fühlen zu lassen, daß auch sie auf dem Scheiterhaufen brannten, daß es die Unschuld und die Güte waren, die da verbrannt wurden.

Sie meinte es ganz ernst mit dieser Rolle, und jedermann in Hollywood wußte das. Auf den Hollywood-Parties der ersten Nachkriegsjahre waren Scharaden der letzte Schrei.[26] Bei einer Zusammenkunft einigten sich die Gäste, daß Ingrid Bergman die Johanna spielen sollte, und sie würden so tun, als ob sie nicht erkennen würden, wen sie darstellte. Ingrid Bergman faltete den Zettel auseinander. Sie kniete nieder und fing an zu beten. Sie führte imaginäre Armeen gegen die Zinnen von Orléans. Sie verzerrte ihr Gesicht, als brenne sie auf dem Scheiterhaufen. Was sie auch tat, sie erntete nur verständnislose, staunende Blicke. Endlich, als sie alles ausprobiert hatte außer sich selbst anzuzünden, erzählte man ihr, daß es ein Scherz gewesen sei. Alle lachten, alle außer Ingrid Bergman.

Sie war nicht nur der Star im Film, sondern Partnerin in der Produktionsgesellschaft, die Geliebte des Regisseurs und die Lieblingsschauspielerin des Drehbuchautors. Sie bestand darauf, daß es *ihre* Johanna sein würde, die auf der Leinwand erschien. Sie liebte das Filmen und was dazugehörte, liebte das Leben innerhalb eines Lebens, das ein Film war. Jeder, der mit dem Film zu tun hatte, gab auch Geld dafür aus. Man drehte in den alten Hal-Roach-Studios in Culver City. Ingrid Bergmans Vier-Zimmer-Bungalow wurde in eine moderne Suite mit Garderobe umgebaut, Kosten: 5000 Dollar. Sie fühlte sich zu Hause. »Es gab viel Freundschaft in dem kleinen Studio«, erinnerte sie sich an die Dreharbeiten. »Wir arbeiteten miteinander, und wenn die Arbeit vorüber war, lachten wir miteinander. Ich sehnte mich sehr nach Lachen damals.«[27]

Adler erzählt über diese Zeit: »Ingrid sollte zu irgendeiner Werbeveranstaltung nach San Francisco gehen, und sie wollte, daß ich mitkomme und hinterher mit ihr nach Honolulu fahre. Das war das einzige Mal, daß mein Analytiker eine aktive Rolle spielte. Er sagte, solange Sie in Behandlung sind und noch verheiratet, wäre es katastrophal für Sie, so etwas zu tun. Ich weiß nicht, ob er recht hatte oder nicht, aber wenn man bedenkt, daß die Romanze mit Capa zu der Zeit in voller Blüte stand — ich bin einfach nicht dahintergekommen, warum sie es tun wollte!«[28]

Alle diese Widersprüche in Ingrid Bergmans Verhalten blieben unerörtert, wie auch das Scheitern ihrer Ehe. Weder sie noch Lindström wollten den Dingen ins Auge sehen.

Ingrid Bergman war jetzt kein Selznick-Star mehr, und viele Leute glaubten nun, daß man sich an Lindström wenden müßte, wenn man sie verpflichten wollte. Zu ihnen gehörte auch Howard Hughes, den mehr als eine flüchtige Neigung zu Ingrid Bergman hinzog. Auf Steeles Drängen hin hatte sie ein Treffen mit Hughes in ihrem Bungalow vereinbart. Kurz vorher erzählte sie Steele, Petter bestehe darauf, daß sie die Verabredung absage.

Hughes teilte Ingrid Bergman mit, er wolle sie zum großen Star bei RKO Pictures, seiner neuesten Erwerbung, machen. Er wollte sie auf eine dreimonatige »Werbe«-Tour nach Südamerika mitnehmen. Sie erzählte Petter, daß Steele hinter der Idee stehe und als Begleitperson mitfahren würde. Lindström sagt, Steele habe ihm Jahre später erzählt, er habe mit der ganzen Reise nichts zu tun gehabt.

»Ingrid wollte fahren«, erinnert Lindström sich. »Fünfmal ist Hughes zu mir heraus gekommen, in seinem altersschwachen kleinen Dodge. Er sah immer zu, daß keiner im Haus war. Ich habe mich gern mit diesem seltsamen Mann unterhalten. Er versuchte mich zu kaufen. Er bot mir Geld an, falls ich mitmachte. Er konnte nicht verstehen, warum ich ihm glatt nein sagte.«

Alles, was nur möglich war, hatte man an Vorbereitung in das 4,6-Millionen-Dollar-Projekt *Johanna von Orléans* gesteckt. Man achtete darauf, daß auch das kleinste historische Detail stimmte. Wenn der König Wein trank, hielt ein Diener ihm eine Untertasse unters Kinn, so wie es an europäischen Höfen der Brauch gewesen war. Die Musik sollte authentische Musik aus dem 15. Jahrhundert sein, gespielt auf Instrumenten, die nach Museumsstücken kopiert waren. Pferde wurden aus Iowa geholt und von Cowboys in Rüstung trainiert. Ein Handwerker schuf Ingrid Bergmans Rüstung aus feinem, schimmernden Aluminium.

Alles war fertig. Alles war in Ordnung. Alles außer der Story.

Nichts in der Kunst ist so kompliziert wie Einfachheit. Nichts ist schwieriger im Film darzustellen als das Geistige. Fleming war der am wenigsten geeignete Regisseur dafür. Als er mit der Arbeit an *Vom Winde verweht* begann, hatte er zu Selznick gesagt: »David, das ist wirklich ein verdammt beschissenes Skript.«[29] Dieses Mal war das Skript auch nicht gut, aber Fleming wußte nicht, was er dabei machen sollte, und er hatte keinen Selznick, um mit den Problemen fertigzuwerden. Teile des Drehbuchs waren von schierer Albernheit, selbst noch in der endgültigen Fassung.

Fleming verbrachte Stunden in seinem Büro und versuchte, sich den Film auszuknobeln. Immer wieder sah er sich *Vom Winde verweht* an, als ob ihm das weiterhelfen könnte. Er beklagte sich, das Problem sei, daß jeder wüßte, wie sein Film ausgeht. Spätnachts saß er in seinem Büro mit einer Flasche Scotch und murmelte vor sich hin: »Sie ist ein Mädchen. Ihre Eltern waren arm.«[30]

Fleming ließ nichts unversucht, um den Film in den Griff zu bekommen. Einmal sah er sich zusammen mit Ingrid Bergman und Laurence Stallings *Geheimnisvolle Erbschaft (Great Expectations)* an. In dem Film wird gezeigt, wie ein kleiner Junge in einer Villa eine Treppe hinauf und dann den Flur entlanggeht. Ingrid Bergman und Fleming war bekannt, wie sehr diese Szene zur besonderen Atmosphäre des Films beitrug. Sie wußten auch, daß es kostspielig gewesen war, die Szene zu drehen, weil man einen Kran dafür brauchte. Stallings verglich sie mit der berühmten Szene auf Rhett Butlers Treppe in *Vom Winde verweht.*

»Aber was das kostet!« warf Ingrid Bergman ein, die ja nun auch Co-Produzentin war. »Denkt bloß mal an die Kosten.«[31]

»Vic Fleming hat sich bei diesem Film verausgabt«, sagte Ingrid Bergman Jahre später. »Ich denke, es hat ihn zu sehr belastet. Er wollte unbedingt großen Erfolg damit haben, weil er wußte, wie viel mir Johanna bedeutete.«

Da Fleming mit der Story nicht zurechtkam, verschwendete er seine Energie auf das reine Spektakel. Es gab zwar kein brennendes Atlanta in *Johanna von Orléans*, aber es gab die Schlacht von Orléans, ein Essen im Palast des Dauphin, die Krönung und die Verbrennung der Johanna.

Sierra Films hatte ein Bankdarlehen in bis dahin ungekannter Höhe für den Film aufgenommen, dreieinhalb Millionen Dollar. Trotzdem mußte Fleming die Auszahlung eines Teils seiner Gage — 120 000 Dollar von insgesamt 175 000 Dollar — auf später verschieben. Wanger verzichtete nicht nur vorläufig auf sein ganzes Geld, 50 000 Dollar, er investierte sogar noch zusätzliche 100 000 Dollar. Ingrid Bergman, deren Idee der Film gewesen war, bekam ihre volle Gage in Höhe von 175 000 Dollar. Allerdings sollte die Gage für Überstunden (70 000 Dollar) erst später ausgezahlt werden.[32]

Ingrid Bergman sollte nach Flemings Wunsch der strahlende Mittelpunkt des Films sein. In ihrer Aluminiumrüstung funkelte sie im Scheinwerferlicht wie ein versilbertes Prisma. Mit zweiunddreißig war sie fast doppelt so alt wie Johanna, und manchmal sah sie beinahe wie eine Amazone aus, doch Fleming hatte nur eines im Sinn: ihre Darstellung sollte so glänzend sein wie ihre Rüstung.

In der Schlachtszene sollte sie mit hocherhobenem Arm, das Schwert in der Hand, den Angriff gegen die Franzosen führen, so wollte Fleming es haben. Doch leider war es unmöglich, in einer Rüstung des 15. Jahrhunderts — oder selbst in ihrer leichten Nachbildung — den Arm über den Kopf zu erheben. Fleming war so ärgerlich darüber, daß er, mit Howards Worten, zum »Berserker« wurde. Der Rüstung wurden Gummiteile eingefügt, so daß Ingrid Bergman die Szene so spielen konnte, wie Fleming sie haben wollte. Er wachte über jedes winzige Detail. Er half Ingrid Bergman ihre Rüstung anzupassen und beschmierte ihr Gesicht mit Öl, damit es wie Schweiß aussah.

»Ich erinnere mich, in einer Szene mußte Ingrid außer Atem sein«, erzählt José Ferrer, der den Dauphin spielte. »Und deshalb fing sie an zu laufen und zu laufen. Für einen Bühnenschauspieler war das komisch.«[33]

Ingrid Bergman mußte sich sehr abmühen, sie verbrachte Stunden in voller Rüstung gegen ein geneigtes Brett gelehnt. Ein Team für Spezial-Effekte, vier oder fünf Leute, kümmerte sich um ihre Rüstung. Wenn sie ein Zeichen gab, ölten sie ihre Scharniere oder halfen ihr auf ihr edles Roß.

Das Pferd war ein weiteres Problem. Es hatte Regisseure und

Filmpartner gegeben, die sich von Ingrid Bergman angezogen fühlten, doch dies war das erste Mal, daß sie es mit einem verliebten Pferd zu tun bekam. Immer wenn das Pferd Ingrid sah, begrüßte es sie mit einer gewaltigen Erektion. Für ihre große gemeinsame Szene wurde das Pferd mit Tranquilizern beruhigt, Ingrid Bergman stieg auf eine hölzerne Plattform und versuchte aufs Pferd zu steigen. Das Pferd setzte sich in Bewegung. Als Ingrid Bergman zu Boden zu fallen drohte, fing Howard sie auf, eine Hand um ihre Schulter, mit der andern Hand griff er ihr in den Schritt. Ein Fotograf hatte diese unheilige Szene aufgenommen, seine Bilder wurden konfisziert und vernichtet.[34]

Während Fleming sich in seinem Büro *Vom Winde verweht* anschaute, sah Ingrid Bergman sich Carl Theodor Dreyers klassischen Stummfilm *Die Passion der Jeanne d'Arc (La Passion de Jeanne d'Arc)* an. Sie suchte nach neuen Inspirationen. Sie spürte kaum, daß die Dinge nicht richtig liefen und fand jeden Moment der Dreharbeiten wunderbar. Sie bat Freunde und Kollegen ins Studio, damit sie sie als Johanna sahen. Auch Pia lud sie einmal ein. Sie ließ sehr viele Fotos zum eigenen Gebrauch machen.

»Jede Schauspielerin möchte die Jungfrau von Orléans spielen«, sagt Ferrer. »Schauspieler identifizieren sich mit einem edlen Charakter und sie glauben, sie haben einen besonderen Zugang zu ihm. Ihr Schauspielerleben ist voller Korruption, und werden doch idealisiert. Ich denke, Ingrid begann ihre eigene Mythologie zu glauben. Sie war eine seltsame Frau.«[35]

Ein Moment von überragender Bedeutung im Film war Johannas Tod auf dem Scheiterhaufen — zugleich wohl der Höhepunkt in Ingrid Bergmans bisheriger Filmkarriere. Das Filmteam sprach von dieser Szene als dem »Barbecue«, doch Ingrid Bergman war nicht so respektlos. Sie verteilte zu Weihnachten sogar an Mitglieder des Teams Nachbildungen des Gewandes, das Johanna trug, als sie verbrannt wurde, ein nach Meinung der Empfänger äußerst bizarres Geschenk.[36]

Am Tag als die Verbrennungsszene gedreht werden sollte, war das Studio voller Zuschauer. Ingrid Bergman stand an den Pfahl gebunden auf dem Reisighaufen. Bald wurde sie heruntergeführt und ein Double nahm ihren Platz ein. Ingrid Bergman machte Fotos von der Szene. Als die Flammen oben züngelten, wurde das Double durch eine Puppe ersetzt. Innerhalb von Minuten hatten die Flammen den Scheiterhaufen verzehrt und es war nichts mehr übrig als Feuer und Rauch.

Bald nach Beendigung der Dreharbeiten fuhr Ingrid Bergman mit Petter Lindström zum Skilaufen nach Mount Rose und Heavenly Valley in der Nähe von Reno, Nevada. Ferien waren immer eine schöne Zeit für Lindström gewesen, aber jetzt schien Ingrid nicht mit ihrem Mann allein sein zu wollen. Sie war abhängig von der Aufmerksamkeit, die ihr als Star zuteil wurde, und sie war jetzt nervös und gereizt und setzte ihr Image aufs Spiel und das, was von ihrer Ehe noch übrig war. Capa war an denselben Ort gereist, um bei ihr zu sein.

Welcher Willensanstrengung bedurfte es für Lindström, so zu tun, als wäre Ingrid noch immer seine treue und liebende Ehefrau. Was mußte sie von ihrem Mann denken, daß sie ihn auf diese Weise verhöhnte? Oder wollte sie die Konfrontation? Hoffte sie vielleicht, es würde durch ihn zum endgültigen Bruch kommen? Wollte sie, daß Petter so handelte, wie sie nicht handeln konnte? Oder wußte sie nicht, was sie von ihm wollte?

Es war etwas Kindliches an Lindström, etwas sehr Liebenswertes. Er war stolz auf seine körperlichen Fähigkeiten, und als Capa ihm anbot, ihm das Skilaufen beizubringen, fand Lindström den Vorschlag sehr amüsant, ein tollkühner Versuch, sich beliebt zu machen. Capa hielt sich selber für einen großen Skiläufer, aber als sie zum Abhang kamen, war klar, daß Lindström dem Fotografen weit überlegen war. Es war eine Freude, ihm zuzusehen.

Ingrid Bergman sah nicht zu. Sie hatte sich den Fuß verstaucht und verbrachte ihre Zeit in der Hütte, oft war Capa bei ihr. Petter lief derweil Ski.

Eines Abends ging Capa hinunter ins Kasino zum Spielen. Er spielte so, wie er alles andere auch tat, als ob er sein Leben einsetzte, er riskierte alles. Er hatte Glück, und nach einer Weile ging er zu Ingrid und zeigte ihr seine Chips.

Später ging Lindström hinunter in den Spielsaal. Er war kein Spieler. Er beobachtete Capa und sah, daß das Glück ihn verließ. Lindström hatte kein Vergnügen daran, einen Mann sein Geld oder sein Leben wegwerfen zu sehen. Er ging zu Ingrid hinauf und erzählte ihr, was sich unten abspielte.

Sie humpelte hinunter, aber sie konnte ihn nicht dazu bringen, aufzuhören. Er hatte die Absicht dazubleiben, bis er seine 2000 Dollar entweder zurückgewonnen oder verloren hätte.

Am nächsten Morgen sah sie Capa. Ein Blick in sein Gesicht sagte ihr, daß er alles verloren hatte. »Was macht das schon aus?« sagte er. »Das ist nur gut für mich. Jetzt muß ich härter arbeiten.«

»Capa spielte und wollte, daß sie dabei war«, erinnert Lindström sich. »Sie sind aufgeblieben und haben getrunken, ich habe es gesehen. Ich ging zum Skilaufen, und sie waren zusammen. Dann habe ich von einem Tag auf den andern gesagt, wir fahren nach Hause, wir bleiben nicht mehr hier.«

Ingrid Bergman sagte später, wenn Capa sie gebeten hätte, ihn zu heiraten, hätte sie wahrscheinlich eingewilligt. Aber Capa fragte nicht, zum Teil wohl deshalb, weil, wie Adler es ausdrückte, »Bob Capa es nicht verkraften konnte, Mr. Ingrid Bergman zu sein«.

Mit Capa durchbrennen — das war etwas, worüber man besser nur nachdachte anstatt es wirklich zu tun. Es war herrlich, ein paar Abende mit ihm zu verbringen. Sein Herumzigeunern, das Trinken, das Spielen, das war alles sehr romantisch, solange man nicht hinter ihm aufräumen mußte. Ingrid Bergman hatte gesehen, wie wenig sich Capa um Geld kümmerte, daß er es zum Fenster hinauswarf. Sie hatte ihn lachend und fröhlich gesehen in Nächten, die bis zum Morgengrauen dauerten, aber sie hatte auch seinen Katzenjammer miterlebt. Auch wenn sie selbst ruhelos war und ständig Affären hatte, sie hatte doch eine gewisse Ordnung und Disziplin in ihrem Leben nötig. Wenn sie mit Capa weggelaufen wäre, wäre es sicher eine Katastrophe geworden.

Bald nach der Skireise kam es zu einem außergewöhnlichen Vorfall, wie Lindström erzählt. »Adler und Capa waren beide schon vorher bei uns zu Hause gewesen, aber selten zusammen. Wenn der eine da war, war's der andere nicht. Beide verhielten sich freundschaftlich mir gegenüber. Capa hatte mir das Skilaufen beibringen wollen. Adler schenkte mir eine Harmonika.

Dann kam jeder einzeln zu mir und erzählte mir von seiner Affäre mit Ingrid und beklagte sich darüber, daß der andere eine Affäre mit ihr hatte. Sie waren sicher, daß ich davon wußte. Es war klar für mich, sie dachten, ich hätte eine Ehe, wo solche Dinge akzeptabel wären. Sie sagten, so kann es nicht weitergehen. Es war, als ob sie wollten, daß *ich* zwischen ihnen wählte.

Ingrid gab alles zu. Ich sagte ihr, daß ich die Scheidung wollte. Ich sagte, verschwinde aus meinem Haus, obwohl ich nicht das Recht hatte, das zu sagen. Dann zog sie eine Show ab und fing an zu weinen. Sie sagte, ich sei der einzige, den sie liebe. Sie zog eine solche Show in den nächsten Wochen ab, daß ich ihr allmählich glaubte. Ich ließ die Idee fallen.«

Ingrid Bergman sprach nie über diesen Zwischenfall, doch sie war, freundlich ausgedrückt, zurückhaltend, was ihre Liebesaffären betraf und sprach kaum darüber. Über ihre Beziehung mit Capa schrieb sie nach Jahren: »Diese Rolle lag mir überhaupt nicht. Es war für mich nicht leicht, weil ich sehr moralisch, sehr treu, vielleicht sogar prüde war.«[37] Eine Affäre mochte sie zugeben, aber nicht mehr, und ganz gewiß nicht zwei oder drei auf einmal.

Larry Adler versichert jedoch, niemals mit Petter über Capa gesprochen zu haben. »Ich hätte nie einen Verrat begangen«, sagt er. Er hebt hervor, daß er 1949, als des Kommunismus Verdächtige auf schwarzen Listen aufzutauchen begannen, die Vereinigten Staaten verlassen hat anstatt politische Freunde zu verraten. Er sagt jedoch auch, daß seine Beziehung zu Ingrid bis zu seiner Abreise fortgedauert habe, wenn sie auch lockerer geworden sei.[38]

Lindström bleibt bei seiner Version. Es scheint unmöglich, Gewißheit darüber zu bekommen, was wirklich im Haus am Benedict Canyon passiert ist. Doch in dieser Zeit schrieb Ingrid Bergman an Ruth Roberts: »Ich kenne den Zauber der Ungarn — dafür werde ich immer dankbar sein . . . Wir werden eine letzte Flasche Champagner miteinander trinken. Ich trenne mich von einem sehr kostbaren Teil meines Lebens. Doch wir lernen immer noch dazu und werden die Operation erfolgreich zu Ende führen, damit beide Patienten glücklich weiterleben können.«[39]

12.

»Ti amo«

Ingrid Bergman liebte es, die Geschichte zu erzählen, wie sie an einem Frühlingsabend des Jahres 1948 mit Petter in ein Kino am La Cienega Boulevard in Los Angeles ging und Roberto Rossellinis *Rom — offene Stadt (Roma, città aperta)* sah. Wenn Hollywood Filme über den Faschismus machte, waren sie üblicherweise wie *Casablanca:* romantische Abenteuer. Dieser Film war anders. In der Art eines Dokumentarfilms erzählt er von einer Gruppe von Römern in den letzten Tagen der Nazi-Okkupation. Ingrid Bergman erinnerte sich, daß sie ihrem Mann sagte, sie müßten sich den Namen des Regisseurs merken, das müsse ein ganz besonderer Mensch sein.

Ein paar Monate später war sie in New York, und als sie über den Broadway ging, las sie an einem Kino wieder den Namen Rossellini. Sie ging hinein und sah sich seinen Film *Paisà (Paisà)* an, und sie war wieder einmal höchst beeindruckt von der Kunst Rossellinis. Am Abend habe sie Irene Selznick davon erzählt und ihr gesagt, sie habe genug von den Hollywood-Filmen, sie würde gern einen wie *Paisà* drehen. Ob sie an Rossellini schreiben sollte? Irene Selznick meinte, Rossellini würde das mißverstehen, aber vielleicht wäre Ingrid die einzige, die so etwas tun könnte, ohne mißverstanden zu werden.

Und so schrieb Ingrid Bergman einen kurzen Brief an Rossellini. Und vieler Menschen Leben wurde dadurch verändert.

Ingrid Bergmans Geschichte ist eine Szene aus einem romantischen Roman, der große Star, der fasziniert ist von der Kunst eines großen Regisseurs. Die Wahrheit ist komplizierter. Sie hat den Film *Rom — offene Stadt* nicht im Frühjahr 1948 mit Petter gesehen. Der Film lief zu dieser Zeit gar nicht in Los Angeles.[1] Sie sah ihn zwei Jahre vorher, 1946, bei seiner Premiere in New York, und zwar zusammen mit Steele.[2] Ingrid Bergman war beeindruckt von *Rom — offene Stadt*, doch sie dachte erst zwei Jahre später wieder an den Film, als sie in New York *Paisà* sah und sich Sorgen um ihre Karriere machte.

Es war nicht sie, sondern Irene Selznick, die den Vorschlag machte, an den italienischen Regisseur zu schreiben. Irene Selznick sagt sogar, Rossellini sei nur einer von fünf Regisseuren gewesen, für deren Arbeit sich Ingrid Bergman besonders interessiert habe. »Sie erzählte mir, es gehe ihr nicht ums Geld. Sie wollte eine Chance. Sie war bereit, finanzielle Einbußen in Kauf zu nehmen für die Chance, mit einem dieser fünf Regisseure arbeiten zu können. Sie nannte William Wyler, Billy Wilder, George Stevens, Roberto Rossellini und, ich glaube, John Huston. Sie fragte sich, was sie dabei tun könnte. Ich dachte mir eine Methode aus, die so einfach und direkt war wie Ingrid selber. Sie sollte an jeden einzelnen schreiben, in ihrem charmanten Stil, und ihn bitten, an sie zu denken, falls die richtige Story käme.«[3]

In gewisser Hinsicht war es seltsam, daß Ingrid Bergman auch nur daran gedacht haben sollte, Arbeit zu suchen. Die drei Filme von ihr, die 1946 herausgekommen waren, hatten 17,5 Millionen Dollar eingespielt, eine enorme Summe, manches Studio verdiente im ganzen Jahr nicht mehr. Sie war der größte Kassenmagnet unter allen weiblichen Filmstars. Allerdings war seit über einem Jahr kein Film mehr von ihr herausgekommen, und es gab Gerüchte, daß *Triumphbogen* ein Reinfall werden würde.

Sie bekam trotzdem viele Angebote und sie hätte sich einfach per Telefon an die amerikanischen Regisseure wenden können. Der Brief an Rossellini mag wie eine der impulsiven Gesten ausgesehen haben, derer sie fähig war. Doch es war durchaus Kalkulation dabei; Irene Selznick verstand Ingrid Bergman sehr gut und wußte, was sie ihr vorschlug.

Ingrid Bergman schrieb: »Wenn Sie eine schwedische Schauspielerin gebrauchen können . . . die auf italienisch nur ›Ti amo‹ sagen kann, dann bin ich bereit zu kommen und einen Film mit Ihnen zu drehen.«[4]

Mit den Worten »Ti amo« wollte Ingrid Bergman Rossellini nicht dazu verleiten, zu denken, das könnte ein Angebot sein. Sie hatte die beiden Worte für ihre Rolle in *Triumphbogen* gesprochen, und im Jahr zuvor hatte sie einen Brief an Lewis Milestone sogar mit »Ti amo« unterzeichnet.[5]

Sie schickte den Brief an Minerva Films in Rom. Er wurde gefunden, als das Studio alte Korrespondenz verbrannte. Herr Potsius von Minerva Films öffnete Ingrid Bergmans Brief aus Versehen und kam zu dem Schluß, daß Rossellini da ein »schönes Geschenk«[6] überreicht wurde. Ingrid Bergman zufolge erinnerte sich Rossellini, als er den Brief las, daß er Ingrid zuerst im amerikanischen *Intermezzo* gesehen hatte, dreimal hintereinander, während eines Bombenangriffs.

Und so schickte er ihr am 8. Mai, seinem Geburtstag, ein Telegramm:

ICH HABE GERADE MIT GROSSER BEWEGUNG IHREN BRIEF ERHALTEN DER ZUFÄLLIG AN MEINEM GEBURTSTAG EINTRAF ALS SCHÖNSTES GESCHENK. ES IST WIRKLICH WAHR DASS ICH DAVON GETRÄUMT HABE EINEN FILM MIT IHNEN ZU MACHEN . . .

Rossellini versprach, ihr in einem langen Brief seine Vorstellungen zu erläutern.

Rossellinis Telegramm war die Eröffnungsarie in seiner Beziehung zu Ingrid Bergman. Er begriff das Leben als Oper, und er war der Komponist und der Dirigent. Er ließ nicht zu, daß Mißklänge und Banalitäten die großen Themen seines Lebens störten.

Er hatte in der Tat Ingrid Bergmans Brief mit »großer Bewegung« entgegengenommen, denn es eröffneten sich interessante Aussichten. Aber es war nicht »wirklich wahr«, daß er davon geträumt hatte, einen Film mit ihr zu machen. Es war überhaupt nicht wahr.

Wie romantisch, sich vorzustellen, daß er dreimal hintereinander *Intermezzo* gesehen hat; es muß einer der längsten Luftangriffe in der Geschichte gewesen sein. Weniger romantisch war es, sich vorzustellen, daß seine Schwester Marcella diejenige war, die zuerst Ingrids Namen erwähnt hatte, nachdem sie *Die Glocken von St. Marien* gesehen hatte. Wie sie sich erinnert, zuckte Rossellini damals nur mit den Schultern und sagte: »Na und?«[7]

Pünktlichkeit war nicht Rossellinis Stärke, doch bald nach seinem Telegramm traf ein Brief ein. Er erzählte Ingrid Bergman, er sei mit dem Wagen nördlich von Rom unterwegs gewesen und habe einen hohen Stacheldrahtzaun gesehen, hinter dem sich Flüchtlingsfrauen befanden. Er stieg aus, so schrieb er, und obwohl die Wachen ihn zurückriefen, ging er näher an den Zaun heran. Da traf er eine Lettin, die ihn am Arm packte. Das Bild dieser Frau ließ ihn nicht los. Er fuhr wieder zu dem Lager und fand heraus, daß sie mit einem Soldaten weggegangen war.

Und er fragte in seinem Brief: Könnten sie, Ingrid Bergman und er, nicht gemeinsam nach Stromboli gehen, wohin der Soldat die Frau gebracht hatte? Und könnten sie gemeinsam einen Film schaffen, der diese Frau zeigen würde, wie sie ihr wahres Glück findet, ein einfaches Leben voller Frieden, ein Leben ohne Selbstsucht?

So etwas war Ingrid Bergman niemals vorgeschlagen worden. Rossellini bat sie nicht, nach Europa zu kommen, um etwas so Banales wie einen Film zu machen. Nein, sie sollte ihn begleiten auf einer abenteuerlichen Fahrt, bei seiner künstlerischen Suche. Sie war immer voller Ideen, was ihre Rollen anging, aber sie hatte immer sehr geschickt vorgehen oder sogar kämpfen müssen, um ihre Vorstellungen durchzusetzen. Jetzt sollte sie von Anfang an Partner sein.

Ingrid Bergman mag eine Frau gewesen sein, die sich schnell für etwas begeistern konnte, aber in keinem Moment sah sie Rossellini als ein Gegengift gegen all das, was nicht stimmte in ihrem Leben in Hollywood. Sie versprach sich allerdings etwas von dem Projekt. Sie wußte, sie mußte unbedingt etwas Neues tun. Sie war jetzt dreiunddreißig, ein Alter, in dem eine Schauspielerin weiß, daß ihre Tage als junge romantische Liebhaberin gezählt sind. Sie war jetzt auf sich gestellt, ohne die Sicherheit und Erfahrung, die Selznick und seine Organisation zur Verfügung gestellt hatten. Sie hatte ihre ersten beiden unabhängigen Produktionen gemacht und war sich bewußt, daß beides potentielle Mißerfolge waren. Sie fühlte sich geschmeichelt durch Rossellinis langen Brief, und sie war beeindruckt von seinem leidenschaftlichen Engagement für die Kunst.

Ingrid Bergman wäre weniger begeistert gewesen, wenn sie gewußt hätte, was er in Rom gerade ausheckte. Er umwarb nämlich, rein beruflich, Jennifer Jones, Selznicks Geliebte und zukünftige Ehefrau. Er sollte sogar einen Vertrag mit Selznick abschließen, mit Selznick, mit dem Ingrid Bergman kaum sprach.

In der Woche, in der Rossellini seinen Brief von Ingrid Bergman bekam, besprach er beim Essen mit Jenia Reissar seinen Vertrag mit Selznick. Er zog den Brief von Ingrid Bergman aus der Tasche und bat die Frau, die Ingrid für Selznick entdeckt hatte, ihn ins Französische zu übersetzen. »Von da an drehte sich das ganze Gespräch nur noch um Ingrid Bergman«, erinnert sich Jenia Reissar. »Er wußte von ihr. Er war wie ein Kind. Er stellte immerzu Fragen. Er holte den Brief immer wieder hervor.«[8]

Sie kam nicht auf die Idee, daß Rossellini den Inhalt des Briefes schon kannte und das Ganze nur Teil seiner Verhandlungsstrategie war.

Als Rossellini seinen langen Brief an Ingrid Bergman schrieb, schrieb er zur gleichen Zeit wegen Jennifer Jones an Selznick. Er sagte, er sei begeistert von der Idee, einen Film mit ihr zu machen. Dieses Mal fuhr der Meister durch Norditalien, durchs Gebiet der lombardischen Seen. »Ich dachte an Miss Jones und spürte sofort, dies ist die ideale Szenerie für ihre Persönlichkeit und ihre Qualitäten.«[9]

Rossellini skizzierte auch schon die Story, es sollte um einen selbstsüchtigen amerikanischen Geschäftsmann und seine Frau gehen. Jennifer Jones würde »ein Symbol erlösender Liebe« sein, »die Botschaft, auf die wir alle warten«.

Selznick war sehr dafür, Jennifer Jones zum Symbol »erlösender Liebe« zu machen. Er dachte, daß Jennifer Jones den Film im Laufe des Jahres machen würde, möglicherweise zwei Filme. Rossellini änderte jedoch dauernd die Bedingungen, und Selznick fürchtete ihn zu verlieren. »Diese Gefahr wird dadurch erhöht, daß Ingrid Bergman und andere, die hinter Rossellini her sind, ihn dazu überreden könnten, seine Meinung zu ändern«, schrieb Selznick an Jenia Reissar. »Nun weiß Bergman allerdings, daß Rossellini exklusiv an uns gebunden ist.«[10]

Das wußte Ingrid Bergman nicht, sie konnte es nicht wissen, denn er war es nicht. Sie wußte jetzt allerdings, daß auch andere Leute mit Rossellini arbeiten wollten.

Sie war jetzt um so mehr an einer Zusammenarbeit mit Rossellini interessiert, als *Trimphbogen* sich als ein kommerzielles Fiasko erwiesen hatte. Der Vier-Millionen-Dollar-Film spielte nur wenig ein, angeblich der größte Verlust in Hollywoods Geschichte. Der Film war nicht der würdige Beginn, sondern das schmähliche Ende von Enterprise Pictures. Ingrid Bergman sollte mit 25 Prozent an den Profiten beteiligt sein, und sie spürte den Fehlschlag wie sie keinen zuvor gespürt hatte. Und solche Kritiken hatte sie auch noch nie erlebt. »Diese Rolle schrie geradezu nach der Dietrich!« schrieb ein Kritiker — ein schlimmer Vergleich für einen Star wie Ingrid Bergman.

Ingrid Bergman hatte wenig Zeit, über die Verluste nachzudenken. Im Juni flog sie nach England, um einen Film unter Alfred Hitchcocks Regie zu drehen; Hitchcock war auch, zusammen mit Sidney Bernstein, Produzent des Films. »Ingrid war aufgebracht darüber, daß Hitchcock 30 Prozent des Gewinns bekommen sollte, und sie nur 25 Prozent«, sagt Lindström. »Sie meinte: ›Ich habe einen größeren Namen als er. Du mußt hingehen und ihnen das sagen.‹ Ich ging zu Bernstein. Er sagte, er würde mit Hitchcock reden. Er kam zurück und sagte, sie würden beide 30 Prozent kriegen.«

Die Produktionskosten waren so hoch, daß die neu gegründete Gesellschaft Transatlantic Pictures 2,5 Millionen Dollar leihen mußte. Zum dritten Mal hintereinander spielte Ingrid Bergman in einem Film, der sehr teuer war, der von einer neuen Gesellschaft produziert wurde und dessen Regisseur in sie verliebt war.

Sklavin des Herzens (Under Capricorn) war ein Film, der sich von den üblichen Hitchcock-Filmen unterschied, doch er glaubte, Ingrid Bergman würde er zusagen. Sie sollte die Henrietta Considine spielen, eine englische Lady, die in Australien mit einem Mann niederer Herkunft verheiratet ist; Joseph Cotten spielte den Sam Flusky.

Ingrid Bergman sah in dem Film eine Chance, von der Hollywood-Routine wegzukommen. Am liebsten wäre es ihr gewesen, wenn die Dreharbeiten in Australien stattgefunden hätten.

London war nicht Australien, aber sie hatte Freiheit zu leben, wie es ihr gefiel. In den ersten Wochen in London schrieb sie an Freunde in den Staaten, daß sie Nachtklubs besuche und sich sehr gut amüsiere. Trotz ihrer Erklärungen Lindström gegenüber traf sie sich in London und zum Wochenende in Paris mit Capa.[11] Ihre Affäre war entschieden abgekühlt, doch sie war gern mit ihm zusammen und lehnte sich an seine »fröhlichen Zigeunerschultern«, wie sie es nannte. Sie hatte nicht vor herumzusitzen. Sie war ruhelos und reizbar und schien nicht zu wissen, was sie wollte. Sie konnte lachen und scherzen mit Capa oder mit anderen Freunden in einem Nachtklub sitzen, aber dann ging sie wieder ins Hotel zurück und schrieb einen Brief an Petter. Sie sagte später, ihre Ehe sei schon tot gewesen, aber da war immer noch ein Teil von ihr, der Petter brauchte. Sie schrieb ihm also, und sie bat ihn, ihr jeden Tag zu schreiben. Lindström gab später zu verstehen, daß er sie zu der Zeit eigentlich nicht mehr geliebt habe, aber er schrieb so oft, daß sie in zwei Tagen fünf Briefe von ihm und drei von Pia bekam. Er schickte ihr auch Pakete mit Essen und Tee.

»Was für eine wundervolle Familie«, schrieb sie ihm am Abend des ersten Drehtages, am 19. Juli 1948. Sie bedankte sich für Bilder, die er ihr geschickt hatte, und fragte nach weiteren. Dann sprach sie über Petters und Pias geplante Englandreise. Sie wollte, daß sie mit dem Schiff kämen, damit Pia eine Atlantiküberquerung erleben konnte. »Du brauchst dir keine Umstände mit ihr zu machen. Du kannst irgendein kleines Mädchen finden, wie Mrs. Lindström vor zehn Jahren auf ihrer Rückreise. Du kannst tanzen und lesen.«

Ingrid Bergman war den Hollywood-Studios und ihrer lähmenden Routine entronnen und entdeckte, daß sie mehr aufgegeben hatte als beabsichtigt. Das Team in England war unglaublich langsam.

Dann war da das Problem mit Hitchcock. Der Regisseur hatte beschlossen, mit sehr langen Einstellungen zu experimentieren, einige von ihnen dauerten sechs oder acht Minuten. Für Ingrid Bergman war das ein Spiel für Kinder, so etwas wie Eierlaufen, das Publikum würde sich nicht darum kümmern oder es gar nicht verstehen.

Sie zählte die Tage bis zur Ankunft von Petter und Pia, doch mit wachsender Furcht. Sie hatte zugenommen, sie rauchte eine Zigarette nach der andern. An Ruth Roberts schrieb sie: »Ich bin jetzt richtig bereit für Petter!«

Mehr als auf alles andere freute sie sich darauf, Rossellini zu sehen. Sie wollte sich in Paris mit ihm treffen, und wegen der Einzelheiten schickte sie ihm ein Telegramm nach Amalfi, wo er gerade an einem Film arbeitete.

Rossellini war nicht nur als großer Regisseur bekannt, sondern auch als großer Liebhaber. Keiner, der für die Besetzung zuständig ist, und sei er noch so ein glühender Anhänger des Neo-Realismus, würde jemals Rossellini für die Rolle des Liebhabers ausgesucht haben. Ein rundlicher Mann mit winzigen Händen und Füßen, einem schmalen Mund, einer Hakennase, das schwarze Haar wurde dünn, und er roch nach Parfüm und Talkum. Auf einige Frauen wirkte er unendlich verführerisch, er war so aufmerksam zu ihnen, sie erlebten Romantik und Dramatik, so daß sie für eine Weile alles vergaßen.

»Er schafft eine Traumatmosphäre um sich«, sagte sein zeitweiliger Freund und Mitarbeiter Sergio Amidei. »Die Frauen um ihn herum leben in einer Traumwelt. Er ist sehr sanft, doch er kann auch brutal und vulgär sein. Er ist der wahre Mann von heute. Wir andern sind alberne Romantiker mit lächerlichen Vorstellungen darüber, wie sanft Frauen behandelt werden sollten.«[12]

Was sein Verhalten Frauen gegenüber anging, so war er darin vielen römischen Männern seiner Zeit nicht unähnlich, er war nur erfolgreicher. Sein Charme wurde besonders von Ausländerinnen geschätzt — auch das galt für viele seiner Landsleute. Im vergangenen Jahrzehnt hatte Rossellini Affären mit Frauen verschiedener Nationalitäten gehabt.

In seinem Leben herrschte ein ständiges Durcheinander; es gab zu viele Frauen. Da war Marcella de Marchis, seine Ehefrau, die Mutter seines noch jungen Sohnes Renzo, sie war eine mitfühlende, eher einfache Frau und unendlich verständnisvoll. Er hatte sie Jahre zuvor verlassen, aber sie blieben gute Freunde, er ließ sie gewissermaßen immer auf Sparflamme weiterkochen. Dann war da Miss America von 1946, er hatte sie bei einem seiner Ausflüge nach Paris getroffen und nach Amalfi gebracht und ihr eine Rolle in dem Film gegeben. Sie war eine erlesene Delikatesse, man aß sie und vergaß sie. Es gab noch anderes, und Rossellini verschmähte auch nicht rohes Fleisch aus dem Bordell. Doch im Mittelpunkt stand eine Frau, die nicht auf Sparflamme kochte: Anna Magnani.

Anna Magnani und Ingrid Bergman waren so verschieden wie Sonne und Erde, wie Dampf und Schnee. Wenn Männer sich in Ingrid Bergman verliebten, dann verliebten sie sich in ihre Schönheit, in ihre Verletzlichkeit. Keiner verliebte sich in Anna Magnani ihrer Schönheit wegen. Und keiner verliebte sich in sie, weil er sie beschützen wollte.

Der verstorbene Pater Antonio Lisandrini, ein enger Freund

Ingrid Bergman

Oben: Ingrid Bergman und
Petter Lindström vor dem Traualtar
in Stöde.
Links: Nach der Trauung.

Gegenüberliegende Seite:
Oben: Ingrid Bergman mit ihrem
Vater.

Mitte: Ingrid Bergman als Statistin,
hintere Reihe links.

Unten: Ingrid Bergman (vorn links)
in der Schauspielschule des Königlich Dramatischen Theaters.

Links: *Der Graf von der Mönchsbrücke* – Ingrid Bergmans erste Filmrolle; mit Edvin Adolphson.

Unten: *Intermezzo* (Schweden); Ingrid Bergman und Gösta Ekman.

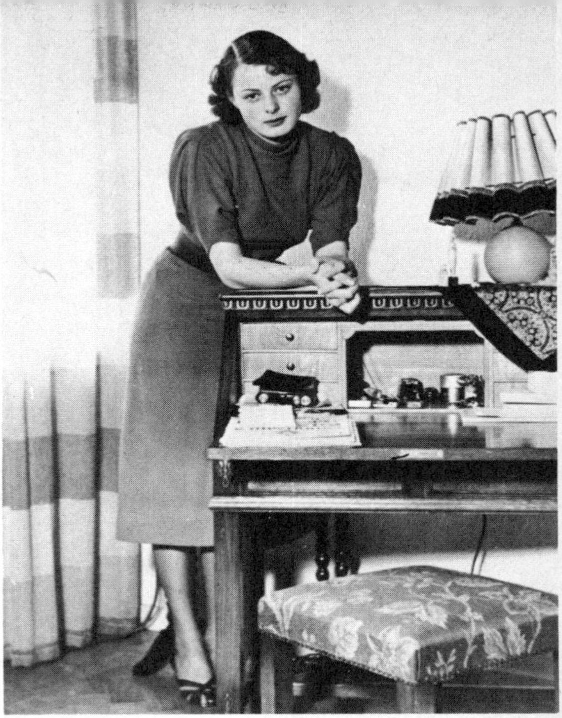

Rechts: Ein Privatfoto, aufgenommen um 1937.

Unten links: 1938 zu Dreharbeiten in Deutschland; Ingrid Bergman ist schwanger.

Unten rechts: Ingrid Bergman mit ihrer Tochter Pia.

Oben: Mit Hans Söhnker in *Die vier Gesellen*.

Rechts: Mit Regisseur Gregory Ratoff bei den Dreharbeiten zu *Intermezzo* (USA).

Oben: 1939 in Hollywood.

Links: Eines der vielen nicht verwerteten Pressefotos von Selznick International, 1939.

Oben: Mit Leslie Howard in *Intermezzo* (USA).

Links: *Liliom,* Ingrid Bergmans Bühnendebüt in Amerika; mit Burgess Meredith.

Gegenüberliegende Seite: Oben: Dooley Wilson, Humphrey Bogart und Ingrid Bergman in *Casablanca*.

Unten: *Casablanca*: Die berühmteste aller Abschiedsszenen.

Die berühmte Schlafsack-Szene aus *Wem die Stunde schlägt*; Regisseur Sam Wood, Ingrid Bergman und Gary Cooper.

Gary Cooper, Ruth Roberts und Ingrid Bergman, bei den Dreharbeiten zu *Wem die Stunde schlägt*.

Pia und Petter Lindström.

Hinter Alfred Hitchcocks Rücken scherzt Ingrid Bergman für die Kamera.

Oben: Ingrid Bergman, Gary Cooper und Clark Gable.

Rechts: Clark Gable mit einem von einer Hochspannungsleitung heruntergeschossenen Adler.

Ingrid Bergman mit Pia im Wohnzimmer des Hauses am Benedict Canyon.

Das Schlafzimmer.

Unten: Mit Pia und Petter Lindström.

Ingrid Bergman, Leo McCarey und Bing Crosby in den Kulissen von *Die Glocken von St. Marien*; 1945, am Tag nach der Oscar-Verleihung , bei der jeder einen gewann.

Ein sehr seltenes Pressefoto.

Kostümprobe für *Spiel mit dem Schicksal.*

Mit Gary Cooper in *Spiel mit dem Schicksal.*

Mit Gregory Peck in *Ich kämpfe um dich*.

Mit Cary Grant in *Berüchtigt*.

von Anna Magnani und Roberto Rossellini, nannte ihre Beziehung »ein Naturphänomen, unglaublich in Liebe und Zorn«.[13] Anna Magnani versuchte Rossellini von anderen Frauen fernzuhalten, aber es war vergeblich, als ob man versuchte, die mexikanische Grenze abzuriegeln.

Einmal saßen die beiden in einem Straßencafé in Amalfi, zusammen mit Bill Tubbs, einem amerikanischen Schauspieler, und seiner Frau Helen. In der Nähe saß eine junge italienische Schönheit mit nackter Taille, die sich offenbar Hoffnung auf eine Karriere beim Film machte. In der Hand hielt sie ein Glas mit einem schäumenden rosa Getränk, doch es sollte nicht so sehr ihren Durst stillen als vielmehr Rossellinis Verlangen wecken. Sie streichelte das Glas, ließ ihre Finger daran hinauf- und hinabgleiten und blickte gelegentlich zu dem Regisseur hinüber. Anna Magnani versuchte das zu ignorieren, aber auf einmal explodierte sie. »Ich war schon eine Hure, bevor du geboren wurdest«, schrie sie, eine Feststellung, die keiner zu bestreiten für angebracht hielt und die die Vorstellung am Nachbartisch beendete.[14]

Rossellini wußte schon lange, daß er alles tun mußte, um Anna Magnanis Eifersucht zu vermeiden. Er machte sich Sorgen, daß sie von Ingrid Bergman erfahren könnte und daß er ihr einen Film vorschlug, den er ursprünglich für Anna gedacht hatte.

Im Albergo Luna Convento in Amalfi, wo Rossellini und Anna Magnani wohnten, hatte er Anweisung gegeben, ihm Post aus dem Ausland diskret auszuhändigen. Der Portier betrachtete Anna Magnani als praktisch zur Familie gehörig. Er brachte Ingrid Bergmans Telegramm an ihren Eßtisch.

Wenn sie eine der größten Schauspielerinnen der Welt war — in dem Moment war es Rossellini, der versuchte, der größte Schauspieler zu sein. Mit einem gleichgültigen Gesichtsausdruck stopfte er das ungeöffnete Telegramm in die Tasche. Anna Magnani mischte Spaghetti.

»Ist es so gut — eh, Roberto?« fragte sie, als sie die Spaghetti in der Schüssel wirbelte. Sie kannte ihn so gut. Sie konnte die Wahrheit riechen.

»Ah, ja, ja«, sagte Rossellini.

»Gut.«

Sie nahm die Schüssel und warf ihm die Spaghetti ins Gesicht.

Es hätten ihm vielleicht noch mehr Leute gern Spaghetti ins Gesicht geworfen, wenn sie von seinen Machenschaften gewußt hätten. Zur selben Zeit als er sein Treffen mit Ingrid Bergman verabredete, telegrafierte er Jennifer Jones, deren Film *Duell in der Sonne (Duel in the Sun)* gerade herausgekommen war, und gratulierte ihr zu der »wundervollen Darstellung«, und er hoffe, in naher Zukunft einen Film mit ihr zu machen.[15]

Selznick wußte nicht, was er mit dem Telegramm anfangen sollte. Er glaubte, seine Verhandlungen mit Rossellini seien endgültig gescheitert, und jetzt war dieses Telegramm gekommen. Selznick war aber immer noch verhandlungsbereit, und Rossellini stimmte zu, sich mit Jenia Reissar zwischen dem 23. und 27. September 1948 in Paris zu treffen, um den Vertrag zu unterzeichnen.

Am 23. September rief Jenia Reissar im Hotel Raphaël an und erfuhr, daß Rossellini schon abgereist war und keine Adresse hinterlassen hatte. Sie rief am nächsten Tag noch einmal an, aber es war keine Nachricht da. »Ich persönlich glaube nicht, daß Rossellini irgendwelche Strafen etwas ausmachen würden«, schrieb sie an Selznick. »Er ist launenhaft und verantwortungslos.«[16]

Während Jenia Reissar in London vor Wut schäumte, bereitete Rossellini sein Treffen mit Ingrid Bergman im Hotel Georges V vor. Es nahmen noch Rudolph Solmsen, ein Produzent, und Ilya Lopert, Verleiher ausländischer Filme in den Vereinigten Staaten, an dem Treffen teil.

Roberto küßte Ingrid Bergman die Hand. »Wir wurden einander vorgestellt. Petter sagte etwas zu mir, aber ich hörte gar nicht hin«, erinnerte sie sich. »Ich sah nur in Robertos dunkle Augen . . . Er war sehr scheu — wirkte überhaupt nicht wie ein Film-Mann, jedenfalls nicht wie die, die ich kennengelernt hatte.«[17]

Rossellini sprach über den Film, den er und Ingrid Bergman zusammen machen würden. Es war ihm gleich, welche Sprache sie im Film sprechen, welches Zeug sie tragen würde. Nichts davon war von Bedeutung, es ging nur um den Realismus der Story. Ingrid Bergman hörte sich seine Geschichte an, die Geschichte einer Liebe auf der unfruchtbaren Insel Stromboli, und es war, als ob er ihr einen großen Schatz überreichte, ein Kunstwerk.

Lindström erinnert sich nicht, Rossellini in Paris getroffen zu haben, er weiß nur, daß er mit drei Italienern zusammensaß, die mit Ingrid redeten, während er zuhörte. In einem Interview im Jahre 1952 sagten Ingrid Bergman und Rossellini, daß Lindström in der Tat beim ersten Treffen nicht dabeigewesen sei, sondern später zu der Gruppe gekommen sei. Ein Vertrag wurde an dem Tag nicht unterzeichnet, aber man kam überein, weiterzumachen, wenn Rossellini ihr eine genaue Inhaltsangabe der Story geschickt hätte.

Zurück in Rom, konnte Rossellini sich nicht eines Kommentars über Lindström enthalten: »Schwedische Frauen sind am allerleichtesten zu beeindrucken, weil sie so kalte Ehemänner haben. Die Liebe, die sie bekommen, ist eher ein schmerzstillendes Mittel als ein anregendes.«[18]

Im November bekam Ingrid Bergman schließlich einen Brief von Rossellini. Die Story verhieß alles andere als ein schmerzstillendes Mittel zu sein. Er schrieb ihr, er sei sicher, sie werde viele Partien der Geschichte sehr hart finden, und ihre Persönlichkeit werde durch manche Reaktionen der Personen verletzt und beleidigt.

Er hatte kein Skript für sie und auch keine detaillierte Story. Er arbeitete nicht in dieser Weise. Ingrid Bergmans Film-Leben erhielt durch ihn ein ganz neues Moment von Gefahr und Risiko. Seit Jahren suchte sie die Gefahr in ihrem Privatleben und riskierte die Zerstörung ihres Images. Sie war geflohen vor allem, was Sicherheit und Unantastbarkeit bedeutete: ihr Zuhause, Petter und Pia, Ordnung, Routine. Als sie Rossellinis Brief las, da wollte sie mehr denn je ihren gemeinsamen Film auf Stromboli machen. Bevor sie jedoch einen Vertrag unterzeichnete, wollte sie bis Anfang 1949 warten, wenn Rossellini nach Kalifornien kommen würde.

Sie hatte noch einen Grund, sich für den geplanten Film zu begeistern. *Johanna von Orléans* hatte in diesem Monat in New York City Premiere gehabt. Keine Rolle hatte ihr mehr bedeutet als diese. Kein Film, so ging aus George Gallups Umfragen hervor, war so sehr erwartet worden.[19] 300 000 Dollar hatte man allein für Comics und Reklame in Zeitschriften ausgegeben. Es gab ein Paperback in den Drugstores zu kaufen mit Ingrid Bergmans Bild auf dem Umschlag. Sie war auf dem Cover von *Life*, in Rüstung, hoch zu Pferde. Über dem Times Square stand eine riesige Figur von ihr in weißer Plastikrüstung.

Im Premierenkino, ein paar Straßen weiter nördlich, waren die Wände mit Aluminium verkleidet worden.

Es war ein glanzvoller Eröffnungsabend, doch Ingrid Bergman hatte nie so gemischte Kritiken bekommen. Einige Kritiker machten sich über ihre Person lustig, über das gloriose Image, das ein Jahrzehnt gebraucht hatte, um heranzureifen. »Möglicherweise ist Ingrid Bergman zum Teil verantwortlich zu machen für den Mangel an tieferen menschlichen Gefühlen und Einsichten in diesem Film«, schrieb Bosley Crowther in der *New York Times*, »denn Miss Bergman, so hübsch sie anzusehen ist, hat wenig Spirituelles an sich.« Und C. A. Lejune schrieb im Londoner *Observer*, Hollywoods Johanna von Orleans sei »ein Triumph der Materie über Seele und Geist«.

Johanna von Orléans war ein ähnliches Desaster wie *Triumphbogen*. Der Film spielte nur etwas über zwei Millionen Dollar ein. Nichts mehr blieb von Sierra Film als endlose Rechtsstreitereien. Am 6. Januar 1949 starb Victor Fleming an einem Herzanfall, viele Leute meinten, das sei eine Folge seiner Arbeit an dem Film gewesen.

Ingrid Bergman traf sich zwar weiterhin in Europa mit Capa, doch sie interessierte sich jetzt mehr für ihre Familie als je zuvor. Eine Idee, ein Wunsch nahm sie ganz gefangen: Sie wollte einen Sohn haben, nicht einfach ein Kind, sondern einen Sohn — als ob das in ihrer Macht stünde; sie wollte ihn Pelle nennen. Sie begann das Haus zu renovieren, ein Kinderzimmer und einen Raum für das Mädchen einzurichten. Sie arbeitete mit dem Architekten, und laut Lindström erzählte sie ihm, dies sei die glücklichste Zeit ihres Ehelebens. Der Arzt Dr. Peter Veger, ein Flüchtling, der im Gästehaus lebte, bemerkte ebenfalls die dramatische Veränderung an Ingrid Bergman. »Ingrid war die Matriarchin des Hauses, in bin Zeuge, daß sie ein Kinderzimmer einrichtete«, sagt Veger. »Es kostete sie furchtbar viel Geld. Sie wünschte sich das Baby so sehr.«[20]

Doch sie wurde nicht schwanger. »Es widerstrebte mir, noch ein Kind zu bekommen, da mir unsere Ehe nicht stabil genug schien«, sagt Lindström.

Nichts schien Ingrid Bergman mehr zu gelingen. »Sie war wie besessen von ihren Mißerfolgen«, erinnert Lindström sich. »Sie sagte immerzu: ›Ich muß weg von Hollywood. Ich hasse Hollywood.‹«

Lindström machte sich Sorgen, weil sie zuviel trank und so deprimiert war. Doch er war nicht in der Lage, sie zu beruhigen und ihr zu helfen. Er hatte sich über die Weihnachtstage eine schwere Lebensmittelvergiftung zugezogen. Zum ersten Mal während ihrer Ehe war er krank, und er hatte das Gefühl, daß Ingrid das egal sei.

Es sah so aus, als ob sie in ihrem Berufsleben gründlich Ordnung schaffen wollte. Noch Jahre später erinnerte Steele sich ganz genau an den Tag im Januar, an dem Lindström ihn anrief und ihm mitteilte, daß er gefeuert sei. Steele bestand auf einem Treffen, und um drei Uhr nachmittags kam er zum Benedict Canyon. Ingrid Bergman und Lindström saßen im Gras beim Swimmingpool. Sie sagte ihm nicht einmal guten Tag. Lindström setzte ihm auseinander, daß Ingrid seine Dienste nicht länger benötige. Sie saß schweigend, mit niedergeschlagenen Augen dabei, während ihr langjähriger persönlicher Berater und Vertrauter seine Bemühungen Lindström gegenüber rechtfertigte.[21]

Lindström macht geltend, daß er nur getan habe, worum sie ihn gebeten hatte. »Sie sagte: ›Ich will Joe loswerden, er weiß zuviel über mich und kontrolliert alles, was ich tue.‹« Wieder einmal beruhte das, was nach außen hin Stärke bei Lindström zu sein schien, in Wahrheit auf Schwäche, während sich hinter Ingrid Bergmans anscheinender Schwäche ihre Stärke nur verbarg. Steele hätte sich daran erinnern sollen, daß sich seine geliebte Ingrid damals bei seinem Abschied von Selznick nicht besser verhalten hatte als die anderen Selznick-Stars. Erst Monate später, als sie ihn brauchte, hatte sie ihn überhaupt angerufen. Aber er vergaß solche Dinge, weil er sie vergessen wollte. Und er schob die Schuld einzig und allein Lindström zu und haßte ihn mit einer Leidenschaft, die beinahe so groß war wie seine Liebe zu Ingrid.

Ingrid Bergman konnte nicht wissen, wie es dem Film *Sklavin des Herzens* ergehen würde, aber bei den Dreharbeiten hatte es größere Probleme gegeben, was darauf hindeutete, daß auch dieser Film mißlungen sein könnte; das wäre dann der dritte hintereinander. »Ingrid war verzweifelt«, sagt Lindström. »Sie sagte: ›In Hollywood bist du nie besser als dein letzter Film. Ich muß unbedingt einen künstlerischen Film in Europa machen.‹«

Ingrid Bergmans Karriere begann eine bedrohliche Entwicklung zu nehmen, und sie wußte, wie schnell eine Starkarriere beendet sein konnte. Nach Italien zu gehen bedeutete allerdings nicht, Hollywood aufzugeben. Es war eher so, daß sie hoffte, mit einem kühnen Schritt eine beispiellose Position im internationalen Film zu erreichen. Sie würde, dank Rossellinis Regie, in einem Film von künstlerischem Niveau spielen, wie es in Hollywood unbekannt war. Und ihm, Rossellini, würde sie ein weltweites Publikum verschaffen. Wenn ihre Zusammenarbeit zum Erfolg führte, wenn sie einen Film in der Art wie *Rom — offene Stadt* oder *Paisà* produzierten, dann wäre das ein Erfolg für Ingrid Bergman, den nicht einmal Hollywood sich hätte träumen lassen.

Er war einfach vollkommen. Rossellini machte nicht nur Kunst aus dem Alltagsleben, er verwandelte das Leben in Kunst. Ingrid Bergmans Leben würde von Abenteuer erfüllt sein. Rossellini war für sie alles, was Lindström nicht war. Romantik, Wagemut, Abenteuer. Er war ein schöpferisches Genie, er war exotisch.

Ingrid Bergman glaubte, Rossellini und sie seien verwandte Seelen. Leider galt das auch für die dunkleren Seiten ihrer Persönlichkeit. Wie sie, war Rossellini mit sich selbst beschäftigt, auch wenn er ganz auf die jeweilige Frau konzentriert zu sein schien. Er war impulsiv und abhängig von Launen; er schuf sich eine Umgebung von Leuten, die ihm nützlich waren. Er war nicht zu einer Beziehung fähig, in der nicht er Mittelpunkt war.

Ingrid Bergmans Hauptinteresse an Rossellini war immer noch die Förderung ihrer Karriere. Er verschwendete keine Gedanken daran, wie Ingrid Bergman und er die Höhen internationalen Kino-Erfolgs erklimmen würden. »Ich werde Mr. Bergman Hörner aufsetzen«, verkündete er seinen Freunden.[22] Er redete häufig darüber, Dr. Petter Lindström zum Hahnrei zu machen und brüstete sich vor seinen Freunden mit seinen Absichten.

Zuerst mußte er die Trennung von Anna Magnani vollziehen. Die beiden wohnten im Hotel Excelsior in Rom; eines Abends sagte er ihr, er würde den Hund ausführen. Er ließ das Tier beim Portier und lief dann die Straße hinunter und kam nicht mehr zurück; er fuhr nach Amerika. Anna Magnani verbrachte den Abend damit, begleitet von Bill Tubbs, die Restaurants nach ihm abzusuchen.[23]

In New York nahm Rossellini den Preis der New Yorker Filmkritik für *Paisà* als besten ausländischen Film des Jahres entgegen. Eine Affäre lag bereits in der Luft. Während Rossellini im Zug nach Los Angeles saß, verkündete der Radio-Klatschkolumnist Walter Winchell: »Ingrid Bergmans einzige Liebe kommt nach Hollywood, sie zu besuchen!«

Für Rossellini kam natürlich nur das exklusive Beverly Hills Hotel in Frage (die Rechnung wurde vom Produzenten Ilya Lopert bezahlt). Bald nach seiner Ankunft besuchte er das Haus der Lindströms am Benedict Canyon. Ingrid Bergman hatte zu diesem Ereignis einen zehn Meter langen roten Läufer ausgelegt. Rossellini war schon auf merkwürdige Weise begrüßt worden, aber so noch nie; ein einem König des Films angemessener Empfang. Dr. Veger kam es vor »wie die Ankunft Agamemnons«.[24]

»Ich war so nervös, ich konnte mich nicht zusammennehmen«, sagte Ingrid Bergman später. »Als er hereinkam, konnte ich nicht reden. Ich versuchte mir eine Zigarette anzuzünden, aber meine Hand zitterte so, daß die Flamme verlöschte.«[25]

Sie blieb nicht lange nervös. Rossellini erzählte über seine Kindheit und sein Leben in Rom. Sie beschwerte sich zwar später, daß Petter zu alt für sie gewesen sei, doch Rossellini war noch ein Jahr älter als ihr erster Mann. Er war am 8. Mai 1906 als ältester Sohn eines wohlhabenden Architekten geboren. Er war in einem großen Haus im besten Teil Roms aufgewachsen, mit Kindermädchen und Privatlehrern und sehr viel Nachsicht. Geld war zum Ausgeben da, und er hatte sein Erbteil mit Arroganz und Verachtung durchgebracht, als glaubte er, er würde sich die Hände an den Scheinen schmutzig machen. Er hatte sich nicht mit einer Universitätsausbildung abgegeben, sondern angefangen beim Film zu arbeiten, für die Faschisten.

In Los Angeles hatte Rossellini viel Zeit: Zeit, um mit Ingrid Bergman auf französisch über die Kunst, das Leben und die Liebe zu sprechen, Zeit, um sich mit den Produzenten und Geldleuten Hollywoods zu treffen, wobei er in einer Weise redete, die für die Amerikaner keinen Sinn ergab.

Rossellini und Ingrid Bergman wendeten sich auch an Sam Goldwyn. Der legendäre Produzent war berühmt für seinen zynischen Witz. Er sprach nur gebrochen Englisch, doch er war ein scharfsinniger, genau beobachtender Mann. Er sah

Chancen in der Verbindung von Amerikas größtem Star und Europas größtem Regisseur.

Bei einer Dinnerparty führte Goldwyn Rossellinis *Deutschland im Jahre Null (Germania, anno zero)* vor, der im zerbombten Berlin gedreht worden war. Dieser Film stellte nicht einfach einen Angriff auf den Nationalsozialismus dar, er war eine düstere Bilanz der geistigen Verheerungen in Deutschland unmittelbar nach Kriegsende. Als die Lichter angingen im Vorführraum, herrschte beklommenes Schweigen.

Ingrid Bergman stand auf, ging zu Rossellini hinüber, warf ihren Arm um ihn und küßte ihn auf die Wange.

Sie und Rossellini standen an diesem Abend im Zentrum. Lindström stand ein wenig abseits, er vertraute Hedy Lamarr an, daß »er zu diesen Veranstaltungen mit seiner Frau ging, weil er wußte, daß es gut für ihre Karriere war«.

»Ingrid stand dann später mit Roberto in einer Ecke, sie drehte an einem Knopf an seiner Brokatweste und sah ihm mit einem winzigen, einladenden Lächeln in die Augen«, erinnerte Hedy Lamarr sich später. »Sie war schön, und es war deutlich, daß ihr Charme gewürdigt wurde. Als ich Ingrid und Roberto Hand in Hand zu Petter hinübergehen sah, der immer noch allein dastand und glücklich auszusehen versuchte, da mußte ich doch ein bißchen näher herangehen, um zu hören, was geredet wurde. Es würde bestimmt dramatisch.

Ingrid sagte sehr kühl zu Petter (während Roberto lächelnd zusah): ›Mr. Rossellini wird mich nach Hause bringen. Kann ich bitte den Schlüssel haben?‹ Ich konnte sehen, daß es Petter furchtbar peinlich war, doch offenbar wollte er keine Szene machen. Zögernd holte er sein Schlüsselbund heraus, öffnete es und nahm einen Schlüssel ab. Ohne ein Wort gab er ihr ihn, und sie sagte auch keinen Ton. Dann gingen Ingrid und Roberto hinaus.«[26]

Am nächsten Tag besprach Goldwyn mit seinem Sohn Sam seine Entscheidung, das Projekt abzulehnen. »Ich versteh' einen Burschen nicht, der sagt, ich will mir die Szenen ausdenken, wenn ich die Schauspieler sehe«, sagte Goldwyn. »Ich bin ganz versessen auf Ingrid. Jeder in der Stadt bietet ihr Drehbücher an. Warum will sie etwas machen ohne Drehbuch? Da muß irgend etwas anderes im Gange sein. Die haben entweder eine Affäre miteinander oder sie sind kurz davor.«[27]

Rosselini liebte zwar den Luxus und die Atmosphäre des Großbürgertums und wollte auch so leben, doch mit Kleinigkeiten wie Scheckbüchern, Verträgen und Aktennotizen konnte man ihn nicht behelligen. Goldwyn stieg aus dem Vertrag aus. Lopert meinte, daß Rossellini ein falsches Spiel mit ihm getrieben habe, weil er nach einem anderen Produzenten suchte, und er hörte auf, Rossellinis Rechnungen zu bezahlen. Wie Lindström sagt, machte es Rossellini nichts aus, sich 2000 Dollar von ihm zu leihen und auch noch Geld von Ingrids Agenten und ihrem Versicherungsvertreter zu borgen.

Rossellini hatte nicht genug Geld, um im Beverly Hills Hotel zu bleiben. Ingrid Bergman lud ihn ein, in ihrem Gästehaus zu wohnen. Lindström begrüßte ihn und ging in sein Büro.

Ingrid Bergman und Rossellini gingen auch weg. Gemeinsam erlebten sie Los Angeles, wie sie es in all den Jahren nie erlebt hatte. Sie fuhren die Küste hinauf. Sie fuhren in die Berge. Sie gingen zum Essen bei Farmer's Market und Don the Beachcomber's, wo Ingrid Bergman das erste Mal gegessen hatte, als sie nach Hollywood kam. Sie aßen mit Billy Wilder und trafen sich mit vielen anderen führenden Leuten in Hollywood. Überall gingen sie gemeinsam hin, sie redete in ihrem schlechten Französisch oder Rossellini in seinem Anfänger-Englisch.

»Roberto war so herzlich und kam sehr aus sich heraus«, sagte Ingrid Bergman über diese Tage. »Wenn ich bei ihm war, dann fühlte ich mich nicht gehemmt oder unbeholfen oder einsam — vielleicht zum ersten Mal in meinem Leben. Man konnte so gut mit ihm reden, und es war interessant ihm zuzuhören. Vor allem, er war so lebendig, und er gab mir auch das Gefühl, lebendig zu sein.«[28]

Sie war eine impulsive Frau. Nichts, was Rossellini tat, schien sie zu stören oder Fragen aufzuwerfen. Sie nahm ihn mit zu Howard Hughes und man einigte sich, daß RKO, sein neues Studio, den Film finanzieren würde. Bei Geschäften stand ihr ihre Verehrung für Rossellini allerdings nicht im Weg. Sie sollte 175 000 Dollar bekommen, dieselbe Gage, die sie für *Triumphbogen* und *Johanna von Orléans* erhalten hatte, außerdem 40 Prozent der Netto-Einnahmen. Rossellini sollte außer seiner Gage 20 Prozent der Netto-Einnahmen erhalten. Als amerikanischer Star, der einen Film in Italien machte, würde sie außerdem eine Subvention der italienischen Regierung im Werte von mindestens 50 000 Dollar bekommen.[29]

Selten hat Idealismus sich so bezahlt gemacht. Für ihren Ausflug in die Welt des italienischen Neorealismus sollte sie mehr Geld bekommen als sie je zuvor verdient hatte. Und wenn der Film ein Erfolg wurde, dann wäre sie reich.

Sie ging mit Rossellini aus in einen Nachtklub am Sunset Strip, um zu feiern. Lindström tauchte später auf und sprach mit seiner Frau auf schwedisch. Bald danach konnte man in einer Hollywood-Kolumne etwas über einen öffentlichen Wortwechsel zwischen einer gewissen berühmten Schauspielerin und ihrem Ehemann, einem Arzt, lesen.[30]

Eines Abends lud Celeste Holm Ingrid Bergman und Lindström zu einer Party ein, auch um ihren geplanten Film in Italien zu feiern. Die beiden kamen und fanden alle ihre Freunde vor. Lindström tanzte mit Hingabe und wechselte mindestens einmal sein Hemd.

Ingrid Bergman war mehr daran interessiert, über den Film zu reden, den sie und Rossellini auf Stromboli drehen würden.

»Oh, es wird herrlich sein, von hier wegzukommen, wo man immer schon vorher weiß, wie die Leute reagieren!« sagte sie mit großem Nachdruck.

»Ist es ein gutes Drehbuch?« fragte George Seaton.

»Oh, es gibt gar kein Drehbuch«, antwortete Ingrid Bergman, als ob sie Anfängern etwas über den neuen Film beibringen müßte. »Wir fahren da an einen Ort und da machen wir den Film.«

»Ich dachte immer, ein gutes Drehbuch ist keine schlechte Idee«, sagte Charlie Brackett, der Schauspieler.[31]

Als es für Rossellini Zeit wurde, nach Italien zurückzufahren, wollte er gern ein Geschenk für seinen Sohn Renzo kaufen. In einem Spielwarengeschäft kaufte er Cowboystiefel, einen Cowboyhut und einen Indianer-Federschmuck. Dann erspähte er eine riesige Stoffkuh, die eine Schürze trug. Das Ding war fast so groß wie ein richtiges Kalb und kostete 75 Dollar. Er kaufte sie, auf Lindströms Rechnung, und brachte sie Pia als Geschenk mit. Pia war entzückt.

Am 27. Februar 1949, am Abend vor seiner Abreise, saßen Rossellini und Lindström beisammen und hatten ein langes Gespräch miteinander. Wie Rossellini sich erinnerte, erzählte Lindström ihm, »Ingrid ist leicht zu begeistern, verständig, doch nicht intelligent, und ihr Temperament läßt sie leicht unbesonnen handeln«. Lindström streitet ab, über Ingrid gesprochen zu haben. Er sagt, Rossellini habe ihm gesagt, er sorge sich um ihn »wie um seinen eigenen Bruder«. Er sei ein Mann, dem Lindström seine Frau anvertrauen könnte. Er würde sich in Italien um Ingrid kümmern und sie vor Klatsch bewahren. Er würde sie Anna Magnani vorstellen. Und er versprach auch, daß Ingrid und er auf verschiedenen Schiffen nach Stromboli fahren würden.

Am nächsten Tag reiste Rossellini nach Italien ab, und Lindström und Ingrid Bergman fuhren zu einem Skiurlaub nach Aspen in Colorado. Die Dreharbeiten in Italien sollten am 1. April beginnen, doch sie konnte es kaum erwarten, bei Rossellini zu sein. Sie erzählte Lindström, Rossellini habe ihr versprochen, vor Drehbeginn mit ihr nach Capri, Amalfi und Messina zu fahren. Diese Idee gefiel ihm gar nicht, und er sagte ihr das auch.

Ingrid Bergman schrieb von Aspen aus an Rossellini kindliche, zutrauliche Briefe, als ob sie beide gegen die Welt verschworen wären. Sie zerbrach sich nicht den Kopf über eventuelle Komplikationen. Sie dachte nicht an die negative Publicity. Pia erwähnte sie gar nicht. Sie wollte einfach nur bei Rossellini sein. Und sie wollte arbeiten. Sie wollte verzweifelt gern wieder arbeiten.

Am 9. März sagte sie ihrer Haushaltshilfe und Pia auf Wiedersehen, wie sie es schon so viele Male zuvor getan hatte. Sie drehte sich noch einmal um und winkte Pia. Als sie Petter am Flughafen »so einsam und still« stehen sah, hatte sie zum ersten Mal ein »sentimentales« Gefühl.

Ingrid Bergman hatte andere Affären gehabt. Sie hatte Gefühlsstürme erlebt, auch vorher schon, doch sie war immer zu Lindström zurückgekehrt, und er war immer da gewesen. Er war ihre Vergangenheit, ihr Land, ihre Sprache. Er war der Boden, dem sie entsprungen war.

Wieviel Sehnsucht und Sorge, Erinnerung und Reue lastete auf ihrer Ehe. So vieles war nicht gesagt worden. So vieles konnte nicht gesagt werden. So oft hatten sie ihre gefährdete Ehe wieder in Ordnung zu bringen gesucht. Wenn sie Lindström verließe, würde sie sich selbst aufgeben, ihre Geschichte, ihre Erinnerungen.

Ingrid Bergman war nicht jemand, der Alternativen gegeneinander abwägte oder an die Konsequenzen dachte. Sie dachte auch nicht an Petter und Pia. Sie dachte nicht an die Vergangenheit. Und sie dachte nicht daran, daß sie sich diesmal in eine Affäre stürzen könnte, über die sie keine Kontrolle mehr hätte. Sie dachte an Rossellini, an Italien, an den Film. Sie dachte an sich selbst.

Lindström kehrte in das halbleere Haus am Benedict Canyon zurück, in das Haus mit dem neueingerichteten Kinderzimmer. Seine Strategie war es immer gewesen, abzuwarten bis zum Ende. Bis zu Rosselinis Ankunft hatte das funktioniert.

Er ging in Ingrid Bergmans Ankleideraum. Da wußte er, dieses Mal war es anders. Sie hatte viele ihrer Sachen mitgenommen. Nicht mehr da waren zwei Pelzmäntel, zwei Pelzjacken, viele ihrer Kleider und der ganze Schmuck, den sie im Haus aufbewahrte. Weg waren die Alben mit Fotos und Zeitungsausschnitten und ihre persönlichen Briefe. Vergangen und vorbei waren ihre gemeinsamen Jahre. Alles war vorbei.

13.

»Stackars lilla pappa, stackars lilla mamma«

Die ganze Woche in New York fieberte Ingrid Bergman vor Erwartung und Aufregung. Gleich nach ihrer Ankunft rief Rossellini sie im Hampshire House an. Sie hätte zehnmal am Tag mit ihm reden können, aber sie machte sich Sorgen um den Klatsch. Es war sowieso nur eine Woche. Sie sah sich mehrere Stücke an. Sie besuchte José Ferrer, der die Hauptrolle in *The Silver Whistle* spielte, und saß bis zum Morgen in seiner Garderobe, trank Scotch und redete über Rossellini und über den Film.[1]

Zu Autogrammjägern war sie unhöflich. »Ich habe Ihnen eins vor fünf Jahren gegeben«, brüllte sie einen Verehrer an. »Was wollen Sie mit noch einem?«[2]

An ihrem letzten Abend in Amerika besuchte sie Irene Selznick in ihrem neuen Appartement im Hotel Pierre. Die Scheidung von Selznick war vor drei Monaten ausgesprochen worden. Ingrid Bergman wollte nicht über Irene Selznick und ihr neues Leben als Broadway-Produzentin reden. Sie wollte über sich selbst reden. Als Irene Selznick Ingrid Bergmans endlosen Monologen zuhörte, dachte sie, sie sei »nicht so sehr freudig als vielmehr fieberhaft erregt«.[3]

Irene Selznick, die die Diskretion für eine sehr hohe Tugend hielt, wollte nichts über Rossellini wissen. Sie machte sich fürs Bett zurecht, doch selbst das hielt ihren Gast nicht vom Reden ab. Schließlich griff Ingrid Bergman zum Telefonhörer und rief Rossellini in Rom an. Es war jetzt so spät, daß sie nicht mehr allein ins Hampshire House zurückwollte. Sie fragte Irene Selznick, ob sie bei ihr übernachten dürfe.

Stundenlang hatte sie getrunken, geraucht und geredet. Als sie zum Badezimmer ging, glitt sie aus und schlug mit dem

Kopf an die Klimaanlage. »Sie stürzte so schwer, daß ich dachte, es wäre aus mit ihr«, erzählte Irene Selznick später. »Ein Bruchteil eines Zentimeters — und sie wäre nicht nach Rom gegangen.«[4]

In der Woche an der Ostküste hatte Ingrid Bergman nicht zu Hause angerufen, und sie hatte keine Ahnung, was geschehen war, nachdem sie ihren Mann am Flughafen in Los Angeles zurückgelassen hatte.

Hätte sie angerufen und wäre Lindström offen mit ihr gewesen, dann hätte er ihr erzählen müssen, daß er einen Besuch von Lopert, dem verärgerten Produzenten, erhalten hätte. »Lopert bekam überhaupt keinen Anteil, weder von Rossellini noch von RKO«, erzählt Lindström. »Er sagte zu mir: ›Rossellini ist ein Lügner und Betrüger und jetzt hat er mich wieder hereingelegt. Da gibt es etwas, das Sie wissen sollten. Bevor wir in Los Angeles ankamen, sagte er zu mir: die Bergman habe ich innerhalb von zwei Wochen im Bett.‹«

Im Flugzeug nach Rom war Ingrid Bergman ziemlich entspannt, erinnert Ellen Neuwald sich. »Wir redeten und schliefen viel. Ich wußte überhaupt nichts. Und sie wußte, daß ich wußte, daß sie nichts sagen würde.«[5]

Am Flughafen in Rom hatte sich schon lange vor Ankunft des Flugzeugs eine große Menschenmenge versammelt. Sie warteten auf die Frau, die sie als die Madonna des Films ansahen, eine engelhafte Gestalt, die zu ihnen herabgestiegen kam aus einem entfernten Land, Hollywood genannt.

In den Jahren vor dem Zweiten Weltkrieg hatte Hollywood die Herzen der Italiener erobert; Anfang 1939 war der populärste Film in Italien *Schneewittchen und die sieben Zwerge (Snow White and the Seven Dwarfs)*.[6] Jetzt nach dem Krieg waren die Filme aus Amerika wieder da und zogen ein großes Publikum an. Amerika war überall präsent[7], selbst in mehreren der besten neorealistischen Filme, wie in Vittorio De Sicas *Fahrraddiebe (Ladri di biciclette)*, wo dem Vater das Rad gestohlen wird, während er Plakate für einen Rita-Hayworth-Film klebt. Die Italiener wollten keinen Spiegel vorgehalten bekommen, in dem sie die Narben, die der Krieg hinterlassen hatte, erblickten. Sie wollten, im magischen Spiegel Hollywoods, ein Leben sehen, das großartiger und schöner war, und sei es auch nur für Stunden. Sie wollten Ingrid Bergman sehen.

Rossellini betrat das Flugzeug mit einem gewaltigen Strauß langstieliger Rosen. Ingrid Bergman küßte ihn und flüsterte: »Je t'aime.« Dann trat sie, im Pelzmantel, die Blumen im Arm, hinaus in die kühle Luft Roms. Die Menschen hießen sie willkommen. Sie sagte später, es sei gewesen, als käme eine Königin.

Rossellini bahnte den Weg für sie durch die Menge. Ingrid Bergman hatte sich auch früher schon durch Gruppen von Fans hindurchdrängen müssen, doch solch ungestüme Begeisterung hatte sie noch nicht erlebt. Rossellini griff sich einen der Fotografen und zerriß ihm den Mantel am Rücken. Dann stieß er sich den Weg zur Tür frei. Die Menge verfolgte ihn, doch schließlich schubste er Ingrid Bergman in seinen roten Sportwagen und sie brausten davon in die Nacht.

Vor dem eleganten Hotel Excelsior an der Via Veneto warteten wieder viele Menschen, um einen Blick auf Ingrid Bergman zu erhaschen. Rossellini hatte ständig ein Zimmer im Excelsior, allerdings war es ein kleiner, dunkler Raum, der nach innen lag, eher geeignet für Eimer und Besen als für Liebesaffären. Für Ingrid Bergman hatte er jedoch eine Suite reserviert, die RKO bezahlen würde.

Rossellini plante die Inszenierung seiner Liebesaffären mit einer Präzision und Sorge ums Detail, die er bei seinen Filmen nicht immer aufbrachte. Obwohl es schon fast drei Uhr morgens war, warteten seine Freunde, um Ingrid Bergman zu begrüßen. Es gab Champagner und kleine Geschenke. Alles lief sehr gut, bis Rossellini Ingrid Bergman Helen Tubbs vorstellte, deren Mann in Rossellinis Filmen mitspielte.

»Das ist die Korrespondentin von *Variety*«, sagte Rossellini. Ingrid Bergman sah Helen Tubbs mit, wie diese meinte, entsetztem Blick an.

»Mach dir keine Sorgen«, sagte Rossellini.

»Ich schreibe keine Klatschgeschichten«, sagte Mrs. Tubbs. »Ich nehme nichts hinein, was Sie nicht wollen.«[8]

Ingrid Bergman sah erleichtert aus, als hätte sie noch die Kontrolle über ihr Image in den Zeitungen und Zeitschriften.

Rossellini hatte dafür gesorgt, daß Anna Magnani außer Landes sein würde und nicht eine ihrer Szenen aufführen konnte. Sie liebte Rossellini noch immer und sie kannte sich aus mit ihm. Von London aus rief sie ihren Freund, den prominenten Drehbuchautor Suso Cecchi d'Amico, an.[9]

»Ist Ingrid angekommen?« fragte sie.

»Ja.«

»War Roberto am Flughafen?«

»Ja.«

»Welche Straße haben sie vom Flughafen aus genommen?«

D'Amico überlegte einen Moment. Es gab zwei Straßen. Die neue moderne Schnellstraße, die direkt nach Rom führte. Das war die Straße, die alle nahmen. Und dann war da die alte Straße, die Via Appia Antica, gewunden, baumbestanden, romantisch. Diese Straße war Rossellini häufig mit Anna Magnani gefahren und hatte sie mit seinen Geschichten über das antike Rom bezaubert.

»Ich glaube, die alte Straße.«

Anna Magnani legte den Hörer auf.

An Ingrid Bergmans erstem Tag in Rom setzte Rossellini eine Pressekonferenz in einem der mit Spiegeln ausgehängten Salons des Excelsior an.[10] Ungefähr 300 Reporter, Fotografen, Presseleute und Anhang drängten sich in dem Raum. Manche hatten gar nicht die Absicht, Fragen zu stellen, wenn man doch Ingrid Bergmans Autogramm ergattern konnte. Viele Leute schoben sich nach vorn, während die Fotografen Hunderte von Aufnahmen machten, es war ein Blitzlichtgewitter.

Ingrid Bergman versuchte zu lächeln, doch solchen Auftritt hatte sie noch nicht erlebt. Ihre Züge schienen zu gefrieren und sie wirkte ängstlich. »Gebt ihr doch Luft!« rief Rossellini. Er hatte genug. »Komm, gehen wir«, rief er und versuchte sich aus dem Raum zu zwängen. Die Menge wollte Ingrid Bergman nicht hinauslassen.

Rossellini gab kein Pardon. Sie schafften es schließlich, aus dem Salon herauszukommen. »Maleducati!« schrie er, als er mit Ingrid Bergman zum Fahrstuhl ging.

Danach war Ingrid Bergman überglücklich. »Ich habe immer gewußt, daß die Italiener sehr leidenschaftlich sind«, sagte sie. »Aber ich wußte nicht, daß sie derart leidenschaftlich sind.«

Sie war völlig fasziniert von Rossellini und seinem Rom. Er hatte ihr von dem Sommerhaus seiner Familie in Ladispoli, nördlich von Rom an der Küste, erzählt. In ein paar Strichen hatte er ihr das Bild einer idyllischen Zuflucht entworfen, etwas wie bei Čechov, und sie wollte unbedingt hinfahren und es sehen. Vittorio De Sica und Sergio Amidei schlossen sich ihnen an.

Was immer der Ort vor dem Krieg gewesen sein mochte — jetzt war da nichts Schönes mehr. Aber als sie mit Rossellini Hand in Hand durch das Gewirr der schmutzigen Straßen ging, da war sie hingerissen. Sie sah nur die prächtigen Bilder, die Rossellini ihr vorgestellt hatte, sie sah nicht den Schmutz zu ihren Füßen.[11] De Sica kehrte nach Rom zurück und erzählte seinen Freunden: »Ingrid ist vollkommen verrückt. Das ist ein Slum dort, und sie war entzückt.« Er prägte einen neuen Begriff, um Ingrid Bergman zu beschreiben: »La grande ignora«.

Ingrid Bergman war nicht nur von einem Italiener entzückt, sondern von allen, und vom Land selbst auch. Wie so viele andere, die hierherkamen, spürte sie das Glück im Wasser und im Wein. Sie war in Hochstimmung, lebte, wie sie es im Film tat, spürte jeden Augenblick, es gab weder Vergangenheit noch Zukunft für sie.

Der Franzose mag sich einbilden, daß er die Sprache der Zivilisation spricht, und wenn der liebe Gott nicht ausschließlich Französisch spricht, so deshalb, weil er diese Sprache für Staatsangelegenheiten reserviert. Der Italiener spürt, daß seine Sprache die Sprache des Lebens ist, besser, sie schlecht zu sprechen als überhaupt nicht. Er glaubt, daß Lachen und Seufzer alle auf italienisch sind, und der liebe Gott lebt im Himmel, aber seine Ferien macht er in der Toskana. Rossellini war der italienischste der Italiener. Er war voller Stolz, genau wie Lindström. Doch während Lindströms Stolz ein moralischer war, bestand Rossellinis Stolz darin, daß er wußte, wie man lebte, wie man fühlte, wie man liebte.

Rossellini war charmant, doch selbst seine Schwester gibt zu, »die Leute würden sagen, er ist charmant wie eine Schlange, wie eine Schlange, die kleine Vögel betört«.[12] Rossellini wollte Ingrid Bergman unwiderruflich zu der Seinen machen. Um sie zu gewinnen, wollte er ihr zuerst sein Italien zeigen. Nach ein paar Tagen verließen die beiden Rom auf der Via Appia, in einem roten offenen Cisitalia auf dem Weg nach Süden, und der Wind spielte in Ingrid Bergmans Haar.

Für Ingrid Bergman brachte jede Straßenbiegung, jedes neue Dorf, jede neue Stadt einen Augenblick für sich, abgeschlossen, ohne Vergangenheit und Zukunft. Rossellini erzählte ihr von Italiens Geschichte und eine Menge Anekdoten. Er führte sie nach Capri, aber versäumte ihr seine private Geschichte zu erzählen: eine seiner früheren Geliebten, Roswita Schmidt, eine deutsche Schauspielerin, lebte auf der Insel.

In Amalfi, ungefähr 100 Kilometer südlich von Neapel, wohnten Ingrid Bergman und Roberto Rossellini im Albergo Luna Convento. In diesem ehemaligen Kapuzinerkloster machte er besonders gern Station. Hier hatte Anna Magnani ihm die Spaghetti ins Gesicht geworfen. Und hier schrieb Ingrid Bergman einen Brief an Lindström und bat ihn um die Scheidung.

Rossellini sollte Lindström ja versprochen haben, Ingrid Bergman mit dem gebührenden Anstand zu behandeln und keinen Skandal entstehen zu lassen. Doch er schien ein Herz und eine Seele mit den Skandalreportern zu sein. Ingrid Bergman hatte immer auf ihr Image in der Öffentlichkeit geachtet, und wenn sie nicht aufpaßte, hatten das Steele oder Selznick für sie getan. Jetzt war sie allein mit Rossellini und sah nicht, daß es mehr war als nur sie beide in einer romantischen Idylle. Und so machten die Fotografen Aufnahmen von den beiden, wie sie Hand in Hand in den Ruinen eines antiken Turmes spazierengingen, und schickten sie an die Zeitungen.

Lindström hatte Briefe geschrieben. Obwohl er wußte, daß Ingrid und Rossellini ein Liebespaar waren, waren seine Briefe wohlwollend und voll guter Ratschläge, als könnte er selbst jetzt nicht der Realität ins Auge sehen, daß er ein Leben ohne sie führte.

Ingrid Bergman konnte das alles nicht länger ignorieren. Sie saß in ihrem Hotelzimmer vor einem weißen Blatt Papier mit dem Namen des Hotels darauf und machte mehrere Ansätze zu einem Brief. Was sie zu sagen hatte, war schmerzlich, und es war tiefempfunden, doch kein einziges Wort über ihre Tochter war dabei.

Petter lilla,
Es wird sehr schwer für Dich sein, diesen Brief zu lesen, und es ist schwer für mich, ihn zu schreiben. Aber ich glaube, es ist der einzige Weg. Ich würde gern alles von Anfang an erklären, aber Du weißt schon genug. Ich würde Dich gern um Verzeihung bitten, aber das scheint mir lächerlich. Es ist nicht allein meine Schuld, und wie kannst Du mir vergeben, daß ich bei Roberto bleiben will? Ich

hatte nicht die Absicht, mich zu verlieben und für immer nach Italien zu gehen. Nach all unseren Plänen und Träumen — Du weißt, daß das stimmt. Aber was kann ich dabei tun? Du hast in Hollywood gesehen, wie meine Begeisterung für Roberto wuchs und wie ähnlich wir uns sind, wir haben das gleiche Verlangen nach der gleichen Art von Arbeit und die gleiche Auffassung vom Leben. Ich dachte, vielleicht könnte ich mein Gefühl für ihn überwinden, wenn ich ihn in seiner eigenen Umgebung sehe, die so anders ist als meine. Aber das Gegenteil ist geschehen. Die Menschen, das Leben, das Land — das alles ist nicht fremd für mich. Es ist das, was ich immer gewollt habe. Ich hatte nicht den Mut, Dir zu Hause mehr über ihn zu sagen, weil es alles so unglaublich schien, wie ein Abenteuer, und zu der Zeit kannte ich die Tiefe seiner Gefühle nicht.

Min Petter, ich weiß, daß dieser Brief wie eine Bombe auf unser Haus fällt, auf unseren Pelle, unsere Zukunft, unsere Vergangenheit, in der Du viele Opfer gebracht hast und immer hilfsbereit warst.*

Und jetzt stehst Du allein in den Ruinen, und ich kann Dir nicht helfen. Stackars lilla pappa, men stackars lilla mamma också. (Armer kleiner Papa, aber auch arme kleine Mama.)

Mama[13]

Ingrid Bergman glaubte, daß es Lindström sei, der »allein in den Ruinen« stand, während sie sich weiterbewegt hatte. Sie würde Augenblicke der Traurigkeit erleben, aber nicht die Last zu tragen haben wie ihr Mann.

Bevor der große Ansturm der Presse begann, fuhren Ingrid Bergman und Rossellini wieder in Richtung Süden. Sie waren zehn Tage unterwegs und merkten nicht, wieviel Unruhe ihretwegen entstand. In Rom machten Rossellinis Freunde und Verwandte sich schon Sorgen, daß die Affäre ihm und seiner Arbeit schaden könnte.

Rossellini hatte seine Affären gehabt, aber das waren immer Episoden geblieben, die seine Arbeit nicht tangiert hatten. Seine Beziehung mit Ingrid Bergman drohte allerdings etwas zu werden, das sein Leben beherrschen würde. »Ich machte mir Sorgen, was Ingrid für das Leben meines Bruders bedeuten

---

* Jahre später, in Ingrid Bergmans Autobiografie, wurde der Name Pelle in Pia geändert, so daß es aussah, als erwähnte sie ihre Tochter.

würde«, sagt Marcella, seine Schwester. »Ich machte mir Sorgen, weil mit ihr all diese gräßlichen Dinge auf uns zukommen würden — nicht sie selbst, natürlich —, sondern die Skandalreporter und all so was, so daß wir nicht mehr leben könnten wie vorher.«[14]

Rossellinis Cousin Renzo Avanzo empfand ganz ähnlich. »Sicher, wir mißbilligten das«, sagte er, »aber nicht vom moralischen Standpunkt aus. Darum hat sich keiner geschert. Wir waren dagegen, weil wir wußten, wenn sie da ist, würde er nicht mehr die Art von Filmen machen, die er machen sollte. Sie kam aus einer richtigen, ernsthaften, kommerziellen Welt des Filmemachens. Er paßte da nicht hinein. Sie waren verliebt in die Idee, was sie gemeinsam künstlerisch machen könnten — und es war eine sehr schlechte Idee.«[15]

Rossellini unterlag der Illusion, genau wie Ingrid Bergman, daß er die Kontrolle über seine Kunst und sein Leben hatte. Für Ingrid Bergman war er dieser Kinogott, der etwas Großes aus dem Nichts erschuf. Er brauchte kein Drehbuch, die Dialoge und Szenen würden ihm fertig einfallen; er brauchte keine professionellen Schauspieler, er würde sie selbst auswählen, sie von der Straße holen, sie aussuchen nach dem Gesicht, der Figur. Am Strand von Salerno, sagte er Ingrid Bergman, würde er ihren Partner finden. Nach zwanzig Minuten kam er wieder und erzählte ihr, er habe zwei Männer gefunden; einer der beiden, Mario Vitale, ein gutaussehender einundzwanzigjähriger Fischer, bekam die Rolle an Ingrid Bergmans Seite, für die großzügige Gage von 75 Dollar die Woche.

Je weiter sie nach Süden reisten, desto ärmer wurde das Land. Sie fuhren durch enge Straßen, die von fensterlosen Hütten gesäumt waren; hier arbeiteten die Bauern sehr hart und neun von zehn Lire, die sie verdienten, gaben sie für Essen aus.[16]

In diesem vergessenen Land stellten Filme den hauptsächlichen, manchmal den einzigen Kontakt mit der städtischen Welt dar. Ingrid Bergman war hier in Süditalien fast so bekannt wie in den Städten des amerikanischen Mittelwestens. In Catanzaro war die Hauptstraße von Menschen gesäumt, die die Königin Hollywoods sehen wollten. Ingrid Bergman und Rossellini hatten das beste Zimmer im Hotel, aber selbst das beste Zimmer hatte kein Bad. Als Ingrid Bergman ins Badezimmer gehen mußte, standen die örtlichen Würdenträger noch immer im Flur. Sie applaudierten ihr auf dem Weg ins Bad und als sie wieder herauskam, obwohl sie ihr immerhin gestatteten, sich in Ruhe zu waschen.

Der Bürgermeister von Catanzaro gab ihnen für ihr Bett im Hotel seine eigenen seidenen Hochzeitslaken, und er bat sie, sie am Morgen zu signieren. Er würde sie wie eine Reliquie aufbewahren.

Laut Vertrag sollten die Dreharbeiten zu *Stromboli* vom 1. April 1949 beginnen. Aber es war schon der 4. April, als sie an Bord der San Lorenzo den Hafen von Messina verließen. Da die einzige regelmäßige Verbindung nach Stromboli das Postschiff von Neapel war, hatte man für die Dreharbeiten einen alten Schoner gemietet. Die San Lorenzo war kaum der Luxusdampfer, den ein Hollywoodstar vielleicht erwarten mochte. Es gab an Deck nicht einmal eine Plane zum Schutz gegen die Sonne.

Das Schiff stank nach totem Fisch, doch Ingrid Bergman roch nur das frische Meer. Sie hatte sich nicht beklagt über die anstrengenden Dreharbeiten zu *Wem die Stunde schlägt*, und sie beklagte sich auch jetzt nicht, als das Schiff mit keuchendem und spuckendem Motor durchs Meer stampfte.

Nach vier Stunden tauchte plötzlich der große rauchende Vulkankegel vor ihnen aus dem Meer auf, dann die gewaltige schwarze Masse des Berges, schließlich die Insel selbst — Stromboli, die nördlichste der Liparischen Inseln. Der Vulkan war einer der aktivsten der Welt. Erst vor kurzem war er wieder ausgebrochen, hatte Rauch und Flammen ausgestoßen und Lava gespuckt, die an seiner Flanke hinab ins Meer geflossen war. An manchen Tagen verdunkelte der Rauch die Sonne. Wer auf dieser Insel lebte, konnte sich nur wenige Illusionen darüber machen, wieviel Macht der Mensch über sein Schicksal hat.

Das Schiff fuhr um die Insel herum bis zu dem winzigen Dorf. Auf dem schwarzen Sandstrand standen eng aneinandergedrängt weißgetünchte Häuser im maurischen Stil. Einst hatten hier 5000 Menschen gelebt, jetzt waren es nur noch ungefähr 500. Die Wagemutigen und die Jungen waren gegangen und hatten Stromboli den Alten überlassen, eine Insel, deren Farben bestimmt waren vom Grau des Vulkans und dem Schwarz der Witwen.

Die Ankunft von Ingrid Bergman und Roberto Rossellini

war das größte Ereignis in der Geschichte Strombolis, und fast das ganze Dorf erwartete sie auf dem schwarzen Sandstrand. Als Ingrid Bergman die Insel erblickte, dachte sie, das sei eine spektakuläre Kulisse für einen Film. Sie dachte nicht, daß es so schwierig sein würde, hier einen Film zu machen.

Ohne Frage war Stromboli eine spektakuläre Kulisse für eine Liebesaffäre. In der ersten Woche war das Rossellinis Hauptinteresse, auch wenn es die Zeit und das Geld von RKO kostete. Er war ein ausgezeichneter Taucher und Speerfischer. Die Gewässer um die Insel sind fischreich, und immer wieder tauchte er ins Meer hinab, kam dann nach langen Sekunden wieder an die Oberfläche und legte Ingrid Bergman einen Fisch vor die Füße.

Sie wohnten zusammen im Haus des Lehrers, dem besten Haus auf der Insel. Jeder hatte ein Schlafzimmer. Fließendes Wasser gab es auf der Insel nicht. Man hatte für Ingrid Bergman extra ein Badezimmer am Ende des Hauses gebaut. Eine behelfsmäßige Dusche gehörte dazu, die aus einem alten Faß auf dem Dach bestand, in das ein Mädchen bei Bedarf erhitztes Wasser füllte. Es gab auch einen kleinen Hof, wo sie miteinander reden konnten, ohne gehört zu werden.

»Ich habe sie auf einer niedrigen Mauer vor dem Haus sitzen sehen — das ›Liebeshaus‹, wie es bald genannt wurde, — stundenlang saß sie da, ohne ein Wort zu sagen«, berichtete Michael Wilson, der britische PR-Mann, der von RKO beauftragt worden war, für diesen Film zu arbeiten. »Sie nickte nur, während Rossellini redete.«[17]

Am 7. April begann Rossellini zu filmen, in seiner unsystematischen Weise. Ingrid Bergman wußte, das Filmedrehen war eine äußerst kollegiale Kunst. Sie stellte sich vor, daß sie bei Rossellini am künstlerischen Prozeß teilhaben würde. Doch er war stolz und überheblich, zugleich aber unsicher, was er durch forsches Auftreten überspielte. Er war nicht geneigt, jemand am kreativen Prozeß teilhaben zu lassen. Er war der Autor des Drehbuchs, aber da war kein Drehbuch, das Produzenten und Schauspieler kritisieren konnten. Er hatte nur seine Ideen, und er schrieb Dialog und Szenen fast beim Filmen nieder, so hatte er immer die Kontrolle über das, was am Tag gefilmt wurde.

Ingrid Bergman hatte die Vorstellung, es sei etwas ganz Besonderes, bei Rossellini Schauspielerin zu sein. Hier würde sie endlich damit beginnen, sich in Rollen mit großer Tiefe und Subtilität hineinzuarbeiten. Doch Rossellini hatte *Stromboli* nicht einfach deshalb mit Inselbewohnern besetzt, weil sie authentisch aussahen, sondern weil er keine »Schauspieler« wollte und mit Verachtung auf sie und ihre narzißtische Kunst herabsah. Er behandelte Schauspieler fast als Marionetten. Bei *Stromboli* befestigte er sogar Fäden an ihren großen Zehen und zog daran, wenn er wollte, daß ein »Schauspieler« etwas sagte.

Ingrid Bergman hatte keine solche Schnur am Fuß, und sie versuchte, mit Tiefe und Subtilität in einer Rolle zu agieren, die sie nicht verstand, in einer Handlung, die kaum existierte. Wenn sie Glück hatte, gab es am Abend einige Sätze für sie zu lernen, und während dieser Zeit übte Ellen Neuwald mit den anderen Ensemblemitgliedern die Dialoge ein. »Die Schauspieler konnten kaum italienisch, nur ihren Dialekt«, erzählt Ellen Neuwald. »Am Abend mußte ich ihnen die italienischen Wörter einhämmern. Rossellini sagte: ›Unterstehen Sie sich, ihnen zu sagen, was die Sätze bedeuten. Drillen Sie sie ihnen einfach ein. Für die Bedeutung sorge ich schon.‹«[18]

Ingrid Bergman versuchte so zu tun, als wäre alles in Ordnung, doch eines Tages explodierte sie. Rossellini hörte sich ihren Ausbruch schweigend an, aber er machte nichts anders. Ingrid Bergman, wie die meisten seiner Frauen, hatte etwas leicht Masochistisches an sich, und er wußte sich dieser Neigung geschickt zu bedienen. Als ihr Geliebter und ihr Regisseur beherrschte er sie und zwang sie unter seinen Einfluß, manchmal demütigte er sie fast.

Trotz ihrer vielen Affären war Ingrid Bergman nicht frei von Prüderie. Sie hatte nie leichtbekleidet für Fotos posiert und sich immer geweigert, viel Bein zu zeigen.

In einer Szene bat Rossellini sie, ihren Rock hochzuheben, vor dem Team und der Kamera.

Sie zog ihren Rock ein paar Zentimeter hoch.

»Ein bißchen höher, carissima mia«, sagte Rossellini. »Ein bißchen höher.«

Ingrid Bergman zog den Rock bis kurz über die Knie hinauf.

»Nein«, sagte Rossellini und ging zu ihr hinüber. »Nicht so — so.«

Er riß den Rock mit einem Ruck nach oben, so daß ihre weißen Schenkel nackt vor der Kamera erschienen.[19]

Hätte Ingrid Bergman nachgedacht über all das, was sie über Hollywood wußte und über Publicity, über Männer und Liebe und Ehe, dann wäre ihr klargeworden, daß ihre idyllische Zeit nicht mehr von langer Dauer sein konnte. Aber sie betrachtete ihr Leben, als wäre es eine Folge von Filmen, von Episoden und Figuren, die man lebte und dann vergaß, oder die man in das Gedächtnis verbannte, als bloße Momentaufnahmen.

Am 9. und 12. April telegrafierte Lindström Ingrid Bergman nach Stromboli und bat sie, ihn anzurufen. Er hatte keine Ahnung, daß die Insel so abgelegen war, daß es weder Telefon noch Elektrizität gab. Pia freute sich auf den Anruf ihrer Mutter und verbrachte den ganzen Ostersonntag in einem Bungalow in Palm Springs und wartete darauf, daß das Telefon klingelte.[20]

Am 13. April konnte man in Cholly Knickerbocker's Kolumne im *New Yorker Journal American* etwas von »Gerüchten« über eine Romanze zwischen Ingrid Bergman und Roberto Rossellini lesen. »Ich mußte ganz schön vorsichtig sein«, erinnert sich Igor Cassini, der die Kolumne schrieb. »Ich mußte ziemlich sicher sein. Ich wußte, die Geschichte würde bekannt werden. Ich schrieb es sehr vorsichtig. Man mußte vorsichtiger sein, weil ein Skandal im Privatleben einer Person tabu war. Ich wußte, daß sie in diesen Mann verliebt war.«[21] Innerhalb weniger Tage erschien die Story fast überall. Aufsehenerregendster Beweis für Ingrid Bergmans neue Liebe war ein Foto in *Life*, das sie und Rossellini händchenhaltend zeigte.

Nachdem Ingrid Bergman in Amalfi ihren Brief an Lindström geschrieben hatte, bekam sie offenbar doch Bedenken, ihn abzuschicken. Rossellini hatte ihn ihr wutentbrannt weggenommen. Bevor er ihn zur Post brachte, zeigte er ihn triumphierend seinen Freunden. Und so gelangte die Neuigkeit in italienische und amerikanische Zeitungen.

Sein ganzes Leben lang hatte Lindström versucht, Publicity zu vermeiden. Jetzt sah er sich verfolgt und gehetzt. Er hatte gewollt, daß Pia aufwuchs wie jedes andere kleine Mädchen, doch jetzt wurde sogar ihr Name unter die Leute gebracht. Er schickte Pia zu Lydia Vernon, der Frau ihres gemeinsamen Managers, der sich um alle geschäftlichen Angelegenheiten kümmerte. Im Sommer ging Pia dann nach Minnesota, wo sie mit Freunden auf einer Farm lebte.

In seiner Antwort auf Ingrid Bergmans Brief versuchte Lindström nicht, sie dazu zu bewegen, zu ihm zurückzukehren (»eine Frau, die nicht bei mir bleiben will, ist nicht gut für mich«). Er zürnte gegen Rossellini. Er konnte es kaum über sich bringen, seinen Namen zu schreiben. Er sprach von ihm nur als »Dein Italiener«. Lindström wies darauf hin, daß Rossellini verheiratet war und in einem katholischen Land lebte. Ingrid würde als seine Mätresse enden.

Dieser Mann, dem er morgens das Frühstück gebracht hatte, dem er Geld geliehen hatte, hatte sein Vertrauen mißbraucht. Lindström schwor beim Andenken seiner Mutter, daß »der Italiener« ihm beim Verlassen Hollywoods versprochen habe, sich um Ingrid zu kümmern und sie zu beschützen. Das war kein Mann, das war keine Beziehung für eine Frau, die »im Grunde gut und anständig« war.

Lindström sagte Ingrid Bergman, es sei »allmählich Zeit, daß Du erwachsen wirst«. Er zählte die ganze Litanei auf, was er alles für sie getan habe, welche Opfer er gebracht habe, und alles, um sie zu beschützen. Er klagte darüber, daß durch seine Frau ihre gemeinsamen Jahre in den Schmutz öffentlichen Geredes gezogen würden. Wenn sie eine Scheidung wollte, dann sollte sie sich bitte nicht in Italien verstecken, sondern nach Amerika kommen, darauf bestand er.

Ingrid Bergman weinte, als sie den Brief las.

»Ich denke, Ingrid kam sich wahrscheinlich vor wie Charlie Chaplin, mit einem Auge lachend, mit dem anderen weinend«, sagt Ellen Neuwald. »Wir waren beide dreiunddreißig Jahre alt, ein schönes Alter für eine Frau. Und ich vermute, wenn man nicht besonders glücklich ist, kann es herrlich sein, sich zu verlieben. Und ich denke — daß sie gemeinsam arbeiten konnten, und die Befreiung, die sie spürte, das war alles positiv. Und gleichzeitig war es eine sehr schwere Zeit. Ich sagte ihr, was du jetzt auch tust, es wird schlimm für dich, und besonders, denke ich, für Pia. Petter bedeutete ihr viel, und sie konnte es nicht begreifen.

Nach ungefähr einer Woche wurde die ganze Sache bekannt. Wir verbrachten die Hälfte unserer Zeit damit, auf Telegramme zu antworten. Das konnte nur zu bestimmten Zeiten gemacht werden. Auf einmal strömte die ganze Welt nach Stromboli. Es gab wohl nichts Wichtigeres.«[22]

Ingrid Bergman und Rossellini drehten ihren Film auf einer der unzugänglichsten Inseln Europas. Er dachte anfangs, er könnte die Journalisten fernhalten. Als die ersten beiden amerikanischen Reporter in Messina eintrafen, bot er ihnen großzügig an, mit der San Lorenzo nach Stromboli zu kommen. Leider hatte das Schiff plötzlich einen geheimnisvollen »Maschinenschaden«. Ein paar Tage später, als die Journalisten sich selbst ein Schiff besorgt hatten, sahen sie sich plötzlich unter Hausarrest gestellt, sie wurden des abscheulichen Verbrechens beschuldigt, ein Interview mit einem sizilianischen Banditen machen zu wollen. »Irgendwann später erfuhr ich, daß es Rossellini war, der, mit einem Hauch Machiavellismus, der Polizei den Tip gegeben hatte«, schrieb Michael Stern, einer der Reporter.[23]

Selbst Rossellini vermochte nicht den Strom der Reporter und Fotografen aufzuhalten. Bald war der winzige Hafen von Stromboli voll von Booten. Die ganze westliche Welt schien einen unersättlichen Appetit auf diesen Skandal zu haben. In der Presse erschienen Spekulationen über Spekulationen.

Eines Tages ging ein größeres Schiff vor der Küste vor Anker. Ein paar hundert aufgeregte, gestikulierende italienische Touristen aus Neapel kamen an Land. Sie hatten einen Tagesausflug gebucht, und sie strebten vergnügt auf das Haus zu, in dem Ingrid Bergman und Roberto Rossellini wohnten. Rossellini war empört, doch der Priester von Stromboli hielt die Menge zurück, während er und Ingrid Bergman auf den Balkon seines Hauses kletterten. Hier standen sie, während die Besucher Schnappschüsse machten und Italiens neueste Touristenattraktion abschätzten.

Die Touristen mochten noch etwas Amüsantes haben; doch dann kamen andere Leute, und was sie vorzubringen hatten, war nicht mehr amüsant. Ingrid Bergmans Affäre begann sich auf etwas auszuwirken, das die Welt ernster nimmt als Liebe: Geld. RKO hatte das meiste zu verlieren oder zu gewinnen bei diesem Film. Ed Killy, der Produktions-Manager, war auf Stromboli, als die Dreharbeiten begannen, er sollte das Projekt vorantreiben. Killy hatte niemals eine solch unsystematische Arbeitsweise erlebt. Es wurde nicht nur Zeit, sondern auch das Geld von RKO vergeudet. Killy konnte wenig tun, um Rossellinis Tempo zu steigern, und er blieb nur einen knappen Monat, bevor er ersetzt wurde.

RKO gab nicht Hunderttausende von Dollars aus, um eine Romanze zu finanzieren. Killys Ersatzmann war Harold Lewis. Er sollte sich nicht um Kunst und künstlerische Nuancen kümmern, sondern wurde dafür bezahlt, daß er den Film schnell und billig abgedreht bekam.

Selbst wenn der Film sein Budget überschreiten würde, die Gratis-Reklame für *Stromboli* war so groß, daß der Film ein Erfolg werden mußte, ein Skandalerfolg. Es war allerdings zweifelhaft, ob das Publikum noch Schlange stehen würde, um Ingrid Bergman in *Johanna von Orléans* eine jungfräuliche Heilige spielen zu sehen. Walter Wanger telegrafierte ihr und beschuldigte sie, seine Zukunft und die seiner Familie zu gefährden: »Benimm Dich endlich so, daß diese schmutzigen Gerüchte widerlegt werden . . . Mach Dir selbst nichts vor, indem Du vielleicht annimmst, daß Deine Handlungen so außergewöhnlich mutig oder so ›künstlerisch‹ sind, daß Du glaubst, Dich über die Meinung des einfachen Volkes hinwegsetzen zu können.«[24]

Die Filmindustrie, die Ingrid Bergman Reichtum und Berühmtheit gebracht hatte, steckte in großen Schwierigkeiten. Das Fernsehen war noch keine bedeutende Konkurrenz, doch die Zeit der langfristigen Verträge ging ihrem Ende zu, Hollywoods Studio-System funktionierte nicht mehr. Das »House Committee on Un-American Activities« (Ausschuß zur Untersuchung unamerikanischer Umtriebe) hatte begonnen, den Einfluß der Kommunisten und Linken in Hollywood zu untersuchen. Schauspieler, Autoren, Regisseure und andere kamen auf die schwarze Liste. Larry Adler gehörte zu denen, die das Land verließen, um nie zurückzukehren. Robert Capa fühlte sich ebenfalls bedroht.

Hollywood stand unter der Anklage des kulturellen wie des politischen Verrats. Die Zeitungen waren voll von Skandalgeschichten, doch nichts kam der Sensation gleich, die die Liaison zwischen Rossellini und Ingrid Bergman darstellte, der Schauspielerin, die die Schwester Benedict und die Jungfrau von Orléans gespielt hatte. Joseph Breen, der Direktor der »Production Code Administration«, war bereit, nicht nur Ingrid Bergmans Filme zu zensieren, sondern auch ihr Leben. »Berichte dieser Art schaden nicht nur Ihrem Film, sondern können auch leicht Ihre Karriere als Filmschauspielerin zerstören«, schrieb Breen. »Die Situation ist inzwischen so ernst, daß ich Ihnen nahelegen möchte, so schnell wie möglich diese Gerüchte zu widerlegen, frank und frei zu erklären, daß sie nicht der

Wahrheit entsprechen, daß Sie nicht im geringsten daran denken, Ihr Kind zu verlassen, oder sich von Ihrem Mann scheiden zu lassen, und daß Sie nicht beabsichtigen, irgend jemanden zu heiraten.«[25]

Wie fast jeder, der Ingrid Bergman in Amerika gekannt hatte, hatte auch Kay Brown ein persönliches Interesse an der »alten« Ingrid Bergman. Kay Brown galt, nicht ganz verdientermaßen, als Entdeckerin Ingrid Bergmans, und das hatte ihre Karriere gefördert. Sie war jetzt Agentin bei dem Medienkonzern MCA und hätte Ingrid Bergman vertraglich verpflichten können. Aber deswegen kam sie nicht nach Italien. Sie kannte Ingrid Bergman. Sie kannte Lindström und Pia. Und sie kannte Ingrid Bergmans Impulsivität und Beeindruckbarkeit.

Sie flog als MCA-Repräsentantin nach Italien. Sie kam eines Morgens um sechs im Fischerboot nach Stromboli, mit Nerzmantel und hochhackigen Schuhen, ein Matrose trug sie auf seinem Rücken an Land. Rossellini erwartete sie am Strand, aber er freute sich nicht, sie zu sehen. Er hatte keine Verwendung für Agenten. Er betrachtete sie als Parasiten, die den schöpferischen Menschen das Blut aussaugten. Außerdem schätzte er die Person Kay Brown nicht, seine Schwester Marcella, die jetzt auf Stromboli wohnte, tat es auch nicht und sagte, warum: »Kay ist so amerikanisch. Es ist schrecklich.«[26]

Auch Ingrid Bergman schien nicht sehr begeistert. Kay Brown warnte sie, daß sie alles verlieren würde: Petter, Pia, ihre Karriere. Ingrid Bergman sagte, das sei wahr; aber sie schien unfähig zu handeln.

Kay Brown sagte später: »Auf Stromboli wirkte Ingrid verstört, so als hätte sie eine Niederlage erlitten.«[27]

Nicht länger als drei Wochen hatte das romantische, das herrliche Leben gedauert, und jetzt stand Ingrid Bergman im Zentrum einer Welt von Intrigen, Verdächtigungen und Kalkulationen. Überall zerrte jemand an ihr, wollte sie in diese oder jene Richtung ziehen. Lindström wollte, daß sie aufhörte, sich so skandalös aufzuführen und in die Vereinigten Staaten zurückkehrte, um mit ihm über eine Scheidung zu sprechen. Rossellini wollte davon nichts wissen. Es ist nun einmal so, daß die Unaufrichtigen dazu verdammt sind, sich vorzustellen, daß die anderen vielleicht ebenso wenig vertrauenswürdig sind wie sie selbst. Er wollte nicht, daß sie allein nach Kalifornien fuhr, zu Lindström, er traute ihr nicht. Lindström traute er noch weniger. Er schwor ihr, wenn sie ihn verließe und zu Lindström zurückkehrte, würde er sich erschießen.

Eine Ehe zerbricht nicht über Nacht, und über die rechtlichen Fragen hinaus hatten Ingrid Bergman und Lindström viel zu besprechen. Er war nicht geneigt, fröhlich nach Stromboli zu fahren. Er wollte, daß Ingrid nach London fliegen sollte oder in eine andere Stadt in Europa. Rossellini erlaubte das nicht. Und so wurde beschlossen, daß das Treffen in den ersten Maitagen in Messina stattfinden sollte. Lindström stellte nur eine Bedingung: Rossellini sollte nicht anwesend sein.

Ingrid Bergman traf mit einem Gefolge wie eine italienische Primadonna im Hotel Albergo Reale in Messina ein. Natürlich war Rossellini dabei, der gar nicht daran dachte, sie allein zu einem Mann gehen zu lassen, den er für kalt und tyrannisch hielt, und der, wie er befürchtete, Ingrid manipulieren könnte.[28] Dann war Kay Brown da; Art Cohn, ein Autor, der an der englischen Version von *Stromboli* arbeitete, und seine Frau Marta; außerdem Leute aus Rossellinis Umgebung, unter ihnen ein Anwalt.

Lindström wollte mit seiner Frau allein sprechen und nicht in Gegenwart so vieler Fremder, die viel reden würden und sich streiten, auf italienisch und englisch. Am Abend wurde Kay Brown durch ein Labyrinth von Gängen und Fluren zu Ingrid Bergmans Zimmer geführt. Sie brachte sie zu Lindströms Zimmer und ließ die beiden allein. Lindström schloß die Tür ab. Als Rossellini erfuhr, daß die beiden zusammen waren, tobte er vor Eifersucht.

Er rief die Polizei. Die kam zu dem Schluß, daß das schreckliche »Verbrechen« vorlag, daß ein Mann und seine Ehefrau zusammen in einem Hotelzimmer waren. Nun, wenn die Polizei nicht ihre Pflicht tun wollte, dann mußte Rossellini eben selbst handeln. Er postierte drei seiner Leute an den Eingängen des Albergo Reale, um sicher zu sein, daß Lindström Ingrid Bergman nicht heimlich aus dem Hotel entführte. Dann sprang er in seinen Sportwagen und begann ständig um das Hotel herum zu fahren.

Ingrid Bergman erinnerte sich später an diese Nacht als einen »Alptraum«. Lindström habe die ganze Nacht geredet.

Er beharrte darauf, daß sie es Pia selbst sagen sollte. Sie sollte zurückkommen und Pia vom Scheitern der Ehe berichten. Nur so würde sie merken, was sie getan hatte, wen sie verletzt hatte. Sie sollte es einsehen, es bereuen, nur dann könnte er die moralische Kraft gewinnen, sein Leben weiterzuführen, allein mit Pia.

Ingrid Bergman sprach später von stundenlangen »Beleidigungen, die Dr. Lindström mir entgegenschleuderte in dem Zimmer, in dem er sich mit mir eingeschlossen hatte«.

»Ich habe sie nicht beleidigt«, sagt Lindström. »Es gab keinen Streit, und ein Auto ist auch nicht ständig ums Hotel gefahren. Sie war zufrieden, daß ich die Scheidung wollte . . . Wir sind nicht die ganze Nacht zusammengeblieben. Nach unserem Gespräch ging sie hinaus.«

Bevor alle Messina verließen, traf Lindström sich mit Ingrid Bergman und ihren Ratgebern. »Kay Brown saß da«, erinnert sich Lindström, »und dieser Schriftsteller (Art Cohn) und seine Frau. Ich stand auf und hielt eine kleine Rede. Ich sagte, ich werde die Scheidung in die Wege leiten, ganz gleich, was geschieht. Ich bestand darauf, daß Ingrid vor der Scheidung mit Pia redete. Ich sagte, ich würde Pia nach London bringen oder Ingrid könnte in die Vereinigten Staaten kommen. Ich sagte, *sie* sollte es dem Kind sagen. Das war dann alles für mich.«

Er hatte seine Position deutlich gemacht, aber es gab weitere Treffen und Diskussionen unter den anderen. Kay Brown kam das Ganze nicht wie große Oper vor, sondern wie »eine italienische Farce«.[29] Man kam überein, daß Ingrid Bergman und Rossellini auf Stromboli getrennt wohnen und nicht gemeinsam in der Öffentlichkeit auftreten würden, außer bei ihrer Filmarbeit. Das würde auch für Rom gelten.

Ingrid Bergmans Berater kamen zu dem Schluß, daß man irgendeine Erklärung abgeben sollte. Ingrid Bergman sagte später, sie habe die Scheidung ankündigen wollen, doch die anderen seien viel mehr daran interessiert gewesen, den Film fertigzustellen und ihren Ruf zu wahren, um die Wahrheit oder Ingrid Bergmans Glück sei es ihnen weniger gegangen. Man stritt sich noch um die Formulierungen und brachte schließlich folgende Erklärung zustande: »Ich habe meinen Mann hier getroffen und habe unsere Situation geklärt. Ich kehre nach Stromboli zurück . . ., um die Arbeit an meinem Film fortzusetzen. Nach seinem Abschluß werde ich Italien verlassen und meinen Mann entweder in Schweden oder den Vereinigten Staaten treffen.«

In Messina hatte man an den ganzen Vorgängen nicht mehr Interesse gezeigt, als wenn sich ein Fischer mit seiner Frau auf der Straße gestritten hätte. Rossellini war sicher, daß das nicht so bleiben würde und die Reporter und Fotografen sich inzwischen auf ihre Spur gesetzt hatten. Um zwei Uhr, wenn die Gruppe das Hotel verlassen wollte, würden die Straßen voll von Autogrammjägern und Neugierigen sein. Um all das zu vermeiden, hatte Rossellini allerlei Vorkehrungen getroffen, um mit der ganzen Gesellschaft durch den Hintereingang verschwinden zu können.

Lindström bestand darauf, das Hotel durch den Vordereingang zu verlassen. Rossellini blieb nichts anderes übrig, als die Autos wieder zum Vordereingang bringen zu lassen. Als Ingrid Bergman aus dem Albergo Reale trat, bestand der ganze Schwarm Neugieriger aus einem Jungen mit einer Leica.

Rossellini und Ingrid Bergman sprangen in seinen Sportwagen, und sie fuhren in wahnsinnigem Tempo davon. Kay Brown und der italienische Anwalt folgten ihnen in einem winzigen Fiat. Nach weniger als zwei Kilometern hatte Rossellinis Wagen eine Panne. Er und Ingrid Bergman zwängten sich zu den beiden anderen in den Fiat.

Die beiden Frauen sagten sich in Messina auf Wiedersehen, und Ingrid Bergman und Rossellini fuhren mit dem Schiff zurück nach Stromboli. Dort wartete eine Menschenmenge auf sie. »Sie sah müde und abgespannt aus«, sagte ein Fotograf, der an dem Tag da war. »Roberto tanzte beinahe vom Schiff herunter und umarmte jeden, der ihm nahestand. Sie stand da für einen Augenblick, mit weißem Gesicht, und dann sagte sie scharf: ›Roberto, komm schon!‹ Er folgte sofort. Man sah, er hatte gewonnen, und sie war immer noch in einer sehr schwierigen Lage.«[30]

Lindström sollte eigentlich am 4. Mai von Rom nach Paris fliegen. Doch er verließ die Stadt erst am 6. Mai.[31]

Die französischen Reporter erwarteten ihn. Bis jetzt hatte seine Weigerung, Interviews zu geben, ausgereicht, damit sie ihn in Ruhe ließen, doch jetzt war er Freiwild für Fotografen und Reporter. »Ich will nichts als schlafen und essen und hier Freunde treffen«, sagte er jetzt. »Ich bin sehr müde und möchte nichts anderes als in Ruhe gelassen werden.«

Lindström blieb ein paar Tage in Paris und flog dann nach London, um dort das Ende der Dreharbeiten abzuwarten, man hatte ihm gesagt, zwei Wochen würde es noch dauern. Dann sollte Ingrid zu ihm fliegen, und sie würden endlich das Gespräch führen, das er so ersehnte. Er wohnte zuerst in Kent, bei Sidney Bernstein, dem Produzenten von *Sklavin des Herzens*, später suchte er sich eine andere Unterkunft.

Lindström litt an Gastritis. Seine Magenschmerzen verschlimmerten sich. Ein paar Tage lag er im Bett. Er arbeitete an einem Forschungspapier und besuchte das Neurologische Institut, hatte aber trotzdem mehr Zeit als genug, um über seine Ehe nachzugrübeln. Tage vergingen und dann Wochen, und noch immer dauerten die Dreharbeiten an.

Bei seiner Krankheit hatte er nicht einmal die Möglichkeit, sich mit Alkohol zu trösten. Manchen erschien er als ein Mensch, der nur noch in seinen Erinnerungen lebte. Er schrieb Ingrid Bergman am Jahrestag ihrer Verlobung und meinte, das Datum bedeute ihr jetzt nichts mehr. Er entschuldigte sich dafür, daß er ihr ein paar Wochen lang nicht habe helfen können. Er sagte, was auch geschehen würde, sie müßten Freunde bleiben.

»Petter rief mich an, wie jemand, der am Ertrinken ist«, erinnert sich Britt Engström, Ingrid Bergmans Cousine. »Ich ließ mein Baby zu Haus und fuhr nach London. Er war ziemlich krank. Petter sagte, ich sei die einzige Person, an die er sich wenden könnte, die letzte Chance. Er wußte, wenn ich Ingrid um etwas bitten würde, dann würde sie es tun. Er wollte sie wiedersehen, mit ihr reden. Ich denke, er glaubte, sie würde zu ihm zurückkommen.«[32]

Britt Engström hatte Lindström als jungen Mann in Stockholm gekannt. Der Mann, den sie jetzt in London sah, war ein anderer. »Ich habe nie so etwas erlebt«, sagt sie. »Er war wie ein kleiner Junge.«

Lindström sagt, er habe damals schon seit Jahren keinen Kontakt mit Britt Engström gehabt. Sie habe sich bei drei Besuchen in Schweden geweigert, ihn zu sehen, und er habe sie auch nicht gebeten, nach London zu kommen. Und er sei keineswegs seelisch krank gewesen.

Britt Engström reiste weiter nach Stromboli. Sie erzählte Ingrid Bergman, daß Lindström an Gewicht verloren habe und wie ein gebrochener Mann wirke. »Ingrid wollte Petter nicht sehen, aber ich konnte sie überzeugen«, sagt Britt Engström. »Roberto wollte nicht, daß sie ihn traf. Er dachte, Petter würde sie kidnappen. Roberto sagte, er würde Selbstmord begehen, wenn sie ginge.«

Ingrid Bergman benahm sich, als ob sie vor einem Tyrannen geflohen wäre, der ihr Leben in jeder Hinsicht unter Kontrolle gehabt hatte. Sie sah nicht, daß sie diejenige war, die bisher jede ihrer Beziehungen weitgehend gelenkt und bestimmt hatte. Jetzt war sie mit einem Mann zusammen, der diese Spiele der Liebe mit Waffen spielte, von denen sie nicht geglaubt hatte, daß es sie überhaupt gäbe. Vor Gefühlskonflikten war sie immer geflohen. Sie war einem Mann nicht gewachsen, der mit Selbstmord drohte; wenigstens nicht jetzt, da sie sich erst so kurze Zeit kannten. Rossellini war weiblicher in seiner List als sie, er war männlicher in seiner Ichbezogenheit, und er spielte virtuos auf der Klaviatur ihrer Gefühle.

Ingrid Bergman hatte von einer Partnerschaft geträumt, in der Kunst und im Leben. Und jetzt lebte sie mit jemandem, der alles und jeden beherrschte. Er hatte keinen Raum für ihre Vorstellungen und Gefühle. Sie hatte sich von diesem neuen Leben künstlerische und gefühlsmäßige Freiheit versprochen, und jetzt war sie wie in einer Falle gefangen. Sie war Rossellini verfallen. Sie konnte sich nicht gegen ihn wehren. Sie konnte nicht mehr kämpfen.

Sie beschloß, sich nicht an die Abmachung zu halten, Lindström noch einmal zu treffen, bevor die Scheidung eingeleitet wurde. Sie schrieb ihm, sie könnte irgendwelche Auseinandersetzungen nicht mehr ertragen; sie würde einen Anwalt nach London schicken.

Das war dann doch zuviel für Lindström. »Ich wartete in London darauf, daß der Film beendet wurde«, sagt er. »Sie wollte dann mit dem Flugzeug nach London kommen. Zwei Monate waren eine lange Zeit. Jede Woche dachte ich, sie würde kommen. Sie kam nicht. Sie sagte: ich schicke einen Anwalt. Sie schickte nie einen Anwalt.«

Lindström schrieb ihr noch einen Brief aus England, am 23. Juni. Er wollte sie noch einmal sehen, »allein und in Frieden und dann als Dein Freund gehen«, ohne »harte Worte oder Vorwürfe«, aber mit seiner Erinnerung an Ingrid »als das kleine Mädchen mit dem grauen Kragen«.

Ingrid Bergman sagte ihm, er solle Pia von der bevorstehenden Scheidung ihrer Eltern erzählen und daß ihre Mutter nicht sofort aus Italien zurückkehren würde. Sie weigerte sich weiterhin, Lindström zu sehen und schickte Marta Cohn, die ihn in Paris treffen sollte.

»Meine Aufgabe war, ihn darum zu bitten, Miss Bergman die Scheidung zu gewähren«, sagte sie später vor Gericht aus. »Er war anfangs sehr angespannt und ärgerlich, aber er hatte dem Treffen mit mir zugestimmt, also beharrte ich auf der Sache. Ich erzählte ihm, die Angelegenheit sei wichtig und dringend, und daß Miss Bergman Mr. Rossellini heiraten würde, sobald sie geschieden sei.

Dr. Lindström lachte. Er sagte, das käme überhaupt nicht in Frage. Er meinte, er würde sich nicht scheiden lassen . . . Dr. Lindström wollte, daß Ingrid es Pia selber erzählte . . . Ich sagte ihm auch, daß Ingrid ihn aufrichtig liebe und Pia liebe . . . Er sagte: ›Wenn ich mit Ingrid fertig bin, wird sie Pia nie wiedersehen können, und ich werde schlecht von ihr sprechen.‹«[33]

Lindström streitet ab, daß er damit gedroht habe, Ingrid Bergmans Ruf zu ruinieren, er sagt, daß er nur darum gebeten habe, daß Pias Mutter diejenige sein sollte, die dem Kind von der Scheidung erzählte. Er hat tatsächlich Ingrid Bergman niemals öffentlich angegriffen. Er hat auch nicht zu verhindern gesucht, daß sie Pia außerhalb Italiens sah. »Ich sagte, ich würde mich mit Ingrid überall treffen, außer in Rußland natürlich«, sagte Lindström zwei Jahre später aus. »Sie (Mrs. Cohn) behauptete, er (Rossellini) drohe damit, sich zu erschießen, wenn Ingrid mich je wiedersähe. Und sie sagte, sie habe ihm den Revolver wegnehmen müssen. Ich erwiderte: ›Das ist doch dummes Zeug. Wenn ein Mann eine Pistole schwingt und sie sich von einer Frau wegnehmen läßt, dann ist nicht viel an ihm dran.‹«[34]

Schließlich kehrte Lindström in die Vereinigten Staaten zurück.

Nach ihrer Rückkehr aus Messina handelte Rossellini der mündlichen Abmachung entsprechend und zog aus dem Haus aus, das er mit Ingrid Bergman und seiner Schwester Marcella teilte. Eine Zeitlang taten Ingrid Bergman und Rossellini so, als wäre ihre Beziehung rein beruflicher Natur. Doch Rossellini war der Fürst der Unordnung. In seiner Kunst wie in seinem Leben mußte es immer hektisch zugehen. Es war an der Zeit, beschloß er, Stromboli, diese öde Gegend, zu verlassen und nach Rom zurückzukehren.

Hollywood-Regisseure lassen nicht einfach mitten in einer

Produktion die Kamera fallen. Die täglichen Kosten sind einfach zu hoch. Rossellini kümmerte sich nicht um solche Buchhalterseelen. Und er interessierte sich auch nicht für Public Relations und all das langweilige Zeug, was dazugehörte.

Auf dem Schiff von Stromboli nach Messina versuchte Michael Wilson, der PR-Mann von RKO, Rossellini zum Umkehren zu überreden. »Ingrid nahm nicht teil an den Gesprächen, obwohl sie ganz schön heftig wurden«, schrieb Wilson später. »Sie lag ganz still auf einem alten grauen Leinwandsegel. Ich glaube, sie hat sich während der ganzen, stundenlangen Reise nicht einmal bewegt. Es war unmöglich, ihre Gedanken zu erraten, sie trug eine dunkle Sonnenbrille, man konnte ihre Augen nicht sehen.«[35]

Ingrid Bergman, die nach Italien geflohen war seiner Farbe, seines Lichts und seiner Freiheit wegen, war jetzt eingepfercht in ihr Schicksal und nicht mehr fähig zu handeln. Sie hatte immer Schmerz und Konflikten ausweichen wollen, und jetzt kamen von allen Seiten Beschuldigungen und Drohungen auf sie zu. Rossellini verfrachtete sie jetzt mit seiner Schwester in ein kleines Appartement. Da saß sie, weit weg von Reportern und Beobachtern, während er sich die meiste Zeit in der Stadt aufhielt.

Bei ihrer Rückkehr nach Stromboli brachten Ingrid Bergman und Rossellini einen kleinen schwarzen Hund mit, den sie »Stromboli« nannten. Er wurde zum Symbol ihrer Romanze und Liebe.

Ingrid Bergman hatte niemanden auf der Insel, dem sie sich anvertrauen konnte. Kay Brown war nicht mehr da, sie hatte allerdings nicht sehr verständnisvoll gewirkt, als sie noch da war. Lindström bestreitet es zwar, doch Ellen Neuwald sagt, sie habe als Mittelsperson fungiert und Lindström über die Ereignisse auf Stromboli berichtet. Sie habe Ingrid alle Briefe gezeigt.[36] Überdies hatte sie das Gefühl, daß Rossellini ihr nicht mehr vertraute. Und was Ruth Roberts anging — sie war so aufgebracht über den Skandal, daß sie Hollywood verließ und viele Monate bei den Quäkern in Europa arbeitete.

Ingrid Bergman spürte, daß sie jemanden brauchte, der sich um sie kümmerte und zu ihr stand. Als Joe Steele ihr schrieb, antwortete sie schnell. Das letzte Mal hatte sie ihn an dem Tag gesehen, als Lindström ihm mitteilte, er sei entlassen. Sie erwähnte diesen Tag nicht. Noch versuchte sie Steele gleich zu engagieren, sie fragte einfach nur nach seinen Plänen für Ende Juni.

Steele fuhr nach Italien und dachte nicht einmal an einen Vertrag. Er war ein Mann von großer Redlichkeit, was in seinem Beruf eher von Nachteil war. Er glaubte, zu tun, was moralisch richtig war, würde auch richtige Öffentlichkeitsarbeit sein. Er dachte, es sei moralisch richtig für Ingrid Bergman, Lindström wiederzusehen, wie sie es versprochen hatte. Er sagte ihr das, und wieder einmal drohte Rossellini, er würde sich umbringen.

Rossellini war begierig auf jeden Augenblick mit Ingrid Bergman. Er war wie ein Kind mit seiner Lieblingspuppe, die es Tag und Nacht nicht aus den Augen läßt. Es war ihm sogar gleich, ob der Film zum Teil auf dem Altar seiner Eifersucht geopfert wurde. In *Stromboli* sollte Ingrid Bergman mit ihrem Partner Mario Vitale verheiratet sein. Doch Rossellini ließ es nicht zu, daß sie den Fischer küßte. Ihre Liebesszenen im Film wirken so aufregend wie die Paarung von Insekten.

In Hollywood hatte Steele ganze Tage allein mit Ingrid Bergman verbracht. Hier sah er sie hauptsächlich beim Essen, wo eine Atmosphäre von Mißtrauen und Verfolgungswahn herrschte. Ingrid Bergman und die anderen Englischsprachigen sprachen *ihre* Sprache und hatten *ihre* Unterhaltungen. Rossellini und die anderen Italiener sprachen *ihre* Sprache und hatten *ihre* Unterhaltungen.

Eines Tages traf Steele Ingrid Bergman kurze Zeit allein an. Als Rossellini sah, daß Ingrid Bergman mit Steele sprach, kam er zu ihnen und fragte, worüber sie sich unterhielten. Sie sagte ihm, daß sie und Steele einer Meinung seien: sie müsse Petter sehen.[37]

»Okay«, sagte Rossellini und wendete sich ab. Er hatte noch andere Waffen als schwülstige Reden und Selbstmorddrohungen. Er ging an den Kai und ließ die San Lorenzo nach Messina auslaufen. Als er zurückkam, war das Thema erledigt, wenigstens für ein paar Tage.

Irgendwann Ende Mai oder Anfang Juni trat dann etwas ein, das die Diskussionen über ein Treffen mit Lindström gegenstandslos machte. Ingrid Bergman enthüllte, daß sie schwanger war. Sie mußte es schon einige Wochen auf Stromboli gewußt haben, daß sie Rossellinis Kind unter dem Herzen trug, auch gewußt haben, daß, was vorher als Skandal gegolten hatte, nur eine Unannehmlichkeit gewesen war im Vergleich zu dem, was jetzt an Zorn und Verdammung auf sie zukommen würde.

Ingrid Bergman hat nie darüber gesprochen, wann sie zuerst den Verdacht hatte, schwanger zu sein, oder wie sie es dem zukünftigen Vater mitgeteilt hat. Rossellini erzählte seine Geschichte dem, inzwischen verstorbenen, Pater Antonio Lisandrini. Er beichtete ihm oft, als Freund, nicht im Rahmen der Kirche.

»Als sie die Arbeit an ihrem ersten Film begannen, hatten sie eine intime Beziehung miteinander«, sagt Pater Lisandrini. »Ingrid kam ins Zimmer und sagte zu Roberto: ›Roberto, ich glaube, ich bin schwanger.‹ Ein Augenblick Schweigen. ›Ingrid, dies ist ein sehr wichtiger Moment. Ich weiß, was passiert, wenn die Öffentlichkeit es erfährt. Du bist Johanna von Orléans. Du kannst es dir schon vorstellen. Ingrid, tu, was du möchtest.‹ Ingrid stand auf. ›Das meinst du doch nicht wirklich. Das ist mein Kind. Und wenn die ganze Welt über mich herfällt, das ist mir gleich. Das ist mein Kind, und ich will es haben.‹«[38]

Rossellinis Version von Ingrid Bergmans Reaktion auf ihre Schwangerschaft trägt alle Zeichen der Inszenierung eines großen Regisseurs. Später im Jahr schrieb sie einen Brief an Steele, der der Wahrheit sicher näher kommt. »Am Anfang hatte ich nicht den Mut, das durchzustehen, mich dem Skandal auszusetzen, noch mehr Beleidigungen, noch mehr schmutziges Gerede, und daß sie noch mehr Steine auf mich werfen würden«, schrieb sie. »Aber langsam, durch Roberto, gewann ich Kraft und Mut . . . Es wäre möglich gewesen, wenn ich mich nach Stromboli wieder erholt hatte, etwas dagegen zu machen. Aber was für ein jämmerlicher Ausweg wäre das gewesen.«[39]

Ingrid Bergman hatte also an Abtreibung gedacht. Während ihrer letzten Wochen auf der Insel hatte Rossellini ihr das offensichtlich ausgeredet. Er war kein praktizierender Katholik, aber er hätte nicht die Filme gemacht, die er machte, wenn er nicht ein tiefes Bewußtsein von der Unantastbarkeit des Lebens gehabt hätte. Er hatte einen seiner zwei Söhne verloren, und er wollte mehr Kinder.

Es gab noch andere Gründe. Daß sie sein Kind trug, war ein Zeichen, daß sie sein Besitz war. Er brauchte sich nicht mehr über Lindström den Kopf zu zerbrechen, oder sich Sorgen zu machen, daß sie ihn auch nur für einen Tag alleinließe. Er interessierte sich wenig für ihre Karriere oder ihren Ruhm, außer daß es seine Eroberung noch wertvoller machte. Er hielt ziemlich wenig von Schauspielern und Schauspielerinnen. Er wollte, daß Ingrid Bergman ihre Karriere aufgab, um nur noch seine Frau, die Mutter seiner Kinder zu sein.

Rossellini wußte ganz sicher, daß Ingrid Bergman schwanger war, als er die letzten dramatischen Szenen von *Stromboli* drehte. Der Ehemann ist so eifersüchtig, daß er seine Frau im Haus einsperrt und die Tür zunagelt. Sie weiß, daß sie schwanger ist und will nicht dableiben. Es gelingt ihr aus dem Haus zu entkommen, und sie läuft zum Vulkan hinauf. Und da, mit Rossellinis Worten, »inmitten der feindlichen Natur, vor Erschöpfung zusammengebrochen, niedergebeugt von panischer Angst, in animalischer Verzweiflung, da ruft sie, ohne daß es ihr bewußt wird, Gott an«.[40]

Am Morgen als sie oben am Vulkan zu drehen begannen, stand eine Gruppe von acht Maultieren vor Ingrid Bergmans Tür. Vor der Ankunft der Filmemacher hatte es nie Maultiere auf der Insel gegeben. Es war erst halb vier Uhr morgens. Sie trug Hosen und Stiefel. Sie sah erschöpft und abgespannt aus.

Sie bestieg eines der Maultiere, und dann setzte sich das ganze Team in Bewegung zum Vulkan. Die Maultiere kämpften sich nach oben, sprangen über kleinere Rinnen und versuchten, auf dem schwarzen steinigen Boden mit den Hufen Halt zu finden.

Rossellini ließ die Kamera in der Nähe des Vulkankegels aufstellen. Ingrid Bergman sollte in dieser Szene zum Vulkan hinaufgehen. Sie trug dünne Sandalen, die gegen den heißen Lavasand nur unzureichenden Schutz boten. Sie hatte sich nie über Strapazen beim Filmen beklagt. Und sie ging los, unter der unbarmherzigen Sonne.

Rossellini drehte seine Szenen meistens schnell ab, aber diese probte er immer wieder. Und immer wieder kämpfte Ingrid Bergman sich den Berg hinauf, durch die Dämpfe und den Gestank des Schwefels. Sie war schweißnaß. Michael Wilson bemerkte, daß sie zitterte. Von Zeit zu Zeit verzerrte sich ihr Mund in schmerzhaften Krämpfen.[41]

Als Ingrid Bergman und die anderen am Mittag zum Dorf zurückkehrten, waren sie zu Fuß. Um Zeit zu sparen, waren sie den Berg auf dem Hinterteil heruntergerutscht. Ihre Gesichter waren schwarz und verschwitzt. Aber sie kehrten immer wieder zum Vulkan zurück. Eines Tages wurde Lodovici Muratori, ein Produktionsleiter, von den giftigen Gasen bewußtlos. Er starb an einem Herzanfall.

Die Dreharbeiten gingen weiter.

RKO in Hollywood wußte nichts von den Strapazen bei den Dreharbeiten. Das Studio wußte nur, daß der Film in sechs Wochen abgedreht sein sollte und daß das Team jetzt schon mehr als doppelt so lange auf Stromboli war. Ingrid Bergman bekam 17500 Dollar pro Woche — finanziell war es wenigstens für sie eine gute Sache.

Auf Stromboli stellte Harold Lewis Rossellini ein Ultimatum: entweder er würde den Film sofort fertigstellen, oder RKO würde drastische Maßnahmen ergreifen, möglicherweise die Produktion einstellen. Rossellini, Steele und ein paar andere verfaßten ein Telegramm, das Ingrid Bergman an ihren Anwalt Mendel Silverberg schicken sollte, in dem gegen Lewis' Vorgehen protestiert wurde. Das Telegramm war in jeder Hinsicht übertrieben: KEINER KANN BEGREIFEN WELCHE OPFER WIR GEBRACHT HABEN AUSSER DENEN DIE HIER LEBEN MUSSTEN.[42] Es stimmte ebenfalls, daß keiner außer denjenigen auf der Insel wußte, daß Rossellini zwischendurch in Rom gewesen war oder in Sizilien oder auch nur zum Speerfischen.

EINER UNSERER MÄNNER STARB VON SCHWEFELDÄMPFEN AUF DEM VULKAN. ROSSELLINI ERLITT SCHWERE VERLETZUNGEN BEIM FALL IN DEN KRATER UND ARBEITET JETZT OBWOHL IHM DER ARZT ZEHN TAGE RUHE VERORDNET HAT. Muratori war in der Tat auf dem Vulkan gestorben, ebensosehr ein Opfer von Rossellinis Hang zum »Realismus« wie ein Opfer seines eigenen geschwächten Herzens. Rossellini war allerdings nicht in den Krater gefallen, es gab auch keinen Arzt auf der Insel.

DIES IST DER WICHTIGSTE FILM DEN ICH JE GEMACHT HABE. Bei all dem, was Ingrid Bergman durchgemacht hatte, hätte das wirklich stimmen sollen.

Silverberg telegrafierte zurück, daß Rossellini noch ein paar Tage bekommen könnte, um *Stromboli* fertigzustellen.

Signor Verdozzi, Rossellinis Anwalt, kam aus Rom. Er sagte, daß Rossellinis Ersuchen um Annullierung seiner Ehe beim Gericht liege und gab den Rat, daß Ingrid Bergman, aus rechtlichen und strategischen Gründen, Lindström einen letzten Besuch machen sollte.

Der Anwalt wußte nicht, in was für ein Spiel er da verwickelt wurde. Sein Klient hatte ihm alles erzählt außer der einen wesentlichen Tatsache: Ingrid Bergman war im dritten Monat schwanger. Sie erzählte auch Steele nichts von ihrer Schwangerschaft. Ingrid Bergman und Rossellini hatten einen doppelten Grund, nichts zu sagen. Solange sie nicht sicher war, ob sie das Kind nicht vielleicht doch abtreiben lassen sollte, konnte man keinem etwas sagen.

Es gab also nur eine Person, die das Geheimnis von Ingrid Bergmans Leben kannte. Alles andere war Heuchelei und Fassade. In vieler Hinsicht war Steele der am traurigsten Getäuschte. Er sah sich selbst als der Impresario von Ingrid Bergmans Image. Er war gleich zu ihr gekommen, als sie ihn gerufen hatte. Und jetzt wurde er in einen törichten, fehlgeleiteten Versuch hineingezogen, Ingrid Bergmans Ruf zu retten.

Am 27. Juli blieb Steele bis weit in die Nacht auf und schrieb einen Brief an Ingrid Bergman und Rossellini.[43] Er sah das Ganze nicht als eine Geschichte über Liebe und Verlangen, Eifersucht und Ehrgeiz, sondern als großes historisches Drama; mit einer Frau, die trotz ihrer Drohungen, ihre Karriere aufzugeben, sich bald danach sehnen würde, diese Karriere, die Gott für sie vorgesehen hatte, zu retten, und mit einem Mann, der wie die Frau lauter Pflichten und Aufgaben hatte, denen er sich nicht verweigern konnte. Steele argumentierte, daß Ingrid Bergman Lindström noch einmal sehen sollte, weil es moralisch falsch sei, ihm das abzuschlagen. Er befürchtete, daß Lindström eine Erklärung voll Bitterkeit und Haß abgeben könnte. Steele bot nicht nur Rat an. Er schrieb ein Szenario. Er malte den Tag aus, an dem sie sich treffen würden. Ingrid Bergman würde weinen, und das wäre dann das Ende.

Ingrid Bergman und Rossellini sagten nichts zu Steele über seinen endlosen Brief. Statt dessen wurde Steele angewiesen, unter der Aufsicht von Rossellinis Anwalt eine dramatische Presseerklärung vorzubereiten, die ein paar Tage später in Rom veröffentlicht werden sollte.

14.

»Allein in den Ruinen«

Am 2. August 1949 verließen Ingrid Bergman und Rossellini Stromboli für immer. Auf dem Rückweg nach Rom machten sie für zwei Tage in Amalfi Station. Sie logierten in der kleinen Suite im Albergo Luna Convento, in der Henrik Ibsen gewohnt hatte, als er *Nora oder Ein Puppenheim* schrieb.

Vor vier Monaten war Ingrid Bergman das erste Mal hierhergekommen, verliebt und voller Erwartungen. Sie erinnerte sich so gut an den Tag, an dem Roberto und sie spazierengegangen waren, ein Tag ungetrübten Glücks; er hatte ihr Geschichten erzählt, als gäbe es nichts, was er nicht von Italien wüßte. Es war ihr vorgekommen, als besäße er den Schlüssel zu allem, was sie sich je gewünscht hatte.

Sie erinnerte sich, wie sie fotografiert worden waren, als sie Hand in Hand durch die Ruinen eines alten Turmes gingen. Das Foto wurde in *Life* veröffentlicht und trug dazu bei, den ganzen Ärger in Gang zu setzen. Viel hatte sich seit damals verändert. Es war schlimm genug, was Ingrid Bergman verloren hatte. Doch jetzt verlangten Rossellini und seine Ratgeber das größte Opfer von ihr: sie sollte ihre Filmkarriere aufgeben.

Steele war der einzige Mensch in Italien, an den sie sich wenden konnte. Obwohl Ingrid Bergman ihn noch immer über ihre Schwangerschaft täuschte, bat sie ihn, aus Rom nach Amalfi zu kommen, damit sie seinen Rat einholen könnte. Sie erzählte Steele, sie denke nicht daran, sich zurückzuziehen, außer sie sei dazu gezwungen. Steele wies darauf hin, wie sehr sie das Geld von *Stromboli* brauchte, und wenn sie ihren Rückzug ankündigte, wäre die Wahrscheinlichkeit geringer, daß es zu einem Boykott des Films kommen würde. Außerdem könnte sie ihre Karriere später wiederaufnehmen.[1]

Am nächsten Tag gab Steele in Rom vor Reportern in Ingrid Bergmans Namen eine Presseerklärung ab:

Es war nicht mein Wunsch, irgendeine Erklärung abzugeben, bevor der Film, den ich jetzt drehe, nicht wirklich beendet ist. Aber die anhaltenden und bösartigen Gerüchte haben einen Punkt erreicht, an dem ich mir wie eine Gefangene vorkommen würde, wenn ich nicht mein Schweigen brechen und meinen freien Willen äußern würde. Ich habe meinen Anwalt beauftragt, sofort meine Scheidung einzuleiten. Außerdem ist es mein Wunsch, mich ins Privatleben zurückzuziehen, wenn mein Film beendet ist.[2]

Einen Tag nur nach dieser Erklärung brachte der *Corriere della Sera* in großer Aufmachung die Nachricht von Ingrid Bergmans Schwangerschaft. Die Zeitung hatte es vermutlich von Freunden Rossellinis erfahren.

Ingrid Bergman hatte sich entschlossen, das Kind zu bekommen, doch sie und Rossellini brauchten noch Zeit, bevor sie es bekanntgaben. Würde die Story jetzt veröffentlicht, würde sie einen Sturm neuer Kontroversen auslösen und dann wahrscheinlich zum Boykott von *Stromboli* in den Vereinigten Staaten führen, außerdem würde das Scheidungsverfahren noch mehr erschwert. Die Besorgnis wegen *Stromboli* hatte weiß Gott nicht nur mit künstlerischer Eitelkeit zu tun.

Rossellini befand sich in einem seiner üblichen finanziellen Engpässe. Es war höchst einfach, sich auszurechnen, daß *Stromboli* der Ausweg war. Ingrid Bergman und Rossellini würden 60 Prozent der Netto-Einnahmen bekommen, ein Glücksfall, der wenigen Stars und Regisseuren je zuteil wurde. Falls der Film ein Erfolg wurde, konnte Ingrid Bergman damit rechnen, mehr als eine Million Dollar zu verdienen.

Steele diente Ingrid Bergman als beste Waffe, um die Geschichte abzuwürgen. Der Presseagent war empört über solch schmutzige Lügen und wollte, daß Rossellini Verleumdungsklage einreichte. Die Ankunft Hedda Hoppers in Rom am 9. August sah er als zufällig an. Rossellini und Ingrid Bergman waren nicht ganz so optimistisch. Die berühmte Hollywood-Kolumnistin gehörte nicht zu Rossellinis Reporter-Freunden, bei denen man sich darauf verlassen konnte, daß sie die Geschichte so brachten, wie er sie haben wollte.

Hedda Hopper besaß Macht im Filmgewerbe und ihr Wort galt. Sie übte ihre Macht auf eine sehr schlichte und umstandslose Weise aus. Für ihre Kolumne benötigte sie Neuigkeiten. Wenn man, als Star, ihr diese Neuigkeiten zukommen ließ, wurde im allgemeinen positiv über einen geschrieben. Tat man das nicht, wurde man ignoriert. Einmal, bei einer Party in Hollywood, hatte Ingrid Bergman erlebt, wie Hedda Hopper das anstellte. Die Schauspielerin Gene Tierney, neben der Ingrid Bergman saß, hatte Hedda Hopper nicht davon informiert, daß sie ein Baby erwartete. Hedda Hopper teilte ihr daraufhin mit, daß sie nicht damit rechnen solle, über ihren nächsten Film etwas Gutes in ihrer Kolumne zu lesen.

Da war noch etwas. Hedda Hopper hatte nicht vor, einen öffentlichen Skandal zu billigen. Diese stattliche Dame mit Blumenhut war der Savonarola Hollywoods, eine erbitterte Moralistin, die gegen das wütete, was sie als den moralischen Verfall des neuen Hollywood ansah. Skandale bedrohten sie in ihrer Berufsausübung, denn sie erzählte ihren Millionen Lesern, daß es ein anderes Hollywood gab, Heddas Hollywood, ein Studio auf einem Hügel, wo Stars wie Ingrid Bergman ein gutes amerikanisches Leben lebten, ihre Kinder großzogen und in die Kirche gingen.

Ingrid Bergman kannte sich mit Publicity so gut aus wie Steele. Indem sie einem Treffen mit Hedda Hopper zustimmte, spielte sie ein gefährliches Spiel und sägte an den Pfeilern ihrer eigenen Karriere. Sie würde die Klatschkolumnistin hinters Licht führen müssen. Die Wahrheit würde nicht ewig verborgen bleiben, und wenn die Neuigkeit bekannt wurde, dann wäre Hedda Hoppers Ruf, sorgfältig und genau zu sein, ebenso befleckt wie Ingrid Bergmans Image. Jetzt jedenfalls würde Ingrid Bergman erst mal eine große Vorstellung geben müssen.

Steele begleitete Hedda Hopper in Rossellinis Wagen mit Chauffeur zum Interview. Üblicherweise setzte sie Zeit und Umstände ihrer Interviews fest. Doch hier war sie in eine melodramatische Inszenierung geraten und wurde zu einem heimlichen Rendezvous geleitet. Der Wagen hielt in einer Wohngegend, dort wartete Enrico Donati, der Geliebte von Marcella, und führte Hedda Hopper zu seinem Appartement. Und dort saß Ingrid Bergman und wartete auf das Interview.

Sie begrüßte Hedda Hopper so stürmisch, als wäre sie eine alte Freundin. Als die beiden plauderten, suchte Hedda Hopper mit geübtem Auge nach Anzeichen für eine Schwangerschaft. Ingrid hatte sich heute besonders hübsch angezogen, ganz in Rot, von der Tupfenbluse bis zu den Slippern. Pech für Hedda Hopper — aber wenn ein Frauenkörper dafür gebaut war, eine Schwangerschaft zu verbergen, dann Ingrid Bergmans Körper. Sie war nicht nur groß und grobknochig, sondern hatte häufig ungefähr zehn Pfund Übergewicht und war stämmig wie ein schwedisches Milchmädchen. Wenn sie schwanger aussah, dann sah jede gesunde, kräftig gebaute Frau schwanger aus.

Hedda Hopper stellte ungefähr eine Stunde lang ihre Fragen. Ingrid Bergman spickte ihre Rede vielfach mit dem Wort »hell« — so lästerliche Ausdrücke wären früher nicht in Hedda Hoppers Gegenwart über ihre Lippen gekommen. In manchen Gegenden Amerikas war der Gebrauch solcher Sprache allein schon ein Zeichen moralischer Verderbtheit, und Hedda Hopper nahm es wohl zur Kenntnis.

Ingrid Bergman sprach wie eine Frau, die lange mit Leuten zusammengesperrt war, mit denen sie nicht gut reden konnte. Sie ließ ihre übliche professionelle Bescheidenheit fahren und redete mit einer Anmaßung, die die Leser der Kolumne verärgern mußte. »Was ich gemacht habe auf der Insel Stromboli, das macht mir so leicht keiner nach«, sagte sie. »Ich bin sicher, keine andere Schauspielerin hätte physisch durchstehen können, was ich freiwillig getan habe, weil ich merkte, es würde ein großer Film . . . Ich möchte eine andere Schauspielerin am Rande eines Vulkans arbeiten sehen, wenn die Schwefeldämpfe sie beinahe ersticken und der Wind sie in den Krater zu wehen droht. Nun, ich habe es getan . . . Die Leute scheinen nicht zu begreifen. Niemals zuvor in meinem Leben war ich müde gewesen, aber auf Stromboli war ich so müde, daß ich vor Erschöpfung geweint habe, und als mir klar wurde, daß ich eine Gefangene war — nie habe ich meine Post, meine Nachrichten erhalten —, da habe ich vor Wut geweint . . . Ich bin das Opfer einer Menge Lügen gewesen . . . Jetzt will ich einfach nur weggehen und mich verstecken.«[3]

»Aber Ingrid«, entgegnete Hedda Hopper, »es gibt keinen Ort auf der Welt, wo Sie sich verstecken können. Sie können sich drei oder vier Monate lang ausruhen, und dann wird die Sehnsucht nach der Arbeit zurückkehren und Sie werden bald wieder in der Routine sein.«

Schließlich stellte Hedda Hopper die Frage, derentwegen sie gekommen war.

»Was hat es mit dem Gerede auf sich, Sie seien schwanger?« fragte sie.

»Meine Güte, Hedda, sehe ich etwa so aus?« lachte Ingrid Bergman.

»Das wollte ich nur wissen«, sagte die Kolumnistin, zufrieden, daß der Tugend und ihrer Kolumne ein so guter Dienst erwiesen worden war. Doch Ingrid Bergman hatte das Schauspieler-Laster, immer einen starken Abgang haben zu müssen. Sie vermittelte Hedda Hopper den Eindruck, daß sie dabei sei, den *Corriere della Sera* wegen seiner widerlichen verlogenen Geschichte gerichtlich zu belangen.

Hedda Hopper ging und schrieb ihre Kolumne. »Ich habe nie mit einem Mädchen gesprochen, das verwirrter war«, schrieb sie; kaum der Eindruck, den Ingrid Bergman hatte vermitteln wollen. Was sie von den Gerüchten über eine Schwangerschaft hielt, machte sie deutlich, indem sie diese Erörterung in den letzten Absatz ihrer Story verbannte. »Ingrid erklärt, sie wird gegen die italienischen Zeitungen klagen, die geschrieben haben, sie bekäme ein Baby. Ich nehme ihr das nicht übel; es ist kein Wort daran wahr.«

Ingrid Bergman war nicht so unkonventionell, daß sie ein unehelich geborenes Kind als ein Kind der Liebe betrachtet hätte. Es ist schwer verständlich, warum sie, nachdem sie sich entschieden hatte, Rossellinis Kind zu bekommen, sich nicht sofort um eine Scheidung bemüht hat, wenn nicht in den Vereinigten Staaten, dann in Schweden. Steele zufolge hat Ingrid Bergman versucht, die Scheidung in Schweden einzureichen, aber die technischen Schwierigkeiten machten es unmöglich. Lindström sagt, er sei derjenige gewesen, der mit einem schwedischen Anwalt wegen einer Scheidung Kontakt aufgenommen habe. Sie waren beide schwedische Staatsbürger, sie lebten in verschiedenen Ländern, Tausende von Meilen von ihrem Geburtsland entfernt. Die Schwierigkeiten waren in der Tat groß, doch es ist zweifelhaft, ob Ingrid Bergman alle Möglichkeiten sondiert hat.

Ingrid Bergman war eine Schauspielerin, und wie bei den meisten Schauspielern war in ihrem Innern ein Kern von Passivität. Sie wartete auf Rollen, die sie ausfüllten. Wenn sie Unannehmlichkeiten nicht entfliehen konnte, wartete sie darauf, daß ihr irgend etwas geschehen möge.

Rossellini war ein Mann, der die großen Anlässe schätzte. Am

29. August 1949 war Ingrid Bergmans vierunddreißigster Geburtstag. Rossellini tat sein Bestes und schenkte Ingrid Bergman eine mit Diamanten besetzte Skorpion-Brosche. Sie konnte sich jedoch nicht von strengen bürgerlichen Vorstellungen freimachen, z. B. daß man nur kaufen sollte, was man sich auch leisten kann. Es mußte ihr klar geworden sein, daß Rossellini von Geldeintreibern genauso verfolgt wurde wie von Reportern, und daß sie, wenn sie ihn heiratete, seine Schulden mit heiratete. Rossellini war bemüht, daß der Abend fröhlich und unbeschwert wurde, doch die Unterhaltung schleppte sich mühsam dahin.[4] Er lag schon eine Weile mit RKO im Streit, denn er wollte *Stromboli* in Rom schneiden, montieren und mit Begleitmusik versehen, und das nicht in Hollywood machen lassen. Eine Zeitlang hatte er sich sogar geweigert, die letzten Szenen von *Stromboli* dem Studio zu überlassen.[5]

Ingrid Bergman war wie gefangen in der gemieteten Wohnung an der Via Antonelli, da sie nicht in der Lage war, ohne Hilfe auszugehen. Manchmal dachte sie das Undenkbare: wenn sie nur wieder in Beverly Hills sein könnte, wenn sie nur Petter und Pia zurückhaben könnte.

Am 3. September 1949 schrieb sie an Lindströms Schwester Anna-Britta in Stöde:

> *Weißt Du, wenn ich morgen früh aufwachte und feststellte, daß ich in Beverly Hills, Kalifornien, wäre und ich dies nur geträumt hätte, all diese Monate der Seelenqualen, der Tränen, des Skandals etc., dann würde ich wahrscheinlich zufrieden sein und mein Leben wie vorher weiterführen. Ich denke immer an Petter und Pia, und gleichzeitig sage ich mir, daß es unmöglich ist, zurückzugehen. Petter ist ein seßhafter, ein guter Mensch, ich weiß das wirklich, und ich bin ein Zugvogel. Ich habe immer, seit ich ein kleines Mädchen war, nach etwas Neuem Ausschau gehalten, immer nach etwas Neuem. Ich habe mich immer nach dem großen Abenteuer gesehnt, und soviel ich gehabt, gesehen und erlebt habe, es war nie genug. Ich versuchte, durch die tägliche Tristesse hindurchzukommen und Glück und Zufriedenheit zu finden. Aber ich wußte nicht, was mir Glück und Frieden geben sollte.*
>
> *Woher weiß ich, liebe Anna-Britta, ob dies das wahre Glück ist? Ich begreife wohl, daß ich den großen Schritt getan habe. Aber wer weiß, wie das endet?*[6]

Ingrid Bergman mag ihre Zweifel gehabt haben, doch sie war schwanger, und es blieb ihr kaum etwas anderes übrig, als die Scheidung zu betreiben. Es gab in der Familie Rossellini viele Diskussionen, und manche von ihnen bekam Rossellinis Cousin, der zehnjährige Franco, mit. »Nach dem, was ich gehört habe, basierte sehr viel auf der Tatsache, daß sie eine Menge Geld in Amerika verdient hatte«, erinnert sich Franco Rossellini. »Sehr vieles beruhte auf Gefühlen, aber eben auch auf Geld, Bargeld, mit dem man etwas kaufen konnte.«[7]

Rossellinis Anwalt, Signor Verdozzi, engagierte den vierzigjährigen Monroe E. MacDonald, einen amerikanischen Anwalt, der in Rom lebte. Er reiste als Ingrid Bergmans Beauftragter nach New York und Los Angeles, um das Scheidungsverfahren voranzutreiben.

MacDonald nahm einen 3000 Wörter langen Text mit, den Ingrid Bergman über ihre Jahre mit Lindström verfaßt hatte. Das vertrauliche Dokument war von ganz anderem Charakter als ihr Brief an Anna-Britta, es war ein harter, einseitiger Schriftsatz, eine nützliche Waffe für ihr Verfahren, aber ein Sprengsatz, wenn er in die Presse gelangte.

Sowie MacDonald in New York ankam, traf er sich mit dem Kolumnisten Igor Cassini — »Cholly Knickerbocker«. Am nächsten Tag, dem 21. September 1949, lautete die Hauptschlagzeile des *New Yorker Journal American*: JETZT ZUM ERSTEN MAL: INGRIDS WAHRE LIEBESGESCHICHTE.

Cassinis Artikel war eine vernichtende Attacke auf Lindström, er stützte sich auf MacDonalds und Ingrid Bergmans Darlegungen und war voller Fehler:

> *Seit ihrer Heirat . . . ist Ingrid eine treue und ergebene Ehefrau gewesen. Der Arzt beherrschte sie völlig. Elf Jahre älter als sie, war er ihr in jeder Hinsicht überlegen und er hat sie niemals selbständig eine Entscheidung treffen lassen. Jeder Vertrag, den Ingrid jemals unterzeichnet hat, mußte immer zuerst von Peter gebilligt werden. Er hatte die Kontrolle über das ganze Geld . . . Obwohl sie ein herrliches Haus hatten und luxuriös lebten, hat Ingrid seit ihrer Heirat außer ihrem Ehering kein einziges Schmuckstück besessen. Als sie im letzten März nach Europa fuhr, gab er ihr 300 Dollar mit, und das ist alles, was sie seither von zu Haus bekommen hat.*

Früher oder später kommen bei einer Scheidung all die

Kleinlichkeiten, der alte Groll und endlose Beschuldigungen zum Vorschein. Sie finden allerdings üblicherweise nicht ihren Weg auf die Titelseiten von Zeitungen. Selbst wenn Cassini die Wahrheit geschrieben hätte — daß die Geschichten in der Presse auftauchten, damit war niemandem gedient, nicht Lindström, nicht Ingrid Bergman, nicht Pia. Es setzte sie herab, es setzte auch die Jahre ihrer Ehe herab. Zudem erschien der Artikel am Tag nach Pias elftem Geburtstag — ein wahrlich reizendes Geschenk.

Ingrid Bergman äußerte sich entsetzt darüber, daß MacDonald ihre Erklärung einem Klatschkolumnisten ausgehändigt und ihm ein Interview gegeben hatte. Es ist jedoch unwahrscheinlich, daß der Anwalt in dieser Weise sein Mandat verletzt haben sollte. Er konnte dafür seine Lizenz verlieren.

In Rom hatte MacDonald nicht nur mit Ingrid Bergman gesprochen, sondern auch mit Rossellini und Mitgliedern der Familie Rossellini. Cassini berichtete in seinem Artikel, daß MacDonald nach Amerika mit der Vollmacht gekommen sei, »mit Dr. Lindström über Ingrids Freiheit zu verhandeln und dem amerikanischen Publikum die wahren Fakten hinter der großen Liebesgeschichte zu präsentieren«.

Cassini war italienischer Abstammung. Er hatte, worauf er hinweist, »Freunde in Italien und war der über Europa am besten informierte Kolumnist«. Er sagt, er könne sich nicht erinnern, wie MacDonald Kontakt mit ihm aufgenommen habe, aber es könne durchaus eine Einmischung Rossellinis vorgelegen haben, entweder direkt oder durch Mittelspersonen.[8]

Diese Vermutung gewinnt durch eine Tatsache an Wahrscheinlichkeit, die Steele aufgefallen war: Rossellini zeigte sich nämlich seltsam unberührt von dem Aufruhr über die Enthüllungen.[9] Er hatte eine tiefsitzende Abneigung gegen Lindström gefaßt. Es hätte ihm Spaß gemacht, ihn der Öffentlichkeit vorzuführen und seinen Ruf Schaden nehmen zu lassen, wie seiner Meinung nach sein eigener Ruf beschmutzt worden war.

Gleich nach seiner Ankunft in Los Angeles engagierte MacDonald Gregson Bautzer als Ingrid Bergmans Anwalt in Kalifornien. Sie hatte ihn kennengelernt, als er in Howard Hughes' Auftrag nach Rom gekommen war und ihnen die Rechte an den Einnahmen aus *Stromboli* für eine Pauschalsumme abkaufen wollte. In Hollywood war Bautzer sowohl für seine Techniken im Boudoir als auch für die im Gerichtssaal bekannt. Man sah ihn als Begleiter von Joan Crawford, Lana Turner und anderen Stars und Starlets, aber er war auch ein ambitionierter und schneidiger Rechtsanwalt. Er ließ sofort wissen, daß er Lindström für Ingrid Bergmans Freiheit ein königliches Lösegeld bot.

INGRID BIETET VERMÖGEN FÜR IHRE EHELICHE FREIHEIT lautete die Schlagzeile im *Los Angeles Examiner* vom 23. September. Die Story hatte Louella Parsons verfaßt, und es hieß darin, Ingrid Bergman sei »bereit, Dr. Peter Lindström die Hälfte ihres gemeinsamen Vermögens anzubieten — die verbleibende Hälfte soll zum Nutzen ihrer Tochter Pia treuhänderisch verwaltet werden. Miss Bergman wird um das zeitweise Sorgerecht für ihre Tochter bitten. Alles, was sie von Dr. Lindström will, ist ein Ölgemälde von ihrem kleinen Mädchen.«

Bautzer wußte mit der Presse umzugehen, und er hatte einen dramatischen Eröffnungston angeschlagen. Ingrid Bergman erschien wie jemand, der um der Liebe willen alles aufzugeben bereit war, während Lindström ein Geizhals war, der nur das Geld, das sie verdient hatte, hortete.

Bis jetzt hatte Lindström noch den Anschein einer Beziehung mit Ingrid aufrechterhalten, aber diese neue Attacke raubte ihm den Rest seines Wohlwollens und Vertrauens.

Trotzdem weigerte er sich immer noch, mit Reportern zu reden. In Hollywood ist Schweigen Katzengold, und George Seaton wollte eine Pressekonferenz ansetzen, auf der sein Freund seine Seite der Geschichte darlegen konnte. Åke Sandler, auch ein Freund und ebenfalls Schwede, schrieb einen Artikel für *Collier's*.[10] Aber Lindström beschloß, ihn nicht veröffentlichen zu lassen. Er wollte nicht noch mehr Skandal hervorrufen, mit dessen Konsequenzen Pia fertigwerden müßte.

Lindström verweigerte Interviews, aber trotzdem war zwei Tage nach Erscheinen der Cholly-Knickerbocker-Kolumne eine Gegendarstellung in der Zeitung zu lesen. John Vernon, Ingrid Bergmans früherer Manager, veröffentlichte eine ausführliche Erklärung, in der er als »Sprecher für Dr. Peter Lindström« bezeichnet wurde.[11] Vernon und seine Frau waren es, die während Lindströms Europaaufenthalt für Pia gesorgt hatten, und Mrs. Vernon hatte sie nach Minnesota gebracht.

Der interessanteste Teil in Vernons Darlegungen betraf die

finanziellen Angelegenheiten. Vernon sagte, Ingrid Bergman »ging nicht mit 300 Dollar nach Europa«, sondern mit einer ungenannten größeren Summe. Er sagte außerdem, sie habe »immer ungehinderten Zugang zu allen ihren Geldern gehabt und einige Tausend Dollar nach Italien transferiert und hätte auf Bitten mehr haben können«. Er fügte hinzu, »abgesehen von ihrem Haus, ist ihr gemeinsames Vermögen gering«.

Lindström war so aufgebracht über diese Publicity, daß er an Ingrid schrieb und sich beschwerte. Sie schrieb zurück, die Leute würden sie wahrscheinlich für einen Dummkopf halten, weil sie ihr ganzes Vermögen in Amerika ihm und Pia überließ.

Ein Dummkopf war sie nicht. In Kalifornien gilt die Gütergemeinschaft. Ingrid Bergmans und Lindströms deklariertes Vermögen war erstaunlich klein angesichts der Tatsache, daß sie über eine halbe Million Dollar bei ihren letzten drei Filmen verdient hatte und Lindström ein Einkommen als Chirurg bezog.

Ansonsten besaßen sie ihr Haus in Benedict Canyon, auf rund 70 000 Dollar geschätzt, Sparkonten mit 30 000 Dollar, Wertpapiere für ungefähr 19 690 Dollar, verschiedene Versicherungspolicen, drei Automobile (ein 1947er Chrysler Windsor, ein 1948er Pontiac Kabriolett und ein 1949er Chevrolet), eine kleine Farm in Schweden, die ein paar tausend Dollar wert war, dazu Schmuck, Pelze, Haushaltsgegenstände und persönliche Sachen. All das zusammengenommen war über 200 000 Dollar wert, und ihr Anteil betrug die Hälfte davon.

Ingrid Bergmans eigenes Vermögen in Italien war schon größer als das Gesamtvermögen in Amerika. Für *Stromboli* hatte sie 205 000 Dollar von RKO bekommen, ausgezahlt in einem Land, wo das Umgehen der Steuer als eine kreative Kunst betrachtet wird. Diese Summe schloß noch nicht einmal die finanzielle Unterstützung des italienischen Staates ein oder Einnahmen aus dem Film. Wie Steele später von Bautzer erfuhr, hatte Howard Hughes Ingrid Bergman und Rossellini 600 000 Dollar für ihren Anteil an den Filmrechten in Amerika und Europa angeboten.[12] Das war eine enorme Summe, doch sie lehnten ab in Erwartung noch größerer Gelder.

Wenn Ingrid Bergmans und Lindströms Vermögen gleichmäßig aufgeteilt worden wäre, hätte sie ihm einen Teil ihrer Einkünfte aus *Stromboli* geben müssen. Das kalifornische Gesetz sah es so vor. Lindström sagt, er habe niemals Geld von

Stromboli haben wollen und hätte es auch nicht angenommen, es war für ihn schmutziges Geld. Ingrid Bergman zufolge hat er sie jedoch um die Hälfte des Geldes gebeten, zuerst für sich selbst, dann für Pia, und ihr nur ein Drittel ihres Vermögens in den Vereinigten Staaten angeboten.

Lindström sah keinen Grund, das Scheidungsverfahren mit großer Eile zu betreiben, besonders wenn Ingrid Bergmans Anhänger ihn in der Presse an den Pranger stellten. Er meinte anständig gehandelt zu haben, er hatte um wenig gebeten — nur um ein Treffen zwischen Ingrid und Pia. Aber er war beleidigt und hereingelegt worden. Es war schwierig für ihn zu wissen, wem er vertrauen konnte. Während der Jahre mit Ingrid Bergman waren die Männer, die ihm freundschaftlich die Hand drückten, oft genug ihre Liebhaber gewesen. Die Freundschaft im Kreis der Filmleute war für Ingrid gewesen, und es war keine wirkliche Freundschaft. Er fand es unmöglich, Beziehungen zu Freunden aufrechtzuerhalten, die meinten, sie könnten ebenfalls Ingrids Freunde sein.

In Rom erfuhr Ingrid Bergman fast nur schlechte Neuigkeiten.

Sklavin des Herzens hatte in der Radio City Music Hall Premiere gehabt, dem Filmtheater, wo so viele ihrer Filme mit gewaltigem Erfolg gelaufen waren. Aber nicht *Sklavin des Herzens*. Es war ihr dritter Reinfall nacheinander, und der dritte Film, der eine neugegründete Produktionsgesellschaft ruinierte. Die Kinobesitzer in Chicago beuteten Ingrid Bergmans Notlage für ihre Zeitungsanzeigen aus: SELTSAME DINGE STOSSEN INGRID BERGMAN ZU. SEHEN SIE, ZU WELCHEN HÖHEN — UND ZU WELCHEN TIEFEN EINE FRAU GELANGEN KANN.[13]

Doch nicht einmal das half.

Der Zugvogel war jetzt ein Vogel im Käfig, verwöhnt und verhätschelt. Rossellini kaufte ihr Schmuck und Pelze, das Geld hatte er irgendwo aufgetrieben — bei einem Verleiher, einer Bank, wahrscheinlich von Ingrid Bergmans Konto. Wenn sie nach draußen ging, was selten vorkam, dann waren ihre Schultern mit Nerz geschmückt und an ihren Fingern funkelten Diamanten, doch ihre Augen waren rot und entzündet.

Ihr einziger alter Freund in Rom war Joe Steele. Er versuchte immer wieder mit ihr zu sprechen, aber Rossellini warf ihn hinaus. Endlich beschloß er, daß es Zeit wäre, nach Amerika zurückzukehren. Voller Sorgen kam er zu Ingrid Bergman, um ihr zu sagen, daß er gehen wollte. Rossellini saß neben ihr, berührte sie, streichelte ihre Wange, flüsterte mit ihr. Steele dachte, daß das Blau ihrer Augen wie ausgewaschen erschien. Ihre Wangen waren eingefallen. Ihre Stimme war nur noch ein Flüstern. Sie wirkte krank und allein.[14]

Am Abend seiner Abreise kam Steele noch einmal, um Ingrid Bergman auf Wiedersehen zu sagen. Sie hatte geglaubt, sie würden allein sein, aber Rossellini hatte noch andere Gäste zum Essen eingeladen. Nach dem Essen gab Ingrid Bergman Steele ein Zeichen, in ein anderes Zimmer zu kommen. Rossellini kam herein und ermahnte sie, zu ihren Gästen zurückzugehen.[15]

Später ging sie mit Steele zur Tür. Ihre Lippen zitterten. Steele fragte sich, was sie ihm wohl hatte sagen wollen. Sie umarmte ihn, beide weinten, und dann ging er, wortlos.

Bald danach wurde Ingrid Bergman krank, sie litt an einem schweren Husten und meinte, es käme von ihrer Traurigkeit. Sie hatte gar kein Gefühl mehr für den Ort, an dem sie lebte; während sie noch krank war, mußte sie schon wieder umziehen, in die Via Bruno Buozzi Nr. 49 in Parioli, einem Vorort Roms.

Es war eine große Wohnung, geschmückt mit antiken Gegenständen, aber Ingrid Bergman kam sie kalt vor, es fehlte alles Behagliche, was das Haus am Benedict Canyon Drive so freundlich und einladend gemacht hatte. Sie war nie eine Frau gewesen, die sehr oft oder sehr lange weinte, doch sie schluchzte immerzu.

Rossellini war an Frauen wie Anna Magnani gewöhnt, die große Tränenausbrüche hatten und nach kurzer Zeit war es wieder gut. Ingrid Bergmans Tränen kamen von irgendwo tiefer drinnen. Rossellini zeigte sich hilflos, er saß in der schlecht geheizten Wohnung und legte Patiencen.

Ingrid Bergman versuchte ständig Pia anzurufen. Schließlich erreichte sie ihre Tochter in Los Angeles. Pia fragte, wann der Film beendet sein und sie nach Hause kommen würde.[16]

Eine ganze Zeitlang hatte Ingrid Bergman vorgehabt, Pia zu erzählen, daß sie ihren Vater für immer verlassen hatte und Rossellini heiraten würde, aber sie schaffte nie, es zu sagen. Als sie Petter geschrieben hatte, er sei »allein in den Ruinen«, schien sie zu glauben, daß er die Scherben ihres gemeinsamen Lebens wieder zusammensetzen müßte. Indem er versuchte sie zu zwingen, diejenige zu sein, die Pia von der Scheidung erzählte, übte er eine gewisse Rache, er wollte sie zu verantwortlichem Handeln zwingen.

Pia hatte über ihre Mutter und Rossellini gelesen und wahrscheinlich auch ihre Klassenkameraden und andere über sie reden hören. »Es war eine traumatische Erfahrung, zu sehen, wie meine Mutter innerhalb weniger Tage von einer Heiligen zu einem Flittchen wurde«, sagt Pia Lindström. »Wir beide, mein Vater und ich, litten unter einem starken Gefühl des Verlustes. Die Publicity war abscheulich. Es war immerhin zufällig meine Mutter. Noch eine Woche vorher war sie zufällig meine Mutter. Ich denke, sie hat für den Rest ihres Lebens ein tiefes Schuldgefühl mit sich herumgetragen.«[17]

Pia schrieb an ihre Mutter, daß sie sich weigerte, in der Schule auf die Landkarte zu gucken, weil sie es nicht ertragen konnte, Italien zu sehen. Sie fragte sie, warum sie nicht für die Synchronisation von *Stromboli* nach Hollywood gekommen sei. Sie sagte, daß keiner ihrer Filme je so lange gedauert habe.[18]

Ingrid Bergman hatte den Verdacht, daß Lindström hinter Pias Brief stand. Doch Pias Sympathien galten wohl zwangsläufig eher einem Vater, der da war, als einer Mutter, die selten dagewesen war und eines Tages abfuhr und sie mit dem Vater und Erinnerungen zurückließ. Wie viele Kinder aus gescheiterten Ehen hatte Pia einen Kokon um ihre Gefühle gesponnen und suchte sich selbst zu schützen vor Neuigkeiten, die sie nicht hören wollte. Pia war erst elf Jahre alt, aber sie war reif für ihr Alter, selbst nach Hollywood-Maßstäben, ein junges Mädchen, das jetzt die »Herrin des Hauses« war.

Schließlich, als die Weihnachtszeit herankam, schrieb Ingrid Bergman an Pia und erzählte ihr von der Scheidung.

Allein in der Wohnung, schrieb Ingrid Bergman viele Briefe. Am 26. November verfaßte sie einen langen, geschwätzigen Brief an Steele, der ganz wie die alte Ingrid Bergman klang. Er sollte wissen, daß, ganz gleich, was er las, sie Roberto liebte und Roberto sie liebte. Am nächsten Tag fügte sie noch etwas hinzu, bevor sie den Umschlag zuklebte:

»Da ist nur eine Sache, vor der ich Dich warnen muß . . . wenn wieder jemand druckt, daß ich schwanger bin, dann verklag' ihn nicht, weil Du mit Sicherheit Deinen Fall verlieren wirst . . . Das ist alles in Kürze.«[19]

Steele war wie betäubt. Er glaubte, daß er Ingrid Bergman besser kannte und verstand als sonst jemand und war sicher, daß sie ihm in einer Weise vertraute, in der sie Rossellini nicht vertrauen konnte. Er mußte das unbedingt glauben, was war er sonst als ein schlecht bezahlter Dienstbote, ein Presseagent, dessen Integrität zu verkaufen war?

Steele hätte allen Grund gehabt, wütend auf Ingrid Bergman zu sein, nach allem, was sie ihm im Laufe der Zeit angetan hatte. Aber er liebte sie immer noch. Er betrachtete ihr Leben wie ein großes Epos, und er wollte eine Rolle darin spielen. Er schrieb am nächsten Tag zurück, ohne Anklagen, er bot ihr vielmehr seinen Rat an. Er sagte ihr, sie solle sich vor jedermann in acht nehmen, und er warnte sie, wenn die Zeitungen die Wahrheit erführen, wäre das das Aus für *Stromboli* in den Vereinigten Staaten.[20] Ingrid Bergman und Rossellini waren sich dieser Gefahr nur zu bewußt.

Irgend jemandem wollte Steele von der Sache erzählen, und er wollte helfen. Er entschloß sich, es Howard Hughes zu sagen und ihn zu bitten, *Stromboli* sofort herauszubringen, ein Schritt, der nicht nur Ingrid Bergman und Rossellini zugute käme, sondern auch den Kassen von RKO.

Am 11. Dezember besuchte Steele Hughes in seinem Bungalow beim Beverly Hills Hotel. Als Ingrid Bergman Hughes kennengelernt hatte, sah er noch so gut aus, war so umgänglich und abenteuerlustig, daß er eine Reihe von Stars und Starlets für sich hatte gewinnen können. Doch jetzt zeigten sich bei ihm schon Absonderlichkeiten, die seinen Rückzug in ein Eremitendasein ankündigten.

Hughes begrüßte Steele in ungebügelten Hosen und weißem Hemd und gab ihm ein Zeichen, er möchte sich auf ein Sofa setzen. Steele sagte, daß seine Äußerungen vertraulich bleiben müßten. Hughes nickte zustimmend.[21]

Die Neuigkeit schien Hughes nicht aufzuregen. Er hörte verständnisvoll zu, als Steele seinen Plan skizzierte, *Stromboli* sofort für 500 Filmtheater zu buchen. Bevor die beiden Männer sich trennten, vermittelte Hughes Steele den Eindruck, daß er bei seinem Plan mitmachen würde.

Am nächsten Morgen lautete die Schlagzeile des *Los Angeles Examiner*: INGRID BERGMANS BABY KOMMT IN DREI MONATEN IN ROM ZUR WELT.

Louella Parsons' Story erschien in großer Aufmachung in ganz Amerika. Sie stellte allerlei Vergleiche an, als wäre sie keine Klatschkolumnistin, sondern eine berühmte Historikerin.

»Es hat in der Geschichte nur wenige Frauen — und auch nur wenige Männer — gegeben, die für ihre Liebe ein solches Opfer gebracht haben wie der schwedische Star«, schrieb sie. »Maria Stuart, Königin von Schottland, gab wegen ihrer Liebe zu Bothwell ihren Thron auf. Die schöne Lady Hamilton gab ihre Stellung in der Londoner Gesellschaft auf, um Lord Nelson ein uneheliches Kind zu gebären. König Edward VIII. . . . verzichtete auf seinen Thron, um die Frau zu heiraten, die er liebte.«[22]

Die Story hatte eine erstaunliche Wirkung in Amerika, und solche Themen wie Präsident Trumans Ankündigung der Entwicklung der Wasserstoffbombe wurden von den Titelseiten verdrängt. Die Sache berührte einen bloßen Nerv und löste eine große, dramatische Kontroverse aus.

Die Vereinigten Staaten der ausgehenden vierziger Jahre waren die stärkste Macht der Welt, aber das Land hatte die sexuelle Reife eines unbeholfenen Jugendlichen, der fasziniert ist vom Sex und zugleich Angst davor hat. Teenagern erzählte man, daß Onanie zu Geisteskrankheit führt. Man war so sehr mit Fragen der Sexualität beschäftigt, daß man bei »Moral« immer an das Sexualverhalten dachte. Amerika war ein Land der verborgenen Sexualität. Präsident Franklin D. Roosevelt hatte Mätressen gehabt. Jahrelang gab es ein paar Straßen vom Capitol entfernt ein Freudenhaus, das einige Gesetzgeber mit derselben Regelmäßigkeit aufsuchten, mit der sie zur Kirche gingen oder Reden über die Heiligkeit von Ehe und Familie hielten. Es herrschte stillschweigende Übereinkunft, daß Journalisten nichts darüber schrieben und die Wähler nichts erfuhren, solange alles diskret vonstatten ging.

In Hollywood war es so ziemlich das gleiche. Gregory Peck weist darauf hin, daß die Filmgemeinde über Ingrid Bergmans Affäre mit Rossellini nicht überrascht war, weil Hollywood über Ingrids Liebschaften Bescheid wußte.[23] Hedda Hopper, Louella Parsons und die anderen Filmreporter wußten so sicher Bescheid über Ingrid Bergmans Beziehungen wie die Reporter beim Weißen Haus über Roosevelts Affären informiert sein mußten. In Hollywood wurde herumgehurt, die Ehe gebrochen und abgetrieben; wenn auch vielleicht nicht mehr als an anderen Orten. Beinahe alles war erlaubt, solange es nicht in die Zeitungen kam, und ganze Bataillone hochbezahlter Presseagenten achteten darauf, daß es nicht in die Zeitungen kam.

Ingrid Bergman hatte ihre Tochter und ihren Mann verlassen und war mit einem verheirateten Mann nach Italien durchgebrannt. Die meisten Leute würden solch ein Handeln moralisch anstößig finden, doch das erklärt nicht das enorme Ausmaß des Skandals. Es war nämlich Ingrid Bergman, die das getan hatte, nicht Rita Hayworth oder Lana Turner. Sie hatte sich geweigert, das zu sein, wofür Amerika sie hielt und wofür Amerika sie auch halten sollte. Sie hatte ihre Beziehung mit Rossellini öffentlich zur Schau gestellt und sich unbekümmert hinweggesetzt über die Moral des Landes, das sie zu einem großen Star gemacht hatte und zu einem Symbol ebendieser Moral. Schlimmer noch, sie beging ihre Sünde in ebendem Moment, als Amerikas System der Sexualmoral, gegründet auf Heuchelei und Scheinheiligkeit, ins Wanken geriet.

Die Psyche des fundamentalistischen Amerika fürchtete Europa als die Heimat des Kommunismus und der freien Liebe. Kommunismus wurde nicht als ein Machtsystem gesehen, sondern als ein Verführungsmechanismus, der den Geist guter Amerikaner versklaven konnte. Ein Mann wie Rossellini wurde als jemand betrachtet, der die Frauen seinem Willen unterwarf, ein dunkler Don Juan, mit dem gottesfürchtige Amerikaner kaum konkurrieren konnten, ein Mann, der, mit den Worten von Senator Edwin C. Johnson, »verdorben und abscheulich« war.

Sobald die Neuigkeit nach Rom drang, begannen die Reporter vor Ingrid Bergmans Haus Wache zu beziehen. Drinnen klingelten die Telefone; Mitglieder der Familie liefen hinein und hinaus; Ingrid Bergman war die einzige Insel der Ruhe. Sie war sogar so ruhig, daß sie es lustig finden konnte, wie Rossellini umherlief, die Haare gesträubt, die Kleidung durcheinander.

Er rannte äußerst aufgeregt hin und her und schrie: »Ich bitte dich, nimm etwas für deine Nerven. Du machst mich verrückt. Ich kann es nicht ertragen, dich hysterisch zu sehen. Hörst du überhaupt, was ich dir sage?« Schließlich wurde er müde und fiel in Schlaf, wachte aber bald wieder auf und raste im Bademantel in der Wohnung umher. Dann fiel er wieder ins Bett und ließ sich das Essen auf einem Tablett servieren, als wäre er, und nicht Ingrid, im achten Monat schwanger.

Schließlich stand Rossellini doch auf, zog sich an und beschloß, daß er und Ingrid ihr einziges Presseinterview Camille M. Cianfarra von der *New York Times* gewähren sollten. Rossellini beherrschte das Gespräch. Der gebildete Reporter berichtete für gewöhnlich über den Vatikan — der geeignete Hintergrund, um Rossellinis Äußerungen zu entschlüsseln.

»Ob sie schwanger ist oder nicht, geht niemand etwas an«, sagte Rossellini und schlürfte im Wohnzimmer seinen Espresso. »Ich denke, der Bericht verdient weder ein Dementi noch eine Bestätigung, weil es der Versuch ist, im Privatleben einer Frau herumzuschnüffeln, die, um ihr Recht auf ein eigenes Leben durchzusetzen, ihre Karriere aufgegeben hat — und ein Künstler betrachtet seine Karriere als das Wichtigste im Leben. Ist das nicht genug?«[24]

Über das berühmte Treffen in Messina erzählte Rossellini dem Reporter: »Wir haben unsere Situation ausführlich diskutiert. Und ich möchte hier klarstellen, daß zu der Zeit die Beziehung zwischen Ingrid und mir absolut korrekt war.« Wenn Rossellini die Wahrheit sagte, dann war Ingrid Bergman durch eine unbefleckte Empfängnis schwanger geworden — die größte Story, die ein Vatikan-Reporter sich wünschen konnte!

Ingrid Bergman wurde die Ruhe und Erholung verweigert, die jede Frau in den letzten Wochen der Schwangerschaft braucht. Sie wagte kaum, die Wohnung zu verlassen. Das Beste, was sie tun konnte, war auf der Terrasse zu sitzen und wenn sie danach aufgelegt war, über das Geländer zu spucken, in Richtung auf die Fotografen, die auf der Straße Wache hielten. Über die Feiertage erschien ein Artikel, daß Ingrid Bergman einen Nervenzusammenbruch erlitten habe. Anfang Januar erzählte Rossellini dem römischen *Daily American*, daß er dafür gesorgt habe, daß die Story erschien, damit »wir über Weihnachten und Neujahr in Frieden gelassen wurden«.

Am 22. Januar 1950, es war ein sonniger Tag, beschloß Ingrid Bergman, zum ersten Mal innerhalb eines Monats, die Wohnung zu verlassen und mit Rossellini auszufahren. Sie kam die Treppen herunter in einem langen Pelzmantel und mit knöchelhohen Stiefeln. Sie sah entschieden schwanger aus. Als sie dastand und auf Rossellini wartete, tauchte plötzlich wie aus dem Nichts ein Fotograf auf, wie ein Großwildjäger, der seine Beute in die Ecke getrieben hat. Ingrid Bergman suchte schnell Schutz hinter einem Zeitungskiosk. Sie sollte inzwischen ein paar italienische Flüche gelernt haben, doch sie blieb bei ihrem englischen »Stop it, you devil« (Hör auf damit, zum Teufel). Der Fotograf lief um die andere Seite des Kiosk herum und schoß noch ein Foto von ihr, wie sie gerade in Tränen ausbrach.

Wenn Ingrid Bergman und Rossellini die Fotografen nur ihre Bilder hätten machen lassen, hätte man sie doch in Ruhe gelassen, und die Aufregung hätte sich ein wenig gelegt. Doch Ingrid Bergman, die Tausende von Malen fotografiert worden war, betrachtete jetzt jedes Foto als persönliche Verletzung.

Bergman und Rossellini fühlten sich aus vielen Richtungen angegriffen. RKO selbst hatte die endgültige Montage von *Stromboli* übernommen und Rossellini damit sein Kind aus dem Schoß gerissen. Er war jedoch kein Mann, der lange über das Gewesene nachgrübelte, er war schon wieder unterwegs in den Bergen außerhalb Roms und drehte den Film *Franziskus, der Gaukler Gottes (Francesco, giullare di Dio).* Das war für ihn entschieden zuträglicher, als sich den Kopf über *Stromboli* zu zerbrechen, doch es bedeutete, daß Ingrid Bergman einen großen Teil der Zeit allein mit den Dienstboten war.

Es war ein seltsames Leben. Sie war jetzt nicht nur ohne ihre alten Freunde, sondern auch häufig ohne Rossellini. Er war ein unruhiger Geist, wie eh und je, und Ende Januar erzählte er einem Reporter, daß »er ›an Selbstmord gedacht‹ habe wegen des internationalen Presserummels«.[25]

Ingrid Bergman verstand noch nicht sehr gut Italienisch, sie hatte häufig Schwierigkeiten, Wörter und Sätze zu verstehen. Eine gute Neuigkeit für sie war, daß Rossellini die Annullierung seiner ersten Ehe erreicht hatte, in Österreich; am 23. Januar wurde es aktenkundig. Jetzt mußte nur noch ihre Scheidung von Lindström ausgesprochen werden, damit sie Rossellini heiraten und das Baby ehelich geboren werden konnte. Doch die Verhandlungen zogen sich hin.

Ingrid Bergmans Anwälte kamen zu dem Schluß, daß eine schnelle Scheidung nur in Mexiko zu erlangen sei.

Sie wartete auf den Gerichtsbeschluß aus Mexiko, als am Mittag des 2. Februar 1950 das Telefon klingelte. Es war Lydia Vernon, und Ingrid Bergman hatte zuerst Angst, daß Pia etwas zugestoßen sein könnte. Sie war schockiert, daß Mrs. Vernon ihre Telefonnummer hatte, das hieß, daß Petter Lindström sie auch hatte.

Mrs. Vernon hatte gelesen, daß Ingrid Bergman wegen der Scheidung nach Mexiko fahren würde, sie wollte Pia dorthin begleiten, damit sie ihre Mutter sehen konnte. Sie erzählte Ingrid Bergman, daß ihre elfjährige Tochter wegen der schlimmen Dinge weinte, die sie über ihren Vater in der Zeitung las.[26]

Ingrid Bergman versprach, Pia bald zu treffen. Als sie den Hörer auflegte, spürte sie, daß die Wehen einsetzten. Sie wußte, daß sie noch eine Weile warten konnte, bevor sie ins Krankenhaus mußte. Sie würde noch Zeit haben, einen Brief an Pia zu schreiben. Sie hatte die »schreckliche Vorahnung«, daß sie »ins Krankenhaus gehe, um das Baby zu bekommen und vielleicht nicht mehr lebend herauskomme«.

Wie üblich verbannte sie alles Unangenehme aus ihrem Leben, bis sie gezwungen wurde, es sich ins Gedächtnis zurückzurufen. Sie schrieb Pia zum ersten Mal wieder nach vielen Tagen. Sie erzählte ihrer Tochter endlich, daß sie »noch ein Baby erwarte« und daß sie »nicht nach Hause kommen konnte und dort das Baby bekommen«, sondern in Italien bleiben werde; Pia würde auch nach Italien kommen, und sie würde sie besuchen. Diese Nachricht erreichte Pia erst lange nach der Geburt des Babys.

Einige der ersten Briefe, die Ingrid Bergman aus Italien schrieb, schienen geprägt von der Leidenschaft zur Wahrheit, die Worte schienen ohne Vorbedacht und Kalkulation aus ihrem Herzen geflossen zu sein. An vielen ihrer angeblich aufrichtigen Briefe ist jedoch etwas Künstliches, Manieriertes, gerade bei den späteren. Sie bewahrte Kopien fast aller ihrer Briefe auf, so als lebte sie eine Autobiografie und nicht ein Leben.

Dieser Brief an Pia, von dem sie glaubte, es könnte vielleicht der letzte sein, den sie je schreiben würde, ist kein Dokument des Herzens. Der Brief ist eine Apologie und scheint mindestens so sehr an die Nachwelt gerichtet wie an Pia. Ingrid Bergman verwendet mehr Zeit darauf, Pia Mitgefühl zu entlocken als sich zu den Schwierigkeiten des Kindes zu äußern. Sie erzählt Pia von ihren Problemen mit der Presse, daß die Zeitungen nur Negatives druckten, und daß sie nicht in der Lage sei, sich frei zu bewegen (»ich habe die Wohnung seit fünf Wochen nicht verlassen«). Sie vermittelt ihrer Tochter ein wenig von ihrer eigenen Philosophie — die Vergangenheit vergessen und verbergen, und weitermachen.

Als Ingrid Bergman den zweieinhalb Seiten langen maschinengeschriebenen Brief beendete, kamen die Wehen im Abstand von weniger als drei Minuten. Es war schon nach drei Uhr. Sie rief Dr. Pier Luigi Guidotti, der um vier in der Via Bruno Buozzi eintraf und sie in die exklusive Klinik Villa Margherita an der Via di Villa Massimo brachte. Als Ingrid Bergman aus dem kleinen Auto des Arztes stieg, waren keine Fotografen oder Reporter da. Am Abend um sieben schenkte sie Robertino, einem sieben Pfund schweren Jungen, das Leben.

Ingrid Bergman sprach selten über die Geburt, oder darüber, daß sie sich über ihren ersten Sohn freute. Sie sprach von der Publicity und dem ganzen Rummel. »Die Wachen am Tor dirigierten die Menschenmengen wie bei einer Hollywood-Premiere«, schrieb sie später an Steele.[27]

Robertinos »Premiere« hatte in der Tat die Premiere von Anna Magnanis *Im Schatten des Vulkans (Vulcano),* einem Gegenstück zu *Stromboli,* ruiniert. Als die Schauspielerin erfuhr, daß sich Ingrid Bergman ausgerechnet diesen Augenblick für die Geburt »ausgesucht« hatte, soll sie gesagt haben, das sei Robertos größte Sabotage gewesen. Es war wirklich ein schlimmer Abend für Anna Magnani. Mitten während der Vorführung im Fiamma-Kino brannte die Projektorlampe durch. Das war vielleicht sogar eine Gnade Gottes, denn der Film war schrecklich. Reporter und Fotografen machten sich davon, als sie erfuhren, daß Ingrid Bergman ein Kind bekommen hatte.

Über 30 amerikanische Reporter und Fotografen waren in Rom und Scharen von italienischen und europäischen Korrespondenten. In den nächsten paar Tagen schien es, als ob sie sich allesamt vor den Eisentoren der Klinik versammelten. Die westliche Welt hatte einen unersättlichen Appetit auf Neuigkeiten über Ingrid Bergman, Rossellini und das Baby. Robertino war ein hübsches Baby mit blauen Augen. Den Fotografen lief das Wasser im Munde zusammen beim Gedanken daran, was ein Exklusivfoto des Neugeborenen einbringen könnte: es wurden fünf Millionen Lire geboten — ungefähr 8000 Dollar. Die Reporter wußten, daß ein Interview mit der frischgebackenen Mutter ihnen Ruhm und Geld verschaffen würde.

Rossellini kam in die Klinik gestürzt und betrachtete die Presseleute mit Verachtung. Es war eine kalte Nacht, und die Journalisten brachen Äste von alten Eichen ab und entzündeten ein Feuer. In ihrem Zimmer konnte Ingrid Bergman den Lärm hören, den die Medienvertreter machten, wenn sie an das Tor hämmerten oder über die Mauer zu klettern versuchten.

Am nächsten Nachmittag führten sie sich alle manierlicher auf, was ohne Zweifel auch auf das rechtzeitige Eintreffen der römischen Bereitschaftspolizei zurückzuführen war. Höflichkeit ist oft die letzte Ausflucht eines Journalisten, und einige Reporter konnten den Klinikdirektor überreden, sie hineinzulassen, damit sie sich den neuen Empfangsraum ansehen könnten.

Kaum waren sie drinnen, eilten die Fotografen, die ihre Kameras unter dem Mantel versteckt hatten, die Korridore entlang auf der Jagd nach ihrem Fünf-Millionen-Lire-Preis.[28] Die Reporter rannten hinterher, von den Nonnen bis in die Küche und die Krankenzimmer verfolgt. Ein *Life*-Fotograf hastete eine Hintertreppe hinauf und schaffte es bis zu Ingrid Bergmans verschlossener Zimmertür, bevor er angesprochen wurde. Dann wurde die Klinik mit Hilfe der Carabinieri von der Plage befreit.

Der Erfindungsreichtum der Presseleute war unendlich groß. Fotografen kletterten die Regenrinnen hinauf, balancierten auf den Mauern und versuchten eine Nonne zu bestechen, daß sie ihnen Ingrid Bergmans Tür öffnete. Ein Fotograf fiel von der Mauer und brach sich den Arm, sein einziger Trost war, daß er es bis zur ärztlichen Behandlung nicht weit hatte.

Ein Reporter hatte das Glück, eine schwangere Frau zu haben. Sie nahm ein Zimmer in der Klinik. Als die Nonnen, die ihren Koffer öffneten, feststellten, daß sie anscheinend vorhatte, ihr Neugeborenes in eine Sammlung Kameras zu kleiden, wurde sie gebeten, die Klinik zu verlassen.

Leider gab Ingrid Bergman keine Interviews und gestattete keine Fotos. Rossellini ebensowenig; obgleich er seinen untadeligen Ruf bei der Presse wahrte, indem er einem amerikanischen Fotografen in den Magen boxte. Ingrid Bergman und

Rossellini hätten nichts weiter zu tun brauchen, als die Journalisten für ein paar Minuten zu sich zu bitten, und sie wären erlöst gewesen. Doch wenn alle Journalisten es schafften, hätte keiner Erfolg, und die Story würde kaum mehr als eine Presseerklärung.

Rossellini erlebte einen kleinen Moment der Rache, als nach zwölf Tagen Ingrid und Robertino die Klinik verließen. Die Aussicht, die Presse auszutricksen, freute ihn ungeheuer, und er plante ihr Entkommen so sorgfältig wie einen Banküberfall.

»Komm, wir gehen«, sagte er dramatisch zu Ingrid Bergman, es war vier Uhr morgens. Sie griff sich Robertino und eilte hinter ihm her. Patienten war es nicht gestattet, mitten in der Nacht wegzulaufen, und Nonnen verfolgten das flüchtende Paar. Ingrid Bergman sprang mit dem Baby in Rossellinis Auto. Er fuhr schnell davon, gefolgt von einem Freund in einem zweiten Wagen und den hellwach gewordenen Fotografen und Reportern.

Die Presseautos hätten sie einholen und die Reporter doch noch ihr Foto schießen können, aber Rossellini hatte eine Abschiedsgeste eingeplant. Der Wagen eines Freundes stellte sich auf einmal quer und blockierte die Straße. Kein Presseauto kam mehr durch.

15.

»Ein Kind der Liebe«

Ingrid Bergman war glücklich mit ihrem Baby, aber ihre Gefühle waren gar nichts im Vergleich zu Rossellinis. Er war der stolze italienische Vater und wollte seinen Sohn seinen Freunden vorführen und am liebsten der ganzen Welt. Einer der ersten, der Robertino zu sehen bekam, war Pater Lisandrini, Rossellinis Freund und sein Mitarbeiter bei dem neuen Film über Franz von Assisi.

Der ernsthafte, intellektuelle Franziskanerpater blickte auf das winzige blauäugige Baby. Robertino war von einer seltenen Schönheit, das wurde sogar von dem Priester, der Hunderte von Neugeborenen gesehen hatte, anerkannt.

»Wie hübsch ist dieses Baby der Sünde«, sagte Lisandrini, als er dem Kind den Segen gab.

»Was soll das heißen, ein Sohn der Sünde?« sagte Rossellini ärgerlich. »Dies ist ein Kind der Liebe.«[1]

Ingrid Bergman und Rossellini wollten, daß ihr Kind der Liebe als legitim betrachtet wurde. Unglücklicherweise war es am 9. Februar 1950, als die mexikanische Scheidung gewährt wurde, zu spät, und nach italienischem Recht konnte Ingrid Bergman nicht als die legitime Mutter des Kindes bezeichnet werden. In Roms Rathaus wurde Renato Roberto Giusto Giuseppe Rossellini eingetragen, mit dem Vermerk: »Vater: Roberto Rossellini; Mutter: unbekannt.«

Robertinos Geburt verstärkte die allgemeine Kritik an Ingrid Bergman und Rossellini noch, was wenig überraschend war. Monsignore Dino Staffa vom Obersten Gericht des Vatikans beschuldigte sie, »öffentlich in Ehebruch zu leben«, wenn sie nur zivil getraut wären.[2] In den Vereinigten Staaten hieß die Bostoner katholische Zeitung *The Pilot* den Kleinen kaum herzlicher willkommen, sie schrieb: »Während sich Tausende von Frommen in der Ewigen Stadt aufhalten und die heilige

Pilgerfahrt ihre Augen leuchten läßt, werden eine einfältige schwedische Schauspielerin und ein italienischer Regisseur Eltern eines kleinen Jungen. Und die ganze Welt wird darüber informiert, was sich aus einer verbotenen Liebe entwickelt hat.«[3]

Variety gab das Ergebnis einer Umfrage bei Kinobesitzern bekannt, die gefragt worden waren, ob sie *Stromboli* zeigen würden. Sie reagierten auf moralisch sehr subtile Weise: sie würden *Stromboli* nicht zeigen, wenn er in den ersten Tagen kein Geld einspielte. In Indianapolis verlangte der Besitzer einer Filmtheater-Kette den Boykott von Ingrid Bergmans Filmen. In Annapolis, der Hauptstadt des Bundesstaates Maryland, wurde, erfolglos, versucht, in der gesetzgebenden Versammlung eine Resolution zur Verurteilung des Films durchzubringen.[4]

Am 14. März ergriff Senator Edwin C. Johnson aus Colorado im US-Senat das Wort, um Ingrid Bergman und Roberto Rossellini öffentlich anzuprangern. Da er im Senat sprach, brauchte der ehrenwerte Mr. Johnson sich keine Sorgen zu machen, daß man ihn wegen übler Nachrede belangen würde. Er griff die beiden schonungslos an: »Mr. President, selbst in unserem modernen Zeitalter der Überraschungen ist es empörend, daß unsere populärste Hollywood-Kino-Königin — die allerdings schwanger ist, Folge einer sittenwidrigen Affäre —, daß die also die Rolle einer billigen Schmarotzerin spielt, um einem albernen Film Würze zu geben, dem selbst jeder Reiz abgeht.« Dann sprach er von einer »widerwärtigen Publicitykampagne« und »ekelerregendem kommerziellem Opportunismus«, schließlich von dem »verdorbenen und abscheulichen Rossellini, der den absoluten Tiefstand an schamloser Ausbeutung und Mißachtung der öffentlichen Moral erreicht hat«. Der Senator fuhr fort und nannte Ingrid Bergman »eine der einflußreichsten Frauen heutzutage — leider, muß ich sagen, mit einem bösen Einfluß«.

Um diesem »Bösen« entgegenzuwirken, wollte Johnson einen Gesetzentwurf einbringen, wonach »Schauspielerinnen, Produzenten und Filme eine Genehmigung vom Handelsministerium bekommen« müßten. Das Gesetz wäre nichts als verschleierte Zensur gewesen. Es war kennzeichnend für das moralische Klima im Amerika des Jahres 1950, daß ein Senator solch eine Rede halten konnte und nicht dafür verurteilt wurde. Johnson kannte sich in der Kunst der Publicity aus und er-

Oben: Ingrid Bergman im Hampshire House; während der Spielzeit von *Johanna aus Lothringen*.

Rechts: Mit Sam Wanamaker in *Johanna aus Lothringen*.

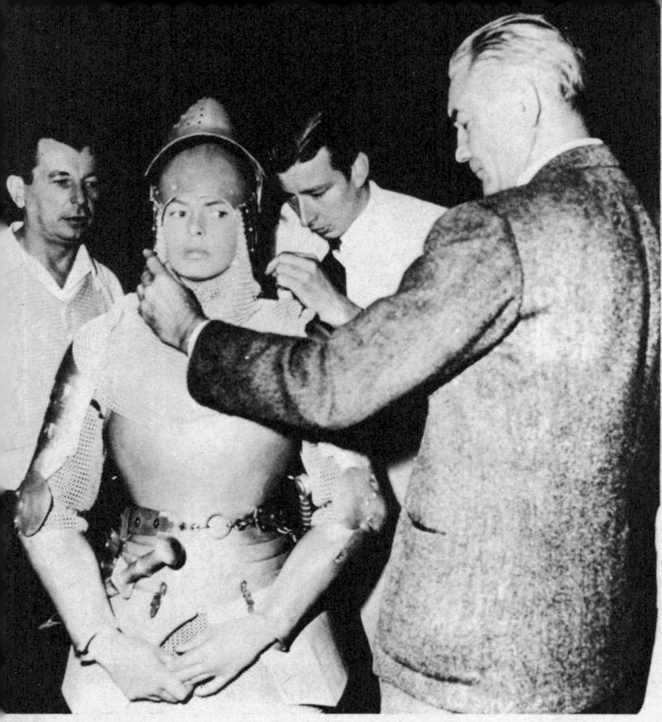

Mit Regisseur Victor Fleming bei den Dreharbeiten zu *Johanna von Orléans*.

Johanna auf dem Scheiterhaufen.

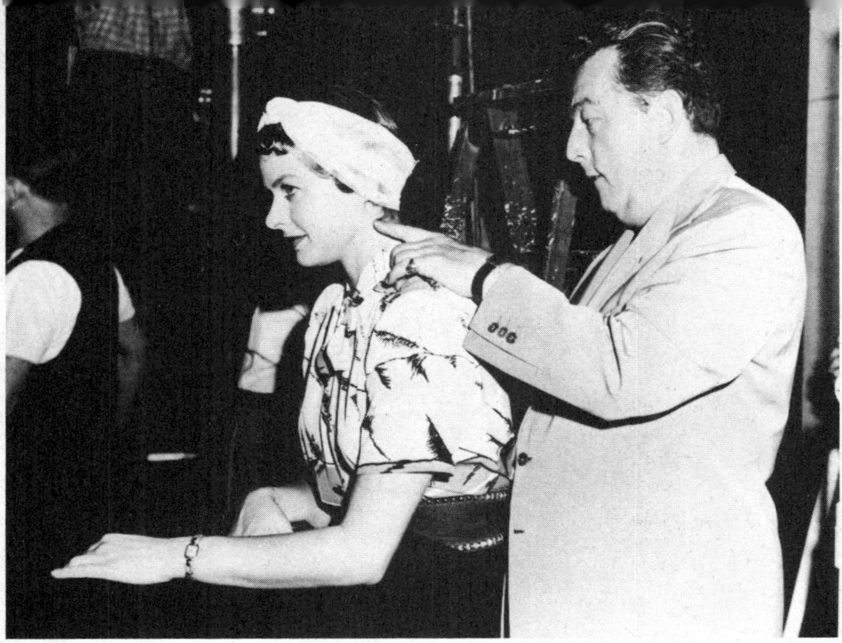

Oben: *Triumphbogen*; Ingrid Bergman und Regisseur Lewis Milestone.

Rechts: Mit Charles Boyer in *Triumphbogen*.

Oben: Ingrid Bergman bei ihrer Ankunft in Rom; neben ihr Roberto Rossellini.

Links: Mit Roberto Rossellini im Hotel Excelsior

Oben: Bei den Dreharbeiten zu *Stromboli*.

Rechts: In *Stromboli*.

Rechts: Ingrid Bergman, schwanger, vor ihrem Haus in Rom.

Unten: In *Europa '51*.

Gegenüberliegende Seite: Oben: Ingrid Bergman mit ihren Zwillingen.

Unten: Mit Rossellini und den drei Kindern, Isotta, Robertino und Isabella.

In *Johanna auf dem Scheiterhaufen*, dem Oratorium von Honegger und Claudel.

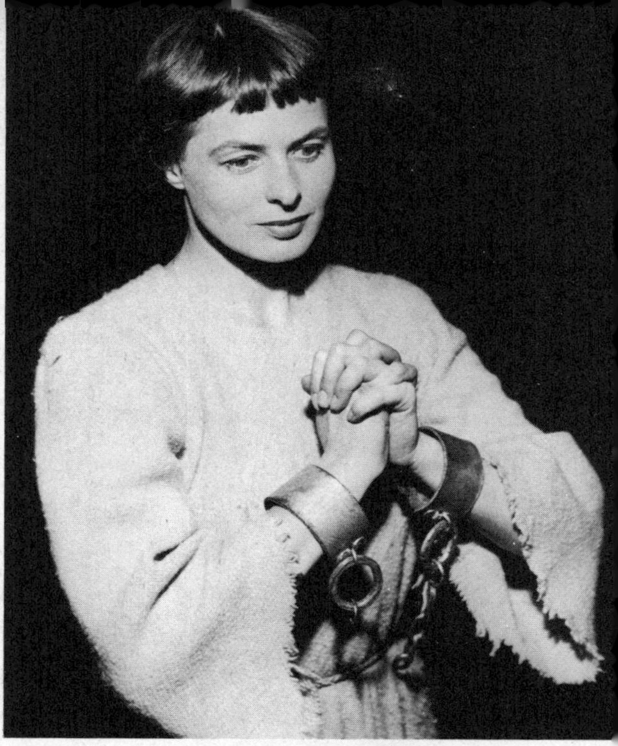

Mit ihrer Tochter Pia am Flughafen, 1957.

Ingrid Bergman 1957.

Mit ihren Kindern Isabella, Isotta und Robertino.

Pressekonferenz in New York, 1957.

Die zentrale Szene mit Helen Hayes in *Anastasia*.

Rechts: Ingrid Bergman und Lars Schmidt, 1958.

Unten: Mit Lars Schmidt im Théâtre des Nations in Paris, 1959.

ITALCABLE. UFFICIO

Oben links: Mit Goldie Hawn in *Die Kaktusblüte*.

Oben rechts: Mit Anthony Quinn in *Die Frau des anderen*.

Unten: 1973 bei einer Filmpremiere in New York, mit Isabella, Pia und dem Filmproduzenten Edgar Lansbury.

Gegenüberliegende Seite:
Oben: Ingrid Bergman begleitet ihre drei Kinder nach den Osterferien in Paris zurück nach Italien.

Mitte: Mit Lars Schmidt.

Unten: Mit ihrer Tochter Pia und Hugh O'Brian im Beverly Hilton.

Mit Lauren Bacall in *Mord im Orient-Express*.

Roberto Rossellini, wenige Jahre vor seinem Tod.

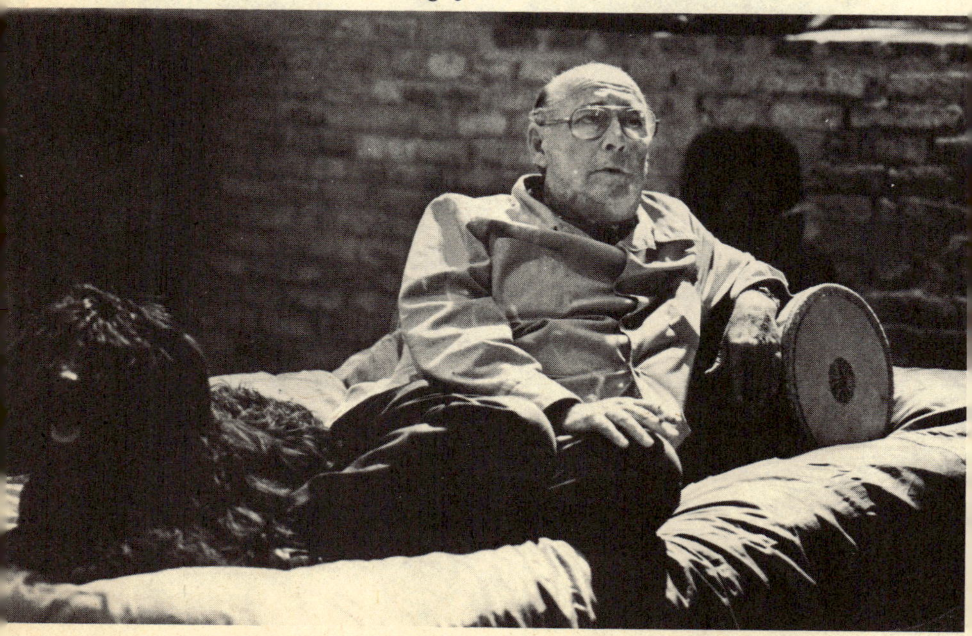

Oben: Die Insel Danholmen, vor der Küste Schwedens.

Rechts: Blick aus dem Wohnraum auf Danholmen.
Unten: Mit Ingmar Bergman bei den Dreharbeiten zu *Herbstsonate*.

Bei den Probeaufnahmen für *Eine Frau namens Golda*;
mit Regisseur Alan Gibson.

Ingrid Bergman in London im April 1982. Ihr geschwollener Arm ist von einem Schal bedeckt.

langte sehr viel Aufmerksamkeit. Tatsächlich sollte 30 Jahre später seine Attacke auf Ingrid Bergman dasjenige sein, was man von Johnsons Karriere am besten in Erinnerung hatte.

Der Markt verdammte Ingrid Bergman und Rossellini und ihren Film *Stromboli* mit einer Endgültigkeit und Schnelligkeit, die Senator Johnsons Worte noch übertraf. Die amerikanische Version des Films hatte am 15. Februar 1950 in 300 Filmtheatern Premiere, davon 102 im Gebiet von New York City. »Das ist er!« hieß es auf Handzetteln und Anzeigen. Man hätte vielleicht erwartet, Nonnen und Geistliche als Streikposten vor den Kinos zu sehen, während empörte Mütter ihre leicht beeindruckbaren Töchter von den Schlangen vor den Kinokassen wegzerrten. Doch am Broadway standen am ersten Morgen nur zehn Leute vor der Kasse, weniger Kinogänger als Reporter und Fotografen. Der Film war ein kommerzieller Reinfall in Amerika und in Europa; Ingrid Bergman und Rossellini verdienten kein Geld mehr mit *Stromboli.*

Obwohl der Film in Europa einige Auszeichnungen erhielt, wurde er im allgemeinen so betrachtet, wie Bosley Crowther es in der *New York Times* schrieb, als »unglaublich schwach, schwerfällig, schwunglos und peinlich banal«.

Rossellini raste gegen die Entweihung seines Werkes und verurteilte den brutalen Schnitt und die amerikanische Erzählstruktur, die eine Versöhnung am Schluß suggeriert. Er verzichtete auf seine amerikanischen Einkünfte aus dem Film, eine Geste, die noch ein kleines bißchen nobler gewesen wäre, wäre sie vor der Premiere erfolgt. In der kommunistischen Wochenzeitschrift *Vie Nuove* attackierte Rossellini das »niedrige Niveau von Kultur und Intelligenz in Hollywood. Der Film ist neu geschnitten und montiert worden, und ich habe auf meine Kosten entdeckt, welches die brutalen und unzivilisierten Methoden Hollywoods sind.«[5]

In Rom führte Ingrid Bergman ein äußerst zurückgezogenes Leben, doch sie war nach wie vor fasziniert davon, wie die Öffentlichkeit sie sah. Janet Flanner, die für den *New Yorker* schrieb, berichtete nach einem Besuch in Ingrid Bergmans Wohnung, »in dem riesigen, ziemlich leeren Salon bilden ihre Zeitungsausschnitte eine Art billige Extra-Polsterung für Sofas und Sessel«.

In den vergangenen Monaten hatte Ingrid Bergman Tausende von Briefen aus aller Welt bekommen: Gefühlvolle Glückwunschkarten aus Amerika, wenig angemessen für den Fall einer verheirateten Frau, die einem anderen Mann ein Kind schenkt. Glückwünsche von Italo-Amerikanern, als ob Rossellini Ingrid Bergman im Namen aller Italiener geschwängert hätte. Briefe, die die Italiener verdammten, in einem war ein Foto von Rossellini, darauf gekritzelt das Wort »Itaker-Bock«. Briefe und Telegramme, die ihr Rückhalt gaben, von Cary Grant, Ernest Hemingway, Helen Hayes, Georges Simenon, John Steinbeck und anderen Berühmtheiten. Briefe, die Hawthornes *Der scharlachrote Buchstabe* erwähnten und nicht Ingrid Bergman verdammten, sondern den Puritanismus. Briefe, die sie wüst dafür tadelten, daß sie ihren Mann und ihr Kind verlassen hatte. Ein Brief auf französisch, von »Un homme Nordique« im Elsaß, der drohte, sie umzubringen.

Früher war Ingrid Bergman von negativer Publicity immer entsetzt gewesen. Jetzt, so wenig sie Kritik mochte, freute sie sich einfach über das Maß an Aufmerksamkeit, das ihr zuteil wurde. Doch allmählich begann die Welt — oder zumindest die Welt der Zeitungen und Klatschkolumnen — anderswo nach Schlagzeilen Ausschau zu halten. Ende März konnte sie aus dem Fenster ihrer Wohnung gucken, ohne Reporter zu sehen.

In Stöde, vierzehn Jahre zuvor, hatte Ingrid Bergman Petter Lindström in einer Zeremonie von solcher Schönheit und Eleganz geheiratet, daß es aussah, als sollte ihre Ehe ein Leben lang halten. Jetzt würde sie Rossellini in einer Zeremonie heiraten, die elegant nur in der Manipulation des Gesetzes war.

Steele hatte Ingrid Bergman ernstlich gebeten, sich mit Rossellini in Mexiko trauen zu lassen und dort Pia zu treffen, aber das konnte sie nicht über sich bringen. Statt dessen entschlossen sie sich zu einer Ferntrauung. Rossellinis Freund und Anwalt Marcello Girosi flog nach Mexico City als Stellvertretung für Ingrid Bergman, während ein mexikanischer Anwalt Rossellini vertrat.

Ingrid Bergman betrachtete ihre Eheschließung mit Rossellini nicht als eine bloße Formalität, sondern damit wurde ihre Beziehung vor Gott und der Gesellschaft sanktioniert. Deshalb wollte sie am 24. Mai 1950, während die Anwälte stellvertretend an der Trauungszeremonie teilnahmen, mit Rossellini in Rom die Ehegelübde austauschen.

Sie suchte eine hübsche kleine Kirche für die Zeremonie aus. Sie zog ein blau-weißes Seidenkleid mit weißem Kragen und Manschetten an. Und dann wartete sie, daß ihr zukünftiger Ehemann von seiner Filmarbeit zurückkäme. Und wartete. Und sie wurde beinahe hysterisch.

Als er schließlich nach Hause kam, hatte die Kirche schon ihre Pforten geschlossen. Ingrid Bergman konnte nicht böse auf Rossellini sein, nicht an diesem Tag. Er fand eine andere Kirche, die Chiesa della Navicella, in der Nähe des Kolosseums. Dort knieten sie nieder, hielten sich an den Händen und wiederholten ihre Gelübde.

Danach beglückwünschte sie ein Dutzend ihrer Freunde mit Champagner, und Ingrid Bergman zeigte ihr Hochzeitsgeschenk: ein goldenes Armband mit einer winzigen Polizeipfeife.

Rossellini hatte Ingrid Bergman versprochen, daß sie die Flitterwochen in Paris verbringen würden, und sie würden im Raphaël, seinem Lieblingshotel, wohnen. Sie kaufte sich neue Kleider für die Reise. Kurz vor der Abreise sagte er ihr, daß Anna Magnani zur selben Zeit im Raphaël sein wollte und darum gebeten habe, daß die Neuvermählten woanders wohnten. Eine andere Braut hätte vorgeschlagen, daß die Ex-Geliebte ihres Mannes sich woanders hinbegeben sollte, doch Ingrid Bergman sagte nichts. Rossellini war so niedergeschmettert, daß er nicht im Raphaël wohnen konnte — wo er, wie Ingrid Bergman sagte, »wie ein kleiner König« behandelt wurde —, daß die Parisreise abgeblasen wurde.

Statt dessen reisten sie nach Capri. Rossellini wollte nun nicht mehr händchenhalten und romantischen Träumen nachhängen, wie er es im Jahr zuvor mit Ingrid Bergman auf Capri getan hatte. Er wandte sich einer seiner Lieblingssportarten zu, dem Speerfischen. Er tauchte zu tief, seine Ohren machten das nicht mit, er war immerhin dreiundvierzig Jahre alt. Er wurde vorübergehend taub und verlor den Gleichgewichtssinn. Sie waren zur Rückkehr nach Rom gezwungen.

Ingrid Bergman versuchte, sich im Leben einer römischen Hausfrau einzurichten. Sie fühlte sich unendlich viel wohler in einem Hotel oder als Schauspielerin in der Garderobe, wo sie für Essen und Trinken und irgendwelche Dienstleistungen nur zu klingeln brauchte. Hier war sie gezwungen, über ein kleines Bataillon von Dienstboten zu herrschen: Helena, das Mädchen; das Kindermädchen; die Amme; Pietro, der Chauffeur; das andere Hausmädchen und die Köchin. Das Hausmädchen und das Kindermädchen stritten sich, und Ingrid Bergman versuchte zu vermitteln. Sie wandte ihren eigenen schwedischen Standard von Sauberkeit an und wischte Staub, wo bereits Staub gewischt worden war, doch sie hatte nur wenig zu tun. »Die meiste Zeit starre ich aus dem Fenster und rauche und rauche und rauche«, schrieb sie in eher niedergeschlagener Stimmung an Steele, kurz vor ihrer Hochzeit.[6]

Ingrid Bergman mochte sich beklagen, aber sie führte nicht das Leben der meisten jungen Mütter, die ans Haus gefesselt waren. Den Sommer über war Robertino mit seinem Kindermädchen und der Großmutter nach Fiuggi geschickt worden. Nach ihrer Rückkehr aus Capri fuhren Ingrid Bergman und Rossellini in den Bergort, um ihren Sohn zu sehen. Sie blieben jedoch nicht sehr lange und waren bald wieder unterwegs, nach Florenz, Pisa und Portofino.

Rossellini war jetzt alles für Ingrid Bergman, und sie verbrachte einen großen Teil ihres Lebens damit, ihm aufzuwarten oder auf ihn zu warten. In Rom plante sie eine Dinnerparty, Artur Rubinstein und seine Frau sollten Ehrengäste sein. Die Rubinsteins waren ihre unmittelbaren Nachbarn in Beverly Hills gewesen. Zur festgesetzten Stunde trafen sie ein, doch ihr Gastgeber war noch nicht zu Hause, er arbeitete noch. Ingrid Bergman rief im Studio an. Rossellini war es gleich, daß einer der berühmtesten Pianisten in seinem Wohnzimmer saß und bereits bei seinem dritten Drink war. Er war damit beschäftigt, seinen Film zu schneiden. Als die Gesellschaft sich zum Essen hinsetzte, rief Ingrid Bergman noch einmal an. Rossellini hatte immer noch zu tun.

Nach dem Essen ging Ingrid Bergman in den hinteren Teil der Wohnung und fand dort Rossellini mit »Kopfschmerzen« im Bett, er hatte keine Lust, Rubinstein zu treffen. Sie marschierte wieder ins Wohnzimmer zurück, wo sie gerade anfangen wollte, Entschuldigungen vorzubringen.

»Maestro!«[7]

Die Tür zum Wohnzimmer flog auf. Rossellini stand da mit ausgestreckten Armen. Die beiden Männer umarmten sich, und dann redeten sie miteinander bis in die Morgenstunden.

Rossellini hatte unendlich viel Charme, und er setzte ihn ein nach Belieben, er konnte sich aus fast jedem Problem, jeder

Unannehmlichkeit befreien durch die bloße Kraft seiner Persönlichkeit. Er war jedoch ein Zauberer mit wenigen Tricks, und seine Vorstellungen glichen einander doch ziemlich.

Bei einer anderen Gelegenheit waren der Regisseur David Lean und seine zukünftige Frau, die Schauspielerin Ann Todd, zu Gast bei den Rossellinis.[8] Lean war bereits eine prominente Gestalt in der Filmwelt, und man hätte von Rossellini erwarten können, daß er ihn treffen wollte, wenigstens beim Essen auftauchen würde. Aber, wie Ann Todd sich erinnert, war Rossellini im Bett und wollte nicht gestört werden. Ingrid Bergman tat ihr Bestes, um eine aufmerksame Gastgeberin zu sein.

»David!«

Plötzlich stand Rossellini in der Tür, im Pyjama. Die beiden Männer umarmten sich . . .

Rossellini war gastfreundlich, wenn die Gäste *seine* Freunde waren und zu *seinen* Bedingungen sein Haus besuchten. Am wohlsten fühlte er sich mit Italienern, und bei diesen Zusammenkünften war Ingrid Bergman für gewöhnlich die einzige Ausländerin. »Ich sah sie das erste Mal in ihrem Haus«, erinnert sich Federico Fellini, der damals für Rossellini arbeitete. »Sie war so, wie sie auch im Film immer war, eine Königin, heiter und ruhig und heiligscheinend.«[9]

Sie war in der Tat wie eine Feenkönigin, die die Welt um sich herum nicht ganz verstand. »Sie mußte sich ständig bemühen, die Dinge zu verstehen«, sagt Fellini. »Sie konnte manchmal nicht verstehen, warum wir lachten. Als wir einmal bei Tisch saßen, verglich jemand eine Frau mit einem Äffchen und sagte, daß sie drollig sei. Ingrid verstand nicht, warum wir sie drollig nannten. Ich erinnere mich, wie unschuldig sie war. Sie war sehr naiv. Für diejenigen von uns, die Roberto gut kannten, war es erstaunlich, sie zusammen zu sehen, immer wieder überraschend.«

Wenn eine amüsante Geschichte erzählt wurde, dann lachten alle, alle außer Ingrid Bergman. Dann wiederholte Rossellini oder ein Gast die Geschichte für sie, und sie lachte allein darüber. Sie war zur Imitation begabt und eignete sich das Italienische schnell an, wenn auch mit grammatischen Fehlern, die die Rossellinis voller Freude nachahmten. Doch selbst wenn sie die Unterhaltungen verstand, es war eine Schwerfälligkeit an ihr, eine Unfähigkeit, die Nuancen und Feinheiten zu begreifen.

»Ingrid reagierte immer zu spät«, erinnert sich Giulietta Masina, Fellinis Frau. »Sie entdeckte die Dinge immer mit Verzögerung. Es lag nicht nur an der Sprache.«[10]

In späteren Jahren, wenn Rossellini Ingrid Bergman herabsetzen wollte, sagte er immer, sie sei »eine Schwedin«. Er hatte nichts gegen Skandinavier, aber Ingrid Bergman gehörte eben nicht zu den Ausländern, die häufig italienischer zu sein scheinen als die Italiener. Das hieß nicht, daß sie Italien nicht liebte, denn das tat sie sicher. Aber es gab eine Distanz zwischen ihr und dem Land.

Ingrid Bergmans vertrauteste Freundin während jener frühen Jahre in Italien war Fiorella Mariani, die Tochter von Rossellinis Schwester Marcella. Sie war ein sehr empfindsames junges Mädchen. Sie besaß ein künstlerisches Temperament und war ein Kind aus einer gescheiterten Ehe.

Ingrid Bergman schloß sich im August 1950 näher an Fiorella an, als sie nach Fiuggi zurückkehrte, um mehr Zeit mit Robertino zu verbringen. Ingrid Bergman brachte Fiorella Englisch bei und redete stundenlang mit ihr über Pia. Fiorella war sehr loyal und mochte Ingrid Bergman sehr. Eines Tages, als Fotografen Bilder von ihr machen wollten, warf Fiorella Steine nach ihnen.

»Wir waren wie Schwestern«, sagt Fiorella Mariani. »Wir nannten uns auch gegenseitig Schwester. Ich war sechzehn, aber ich war wie einundzwanzig, weil Kummer einen reifer macht. Sie war in gewisser Weise kindlich, die Distanz zwischen uns war nicht mehr vorhanden. Ich hatte gelitten wegen meiner Mutter und meines Vaters, und vielleicht konnte ich Ingrid helfen, Pias Gefühle zu verstehen. Ich war immer streng, was das anbetraf. Sie konnte nie begreifen, warum Pia so zornig war. Ich sagte, du bist weggegangen. Für ein Kind gibt es keine Entschuldigung dafür. Sie war immer sehr ärgerlich, wenn ich ihr das sagte. Ich sagte ihr nur, was meine Erfahrung war. Ich hatte gelitten, und ich sagte, es gebe keinen Grund, warum Pia nicht gelitten haben sollte.

Ich wurde Ingrids beste Freundin. Mit meinem Onkel war es nicht so einfach, weil er dieses intellektuelle Leben führte, da war ein Loch zwischen ihnen. Sie war keine gebildete Frau. Wenn er über etwas las, das nicht mit Ingrid zu tun hatte, dann konnten sie nicht darüber reden. Sie war nicht die Art Frau, die ihm auf intellektuellem Gebiet gewachsen war. Das war ihr klar, aber es machte ihr nichts aus. Man konnte nie sehen, was sie wirklich fühlte. Sie konnte sich ausschütten vor Lachen und dabei im Inneren eine Tragödie erleben. Sie hatte Angst davor, zu leiden. Sie hatte Angst vor dem Bösen. Sie konnte es nicht ertragen, darüber zu reden. Sie hatte Angst vor Gewalt, vor Dingen, die sie vielleicht nicht zu benennen wußte.«[11]

Schon im Frühjahr 1950, als Robertino erst drei Monate alt war, hatte Ingrid Bergman begonnen, ernsthaft über das Ende ihres »Ruhestandes« nachzudenken. David Selznick besuchte sie in Rom und fand, wie er an Jenia Reissar schrieb, sie habe »eindeutig Heimweh nach der Vergangenheit bei uns« und sei »fertig mit der Art von Filmen, wie Rossellini sie macht«.[12] Selznick hatte Gerüchte gehört, daß Ingrid Bergman bereits mit Sam Goldwyn Gespräche führte, der sehr daran interessiert war, sie unter Vertrag zu nehmen.

Ingrid Bergman äußerte sich mit einer gewissen Bitterkeit über die Art, wie ihr berufliches Leben behandelt worden war. »Kay Brown hat offenbar all ihren Einfluß bei Ingrid verloren. Das ist die Konsequenz irgendeines Ratschlags, den sie Ingrid gegeben hat, den Ingrid für sehr schlecht hielt, in einem entscheidenden Moment«, berichtete Selznick. »Sie ist sich vollauf dessen bewußt, daß Joe Steele und all die andern, mit denen sie sich umgeben hat, dazu beigetragen haben, sie reinzureißen, natürlich nicht mit Absicht, sondern weil sie die Lage falsch beurteilt haben.«

Ingrid mochte Selznick gegenüber auf Steele schimpfen, aber sie schrieb ihm weiterhin lange, vertrauliche Briefe. Sie gab Steele gegenüber zu, daß sie in der Tat mit verschiedenen Leuten über neue Filme gesprochen hatte. Sie sagte, daß sie Roberto kaum je sehe, und daß es albern schien, daß sie zu Hause sitzen sollte, während er »die enorme Bürde« trug.[13]

Keine Romanze kann immer so stürmisch bleiben wie am Anfang, aber Ingrid Bergman war erst kurz verheiratet und trug schon die vertraute Klage lange verheirateter Hausfrauen vor, daß sie ihren Mann so selten sah. Die Ironie an der Sache ging ihr nicht auf. In Amerika war sie diejenige gewesen, die ständig unterwegs war. Das war ihr nicht genug gewesen. Sie war fortgelaufen auf der Suche nach Freiheit, und jetzt saß sie hier in einer Wohnung in Rom, auf Abruf bereit, abhängig von den Launen von Roberto Rossellini.

Rossellini war nicht lange der liebende, loyale Ehemann geblieben. Eines Abends ging er die Straße hinunter, als er einen alten Freund erblickte, ein prominenter Regisseur, der einmal mit Rossellini gearbeitet hatte.

»Komm, gehen wir in ein Bordell«, sagte Rossellini.

Der andere war ganz entgeistert. Römische Männer gingen nicht mehr ins Bordell, so wie viele es vor dem Krieg getan hatten. Wenn irgend jemand das vorgeschlagen hätte, er wäre überrascht gewesen. Aber ausgerechnet Rossellini!

»Du lebst mit einer der schönsten Frauen der Welt zusammen«, erinnerte er ihn.

»Ah, ja«, sagte Rossellini. »Aber sie macht nicht die Sachen, die eine Hure macht.«[14]

Wie viele Männer sah Rossellini in diesen Praktiken nicht nur ein Symbol der Intimität, sondern ein Zeichen der Unterwerfung, selbst der Demütigung. Ingrid Bergman hatte ihn zurückgewiesen, doch er setzte sie einer noch größeren Demütigung aus, wenn ihm das auch sicher nicht bewußt war. Er erzählte seinen Freunden und Kollegen von ihren Unzulänglichkeiten auf sexuellem Gebiet. »Wenn du eines Tages heiraten willst, heirate keine Schauspielerin, die ist nämlich auch im Bett eine Schauspielerin«, erzählte er einem Vertrauten. Jahre später machte er seiner Assistentin Francesca Rodolfi gegenüber die Bemerkung, daß Ingrid »eine Frau ohne Leidenschaft« sei.[15]

Ingrid Bergman empfand anders. »Während sie keine gute Frau für ihn war, war er ein guter Mann für sie«, sagte Pater Lisandrini. »Einmal erzählte sie mir im Vertrauen: ›Pater Lisandrini, ich bin glücklich. Dieser Mann aus Rom hat mich völlig durcheinandergebracht, in meiner Welt das Unterste zuoberst gekehrt. Ich habe in Rom erfahren, was Liebe ist. Dieser Mann ist unglaublich herrlich.‹«[16]

Ingrid Bergman konnte den Luxus und die Vergnügen des Lebens in Rom kaum genießen, denn fast jeden Tag wurde sie mit ernsten Geldproblemen konfrontiert.

Rossellini trug in der Tat eine »enorme Bürde«, an Kosten nämlich, doch so war es auch für Banken, Ladeninhaber, seine Freunde und andere Gläubiger. In seinen Filmen und in Gesprächen kritisierte Rossellini die Selbstsüchtigkeit und die seelische Leere der italienischen Bourgeoisie, ein Leben, das zum großen Teil darin bestand, immer neue Besitztümer zu erwerben und damit zu protzen. Doch er verstand diese Welt so gut, weil er ein Teil von ihr war. Er war großer und großzügiger Gesten fähig, und wenn er Geld hatte, hatte er es auch für viele um ihn herum. Aber er war ein Gefangener seines Lebensstils und opferte, wenn nicht seine künstlerische Freiheit, so doch zumindest seine künstlerische Gelassenheit auf dem Altar der Habsucht.

Seit Ingrid Bergman nach Italien gekommen war, hatte er ein kleines Vermögen ausgegeben. Es waren nicht nur der Schmuck und die Pelze für Ingrid Bergman, oder die Kosten für Anwälte und transatlantische Telefongespräche. Auch nicht nur die Parties, die Essen, die Ferien, wo alles immer vom Besten sein mußte. Das war nur der Anfang. Rossellini hatte ein Sommerhaus gekauft, am Meer in Santa Marinella, 60 Kilometer von Rom. Zu dem sieben Morgen großen Besitz gehörten ein Haus mit acht Zimmern, ein Cottage für den Hausmeister und noch ein großes baufälliges Haus mit zwei Stockwerken.

Zu dem großartigen Lebensstil gehörte natürlich auch ein Gefolge von Dienstboten. Und in der Garage war ein Gefolge von Automobilen — Rossellinis neuer roter Ferrari-Sportwagen, eine Alfa-Romeo-Limousine, ein Fiat Coupé, ein Fiat Kombi und später ein Rolls-Royce.

Rossellini unterschied sich von der Bourgeoisie, wenn es ans Bezahlen ging. Er hatte eines der großen Geheimnisse des modernen Finanzwesens erfahren: wenn man jemandem nur genug Geld schuldet, wenn die Summen wirklich gewaltig sind, dann können die Gläubiger sehr wenig machen, außer einem noch mehr Geld zu geben oder hilflos abzuwarten.

Es ist ein System, das viel Charme und Chuzpe erfordert, über beides verfügte Rossellini reichlich. Er konnte zu einem Bankier gehen, der entschlossen war, sein Darlehen zurückzufordern, und dann mit zweimal soviel Geld wieder aus der Bank herauskommen. Er war ewig dabei, Teilstücke von einem Film zu verkaufen oder einen Gewinnanteil von irgendeinem zukünftigen Projekt zu verteilen. Er war auch ein äußerst demokratischer Borger, er nahm Geld von den größten Banken und von den kleinsten Ladenbesitzern in der Nachbarschaft, von seinen Freunden und von seinen Feinden.

Ingrid Bergman war Extravaganz und Verschwendung nie behaglich gewesen. Sie fühlte sich überhaupt nicht wohl bei den Schulden, die Rossellini machte, und dem Aufwand, den er trieb. Aber es waren jetzt auch ihre Schulden und ihr Aufwand.

Ingrid Bergman genoß schließlich den luxuriösen Lebensstil durchaus, und sie wollte gern mit dafür bezahlen. Arbeiten war keine Last für sie, sondern eine Freude, und sie wollte Rossellini helfen, »die enorme Bürde« zu tragen. Wenn sie für Selznick, Goldwyn oder einen anderen amerikanischen Produzenten arbeitete, würde sie viel mehr verdienen als ihr Mann. Trotzdem, wie sie Steele schrieb, »würde sie nichts ohne Roberto machen«.

Rossellini wollte Ingrid Bergman mit keinem anderen Regisseur arbeiten lassen. Seine Freunde sehen darin etwas Gutes: trotz all seiner Schulden war er nicht gewillt, seine Frau auszuleihen. In Wirklichkeit war er nicht gewillt, seine Frau aus den Augen zu lassen, war unfähig zu akzeptieren, daß sie immer noch ein größerer internationaler Erfolg war als er.

Ingrid Bergmans anderes Problem war Pia und die amerikanische Scheidung. Lindström konnte die Vorstellung nicht ertragen, daß seine junge Tochter nach Italien fuhr und dann in unmittelbarer Nähe Rossellinis wäre. Er versuchte allerdings nicht, Ingrid Bergman ganz und gar von Pia fernzuhalten. Anfang 1950 vereinbarte er mit Phyllis Seaton, daß sie Pia zu einem Treffen mit ihrer Mutter bringen sollte. Nach Mrs. Seatons eidlicher Aussage rief sie Ingrid Bergman an, um »ihr meine Hoffnung auszudrücken, daß sie mir erlauben würde, Pia zu ihr zu bringen, entweder nach England oder an einen anderen Ort ihrer Wahl, ausgenommen Italien . . . Miss Bergman schien erfreut zu sein, daß ich anrief, aber sie wies mein Angebot, ein Treffen zwischen ihr und Pia zu arrangieren, zurück«.

Ingrid Bergman glaubte, wie sie später sagte, daß einer der Schlüssel zum Glück ein schlechtes Gedächtnis ist. Sie wollte keine Schuldgefühle haben, nicht Reue und Schmerz verspüren. Pia war eine Zeugin, sie brachte all die Erinnerungen mit und viel von dem Schmerz.

Ingrid Bergman wollte ihre Tochter sehen, aber sie war anscheinend nicht bereit, die Unannehmlichkeiten einer Reise auf sich zu nehmen. Sie hatte die verzweifelte Hoffnung, daß Lindström, wenn er im Sommer nach Schweden reiste, Pia bei ihr lassen würde. Sie begriff nicht, daß er Rossellini als ein moralisches Krebsgeschwür ansah, vor dem er seine Tochter um jeden Preis bewahren mußte, daß er dachte, Rossellini könnte Pia vielleicht sogar kidnappen.

Lindström erwies sich als bemerkenswert zäher Gegner im Scheidungsverfahren in Los Angeles. Ingrid Bergman war kaum leicht hereinzulegen. Sie bot Petter und Pia nicht mehr ihren Besitz in Amerika an; die Filmrechte an *Stromboli*, die sie vorher als einziges hatte haben wollen, waren beinahe wertlos geworden. Jetzt forderte Ingrid Bergman den gesamten gemeinsamen Besitz, das Haus, die Autos, die Möbel, mit der Begründung, sie habe das Geld dafür verdient; außerdem 154 000 Dollar, die Lindström, wie sie behauptete, von *Stromboli* bekommen hatte; dazu das Sorgerecht für Pia.

Die Verhandlungen gestalteten sich noch schwieriger, als John Vernon auf geheimnisvolle Weise verschwand und einige der einschlägigen Dokumente mitnahm. Einige Tage später wurde Ingrid Bergmans früherer Manager entdeckt, er litt an Amnesie und war unfähig, zusammenhängend zu reden. Man fand heraus, daß er Geld der Lindströms unterschlagen hatte. Ingrid Bergmans Anwalt, Greg Bautzer, berichtete, er habe 80 000 Dollar auf Vernons Namen bei einer Bank in Los Angeles entdeckt, dazu einen auf Lindströms Namen ausgestellten Barscheck über 10 000 Dollar.[17] Lindström zufolge hatte Vernon tatsächlich ungefähr 15 000 Dollar gestohlen. Am 26. Oktober 1951 starb er an einer Überdosis Schlaftabletten. Sein Abschiedsbrief schloß mit den Worten: »Ich gebe nicht mehr Ingrid und Petter die Schuld an meinem Zusammenbruch. Lydia muß die Verantwortung übernehmen . . .«

Ende April hatten die Anwälte beider Parteien die Scheidungsregelungen weitgehend ausgearbeitet. Am 19. April 1950 unterzeichnete Lindström eine Eigentumsregelung, die seine Behauptung stützt, daß er nie irgendwelches Geld von *Stromboli* erhalten habe. Die Vereinbarung erwähnt dieses Geld nicht; aber sie bewilligt ihm das Haus in Benedict Canyon und die Möbel, dazu die Hälfte ihrer Wertpapiere, seine Lebensversicherungspolicen, die Hälfte ihrer Ersparnisse, ihre drei Autos und ihren schwedischen Besitz. Ingrid Bergman erhielt die andere Hälfte der Ersparnisse und Wertpapiere, ihre Lebensversicherungspolicen, dazu alles Geld aus ihren Filmen *Stromboli*, *Sklavin des Herzens* und *Johanna von Orléans*.

Zwei Jahre später gab Lindströms Anwalt Isaac Pacht bei einer Gerichtsverhandlung eine detaillierte Aufstellung der Gelder, die Ingrid Bergman tatsächlich nach der Eigentumsregelung erhalten hatte. Insgesamt seien es über 140 000 Dollar gewesen: 15 000 Dollar Ersparnisse, 19 690 Dollar in bar aus Wertpapieren, 43 000 Dollar in bar aus Lebensversicherungspolicen, eine Steuerrückerstattung von 30 000 Dollar, eine Subvention der italienischen Regierung für *Stromboli* von 50 000 Dollar, Pelze und Schmuck. Dazu kam noch das Geld, das sie für *Stromboli* bekommen hatte, ungefähr 200 000 Dollar.[18]

Ingrid Bergman wollte jetzt nicht mehr das volle Sorgerecht für Pia. Sie gab sich damit zufrieden, ihre Tochter während der Ferien zu sehen, die Frage war nur, wo und wie.

Weil sie außerhalb der Vereinigten Staaten lebte, verzichtete sie auf die Aufsicht über Pias Vermögen. Sie und Lindström hatten während des Krieges als Grundstock für Pias Vermögen 10 000 Dollar auf ein Bankkonto in Los Angeles eingezahlt. Sie stimmte zu, weitere 10 000 Dollar einzuzahlen, das Geld sollte für Pias Lebensunterhalt benutzt werden. Doch im August 1950 ließ sie durch ihren Anwalt mitteilen, daß sie die 10 000 Dollar wiederhaben wollte. Ingrid Bergman mag geglaubt haben, daß sie genug getan hätte. Lindström lebte in ausgezeichneten finanziellen Verhältnissen, während sie Geldprobleme hatte. Offenbar meinte sie auch, daß das Geld doch nur an ihn gehen würde.

Ingrid Bergman und Lindström gingen gerade noch höflich miteinander um, darauf hatte sich alles reduziert. Er war einverstanden gewesen, Pia in Begleitung von Phyllis Seaton nach Europa zu schicken, aber Ingrid Bergman hatte das abgelehnt. Er meinte, daß er die volle Verantwortung für ihre Tochter übernommen hatte, und sie hatte sogar ihren finanziellen Beitrag zurückgezogen und trug somit nichts zu Pias Erziehung und Ausbildung bei. Sie wollte, daß Pia sie in Italien besuchte, doch mehr denn je meinte Lindström seine Tochter beschützen zu müssen.

Ingrid Bergman verstand nicht, warum er so unnachgiebig war. Sie schrieb ihm am 6. Oktober 1950 — Lindström behauptet, diesen Brief nie erhalten zu haben —, daß er früher oder später Pia verlieren würde, wenn er sie zu halten versuchte.

Am 1. Novembr 1950 erreichte die Scheidungssache endlich

Richter Thurmond Clarke am Superior Court in Los Angeles. Lindström war von seinem Anwalt Isaac Pacht instruiert worden. Seine Aussage wies die gleiche Unaufrichtigkeit auf, die er Ingrid Bergman so oft vorgeworfen hatte. Entgegen seinen späteren Erklärungen behauptete er, er sei nach Messina gefahren, um Ingrid Bergman davon abzubringen, in Italien bei Rossellini zu bleiben. »Sie sagte, sie würde sich ändern müssen, sie würde damit aufhören«, sagte Lindström, wobei ihm sein Anwalt gewissermaßen einen leichten Schubs gab. »Sie hat auch versprochen, daß sie die Beziehung nicht fortsetzen würde — sie wollte nichts mehr mit dem italienischen Regisseur zu tun haben außerhalb ihrer beruflichen Verbindung . . .«

»Verspüren Sie Bitterkeit, was Mrs. Lindström angeht?«

»Nein, ich empfinde keine Bitterkeit«, sagte Lindström ruhig. »Es tut mir leid, daß sie sich in diese unangenehme Lage hineinmanövriert hat. Ich denke, sie hat viele gute Eigenschaften, nicht nur, daß sie sehr schön ist.«[19]

Ingrid Bergmans Anwalt wollte Lindströms Einverständnis, daß Pia ihre Mutter besuchen durfte. Lindström wies darauf hin, daß Schiffe in beiden Richtungen über den Atlantik fahren und daß Ingrid Bergman nichts daran hindere, ihre Tochter zu besuchen. »Ich wäre froh, Pia zu ihrer Mutter zu bringen«, sagte er. »Aber ich habe nicht die Absicht, meine Tochter nach Italien zu bringen.«

Ingrid Bergman hatte keine Einwände gegen das Verfahren, und nach einer Stunde sprach Richter Clarke die Scheidung aus. Er spezifizierte nicht die Gründe, »um rechtliche Schwierigkeiten später zu vermeiden«. Er übertrug Ingrid Bergman und Lindström das gemeinsame Sorgerecht für Pia. Bei Lindström sollte Pia leben, aber Ingrid Bergman konnte Pia während ihrer Schulferien haben. Ihr Anwalt reichte die Forderung ein, daß Lindström innerhalb eines Jahres Pia nach Europa brachte, damit sie ihre Mutter besuchen konnte.

Und damit war die dreizehnjährige Ehe zu Ende.

Am 10. November erschien die zwölfjährige Pia vor dem Bundesgericht in Los Angeles, um amerikanische Staatsbürgerin zu werden. Sie trug ein kariertes Trägerkleid und hatte Bänder im Haar, sie sah sehr erwachsen aus, wie sie da mit 250 anderen stand. An diesem Tag änderte sie nicht nur ihre Nationalität, sondern auch ihren Namen. Sie haßte den Namen Pia jetzt, und alles, was sich mit dem Namen verband. Sie hatte es gehaßt, wie die Kinder sich über sie lustig machten. Sie hatte es gehaßt, daß ihr Name abgeleitet sein sollte von Petter und Ingrid und Aron. Jetzt würde sie Jenny Ann sein, ein Name, der für ihr selbstgewähltes neues Leben stand.

An diesem Tag war Lindström sogar kooperativ der Presse gegenüber, er brachte Pia für Fotos in einen anderen Raum. Ein paar Tage später bekam er einen Brief von seinem Anwalt in New York, Lawrence E. Brinn, der ihn in seiner Absicht bestärkte, Pia von Italien fernzuhalten. »Mr. Borre aus meinem Büro in Italien war kürzlich in New York, und er erklärte, daß Sie das Kind nicht nach Italien bringen sollten«, schrieb ihm der prominente Anwalt. »Sie sollen noch einmal daran erinnert werden, daß das Kind unter keinen Umständen Italien besuchen darf.«[20]

Ingrid Bergman versuchte den Kontakt mit Pia aufrechtzuerhalten, aber er blieb unregelmäßig — ein Telefonanruf, ein Geschenk, ein Brief. Sie schrieb an Steele, wenn sie nicht gelegentlich angerufen hätte, würde sie nicht einmal wissen, ob Pia und Petter »noch am Leben« waren. Sie schickte Steele Geld, er sollte einen Stoffaffen und ein paar Bücher kaufen. Lindström schrieb Ingrid Bergman, daß Pia — oder Jenny, wie sie jetzt hieß — ein Buch mit dem Titel *Jenny oder Die Verlassenen* bekommen hatte. Er teilte ihr mit, wenn kein Weihnachtsgeschenk für Pia einträfe, würde er ihrer Tochter zwei Puppen »von Ingrid« geben.

Ingrid Bergman gab schließlich die Hoffnung auf, daß Lindström Pia nach Italien bringen würde. Am 20. März 1951 schrieb er ihr, sie könnte Pia in der letzten Juliwoche in England sehen. Sie hatte zugestimmt, nichts über einen bevorstehenden Besuch an die Öffentlichkeit dringen zu lassen. Er erinnerte sie noch einmal: »Du und Deine Sprecher, Ihr habt wiederholt die Wahrscheinlichkeit eines Treffens erörtert, und unter diesen Umständen muß ich Dich darüber informieren, daß, wenn sich das wiederholt, ich ohne weitere Ankündigung alle Pläne fallenlassen könnte, Pia nach England zu bringen, wo sie Dich besuchen könnte.«

Pia brauchte für ihre Europareise die Erlaubnis des Gerichts, und auch dafür, daß für die Reise 2000 Dollar von ihren 22084 Dollar, die ihr Vermögen ausmachten, verwendet werden sollten. Richter Newcomb Condee gestattete die Reise erst, nachdem ihm versichert worden war, daß Pia »ganz gewiß nach Los Angeles zurückkehren würde« und daß Lindström »spezielle Vorkehrungen« treffen würde, »um zu verhindern, daß irgend etwas passiert«.

Als der Sommer nahte, sprachen Ingrid Bergman und Lindström mehrere Male am Telefon miteinander. Es kannte noch immer jeder des anderen verwundbare Stelle. Sie hatte nicht vor, ihm zu erlauben, sich in ihren Besuch bei Pia zu sehr einzumischen. Sie beharrte darauf, daß sie das Recht habe, Pia überall mit hinzunehmen. Er war ganz anderer Ansicht darüber, und er schlug jetzt vor, daß sie Pia in Schweden treffen sollte. Als sie sich nachgiebig zeigte, schrieb er ihr: »Ich bin zu dem Schluß gekommen, daß der beste Ort für ein Treffen zwischen Euch Stöde in Schweden ist, da würde Pia am wenigsten irgendwelchen Schwierigkeiten und einer etwa geplanten Publicity ausgesetzt sein.«

Pia wäre sicher in Stöde, aber für Ingrid Bergman würde das bedeuten, an den Schauplatz ihrer ersten Hochzeit zurückkehren zu müssen, an den Ort, wo Lindströms Leute lebten.

Lindström gab schließlich nach und war einverstanden, daß sie Pia in London traf. Im Juli machte sie sich auf die Reise nach London, wo Lindström und Pia bei Sidney Bernstein wohnten, der auch Ingrid Bergmans Freund war.

Lindström hatte den Verdacht, daß sie ein Pressespektakel um ihren ersten Besuch bei ihrer Tochter nach anderthalb Jahren machen würde, aber das wollte sie nicht. Sie erinnerte sich später, wie sie mit dem Zug von Italien nach Frankreich und dann mit dem Schiff über den Kanal gefahren war und es die ganze Zeit über geschafft hatte, nicht die Aufmerksamkeit von Reportern und Fotografen auf sich zu ziehen. Fiorella Mariani reiste mit ihr, sie wollte in England zur Schule gehen. Sie erinnert sich, daß Rossellini sie bis zur italienischen Grenze begleitet hat.[21]

Lindström war besorgt, daß Rossellini auch nach England reisen würde, um bei Ingrid zu sein. Rossellini traf tatsächlich in London ein, rechtzeitig genug, um Ingrid aufzusammeln.[22] Lindström konnte sich nicht von der Vorstellung befreien, daß es Rossellini gelingen könnte, Pia wegzuzaubern. Er traf Vorsichtsmaßnahmen, um seine Tochter zu schützen. Er und Pia trafen mit Ingrid Bergman im Haus von David Lean und Ann Todd zusammen. Hier sollten Ingrid Bergman und Pia ihre erste Nacht verbringen. Ingrid Bergman war sehr bewegt, als sie Pia zum ersten Mal wiedersah. Ihre Tochter war kalt und verschlossen. Ingrid Bergman behauptete später, das habe daran gelegen, daß »ihr Vater ihr eine Schlaftablette gegeben hat, kurz bevor sie kam. Das hat Pia mir selbst erzählt«; Lindström streitet das ab.

Lindström blieb für mehrere Stunden in dem Haus. Lean sagte in einer eidesstattlichen Erklärung, die er im folgenden Jahr abgab, daß Lindström Angst gehabt habe, ausgesperrt zu werden. Er, Lean, habe ihm deshalb einen Schlüssel gegeben. Früh am nächsten Morgen habe er Lindström noch im Haus gefunden.

»Ich hatte hübsche Schlafräume in dem Haus«, erinnert sich Ann Todd. »Ingrid hatte für Pia die Erlaubnis bekommen, daß sie in unserem Haus bleiben durfte. Petter kam, und er blieb die Nacht über. Ingrid weinte. Es war das einzige Mal, daß sie weinte.«[23]

Lindström streitet ab, daß er einen Schlüssel zu Leans Haus gehabt habe, er sei am Morgen um neun gekommen, um Pia zu Bernsteins Landsitz zu bringen, wo sie ungefähr fünf Tage mit ihrer Mutter verbrachte. »Sie wiederholte immer wieder vor dem Kind, daß sie das Recht habe, das Kind mitzunehmen, wohin sie wollte«, sagte Lindström in einer eidesstattlichen Erklärung. Ingrid »bestand darauf, unsere Vergangenheit vor dem Kind zur Sprache zu bringen, und sie beschimpfte mich. Sie wies mich auf unfaire Weise vor dem Kind zurecht und sagte: ›Warum hast du das Geld gespart und warum hast du all diese Versicherungen gekauft? Wir hätten das Geld ausgeben können und Spaß gehabt.‹ Ich fand es nötig, ihr zu antworten, daß wir gut gelebt hätten und daß ihr nie etwas verweigert worden sei, was sie sich gewünscht habe. Sie gab zurück: ›Wir leben viel besser mit Schulden. Wir haben mehr Autos und mehr Dienstboten als du und ich je hatten, und dabei haben wir nichts als Schulden.‹«

Ingrid Bergman hat diese Tage ganz anders in Erinnerung — Lindström drohte, Pia nach Schweden zu bringen; er verurteilte sie, und Pia konnte es hören; er hat sie seelisch gequält. »Ich erinnere mich daran, daß Dr. Lindström mich bei den Armen packte und mir in die Augen starrte und schwor, daß er mich nicht mehr liebe und daß er mich nicht zurückhaben wollte, selbst wenn ich das versuchte«, sagte Ingrid Bergman im folgenden Jahr unter Eid aus. »In einem anderen Moment sagte er mir, er sei entzückt, mich weinen und leiden zu sehen, da ich auf diese Weise verstehen würde, wie sehr er seinerseits gelitten hat . . .

Als ich zufällig den Namen Pietro erwähnte, fragte Pia, wer das sei. Ich sagte, unser Chauffeur . . . ›Oh, ihr habt einen Chauffeur‹, sagte sie, und ihre Augen funkelten. Dr. Lindström hörte das und sah, daß nach all seiner Schwarzmalerei in bezug auf Italien und mein Leben dort ich vielleicht doch etwas hatte, das für ein zwölfjähriges Mädchen attraktiv war, und sei es auch nur ein Chauffeur. Und so sagte er sofort: ›Sicher, sie haben einen Chauffeur, einen Haufen Dienstboten, einen Haufen Autos und einen Haufen Schulden.‹ . . . Einmal, und nur einmal, habe ich vor Pia von meinem Recht gesprochen, das Mädchen bei mir zu haben. Es war auf dem Landsitz der Bernsteins, am allerletzten Morgen . . . Ich holte, vor beiden, die Briefe meines Anwalts heraus, die den Text des Gerichtsbeschlusses enthielten . . . Ich wollte nur, daß Pia merkt, daß ihr Vater übertreibt, besonders mit seinen Beschuldigungen, daß man mir nicht trauen kann und daß ich versuchen würde, sie zu stehlen. Ich war glücklich, daß Pia über diese albernen Kidnapping-Geschichten selber lächelte.«[24]

Als letztes erinnert Ingrid Bergman sich daran, daß Pia »sich bemühte, so nett und heiter zu sein, als ob nichts geschehen wäre, und zu verheimlichen versuchte, was sie wirklich fühlte«. Das war eben die Tochter, die ein Vermächtnis der Scheidung war.

Ingrid Bergman fuhr mit Rossellini nach Italien zurück. Sie war jetzt überzeugt, daß Pia durch die Scheidung nicht seelisch verstört war, sondern, wie sie Irene Selznick schrieb, »ruhig«, »heiter« und »lieb«, ein junges Mädchen, das »vielleicht seinen Vater mehr liebt, weil es sich um ihn kümmern muß«.

»Wir beide haben ganz furchtbar gelitten«, sagt Pia Lindström. »Ich möchte den Eindruck korrigieren, daß da jemandem Vorwürfe zu machen wären. Er war Mutter und Vater für mich. Er versuchte, so gut er konnte, den Verlust wiedergutzumachen. Alle versuchten es so gut wie möglich zu machen. Es hat sehr viel Leid die Jahre hindurch gegeben.«

Auf dem Rückweg nach Los Angeles machten Lindström und Pia in New York Halt. Ein Reporter fragte ihn, ob er irgendwelche romantischen Interessen hege.

Lindström lächelte und blickte auf Pia. »Ja, sie ist es«, sagte er.[25]

So sehr Pia ihren Vater mochte, sie lernte es, ihre Emotionen zu verbergen. Lindström sah nur ein lächelndes, glückliches Kind, doch andere erlebten eine andere Pia. »Ich erinnere mich, daß ich 1951 einen sechsstündigen Autotrip mit Pia gemacht habe«, erzählte der Produzent David Lewis später. »Sie redete die ganze Zeit, beinahe als ob der Wind ihr die Worte vom Munde risse und keiner sie hörte. Sie erzählte mir, wie sehr sie ihre Mutter vermisse, aber daß sie ihrem Vater nicht wehtun wolle.«[26]

Ingrid Bergman und Rossellini gingen häufig aus. Manchmal gingen sie mit Fellini und Giulietta Masina in ein kleines Fischrestaurant in der Nähe von Santa Marinella. Manchmal in eins von Rossellinis Lieblingsrestaurants in Rom. Rossellini war immer sehr gepflegt, und Ingrid Bergman begann sich mit größerem Flair anzuziehen, etwas rassiger.

Rossellini wollte immer den besten Tisch und dazu die beste Flasche Wein. An einem warmen Juniabend war der beste Tisch einer, der von der Straße aus gut zu sehen war. Einer der vielen Passanten bemerkte Ingrid Bergman, und bald sammelte sich eine Menschenmenge. Es war die wärmste Nacht des Jahres, und Ingrid Bergman trug ein tiefausgeschnittenes Kleid. Die jungen Leute gaben laut ihre Kommentare zum besten, und die waren gepfefferter als sämtliche Speisen, die Ingrid Bergman vorgesetzt wurden. Rossellini fühlte sich beleidigt. Mutig trat er auf die Straße hinaus und ersuchte die Leute, doch auseinanderzugehen. Doch das führte nur zu weiteren Kommentaren, Buhrufen und Geschrei, und es kamen noch mehr Zuschauer. Aus der Belustigung wurde schließlich Wut, und es bedurfte der Polizei, um die Menge zu zerstreuen.[27]

An einem anderen Abend ging Rossellini mit ihr ins Excelsior, dort, wo sie ihren ersten gemeinsamen Abend in Italien verbracht hatten. Als er mit ihr tanzte, entdeckte er auf der gedrängt vollen Tanzfläche die Magnani.

Als sie nebeneinander tanzten, fragte Anna Magnani: »Wie geht es dir mit dieser Frau?«

»Meinst du meine Ehefrau?« fragte Rossellini und führte Ingrid Bergman weg.

»Ach, blödes Zeug«, sagte Anna Magnani.

Im Herbst begann Ingrid Bergman mit der Arbeit an ihrem zweiten Film mit Rossellini, *Europa '51 (Europa '51)*, nach einem Drehbuch von ihm. Die Hauptfigur Irene Girard, gespielt von Ingrid Bergman, ist eine selbstzufriedene, nur mit sich beschäftigte, verwöhnte Römerin, nicht unähnlich manchen Frauen, denen die Rossellinis in ihren Kreisen begegneten. Ihr Leben ist ohne Zentrum, angefüllt mit oberflächlicher Betriebsamkeit. Irene werden mit einem Schlag die Augen geöffnet, als ihr junger Sohn — er ist so alt wie Pia — Selbstmord begeht. Irene tritt die Reise an in die Niederungen der Gesellschaft, um Gutes zu tun und andere zu treffen, die Gutes tun. Sie freundet sich mit einer Prostituierten an und mit einer unverheirateten Mutter (brillant gespielt von Giulietta Masina). Überall wird sie desillusioniert; enttäuscht ist sie von dem kommunistischen Organisator, der sich den Anschein gibt, etwas für die Armen zu tun, und ebenso von den Entrechteten selbst, die stumpf gegenüber ihrer Not sind und ohne Verantwortung. Sie sagt: »Wenn ich glaubte, ich hätte große spirituelle Kräfte, dann wäre ich verrückt. Meine Liebe zu ihnen ist aus Haß geboren, Haß gegen mich selbst.« Sie ist eine »Närrin Gottes«, und als sie einem jungen Mann hilft, der Polizei zu entkommen, bringt man sie in eine Nervenheilanstalt.

Ingrid Bergman versuchte ihr Bestes, die Rolle zu spielen, doch sie konnte einfach nicht begreifen, wieso eine Frau dieser Gesellschaftsklasse und Herkunft eine solche Reise macht. Selbst wenn sie die Rolle besser verstanden hätte — die Arbeit mit Rossellini bedeutete ständige Frustration für sie. Die Dreharbeiten sollten täglich um dreizehn Uhr beginnen, doch das war italienische Zeit, Rossellini-Zeit. Das Team und die Schauspieler fingen um zwei an einzutreffen, und vor acht oder zehn Uhr abends hörte man nicht auf.

Ingrid Bergman sprach in der Öffentlichkeit zwar freundlich über ihren Mann; doch es tauchten schon Gerüchte auf, daß es in der Ehe kriselte.

»Ingrid war wie die Sonne, klar wie Licht«, sagt Giulietta Masina. »Als ob sie ganz klare Umrisse hätte. Roberto war völlig anders, von seiner Erziehung her, seinem Charakter, seiner Tradition. Es war sehr schwierig, diese beiden Lebensweisen miteinander in Einklang zu bringen. Ich mochte Roberto sehr als Freund, aber ich hätte nicht mit ihm leben wollen. Es war unmöglich, Vertrauen zu ihm zu haben. Er gab sehr viel, und dann war er weg, irgendwo. Er war in gewisser Weise labil. Er war ein Mann, der gut sprach, der gern anderen zuhörte und mit ihnen redete, ein extravertierter Mensch. Doch er war ein Mensch, der dazu geboren war, allein zu sein.«[28]

Rossellini war nicht nur ein Mensch, sondern ein ganzes Mosaik von Menschen. Er war ein intuitives Genie. Ein Hochstapler. Ein Wahrsager. Ein Charmeur. Ein Lügner. Ein Abenteurer. Ein Gauner. Er war ein Mann von unendlicher Freigebigkeit. Er war ein Schwindler. Er liebte die Menschheit. Er manipulierte die Menschen. Er war ein Egomane. Die Unsicherheit war ihm immer anzumerken.

Während der Dreharbeiten zu *Europa '51* sprach er mit einem Interviewer von *Bianco e Nero:*

> *Die Welt ist mehr und mehr zweigeteilt zwischen denen, die die Phantasie töten wollen, und denen, die sie retten wollen, denen, die sterben wollen und denen, die leben wollen. Das ist das Problem, das ich in* Europa '51 *angehe . . . Die Fähigkeit, beide Seiten des Menschen zu sehen und ihn mit Wohlwollen zu betrachten, scheint mir eine zutiefst romanische und italienische Haltung zu sein. Sie rührt her von der großen Höflichkeit, die seit sehr alten Zeiten unsere Sitte ist — die Gewohnheit, jede Seite des Menschen zu sehen. Für mich ist es sehr wichtig, in solch eine Zivilisation hineingeboren zu sein. Ich glaube, was uns gerettet hat . . . war diese Sicht des Lebens, welche unverkennbar katholisch ist. Das Christentum behauptet nicht, daß alles gut und vollkommen ist: es erkennt an, daß es Sünde und Irrtum gibt, aber auch die Möglichkeit der Erlösung . . . Ich sehe nur eine Möglichkeit, der Wahrheit näherzukommen: wir müssen versuchen, die Sünde zu verstehen und duldsam zu sein.*[29]

Rossellinis Film, sein Weg, der Wahrheit näherzukommen, wurde ein kommerzieller Mißerfolg in Italien und den Vereinigten Staaten. In der *New York Times* nannte Bosley Crowther *Europa '51* »düster und schmerzvoll«, eine Meinung, die von den meisten Kritikern geteilt wurde.

Rossellinis Themen — Entfremdung, Einsamkeit und Isolation — sind heutzutage derart klischeehaft geworden, daß die Eigenständigkeit und Kühnheit von *Europa '51* jetzt fast ebenso wenig verstanden wird wie im Jahre 1952. Rossellini entfernte sich nicht so weit vom Neorealismus, wie seine Kritiker ihm vorwarfen. Er hatte die Zerstörungen des Krieges in Italien und in Berlin gefilmt. Jetzt richtete er seine Kamera auf die Ruinen des geistigen Europa und die seelischen Verwüstungen.

Das, was Rossellini ein »Kino des Wiederaufbaus« nannte, war nicht leicht zu machen, und er gab später zu, daß er vielleicht »nicht fähig war, es hervorzubringen«. Nichtsdestotrotz machte ihn der Film *Europa '51* zum Helden und Mentor einer Generation von Filmemachern, unter ihnen Antonioni und Godard.

Bosley Crowther schrieb, daß Ingrid Bergman in ihrer Rolle »tut, was von ihr erwartet wird, in ihren schönen Augen und ihren Zügen zeigt sich höchste Verwirrung und Angst, der Kummer einer Frau, die gescheitert ist«.

Während der Dreharbeiten von *Europa '51* war Ingrid Bergman erneut schwanger, diesmal erwartete sie Zwillinge. Ihr Leibesumfang wurde so gewaltig und die Schwangerschaft war so schwierig, daß sie sich am 28. Mai 1952 in die Privatklinik Salvatore Mundi begab. Dort ging sie dann, in den letzten Wochen ihrer Schwangerschaft, schwerfällig auf dem Dachgarten auf und ab und versuchte sich zu entspannen, und sie gewöhnte sich an intravenöse Ernährung. Sie machte sich nicht nur Sorgen um die beiden Kinder in ihrem Leib, sondern auch um ihre Tochter, ihr erstes Kind.

In jenen Junitagen spielte sich in einem Gerichtssaal in Los Angeles ein trauriges Spektakel ab. Im April hatte Ingrid Bergman beim Gericht ein Gesuch eingereicht, daß es Pia gestattet würde, sie im Sommer in Italien zu besuchen, in der Begleitung einer anderen Person als Lindström. Ihm war wegen des Aufsehens um die Scheidung bereits eine berufliche Chance entgangen, trotzdem war er bereit, sich öffentlich mit Ingrid Bergman auseinanderzusetzen. Dieses Mal allerdings stand Pia im Zentrum.

Lindström wollte nicht, daß seine Tochter aussagte. Trotzdem, seine Behauptung, daß Pia nicht wünschte, im Sommer nach Italien zu fahren, war der Ausgangspunkt für seinen Fall, zusammen mit seiner Erklärung, sie sollte nicht in Rossellinis unmittelbarer Nähe sein. Rückblickend scheint es unwahrscheinlich, daß ein US-Gericht verfügt hätte, daß ein Vater, amerikanischer Staatsbürger, seine Tochter, auch amerikanische Staatsbürgerin, nach Übersee schickt, damit sie eine Mutter besucht, die keine amerikanische Staatsbürgerin ist. Aber Lindström war so sehr entschlossen zu triumphieren, daß er den Brief, den Ingrid Bergman ihm aus Amalfi geschrieben hatte, in dem sie ihm von ihrer Liebe zu Rossellini erzählte, dem Gericht als Beweis vorlegte.

Bautzer hatte die unangenehme Aufgabe, einen Fall durchzufechten mit einem Mandanten, der nicht persönlich aussagen wollte. Nach der Scheidung war Bautzer in Rom gewesen. »Ich glaube nicht, daß ich jemals eine Frau gesehen habe, die so zerrissen war von Gefühlen der Schuld, der Liebe und der Reue«, sagt Bautzer. »Ingrid war eine tolle Frau. Aber wer weiß schon, was mit einer Frau passiert, die hoffnungslos verliebt ist. Sie war wie eine Gefangene. Ich bat sie und Rossellini inständig, daß sie kommen sollte. Ich sagte, man wird Sie verurteilen. Sie müssen einfach kommen. Rossellini wollte sie nicht gehen lassen. Er hatte Angst, daß Petter sie daran hindern würde, zurückzukehren. Er war der eifersüchtigste Mann, den ich je kennengelernt habe.«[30]

Während der ersten Verhandlungstage sagten Zeugen positiv zu Ingrid Bergmans und Rossellinis Person aus, während Pacht, Lindströms Anwalt, in wilden Gegenattacken ihr Ansehen herabzusetzen suchte. Er las aus Senator Johnsons Attacke auf Rossellini vor, der ihn einen »Drogenabhängigen« nannte und unmoralisch und einen Nazikollaborateur. »Ich möchte nicht, daß das Kind in die Nähe von Mr. Rossellini kommt«, erzählte Lindström dem Gericht. »Er hat einen schlechten Ruf in seinem Land und im Ausland. Er ist mit der Mutter dieses Kindes durchgebrannt. Er hat den Ruf, drogenabhängig zu sein und die Gewohnheit, mit Mätressen zu leben, die mit anderen Männern verheiratet sind.«[31]

Als Rossellini von Lindströms Vorwürfen erfuhr, gelobte er nach Los Angeles zu fliegen, um seinen Ruf zu verteidigen. Er telegrafierte an Bautzer und bat darum, daß ihm Zeit und Gelegenheit gewährt würde, ihm Gehör zu verschaffen. Richterin Mildred D. Lillie war nicht geneigt, die Verhandlung zu verschieben oder unnötig zu verzögern. Rossellini schickte ihr schließlich einen langen, leidenschaftlichen Brief, den sie noch Jahre später in ihren Akten hatte.

Die entscheidende Person im Prozeß war nicht Lindström oder Rossellini. Es war Pia. Wenige Monate zuvor, während ihrer Osterferien in Squaw Valley, hatte sie einen autobiografischen Bericht geschrieben, wie es die Schüler an der Hawthorne School machen mußten. Pia war eine ausgezeichnete Schülerin, und ihr Text war gut geschrieben. Aber auf all den Seiten erwähnte Pia nicht ein einziges Mal ihre Mutter.[32]

Bevor sie Pia über ihre Mutter aussagen ließ, wollte Richterin Lillie privat mit ihr sprechen. Als Phyllis Seaton Pia zum Haus der Richterin fuhr, fragte das Mädchen: »Wird die Richterin über meine Mutter reden?«

»Ich bin sicher, sie tut es, mein Liebes, aber ich weiß es nicht«, antwortete Mrs. Seaton, wie sie sich später erinnerte. »Man fragt eine Richterin nicht, was sie sagen will.«

»Wenn sie mich fragt, was soll ich dann sagen?« fragte Pia.

»Pia, du und ich dürfen nicht einmal darüber sprechen. Wenn die Richterin mit dir spricht, dann ist das privat. Und wenn sie dich fragt, sag die Wahrheit.«[33]

Richterin Lillie war eine mitfühlende Frau, jung genug, um Pias Mutter zu sein. Nachdem sie mit dem Mädchen geredet hatte, beschloß sie, Bautzer zu erlauben, Pia im Amtszimmer unter Ausschluß der Öffentlichkeit zu befragen.

Am 13. Juni kam Pia am Arm ihres Vaters in das Richterzimmer. Sie trug ein blaues Kleid mit hohem Kragen und sah aus, als hätte sie sich sehr sorgfältig für diese Gelegenheit angezogen, ihr schulterlanges Haar war gebürstet, daß es glänzte. Aus bestimmten Blickwinkeln sah sie Ingrid Bergman erstaunlich ähnlich.

»Freitag, der dreizehnte!« rief Pia aus, als sie einen Wandkalender bemerkte. »Das soll ein Unglückstag sein.«[34]

»Einige meiner glücklichsten Tage waren an einem dreizehnten«, beruhigte Lindström seine Tochter.

Die Befragung begann.

»Hast du deiner Mutter je Briefe geschrieben, in denen du ihr gesagt hast, daß du sie liebst?« fragte Bautzer.

»Ich unterschreibe immer mit ›In Liebe, Pia‹.«

»Und drückt das die Weise aus, in der du für sie empfindest?«

»Nein, das ist nur die Art, wie ich einen Brief beende.«

»Also, wenn du deinen Brief mit ›In Liebe, Pia‹ unterzeichnet hast, hieß das nicht, daß du sie wirklich liebst?«

»Ich liebe meine Mutter nicht. Ich mag sie.«

»Und du vermißt sie nicht?«

»Nein.«

»Und du hast überhaupt nicht den Wunsch, sie zu sehen?«

»Nein. Ich möchte lieber bei meinem Vater leben.«

»Hast du das Gefühl, daß deine Mutter sich nicht für dich interessiert?« fragte Richterin Lillie.

»Nun, ich glaube nicht, daß sie sich allzusehr für mich interessiert.«

»Warum sagst du das?« fragte die Richterin.

»Nun, sie schien nicht sehr interessiert an mir, als sie wegging. Erst nachdem sie weg war und verheiratet und Kinder hatte, da beschloß sie auf einmal, daß sie mich wollte.«

Bautzer schien entschlossen, nicht aufzugeben, bevor Pia nicht ein Zeichen tiefer Zuneigung für Ingrid Bergman zeigte. »Ob du nun deine Mutter sehr gut kennst oder nicht, oder ob du die Gelegenheit haben wirst, sie besser kennenzulernen — liebst du deine Mutter?« fragte der Anwalt.

»Nein, nicht sehr«, antwortete Pia mit dünner, ausdrucksloser Stimme. »Ich meine, ich habe sie oft genug gesehen, und ich habe sie auch kennengelernt, aber ich habe sie nicht genug gesehen, um sie wirklich zu lieben. Mein Vater hat meistens für mich gesorgt. Ich habe hauptsächlich bei meinem Vater gelebt.«

Für Lindström war das ein Augenblick der Rechtfertigung, der ihm nur verdorben wurde, als andere andeuteten, er habe Pia instruiert. Für Bautzer sollte Pias Zurückweisung ihrer Mutter immer »einer der bemerkenswertesten Augenblicke in meiner Karriere« sein.[35]

Er hatte die unangenehme Pflicht, Ingrid Bergman und Rossellini anzurufen und ihnen von Pias Aussage zu erzählen.

Die Scham war zweifach für Ingrid Bergman: öffentliche Demütigung einer öffentlichen Figur und die private Demütigung einer Mutter. Als sie in der Klinik schluchzend Pias Worte las, machte sie ihrer Tochter keine Vorwürfe. Sie gab Lindström die Schuld. Sie vermutete, »vielleicht mußte sie solche Dinge sagen, weil sie bei ihrem Vater lebt«.[36] Sie erinnerte sich, wie sie gerade ein paar Wochen vorher mit Pia am Telefon gesprochen hatte und ihre Tochter gesagt hatte: »Oh, kommen die Zwillinge bald? Du mußt mir ein Telegramm schicken, gleich wenn sie da sind.« Es kam ihr nicht in den Sinn, daß Pia fähig sein könnte, zu verschiedenen Leuten verschiedene Dinge zu sagen.

Die Babys hätten schon da sein sollen, und in der Hitze

Roms war das Warten eine Qual. Am 18. Juni leitete der Arzt die Geburt ein; es waren zwei Mädchen, Isabella Fiorella Elettra Giovanna, die sechseinhalb Pfund wog, und Isotta Ingrid Frieda Giuliana, siebeneinhalb Pfund. Die gesunden Zwillinge schienen ein Beweis für die Männlichkeit des Vaters und die mütterlichen Gaben der Mutter.

Das Gericht in Los Angeles hatte ein anderes Urteil über Ingrid Bergmans mütterliche Gaben. Eine Woche lang hatte Richterin Lillie den Vorwürfen und Beschuldigungen beider Parteien zugehört. Obwohl Ingrid Bergman keine Unterhaltszahlungen für das Kind leistete, hatte Bautzer argumentiert, sie habe um das Recht, Pia bei sich zu haben, »gefeilscht« und es schließlich »erkauft«, als ob es um einen jungen Hund oder ein Ferienhaus gegangen wäre.

Am 24. Juni entschied Richterin Lillie, daß es nicht in Pias Interesse sei, nach Italien zu fahren. Sie sollte nicht »zwischen den Eltern hin- und hergeschoben« werden, »um deren Stolz, Bequemlichkeit und Wünsche zu befriedigen«. Die Richterin sagte, »ob Miss Bergman es zugeben will oder nicht, die Verantwortlichkeit bleibt bei ihr«.

Richterin Lillie machte nicht nur Ingrid Bergman Vorwürfe. Sie kritisierte beide, Vater und Mutter, sie seien »mehr daran interessiert, worauf jeder von ihnen Anspruch hat und wozu er nach dem Gesetz berechtigt ist, als daran, was am meisten im Interesse des Kindes liegen könnte und das Beste für es wäre«. Sie warnte sie: »Wenn Sie nicht beide Ihren Stolz und Ihre Selbstsucht ablegen, wird dieses Kind niemals die normale Zuneigung und Liebe erhalten, auf die es Anspruch hat, von beiden Eltern.«

Als Richterin Lillie ihr Urteil sprach, war Ingrid Bergmans Kummer schon vorüber, sie empfand jetzt nur Ärger und Wut. Sie wollte dieses Urteil nicht hinnehmen, sondern Berufung dagegen einlegen und dieses Mal Lindström rückhaltlos angreifen. Mit Bautzer hatte es nicht geklappt, und sie bat ihn, Kontakt mit Jerry Giesler aufzunehmen, einem prominenten Anwalt für berühmte Leute. Seine Einschaltung würde noch mehr Publicity bedeuten.

Ingrid Bergman holte Reporter in ihr Zimmer in der Klinik, und sie wetterte gegen Lindström und das Urteil. Sie sah sehr mütterlich aus in ihrem blauen Morgenrock, doch sie war voller Wut, sie versprach, sie würde jetzt »nicht mehr zögern,

Dinge zu sagen, die meinen Ex-Mann verletzen könnten«, und sie sagte, »jetzt werde ich aus mir herausgehen müssen«. Ihr einziger Trost sei Rossellini, der »beste und liebenswürdigste Mann, den ich je kennengelernt habe . . . Ich habe mich selbst dafür bestraft, daß ich mich in diesen Mann verliebt habe.«[37]

Sie schwor, sie würde in die Vereinigten Staaten kommen und um das Sorgerecht für Pia »wie eine Tigerin kämpfen«. Sie wetterte gegen Lindström. »Ich habe unseren Haushalt mit meinem Geld unterhalten, aber ich bereue es nicht«, sagte sie. »Jedoch empfinde ich Bitterkeit Petter gegenüber.«

»Ich habe so viel von meinem Vermögen aufgegeben . . . nur um Pia im Sommer bei mir zu haben«, behauptete sie. »Man kann sagen, daß ich praktisch pleite bin und mein Mann für mich sorgt.« Wenn das stimmte, dann hatten Ingrid Bergman und Rossellini in weniger als drei Jahren mehr als 300 000 Dollar von Ingrid Bergmans Geld ausgegeben.

Diese Ausgaben konnte sie kaum ihrem ehemaligen Mann anlasten. Doch Lindström war zum Symbol all ihrer Frustrationen geworden, und fast alles, was in ihrem Leben nicht in Ordnung war, führte sie auf ihn zurück.

Selbst als Ingrid Bergman an Pia schrieb und ihr von der Geburt der Zwillinge erzählte, brach der Ärger aus ihr hervor. »Was Du der Richterin gesagt hast, konnte mich nicht tief treffen, es tat nur einige Zeit etwas weh. Ein Kind kann seiner Mutter nicht wehtun, dafür ist die Liebe zu groß und zu beschützend. Aber ich muß weiter für mein Recht kämpfen, Dich hier zu haben. Ich hasse nichts mehr als Ungerechtigkeit, und ich werde kämpfen bis zum letzten Atemzug.«[38]

Bald nach dem Urteilsspruch zogen Lindström und Pia nach Pittsburgh, wo er Chef der Neurochirurgischen Abteilung am Aspinwall Veterans Hospital wurde, gleichzeitig leitete er ein Forschungsprojekt an der Universität. Drei Jahre später heiratete er Dr. Agnes Rovnanek, eine hübsche Kinderärztin, die zwanzig Jahre jünger war als er. Sie gründeten eine eigene Familie, und Lindström versuchte Ingrid Bergman zu vergessen. Er wurde später Professor für Neurochirurgie an der University of Utah.

16.

»Ich bin die große Bergman«

An einem herrlichen Sommertag fuhren Ingrid Bergman und Fiorella Mariani hinaus nach Santa Marinella. Ingrid Bergman freute sich, ihren kleinen Fiat fahren zu können und nicht im Rolls chauffiert zu werden. Augenblicke wie dieser bedeuteten ihr viel, weit weg von Dienstboten und Telefonen, von Geldproblemen und Gästen, weit weg von den melodramatischen Szenen mit Rossellini.

Plötzlich sah sie im Rückspiegel das vertraute Rot von Rossellinis Sportwagen auftauchen. Er fuhr seitlich an ihr Auto heran, winkte fröhlich und blieb dann zurück und fuhr hinter ihr her. Sie lachte. Er wollte ein kleines Rennen veranstalten.

Sie beschleunigte, der Fiat schoß nach vorn. Rossellini ließ sie eine Weile fahren, dann holte er wieder auf. Er winkte und blieb schließlich wieder zurück. Ingrid Bergman fuhr schnell weiter und beobachtete ihn gelegentlich im Rückspiegel. Er wiederholte das Manöver noch einmal, blieb dann weit zurück, und schließlich verlor sie den Ferrari aus den Augen.

Als Ingrid Bergman und Fiorella Mariani in Santa Marinella ankamen, lachten sie immer noch über ihr Rennen. Eine Viertelstunde verging, und Rossellini kam nicht. Dann eine halbe Stunde. Ingrid Bergman begann sich Sorgen zu machen. Sie sprang in den Fiat und fuhr zurück in Richtung Rom.

Ein paar Kilometer die Straße hinunter fand sie ihn auf dem Seitenstreifen. Ihm war das Benzin ausgegangen. »Lach nicht«, schrie er laut. »Lach nicht. Das ist nicht komisch.«[1]

Rossellini hatte ein heftiges Temperament, und seine Ausbrüche kamen plötzlich, aus heiterem Himmel. Ralph Serpe, ein Produzent, der lange mit Dino De Laurentiis zusammengearbeitet hat, erinnert sich, »wie Roberto sie schlecht behandelt hat. Ich ging einmal hinter ihnen auf der Via Veneto, als er sie schlug. Sein Ruf litt darunter, wie er Ingrid behandelte.«[2]

Streitereien zwischen Ingrid Bergman und Rossellini kamen mit solcher Regelmäßigkeit vor und liefen so dramatisch ab, daß die beiden, wenn das Geplänkel losging, ihren Hund Stromboli immer nach oben in das Appartement von Rossellinis Schwester schickten. Eine Zeitlang versuchte Ingrid Bergman es auch mit dieser Methode, sie verschwand einfach und versteckte sich vor ihm, aber es funktionierte nicht. Sie kam zu dem Schluß, daß sie wegen seiner Zornesausbrüche etwas tun müßte.

Sie fragte ihn um Rat. Rossellini schlug vor, das nächste Mal, wenn er explodierte, sollte sie mutig auf ihn zustürzen und ihn umarmen. Ingrid Bergman brauchte nicht sehr lange zu warten. Als Rossellini wieder einmal vor Wut schäumte, warf sie ihre Arme um ihn. Er machte sich mit Gewalt von ihr los und schleuderte sie von sich weg. Sie machte einen Scherz aus dem Zwischenfall.

Manchmal schien es ihr, daß er sie nicht einmal genügend an der Erziehung ihrer drei Kinder teilnehmen ließ. Er behandelte seine Kinder wie er seine Geliebten behandelte, er überschüttete sie mit Zuneigung und Interesse, und dann ging er schnell fort. »Vater sagte immer, er sei das große Schwein und wir seien die Schweinchen«, erinnert sich Isabella Rossellini. »Er war immer im Bett, und wir kamen dann zu ihm ins Bett. Er sagte, was er am allermeisten bedauere, sei die Tatsache, daß er uns nicht stillen könne. Ich erinnere mich, wie er einem Reporter einmal erzählte, warum es so wichtig sei, Vater zu sein. Er sagte, er sei wie eine jüdische Mutter.«[3]

Eines Abend, zur Zeit, als die Zwillinge zu sprechen begannen, gaben Ingrid Bergman und Rossellini eine kleine Dinnerparty. »Kinder, es ist spät«, sagte Ingrid Bergman um acht und klatschte in die Hände. »Geht zu Bett.«

»O nein, meine Kinder«, sagte Rossellini, zog Isotta, Isabella und Robertino zu sich heran und nahm sie alle in die Arme. »Oh, bleibt noch ein bißchen bei eurem Vater, meine guten Kinder, die ich so sehr liebe.«

Als die Kinder dann schließlich ins Bett gingen, wandte Ingrid Bergman sich an Rossellini. »Du raubst mir meine Kinder«, sagte sie kalt. »Du nimmst mir die Kinder von meinem Herzen weg.«[4]

Ingrid Bergman war immer da für Rossellinis Freunde, wenn sie zu Besuch kamen, aber er häufig nicht für ihre. Für Stars aus Hollywood und Berühmtheiten von überallher wurde Ingrid Bergmans Haus ein Ort, den man besuchte, beinahe wie die Sixtinische Kapelle oder das Colosseum. Joseph Cotten, Eddie Albert, William Wyler, John Steinbeck, Ernest Hemingway, der schwedische Bildhauer Carl Milles — sie alle kamen, und meistens behandelte Rossellini die Gäste aus Hollywood mit kalter Verachtung oder ignorierte sie schlicht.

»Ich drehte gerade *Ein Herz und eine Krone (Roman Holiday)* und wurde nach Santa Marinella eingeladen«, erinnert sich Gregory Peck. »Ingrid hatte sich allerhand Mühe gegeben, einen Hollywood-Lunch zuzubereiten. Sie entschuldigte sich dauernd dafür, daß Roberto nicht da war. Sie war sehr verletzt, weil er nicht erschien. Schließlich tauchte er auf. Er setzte sich nicht. Er lehnte sich an einen Sessel, gähnte und reckte sich. Er war ziemlich gleichgültig den Hollywood-Leuten gegenüber. Ich dachte, er benimmt sich wie ein verwöhntes Kind.«[5]

Rossellini mochte Ingrid Bergmans Freunde zum Teil deshalb nicht, weil er fürchtete, sie versuchten sie zur Rückkehr in die Filmstudios nach Hollywood zu überreden. Ihre Freunde dachten tatsächlich an ihre Rückkehr.

Es war bemerkenswert, wieviel Interesse Hollywood trotz des Skandals um *Stromboli* noch immer an Ingrid Bergman hatte. Der Produzent Sam Spiegel war im Juni nach Rom geflogen, um mit ihr über einen Film zu sprechen, in dem auch Marlon Brando mitspielen sollte.[6] Walter Wanger schickte ihr Drehbücher. Graham Greene hielt Ingrid Bergman für die perfekte Besetzung für die Verfilmung seines Romans *Das Ende einer Affäre*.[7] Selbst Howard Hughes, der Hunderttausende von Dollar bei *Stromboli* verloren hatte, hatte Ingrid Bergman nicht aufgegeben. »Ich war in Hollywood bei Howard Hughes«, erinnert sich Gina Lollobrigida. »Er war böse auf Rossellini, weil es ihm gelungen war, ihm Ingrid wegzunehmen. Er wollte sie wirklich zurückhaben. Ich habe nie jemand gesehen, der so ärgerlich war.«[8]

Ingrid Bergman war noch nicht bereit, künstlerisch wieder auf eigenen Füßen zu stehen. Sie war mehr daran interessiert, häusliches Glück vorzuführen.

Es war schon ein seltsames Schicksal, hier versteckt in Santa Marinella zu sitzen; Rossellini war oft irgendwo unterwegs oder kam erst mitten in der Nacht nach Hause. An der Villa führte eine Eisenbahnlinie vorbei, und wenn der Zug vorüberfuhr, guckten die Passagiere aus dem Fenster und winkten Italiens neuestem Nationaldenkmal zu, der »Donna von Santa Marinella«. Wenn Ingrid Bergman dazu aufgelegt war, winkte sie zurück.

Die Abende waren jetzt häufig die schönste Zeit, Abende, an denen Rossellini nicht da war, nur Ingrid Bergman und Fiorella und vielleicht Rossellinis Sohn Renzo. »Wir redeten Stunden und Stunden und Stunden«, erinnert Fiorella Mariani sich. »Wir redeten immer weiter, bis vier Uhr morgens. Wenn wir anfingen, über Gott zu reden, hieß das, wir hatten zuviel getrunken. Ah, der bel vino. In Robertos Filmen ist Gott immer die Lösung.«[9]

Renzo Rossellini erzählt: »Sie hat wunderschöne Geschichten in ihren Momenten der Einsamkeit erzählt . . . einige Liebesgeschichten, sehr offen und in allen Einzelheiten«.[10] Sie war wie eine alte Dame, die über ihr Leben plaudert. Für gewöhnlich fing sie nach dem Essen an, mit Renzo zu reden, sie sagte ihm, nur für kurze Zeit, für ein oder zwei Drinks. Dann wurde es Mitternacht, und dann mußten sie natürlich noch bis ein Uhr warten, damit sie die Maus sehen konnten, die jede Nacht zu dieser Stunde auf ihrem Weg ins Bett über das Terrassengeländer rannte. Ah, aber nachdem die Maus ihren nächtlichen Sprint hinter sich gebracht hatte, war es schon kurz vor zwei, und sie konnten genausogut warten, bis sie die Fischer in ihren Booten sahen. Und mittlerweile war die Morgendämmerung angebrochen, und die Sonne stieg aus dem Meer empor.

Ingrid Bergman bekam Angebote aus Hollywood, doch Rossellini wollte davon nichts wissen. Seine Frau würde mit ihm arbeiten, oder sie würde gar nicht arbeiten. Es spielte keine Rolle, daß ihre Zusammenarbeit bis jetzt keinem von beiden genützt zu haben schien. Ingrid Bergman hörte ihrem Mann zu und tat, was er von ihr wollte. Ihr gefielen die Filme nicht, die sie drehten, aber es war, als hätte sie nicht mehr die Energie, das künstlerische Joch, das Rossellini ihr auferlegt hatte, abzuwerfen, keine Energie, von neuem anzufangen.

Im Sommer 1952 drehte Rossellini mit ihr den kurzen humoristischen Film *Das Huhn*, eine Episode aus dem fünfteiligen Episodenfilm *Wir Frauen (Siamo donne)*.

Ihre nächste Hauptrolle spielte Ingrid Bergman in dem Film

Liebe ist stärker (Viaggio in Italia). Es ist der am stärksten autobiografisch geprägte von Rossellinis Filmen. Der Film beutet nicht das Drama ihres gemeinsamen Lebens aus, sondern zeichnet in der Geschichte des wohlhabenden englischen Ehepaars Alexander und Katherine Joyce viel von Rossellinis geistiger Reise mit Ingrid Bergman nach. Nach zehn Jahren Ehe fahren die beiden nach Italien, um ein Haus zu besichtigen, das sie geerbt haben, und um der geistigen Fäulnis und Langeweile ihrer immer schlechter werdenden Ehe zu entrinnen. In den geistlosen Wortwechseln zwischen den Eheleuten zeigt sich der ganze Schrecken einer Liebe, die keine mehr ist; sie tauschen Höflichkeiten aus, die keine Bedeutung mehr haben, nur die Wahrheit verbergen sollen.

Es ist der Gestank des Todes in *Liebe ist stärker*, nicht von den Schädeln und Ruinen in Pompeji, die das Paar besucht, sondern von einem Leben, das im Grabe liegt. Alexander sucht sich eine Prostituierte und reist nach Capri. Doch allmählich entdecken Alexander und Katherine auf dieser Reise in Italien sich selbst und ihre Gefühle. Bei einem religiösen Fest findet ein kleines Wunder statt: Alexander und Katherines Liebe erwacht zu neuem Leben. Der Film endet damit, daß die beiden entschlossen sind, es noch einmal miteinander zu versuchen.

Um überhaupt noch Geld für einen seiner Filme aufzutreiben, brauchte Rossellini einen internationalen Star als Partner für Ingrid Bergman. Er entschied sich für George Sanders, mit dem sie vor Jahren in *Gefährliche Liebe* gespielt hatte. Sanders hatte eine Karriere damit gemacht, charmante Männer von fragwürdigem Charakter darzustellen. Er war ein ernster, melancholischer, mit sich selbst beschäftigter Mann und ein Schauspieler mit großen Fähigkeiten, die allerdings nicht genügend gewürdigt wurden. Er brauchte einen Regisseur, der Regie führte, ein Drehbuch, das ein Drehbuch war, und einen Arbeitstag mit Ordnung und Disziplin. Er brauchte alles andere als Roberto Rossellini.

Sanders kam in Italien an, überzeugt von Rossellinis Größe. Bald war er zu dem Schluß gekommen, daß Rossellini jedes Attribut des Genies hatte außer — Genie. Als die Dreharbeiten in Neapel begannen, wollte Sanders aussteigen. Für ihn war die Rückseite eines Briefumschlages dafür da, einen Absender darauf zu schreiben und nicht ein Filmskript zu skizzieren. Er verstand nicht, was Rossellini wollte oder was er tat — das planlose Drehen, der wirre Dialog, der nicht vorhandene Plot. Er konnte es nicht glauben, daß Rossellini mitten im Film zum Tauchen ging oder das ganze Team mit nach Capri zum Speerfischen nahm.

Eines Tages fing Sanders vor Ingrid Bergman zu weinen an: »Ich kann nicht weitermachen, ich kann nicht bei dieser Commedia dell'arte mitmachen und etwas erfinden und den Text immer im letzten Augenblick bekommen.« Er fing an, mit seinem Psychiater in Hollywood zu telefonieren, er machte sich nicht nur Sorgen um seine Rolle, sondern um seine seelische Gesundheit.

Der Schauspieler hätte der Figur, die er darstellte, ein paar Dinge über schlechte Ehen erzählen können. Sanders hatte die nicht ungewöhnliche Ehre, mit Zsa Zsa Gabor verheiratet zu sein. Die Ehe war praktisch zu Ende. Seine Frau hatte eine Affäre mit Don Porfirio Rubirosa, dem Botschafter der Dominikanischen Republik in Frankreich.

Als Zsa Zsa Gabor ihren Mann besuchte, nahm er sie mit, als in Ravello gedreht wurde. Dort wurde auch ein Hollywoodfilm gedreht: *Schach dem Teufel (Beat the Devil)*, unter der Regie von John Huston, mit Humphrey Bogart, Jennifer Jones und Gina Lollobrigida. Die ganze Gruppe saß auf der Hotelterrasse, als Ingrid Bergman angeschlendert kam.

»Ich möchte gern Georges Frau kennenlernen«, sagte sie und streckte Zsa Zsa Gabor die Hand zur Begrüßung hin.

»Und ich würde auch gern Mrs. Rossellini kennenlernen«, antwortete Zsa Zsa Gabor.[11]

Sie betrachtete Ingrid Bergmans Kleidung mit einem abschätzenden Blick. Sie glaubte, daß Ingrid Bergman fast sofort wieder ging, weil »sie nicht so erscheinen mochte, völlig ohne Make-up, in einem unförmigen Pullover und in Hosen«. Ob Ingrid Bergman sich nun so leicht beirren ließ oder nicht — ihr wurde wahrscheinlich klar, daß *sie* mit Bogart hätte spielen können statt Jennifer Jones, die da ruhig und bescheiden in schwarzer Hose und weißer Bluse saß. Es wird überdies nicht leicht für sie gewesen sein, daß Bogart, ihr Partner aus *Casablanca*, ihr unverblümt sagte, daß er gegen alles, was Rossellini machte, eine Abneigung habe — sogar ohne es anzusehen. Trotzdem freute Ingrid Bergman sich, mit diesen Hollywood-Leuten zusammen zu sein, die sie vor ein paar Jahren, wie sie gesagt hatte, gelangweilt hatten.

Bei ihnen hörte sie Lachen, denn, wie sie Steele schrieb, es gab nicht viel Lachen bei *ihrem* Film.[12]

Mehr und mehr erlebte sie Freude und Fröhlichkeit außerhalb ihrer Ehe. Sie praktizierte wieder einmal die sanfte Kunst der Ausflucht, der Täuschung, der Tricks, eine Kunst, die sie schon so gut bei Lindström ausgeübt hatte. Es waren keine neuen Liebhaber, die sie suchte, sondern Leben, Augenblicke des Lachens, des Vergnügens und des Flirts.

Helen Tubbs machte die Public Relations für den Film, eine Aufgabe, die sie übernommen hatte, nachdem ihr Mann gestorben war. Ingrid Bergman bemerkte, wie sie mit einigen amerikanischen Marineoffizieren in der Bar etwas trank. Eines Abends rief Helen Tubbs Ingrid Bergman in ihrer Suite im Continentale an und sagte ihr, daß die Offiziere vorbeigekommen seien. »Gehen Sie zu ihnen hinunter«, sagte Ingrid Bergman ruhig. »Dann rufen Sie mich an und sagen, ich müßte herunterkommen. Erfinden Sie einen Grund.«[13]

An einem anderen Abend rief Rossellini Helen Tubbs an und sagte ihr, daß er noch einmal nach Rom fahren müsse. Er wollte, daß sie Ingrid beim Essen in ihrer Suite Gesellschaft leistete. Als Helen Tubbs kam, geriet sie mitten in eines der typischen Rossellini-Melodramen.

»Ah, die Kinder haben Fieber«, stöhnte Rossellini, als wäre es schon Zeit, einen Priester zu holen. »Ich will nicht wegfahren.«

»Oh, komm schon, alle Kinder haben mal Fieber«, sagte Ingrid Bergman ärgerlich.

»Oh, gut, ja«, antwortete Rossellini unbestimmt und lief, seine Kinder nochmals zu umarmen und zu küssen. »Cari miei, cari miei.«

Ingrid Bergman winkte Rossellini vom Balkon aus zum Abschied und ging dann zurück ins Zimmer. »Jetzt zu den Martinis«, sagte sie, auf einmal ganz lebendig. »Ich bin die große Bergman, also mixen Sie den ersten für mich.«

Helen Tubbs mixte ihren besten Martini. »Er ist gut«, sagte Ingrid Bergman, als sie ihr Glas leerte. »Aber ich mache ihn noch besser.«

Die beiden Frauen setzten ihren Wettbewerb fort. Nach einer Weile fing Ingrid Bergman an, eine berühmte Persönlichkeit nach der anderen zu imitieren.

Plötzlich wurde die Tür aufgerissen. Da stand ein ungläubiger Rossellini. »Ich lasse meine armen Kinder bei dir, und nun sieh dir das an!«

»Ich habe nach ihnen gesehen.« Ingrid Bergman zuckte die Schultern.

»Ich bin zurückgekommen, um bei ihnen Fieber zu messen, und du bist sinnlos betrunken!«

Das Telefon klingelte, und Helen Tubbs nahm ab. »Es ist Captain Hal«, sagte sie fröhlich.

»Oh, ich sollte mit ihm essen«, sagte Ingrid Bergman.

»Du gehst überhaupt nirgendwo hin.«

Rossellini maß bei den Kindern Fieber, deckte sie zu und machte sich wieder auf den Weg nach Rom, Ingrid Bergman winkte ihm zum Abschied. Sobald er nicht mehr zu sehen war, fingen sie und Helen Tubbs wieder zu trinken an.

Während der Dreharbeiten zu *Liebe ist stärker* gab Ingrid Bergman bekannt, daß sie »fertig mit dem Filmen« sei, und sie würde nur noch auf der Bühne arbeiten, wenn sie in der Nähe ihres Mannes sein könnte.[14]

Ihr »Rückzug« vom Film war vielleicht eher ein Glück für sie; sie schrieb Steele, sie glaube nicht, daß ihr neuer Film sehr gut sei. Als *Liebe ist stärker* in Italien anlief, herrschte im Publikum noch mehr Langeweile als auf der Leinwand, und Ingrid Bergman und Rossellini hatten einen weiteren dramatischen Mißerfolg zustandegebracht. So sehr das Publikum *Liebe ist stärker* ignorierte — von vielen jungen Filmemachern und Kritikern wurde der Film mit Respekt, sogar mit Ehrfurcht betrachtet. 1958 führten ihn die *Cahiers du Cinéma* als einen der zwölf besten Filme aller Zeiten auf. 1964 erwies Bernardo Bertolucci Rossellini seine Ehrerbietung, indem er in seinem Film *Vor der Revolution (Prima della rivoluzione)* eine der Figuren sagen läßt: »Ich habe *Viaggio in Italia* fünfzehnmal gesehen . . . Denk daran, du kannst gar nicht leben ohne Rossellini.«

Die Tagödie bei Ingrid Bergmans beruflicher Zusammenarbeit mit Rossellini lag nicht darin, daß sie schlechte Filme machten. Obwohl sie wußte, daß einige Leute sein Werk noch immer bewunderten, hatte sie keinen Sinn dafür, was es war, das sie in seinen jüngsten Filmen bewunderten. Sie verstand nicht das künstlerische Empfinden ihres Mannes und nicht seinen Wagemut — das Beste an Rossellini.

Ende April, nach Beendigung der Dreharbeiten, zog die Familie in eine große moderne Wohnung an der Via Bruno Buozzi 62.[15] Es wäre phantastisch gewesen, wenn es noch mehr Möbel gegeben hätte. Es war nicht viel Geld da, aber trotzdem kaufte Ingrid Bergman eines Tages eine neue Wohnzimmergarnitur für 200 000 Lire. Kaum war sie zu Hause, da rief das Geschäft an und sagte, es sei ihnen ein Fehler unterlaufen. Die Möbel kosteten 400 000 Lire. Ingrid Bergman wußte, das war nur deshalb, weil sie Ingrid Bergman war, die Frau von Roberto Rossellini, und sie machte den Kauf rückgängig.

Im Herbst würde Rossellini das szenische Oratorium *Johanna auf dem Scheiterhaufen (Giovanna d'Arco al rogo)* von Paul Claudel und Arthur Honegger inszenieren, wobei Ingrid Bergman die einzige Sprechrolle übernehmen würde, aber das war noch Monate hin. Inzwischen hatte er Zeit, an einem Hundert-Meilen-Straßenrennen teilzunehmen. Nach der halben Strecke hatte sein Wagen eine Panne, aber er war stolz darauf, daß er einen Schnitt von 100 Meilen in der Stunde geschafft hatte und seine Assistentin neben ihm in Ohnmacht gefallen war.

Rossellini beschränkte seine Straßenrennen nicht auf festgesetzte Veranstaltungen. Im Juni fuhr er mit Ingrid Bergman nach Stockholm, um an einer Party ihr zu Ehren teilzunehmen. Die Party sollte am Sonnabend stattfinden, und Rossellini war nicht bereit, Rom vor Freitag morgen zu verlassen.

Ingrid Bergman saß neben ihm, als er mit hoher Geschwindigkeit nach Norden fuhr, er hielt nur zum Tanken an. Er fuhr einen Tag und eine Nacht, bis er in Hamburg war.

Er hatte eine außergewöhnliche Zeit erreicht, doch die Fähre nach Dänemark verpaßte er um ein paar Minuten.

Ingrid Bergman begann zu weinen.

»Das ist Teil des Vergnügens beim Reisen«, lachte Rossellini, immer Philosoph.

Sie kamen schließlich doch noch um drei Uhr am Sonntagmorgen in Stockholm an. Die Party war noch im Gange.

Im Dezember inszenierte Rossellini *Johanna auf dem Scheiterhaufen* am Teatro San Carlo in Neapel. Ingrid Bergman trug das ihr allmählich vertraute Gewand aus Sackleinen und sprach ihren Text mit Festigkeit. Die Aufführung erhielt im allgemeinen gute Kritiken.

Sie gingen mit dem Oratorium auch an die Scala in Mailand.

Eines Abends besuchten Ernest Hemingway und sein Freund A. E. Hotchner Ingrid Bergman in ihrer Hotelsuite. Sie umarmte den Schriftsteller und führte ihn in den Wohnraum, der voll von roten Rosen war, die ein Bewunderer geschickt hatte.

»Wie laufen die Dinge?« fragte Hemingway. »Wie laufen sie wirklich?«

»Oh, wenn ich denke, wie es vor ein paar Jahren war, und wie es jetzt ist! Wenn man nur lernen könnte, im entscheidenden Augenblick Geduld zu haben, wäre alles gut.«

Hotchner fragte, ob sie Filmrollen in Aussicht habe.

»Nein, keine«, sagte sie. »Aber das macht mir wirklich nichts aus. So wie die Dinge jetzt sind, könnte ich mich darauf konzentrieren, Hausfrau zu sein und wäre vollkommen glücklich dabei, denn ich habe einen Mann, der beim Theater ist und über Filme spricht, und um mich herum sind immer Künstler.«

»Hör zu, meine Tochter«, sagte Hemingway. »Ich habe in Dr. Hemingways Kristallkugel geschaut, und Hausfrau ist das einzige, was du nicht sein wirst. Wenn sie genügend ausgehungert nach deinem Talent sind, dann kommen sie und holen dich. Wenn ich in der Zwischenzeit irgend etwas tun kann, mit meinem Scheckbuch oder meiner 16-Kaliber-Winchester oder vielleicht nur ein paar Typen um den Bart gehen, die so was nötig haben, du brauchst nur ein Wort zu sagen.«[16]

Rossellini bestand darauf, das Oratorium zu verfilmen, obwohl es kein wirkliches Publikum für solch einen Film gab. Es war sehr schwierig, Förderer für dieses Projekt zu finden, und Ingrid und er brauchten Geld. Also gingen sie mit der Inszenierung des Oratoriums nach Barcelona, Paris, London und schließlich nach Stockholm.

Rossellini war stolz darauf, daß er nie versucht hatte, seinen frühen Erfolg nachzuahmen und einen zweiten *Rom — offene Stadt* zu drehen. Aber jetzt reiste er durch Europa, mit seiner Frau und drei Kindern, dem Kindermädchen und dem Rolls-Royce, und wiederholte sich endlos selbst. Früher wäre Ingrid Bergman nie mit einem Stück auf Tournee gegangen; und jetzt wurde sie allabendlich auf dem Scheiterhaufen verbrannt, in fünf verschiedenen Ländern.

Ingrid Bergman und Rossellini waren ein Schauspiel, das jedes Drama auf der Bühne übertraf. Als sie in Stockholm ankamen, waren die Straßen von Schaulustigen gesäumt. Wenn es welche gab, die meinten, sie sei ein Schandfleck auf der Flagge Schwedens, so gab es viele andere, die sie ungeheuer verehrten. Die Premiere von *Johanna auf dem Scheiterhaufen* am 17. Februar 1955 war eines der großen Ereignisse der Saison an der Stockholmer Oper. Der Ministerpräsident Tage Erlander war da und die meisten führenden Persönlichkeiten aus Schwedens Theaterwelt.

Am nächsten Morgen schrieb der Kritiker von *Svenska Dagbladet:* »Ingrid Bergmans Johanna scheint relativ vage und kühl, im wesentlichen fehlt ihr das rechte Charisma. Was an dieser Interpretation in Ordnung ist, ist die klare Stimme der Schauspielerin, die den Text ruhig und klar durch das Stück trug und die nie künstlich ist.«

Ingrid Bergman hatte weitaus bessere Kritiken bekommen, aber auch schon schlechtere. Was sie mehr verletzte als alles, was je über sie geschrieben worden war, war ein Artikel von Stig Ahlgren im *Vecko-Journalen.* Manchmal zeigte Ahlgren sich sehr sanft. Aber er schrieb beißende Kolumnen voller Bosheit und Bitterkeit. Man hätte ihn vielleicht ignoriert, wenn er nicht so amüsant gewesen wäre und seine Opfer nicht so häufig empfindlich getroffen hätte. Ahlgren schrieb:

> *Die Kritik an Ingrid Bergman hier und im Ausland ist scharf gewesen. Ihr Register ist zu schmal. Ihre Stimme zu unbedeutend. Sie weiß nicht, was Leidenschaft ist, etc. Was sie verdient hat, wenn sie als Johanna von Orléans agierte, war kein Kleingeld . . .*
> *Ingrid Bergman ist keine Schauspielerin in der gewöhnlichen Bedeutung. Ihre Karriere ist auf einem gänzlich anderen Niveau. Sie mit professionellen Schauspielerinnen zu vergleichen, ist gemein und ungerecht. Sie reist umher und wird für Geld gezeigt. Der Promoter ist Roberto Rossellini, mit dem sie drei Kinder und einen Rolls-Royce hat. Mit Kunst hat diese reisende Kompanie nichts zu tun . . . Aber warum kritisieren? . . . Ingrid Bergman ist keine Schauspielerin, sondern eine clevere Geschäftsfrau. Nüchtern und kühl hat sie die Chancen taxiert, aus ihrer speziellen Anziehungskraft Geld zu machen . . . Ingrid Bergman ist ein Gebrauchsartikel, bis jetzt ein attraktiver Gebrauchsartikel, der auf dem freien Markt angeboten wird. Der Preis für sie wird nach demselben Mechanismus festgesetzt wie für Hering und Roheisen.*[17]

Zu dieser Zeit geschah es auch, wie Ingrid Bergman berichtete, daß eine Reporterin und ein Fotograf »versuchten, eines Morgens früh in meine Hotelsuite einzubrechen, um Fotos von Roberto und mir in unserem Schlafzimmer zu machen . . . Sie gingen von Tür zu Tür, und horchten auf Kinderstimmen. Als sie Robertino mit Klein Isabella und Ingrid spielen hörten, verschafften sie sich gewaltsam Zutritt und begannen, Bilder von den Kindern zu schießen. Nur weil sich das Kindermädchen vor unsere Tür warf, platzten sie nicht auch noch in unser Schlafzimmer.«[18]

Rossellini rief die Polizei und wollte die Reporterin belangen, aber Ingrid Bergman beschloß, ihren eigenen Angriff zu organisieren. In den Jahren in Italien war sie gegen Kritik in der Presse abgehärtet worden, aber irgendwie war Schweden anders. Sie meinte, daß ihr Heimatland ein kleines Land mit kleingeistigen Menschen war, die jedermann angriffen, der ins Ausland ging und Erfolg hatte. Außerdem erfolgten die Angriffe hier in ihrer eigenen Sprache, als ob sie unter Verwandten wäre, Leuten, die es ausnutzten, daß sie sie besser kannten als andere. Jahrelang empfand sie eine tiefe Bitterkeit ihrem Land und ihren Landsleuten gegenüber.

Am Sonntagabend sollte Ingrid Bergman bei einer Wohltätigkeitsveranstaltung zugunsten des schwedischen Polio-Fonds ein paar Worte sprechen. »Ich nahm all meinen Mut zusammen, stand auf und erzählte ihnen von dem Versuch, in mein Hotelzimmer einzubrechen«, erzählte sie später. »Ich sagte: ›Die ganze schwedische Presse verbreitet Lügen und Beleidigungen. Dies ist meine einzige Chance, mich zu wehren, und deswegen tue ich es, denn sie können nichts Schlimmeres über mich sagen als sie gesagt haben.‹ Die Lichter gingen an, und ich konnte Männer und Frauen weinen sehen. Sie riefen mich immer wieder auf die Bühne zurück. Als ich schließlich wegging, weinte ich auch.«[19]

Das war ein Aufschrei selbstbewußten Märtyrertums. Die Wahrheit war — auch wenn die Kritiker in Stockholm sie nicht gerade begrüßten, als würde sie ihrer Heimat ein großes Geschenk zukommen lassen, so war doch das Opernhaus jeden Abend bis auf den letzten Platz besetzt. Ihre Darstellung war in der Presse nicht gelobt worden, doch es handelte sich fast ausschließlich um berechtigte, seriöse Kritik. Sie wütete gegen die Presse, aber Stig Ahlgren war der einzige, der sie persönlich attackiert hatte, und der machte auch vor König Gustav nicht halt.

Sussie Bjuvstedt, die Reporterin, die es gewagt hatte, ins Allerheiligste einzudringen, bezahlte eine geringe Geldstrafe und mußte in der Presse Tadel über sich ergehen lassen. Ihre Geschichte war anders als die Ingrid Bergmans:

> *Mein Verleger dachte, es gäbe eine Pressekonferenz am Morgen nach der Premiere in der Oper, und ein Fotograf und ich gingen zum Grand Hotel, wo die Rossellinis wohnten. Es war zehn Uhr, nicht früh am Morgen . . . Der Empfangschef sagte, er wüßte nichts von einer Pressekonferenz. Da ich die Zimmernummer wußte, gingen wir hinauf und klopften an die Tür. Ein Kindermädchen öffnete. Sie sprach nur Italienisch. Ich zeigte auf unsere Kamera und gab ihr zu verstehen, daß wir Fotos machen wollten. Sie rief ein anderes Mädchen, das uns auf französisch bat hereinzukommen. Der Fotograf machte ein Bild von dem Jungen und eins von den drei Kindern zusammen. Das Kindermädchen half und schrieb uns sogar die Namen der Kinder auf. Das Ganze dauerte ungefähr fünf Minuten. Wie die Fotos zeigen, war jedermann heiter und fröhlich.*[20]

Wenn es tatsächlich zehn Uhr war, als Sussie Bjuvstedt und ihr Fotograf ankamen, hätte Ingrid Bergman Zeit gehabt, die Kritiken über *Johanna auf dem Scheiterhaufen* zu lesen. Sie wäre nicht in sehr gnädiger Stimmung gewesen.

Ingrid Bergman hatte die Johanna so viele Male, auf so viele Weisen gespielt, daß die Leute dachten, sie sei wie die Jungfrau von Orléans. Eines Abends in Santa Marinella saß sie auf der Terrasse zusammen mit Giulietta Masina, Fiorella Mariani und einem Priester, der ein Freund von Rossellini war.

»Als Sie die Johanna spielten, hatten Sie da das Gefühl, Sie *müßten* solch eine Heilige spielen?« fragte der Priester Ingrid Bergman.

»Nein«, sagte sie achselzuckend. »Ich wollte die Rolle sehr gern spielen, und ich dachte, ich könnte sie verstehen.«

»Und Sie, Giulietta?« fragte der Pater. Giulietta Masina hatte gerade mit ihrer Rolle in Fellinis *La Strada* einen gewaltigen Erfolg gehabt.

»Ich war wirklich in der Figur drinnen«, sagte die Schauspielerin. »Ich spürte, ich war ein Teil von ihr.«

»Ich nicht«, sagte Ingrid Bergman. »Ich war Johanna von Orléans, so wie ein Schuhmacher seine Schuhe macht.«[21]

Ingrid Bergman war stolz darauf,daß sie nicht in ihren Rollen lebte, doch war es ihre Unfähigkeit, tief in ihr Inneres vorzudringen, die sie als Schauspielerin begrenzte. Und jetzt arbeitete der Schuhmacher auf einem gesplitterten Leisten und stellte Schuhe her, die keiner tragen wollte. Sie und Rossellini hatten trotzdem noch einen Film zusammen gemacht, *Angst/La Paura,* der in Deutschland gedreht wurde. Sie spielt darin eine reiche gelangweilte Hausfrau, die erpreßt wird, als sie einen Liebhaber nimmt. Der Film erhielt, wie üblich, schlechte Kritiken, die häufig ein paar freundliche, wenn auch etwas gönnerhafte Worte über Ingrid Bergmans Darstellung enthielten. Die meiste Kritik konnte Ingrid Bergman ignorieren, aber kaum das, was Angelo Solmi in *Oggi* geschrieben hatte:

> *(Ingrid Bergman und Rossellini) werden entweder ihren Stil radikal ändern müssen — oder sich in ein würdevolles Schweigen zurückziehen. Der Abgrund, in den sie gestürzt sind, kann an dem Film* Angst *ermessen werden. Nicht weil dieser Film schlechter wäre als die anderen zuletzt gemeinsam gedrehten, sondern weil er nach einem Dutzend Versuchen mit negativen Resultaten bestätigt, daß dieses Paar unfähig ist, irgend etwas zu schaffen, das vom Publikum oder der Kritik akzeptiert würde. Ingrid Bergman, einst unangefochtener Weltstar Nummer eins und Nachfolgerin von Greta Garbo, ist in ihren letzten Filmen nur noch ein Schatten ihrer selbst.*

Ihre Filme waren derartige finanzielle Mißerfolge und Rossellinis Verschwendungssucht so gewaltig, daß das Gerede von Schuhen und Schuhmachern nicht nur eine Metapher war. »Wenn es einen guten Film für mich gibt, ist es vielleicht besser, den zu machen, damit ich den Kindern neue Schuhe kaufen kann«, schrieb Ingrid Bergman an Steele.[22]

Rossellini konnte man nicht mit solchen banalen Dingen wie Kinderkleidung behelligen, aber selbst er wußte, daß es so nicht weitergehen konnte. Er beschloß, Ingrid Bergman zu erlauben, mit einem anderen Regisseur zu arbeiten, nicht mit irgendeinem, sondern mit dem großen französischen Regisseur Jean Renoir.

Seit Jahren hatte Ingrid Bergman davon geträumt, mit Renoir zu arbeiten, mit dem sie seit den Tagen in Beverly Hills befreundet war. In Paris gingen Rossellini und sie zu dem Gebäude, in dem Renoir arbeitete und warteten draußen auf ihn. Sie wurde müde und setzte sich auf den Bordstein.

Plötzlich erschien der rundliche, pausbäckige Renoir, begleitet von seiner Frau.

»Ich übergebe Ihnen Ingrid«, sagte Rossellini, als vermachte er ihm etwas Wertvolles. »Sie ist sehr unglücklich.«[23]

Im Juni gab Ingrid Bergman von Santa Marinella aus bekannt, daß zwischen ihr und Rossellini die »künstlerische Trennung« vollzogen werde und daß sie mit Renoir einen Film in Paris drehen würde.[24]

Drei Wochen später schickte Ingrid Bergman einen Fahrer mit dem Rolls-Royce zu Hedda Hopper, damit diese für ein Interview hinaus zur Villa kommen konnte. Das letzte Mal hatte Ingrid Bergman Hedda Hopper in Rom gesehen, als sie sie glauben machte, sie sei nicht schwanger. Wenn sie ihre Filmkarriere wiederaufnehmen wollte, brauchte sie Hedda Hopper auf ihrer Seite. Ganz so sagte sie es Rossellini nicht, nur daß nichts mehr darüber geschrieben werden sollte, wie unglücklich sie sei. Er erklärte sich bereit, sich höflich zu benehmen.

Sobald Rossellini die alternde Kolumnistin sah, faßte er eine tiefe Abneigung gegen sie, es beruhte wohl auf Gegenseitigkeit. Es gab Hummer, Fruchtsaft, Feigen, Obst und Käse, und Rossellini saß da und aß und schwieg verächtlich. Ingrid Bergman und Hedda Hopper sprachen über ihre zukünftigen Film- und Bühnenprojekte. Da war einmal der Renoir-Film. Dann das Bühnenstück *Tee und Sympathie*, das in Amerika ein Hit gewesen war und das Ingrid Bergman plante, in Paris zu spielen. Und Hedda Hopper erwähnte, daß sie von einer möglichen Rolle in *Anastasia* gehört habe, ein Film, den die 20th Century-Fox machen wollte.

Die Unterhaltung hätte zehn Jahre zuvor in Hollywood stattfinden können. Wenn man Ingrid Bergman ansah, war es schwer zu glauben, daß sie in zwei Monaten vierzig sein würde, ein Alter, in dem die meisten Schauspielerinnen Mütter und Ehefrauen mittleren Alters spielen. Hedda Hopper hatte sie »nie besser aussehend« gefunden.[25] Ihr Gesicht war bestimmter und tiefer im Ausdruck als früher. Ein Gesicht, das Freude und Schmerz erfahren hatte.

Ingrid Bergman war immer noch ein Star, und als sie lachte

und zu Hedda Hopper charmant war, war es, als ob Rossellini nicht da wäre und nie dagewesen wäre. Sie redete über Selznick und Kay Brown. Sie redete über Amerika und Hollywood. Sie redete über alles außer über ihren Mann.

Rossellini schien nicht einmal zuzuhören. Und wer könnte es ihm vorwerfen, wenn er sich die Ohren mit Watte verstopft hätte? Er war jetzt der große Betrogene, betrogen nicht durch einen anderen Mann, sondern durch die Verführungen einer Karriere. Er war derjenige, der in den Ruinen geblieben war; er war unfähig, Unterstützung für seine eigenen Filme zu bekommen, er hatte Schulden und seine Filme wollten nur wenige Leute sehen.

Hedda Hopper hatte nicht vor, sich von Ingrid Bergman wieder hinters Licht führen zu lassen. Als sie ging, dachte sie bei sich, daß Ingrid Bergmans »Liebesidylle vorüber« sei. Sie schrieb in ihrer Kolumne, »wie traurig karrieremäßig ist es geworden«.

Ingrid Bergman winkte, als der Rolls auf die Straße fuhr. Dann begann sie Rossellini auszuschimpfen. Er sagte, ihm sei es gleich, was Hedda Hopper dachte.

Vieles von dem, was mit Ingrid Bergman zu tun hatte, war Rossellini jetzt gleichgültig geworden. Er gab nicht einmal vor, daß es anders wäre. Auch Ingrid Bergman interessierte sich für vieles nicht mehr, aber sie hatte genug Skandale und Kontroversen erlebt. Sie würde jetzt ihre eigene Arbeit machen und vor der Welt so tun, als wäre ihr Leben mit Rossellini noch das gleiche wie immer, obwohl ihre Ehe im Kern tot war.

»Von Anfang an schien Ingrids Verbindung mit Rossellini ein bißchen seltsam«, sagt Fellini. »Aber es schien ungefähr die gleiche Art Beziehung zu sein, die Pinocchio mit der schönen Fee mit den himmelblauen Haaren hat. Durch Ingrid konnte Rossellini in einen guten Jungen verwandelt werden, obwohl es vielleicht die Fee mit den himmelblauen Haaren war, die riskierte, ein weiblicher Pinocchio zu werden. Doch bevor Pinocchio ein guter Junge werden konnte, ging die Fee fort. Das Wunder ist nie geschehen.«[26]

17.

»Willkommen zu Hause, Miss Bergman«

Der Pariser Winter 1955/56 war der kälteste seit Jahrzehnten, doch Ingrid Bergman benahm sich, als wäre es Frühling. Wenn Albert, ihr französischer Chauffeur, sie zum Studio und wieder zurück fuhr, bestand sie darauf, daß die Wagenfenster heruntergedreht wurden und die Heizung abgestellt. Sie ließ während der Fahrt ihren Bibermantel offen und trug keinen Hut, sie schlief ein wenig oder plauderte freundlich mit ihren zitternden Begleitern.

Ingrid Bergman hatte nicht gerade eine gute Garderobe bekommen; und ihr Partner, Mel Ferrer, versuchte auf sie achtzugeben. »Warum sitzt du hier mit einem Schal um in einer Garderobe ohne Heizung und wartest auf deine Szenen in einem Film, der wahrscheinlich nie in den Vereinigten Staaten herauskommen wird?« fragte Ferrer sie eines Tages. »Ich meine, es ist kein großer Film. Jean läßt nach. Es ist kein großer Renoir. Warum sitzt du hier also und frierst dich zu Tode?«

»Mel, ich arbeite, weil ich es gern tue«, sagte Ingrid Bergman. »Ich werde arbeiten, bis ich eine alte Dame bin und Großmutterrollen spiele.«[1]

Ingrid Bergman tat das eine im Leben, was ihr wirklich Erfüllung brachte. In Jean Renoirs Komödie *Elena und die Männer (Eléna et les hommes)* spielt sie die Elena, eine verarmte polnische Prinzessin, die ihren beträchtlichen Charme einsetzt, um verschiedene Verehrer, unter ihnen General Rolland (Jean Marais), zu bezaubern, zu inspirieren und dann fallenzulassen.

Elena und die Männer wurde gleichzeitig in Französisch und Englisch gedreht, eine doppelte Belastung. Ingrid Bergman war so davon begeistert, in einem richtigen, professionell geschriebenen Film zu spielen, daß sie, sogar wenn sie drehfrei hatte, gelegentlich im Studio in Joinville außerhalb von Paris auftauchte und zusah. Am Sonntag, wenn das Studio geschlossen war, besuchte sie die Kinos von Paris und sah sich zwei oder drei Filme am Tag an. Sie ging nicht einfach in die großen Erstaufführungstheater, sondern in die kalten, muffigen Filmkunsttheater am Montmartre. Da saß sie zwischen den Studenten und den Filmfans und sah sich *Spiel der Erinnerung (Un Carnet de bal), Die Kinder des Olymp (Les Enfants du paradis)* und andere Klassiker an.

Es schienen, was ihren Beruf anging, jetzt überhaupt nur gute Neuigkeiten auf Ingrid Bergman zuzukommen. Seit Monaten hatte Kay Brown nach einem Film Ausschau gehalten, der geeignet wäre, Ingrid Bergman beim amerikanischen Publikum wiedereinzuführen. Kay Brown war jetzt Agentin bei der Agentur ICM, und Ingrid Bergman war ihre wichtigste Klientin. Bei ICM bekam Kay Brown die Crème der Hollywood-Projekte zu sehen, und sie kam zu dem Schluß, daß Ingrid Bergman die Hauptrolle in *Anastasia (Anastasia),* einem Film der 20th Century-Fox, spielen sollte. In dem Film geht es um eine Frau, die behauptet, die Großfürstin Anastasia zu sein, die jüngste Tochter von Zar Nikolaus II. und die einzige, die dem Massaker an der Zarenfamilie entgangen ist. Kay Brown war nie begeistert gewesen von Ingrid Bergmans italienischem Leben, ihrem italienischen Ehemann und ihrer italienischen Karriere. *Anastasia* sah sie als Weg für Ingrid Bergman, in die, wie Kay Brown es betrachtete, »richtige« Filmwelt zurückzukehren. »Ich denke, es war furchtbar schwierig«, sagt Kay Brown. »Man kann schließlich nicht sagen: ›Ich denke, du solltest es tun, um dich zu rehabilitieren.‹«[2]

Ingrid Bergman glaubte nicht, daß sie sich zu rehabilitieren hätte. Sie war nichtsdestoweniger immer noch so umstritten in den Vereinigten Staaten, daß Fox beschloß, Kinobesitzer zu befragen, bevor sie ihr die Rolle anboten. Die Resultate waren sehr gemischt, und Spyros P. Skouras, der Präsident, und der Verkäuferstab bevorzugten Jennifer Jones. Doch Darryl F. Zanuck, der leitende Produzent, und Anatole Litvak, der Regisseur, beharrten auf Ingrid Bergman, so daß ihr die Rolle für 200 000 Dollar angeboten wurde; neben ihr spielten Helen Hayes und Yul Brynner.[2a]

Ingrid Bergman hatte ihre Karriere wieder, und ihre Karriere war so wirklich, wie ihr Leben mit Rossellini und ihre Liebe zu ihm es nie gewesen waren. Rossellini regte sich über ihre Filmpläne furchtbar auf und drohte wieder mit Selbstmord; doch ihr war das ziemlich gleichgültig. Sie war all dieser Dinge so überdrüssig, sie hatte genug von Rossellini und von seinen Worten, genug von seiner Theatralik und seinen Exzessen, genug von ihren gemeinsamen schlechten Filmen. Doch das Image, das sie und ihr Mann repräsentierten, war ihr nicht egal.

Rossellini hatte nichts als Schwierigkeiten in Paris; wohin er blickte, sah er Zeichen für Ingrid Bergmans Erfolg. Wohin er selbst zu gehen versuchte, stolperte er über seinen gigantischen Stolz. In Paris sollte er ein Stück über Judas am Théâtre de Paris inszenieren, aber er hatte seine Vorstellungen, und die Schauspieler hatten ihre, und er wurde gefeuert. Dann engagierte Skouras ihn, er sollte in Jamaika bei dem Film *Sea Wife*, mit Richard Burton und Joan Collins, Regie führen. Fünf Jahre zuvor hätte Rossellini bei dem Gedanken, einen kommerziellen Hollywoodfilm zu inszenieren, nur gelacht. Jetzt akzeptierte er diese Aufgabe nicht nur, sondern er hatte sie überhaupt nur bekommen, weil Skouras Ingrid Bergman einen Gefallen tun wollte, eine Art künstlerisches Almosen. Rossellini flog nach Jamaika, aber er hatte seine Vorstellungen, und die Produzenten hatten ihre, und er verließ den Film bald.[3]

Im Januar war Rossellini aus dem Raphaël gestürmt und hatte Ingrid Bergman gesagt, er würde niemals zurückkommen. Ihr Leben bestand fast nur noch aus häßlichen Szenen. Was Rossellini auch sagte, wie gemein seine Worte waren, wie schrecklich seine Drohungen, er konnte nie zu Ingrid Bergman durchdringen. Er hatte es nie gekonnt, er würde es nie können. Sie war emotional unzugänglich, sei es für seine Leidenschaft, sei es für seine Wut. Rossellini bedrohte sie mit Skandal. Er nötigte sie und beschimpfte sie. Sie war ihm nicht gewachsen. Er brachte sie soweit, daß sie einen Brief unterzeichnete, in dem die Trennung festgesetzt wurde, und daß die Kinder nur in Italien oder Frankreich leben könnten. Rossellini raste in seinem neuen Ferrari nach Italien. Er war bald wieder zurück, und ihre quälende Beziehung setzte sich fort.

Seit September 1955 hatte Rossellini geschworen, einmal nach Indien zu fahren und einen Dokumentarfilm zu drehen. Er hatte so lange davon geredet und die Reise so viele Male aufgeschoben, daß »Robertos Indienreise« ein ständiger Scherz in der Familie geworden war.[4] Rossellini brauchte die Annehmlichkeiten des Lebens, die ihm seine Gesellschaftsklasse und seine Stadt boten, das Äußerste an primitivem Leben war für ihn schon ein schäbiges Zimmer im Excelsior. Die Rossellinis wetteten, daß Roberto niemals fahren würde und seinen schlechten Plan aufgeben würde, sobald er ein neues Filmprojekt hätte.

Es war ein Zeichen für Ingrid Bergmans neuerwachten Ehrgeiz, daß sie zum ersten Mal seit ihrer Heirat mit Rossellini nicht im selben Haus wohnte wie ihre drei Kinder. Sie hatte sie für den Sommer, bis in den Herbst, nach Santa Marinella gebracht. Sie war fast ein halbes Jahr von den Kindern getrennt.

Im Sommer 1956, als sie mit den Dreharbeiten zu *Anastasia* beschäftigt war, besuchte Rossellini seine Frau ein einziges Mal im Savoy Hotel in London. Außenseiter sind bei Dreharbeiten nicht übermäßig willkommen, und es war ebenso gut, daß Rossellini wegblieb.

Ingrid Bergman kniete sich in die Rolle hinein, wie sie es in einem Rossellini-Film nicht tun konnte. Oft saß sie in ihrer Garderobe und las in einem Buch über Anastasia, das Felix Aylmer ihr gegeben hatte, der den zynischen alten Kammerherrn am Hofe spielte. Sie versuchte die Nuancen des Charakters zu verstehen. Sie hatte beschlossen, ihr Haar in den Anfangsszenen in einem Knoten zu tragen, und später dann zurückgekämmt, ähnlich ihrer eigenen Frisur. Als sie die Bilder in dem Buch betrachtete, sah sie, daß sie instinktiv ähnliche Frisuren gewählt hatte wie die Figur, die sie spielte, sie trug.

Der Name Anastasia ist vom griechischen Wort für ›Auferstehung‹ abgeleitet. Die Gestalt im Film erlebt auch eine Auferstehung, aus einem ängstlichen, eingeschüchterten, halbverhungerten Flüchtling wird eine königliche Prinzessin von leuchtender Schönheit. Wenn Ingrid Bergman in den frühen Szenen zu wohlgenährt und strahlend aussah, dann lag das ebensosehr an ihrer Schönheit wie daran, daß in Hollywood alles mit Glamour überzogen wird.

Helen Hayes hatte keine Mühe, wie die alte Großfürstin auszusehen. Als sie ihre halbwüchsige Tochter durch Kinderlähmung verlor, war nicht ihre Karriere ihr Trost, sondern ihre gute Ehe mit dem Dramatiker Charles MacArthur. Doch er war jetzt auch gestorben. Sie hatte die Rolle nicht einmal übernehmen wollen, sondern wollte lieber zu Hause bleiben, allein mit ihrem Kummer und ihren Erinnerungen.

»Ich denke, Ingrid war nur an einem einzigen Ort auf der Welt zu Hause: bei ihrer Arbeit«, sagt Helen Hayes. »Was mich betrifft, ich war immer ein Schatten in meinem Berufsleben und sehnte mich nach meinem privaten Leben.«[5]

Ingrid Bergman hatte nie zuvor in einem Film ihre größte Szene mit einer Frau gespielt — in *Anastasia* ist es die dramatische Zusammenkunft, bei der die Großfürstin entscheiden muß, ob Anastasia eine Hochstaplerin ist.

»Wir haben viel durchgemacht, als wir diese Szene zusammen drehten«, erinnert sich Helen Hayes. »Wir spielten diese Konfrontations-Szene fast zwei Wochen lang mit all den verschiedenen Schnitten und Einstellungen. Sie hatte mit Rossellini gearbeitet und sie sagte: ›Ich verstehe diese Einstellungen nicht.‹ Er hatte so etwas nicht gemacht, und sie konnte damit nicht klarkommen. Es war ein Alptraum. Am Ende sagten sie uns, wir müßten es nachsynchronisieren. Also mußte jeder von uns in einen abgedunkelten Raum gehen und emotionsgeladene Sätze sprechen. Es war eine langsame Vernichtung. Ich denke, damals habe ich innerlich meine Filmkarriere beendet.«

Für Ingrid Bergman jedoch war *Anastasia* Teil einer beruflichen Auferstehung. Begonnen hatte das schon im September mit der Premiere von *Elena und die Männer.* Die Schlangen vor dem Kino an den Champs-Élysées reichten bis zur nächsten Straßenkreuzung.

Noch während Ingrid Bergman *Anastasia* filmte, beschäftigte sie sich an den Wochenenden mit ihrer Rolle in *Tee und Sympathie (Tea and Sympathy).* Rossellini war einmal gebeten worden, das Stück zu inszenieren, aber er hatte eine tiefsitzende Abneigung gegen das Drama und bezeichnete es als »Schund«. *Tee und Sympathie* ist ein sehr amerikanisches Stück aus den fünfziger Jahren, das einem gebildeten europäischen Publikum in mancherlei Hinsicht ganz fremd scheinen mag. Es ist die Geschichte eines Jungen an einem Internat, der für homosexuell gehalten wird. Er wird von seinen Klassenkameraden verspottet wegen seines eindeutig abweichenden Verhaltens, er spielt nämlich Tennis und hat Freude an Gedichten. Ingrid Bergman, die Frau des Direktors, kommt dem jungen Mann näher. Schließlich, es ist der Höhepunkt des Stücks, bringt sie das allergrößte Opfer und weiht den jungen Mann in die Wunder der Sexualität ein. In der Broadway-Aufführung knöpfte Deborah Kerr nur den obersten Knopf ihrer Bluse auf. Doch dies war immerhin Paris, und Ingrid Bergman legte ihren BH frei, es war obendrein noch ein schwarzer.

Als das Stück seine erste Pariser Aufführung erlebte, am 1. Dezember 1956, hatte Ingrid Bergman sich auf ihre Rolle über ein Jahr lang vorbereitet. Und über ein Jahr lang hatte Rossellini sich über sie lustig gemacht, das Stück verunglimpft und ihre Bemühungen herabgewürdigt. Er war sicher, daß nach der Premierennacht Ingrid diejenige sein würde, die Tee und Sympathie brauchte.

Elena und die Männer war inzwischen ein großer Erfolg in Paris, und alles deutete darauf hin, daß *Tee und Sympathie* ein noch größerer werden würde. Am Premierenabend war das Theater voll von Parisern, die Ingrid Bergman sehen und sie französisch sprechen hören wollten.

Rossellini plante immer noch, nach Indien zu fahren; aber er war da, in der Garderobe im Théâtre de Paris. Er hatte unter Schauspielern gelebt, und er wußte, daß diese letzten Momente, bevor der Vorhang sich öffnete, sakrosankt waren. Für Ingrid Bergman war es besonders schwierig, sie erholte sich noch von einer Blinddarmoperation, und sie würde auf der Bühne eine Sprache sprechen müssen, die sie erst zur Hälfte verstand. Rossellini wußte das alles, und trotzdem redete er mit ihr auf italienisch. Sie erinnerte sich, daß er sagte, nach dem ersten Akt würde die Hälfte des Publikums hinausgehen.

Die Zuschauer gingen nicht nach der ersten Pause hinaus. Sie gingen nicht nach der zweiten Pause. Und als das Stück zu Ende war, klatschten sie, bis ihnen die Hände weh taten. Sie riefen im Chor Bravo. Es gab fünfzehn Vorhänge für die Schauspieler.[6] Als der Beifall über Ingrid Bergman hinwegbrandete, stand Rossellini hinter den Kulissen. Eine der Schauspielerinnen, Simone Paris, sah ihn dort stehen: »Ich blickte zu ihm hinüber, sein Gesicht war rot vor Wut.«[7]

Ingrid Bergman sah ihn auch. »Als ich mich einmal allein zeigte, um meinen Solo-Applaus in Empfang zu nehmen, sah ich zu Roberto hinüber. Unsere Blicke begegneten sich. Wir sahen uns direkt in die Augen, und in diesem Moment wußte ich, daß meine Ehe zu Ende war, auch wenn wir weiter zusammenbleiben würden.«[8]

Tags darauf packte Rossellini seine Koffer. Ingrid Bergman ging mit ihm zum Bahnhof. Er fuhr jetzt endlich nach Indien.

Tee und Sympathie war ein überwältigender Erfolg. Die Franzosen sehen es eigentlich als ein schweres Verbrechen an, wenn man ihre Sprache falsch ausspricht, doch es schien niemandem etwas auszumachen, daß Ingrid Bergman ein Französisch sprach, als hätte sie es vorher in den Mixer getan. Die Menschen kamen ins Théâtre de Paris, um Ingrid Bergman zu sehen, nicht um die Sprache Racines zu hören.

In Paris gibt es eine Premiere für das Publikum und eine für die Kritiker. Bei dieser zweiten Premiere, vierzehn Tage später, hatte Ingrid Bergman einen besonderen Gast, Robert Anderson, den Autor von *Tee und Sympathie.* Andersons Frau Phyllis, eine literarische Agentin und Produzentin, war wenige Tage zuvor gestorben, nach fünfjährigem Kampf gegen den Krebs. Anderson war in großer Trauer, kaum fähig, die Rituale des täglichen Lebens zu vollziehen, noch viel weniger fähig zu schreiben.

Er war groß und sah gut genug aus, um Filmschauspieler sein zu können. Wie sein jungendlicher Held aus *Tee und Sympathie* war der neununddreißigjährige Anderson so offen in seinen Emotionen, daß sich andere Männer, die mehr Machos waren, wunderten, wieso er so gut mit den Damen umzugehen verstand. Er gehörte zu den Männern, deren beste Freunde fast immer Frauen sind. Er konnte leicht weinen und war der »sensible« Mann, wie er erst im Zeitalter der Frauenbefreiung zu einem Klischee werden sollte.

Anderson erzählte: »Phyllis und ich hatten Ingrid in Rom getroffen, als sie mir sagte, daß ihr das Stück gefalle und sie es gern spielen wolle. Dann kam ich nach Paris. Ich würde nicht wagen, die Geschichte zu schreiben, sie ist so kitschig, daß keiner es glauben würde. Ingrid hatte mir geschrieben und mir mehrmals gesagt, Sie müssen zur Premiere herkommen. Ich erzählte ihr, daß Phyllis krank sei und sagte ihr, ich glaube nicht, daß ich das schaffe. Ingrid wurde ziemlich ärgerlich. Sie sagte, es wird eine großartige Premiere. Und dann starb Phyllis, und ich wollte auch sterben.

Ingrid sagte, Sie gehören hierher. Ich habe alle diese Beileidsbriefe zusammengepackt, es waren ungefähr tausend, Phyllis war so beliebt, und Kay Brown brachte mich zum Flughafen. Es war Winter, das Flugzeug hatte Verspätung und über Boston verloren wir einen Propeller. Und dann konnten wir in Paris nicht landen. Als ich schließlich in ihre Hotelsuite kam, sagte Ingrid: ›Sie sollten eigentlich älter sein.‹ Ich sagte: ›Es tut mir leid, daß ich es nicht bin.‹ Sie war außergewöhnlich. Sie nahm mich wirklich in die Hand, und ich denke, ich nahm sie in die Hand. Es war eine dieser Schicksalszeiten, wenn Menschen einander brauchen. Im Theater war ich in einer kleinen Loge bei der Bühne, und sie sah gelegentlich hin, wenn ich da war. Wir gingen entweder zum Essen aus oder etwas trinken, oder wir gingen zu ihr. Sie wohnte gleich auf der anderen Seite des Flurs. Sie war wunderbar.

Sie hatte solche Energie. Sie wollte überhaupt nie ins Bett. Sie trank allerhand. Sie putzte eine große Flasche Champagner oder Scotch weg, und es machte ihr nichts aus. Sie wollte immer nur aufbleiben und reden und schwatzen.

Sie war egozentrisch. Manchmal konnte mich das wahnsinnig machen. Es schien dann so, daß alles, worüber sie reden konnte, sie selber war. Aber sie war sehr warmherzig. Sie sorgte wochenlang für mich, und das war sehr selbstlos von ihr. Natürlich brauchte sie mich auch. Sie hatte keine Geduld mit Leuten, die zu lange traurig waren. Sie sagte: ›Wenn du Kinder hättest, müßtest du schneller wieder da sein.‹

Sie nahm mich überall mit hin. Sie akzeptierte eine Einladung nur, wenn sie auch für mich galt. Am Morgen saß ich über den Briefen, weinte und dankte den Leuten für all die wunderbaren Dinge, die sie über Phyllis sagten, und am Abend ging ich mit Ingrid aus. Sie war der gefeierte Star der Stadt.«[9]

Ingrid Bergman beschwor ihren eigenen Skandal mit Anderson herauf, dessen Zimmer ihrer Suite im Raphaël gegenüber lag. Aber sie dachte nicht an ihren Mann und dachte nicht viel über ihre Ehe nach. Roberto war jetzt weggegangen, sie war die halbe Welt entfernt von dem Mann, für den sie einen Ehemann, ein Kind und eine Karriere aufgegeben hatte. Sie wollte ihr eigenes Leben weiterleben und mit ihrer Karriere weiterkommen.

Das Herz ist kein Historiker, und Ingrid Bergman sah die Wahrheiten ihrer Beziehung mit Rossellini als Wahrheiten des Augenblicks, die ihrer Situation und Stimmung entsprechend zu interpretieren waren. Sie hatte genug Kontroversen durchgemacht. Sie hatte nicht die Absicht, die Ehe mit Rossellini zu beenden und einen neuen Skandal zu provozieren, und sie wollte keinen Kampf um die Kinder, sie hatte nicht vor, Robertino, Isabella und Isotta durch eine Scheidung zu quälen.

Ihre Kinder waren mal hier mal dort gewesen, hatten mal am Leben der Mutter teilnehmen können, mal nicht. Wenn Robertino nach Hause kam, dann hatte seine Mutter ihm kein Glas Milch und kein Sandwich hingestellt. Er ging häufig in ein teures Restaurant, da traf er seine Mutter und sie aßen gemeinsam zu Mittag. Für die Zwillinge war Essen etwas, das auf leinenen Tischtüchern ankam; alles was man zu tun hatte, war, eine Telefonnummer zu wählen.

Als Mutter war Ingrid Bergman eine Frau der großen Anlässe. Zu Robertinos siebtem Geburtstag mietete sie einen Saal für die Party und engagierte zwei Clowns. Die Kinder liebten solche Ereignisse; doch sie wuchsen heran und sahen nicht die Zusammenhänge im Leben, daß Brot aus Getreide gemacht wird und abgeschnittene Blumen ursprünglich in der Erde gewachsen sind, sie erlebten keine beständige fürsorgliche Mutterliebe. Ingrid Bergman war zu sehr von ihrer Karriere in Anspruch genommen, um ihre täglichen Aufgaben als Mutter wahrnehmen zu können. Für die Kinder war sie jedoch ihre Mutter, und sie hatten keine Ahnung, daß es anders hätte sein können.

»Wenn ich auf meine Kindheit zurückblicke, ist es schwierig, weil ich durcheinanderkomme, was ist wirkliche Erinnerung, was ist Film, ob es etwas ist, das ich im Film gesehen habe oder etwas, das geschehen ist«, sagt Robertino Rossellini. »Mutter hat von der Zeit an gefilmt, als ich geboren wurde, und wir sahen die ganze Zeit Filme. Es ist alles ein bißchen durcheinander. Wir sind auch so oft umgezogen und haben die Wohnungen gewechselt, weil wir in Europa umhergereist sind. Selbst als sie verheiratet waren, haben meine Eltern nicht viel zusammengelebt. Ich erinnere mich, daß ich mit meinen Schwestern zusammen gelebt habe. Wir waren daran gewöhnt, sehr viel allein zu sein. Ich erinnere mich nicht an das typische Familienleben. Für mich war unser Leben die Normalität. Es ist immer noch so. Ich denke, daß Leute, die sehr ruhig leben, nicht normal sind.«[10]

Bald nach der Premiere von *Tee und Sympathie* in Paris lief *Anastasia* in den Vereinigten Staaten an. Ingrid Bergmans Auferstehung in beruflicher Hinsicht war vollzogen. Der Film war ihr erster internationaler Erfolg seit einem Jahrzehnt, und auch bei der Kritik wurde er positiv aufgenommen. Bosley Crowther in der *New York Times* nannte sie »einfach hervorragend . . . Eine sehr schöne Darstellung, wert, mit einem Oscar ausgezeichnet zu werden.« Am Jahresende wählten die New Yorker Filmkritiker Ingrid Bergman zur besten Schauspielerin des Jahres und luden sie nach New York City ein, um die Auszeichnung entgegenzunehmen.

Im vergangenen Juli hatte Ed Sullivan in seiner populären Fernsehshow verkündet, er denke daran, einen Ausschnitt aus *Anastasia* mit Ingrid Bergman und Helen Hayes zu zeigen. »Nun weiß ich aber, daß sie eine umstrittene Figur ist, es liegt also ganz und gar bei Ihnen«, sagte Sullivan. »Wenn Sie sie hier in unserer Show haben wollen, schreiben Sie mir bitte und lassen Sie es mich wissen . . . und wenn nicht . . . lassen Sie es mich auch wissen, weil es Ihre Entscheidung ist.«[11]

In der größten Demokratie der Welt stimmen die Bürger nicht nur über Regierungen und Bürgermeisterämter ab, sondern auch über solche Angelegenheiten wie All-Star-Baseball-Teams und Lieblingsfilmstars. Aber noch nie hatte die große Masse darüber abgestimmt, ob es vom moralischen Standpunkt her angebracht ist, einen Filmstar lebendig in schwarz und weiß in Haushalten in ganz Amerika auftreten zu lassen. Sullivan nahm für gewöhnlich solche Dinge selber in die Hand. Bei Elvis Presley, dem skandalösen neuen Rock'n'Roll-Sänger, hatte er die salomonische Entscheidung getroffen, dem Publikum die Hüftbewegungen des Musikers vorzuenthalten und ihn erst von der Taille an aufwärts im Fernsehen zu zeigen.

Die Ergebnisse nach einer Woche waren kaum erfreulich für Fans von Ingrid Bergman: 6433 Zuschauer wollten sie nicht sehen, während 5826 sie sehen wollten.[12] Unabhängig von diesen Zahlen, Ingrid Bergman hatte nicht die Absicht, sich in der Ed Sullivan Show verkaufen zu lassen. Und die 20th Century-Fox auch nicht. Was Sullivan allerdings schaffte, war, Sympathie für Ingrid Bergman zu wecken und Artikel zu ihren Gunsten anzuregen, wobei die Tatsache unterstrichen wurde, daß sie fast acht Jahre, nachdem sie Amerika verlassen hatte, noch immer umstritten war.

Damit Ingrid Bergman nach New York fahren konnte, um den Preis der Filmkritik entgegenzunehmen, kaufte Fox drei Vorstellungen von *Tee und Sympathie* auf. Ihre Ankunft in New York würde beinahe ein so dramatischer Moment werden wie ihre Ankunft damals in Rom, und sie bereitete sich auf den zweitägigen Besuch sorgfältig, mit ein wenig Beklemmung, vor. Sie verstand immer noch so viel von Public Relations, um zu wissen, daß sie allein kommen mußte, ohne Anhang, ohne Sprecher, ohne Beschützer. Als der Tag näherrückte, kam sie zu dem Schluß, daß sie nicht die Zeit haben würde, Pia zu sehen, die im ersten Semester an der Universität von Colorado studierte.

Ingrid Bergman hatte in Erinnerung, ihre älteste Tochter nur einmal im Jahre 1951 gesehen zu haben, seit sie die Vereinigten Staaten verlassen hatte. Lindström sagt jedoch, er habe Pia nicht nur 1951, sondern auch 1953 und 1955 nach Europa gebracht, und bei allen diesen Gelegenheiten habe Ingrid Bergman Pia in England getroffen. Pia Lindström sagt, sie sei zweimal nach Europa gefahren und erinnert sich, Ingrid Bergman 1951 und 1953 in London besucht zu haben. Ihre Erinnerungen sind vage, das liegt wohl nicht nur an mangelndem Erinnerungsvermögen, sondern ist Ausdruck großer Traurigkeit. Lebhaft in Erinnerung hat Pia Lindström dagegen die Reise ihrer Mutter nach New York. »Ich war sehr traurig, daß sie in die Vereinigten Staaten kommen und mich nicht treffen würde«, sagt sie. »Ich habe ihr angeboten, nach New York zu kommen, und sie sagte: ›Tu es nicht.‹ Sie hatte ihre Gründe.«[13]

Lindström zufolge war Ingrid Bergman schon einmal zwei Jahre vorher heimlich nach New York gereist. Er habe für diese Gelegenheit einen neuen Mantel für Pia gekauft, doch Ingrid Bergman sagte, sie habe keine Zeit, so Lindström. Pia Lindström kann sich nicht erinnern, ob ihre Mutter eine solche Reise gemacht hat.

Ingrid Bergman sagte zwar, sie habe keine Zeit, Pia in New York zu sehen, doch Tatsache war, daß sie nicht vorhatte, ihre Rückkehr nach Amerika mit Gefühlsverwicklungen zu belasten. Sie wollte Pia von New York aus anrufen. Sie schrieb an Steele, daß sie sich darauf freue, mit ihrer Tochter am Telefon zu sprechen. »Dann haben wir keine Mühe, einander zu hören, und wir können lange und ruhig miteinander sprechen«, fuhr sie fort. »Es wird sehr schön sein, ihre richtige Stimme zu hören und nicht das schreckliche Geräusch, das über Funk kommt.«[14]

Am Morgen des 19. Januar 1957, es war ein Sonnabend, war

es kalt und bedeckt, und die TWA-Maschine aus Paris hatte schon gut zwei Stunden Verspätung. Einige der Journalisten, die am Flughafen Idlewild auf Ingrid Bergmans Ankunft warteten, betrachteten die ganze Sache mit einem gewissen Zynismus, besonders eine buntscheckige Gruppe von »Fans«, die in der Ankunftshalle kampierten und Begrüßungsplakate bei sich trugen (DEAR INGRID: THANK YOU FOR RETURNING — THE ALVIN GANG; WELCOME HOME, MISS BERGMAN — THE ALVIN GANG). Die Reporter kannten sich mit Publicity-Gags aus. Sie hätten darauf gewettet, daß der ganze Haufen von der 20th Century-Fox angeheuert worden war, um die Werbetrommel für *Anastasia* zu rühren. Einer der Reporter war unerschrocken genug, zu den »Fans« zu gehen und ihnen ein paar impertinente Fragen zu stellen, in der Hoffnung, seiner Story ein oder zwei grimmige Absätze hinzufügen zu können.

Die »Fans« waren tatsächlich Fans, und sie sahen die Reporter als die Mörder von Ingrid Bergmans Image, die es jetzt von neuem auf sie abgesehen hatten. Zu der Gruppe gehörten vier Mitglieder jener Gruppe, die vor einem Jahrzehnt vor dem Alvin Theater gestanden hatte, als Ingrid Bergman in *Johanna aus Lothringen* spielte. Warren Thomas war der treueste der Getreuen, er sah in der Frau, die er »my lady« nannte, eine moralische und geistige Vollkommenheit, die auf Erden selten zu finden ist. Er liebte sie mit einer Treue und einem Interesse für sie, wie es keiner ihrer Liebhaber getan hatte. Er war sechzehn, als die öffentliche Aufregung um Ingrid Bergman angefangen hatte; er hatte ihr nach Italien geschrieben, aber keine Antwort bekommen. Er versuchte, ihr Botschaften zukommen zu lassen durch Leute, die nach Rom flogen, z. B. Kolumnisten, aber das hatte auch nicht geklappt. Für diese Leute war er nur ein Fan. Er war in die Armee eingetreten, in der Hoffnung, nach Europa, in die Nähe seines Idols versetzt zu werden. Er wurde statt dessen nach Korea geschickt.[15]

Zu Ingrid Bergmans Begrüßung hatte Warren ein paar Schilder angefertigt. Mit Adaire und Frank von der alten Alvin Gang und ein paar anderen Freunden war er mitten in der Nacht zum Flughafen herausgekommen. In der U-Bahn hatten sie Werbeplakate abgerissen und ihre Botschaften mit Lippenstift auf die Rückseite geschrieben. Als der Reporter sie beschuldigte, nur angeheuert worden zu sein, explodierte Warren vor Zorn, als ob Journalisten für all das, was seiner Lady angetan worden war, verantwortlich wären.

Schließlich landete das Flugzeug. Die Passagiere stiegen schnell aus, alle außer Ingrid. Endlich erschien sie, sie stand da in einem langen Nerzmantel und weißem Tuch und winkte den ungefähr hundert Fotografen, Reportern und Fans zu.

Die Fotografen und Kameraleute drängten nach vorn. Welche Zweifel die Journalisten auch immer an Ingrid Bergman gehegt haben mochten — das war vorbei. Es gab keinen anderen Star in Amerika, der solch eine Ausstrahlung hatte. Es war nicht einfach Schönheit. Es ging ein reines Leuchten vor ihr aus, ein großes warmes Licht, und Fotografen und Kameraleute wetteiferten miteinander, dieses Licht auf ihren Film zu bannen, und die Reporter schrieben darüber in lyrischen Worten. Es war ein Licht, das in guten Filmen und ebenso in schlechten Filmen leuchtete und das jede Kritik für immer in den Schatten stellte. Was Journalisten zu sagen hatten, schien angesichts dieses Leuchtens nur banal.

»Miss Bergman, haben sie irgendwelche Kritik an der Art und Weise anzubringen, mit der die Presse im allgemeinen mit Ihrer Lebensgeschichte umgegangen ist?« fragte ein Reporter beinahe sanft in der Pressekonferenz auf dem Flughafen.[16]

»Oh, sicher, ich hatte einige Kritik«, sagte Ingrid Bergman mit halbem Lächeln. »Ich denke, ein Mensch muß ein Privatleben haben. Ich weiß aber auch, daß man beide Seiten der Medaille akzeptieren muß, wenn man sich entschieden hat, Schauspielerin zu sein. So ist es nun also.«

»Wenn Sie zurückblicken, bereuen Sie irgend etwas, das Sie in den letzten paar Jahren getan haben, Miss Bergman?« fragte ein Reporter.

»Nein, ich bereue nichts«, sagte sie und war auf einmal ernst. »Ich bedaure, was ich nicht getan habe, nicht, was ich getan habe.« Ingrid Bergman warf ihren Kopf zurück und lachte, ein Lachen voller Versprechen und verschwiegener Gedanken.

»Nein, ich denke, mein Leben war wundervoll«, fuhr sie fort und sprach mit einer Intensität, die sie oft zeigte, wenn sie über ihre Vergangenheit redete. »Ich habe getan, wozu ich Lust hatte. Mir war Mut gegeben und Sinn für Abenteuer, und das hat mich weitergetragen. Und auch Sinn für Humor und ein bißchen gesunder Menschenverstand. Es ist ein sehr reiches Leben gewesen.«

Ingrid Bergman wurde zum Hotel Pierre gefahren, wo sie bei Irene Selznick wohnen sollte. Sie hatte kaum Zeit, ein wenig mit Irene Selznick zu reden und sich umzuziehen, da war sie schon wieder weg, sie aß mit Buddy Adler, dem Produktionschef der 20th Century-Fox, im exklusiven Colony-Restaurant zu Mittag. Es sollte eigentlich ein privates Essen sein, doch Adler berichtete, daß innerhalb von Minuten »wenigstens 50 Fotografen von allen Nachrichtenagenturen und Zeitschriften um uns herum waren. Sie posierte während des Essens für sie.«[17]

Ingrid Bergmans Ruhm begann wieder zu erblühen, und Adler spürte das genau. Er war durchaus bereit, das Verdienst für sich in Anspruch zu nehmen, sie für *Anastasia* verpflichtet zu haben. Jetzt unternahm er den Versuch, sie in einem langfristigen Vertrag zu binden.

Es waren nicht nur die Produzenten und Presseagenten und Fotografen und andere professionelle Bewunderer, die Ingrid Bergman umschwirrten, angezogen von ihrer Berühmtheit. Als sie das Colony verließ, stand eine Menge von vielleicht tausend Fans auf der Straße.

Mit der Hilfe von acht Polizisten führte Adler Ingrid Bergman zur nächsten Station: eine Matinee-Aufführung von *My Fair Lady*, dem größten Erfolg in New York. Sonnabend-Matineen am Broadway sind nicht gerade glanzvolle Ereignisse, aber sobald das Publikum Ingrid Bergman unauffällig in ihren Orchestersessel gleiten sah, entstand allgemeine Aufregung und es wurde applaudiert. Als das Musical zu Ende war, klatschte sie wie jeder andere Beifall und ging dann hinter die Bühne. Die Zuschauer feierten sie mit einem Beifallssturm, wie sie vorher Rex Harrison, Julie Andrews und die anderen Schauspieler gefeiert hatten.

Wohin Ingrid Bergman auch ging, es waren unzählige Menschen da, die sie begrüßten. Zweitausend Fans warteten auf der Straße, als sie am Roxy Theater hielt, wo *Anastasia* so erfolgreich lief. Es waren am Abend Menschen vor dem »21«, als sie zum Essen dort eintraf, und es waren viele da, als sie wieder ging. Es waren Menschenmengen vor Sardi's, wo sie in der Steve Allen Show fürs Fernsehen auftrat und dann den Preis der New Yorker Filmkritik in Empfang nehmen sollte. Und viele Menschen waren da, als sie wieder ging.

Ingrid Bergman hatte nicht nur die Fans gewonnen, sondern auch New Yorks Journalisten, die stolz auf ihren Zynismus waren; *Newsweek* nannte ihre Geschichten »nahezu ekstatisch«.[18] Sie hätte den halben Sonntag damit verbringen können, nur die Presseberichte zu lesen. Sie traf sich statt dessen mit Robert Anderson, der am 5. Januar in die Vereinigten Staaten zurückgekehrt war.

»Ich hatte ihr ein großes Goldarmband geschenkt«, erinnert sich Anderson. »Sie sagte, daß das Armband am Flughafen ziemliches Aufsehen erregt habe. ›Wer hat es Ihnen geschenkt?‹ fragten sie. Sie wollte es nicht sagen. Am nächsten Tag kam sie in meine Wohnung, in Begleitung von Irene Selznick. Sie nahm ein Risiko auf sich, so wie die Dinge lagen. Ich fand es ganz schön mutig von ihr, daß sie mit dem Wagen bis vor mein Haus gefahren war. Ich sagte zu Ingrid: ›Wenn ich zurückkomme und eine Wohnung auf dem linken Seineufer nehme, darf ich dich dann sehen?‹ Und sie war immer ein wenig unentschlossen. Sie sagte: ›Komm, aber komm nicht jetzt.‹ Ich denke, sie meinte, die Beziehung sei an ihr Ende gekommen.«[19]

Ingrid Bergman hatte am Sonnabend die Zeit gefunden, Hedda Hopper in Hollywood anzurufen, um sicherzustellen, daß sie das Thema von Hedda Hoppers Sonntags-Kolumne sein würde. Sie fand nicht die Zeit, Pia vor Sonntag anzurufen, bevor sie abflog. »Ich versuchte ihr zu sagen, daß ich nicht wußte, wie ich das Allerwichtigste auf dieser Reise zeitlich unterbringen sollte: nämlich, sie zu sehen«, erinnerte sich Ingrid Bergman später, eine Logik, von der Aristoteles benebelt gewesen wäre. Pia glaubte, daß ihre Mutter sie nicht sehen wollte.

Pia versuchte ihr eigenes Leben zu leben, aber sie konnte dem, was Ingrid Bergman ihr hinterließ, nicht entfliehen. Sie erzählte den Reportern, daß sie eine »nette« Unterhaltung gehabt habe, aber ihr Versuch, diplomatisch zu sein, war nicht ganz erfolgreich; sie sagte, daß sie sich nicht erinnern könne, wann sie das letzte Mal mit ihrer Mutter gesprochen habe.

Für Ingrid Bergman war das Telefongespräch mit Pia der einzige unangenehme Zwischenfall bei ihrer triumphalen Rückkehr. Als sie New York an jenem Sonntagnachmittag verließ, war sie für Amerika wieder zu einer Gestalt geworden, die man vergötterte, eine Frau, mit deren Foto man Magazine verkaufen konnte und deren Name die Kolumnen über berühmte Persönlichkeiten zierte, eine Frau, die für ihre Fans eine Göttin war, Teil der Mythologie der großen Stars.

Als das Flugzeug startete, schrieb Ingrid Bergman auf Notizbuchseiten einen Brief an Anderson:

Lieber Bob,
ich kann es nicht erwarten zu schreiben! Ich habe geweint. Ich habe mein Gesicht zum Fenster gedreht, damit es keiner sah. Ich bin so müde, Bob, aber ich war auch sehr bewegt von all den Menschen, die da waren . . . Ich war einfach kurz davor, zusammenzubrechen und vor ihnen zu weinen . . .

Montag abend stand Ingrid Bergman wieder auf der Bühne des Théâtre de Paris, und sie wohnte wieder allein im Raphaël, weit entfernt von ihrem Mann. In vieler Hinsicht führte sie das beste Leben seit Jahren. Sie war der Star in einem der größten Erfolge in Paris, und sie wurde umworben von Produzenten und Studios. Ihr Traumhaus war nicht ein Landsitz in der Toskana, eine Villa in den Hügeln Hollywoods, eine zweistöckige Wohnung auf Manhattans East Side. Ihr Traum war das, was sie jetzt hatte — eine Suite in einem erstklassigen Hotel, und wenn sie irgend etwas haben wollte, dann brauchte sie nur zu klingeln.

Ingrid Bergman hatte schon den Preis der New Yorker Filmkritik gewonnen, aber sie war auch für den Academy Award, den Oscar, nominiert worden. In der Nacht der Verleihungszeremonie, am 27. März 1957, nahm sie eine Schlaftablette. In Hollywood hatte sich Cary Grant einverstanden erklärt, den Preis für sie entgegenzunehmen, falls sie gewann. »Ich ging selten zu dieser Zeremonie, wenn ich nicht nominiert worden war, und selbst dann nur ungern«, erinnert sich Grant. »Aber an dem Abend bin ich erschienen, damit kein anderer aufstehen konnte und sagen: ›Liebe Ingrid, wir vergeben dir.‹ All diese Scheiße. Ich wollte nicht riskieren, daß irgend jemand anders aufsteht.«[20]

Als Ingrid Bergmans Name aufgerufen wurde, trat Grant nach vorn: »Liebe Ingrid, wo du jetzt auch immer bist, wir, deine Freunde, wollen dir gratulieren, und ich habe deinen Oscar hier für deine wunderbare Darstellung, und mögest du so glücklich sein, wie wir es für dich sind.« Ingrid Bergman saß in der Badewanne, als der Presseagent von 20th Century-Fox anrief und ihr mitteilte, daß sie gewonnen hatte.

Ende April besuchte Anderson Ingrid Bergman, um seinen vierzigsten Geburtstag mit ihr zu verbringen. Wie so viele

Männer vor ihm versuchte auch Anderson, Ingrid Bergman wirklich nahe zu kommen und ganz vertraut mit ihr zu werden. Sie hatten sich getroffen in einem Augenblick, als sie beide Kummer hatten und jemanden brauchten. Für Ingrid Bergman war jedoch, was vergangen war, vergangen.

Als der Dramatiker im Juni vom Kongo zurückkehrte, wo er an dem Film *Geschichte einer Nonne (The Nun's Story)* arbeitete, hatte Ingrid Bergman einen neuen Verehrer, Kay Brown hatte ihn ihr vorgestellt. Sie war nach Paris gekommen, um einen Filmvertrag zu besprechen und hatte noch einen anderen Klienten zu treffen, den Theaterproduzenten Lars Schmidt, der ebenfalls im Raphaël wohnte. Kay Brown betrachtete Heiratsvermittlung nicht als Teil ihres Berufes, aber sie dachte, zwei Schweden, die in Paris arbeiten — und sogar im selben Hotel wohnen —, die sollten sich treffen.

Lars Schmidt ging mit Ingrid Bergman zum Essen ins Coq d'Or. Sie sagte, sie finde es äußerst seltsam, daß sie sich nie begegnet seien. Er sagte, sie seien sich begegnet, an dem Abend, als sie sich seine Produktion *Die Katze auf dem heißen Blechdach* angesehen habe. Aber sie konnte sich nicht an den eleganten Herrn erinnern, der ihr zwischen den Akten Champagner eingegossen hatte. Sie dachte, das wäre der Kellner gewesen.

Als Lars Schmidt sie das nächste Mal anrief, um sie zum Essen einzuladen, war Anderson wieder in der Stadt. Sie sagte zu Lars Schmidt: »Oh, es tut mir leid. Ich muß mich um meine Kinder kümmern.«

Anderson und Ingrid Bergman fuhren hinaus in den Bois de Boulogne, um in einem romantischen Gartenrestaurant zu Mittag zu essen.

Lars Schmidt war auch da. Nach dem Essen ging er an ihren Tisch: »Ah, Miss Bergman, so kümmern Sie sich also um Ihre Kinder.«

»Und sie sah zu mir auf und sie wurde rot«, erinnert sich Lars Schmidt. »Ich habe nie jemanden so rot werden sehen. Dann sah sie mich an mit diesem göttlichen Lächeln. Und an dem Abend habe ich sie wieder angerufen. Und damit war das Eis gebrochen.«

Ingrid Bergmans Eheleben hätte sich entwickeln können, wie so viele Ehen in diesen Kreisen es tun. Sie hätte ihre Affären gehabt und Rossellini seine, man hätte sich bei Familienzusammenkünften getroffen und zwischendurch auch mal zusammengelebt.

Aber das war nicht Rossellinis Art. Am 17. Mai 1957, morgens gegen halb vier, wurde Ingrid Bergman von ihrem Mann geweckt, der halb hysterisch war. Er sagte, sie dürfe nichts von dem glauben, was sie höre, das sei alles nichts als Erpressung.[21]

Rossellini hatte eine stürmische Affäre mit einer verheirateten Inderin aus sehr vornehmer Familie. Inderinnen hatten einfach keine Affären, und ganz gewiß nicht mit verheirateten italienischen Filmregisseuren. Rossellini hatte sich mit dem Ehemann angefreundet, Hari Das Gupta, ein ehrgeiziger junger Filmproduzent, den er im Dezember kennengelernt hatte. Das Gupta lieh Rossellini seinen Kombi, ein amerikanisches Modell, und verkaufte ihn ihm schließlich auch, er lud ihn zum Essen ein und stellte ihn seiner schönen siebenundzwanzigjährigen Frau Sonali vor, Mutter seiner beiden Kinder. Rossellini verliebte sich fast auf der Stelle in die rehäugige Schönheit.

Sie war nicht die einzige Inderin, von der er sich angezogen fühlte. Ein Filmstarlet erzählte Reportern später, daß sie mit Rossellini bald nach seiner Ankunft in Bombay eine Verabredung gehabt habe. Sie war in sein Zimmer im Taj Mahal Hotel gekommen, um mit ihm über Filmprojekte zu sprechen, aber sie war gegangen, als er die Schuhe auszog und »die Atmosphäre zu intim« wurde.[22]

Rossellinis Begleiter, der Kameramann Aldo Tonti, sagt: »Da war eine andere Frau, mit der er es auch versuchte. Sie war auch verheiratet. Aber Rossellini liebte Sonali . . . Er wußte die Frauen zu verzaubern. Er redete und redete und redete.«[23]

Sonali Das Gupta war nicht nur eine große Schönheit, sondern eine Frau mit ausgeprägt intellektuellen Interessen. Rossellini konnte mit ihr reden wie er mit Ingrid Bergman nicht reden konnte. Zu der Zeit, als er Ingrid Bergman anrief, war allerdings wenig Zeit für intellektuelle Gespräche geblieben. Die Story von Rossellinis jüngster Romanze war kurz davor, bekanntzuwerden, und Sonali Das Gupta wohnte versteckt im Taj Mahal Hotel, in einer Suite neben Rossellini. Hotelwachen schützten sie vor ihrem Mann und dessen Verwandten. Sie kam aus einer prominenten indischen Familie, und als Premierminister Nehru von dem Liebesnest erfuhr, nannte er Rossellini, wie verlautete, einen »Schurken«.

Selbst hier konnte Rossellini nicht Ingrid Bergmans Gegenwart entfliehen. Ihr Bild war überall in der Stadt, auf den Plakaten für *Anastasia*, und der Film war ein großer Erfolg.

Die Reporter befragten ihn beinahe so oft über Ingrid Bergman wie über Sonali Das Gupta. »Meine Frau und ich haben viel Verständnis«, erzählte Rossellini einem Reporter. Der Reporter sagte, wenn er Ingrid Bergman wehtäte, würden die Frauen der Welt ihn für einen Dracula halten. »Sagen Sie den Frauen der Welt, sie brauchen sich über nichts Sorgen zu machen«, antwortete Rossellini großmütig. »Ich kenne meine Frau. Sie ist eine starke Frau, stärker als ich in vieler Hinsicht. Sie ist sehr selbständig. Glauben Sie mir, ich weiß, was ich mit ihrem Leben gemacht habe, wie sehr sie gelitten hat. Aber vergessen Sie nicht, sie hat getan, was sie tun wollte. Ich habe sie nicht gekidnappt, und wir haben ein gutes Leben miteinander gehabt. Was macht den Frauen der Welt sonst noch Kummer?«

Rossellini erfuhr, daß die Frauen der Welt gern wissen würden, warum er soviel Erfolg bei ihrem Geschlecht hatte.

»Ich kenne nicht das Geheimnis meiner Wirkung auf Frauen«, sagte Rossellini. »Aber ich würde sagen, Frauen sind sehr menschlich, und sie lassen sich leicht rühren von einem bescheidenen, einfachen, ehrlichen Mann, und ich bin stolz darauf, absolut ehrlich in bezug auf meine Arbeit und gegen mich selbst zu sein.«

»Und zu Ihren Frauen?«

»Und zu meinen Frauen.«[24]

Am 29. Mai gab die italienische Botschaft bekannt, Rossellini habe versprochen, sich von Sonali Das Gupta fernzuhalten, ein Versprechen, das jedem vertraut vorkommen mußte, der Anfang Mai 1949 in Messina dabei war. Innerhalb weniger Wochen war Rossellini wieder in größte Schwierigkeiten geraten. Er wollte Indien verlassen, aber aus steuerrechtlichen und anderen Gründen wurde ihm nicht gestattet, seinen Film mitzunehmen. Bald hatte er ein weiteres Problem: Sonali Das Gupta war schwanger.

In Paris gab Ingrid Bergman zu dieser Zeit einige ihrer größten Vorstellungen. »Es gab Abende, da konnte Ingrid ihre Tränen kaum zurückhalten, wenn sie ins Theater kam«, erzählte Simone Paris, die auch in *Tee und Sympathie* mitwirkte. »Als sie das von Roberto und dem indischen Mädchen erfuhr, da schluchzte sie hinter der Bühne hysterisch. Sie sagte: ›Wie soll ich bloß spielen?‹, aber irgendwie, im letzten Augenblick, riß sie sich zusammen und spielte.«[25]

Rossellini hatte vorher während ihrer Ehe andere Frauen gehabt, aber es war nie zu beschämenden Enthüllungen gekommen. Ingrid Bergman wußte, daß sie in der Öffentlichkeit nicht mehr als eine Heilige angesehen wurde, sondern ihr Image war jetzt das einer leidenschaftlichen, kühnen Frau, die alles für ihre Liebe geopfert hat. Was sagte es über sie, wenn Rossellini in einem offenen Skandal ihre Ehe herabwürdigen konnte? Sie schrieb Steele, daß alles falsch sei, erfunden von einem Reporter, der sich über Roberto geärgert habe.[26]

Rossellinis dringlichstes Problem war, wie er seinen Film aus Indien herausbekommen sollte. Anfang Juli rief er wieder mitten in der Nacht in Paris an. Es seien alles nur Lügen, sagte er laut Ingrid Bergman. Trotzdem, der einzige, der ihm helfen könnte, sei Nehru, der sich zur Zeit gerade in London aufhielt. Rossellini bat Ingrid Bergman um Vermittlung.

Wie Rossellini so häufig sagte, war Ingrid Bergman keine Frau mit Leidenschaft, doch gerade der Mangel an Leidenschaft und ihre Nüchternheit erlaubten es ihr, ihre Freundin Ann Todd in London anzurufen und sie wegen Rossellini um Hilfe zu bitten. Sie wußte, daß Ann Todd und ihr Mann David Lean mit Nehrus Schwester, die Botschafterin Indiens in London war, befreundet waren.

»Ingrid rief mich von Paris aus an«, erinnert sich Ann Todd. »Sie sagte: ›Ich kenne eure sonnenverbrannte Freundin. Ich würde sie gern treffen.‹«[27]

Ann Todd arrangierte für den folgenden Abend, es war der 5. Juli, ein Essen. *Tee und Sympathie* hatte Sommerpause, und die Kinder waren schon nach Italien geschickt worden. Ingrid Bergman flog nach London. Sie traf in der Botschaft auch mit Nehru zusammen, der zur Commonwealth-Ministerkonferenz in London war. Nehru machte keine Versprechungen, doch Rossellinis Probleme in Indien hörten praktisch sofort auf.

Ingrid Bergman flog zurück nach Paris und weiter nach Rom, wo die fünfjährige Isabella am Blinddarm operiert worden war, es war ein Notfall gewesen. Isabella ging es wieder gut. Die Zeitungen waren voll von Geschichten über Rossellinis Romanze. Während er in Indien öffentlich abstritt, daß er zurückkäme, um den Sommer mit seiner Frau zu verbringen, erzählte Ingrid Bergman den Reportern: »Wir werden den Sommer zusammen in unserer Villa in Santa Marinella verbringen, wie wir es immer getan haben seit unserer Heirat.«

Es gab noch eine andere große Aufregung für Ingrid Bergman: Pia kam nach Paris, um den Sommer mit ihrer Mutter zu verbringen. Sie mußte schnell aus Rom wieder nach Paris zurückfliegen. Die Presse berichtete über Pias Reise zu ihrer Mutter, als handele es sich um ein historisches Ereignis. Am 5. Juli erschien auf der Titelseite der *Los Angeles Times* ein Foto von Lindström und Pia am Flughafen. Am 6. Juli berichteten die Zeitungen, daß Pia in Stockholm war, auf ihrem Weg zu Ingrid Bergman.

Die Tochter, die Ingrid Bergman seit mehreren Jahren nicht gesehen hatte, war jetzt eine neunzehnjährige College-Studentin. Ihr Haar war blond, heller noch als das ihrer Mutter. Sie hatte blaue Augen — dunkelblaue, nicht blaugraue wie ihre Mutter. Sie war hübsch, groß und ein wenig pummelig, als trüge sie noch Babyspeck mit sich herum. Sie war charmant, doch einige Beobachter spürten Kälte an ihr und Mißtrauen.

Pias Ankunft am Pariser Flughafen Le Bourget am 8. Juli 1957 war der dramatischste Augenblick in ihrem Leben, seit sie Richterin Lillie erzählt hatte, daß sie ihre Mutter nicht liebe. Ungefähr 75 Reporter und Fotografen warteten auf sie, auch über Königin Elisabeths Staatsbesuch in Frankreich, der vor kurzem stattgefunden hatte, hatten nicht mehr Reporter berichtet.

Die anderen Passagiere verließen das Flugzeug zuerst. Dann stieg Ingrid Bergman in das Flugzeug ein, um Pia privat zu sehen, bevor das Spießrutenlaufen durch die Reporter begann. Als Mutter und Tochter sich gegenüberstanden, mit einem Blick, aus dem ebensosehr Vorsicht wie Liebe sprach, erhellte ein Blitzlicht ihre Begrüßung. Der Fotograf, der sich in der Maschine versteckt hatte, hatte sein Exklusiv-Foto für *Paris Match.*

Später an dem Tag verließen Ingrid Bergman und Pia das Hotel Raphaël, um in einem Restaurant am Montmartre zu essen. »Mama bestellte eine Flasche Champagner«, erinnert sich Pia Lindström. »Wir tranken auf unser Wiedersehen, auf unser Glück und daß es sehr schöne Tage würden.« Pia verbrachte mehr als einen Monat mit ihrer Mutter, sie fuhr nach Rom,

Santa Marinella und Capri, besuchte Robertino, Isabella, Isotta und die anderen Rossellinis. Pia war nie zuvor in Italien gewesen, und sie war überwältigt von der Fülle der Eindrücke.

»In dem Sommer habe ich mich in Italien verliebt«, sagte sie später. »Die Kameradschaft in der Familie, daß man seine Gefühle so gutgelaunt ausdrückte, die liebevolle Fürsorge und die Rücksichtnahme auf andere — all das bildete einen Panzer gegen die Einsamkeit.«[28]

Pia Lindström sagt heute, daß die Reise ein »Medienzirkus« gewesen sei. Das war sie tatsächlich, aber die meiste Zeit war Ingrid Bergman der Zirkusdirektor. Sie war diejenige, die einen Fotografen in ihre Suite im Raphaël einlud, damit er ganz persönliche, »ungestellte« Schnappschüsse von Mutter und Tochter machte. Sie schien immer zu verstehen, was die Journalisten wollten.

Ingrid Bergman beklagte sich häufig über die Presse, und doch war sie wie der Mann, der verhaftet wird, weil er sich öffentlich entblößt hat, und der dann Buße tut, indem er seine Zeit in einer Nudistenkolonie verbringt. Es war so aufregend, die Fotografen und Reporter immer um sich herum zu haben, besonders für Pia. Wer konnte es Pia übelnehmen, wenn sie das Leben mit Ingrid Bergman aufregender fand als ihr Leben in Amerika? Und wer konnte es Ingrid Bergman übelnehmen, wenn sie für ein paar Wochen Trost und Glück bei ihrer Tochter fand, die ihre Ehe ihr nicht mehr boten.

Auch während des Sommers in Italien dachte Ingrid Bergman immer darüber nach, welches wohl ihr nächster Film sein würde — auch wenn sie sich nicht so benahm. Eines Tages kam der junge Regisseur Stanley Donen nach Rom. Er machte einen neuen Film mit Cary Grant und wollte Ingrid Bergman für die weibliche Hauptrolle gewinnen.

»Ich habe Ihnen dieses Treatment mitgebracht. Ich wünsche mir so sehr, daß Sie den Film machen«, sagte der dreiunddreißigjährige Donen, während die Kinder durch das Appartement tollten. Er hatte Ehrfurcht vor ihr.

»Ich weiß, daß Sie ängstlich und nervös sind«, sagte Ingrid Bergman. »Sie sollen sich wieder behaglich fühlen. Ich mache den Film, ganz gleich, worum es geht.«[29]

Am 18. August flogen Ingrid Bergman und Pia von Rom nach Kopenhagen. Sie sagte ihrer Tochter auf Wiedersehen, die gleich darauf in ein anderes Flugzeug stieg, um ihren Vater in Stockholm zu treffen. Die Fotografen bemerkten, daß Ingrid Bergman an diesem Tag niedergeschlagen aussah, während sie sonst immer für sie lächelte.

Rossellini flog am 21. Oktober 1957 nach Paris, er war zehn Monate fort gewesen. Kaum war er aus dem Flugzeug gestiegen, wurde er geradezu überrannt von Reportern und Fotografen, die nach Sonali Das Gupta fragten, von der das Gerücht ging, sie sei bereits in Paris. »Das ist dummes Zeug«, sagte Rossellini mit Nachdruck. »Dieses Mädchen bedeutet mir gar nichts. Ich liebe meine Frau.«

Da erschien plötzlich Ingrid Bergman, sie lief durch die überfüllte Ankunftshalle auf Rossellini zu. Sie umarmte ihren Mann, und sie küßten sich nach italienischer Art auf die Wangen. »Ich bin sehr glücklich«, sagte sie mit tränenglänzenden Augen. Es war eine anrührende Szene. Und auf die Bitte der Fotografen küßte sie Rossellini noch ein paarmal. Als Regisseur hielt Rossellini nichts von der Wiederholung einer Aufnahme, aber er küßte Ingrid Bergman trotzdem zurück. »Das ist genug«, sagte Ingrid Bergman endlich, und sie und Rossellini stiegen in ein wartendes Auto und fuhren davon.

Als sie allein in ihrer Hotelsuite waren, machte Ingrid Bergman ihrem Ärger Luft. Sie beide wußten, daß alles vorbei war. Rossellinis Tricks konnten sie nicht mehr in die Irre führen, sie amüsierten sie auch nicht mehr. Sie hatte Sonali bereits kennengelernt, die sagt, sie sei in Paris zu Ingrid Bergman gegangen, um ihr einen Brief zu übergeben.[30]

Ingrid Bergman und Rossellini sprachen über die Bedingungen einer Scheidung. Wie sie sagt, stimmte er zu, daß sie die Kinder haben sollte, aber verlangte, daß sie niemals in die Vereinigten Staaten gehen sollten.

Er verlangte auch, daß sie nie wieder heiraten sollte, eine Forderung, die Ingrid Bergman zum Lächeln brachte.

Die Spielzeit von *Tee und Sympathie* war schließlich beendet. Anfang November kehrte Ingrid Bergman nach Italien zurück. Am 7. November 1957 erschienen sie und Rossellini heimlich vor Mario Elia, dem Präsidenten des römischen Zivilgerichts, und unterzeichneten eine Trennungsvereinbarung. Wie sie sich in Paris geeinigt hatten, wurde Ingrid Bergman das Sorgerecht für die drei Kinder übertragen; sie würden in Europa in italienischer Sprache erzogen werden. Rossellini erklärte sich einverstanden, 976 Dollar im Monat für ihren Unterhalt zu zahlen.[31]

An dem Tag, als sie die Vereinbarung unterzeichneten, gingen sie in ihre Wohnung an der Via Bruno Buozzi. Im Badezimmer lag der Hund, dem sie den Namen Stromboli gegeben hatten. Er war tot.

Als es für Ingrid Bergman Zeit wurde abzufahren, packte sie die letzten paar Dinge ein, die sie aus der gemeinsamen Wohnung mitnehmen wollte. Rossellini sah ihr zu, wie sie ordentlich und sauber die Sachen in ihren Koffer legte.

Die Wohnung war jetzt fast leer; nur noch Erinnerungen waren darin. Es hing bloß noch ein Gemälde an der Wand, ein Gemälde, das Ingrid Bergman nie gemocht hatte.

»Ingrid, nimm auch das Bild«, sagte Rossellini.

»Es ist nicht gut«, sagte Ingrid Bergman bestimmt. »Ich mag es nicht.«

»Aber es ist ein sehr bedeutendes Gemälde«, sagte Rossellini, immer der Lehrer.

»Wer ist der Maler?« fragte Ingrid Bergman, auf einmal neugierig geworden.

»Es ist ein Guttuso«, sagte Rossellini und nannte damit den Namen eines prominenten zeitgenössischen italienischen Künstlers.

»Wieviel kostet es?«

»Oh, sehr viel.«

»Dann nehme ich es mit.«

Ingrid Bergman kletterte auf einen Stuhl und nahm das Bild von Renato Guttuso herunter. Bald darauf war sie gegangen, und Rossellini blieb in der leeren Wohnung zurück, allein mit Pater Lisandrini.

Der Priester dachte immer noch über Ingrid Bergman und das Bild nach. »Sie haben kein Geld«, schalt der Pater. »Sie hätten es jemandem verkaufen können und genug zum Leben für einen Monat gehabt.«

Rossellini sah den Priester an, voller Wut. »Sie . . . Sie . . . Sie Franziskanerpater!« schrie er. »Sie Sohn des Hl. Franziskus der Armen. Sie! Ausgerechnet Sie sagen mir das!«[32]

18.

»Das ist alles für mich«

Ingrid Bergman flog aus Rom ab wie ein Star, im Zobelmantel, mit fünfzehn Stücken Gepäck und ohne Kinder. Als das Flugzeug in London landete, wo sie mit den Dreharbeiten zu *Indiskret (Indiscreet)* beginnen sollte, warteten Grant und Donen auf sie. Und die Fotografen und Reporter.

Sie versuchte so aufgekratzt wie möglich zu klingen und sagte, als erstes wolle sie »ein Haus, groß genug für alle meine Kinder«, finden. Die Reporter waren nicht so sehr an ihrer unmittelbaren Zukunft interessiert wie an ihrer unmittelbaren Vergangenheit.

»Warum lassen Sie mich nicht in Frieden?« bat sie mit trauriger, müder Stimme, als sie sie nach Rossellini fragten. Sie hatte genug von den Journalisten für heute. »Ich werde nichts mehr sagen.«

»Kommt schon, Jungs«, sagte Grant schließlich, »ihr habt genug gehabt.« Und er führte Ingrid Bergman sanft zu seinem wartenden silber-weißen Rolls-Royce.

Ingrid Bergmans Name war, wie Grants, bares Geld wert. Sie war jetzt ein moderner, unabhängiger Hollywood-Star, ein Geschöpf des Kommerzes ebensosehr wie der Kunst. In der Tat war der kreativste Aspekt an *Indiskret* nicht in dem zu erblicken, was auf der Leinwand erscheinen würde, sondern im Vertragswerk selbst. Nicht ein Studio war Haupteigentümer des Films, sondern das waren Grants und Donens Aktiengesellschaften. Grants Vertrag schloß sogar den Rolls-Royce ein, der nach seiner Benutzung im Film sein Eigentum wurde. Ingrid Bergmans Vertrag enthielt 2 327 000 Francs für Garderobe, ein sogenannter »Anstellungsvertrag« war mit 75 000 Dollar dotiert, dazu kamen 10 Prozent der Bruttoeinnahmen über vier Millionen Dollar, außerdem wurden zusätzlich anfallende Steuern bezahlt, weil der Film außerhalb Italiens gedreht wurde.[1]

Das war eine Menge Geld. Aber als Ingrid Bergman im Connaught Hotel ankam, einer Bastion von Anstand und Diskretion, hatte sie weniger Geld als die Gepäckträger, die ihre fünfzehn Koffer hereinbrachten. »Mutter mußte sich hundert Dollar vom Hotel leihen«, sagt ihre Tochter Isotta. »Sie sagte: ›Sie kennen mich, und ich fange jetzt an zu arbeiten.‹«[2]

Steele schrieb an Ingrid Bergman, er machte sich Sorgen um ihre finanzielle Situation. Sie versicherte ihm, daß sie sich endlich entschlossen habe, reich zu werden. »Wenn ich diese Filme fertig habe, werden wir jeden Tag ›Champagner und Kaviar‹ haben.«[3] Sie ging an ihre wiederaufgenommene Filmarbeit mit dem ewigen Optimismus des Spielers heran. Nur, bei dieser Art von Spiel, und wenn man der Star war und der Vertrag war in Ordnung, war das Spiel eine recht sichere Angelegenheit.

Mit *Indiskret* trat Ingrid Bergman zum ersten Mal als romantische Komödiantin hervor, als eine kultivierte, elegante Lady der Leinwand. Bei diesem Unternehmen war Grant ein perfekter Partner. Wohl war er fünfundfünfzig Jahre alt, aber er war immer noch ein Vorbild für viele junge Männer und romantisches Idol von Frauen, die halb so alt waren wie er. Seit der Zeit als er und Ingrid Bergman gemeinsam *Berüchtigt* gedreht hatten, hatte er eine Persönlichkeit von unbeschwerter Eleganz entwickelt; er war ein Mann, der seine Gefühle ungefähr in dem Ausmaß sehen ließ wie seine Manschetten.

Geworben wurde für den Film, als ob er drei Stars hätte: Ingrid Bergman, Cary Grant und Ingrid Bergmans Garderobe. Das war nur berechtigt, denn *Indiskret* weist eine etwas magere Handlung auf. Die Story ist wenig mehr als ein Vorwand, der es Ingrid Bergman und Grant gestattet, pausenlos amüsant und fröhlich zu sein, elegante Kleidung zu tragen und sich an elegante Orte zu begeben. Die Story — es geht um Anna Kalman, eine wohlhabende Schauspielerin, die der Welt überdrüssig ist — hat genügend Ähnlichkeit mit der Ingrid Bergmans, um das Publikum glauben zu lassen, es sehe dem Leben selber zu. Anna lernt den NATO-Funktionär Philip Adams kennen, der, ein überzeugter Junggeselle, ihr erzählt, daß er mit einer Frau verheiratet sei, die sich nicht scheiden lassen wolle, um ihre Zuneigung zu ihm abzuschwächen. Am Ende gesteht er die Wahrheit ein und macht ihr einen Heiratsantrag.

Indiskret sind anderthalb Stunden angenehmer Zerstreuung,

geliefert von Schauspielern, die das Filmen als solches genossen. »Sie war so gut vor der Kamera, weil sie ganz sicher und ruhig war«, sagt Donen. »Sie war völlig ungezwungen. Sie verkrampfte sich nie beim Spielen. Ihre Konzentration war vollständig. Sie war in ihrem Element.«[4]

Ingrid Bergman war froh, jetzt nicht mit den Realitäten ihrer Ehe konfrontiert zu sein. Sie sprach häufig über den Zauber des Filmens, in der »Atmosphäre einer Scheinwelt. Die Leute, die in Filmen arbeiten, sind wie Kinder, die eine Illusion erschaffen.« Es war eine Welt, die viel schöner war als die, in der sie lebte, schöner als die, in der fast jeder lebte.

»Wir hatten viel Spaß beim Drehen«, erinnert sich Grant. »Ich fand es ein Vergnügen, mit ihr zusammen zu sein. Eines Tages sagte sie: ›Ist dir klar, daß wir beide zusammen hundert Jahre alt sind?‹«[5]

Ingrid Bergman war noch einige Jahre davon entfernt, doch *Indiskret* schien zu beweisen, daß Romantik viel zu schade für die Jungen war. Das galt auch für ihr Privatleben. Anderson schrieb, daß er nach London komme, um dort zu leben, er fragte, ob er noch einen Zeh in der Tür habe. Sie antwortete, das könnte schon sein, doch Lars Schmidt habe seinen ganzen Fuß drinnen.[6]

Seit Ingrid Bergman Lars Schmidt so unerwartet im Bois de Boulogne getroffen hatte, hatte sich ihre Romanze entwickelt. Schmidt sah sehr schwedisch aus, er hätte Lindströms Bruder sein können. Er war groß und blond und gutaussehend und trug eine Hornbrille, die ihm ein leicht intellektuelles Aussehen gab. Er war ein Mann mit perfekten Manieren und Umgangsformen, ein idealer Begleiter für eine Frau wie Ingrid Bergman.

Schmidt hatte gewisse Ähnlichkeiten mit Cary Grants Rolle in *Indiskret*. Er hatte nicht nur die Absicht, unverheiratet zu bleiben, sondern er konnte auch von einer liebenswürdigen Schlagfertigkeit sein, die an die Dialoge im Film erinnerte. Er war Produzent, kein wirklichkeitsfremder Regisseur und auch kein ehrgeiziger Chirurg. Er war ein Mann, der Ingrid Bergman in großen und kleinen Angelegenheiten beraten konnte, ein Mann, der stundenlang zuhörte, wenn sie über Filme, das Theater und über sich selbst redete.

Ingrid Bergman hatte geplant, die Kinder nach London zu holen. Sie hatte schließlich das Sorgerecht, und Rossellini war häufig in Paris und anderswo. Doch sie kam zu dem Schluß, daß das doch nicht ganz das war, was sie wollte. Rossellini erwies sich als schwierig. Der Londoner Winter war trübe und kalt, und sie ließ die Kinder lieber ein bißchen länger in Rom, bei dem Kindermädchen und Marcella Mariani, ihrer Schwägerin. Sie würde sie nach Weihnachten mitbringen.

Als die Ferien sich näherten, kam sie jedoch zu dem Schluß, daß das auch nicht das Rechte wäre. Sie machte Rossellini Vorwürfe, und sie wurde in einen Rechtsstreit über das endgültige Sorgerecht verwickelt. Aber sie schien mehr an ihrer Filmkarriere interessiert als an ihren Kindern. Überdies würde sie im Februar in Formosa sein, um ihren neuen Film zu drehen, *Die Herberge zur sechsten Glückseligkeit (The Inn of the Sixth Happiness).* Selbst wenn sie mehr Zeit mit ihren Kindern hätte verbringen können, tat sie es nicht. Sie flog am 23. Dezember 1957 nach Rom und war nur eine Woche mit ihrer Familie zusammen, bevor die Kinder für längere Ferien in die Schweiz geschickt wurden.

Sie war rechtzeitig wieder in London, um den Jahreswechsel mit Lars Schmidt zu verbringen. Sie begrüßten das Neue Jahr vor Big Ben mit Champagner. Dann gingen sie in den Milroy Club zu Donens Party und tanzten und tranken bis in die Morgendämmerung.[7]

Ingrid Bergman hatte nicht so bald wieder eine ernsthafte Beziehung eingehen wollen, aber sie war keine Frau, die sehr lange ohne einen Mann auskommen konnte. Es gab so vieles in ihrem Leben, mit dem sie nicht allein zurechtzukommen glaubte, und sie mochte die Einsamkeit nicht. Lars Schmidt kümmerte sich um sie in einer Weise, wie es kein Mann je getan hatte. Er war bereit, ihr Leben zu organisieren, alles für sie zu sein, vom Bankier bis zum Diener, vom Presseagenten bis zum Liebhaber. Er war ein Produzent, er schwelgte nicht in Publicity, er schuf sie. Er wollte keinen Applaus für sich selbst, sondern genoß es, zu wissen, daß es ohne ihn keinen Applaus gäbe.

Lars Schmidt stammte aus einer wohlhabenden Reederfamilie in Göteborg.[8] Als junger Mann ging er nach Wales, um das Reedereigeschäft aus erster Hand zu erlernen. Einen Teil des Zweiten Weltkriegs verbrachte er in New York, und dort wurde er in das Theaterleben am Broadway eingeführt. Er erwarb die ausländischen Rechte an dem Erfolgsstück *Arsen und Spitzenhäubchen* und begann eine einträgliche Karriere, indem er vor allem Broadway-Stücke in Skandinavien und anderen europäischen Ländern produzierte. Es war das Werk eines Theaterkenners, nicht das eines schöpferischen Menschen.

Lars Schmidt war ein Mann, der immer nach dem Äußersten strebte, doch er suchte das nicht in der Religion oder in der Kunst, sondern in den Einzelheiten des Lebens. Er konnte selber keine Stücke schreiben, aber wachte äußerst gewissenhaft und detailgenau über ihre Produktion. In seinem privaten Leben mußte jede Mahlzeit richtig sein, jedes Handtuch an seinem Platz, jedes Blumenarrangement erlesen, jeder Aschenbecher sauber. Das Leben ist voll von schmutzigen Aschenbechern, und es verging kaum ein Tag, an dem er nicht endlose Frustrationen erlebte.

Der große Schmerz seines Lebens war nicht das Scheitern seiner ersten Ehe, sondern der Tod seines Sohnes, er hatte einen tödlichen Stromschlag erlitten, als er seine Finger in eine Steckdose steckte. Das war nichts, worüber Schmidt redete.

Im März reiste Ingrid Bergman mit ihm nach Schweden. Das Fischerboot aus dem Dorf Fjällbacka bahnte sich seinen Weg durch das Eis auf die Insel zu, die Schmidt kurz zuvor erworben hatte. Als das Boot sich der Insel näherte, sah sie, daß Danholmen kaum mehr als ein Felsen im Wasser war; ein Hektar Land, zwei große, flache Holzhäuser. Die Eiszeit hatte die felsige Oberfläche glattgeschliffen, daß sie wie Glas schien. Es gab dort nichts. Keine Elektrizität. Kein Telefon. Keine Nachbarn. Nichts als das Meer und der Himmel und die Felsen und die zwei Holzhäuser.

»Das Haus war in völliger Unordnung«, erinnert sich Lars Schmidt. »Es wurde ihr Haus so sehr wie meins.«[9]

Ingrid Bergman wollte noch nicht öffentlich darüber reden, daß sie Lars Schmidt heiraten würde. Doch als sie nach Göteborg zu seinem Familiengut zurückkehrten, fragten die Reporter ihn, wie es mit der Heirat sei. »Wir können es weder dementieren noch bestätigen«, sagte Lars Schmidt. »Das sagt doch eine Menge, oder?«

Sie waren beide Anfang Vierzig. Sie waren im selben Bereich beruflich tätig. Es war keine wilde Leidenschaft, na und. Sie wußte, wohin verrückte, impulsive Gesten führen konnten.

»Ingrid sagte: ›Du willst mich heiraten und ich will dich heiraten‹«, erinnert sich Lars Schmidt. »Sie sagte: ›Aber kein

Mann wird jemals imstande sein, die zweite Geige zu spielen.‹ Ingrid kannte ihre Stärke. Sie wußte, ein Mann würde ihr immer vorwerfen, daß sie an erster Stelle kam. Ich sagte: ›Du hast ein starkes Ego. Und ich vielleicht auch. Ich bin ziemlich erfolgreich, und du bist auch erfolgreich.‹«[10]

Ingrid Bergman glaubte, daß Lars Schmidt nicht nur äußerst aufrichtig war, sondern auch sehr unkompliziert[11], dabei war er ungeheuer kompliziert und durchaus fähig zur Unaufrichtigkeit. Sie glaubte, wie sie Steele schrieb, daß sie zum ersten Mal in ihrem Leben einen Liebhaber hatte, der nicht ichbezogen war. Ingrid Bergman wäre rücksichtslos über einen Mann mit normal ausgeprägtem Selbstbewußtsein hinweggegangen, es mochte ihr gefallen, zu behaupten, daß er bescheiden war; er war es in keiner Weise.

Ingrid Bergman konnte im katholischen Italien nicht geschieden werden. Bevor sie Lars Schmidt heiraten konnte, mußte ihre Ehe mit Rossellini für ungültig erklärt werden. Sie argumentierte, daß die mexikanische Eheschließung nicht legal gewesen sei. Im Juni 1958 erklärte das Gericht ihre Ehe für ungültig und sorgte damit für beträchtliche Kontroversen. Ein hochgestelltes Mitglied des Vatikans sagte gegenüber der Nachrichtenagentur *UPI:* »So weit ist es gekommen — zwei Menschen wenden zuerst jede rechtliche Strategie und Taktik an, um ihr Konkubinat zu rechtfertigen, und wenn die Sache vorbei ist, dann geben sie selber zu, daß die sogenannte Ehe null und nichtig war.«[12]

Die Annullierung der Ehe verursachte solchen Skandal bei den italienischen Konservativen, daß der römische Staatsanwalt im August Einspruch dagegen einlegte und Ingrid Bergman für eine Reihe von Monaten daran hinderte, sich legal wiederzuverheiraten.

Da es Probleme mit den Nationalchinesen gab, wurde *Die Herberge zur sechsten Glückseligkeit* nicht auf Formosa gedreht, sondern in Wales. Ingrid Bergman spielte ein englisches Dienstmädchen, Gladys Aylward, das beschließt, nach China zu gehen und die Chinesen zum Christentum zu bekehren. In *Europa '51* hatte sie eine Römerin aus dem Bürgertum gespielt, die losgeht, um den Armen zu helfen und entdeckt, daß es in der modernen Welt wenige Dinge gibt, die so schwierig sind, wie einem anderen wirklich zu helfen.

Im Hollywood der fünfziger Jahre war alles möglich, außer jedoch, die Rolle eines Chinesen mit einem Chinesen zu besetzen. Als viel besser wurde es da angesehen, einen todkranken Robert Donat den zynischen Mandarin spielen zu lassen, mit einem zynischen Mandarin-Bart und zynischen Mandarin-Augenbrauen. Curd Jürgens mimte den nationalchinesischen General. Er war immerhin Deutscher, exotisch genug. Der Film troff vor Güte: die gute Gladys führt hundert singende Waisenkinder über das Gebirge, und das in Technicolor. *Time* schrieb, der Film enthalte furchtbar viel »Sirup« und das Ganze wirke eher wie die Cecil B. DeMille-Version eines Schlafliedes.

Isotta und Isabella kamen ihre Mutter in Wales besuchen. Sie reisten wie reiche Zigeuner, von Ort zu Ort, von einem Elternteil zum anderen. *UPI* notierte: »Die Kinder haben ihre Zeit aufgeteilt zwischen Vater und Mutter in Rom, Paris, London, Wales und den Urlaubsorten an der italienischen Küste.«[13]

In Wales entschied Ingrid Bergman, daß es Zeit sei, den sechsjährigen Zwillingen zu erzählen, daß ihre Mutter plante, wieder zu heiraten. Was für jede Mutter schwierig gewesen wäre, war unendlich viel schwerer für die Frau von Roberto Rossellini.

Isabella und Isotta lebten in ihrer eigenen Welt, Scheidung und solche Dinge lagen außerhalb dieser Welt. Robertino war nicht besonders begeistert, aber selbst er tolerierte die Idee, daß seine Mutter mit Lars Schmidt zusammenlebte. »Ich war vielleicht ein wenig eifersüchtig«, sagt er. »Mein Vater war wütend. Es kann sein, daß er uns ein bißchen beeinflußt hat.«

In Paris fuhr Lars Schmidt Ingrid Bergman und die Kinder nach Choisel, eine Stunde von der Stadt entfernt. Er hatte dort ein Landgut gekauft und hoffte, sie würden dort alle zu Hause sein.

Rossellini verbrachte viel Zeit in Paris, wo Sonali versteckt lebte. Er empfand nur bittere Verachtung für Lars Schmidt. »Rossellini wußte nie meinen Namen«, sagte Lars Schmidt. »Er war so heftig. Es war nicht nur, weil Ingrid ihn verlassen hatte. Ich denke, ihm gefiel Schweden nicht und die Idee, daß ein anderer Mann Ingrid heiraten könnte.«[14]

Rossellini wollte nicht, daß Ingrid Bergman wieder heiratete, aber es war doppelt schmerzlich, daß es ein Mann wie der schwedische Produzent, ein Geschäftsmann auf dem Gebiet der Künste, sein würde. Er war mißtrauisch gegenüber einem Mann, der zusammen mit seiner zukünftigen Frau ein Gut in Choisel kaufte und die Papiere nur auf seinen Namen ausstellen ließ. Ingrid Bergman sagte, das sei nur geschehen, um die Sache vor der Presse geheimzuhalten, doch das war nur der Beginn, Lars Schmidt managte von nun an Ingrid Bergmans Finanzen. Beinahe die ganze Familie Rossellini meinte, daß Ingrid einen schrecklichen Fehler beging. »Einige glaubten, Lars sei kein schöpferischer Mensch und er sei nur ihres Prestiges und ihres Geldes wegen hinter Ingrid her«, sagt Franco Rossellini, Robertos Cousin. »Roberto schäumte vor Wut.«[15]

Rossellini mochte sich über Lars Schmidt bis in alle Ewigkeit beklagen und ihn verdammen, eine Tatsache blieb bestehen: nach einer gescheiterten Ehe ist die beste Rache überhaupt keine Rache; weiterzumachen, sich wieder zu verlieben und den Schmerz der Vergangenheit zu vergessen. Ingrid Bergman hatte genau das getan und Rossellini in seinen Problemen zurückgelassen. Er mußte sogar mitansehen, wie ihre neue Romanze in der Presse gefeiert wurde, ein Bild des lächelnden Paares auf dem Cover von *Paris Match*.

Rossellini befand sich jetzt in so verzweifelten finanziellen und beruflichen Schwierigkeiten, daß nicht einmal er die Probleme länger ignorieren konnte. Isabella, Isotta und Robertino dienten ihm als menschliche Antidepressiva und holten ihn aus seiner Verzweiflung heraus. Er begann mit Ingrid Bergman zu kämpfen, er wollte gern das Sorgerecht für die Kinder. Es spielte keine Rolle, daß er so viele Schwierigkeiten hatte und nicht wußte, wie er seinen Lebensunterhalt bestreiten sollte, und daß es schwierig für ihn sein würde, seinen Kindern das Heim zu geben, das sie brauchten. Er wollte sie, mehr noch, er brauchte sie.

Im Oktober holte Ingrid Bergman ihre Kinder und das Mädchen von einem Bahnhof in Paris ab. Rossellini war ebenfalls am Bahnhof, denn nachdem er sie in Rom in den Zug gesetzt hatte, war er nach Paris geflogen. Er bestand darauf, daß die Kinder mit ihm kämen und bei ihm im Hotel wohnten. Sie stritten miteinander, bis Rossellini Robertino ins Auto setzte und Ingrid Bergman mit den Zwillingen davonfuhr.

Einer, der an dem Tag dabei war, war Joe Steele. Er durchlebte schwere Zeiten. Ingrid Bergman war das Größte in seinem Leben als Presseagent gewesen, und er hatte nichts als Zeitungsausschnitte und Briefe und Erinnerungen. Er hatte kein Geld gespart, und in Hollywood bekam er bloß noch Jobs als einer von vielen, bei schnell heruntergedrehten Zehn-Tage-Filmen — er, Joe Steele, der einmal Pressechef bei David O. Selznick gewesen war, Vertrauter und Berater der großen Ingrid Bergman. Ein anderer könnte gemeint haben, daß Ingrid Bergman ihm etwas schuldig war. Nicht Steele. Statt dessen beschloß er ein Buch über sie zu schreiben. Er war Anfang Sechzig. Er hatte das unstete Leben eines Presseagenten geführt. Er hatte nie erfahren, wie es ist, wenn man für sich allein ein Buch schreibt. Monatelang saß er an der Schreibmaschine, die Ingrid Bergman ihm fünfzehn Jahre zuvor geschenkt hatte, er nahm sich fast zwei Jahre lang keinen einzigen Tag frei. Er geriet immer tiefer in Schulden.[16]

Es war ein Werk der Liebe, und Steele füllte die Seiten mit Ingrid Bergmans Briefen und privaten Gesprächen und Gedanken. Er wußte, er würde für eine Veröffentlichung ihre Erlaubnis brauchen, und als er fertig war, lieh er sich 500 Dollar und flog nach Paris. Ingrid Bergman las das Manuskript und sagte, es sei gut und es stimme auch alles; und schließlich wurde das Buch *Ingrid Bergman: An Intimate Portrait* veröffentlicht. Steele verdiente etwas Geld damit, wenn auch nicht annähernd soviel, wie er gehofft hatte, und während Ingrid Bergman ihm gegenüber freundlich blieb, verurteilte sie privat ihren ehemaligen Presseagenten, weil er Geld mit ihrem Leben verdiente.[17]

Ingrid Bergman wollte Rossellini und seine Probleme los sein. Sie wollte heiraten, sobald das rechtlich möglich war. Doch das Einspruchsverfahren schleppte sich hin, und Lars Schmidt unternahm etwas. »Ich traf einen englischen Anwalt«, erzählt er. »Er sagte: ›Wollen Sie heiraten oder nicht?‹ Er sagte, wir brauchten uns keine Sorgen zu machen über die rechtliche Situation. Ingrid wäre niemals eine Bigamistin. Und so beschlossen wir, es zu tun. Das war zu einer Zeit, als wir überall verfolgt wurden. Ein Journalist von *Paris Match* sagte, sie würden bei unserer Hochzeit dabeisein. Ich sagte, wetten wir doch.«[18]

Lars Schmidt gewann seine Wette, und er managte die Hochzeit mit dem gleichen Sinn für das Timing und die Details, den er auch bei seinen Theaterproduktionen bewies. Die Zeremonie fand am 21. Dezember 1958 um Viertel nach elf in der Caxton Hall in der Nähe von Westminster Abbey statt. Berühmte Leute bevorzugten diesen Ort für ihre Hochzeit, aber nicht an einem Sonntagmorgen. Das Gebäude war leer bis auf ein paar Wachmänner, draußen war kein Verkehr und es gab keine Zuschauer. Lars Schmidt hatte praktisch niemandem außer den Gästen davon erzählt. Die Gäste waren seine alten Freunde Göran und Marianne von Essen, sein Anwalt Ambrose Appelbe und die Bernsteins.

Nach einem Champagnerfrühstück im Connaught Hotel flogen die Neuvermählten mit den von Essens nach Paris. Als sie in Choisel ankamen, hatte Bernstein die Hochzeit im Fernsehen bekanntgegeben, und kurze Zeit danach wurden sie belagert. Reporter rüttelten an den Toren, kletterten auf die Mauern und versuchten sich gewaltsam Zutritt zum Haus zu verschaffen.

Lars wollte nicht Geisel in seinem eigenen Haus sein und rief die Polizei. Französische Gendarmen werden üblicherweise nicht gerufen, um Fotografen zu verscheuchen. Sie konnten nicht verstehen, warum Schmidt und Ingrid Bergman die Journalisten nicht einfach ihre Bilder machen ließen. Doch Lars Schmidt wollte an seinem Hochzeitstag keine Fotografen und Reporter sehen. Erst am nächsten Morgen wurden Aufnahmen von dem glücklichen Paar erlaubt.

Ingrid Bergman war sicher, daß dieses Mal ihre Ehe halten würde. Lars mochte ein wenig so aussehen wie Petter, aber er war tolerant und verständnisvoll, wie es ihr erster Mann ihrer Meinung nach nicht gewesen war. Er war auch nicht wie Rossellini, belastete sie nicht mit melodramatischen Auftritten, Schulden und Künstlerträumen. Dieses Mal hatte Ingrid Bergman alles durchdacht. Sie gab sich zufrieden mit etwas Realistischem; sie war sicher, sie würde es bekommen.

Auf den ersten Blick erschien Choisel wie Ingrid Bergmans Haus. Schmidt hatte die Räume mit Andenken an ihre Karriere und Gegenständen, die ihr gehörten, gefüllt. An den Wänden hingen zwei Gemälde von Ingrid Bergmans Vater: ein Selbstbildnis und ein Ölbild ihrer Mutter. Es gab ein Gemälde von ihr aus dem Film *Johanna von Orléans* und eine Bronze von ihr als Johanna aus der Zeit, als sie in *Johanna aus Lothringen* spielte. Auf einem Schreibtisch stand noch ein Andenken an ihre Karriere als Johanna: signierte Fotografien von Arthur Honegger und Paul Claudel, dem Komponisten und dem Librettisten von *Johanna auf dem Scheiterhaufen*. Außerdem waren signierte Fotografien von Ernest Hemingway und Maurice Chevalier zu sehen.

Trotz all der Erinnerungen an Ingrid Bergmans Karriere repräsentierte Choisel weitaus mehr Lars Schmidts Geschmack. Er war der Hausherr von Choisel. Ingrid Bergman glaubte, daß ihr Sauberkeit und Ordnung besonders viel bedeuteten, doch im Vergleich zu Lars war sie praktisch schlampig.

Eine Zeitlang hatte sie Freude daran, die Herrin von Choisel zu spielen und Schmidt all ihre Geschäfte verwalten zu lassen. Es gab auch noch ein kleines Appartement in Genf, das Ingrid Bergman erlaubte, nach schweizerischem Recht Steuern zu zahlen.

Dora Jane Hamblin, die für *Life* schrieb, verbrachte einmal ein Wochenende in Choisel. »Mein Eindruck war, daß es sich wirklich um eine Liebesaffäre zwischen Erwachsenen handelte«, erinnert sie sich. »Hätte man sie für die Nacht in getrennte Betten gesteckt, hätte sie das nicht aus der Fassung gebracht. Sie stellten ihre Zuneigung nicht zur Schau, aber sie fanden einander amüsant. Die Kinder waren auch da, und Lars kümmerte sich um die Kleinen. Sie behandelte die Kinder, als wären es Erwachsene, sehr kühl, während er nachsichtig war.«[19]

Lars Schmidt war der große Gastgeber, und es gab bei ihm »eine Skandinavientour mit Aquavit«, manchmal auch ein schwedisches Trinklied dazu. Anschließend ging es in die Sauna.

Lars Schmidt und Ingrid Bergman waren nicht die verwandten Seelen, die sie zu sein schienen. Wie schon ihre beiden früheren Ehemänner entdeckt hatten, hatte Ingrid Bergman etwas Unzugängliches an sich, und es gab vieles im Leben, woran sie absolut kein Interesse hatte. Lars Schmidt war ein Mann von hoher Intelligenz, und obwohl Ingrid Bergman die Stücke, die er produzierte, aufmerksam wahrnahm, gab es viele Dinge, über die sie nicht sprechen konnte. Er setzte sie manchmal herab, selbst in Gegenwart von Gästen. Er fand es zwar sehr hilfreich in seinem Beruf, sie als Frau zu haben, doch fühlte er sich ganz und gar nicht wohl bei all der Publicity.

»Wir haben zu sehr im Rampenlicht gestanden, aber ich denke, Ingrid gefiel die Publicity in gewisser Weise«, sagt Lars Schmidt.[20] Sie gab es niemals zu; sie spielte immer die Spröde, die verschreckt ist von soviel Aufmerksamkeit. Aber konnte es ein deutlicheres Anzeichen für ihren Ruhm geben, als daß jeden Sommer ein und dieselbe Dame aus Belgien die Ferien über vor Choisel kampierte? Und hatte die Presse nicht von neuem ihre Ehe in Artikeln über das liebende Paar sanktioniert?

Manchmal war die Presse ein Ärgernis, aber für Ingrid Bergman kein größeres Problem als rauhe See für einen Seemann. Selbst ihre Kinder, besonders Robertino und Isabella, lernten allmählich, Fotografen und Reporter als selbstverständlichen Teil des Lebens zu empfinden. »Ich bin vielleicht ehrlicher als die anderen, aber ich denke, Mutter und Vater haßten die Publicity und genossen sie zugleich«, sagte Isabella Rossellini. »Ich habe das selber gespürt. Wenn sie nicht da ist, ist das erschreckend. Man verliert seinen sozialen Status. Ganz plötzlich hat man Angst, in ein Restaurant zu gehen. Irgendwie befürchtet man, daß man jetzt nicht mehr verwöhnt wird. Und das ist ein sehr erschreckendes Gefühl. Und ich glaube, daß die ganze Familie das hatte.«[21]

In Choisel war Ingrid Bergman zu weit entfernt von dem geschäftigen Treiben der Fotografen, vom freudigen Kopfnicken als Zeichen, daß man sie erkannte, vom Leben auf den Straßen, von den Menschen und dem Gelächter und dem Betrieb auf den Boulevards. Choisel war langweilig. Lars Schmidt behandelte Ingrid Bergman wie ein kostbares Kunstobjekt. Er war häufig auf Reisen. »Trennung ist nicht gut«, sagt er. »Es war schon erstaunlich, wie sie mit allem umging. Sie kam nach einem Film zurück nach Choisel und sagte: ›Ich sitze hier jetzt seit zehn Tagen. Ich kann hier draußen nicht rumsitzen.‹ Ich hatte eine Menge zu tun. Ich hätte mehr dort sein sollen. Sie hätte dort sein sollen.«[22]

Ingrid Bergman genoß die Ausflüge nach Paris, wenn sie in die Oper gingen, zu Theaterpremieren, zu Dinnerparties. Man brauchte zwar nur eine Stunde von Choisel bis Paris, aber die Stadt mit ihrem Leben und ihren Aufregungen lag doch Welten entfernt. In Choisel konnte Ingrid Bergman nicht spazierengehen wie sie es liebte, die Straßen entlangschlendern, in Schaufenster sehen, in unbekannte Gesichter blicken. Sie hatte keine Freunde, mit denen sie sich schnell zum Essen verabreden konnte. So sehr sie Choisel für kurze Zeiträume schätzte, noch mehr genoß sie es, wegzufahren. Und allmählich, ganz allmählich, wurde sie eine Ehefrau für besondere Gelegenheiten, wie sie bereits eine Mutter für besondere Gelegenheiten war.

Ingrid Bergman hätte noch aus anderen Gründen besser in Paris gelebt. Im Januar 1959 gab es eine vorläufige gerichtliche Entscheidung zu ihren Gunsten, die ihr das Sorgerecht für die drei Kinder zusprach. Es hieß in dem Gerichtsentscheid allerdings, daß die Kinder eine italienische Schule in Paris besuchen müßten. Der Vater sollte das Recht haben, die Kinder am Wochenende zu besuchen. Um sicherzustellen, daß die Kinder Frankreich nicht verließen, wurden ihre Pässe dem Richter übergeben.[23]

Ingrid Bergman befand sich in einem Dilemma, in dem sich geschiedene Eltern üblicherweise befinden: wie man sowohl dem neuen Eheparner als auch den Kindern aus der früheren Ehe treu ist. Rossellini machte es noch besonders schwierig. Er konnte es kaum über sich bringen, auch nur Lars Schmidts Namen zu erwähnen. Er konnte die Vorstellung nicht ertragen, daß die Kinder bei ihm waren.

In einem Brief an Ingrid Bergman schrieb er, wenn die Kinder in Rom seien, »sehen sie nicht diesen Fremden und sie sind glücklicher, und bei mir fühlen sie sich sowieso immer wohler«.

Es war unvermeidlich, daß Rossellini auf Lars Schmidt eifersüchtig wurde und sich sorgte, daß er ihm die Kinder abspenstig machen könnte. Und doch war es auffallend, wie kleinlich und rachsüchtig er sich Ingrid Bergman und Schmidt gegenüber verhielt.

Nichts bereitete ihm größeres Vergnügen, als wenn Robertino, Isabella oder Isotta ihm von irgendeinem kleinen Streich erzählten, den sie Lars gespielt hatten, oder wenn sie sich gestritten hatten.

Ingrid Bergman kämpfte für das Sorgerecht für ihre Kinder, war aber nicht bereit, Opfer zu bringen. Die Kinder konnten unmöglich in Choisel leben und anderthalb Stunden zur italienischen Schule fahren. Eine andere Mutter hätte darauf bestanden, daß die Familie nach Paris gezogen wäre. Statt dessen mietete Ingrid Bergman für die Kinder eine Suite im Raphaël, wo sie dann mit Elena, dem Mädchen, wohnten. Da Rossellini die Kinder häufig am Wochenende besuchte und sie sonst den ganzen Tag in der Schule waren, sah Ingrid Bergman verhältnismäßig wenig von ihnen.

Die Kinder glaubten nicht, daß sie litten. »Wir lebten im Hotel, und manchmal sind wir in ein billigeres umgezogen«, erinnert sich Isabella Rossellini. »Ich freute mich immer auf den Besuch in Choisel. Wir konnten auf den Bauernhof nebenan gehen zu den Kühen. Ich kam nach Hause und roch nach Kuh. Mutter hat es uns nicht verboten. Sie wusch uns einfach.

Es war keine gefühlsmäßig schwierige Zeit. Ich dachte, daß Vater jedes Wochenende käme, um uns zu besuchen. Aber Vater hatte auch Sonali in Paris. Sie war schwanger und versteckte sich in Paris. Vater sagte nicht geradeheraus, daß er eine andere Beziehung hatte. Ich denke, daß er und Mutter in einem emotionalen Streß waren.

Das einzige Mal, daß ich das spürte, war, als Vater uns erzählen mußte, daß er eine andere Frau und eine andere Familie hatte. Ich bekam richtig Angst, weil ich nicht wußte, was er uns erzählen wollte. Er zitterte, suchte nach Worten. Vater hatte viel mehr Schwierigkeiten sich auszudrücken als Mutter. Mutter konnte sich beherrschen. Ich glaube nicht, daß sie ein schlechtes Gewissen hatte, weil sie Lars heiratete. Vielleicht hatte mein Vater ein schlechtes Gewissen.«[24]

Rossellinis Schuldgefühl war allerdings nicht so ausgeprägt, daß er meinte, seinen Unterhaltszahlungen nachkommen zu müssen. Er führte den Rechtsstreit um das Sorgerecht weiter und beschränkte seine Freigebigkeit auf extravagante Geschenke. Ein Wochenende kam er mit einem kleinen Affen für seine Töchter an. Das Management des Raphaël betrieb ein Hotel und keine Menagerie, und der Affe wurde nach Choisel verfrachtet, wo Lars Schmidt die angenehme Aufgabe hatte, für Rossellinis Geschenk zu sorgen. Ein anderes Mal kam er mit einem lebendigen Känguruh. Das war selbst für Choisel zuviel, und das Tier wurde mit der Bahn nach Rom in einen Zoo geschafft.[25]

Die Kinder kamen nicht darauf, daß die Geschenke ihres Vaters extrem unpraktisch waren. Sie wußten nur, daß sie einen Vater hatten, der so außergewöhnlich war wie jedes seiner Geschenke, ein Zauberer, der ihnen Freude und Aufregung brachte und der so plötzlich verschwand wie er erschienen war. Natürlich war ihnen nicht klar, wie sehr er sich in seinem Beruf abmühte.

Im April 1959 flogen Ingrid Bergman und Lars Schmidt nach Hollywood, um an der Oscar-Verleihung teilzunehmen und einige Parties zu besuchen. Nach dem weltweiten Erfolg von *Anastasia* und jetzt auch der *Herberge zur sechsten Glückseligkeit* war Ingrid Bergman wieder ein ganz großer Kassenmagnet. Hundert Reporter und Fotografen erwarteten sie bei ihrer Ankunft am 3. April, fast auf den Tag genau zehn Jahre nachdem sie Hollywood verlassen hatte. Daß die Zeiten sich geändert hatten, zeigte sich an den Reporterfragen: War sie schwanger? Ingrid Bergman sagte, sie hoffe, das Kind, das Lars sich wünsche, zu bekommen, aber: »Das ist etwas zwischen Gott, meinem Mann und mir selbst. Und überhaupt, ich denke nicht, daß ich es der Presse sagen sollte, bevor ich es meinem Mann erzähle.«[26]

Ingrid Bergman genoß es, in Hollywood zu sein und alte Freunde wiederzusehen. Sie war voller Verachtung für Hollywood und seinen Lebensstil fortgegangen, aber sie liebte die Aufmerksamkeit und Verehrung, die einem hier zuteil wurden.

Pia kam mit dem Flugzeug aus Nordkalifornien, wo sie am Mills College studierte. Sie war jetzt eine atemberaubende Blondine, und der Repräsentant ihrer Mutter, der sie vom Flughafen abholen sollte, erkannte sie nicht. Er brachte Pia ins Beverly Hills Hotel, wo Ingrid Bergman und Lars Schmidt ein Cottage bewohnten.

»Wir gehen auf Parties, Parties«, sagte Ingrid Bergman, »und Jenny wird bei uns sein.« Pia bestand darauf, daß jeder sie Jenny nannte. Sie nahm an der Oscar-Verleihungszeremonie teil, wo Ingrid Bergman den Oscar für den besten Film des Jahres 1958 Arthur Freed, dem Produzenten von *Gigi (Gigi)*, überreichte.

»Es ist so herzerfreuend, wenn einem ein solcher Empfang bereitet wird«, sagte sie, als der Applaus für sie schließlich abebbte. »Ich fühle, daß ich zu Hause bin. Ich bin so tief dankbar.«

Danach gab es eine Party und zu ihren Ehren ein großartiges Essen für 200 Leute, zu dem Buddy Adler von der 20th Century-Fox einlud. Und dann waren Ingrid Bergman und Lars Schmidt fort und Pia wieder auf dem College. Ihre Ferien verbrachte sie bei der Familie ihres Vaters in ihrem neuen Haus in San Francisco, wo Lindström jetzt als Neurochirurg arbeitete.

Nach Paris zurückgekehrt, führte Ingrid Bergman ihren Kampf mit Rossellini um die Kinder weiter. Im April ersuchte sie das Gericht in Italien, es möge Rossellini dazu veranlassen, neun Millionen Lire Unterhalt für die Kinder nachzuzahlen und regelmäßige Zahlungen von 600 000 Lire im Monat zu leisten. Im September flog sie nach Rom, wo die Kinder den Sommer bei ihrem Vater in Santa Marinella verbrachten. Da sah sie Rossellini zum ersten Mal seit ihrer dritten Heirat wieder, vor dem Gerichtsgebäude. »Warum können wir nicht Feunde sein, wie wir es immer waren?« fragte Rossellini, als sie in den Gerichtssaal gingen. Ingrid Bergman lächelte ein wenig und streckte ihre Hand aus.

Dem Richter erzählte Rossellini dann, daß Ingrid Bergman eine »Bigamistin« sei, weil sie wieder geheiratet habe, während die Annullierung ihrer Ehe noch fraglich war. Als Ingrid Bergman den Gerichtssaal zwei Stunden später verließ, waren ihre Augen rot vom Weinen. Sie ging allein den langen Korridor hinunter und konnte ohne die Hilfe eines Polizisten nicht einmal den Ausgang finden. Sie hatte gewonnen, Rossellini hatte nicht das Sorgerecht für die Kinder erlangen können, aber um den Preis von Konfrontation und Schmerz.[27]

Bald danach flog Ingrid Bergman aus Rom ab und dann mit Lars Schmidt nach New York, um in ihrer ersten Fernsehproduktion aufzutreten, in *Bis zum Äußersten (The Turn of the Screw)* von Henry James. Sie spielte eine englische Gouvernante, die ihren beiden Schützlingen Englisch beibringt. »Man stelle sich vor, ich werde als Gouvernante engagiert, um Englisch zu unterrichten!« sagte sie, als sie im Hotel Edison probte. Sie arbeitete hart mit dem Regisseur John Frankenheimer, und sie freute sich über ihre freie Zeit in Manhattan. Sie ging den Broadway hinauf und hinunter und suchte nach Scherzartikeln für die Kinder: nachgemachte Fliegen, Grusel-Zähne, Hörner, die man sich an die Stirn kleben kann.[28] Die Produktion wurde an einem Abend aufgenommen, es dauerte lange, bis in die Morgenstunden hinein. »Es ist nicht gut!« rief Ingrid Bergman nach der vierten Aufnahme.[29] Als die Sendung bei NBC gezeigt wurde, dachten die Kritiker anders darüber, und Ingrid Bergman gewann später einen Emmy für die beste dramatische Darstellung einer Schauspielerin.

In der zweiten Oktoberwoche war sie wieder in Rom, um die Kinder mit nach Paris zu nehmen. Als sie anrief, um die endgültige Vereinbarung zu treffen, erfuhr sie, daß Rossellini die Kinder heimlich aus Santa Marinella weggebracht hatte und sich weigerte, sie herzugeben. Die Kinder waren von klein auf Publicity gewöhnt, und sie benahmen sich, als ob dieses Spektakel ein Teil des Alltagslebens wäre.

»Ich sehe nicht ein, wieso ich gezwungen werden sollte, meine Kinder an Ingrid zurückzugeben, die mit einem Mann lebt, den sie nicht ausstehen können«, erzählte Rossellini einem Reporter.[30] Er konnte dafür, daß er die Kinder bei sich behielt, für drei Monate ins Gefängnis geschickt werden. Nach einem Gerichtsbeschluß sollte er die Kinder bis zum 15. Oktober, siebzehn Uhr, hergeben. Um fünf Minuten vor fünf rief er Ingrid Bergman an und gab ihr eine Adresse in der Via Bruno Buozzi, gegenüber der Wohnung, wo sie einst gewohnt hatten. Rossellini übergab Robertino, Isabella und Isotta ihrer Mutter, die Anwälte beider Parteien paßten auf. Ein *UPI*-Fotograf hielt das Ganze mit Teleobjektiv fest.

Rossellini war noch nicht bereit aufzugeben. Er liebte seine Kinder über alles. Er wollte, daß sie als Italiener aufwuchsen. Wie er es sah, hatte er alles an Ingrid Bergman abgetreten, es waren ihm nur die Kinder geblieben. Er schickte ein Telegramm an die Polizei und protestierte dagegen, daß Robertinos Paß Ingrid Bergman ausgehändigt worden war. Das sei unzulässig, beschwerte er sich, weil ihr Name nicht auf der Geburtsurkunde des Jungen erwähnt war. Aus dieser Geste sprach ungeheuer viel Verachtung für eine Frau, die ihm ein uneheliches Kind geboren hatte. Rossellini war jedoch nicht berechtigt, seinen Sohn von seinen Töchtern zu trennen, und Ingrid Bergman und die drei Kinder flogen am 16. Oktober 1959 aus Rom ab.

Rossellini setzte den Kampf vor Gericht fort. Ingrid Bergman wehrte sich, es folgte Enthüllung auf Enthüllung. Sie beschuldigte ihn, der Vater von Sonalis zweijähriger Tochter zu sein. Ihre Anwälte legten dem Gericht einen Brief vor, den er aus Indien geschrieben hatte und in dem er seine Beziehung mit Sonali zugab.

Im Juni 1960, als der Streit um das endgültige Sorgerecht noch andauerte, erklärte das Gericht die Rossellini-Ehe formell für ungültig.

Im Sommer nahmen Ingrid Bergman und Lars Schmidt die Kinder zum ersten Mal mit auf ihre Insel. Anfangs war es schwer für Ingrid Bergman, nach Schweden zurückzugehen. Sie empfand Bitterkeit, wie man es nur einem Blutsverwandten gegenüber verspüren kann. Die Erinnerung an ihren Empfang in Stockholm während der Aufführung des Oratoriums *Johanna auf dem Scheiterhaufen* schmerzte noch immer. Doch je länger sie mit Lars Schmidt lebte und je häufiger sie nach Danholmen kam, desto mehr versöhnte sie sich mit ihrem Land.

Der beliebteste Monat für Sommerferien in Schweden ist der Juli, und im Juli kamen sie nach Danholmen. Rossellini hatte den Kindern lauter Geschichten erzählt über die bizarren Bräuche der Schweden, und so sehr sie sich darüber freuten, ihre eigene Insel zu haben, waren sie doch etwas vorsichtig in Lars Schmidts Nähe.

»Jeder schwamm nackt«, erinnert sich Isabella Rossellini. »Aber Lars ging hinter einen Felsen, um seine Badehose auszuziehen. Ich krabbelte hinauf und guckte zu. Als ich das nächste Mal meinen Vater sah, erzählte ich ihm, um ihm eine Freude zu machen, daß Lars einen Penis wie ein Schweineschwanz hätte. Er lachte und lachte, und jedes Mal, wenn Gäste kamen, mußte ich die Geschichte wieder erzählen.«[31]

Als die Kinder Rossellini von Schmidts neuem Boot erzählten, da beschloß er, ein eigenes Boot für seine Kinder zu kaufen. Aber es war ein trauriges altes Schiff, und als er die Kinder mit aufs Wasser nahm, begann der Motor zu stottern und zu husten und ging dann ganz kaputt.

Obwohl Ingrid Bergman das Sorgerecht für Robertino, Isabella und Isotta hatte, schickte sie die Kinder im Herbst nach Italien zu ihrem Vater. Sie filmte wieder, in Paris, sie spielte eine Hauptrolle in der Verfilmung von Françoise Sagans Roman *Lieben Sie Brahms? (Aimez-vous Brahms?).* »Ich hätte nur wenig Zeit für die Kinder, da wir mittags anfangen, bis sieben arbeiten und uns dann die erste Kopie ansehen«, erzählte sie Hedda Hopper.[32]

Das stimmte schon; aber es war deutlich, daß Ingrid Bergman mehr symbolisch an dem Sorgerecht für die Kinder interessiert war als an den täglichen Verpflichtungen. Muttersein war eine Rolle für sie, die sie zwischendurch spielte, zwischen ihren großen Rollen im Film und auf der Bühne.

Ingrid Bergman verkörpert in *Lieben Sie Brahms?* die Innenarchitektin Paula Tessier, eine Frau mittleren Alters, die mit dem alternden Lebemann Roger Demarest, gespielt von Yves Montand, liiert ist. Sie fängt eine Beziehung an mit dem fünfzehn Jahre jüngeren Philip Van der Besh (Anthony Perkins). Am Ende ist sie von beiden Männern verlassen, und sie starrt in ihr einsames alterndes Gesicht im Spiegel.

Yves Montand war in Frankreich als Sänger berühmt, aber er hatte Mühe mit dem Englischen und mit dem Spielen. Anthony Perkins galt als einer der vielversprechendsten jungen Bühnen- und Filmschauspieler in Amerika. Ingrid Bergman wußte sehr gut das Talent anderer Schauspieler zu beurteilen und sie erkannte, daß Perkins so stark war, daß er ihr »die Schau stehlen« konnte.[33] Perkins seinerseits nannte Ingrid Bergman zwar sein »Idol«, doch er ging in den Film, wie ein Boxer gegen den Champion in den Ring steigt. »Ich wollte auf meinen Füßen bleiben«, sagte er.[34]

Schauspieler wetteifern miteinander nicht wie Boxer, sondern wie Tänzer, die Schritte und Bewegungen des einen sind eng verbunden mit denen des anderen. Bald nach der Fertigstellung des Films erzählte Perkins einem Reporter, daß Ingrid Bergman bei seiner Ankunft in Paris gesagt habe: »Sie sind also Tony Perkins. Ich höre, Sie sind ziemlich gut. Ich nehme mich wohl besser in acht vor Ihnen.«

Perkins erinnert sich, daß »Ingrid darüber zu reden begann, wie sie als Schauspielerin ihr Ich immer aus der Sache heraushielt. Sie hatte mal in einem Stück gespielt und ging zu jemandem hin und sagte: ›Ich höre, es kann sehr schwer sein, mit Ihnen zu arbeiten, Sie sind sehr ehrgeizig und wollen die anderen übertreffen — ich arbeite nicht so.‹ Ich war ihr dankbar für ihre Freimütigkeit und daß sie als erste geredet hatte — es reinigte die Luft so wunderbar«.[35]

Ingrid Bergmans Geschichte war möglicherweise erfunden, aber sie stellte sicher, daß in *Lieben Sie Brahms?* so sehr nach ihrer Musik getanzt wurde wie nach Perkins'. Bald danach, vor ihrer ersten Kußszene im Film, rief Ingrid Bergman Perkins zu sich in die Garderobe.

»Das braucht Zeit, das mit dem Küssen«, sagte sie mit äußerst professioneller Stimme. »Es könnte danebengehen. Am besten, wir üben es.«

Jahre später sprach Perkins in einem ausführlichen Interview mit einem Reporter von *People* davon, wie Ingrid Bergman versucht habe, ihn zu verführen. »Eine Affäre wäre ihr sehr recht gewesen«, wurde er zitiert. »Jeden Tag bat sie mich in ihre Garderobe, um eine Liebesszene zu üben. Ich blieb immer in der Nähe der Tür stehen, und die ließ ich offen.«[36] Perkins behauptet jetzt allerdings, er sei »vermutlich ohne Absicht entstellt zitiert« worden.[37]

An einem der Drehtage unterbrach Anatole Litvak, der Regisseur, die Arbeit bis zum Abend, um dann Außenaufnahmen in den Straßen von Paris zu machen. Ingrid Bergman und Perkins gingen zum Essen in ein kleines Bistro. Danach schlenderten sie zurück zu dem Ort, wo die Außenaufnahmen stattfanden. Als sie um die Ecke bogen, konnten sie die Kameras sehen und das Team und all die Lichter; es glühte im Dunkeln wie ein Herdfeuer.

Ingrid Bergman begann schneller zu gehen.

»Was ist los?« fragte Perkins.

»Sieh dir das an«, sagte sie und zeigte auf die Szene vor ihnen. »Das ist alles für mich.«[38]

Der Film war ein großer Erfolg in Europa und ein großer Mißerfolg in den Vereinigten Staaten. Auf jeden Kritiker, der Ingrid Bergmans »unzerstörbare seelische Grazie« erwähnte oder ihr »Mitgefühl und ihre Würde«, kam ein anderer, der in den höchsten Tönen von Perkins sprach. »Natürlich kann niemand Miss Bergman völlig in den Schatten stellen«, notierte die *Saturday Review,* »und sie zieht einige Register bei dem Versuch, mit dem erstaunlichen Mr. Perkins zu konkurrieren.«

Ingrid Bergman und Lars Schmidt waren beide außerordentlich beschäftigt. Er hatte die europäischen Rechte an *My Fair Lady* erworben, was so einträglich war wie eine Ölquelle in Kuwait. Er hatte jedoch die Zeit, die Produktionsleitung bei Ingrid Bergmans zweiter amerikanischer Fernsehproduktion zu übernehmen, *Vierundzwanzig Stunden aus dem Leben einer Frau (24 Hours in a Woman's Life)*, nach Stefan Zweig.

Wenn die Zeichen nicht trogen, war Lars Schmidt weit besser darin, amerikanische Musicals wiederaufzupolieren als Projekte für seine Frau zu produzieren. Das stundenlange Drama erhielt fast durchgängig fürchterliche Kritiken. *Variety* kolportierte das Gerücht, daß fast eine halbe Million Dollar für das Projekt vergeudet worden sei.

So langweilig das Stück war, das Publikum wußte, daß es etwas sah, das ernst gemeint war. Ingrid Bergmans Karriere in

Amerika hatte den Punkt erreicht, wo ihr Name nicht mehr »Skandal« bedeutete, sondern »Kultur«. Sie unterzeichnete eine Vereinbarung mit dem amerikanischen und britischen Fernsehen über Stücke, die von Lars Schmidt und David Susskind produziert werden sollten.

Ihre erste Rolle nach diesem Vertrag war Ibsens *Hedda Gabler*. Die Produktion wurde zuerst von der BBC in England und dann in den Vereinigten Staaten von CBS gezeigt. Ingrid spielte mit einer billanten englischen Besetzung zusammen, unter ihnen Michael Redgrave, Ralph Richardson und Trevor Howard. Sie übernahm die Rolle auch 1962 am Théâtre Montparnasse in Paris, mit ebenfalls hervorragenden französischen Schauspielern (Claude Dauphin, Jean Servais und Jacques Dacomine).

Sie hatte sich nie sehr hingezogen gefühlt zu den düsteren Stücken ihrer skandinavischen Landsleute Ibsen und Strindberg. Doch die Hedda Gabler ist eine der großen weiblichen Rollen im modernen Theater.

Hedda Gabler ist eine zeitgenössische Lady Macbeth, gefangen in ihrer weiblichen Rolle. All ihre Manipulationen dienen nicht dazu, Königreiche zu erwerben, sondern sollen ihren Überdruß und ihre Langeweile lindern. Um eine große Hedda sein zu können, hätte Ingrid Bergman die Tür zu ihrem eigenen Inneren öffnen und hinter den Schatten in der Finsternis nach Selbsterkenntnis suchen müssen. Doch sie war jemand, der seine eigene Vergangenheit floh, als ob die Finsternis sie überwältigen und verschwinden lassen könnte. Ihre Hedda war oberflächlich und unglaubwürdig, es mangelte ihr an Energie, Wagemut und Tiefe.

Ein französischer Kritiker schrieb, Ingrid Bergman sei »offensichtlich zu sympathisch, um eine böse Frau zu spielen«. Und Jack Gould stellte in der *New York Times* die rhetorische Frage: »Aber was ist mit der Hedda, der Verkörperung des Bösen und der Zerstörung, die eine wachsende Spannung erzeugt, die fast unerträglich sein sollte? Im Fernsehen war Hedda zu sehr die leidende Kinoheldin und nicht genug jenes Ibsensche Wesen, das kalt und verschlagen sein böses Tun auch noch auskostet.«

Ingrid Bergman erreichte jetzt ein Alter, in dem viele Schauspielerinnen in ihre beruflichen Wechseljahre kommen. Sie war ein großer Kinostar, aber schließlich keine dramatische Schauspielerin mit jahrelanger Erfahrung am Theater. Die Zuschauer waren gewohnt, sie in romantischen Rollen zu sehen, in denen sie erstaunlich jung und schön aussah. Sie wurde sich ihrer äußeren Erscheinung bewußter als früher, und der begabte Makeup-Künstler John O'Gorman wurde ihr unentbehrlich.

Es war Anthony Quinn, der mit der nächsten Rolle zu Ingrid Bergman kam.[39] Sie kannten sich seit den alten Hollywood-Zeiten. Damals hatte sie ihn eines Tages getroffen, als sie Ovomaltine in einem Drugstore trank. Er war zu der Zeit ein Schauspieler auf dem Weg nach oben. In Rom hatten sie sich dann häufiger gesehen, als er in Fellinis *La Strada* einen großen Erfolg feierte.

Jetzt war Quinn ein großer Star. Er bewunderte Ingrid Bergman immer noch ungeheuer, auch wenn er wußte, daß sie in einem Alter war und in einem Stadium ihrer Karriere, wo die Auswahl an Filmrollen nicht mehr groß war. Er freute sich, daß Ingrid Bergman sich einverstanden erklärte, mit ihm in dem Film *Der Besuch (The Visit)*, zu spielen, nach Dürrenmatts *Besuch der alten Dame*. Es hatte einige Jahre Verhandlungen und Diskussionen über das Drehbuch gegeben. Es ist eine Rolle, die jede Schauspielerin mittleren Alters brennend gern spielen würde. Die Karla Zachanassian (wie sie im Film heißt) war eine Rolle, die beinahe so viele Möglichkeiten bot wie die Hedda Gabler.

In der Bühnenfassung hatte Lynn Fontanne einen überwältigenden Erfolg damit gehabt. Karla wird in ihrer Jugend verführt und in die Prostitution getrieben, auf der Suche nach Rache kehrt sie in ihre kleine Heimatstadt zurück. Serge Miller, der sie damals verführt hat, ist der führende Kaufmann der Stadt, und Karla ist eine der reichsten Frauen der Welt. »Die Welt hat mich zur Hure gemacht«, erklärt sie. »Jetzt werde ich die Welt in ein Bordell verwandeln.« Sie wird den Leuten in der Stadt ein Vermögen geben, wenn sie Serge verfolgen, verurteilen und hinrichten. Wie Dürrenmatt es sieht, ist Prostitution nur eine Sache des Preises, und seine Mitbürger verurteilen Serge zum Tode.

Aus *Der Besuch* hätte ein guter Film werden können. Doch, wie Quinn sich erinnert: »Ingrid flehte mich an, keine alte Dame aus ihr zu machen. Aber ich dachte, es würde ihr nur als Verdienst angerechnet werden, als Schauspielerin, wenn sie als die schönste Frau der Welt die häßlichste Frau der Welt spielte. Ich sagte: ›Schönheit ist nicht nur das Gesicht. Eine Frau kann sehr schön sein und sehr häßlich sein, weil die Häßlichkeit aus der Seele kommt.‹ Aber sie entschied sich, die Rolle sympathisch zu spielen, und ich hätte alles dafür gegeben, den Film mit ihr zu machen. Also machten wir den Film, und es war nicht mehr das Stück. Es war irgend etwas anderes geworden.«[40]

Ingrid Bergman machte es bei Quinn, wie sie es so häufig bei ihren Partnern und Regisseuren gemacht hatte: sie ging eine Liebesbeziehung mit ihm ein. Und Anthony Quinn war bald nicht mehr Anthony Quinn. Es war schon seltsam; er, ein Schauspieler, der animalische Vitalität zu verkörpern schien, ein Mann, den keine Frau herumkommandieren konnte — bis Ingrid Bergman kam.

»Wenn man jemanden zu sehr mag, dann ist das so, als ob das Pferd dich reitet, und nicht du das Pferd«, sagt Quinn. »Ich mochte Ingrid Bergman so sehr, daß ich meine Identität zu verlieren schien. Ich kämpfte nicht für meine Identität. Sie war so dominant. Sie war zu stark für den Durchschnittsmann. Sie war sogar zu stark für Lars Schmidt.

Ich glaube nicht, daß Ingrid dominieren wollte, aber sie war eine solch enorme Persönlichkeit, daß sie alles um sich herum beherrschte. Von den Leuten, die mit ihr arbeiteten, überlebten nur diejenigen, bei denen klar war, daß es keine Romanze mit ihnen gab. Sie konnten oben bleiben, weil es ihnen gleichgültig war. Aber jeder, der sie mochte — den übernahm sie. Ich würde sagen, mich in Ingrid Bergman zu verlieben, wäre eine Tragödie gewesen, denn wenn man eine Frau nicht kontrollieren kann oder nicht wenigstens gleich mächtig ist, ist das eine unmögliche Situation.«

Während der Dreharbeiten zu *Der Besuch* in Cinecittà vor den Toren Roms bemerkten auch andere die Anziehung zwischen den beiden Stars. »Irgendwann im Laufe des Films, wenn die Liebesszene kommt, gingen sie weg und aßen gemeinsam, und man hatte den Eindruck, sie verbrachten viel Zeit zusammen«, sagt Mark Nichols, der als Presseagent bei diesem Film dabei war. »Sie haben sich ziemlich mit der Rolle identifiziert.«[41]

Der Besuch wurde zu einem der schlimmsten Fehlschläge in

Ingrid Bergmans Karriere. »Auf den Filmfestspielen in Cannes kritisierten die Kritiker ihre Darstellung, und das Publikum schauderte«, schrieb Leonard Mosley im Londoner *Daily Express.* »Kann der einst goldene Name Bergman Kinogeher noch einmal berühren? Oder ist dies der Moment der Wahrheit auch für sie — wie es einst für Greta Garbo, Joan Crawford, Bette Davis war? Ihnen glückte nichts mehr, und sie hörten auf — die Garbo für immer, Joan Crawford und Bette Davis, bis sie neue Rollen als alternde Horrorfilm-Darstellerinnen fanden. Ich kann mir die Bergman nur schwer als mörderische alte Dame vorstellen, Sie etwa?«[42]

Noch bevor *Der Besuch* anlief, drehte Ingrid Bergman in London einen weiteren Film, *Der gelbe Rolls-Royce (The Yellow Rolls-Royce).* Der Film bestand aus drei Episoden, jede mit anderen Stars, sie spielte in der letzten. Sie ist in dem Film eine hübsche amerikanische Witwe, die Anfang 1941 in Jugoslawien einen Widerstandskämpfer (Omar Sharif) trifft.

Ingrid Bergman war auf der Leinwand immer noch reizend anzuschauen, und es erschien nicht gänzlich lächerlich, daß der jugendliche Partisan die Deutschen für eine Weile vergaß und sich die Witwe auf dem Rücksitz des Rolls gefügig zu machen versuchte.

Der Kritiker des *London Sunday Telegraph* bemerkte, *Der gelbe Rolls-Royce* »wirkte weniger wie ein Film als wie eine Investition, beladen mit allem, was Geld kaufen kann«. Auf dem Markt war Ingrid Bergman noch immer oben, sie bekam 275 000 Dollar Gage. Das war mehr als Jeanne Moreau erhielt (67 660 Dollar), George C. Scott (75 000 Dollar), Rex Harrison (240 000 Dollar), Omar Sharif (75 000 Dollar) oder Alain Delon (99 000 Dollar). Der neueste Star, Shirley MacLaine, bekam 560 500 Dollar, mehr als doppelt soviel wie Ingrid Bergman. Sie hatte großmütig zugestimmt, daß die weiblichen Stars im Vorspann in alphabetischer Reihenfolge aufgeführt würden, aber ihr Name stand ja sowieso an erster Stelle. Sie hätte lieber darum bitten sollen, ihn zu löschen, denn der Film war ein völliger Fehlschlag, »schrecklich« nannte ihn der *New Yorker.* Die Produzenten hatten einen teuren Kommerzfilm gemacht. Sie hatten Ingrid Bergman 275 000 Dollar für die Arbeit eines Monats bezahlt. Es sollte eine Weile dauern, bevor ihr wieder jemand so viel Geld zahlte.[43]

Als Ingrid Bergman nach Choisel zurückkehrte, war das Haus leer. Im Mai 1961 hatten sie und Rossellini ihren Streit über das Sorgerecht beendet. Nach dem Gerichtsentscheid konnten die Kinder ein Jahr lang bei jedem Elternteil bleiben, und 1961—1962 waren sie bei Rossellini gewesen. Ingrid Bergman trat jedoch jetzt feiwillig das Sorgerecht für Robertino, Isabella und Isotta ab, sie beschränkte sich auf Besuche, Ferien und Reisen.

In Interviews stellte Ingrid Bergman diese Entscheidung immer als einen Akt der Großzügigkeit dar. Privat war sie offener. »Sie sagte zu mir, sie sei als Elternteil nicht so gut für die Kinder wie ihr ehemaliger Mann, sie sei mehr daran interessiert, daß auf ihrem Grabstein ›Schauspielerin‹ stünde als ›Ehefrau‹ oder ›Mutter‹«, sagt Mark Nichols und erinnert sich dabei an ein Gespräch während der Dreharbeiten zu *Der Besuch*. »Sie sah die Kinder, wenn sie konnte, aber sie liebte sie nicht mit dieser Hingabe wie Rossellini.«[44]

Rossellini hatte so sehr um seine Kinder gekämpft, aber jetzt wohnte er in Rom nicht einmal mit ihnen zusammen. Er hatte seine eigene Familie mit Sonali. Robertino, Isabella und Isotta lebten in einer Wohnung für sich, zusammen mit ihrer neuen Haushälterin Argenide und einer Gouvernante. Rossellini kam zu ihnen, küßte sie und nahm sie in die Arme, erzählte ihnen von seiner Arbeit, und dann war er auf einmal wieder weg.

»Mein Onkel rief mehrmals am Tag an, aber die Kinder hörten ihm gar nicht zu, weil er nicht bei ihrem täglichen Leben dabei war«, sagt Fiorella Mariani. »Darum war es so schwierig. Ich erinnere mich, zu ihm gesagt zu haben: ›Du kannst nicht so tun, als ob du sie willst, weil du ja gar nicht mit ihnen zusammenlebst.‹ Man kann nicht streng mit jemandem sein, mit dem man nicht zusammen ist. Ingrid war in Paris oder London. Sie gingen zu ihr mit ihren kleinen Problemen. Was die großen Probleme anging, da sorgten sie selber für sich.«[45]

Rossellini war weiterhin damit beschäftigt, seine Gläubiger abzuhängen, obwohl der Brokat seines Lebens recht fadenscheinig geworden war. Isabella Rossellini erinnert sich an Zeiten, wo Freunde ihre Möbel auf Auktionen zurückkauften. Sonali Senroy erinnert sich nicht nur an leere Räume, sondern auch an leere Schränke, und an Tage, an denen sie sich fragte, woher sie das Geld nehmen sollte, um Essen auf den Tisch zu bringen.

»Roberto war ein verwöhntes Kind«, sagt sie. »Er war ein Kind, das sich nicht entscheiden konnte zwischen Kuchen und Süßigkeiten. Aber er gab immer. Es war keine Selbstsucht an ihm. Die Leute kamen zu ihm, um etwas mitzunehmen, nicht nur materielle Dinge. Es war so ein Vergnügen, mit ihm zusammenzusein. Wenn sie gingen, dann hatten sie etwas, und er nichts mehr. Ich sagte ihm einmal: ›Du hast keine Freunde.‹ Er sagte: ›Als ob ich das nicht wüßte.‹

Ich weiß nicht, ob es möglich war, sein Freund zu sein. Er brauchte Bekehrte. Ob er das mit Freundschaft verwechselt hat, das weiß ich nicht. Ob er in einem schwierigen Moment es fertigbrachte, um zwei Uhr morgens einen Freund anzurufen und zu sagen: ›Ich brauche dich‹, das weiß ich nicht.

Ich habe diese schwierigen Jahre erlebt, aber er war immer noch so voller Enthusiasmus. Wir waren immer am Studieren. Er weckte mich um zwei Uhr morgens. Er las immer im Bett. Er sagte, das ist ein Zeichen großer Kultur. Es sieht nur aus wie Faulheit.«[46]

Wenn Ingrid Bergman jetzt nach Rom fuhr, konnte sie ihre ganze Familie sehen. Es war etwas geschehen, was keiner je vorhergesagt hätte: Pia war nach Italien gezogen und lebte bei Robertino, Isabella und Isotta.

Das Erwachsenenleben hatte Ingrid Bergmans ältester Tochter einige harte Lektionen erteilt. 1960 lief sie nach Nevada weg, um den achtundzwanzigjährigen Fuller E. Callaway III, einen geschiedenen Mann und Erben eines Vermögens in Georgia, zu heiraten. Pias Ehe erlangte weite Publicity, darunter eine Doppelseite in *Life*. Ihre Scheidung im folgenden Jahr bekam noch mehr Publicity. Sie warf Callaway vor, er habe sie »Schmarotzerin« genannt, sie geschlagen und eine Treppe hinuntergestoßen.[46a]

Pia verkündete ihre Absicht, Schauspielerin zu werden und studierte Schauspiel an der Stanford University. Nach einem Jahr reiste sie nach Frankreich. Zuerst lebte sie in Choisel. Sie suchte eine Tochter-Mutter-Beziehung zu Ingrid Bergman zu entwickeln. Aber nach sechs Monaten nahm sie sich ein eigenes Appartement in Paris und begann bei der UNESCO als Sekretärin zu arbeiten. Von da zog sie nach London, um Schauspielunterricht zu nehmen.

Sie hatte sich entschlossen, ihren alten Namen wieder zu tragen. Sie war jetzt Pia. Es war eine kluge Entscheidung — was ihre Karriere anging —, den Namen zu nehmen, den ihre Mutter und ihr Vater ihr gegeben hatten, den Namen, der so weit bekannt geworden war. Überdies symbolisierte der Wechsel ihre Identifikation mit der Karriere und dem Leben ihrer Mutter.

Ingrid Bergman war jedoch keine Mutter, die ihrer Tochter das Zutrauen gab, daß auch sie eine erfolgreiche Schauspielerin werden könnte. Pia hatte nach den Monaten in Paris noch mehr Selbstzweifel. In London sagte sie, daß sie sich kaum traue, Unterricht an der »Royal Academy of Dramatic Arts« zu nehmen, weil sie meinte, mit ihren fünfundzwanzig Jahren würde sie unter lauter Teenagern sein. Sie traute sich allerdings, öffentlich zuzugeben, daß sie spielen wollte. »Ich war ein Feigling«, sagte sie damals. »Ich wollte nicht mit ihr verglichen werden. Aber ich habe einige Angebote bekommen, und irgendwann, wenn ich mich bereit fühle, werde ich eins annehmen.«[47]

Sie hatte das ganze Geld aus ihrem Treuhandkonto bekommen, und sie lebte außerordentlich gut für eine angehende Schauspielerin. Sie verbrauchte viel von ihrem Geld und viel von ihrer Energie und gelangte nirgendwo hin.

Ingrid Bergman hätte Pia bei ihrer Karriere unterstützen können. Doch als sie ihre Tochter in London anrief, hatte sie ihr ein anderes Angebot zu unterbreiten. »Meine Mutter bat mich, nach Rom zu gehen und für die Kinder zu sorgen«, sagt Pia Lindström. »Ihre Großmutter war gestorben. Meine Mutter wollte nicht bei ihnen leben oder sie nach Frankreich holen. Ich hatte ein Jahr in England gelebt. Ich war einsam gewesen. Also ging ich. Ich verwaltete die Konten. Ich kümmerte mich um die Dinge. Ich versuchte, eine Erwachsene in der Familie zu sein — so, wie es nun mal war.«[48]

Laut Lindström hatte Ingrid Bergman Pia auch versprochen, ihr zu helfen, in Italien Filmrollen zu finden. Es war jedoch nicht sie, sondern Rossellini, der Pia dann half. Er rief seinen alten Freund Vittorio De Sica an, der gerade *Hochzeit auf italienisch (Matrimonio all'italiana)* drehte. Pia bekam eine kleine Rolle als Kassiererin. In ihrer einen Szene küßt sie Marcello Mastroianni. Es war wirklich nur eine winzige Szene, aber Pia war so aufgeregt, daß sie Ingrid Bergman in London anrief und ihr davon erzählte. Als Sophia Loren, Mastroiannis Partnerin in dem Film, die erste Kopie sah, sagte sie: »Ihre Schönheit ist erstaunlich.«[49]

Pias zweite Rolle, als Bauernmädchen in *Alexis Sorbas (Zorba the Greek)*, war viel größer. Anthony Quinn, der die Hauptrolle spielte, war ein charmanter und faszinierender Mann. Pia und er wurden gute Freunde. »Pia war wunderbar in unseren Szenen«, sagt Quinn. »In vieler Hinsicht war sie fast noch schöner als ihre Mutter. Aber sie nahm den zweiten Platz nach Ingrid ein. Sie konnte nicht auf eigenen Füßen stehen. Die Mutter kontrollierte sie.«[50]

Über Ingrid Bergman wurde berichtet, daß sie »zweifellos an Pias Karriere interessiert« sei, »aber sie drängt sie nicht und hat Sophia Loren und Quinn benachrichtigt, daß sie nicht verhätschelt werden soll«.[51] Es gab einige Freunde und Beobachter, die glaubten, daß Ingrid Bergman sogar eifersüchtig auf ihre hübsche junge Tochter war und nicht wollte, daß alle Welt erfuhr, daß sie alt genug war, eine Tochter zu haben, die Rollen spielte, die sie einst gespielt hatte. Ingrid Bergman erzählte Freunden, daß sie Zweifel an den schauspielerischen Fähigkeiten ihrer Tochter habe.

Pia hatte nicht den Ehrgeiz und den Elan ihrer Mutter, aber sie wußte, wenn sie ein Star werden wollte, dann war jetzt ihr Moment. Sie machte sich Sorgen, daß ihre beiden ersten Filmauftritte nicht mit den ersten schwedischen Filmen ihrer Mutter verglichen würden, sondern mit ihren späteren Filmen. Einerseits sagte sie, die »ungerechtfertigte Publicity, die meine winzigen Rollen wegen Mama bekommen können«, würde sie verlegen und erschrocken machen.[52] Auf der anderen Seite benutzte sie diese Beziehung, um Publicity zu erhalten und für sich zu werben. Ein Presseagent, der für *Hochzeit auf italienisch* arbeitete, nahm Kontakt mit George Christy auf, einem erfolgreichen freien Autor, und fragte an, ob er nicht einen Artikel über Pia schreiben könnte. Der Artikel erschien unter ihrem Namen in *Good Housekeeping* und trug den Titel »Meine Mutter Ingrid Bergman«. Sie schrieb, daß sie in ihren Kinderjahren »von allem ferngehalten, einsam und zurückgezogen« gelebt habe, in einem Haus, das »von einem Elektrozaun umgeben« war. »Ich war desillusioniert in meiner Kindheit, aber jetzt spüre ich keinen Stachel mehr im Herzen. Mamma und ich sind endlich zusammen, und doch haben wir gelernt, getrennt zu sein.« Pia erwähnte nicht, wie Ingrid Bergman sie ohne ein Wort verlasssen hatte, nur daß »Mamma, unerschütterlich in ihrer Aufrichtigkeit, zu ihren Gefühlen stand, und die Welt strafte sie dafür mit verletzenden Worten«.

In späteren Jahren, sogar in Ingrid Bergmans Autobiografie, war Pias Urteil über ihre Mutter weitaus komplizierter und ambivalenter. 1964 schien sie sich jedoch zum Teil mit ihrer Mutter zu identifizieren, in berechnender Weise. Sie wußte noch nicht, wie es sein würde, von Journalisten und anderen aufgefordert zu werden, über die Vergangenheit ihrer Eltern Schiedsrichter zu sein. »Ich will nicht diejenige sein, die in dieser oder jener Weise verteidigt und urteilt«, sagt sie jetzt. »Ich bin immer in diese Rolle gedrängt worden und muß weitermachen.«[53] Sie meint, daß sie nie ganz das sagte, was sie sagen wollte, oder vielleicht wußte sie nicht, was sie sagen sollte.

Lindström las diesen Artikel und war tief verletzt. Zu seiner und Pias Erbauung verfaßte er ein siebenseitiges Dokument, das den Artikel beinahe Abschnitt für Abschnitt widerlegte. Er wies darauf hin, daß es keinen »Elektrozaun« um das Haus gegeben habe, sondern nur ein Tor mit einem elektrischen Summer und einen anderthalb Meter hohen Drahtzaun, »wie das Gesetz es unseres Pools wegen verlangte«. Er sprach darüber, was er alles für Pia getan hatte, er habe ihr »Tanzen, Schwimmen, Skilaufen« beigebracht und sie auf Reisen mitgenommen nach Lake Placid, New York, Puerto Rico und zu den Jungferninseln. »Ich würde gern wissen, welche Desillusionierung Pia in ihrer Kindheit erlitten hat, die einer öffentlichen Erörterung bedurfte«, sagte er abschließend und tröstete sich damit, daß Pia wohl »sehr wenig mit dem ganzen Interview zu tun« hatte.

Lindström suchte die Wahrheit in den Details. Er sah nicht, daß in Pias Erinnerung wirklich ein großer Zaun um das Haus in Benedict Canyon gewesen war. Er verstand auch nicht, daß trotz allem, was er für seine Tochter getan hatte und trotz all der Spielkameraden und Freunde, die sie gehabt hatte, Pia ein Scheidungskind war, das seine Kindheit als einsam und traurig wahrnahm. Er sah noch nicht, daß er eine Tochter hatte, die gelernt zu haben schien, den Menschen nicht zu vertrauen.

Selbst wenn sie kein bedeutendes Talent war, Pia hätte vielleicht als die schöne Tochter von Ingrid Bergman ihren Weg im Film machen können. Aber ihre Szene in *Hochzeit auf italienisch* wurde herausgeschnitten. Und als sich *Alexis Sorbas* als zu lang erwies, wurde ihre ganze Rolle herausgenommen. Pia hatte mit den ersten schwedischen Filmen ihrer Mutter verglichen werden wollen, doch Ingrid Bergman war nie auf dem Boden des Schneideraums gelandet. Nach all der Publicity war das ein demütigender Beginn.

»Ich dachte, daß es vielleicht mit meiner Filmkarriere klappen würde«, sagt Pia Lindström. »Aber es kam nicht aus der Tiefe meines Wesens. Ich habe es nicht energisch verfolgt. Ich wurde nicht getrieben in der Weise, wie so viele Leute beim Film getrieben werden. Als ich aus meinen ersten beiden Filmen herausgeschnitten worden war, kam ich darauf, daß ich wohl keinen Erfolg haben würde. Wenn deine Mutter Ingrid Bergman ist, dachte ich, hat es keinen Sinn, zu ihr in Konkurrenz zu treten.«[54]

Die Rolle, die Pia jetzt im Leben spielte, war seltsamer als jede Rolle, die sie vielleicht auf der Leinwand gespielt hätte. Sie lebte in einem Land und unter Menschen, von denen ihr Vater sie so lange hatte fernhalten wollen. Und sie spielte Ersatzmutter für eine Mutter, die sie einst verlassen hatte.

Wenn Ingrid Bergman ihre periodischen Ausflüge nach Rom machte, fand sie es immer schwieriger, mit den Problemen und Fragen, die ihre Kinder hatten, fertigzuwerden. »Viele Dinge übers Leben wußte Ingrid nicht und sie wollte sie auch nicht wissen«, sagt Marcella Mariani. »Die Kinder waren sehr klug, und sie war ein wenig verloren. Sie hatte nicht die Geduld, ihre Probleme zu verstehen. Als die Kinder älter wurden, sagte sie: ›Bitte komm' mit, weil ich manchmal wirklich nicht weiß, was ich zu ihnen sagen soll.‹«[55]

Pia blieb und führte kein richtiges eigenes Leben. Im Frühjahr 1966 machte sie noch einmal Probeaufnahmen für einen Film. Alles, was dabei für sie herauskam, war Publicity, inklusive einem Foto im Badeanzug in *Time*.

Sie kam zu dem Schluß, daß sie für eine Weile genug von Rom und ihrer italienischen »Filmkarriere« hatte. Nach drei Jahren kehrte sie in die Vereinigten Staaten zurück, es sollte eigentlich nur ein Sommerbesuch sein. »Ich merkte, ich konnte nicht mehr bleiben und mich um ihre Kinder kümmern«, sagt Pia Lindström. »Mir wurde klar, daß die Jahre vergingen. Die Kinder wurden älter. Ich war lange genug dagewesen.«[56]

Es hatte immer noch seinen Wert, Ingrid Bergmans Tochter zu sein. Sie erhielt von Fiat das Angebot, eine Vierzehntausend-Meilen-Werbetour durch die Vereinigten Staaten zu machen und den neuen Fiat 1100 zu fahren. Sie reiste mit zehn Gepäckstücken und Designer-Ausstattung von Fontana.[57]

Als Pia in Hollywood ankam, erzählte sie einem Reporter von *Modern Screen:* »Ich strebe wirklich nach einer Karriere.«[58] Aber sie fand auch in Hollywood keine Rollen, und als sie zu ihrer Familie nach San Francisco kam, bekam sie einen Job bei einer Fernseh-Show am Morgen. Sie begann eine ganz andere Karriere.

19.

»Man lebt einfach so«

Es war Weihnachten, und Lars Schmidt war nicht da. So vieles in Ingrid Bergmans Leben war zu einer eleganten Fassade geworden. Schmidt kannte sich aus mit den Ritualen des guten Lebens — den Parties, den Festtagen, den Ferien auf der Insel —, aber jetzt war alles zum Ritual geworden, gebührend festgehalten in Fotos von ihrem Glück. Choisel war mehr eine Kulisse für Parties, Fotositzungen und gelegentliche Besuche der Kinder als ein wirkliches Zuhause.

Lars Schmidt jettete immer irgendwohin — New York, Paris, Stockholm —, und manchmal trafen sie sich, als wären sie nicht Mann und Frau, sondern Ausschußmitglieder, die zu ihrem halbjährlichen Treffen einflogen. Schmidt kümmerte sich allerdings um Ingrid Bergman, er verwaltete ihr Geld, und sie bezog ein sehr gutes Einkommen.

Sie konnte seine Abwesenheit ertragen; aber keiner will Weihnachten allein verbringen. Sie hatte Isabella, Fiorella Mariani und die Dienstboten bei sich, aber das war nicht dasselbe. Sie rief Lars Schmidts Sekretärin an, und die Sekretärin rief Raymond Gérôme an, einen Schauspieler und Regisseur, der einer von Ingrid Bergmans wenigen Freunden in Paris war und auch ein guter Freund und Partner von Lars Schmidt.[1]

»Wissen Sie, daß Ingrid ganz allein in Choisel ist?« fragte sie.

»Nein«, antwortete Gérôme. Er war überrascht, daß sie das Weihnachtsfest nicht gemeinsam verbrachten.

»Und sie weiß nicht, was sie tun soll.«

Gérôme änderte seine Pläne. Er nahm Ingrid Bergman und Fiorella an dem Abend mit ins Theater und danach arrangierte er eine Dinnerparty. Für die anderen Gäste war Ingrid Bergman eine schöne, glückliche Person, man hörte den Abend über ihr Lachen. Nie hätten sie geglaubt, daß diese Frau so allein sein könnte und daß sie gefühlsmäßig litt.

Sie saß jetzt in Choisel und tat praktisch nichts. Sie wußte, daß sie gut für Lars Schmidts Karriere war. Er war schon erfolgreich, als sie ihn kennenlernte, aber inzwischen war er zum vielleicht erfolgreichsten Produzenten in Europa geworden. Seine Einnahmen aus *My Fair Lady* hatten ausgereicht, ihn zu einem reichen Mann zu machen; bis 1964 hatte er brutto über zwölf Millionen Dollar mit seinen verschiedenen europäischen Produktionen verdient.[2]

Die Welt betrachtete Ingrid Bergman immer noch als schöne, jugendliche Frau; doch sie spürte ihr Alter. Sie wußte, wie sehr Lars sich ein Kind wünschte, und sie konnte ihm keins schenken. Schlimmer noch, sie begann allmählich älter auszusehen als er; er war ein Mann im besten Alter.

Ingrid Bergman hätte sich vielleicht besser gefühlt, wenn sie in ein neues Leben einbezogen worden wäre, neue Gesellschaft, neue Freunde gefunden hätte. Aber obwohl Schmidt sich entschieden hatte, in Frankreich zu leben, verspürte er keine besondere Affinität zu den Franzosen, er hatte nur wenige Freunde. Und Ingrid Bergman war in einem Alter, in dem das Sprachenlernen schwieriger wird. Es war eine zu große Anstrengung, Französisch so gut sprechen zu wollen wie sie Italienisch sprach, besonders da sie zu Hause Schwedisch sprach.

»Manchmal war es sehr einsam dort«, erinnert sich Isabella Rossellini. »Wir machten Spaziergänge. Wir machten alles sauber. Ich hatte das Gefühl, daß man immer etwas tun mußte.«[3]

Wenn Ingrid Bergman allein in Choisel war und Lars Schmidt irgendwo unterwegs, dann klingelte das Telefon nicht sehr oft, und sie war tatsächlich einsam. »Drei oder vier Jahre lang waren die Leute sogar überrascht, daß Ingrid hier wohnte«, sagt Gérôme. »Ich denke, sie selbst war überrascht von der Art und Weise, wie sie in Paris lebte. Ingrid betrachtete all diese schwedischen Vergnügungen, diese Parties mit vierzig Leuten, mit sehr viel Humor. Sie sagte: ›Es ist unsere Gewohnheit, Reden zu halten.‹

Sie konnte über winzige Kleinigkeiten in Wut geraten. Ich erinnere mich, einmal in Choisel wurde sie ganz nervös, ihre Hände wurden rot, und sie machte winzige Schritte. Ich konnte sehen, wie aufgebracht sie war. Sie sagte: ›Wir haben keinen Weißwein mehr.‹

Ich wunderte mich so über ihre Ehe, daß ich ein- oder zweimal sagte: ›Ich verstehe es nicht.‹ Sie sagte: ›Da gibt es nichts zu verstehen. Man lebt einfach so.‹ Beide, Ingrid und Lars, brachten ein Argument vor, das sehr schwedisch war, sie sagten: ›Liebe in unserem Alter ist lächerlich.‹ Sie sagte: ›Ich mit meinen erwachsenen Kindern.‹

Ingrid konnte es nicht mehr aushalten, allein zu sein. Einmal in Paris sagte ich: ›Sie sind einsam. Sie sind eine einsame Frau auf einem luxuriösen Landgut. Warum gehen Sie nicht nach Paris?‹ Sie sagte: ›Es kommt ein Alter, da möchte man nachts seine Sprache sprechen.‹

Lars ist in gewisser Weise brillant, er weiß viel, hat viel gelesen, und er ist ganz begeistert von seiner Theaterarbeit. Er ist ein sehr angenehmer Zeitgenosse für ein paar Stunden. Dann wird er trübsinnig und mürrisch. Lars kann brutal und grausam sein.

Ingrid machte eine schlechte Zeit in ihrer Karriere durch. Ich sagte zu Lars: ›Es ist verrückt, daß Ingrid Bergman hier in Choisel herumsitzt.‹ Er sagte: ›Was kann ich tun?‹ Er vertrat den Standpunkt, daß für Ingrid alles vorbei war. Sie blieb in Choisel und bereitete Sauce Béarnaise zu.«

Ingrid Bergman hätte tatsächlich ihre Tage in Sauce Béarnaise abmessen können. Sie wußte, daß ihre Karriere als jugendliche Liebhaberin im Film vorbei war. Sie konnte über den sechzigjährigen Cary Grant lachen, der Frauen liebte, die nur ein Drittel so alt waren wie er. »Audrey (Hepburn) ist jetzt auch schon zu alt für ihn, und in seinem nächsten Film wird er so jemand wie Jane Fonda lieben«, sagte sie. Aber sie wollte ihre Filmtage nicht beschließen wie so viele alternde Stars und ihre letzten Vorstellungen mit Gaze vor der Kamera filmen lassen, um aus dem Leben, wie bei Greta Garbo oder Loretta Young, nichts als einen Schleier aus Illusionen zu machen.

Im Sommer 1965 bekam Ingrid Bergman das Angebot, in Turgenjews Stück *Ein Monat auf dem Lande* zu spielen, und zwar am Yvonne Arnaud Memorial Theatre in Guildford in England. Anfangs dachte sie, sie sollte die Rolle nicht übernehmen, nicht nur Lars Schmidts wegen, sondern wegen der Kinder, die sich darauf freuten, ihre Mutter zu besuchen, wie sie es jeden Sommer taten. Doch Schmidt sagte ihr, sie sollte das Angebot annehmen. Er brauchte sie nicht lange zu überreden.

In Guildford traf sie den britischen Schauspieler Dirk Bogarde, der außerhalb der Stadt lebte. Er lud Ingrid Bergman ein, bei ihm in seinem Landhaus zu wohnen, damit sie nicht dauernd im Brennpunkt des öffentlichen Interesses stünde.

Ingrid Bergman nannte die Wochen in Guildford »eine der glücklichsten Zeiten meines Lebens«. Sie spielte in Turgenjews Stück die Natalja Petrovna, eine hübsche Frau, die unzufrieden und unausgefüllt ist. Ihr Mann Islaev (Geoffrey Chater) langweilt sie, und sie flirtet mit seinem Freund Michail Rakitin (Michael Redgrave) und dann mit dem jungen Hauslehrer Aleksej Beljaev (Daniel Massey). Natalja ist eine eifersüchtige, leidenschaftliche Frau. Am Ende gehen Aleksej und Michail beide fort. Natalja bleibt allein zurück mit ihren Erinnerungen und ihrem Ehemann.

Ingrid Bergman stolzierte in langen Seidengewändern über die Bühne, und sie beherrschte die Produktion. *Ein Monat auf dem Lande* war solch ein Erfolg in Guildford, daß das Stück im September nach London ans Cambridge Theatre gebracht wurde. Dort wurde es acht Monate lang gespielt und war einer der größten Erfolge der Saison. Die *Times* schrieb: »Die Produktion hätte kaum diesen besonderen Reiz gehabt ohne die Mitwirkung von Ingrid Bergman, einer Schauspielerin, die unberührt bleibt vom Wechsel der Moden; und nach einem Vierteljahrhundert im Blickpunkt des öffentlichen Interesses ist auch das, was ihr Wesen als Star ausmacht, unversehrt geblieben: sie ist noch immer die Göttin aus Eis mit menschlicher Wärme.«

Die Zuschauer kamen nicht in solchen Mengen, um Turgenjews Stück zu sehen. Sie kamen, um Ingrid Bergman zu sehen. Sie kümmerten sich nicht um einen nörgelnden Kritiker, der meinte, Ingrid Bergmans »Darstellung geht kaum über das Malerische hinaus«. Es kümmerte sie auch nicht, daß Ingrid Bergman, anders als ihre britischen Kollegen, keine disziplinierte Bühnenschauspielerin war. Sie war eine Persönlichkeit mit Ausstrahlung. Sie war Ilsa und Maria und Schwester Benedict und Dr. Constance Peterson und Alicia Huberman und Anastasia. Sie war ein Vierteljahrhundert Erinnerungen.

In dem kleinen Universum des Theaters fand Ingrid Bergman eine Ordnung und eine Routine, die in der realen Welt nicht vorhanden waren. Jeder wußte, was getan werden mußte und wann man es zu tun hatte. Die einzigen Probleme, die sie mit ihrem Mann hatte, waren die auf der Bühne, und es waren jeden Abend die gleichen. Wenn sie überhaupt Kinder hatte, dann waren es Bühnen-Kinder, die ihren Text konnten und dann verschwanden. Und wenn die Arbeit getan war, brandete der Applaus auf.

Königin Elisabeth kam eines Abends mit ihrer Hofdame ins Theater, und sie ging so ruhig wieder wie sie gekommen war. *Ein Monat auf dem Lande* war wirklich ein Stück, an dem eine Königin ihre Freude haben konnte, es war elegant und fein und würdevoll. Es war die Art Stück, die Ingrid Bergman selbst gern mochte, nicht den brutalen Realismus John Osbornes und der anderen zornigen jungen Männer, deren Stücke die neue Sensation auf der britischen Bühne waren. Ingrid Bergman blickte nicht zurück im Zorn und auch nicht mit Zorn nach vorn. Sie konnte Dramatiker nicht verstehen, die solche Dinge schrieben, und auch nicht Zuschauer, die daran ihre Freude hatten. Sie zog Turgenjew vor, »wo niemand brutal verletzt wurde«.

Es gab jetzt Zeiten, in denen Ingrid Bergman den Sinn ihres Lebens und ihrer Arbeit in Frage stellte. Sie aß einmal mit Maximilian Schell zu Abend, der die Hauptrolle in John Osbornes Stück *Ein Patriot für mich* spielte.

»Wo bleibt das alles?« fragte Ingrid Bergman rhetorisch.

»Denken Sie daran, was ein Schauspielerleben früher war«, sagte Schell. »Alles, was blieb, waren Erinnerungen und Fotos. Jetzt, mit dem Film, bleibt die Kunst des Schauspiels.«

»Ja, aber wozu tue ich es?« fragte sie. »Ich weiß es einfach nicht.«

Schell blickte sie erstaunt an. »Ich bin mit Ihnen aufgewachsen. Sie haben meinem Geist den Stempel einer Frau, der idealen Frau, aufgedrückt. In meinen Gedanken gehören Sie zu mir.«[4]

Lars Schmidt war inzwischen wenig mehr als ein gelegentlicher Wochenendgast, und ihre Beziehung war bald eher ein Arrangement als eine Ehe. Ingrid Bergmans Kinder wuchsen heran, mit Fragen und Problemen und mit einer Mutter, die sie selten sahen.

Robertino hatte jetzt perfekt frisiertes blondes Haar und Augen wie die Schauspieler, für die die Frauen schwärmen, eine ästhetisch anziehende Mischung aus Skandinavien und Italien. Er war scheu unter Fremden und verbarg seine Furcht hinter perfekten Manieren. Er war ein junger Mann mit großem Charme, und wie sein Vater liebte er schnelle Wagen und gute

Kleidung. Doch anders als sein Vater, war Robertino nicht fasziniert von der Welt außerhalb seines Gesichtskreises. Er riskierte, ein perfekter Snob zu werden, wenn er keine Interessen über seinen Freundeskreis hinaus — Römer aus gutem Hause — entwickelte.

Isabella und Isotta waren erst dreizehn Jahre alt, aber sie wirkten viel älter. Sie waren ungefähr einen Meter siebzig groß und wußten viel über das, was viele Teenager für die Erwachsenenwelt halten: Reisen, Restaurants, berühmte Leute. Sie überragten Jungen in ihrem Alter so sehr, an Größe und Erfahrung, daß sie ihren gleichaltrigen Freunden manchmal wie eine andere Generation vorkamen. Das galt besonders für Isabella. Sie war ein lebhaftes, extravertiertes junges Mädchen, das sich nicht unterkriegen ließ, sie hatte große warme Augen, die das Leben als eine unfaßbare Fülle von Möglichkeiten sahen. Fast seit der Geburt war Isabella immer der dominierende Zwilling gewesen, und jetzt, als die beiden Mädchen ins Teenageralter kamen, wurde das noch deutlicher. Isotta war ebenfalls attraktiv, aber sie hatte nicht diese strahlende Persönlichkeit. Sie war scheu und schüchtern, ein fleißiges Mädchen, dessen Arbeiten in der Schule immer sehr sauber und gut gemacht waren, das aber kaum jemals die Hand hob, um in der Klasse etwas zu sagen.

Die Zwillinge wuchsen so schnell, daß keiner auf die Idee kam, es könnte etwas Ernstes sein, als Isabella anfing, über Rückenschmerzen zu klagen. Rossellini brachte seine Tochter zu einem bekannten Knochenspezialisten, und der sagte ihm, daß ihr Zustand ernst war. Isabella litt an Skoliose, Verkrümmung der Wirbelsäule.

Die Spielzeit von *Ein Monat auf dem Lande* war beendet und Ingrid Bergman flog nach Rom, weiter reiste sie mit Rossellini und Isabella nach Florenz, wo sie von einem Spezialisten erfuhren, daß eine Operation erforderlich war. Isabella würde monatelang vor und nach der Operation einen Gipsverband tragen müssen. Der Eingriff konnte erst in einem halben Jahr vorgenommen werden, bis die Wirbelsäule so gerade wie möglich gestreckt war. Der Apparat, auf dem das gemacht wurde, erinnerte Ingrid Bergman an ein mittelalterliches Foltergestell. Der Arzt nahm den Schmerz des Patienten als Maß dafür, wie weit er die Wirbelsäule strecken konnte und benutzte daher kein Betäubungsmittel.

Während der ersten Behandlung wartete Ingrid Bergman im Flur. Sie konnte Isabella schreien hören. Als sie ihre Tochter dann endlich wieder sah, war sie von den Hüften bis zum Hals eingegipst.

Innerhalb weniger Tage konnte Isabella mit dem Gips laufen, und sie und ihre Mutter fuhren zurück nach Rom. Ein paar Wochen später fuhr Rossellini Ingrid Bergman und Isabella zu einer erneuten Streckbehandlung nach Florenz. Wegen ihres Gipsverbandes mußte Isabella während der langen Fahrt im Auto knien.

Schließlich reisten sie für die eigentliche Operation nach Florenz. Am Abend bevor Isabella ins Krankenhaus kam, ging Ingrid Bergman mit ihrer Tochter in eine Kirche, um eine Kerze anzuzünden und zu beten. Sie hielt Isabellas Hand ganz fest, als ob sie ihr dadurch Mut und Kraft einflößen könnte. Sie weinte, als sie die Kirche verließ. Sie versuchte den Bettler zu ignorieren, der sie ansprach. Der Bettler sah ihre Tränen und ihre Verwundbarkeit, und er folgte ihr und flehte sie mit ausgestreckter Hand an, ihr etwas zu geben. Isabella blieb ruhig und ging neben ihrer Mutter weiter. Der Bettler blieb ganz dicht in Ingrid Bergmans Nähe.

Plötzlich drehte sie sich zu dem Mann um. »Hier! Hier! Nehmen Sie es! Nehmen Sie es!« Sie schrie wie hysterisch, ihre Worte klangen wie furchtbare Verwünschungen. Sie öffnete ihr Portemonnaie und warf all ihr Geld dem Bettler hin, jeden Schein, jede Münze.[5]

Die Operation dauerte beinahe sieben Stunden. Als es Zeit war, Isabella aus der Narkose zu wecken, gab die Krankenschwester ihr Klapse ins Gesicht.

Ingrid Bergman wurde in den Armen ihres Ex-Ehemannes ohnmächtig.

In mancher Hinsicht akzeptierte Isabella ihre Krankheit eher und wurde besser mit ihr fertig als ihre Mutter. Wenn Ingrid Bergman später darüber sprach, erinnerte sie sich an den Mut ihrer Tochter, doch sie erinnerte sich nicht daran, daß Isabella manchmal auch reizbar und launisch war.

Sehr gern erzählte Ingrid Bergman die Geschichte von dem Jungen, der den ganzen Weg von Rom gefahren kam, um Isabella zu sehen, und wie glücklich sie darüber war.

Isabella Rossellini hat den Besuch anders in Erinnerung: »Er kam den ganzen Weg nach Rom. Er war einer der Freunde meines Bruders. Er hatte beschlossen, sich in ein krankes Mädchen zu verlieben. Ich war in der denkbar schlechtesten Stimmung. Ich wollte mit niemandem zusammensein.«[6]

In den anderthalb Jahren von Isabellas Krankheit nahm Ingrid Bergman nur ein Angebot an, sie spielte in der Fernsehversion von Jean Cocteaus Ein-Personen-Stück *Die geliebte Stimme (The Human Voice/La voix humaine).* Aber nach ein paar Wochen in London im Herbst 1966 war sie wieder bei Isabella in Italien. Ihre Tochter ließ sich durch den Gipsverband ihr Leben nicht einschränken. Sie trug spezielle Kleider, die den Gips verbargen. Sie ging in aufrechter Haltung, was Stolz und eine gute Erziehung auszudrücken schien und nicht durch den Gips erzwungen wirkte. Sie ging sogar damit zum Tanzen, während Isotta meistens zu Hause bei ihrer Mutter und dem Mädchen blieb.

»In der Zeit lernte ich sie mit anderen Augen zu sehen«, sagt Isabella Rossellini. »Bis dahin war ich sehr die Tochter meines Vaters. Aber in dieser Zeit entstand die Beziehung, die wir nachher hatten. Ich weiß nicht, ob sie es bedauerte, nicht häufiger mit uns zusammengewesen zu sein. Sie kam immer und besuchte mich.«

Ingrid Bergman war sehr stolz auf die Zeit, die sie in Italien verbrachte. Jahre später, als ihre Autobiografie entstand, war das die einzige Episode ihres Lebens, über die sie selber schrieb. Isabellas Krankheit war an einem relativen Tiefpunkt von Ingrid Bergmans Karriere gekommen, überdies zu einer Zeit, als Distanz der beste Weg war, ihre Ehe aufrechtzuerhalten. Aber Ingrid Bergman hätte durchaus andere Alternativen gehabt, sie hat wirklich viel für ihre Tochter geopfert.

Nachdem Isabellas Gips entfernt worden war, war Ingrid Bergman bereit, wieder zu arbeiten. Sie wollte erst die Hauptrolle in einer französischen Produktion von *Anna Karenina* annehmen, entschloß sich dann aber statt dessen, nach Los Angeles zu gehen und die Deborah Harford in Eugene O'Neills Stück *Alle Reichtümer der Welt (More Stately Mansions)* zu spielen. Ingrid Bergman war über ein Jahr von Choisel und Lars Schmidt fortgewesen.

Sie flog allein am 3. August 1967 nach Los Angeles, um mit den Proben zu beginnen. Am nächsten Morgen kam sie für das erste Lesen ins Ahmanson Theater. Das Ahmanson war der neue Kulturmittelpunkt von Los Angeles. Bisher hatte noch keine Schauspielaufführung in dem neuen Theater stattgefunden.

Ingrid Bergman ging auf die große Bühne, wo die Ensemblemitglieder und der Regisseur José Quintero auf orangen Kunststoffstühlen saßen. Sie kannte die anderen nur dem Namen nach. Colleen Dewhurst, die die andere weibliche Hauptrolle hatte, war eine der großen Schauspielerinnen des amerikanischen Theaters. Sie war eine Frau von großer sinnlicher Intensität, und ihre tiefe, kehlige Stimme trug mühelos bis in die entferntesten Ecken des großen Theaters mit seinen 2000 Plätzen. Arthur Hill spielte die männliche Hauptrolle.

»Warum sind alle vor mir da?« fragte Ingrid Bergman. »Komme ich zu spät? Ich komme nicht zu spät. Sie sind alle zu früh da.«[7]

Wenn sie nervös war, sprach sie oft etwas unzusammenhängend. »Es ist einfach erstaunlich, neun Stunden Zeitunterschied zwischen Paris und hier, und trotzdem fühle ich mich gut, ich fühle mich okay.«

Sie setzte sich auf den einen leeren Stuhl.

Quintero genoß als Regisseur den Ruf, der bedeutendste zeitgenössische englischsprachige Interpret O'Neills zu sein. Er ging an seine Aufgabe nicht nur mit Leidenschaft heran, sondern auch mit Ehrfurcht vor dem großen Dramatiker. Dies würde die erste amerikanische Produktion von *Alle Reichtümer der Welt* sein, und es war eine Ehre für Ingrid Bergman, in dieser Truppe spielen zu dürfen.

Den nächsten Monat verbrachte Ingrid Bergman damit, Tag und Nacht über das Stück nachzudenken. Die Deborah Harford ist eine Rolle für eine reife Schauspielerin mit größten Fähigkeiten. Deborah ist eine Matriarchin mit starkem Willen, sie glaubt, daß die Frau ihres Sohnes Simon nicht standesgemäß ist. Der dramatische Dreh- und Angelpunkt des Stücks ist die Beziehung zwischen Mutter und Schwiegertochter, zwischen der vornehmen, kalten, brutal realistischen Deborah und der kraftvoll-lebendigen, ehrgeizigen Sara. Beide Frauen kämpfen miteinander um Simons Herz und Seele.

In der ersten Szene trifft Deborah ihren Sohn nach langer Abwesenheit im Wald. Wie Ingrid Bergman sich später erinnerte, wollte Quintero, daß sie auf die Bühne gestürzt kommt und dann plötzlich stehenbleibt. Sie meinte jedoch, daß die

Frau Angst hat, älter geworden zu sein und fast widerstrebend auf ihren Sohn zugeht.

Ingrid Bergman brachte immer die Wahrheiten der Bühne mit denen ihres privaten Lebens durcheinander. Wenn sie ihre Kinder nach einem langen Zeitraum wiedersah, dann machte sie sich zurecht und zog sich mit besonderer Sorgfalt an. Und sie kam wirklich zögernd und ängstlich auf sie zu, besorgt darüber, daß sie älter geworden war. Sie wußte, daß sie nicht wie die meisten Mütter war, die ständig bei ihren Kindern sind. Es war, als glaubte sie, daß ihre Aura von Schönheit ihre seltenen Besuche bei den Kindern ausgleichen könnten. Und so, stellte sie sich vor, wäre es auch bei Deborah im Stück.

Vor der Bühne würden 2000 Zuschauer sitzen, die Ingrid Bergman seit Jahren nicht gesehen hatten; auch deshalb hatte sie das Gefühl, ganz langsam auf die Bühne kommen zu müssen, sie hatte Angst, sie nach so vielen Jahren zu sehen.

»Sie kommen direkt die Bühne herunter bis zu den Rampenlichtern. Direkt bis zu den Stufen da, und Sie setzen sich auf die Stufen da«, sagte der Regisseur.

»Aber sie werden mein Herz klopfen hören«, beharrte Ingrid Bergman. »In den allerersten Momenten habe ich Angst vor dem Publikum . . . furchtbare Angst, Man ist ihnen so nahe, daß man ihnen guten Tag sagen kann. Man kann hören, wie sie über einen reden. ›Sie sieht noch ziemlich gut aus für ihr Alter. Wie alt, meinst du, ist sie wohl?‹«

Ingrid Bergman stritt fast täglich mit Quintero, manchmal blieb sie Sieger in den Auseinandersetzungen, manchmal nicht. Was die erste Szene anging, kamen sie zu einem Kompromiß. Sie erklärte sich einverstanden, mit einem dramatischen Auftritt auf die Bühne zu kommen, aber sie würde stehenbleiben, bevor sie zu den Rampenlichtern ging.

Schließlich kam der Abend der Premiere, der 3. September 1967. Es war nicht nur die erste amerikanische Aufführung des Stücks und Ingrid Bergmans erste Theateraufführung in Amerika seit einundzwanzig Jahren. Es war auch ein großer Tag in der kulturellen Geschichte von Los Angeles, die Eröffnung eines Theaters mit Dimensionen, die alles übertrafen, was die Stadt bisher gekannt hatte. Unter den Zuschauern waren sehr viele Stars. Und Lars Schmidt war zur Premiere mit dem Flugzeug gekommen.

Ingrid Bergman stand in den Kulissen und wartete auf ihren

Auftritt. Quintero stand neben ihr und hielt ihre Hand. »Tun Sie es für ihn!« sagte der Regisseur, und Ingrid Bergman stürzte nach vorn auf die Bühne. Als sie bewegungslos dastand, begannen die Zuschauer zu applaudieren. Man hätte erwarten können, daß es etwas Applaus geben würde, aber nicht dies. Sie klatschten immer weiter, zwei Minuten lang, aber jetzt, in den ersten Momenten des Stücks, wirkte die Zeit noch länger.

Schließlich hörte der Applaus auf, und Ingrid Bergman stand da, sprachlos. Sie konnte sich nicht an ihren ersten Satz erinnern. Wie immer war Ruth Roberts hinter der Bühne, und sie flüsterte ihr den ersten Satz zu. Aber Ingrid Bergman hörte nicht, und schließlich rief der Bühnenmanager laut ihren Satz, und Ingrid Bergman begann:

»Was kannst du erwarten, Deborah? In deinem Alter muß eine Frau abwarten, was die Männer zu tun geruhen, selbst bei ihrem eigenen Sohn.«

Ingrid Bergman tat ihr Bestes als Deborah. Es gab jedoch nur wenige Schauspielerinnen in Amerika, die ein Publikum in der Weise fesseln konnten wie Colleen Dewhurst. Als das Stück zu Ende war, rauschte der Beifall für sie auf. Der Beifall für Ingrid Bergman schien nur ein Echo zu sein, ein höfliches Willkommen für einen Favoriten aus der Heimatstadt.[8]

Colleen Dewhurst war der Star des Stücks, doch Ingrid Bergman war der Star des Abends, und auf der Party danach wurde sie von Reportern überschwemmt. Sie saß da, hielt Colleen Dewhursts Hand und beantwortete Fragen. Für jeden Reporter, der an Kunst interessiert war, gab es jenen, der interessante dreißig Sekunden für die Elf-Uhr-Nachrichten brauchte:

»Wenn Sie Ihr Leben noch einmal leben könnten, würden Sie es genauso machen?« fragte ein Fernsehreporter. Diese Frage war ihr schon tausendmal gestellt worden.

»Ja, ja, das würde ich«, sagte sie, und Lars Schmidt stand in der Nähe. »Sie nicht?«

»Nein«, sagte der Journalist. »Ich denke, Ihr Verhalten war empörend.«

»Meine Herren, das ist genug«, rief Lars Schmidt dazwischen und führte Ingrid Bergman weg von der Meute der Journalisten.

Ingrid Bergman fühlte sich weitaus wohler auf einer Bühne vor 2000 Zuschauern als hier in diesem heißen, überfüllten

Raum. Da gab es so viele Dinge, mit denen sie fertigwerden mußte, so viele Leute, die Aufmerksamkeit brauchten, Anerkennung, ein Wort. Sie war nicht nur von Reportern umlagert, sondern auch von Leuten, die ihr wohlgesonnen waren, vage vertraute Gesichter, die sie ansahen, als sollte sie sie wiedererkennen. Es kamen auch Leute von früher auf sie zu, Gesichter, die alt geworden waren, so daß es war, als ob man nach vielen Jahren in den Spiegel blickte.

»Ich hoffe, du hast meine Karte heute verstanden«, sagte Alfred Hitchcock, der selten zu solchen Abenden kam. »Hast du sie verstanden?«[9]

Ingrid Bergman blickte auf den Mann, der mehr ihrer Filme inszeniert hatte als sonst jemand. Hitchcock schien sich an diesem Abend viel wohler zu fühlen als sie.

»Danke, ich habe noch nicht die Zeit gehabt, mich für irgend etwas zu bedanken«, sagte Ingrid Bergman. Dann lachte sie, als ob sie so von der ganzen Sache ablenken könnte.

»Weißt du, was das ist?« beharrte Hitchcock und hielt seinen Blick auf sie gerichtet. »›Meine besten Wünsche, daß es ein Strumpf mit Laufmasche wird.‹«

»Weißt du . . .«, lachte Ingrid Bergman.

»Weißt du, was das ist?« Hitchcock ließ nicht locker.

»Nein.«

»Läuft und läuft«, sagte Hitchcock triumphierend.

Alle Reichtümer der Welt gehört zu den unbedeutenderen Stücken von O'Neill, doch es erhielt im allgemeinen respektvolle Kritiken. Als es einen Monat später seine Premiere am Broadway hatte, erwies es sich bei den New Yorker Theaterbesuchern als ebenso populär wie bei denen in Los Angeles.

Die New Yorker Kritiker sprachen Themen an, die vertraut waren, seit Ingrid Bergman vor fast drei Jahrzehnten in *Liliom* zum ersten Mal im Theater aufgetreten war. Sie bezweifelten ihre Fähigkeit, einen Charakter von großer Bosheit darzustellen. Doch sie priesen ihre »Schönheit« und ihre »Ausstrahlung«, als ob sie als Person jede Rolle übertreffe. »Ingrid Bergman . . . ist selbst ein Kunstwerk«, schrieb Clive Barnes in der *New York Times.* »Sie verläßt sich sehr auf ihren natürlichen Charme und in gewisser Weise auf ihre sehr wirkliche innere Güte . . . Aber sie macht aus dem seltsam widersprüchlichen Charakter der Deborah Harford weniger, als man sich erhofft hätte.«

Kritiker wie Barnes sprachen nicht über eine Schauspielerin, sondern über ein mythisches Wesen. Sie wußten nichts, oder fast nichts über ihr Leben außerhalb des Theaters, doch das spielte keine Rolle. Für sie war sie über die Kunst und ihre Urteile hinausgewachsen, so wie sie auch über biografische Beurteilungen hinausgewachsen war.

Einer von denen, die seit Jahren die mythische Ingrid vergöttert hatten, war Warren Thomas, er liebte sie seit den Tagen der Alvin Gang und der *Johanna aus Lothringen*. Warren Thomas' Mutter war bei seiner Geburt gestorben, und er hatte mit seinem Vater in einem Haus gewohnt, in dem lauter Prostituierte lebten. Seine Freunde sagten, daß er in Ingrid Bergman eine Ersatzmutter sah, und er hatte das »Gelübde« getan, »daß eines Tages meine Lady meine Freundin sein würde«. Seit Jahren hatte er ihr Blumen und Bilder geschickt und ein Sammelalbum angelegt. Immer wenn sie in der Stadt war, stand er da und wartete, um einen Blick auf seine Lady zu erhaschen. Als *Alle Reichtümer der Welt* in New York gespielt wurde, bat er darum, hinter die Bühne kommen zu dürfen, um ein Foto von ihr zu machen.

»Ich zeigte ihr das Album«, sagt Thomas. »Sie sagte: ›All diese Jahre.‹ Ich sagte: ›Ich habe mein Ziel noch nicht erreicht.‹ Ich streckte meine Hand in Freundschaft aus, und sie küßte mein Gesicht. Das war es. Damit begann eine Freundschaft, die wuchs und wuchs.«[10]

Ingrid Bergman hatte noch einen anderen Gast während eines großen Teils der Spielzeit von *Alle Reichtümer der Welt* in Los Angeles und New York. Sie spürte, daß ihre Tochter Isotta während der Krankheit ihrer Schwester vernachlässigt worden war. Ingrid Bergman bemerkte einen bitteren Zug um Isottas Mund. Isotta Rossellini betont nachdrücklich, daß sie kein bißchen eifersüchtig auf ihre Schwester gewesen sei, sie habe nur eine gewisse Ehrfurcht vor ihr empfunden, weil sie so gut mit ihrem Gipsverband zurechtgekommen sei.[11] Es war schon etwas Besonderes für Isotta, eines Abends von ihrem Vater in Ingrid Bergmans Garderobe in Los Angeles abgesetzt zu werden, dann im Hampshire House in New York zu leben, einen Privatlehrer zu haben und unzählige Abenteuer zu erleben.

Ingrid Bergman hatte wieder vom Glanz der Berühmtheit gekostet, und das war entschieden mehr nach ihrem Geschmack als Sauce Béarnaise in Choisel. Während sie in Ameka war, hatte Lars Schmidt ihr Briefe geschrieben, in denen er sie bat, zurückzukehren und bei ihm zu sein. Er war jedoch nicht aufrichtig, und als er ihr schrieb und sich beklagte, daß sie immer weg sei und er nicht ewig auf sie warten würde, hatte sie keine Ahnung, daß er damit eine bestimmte Absicht verband.

Bald nach ihrer Rückkehr nach Frankreich fuhr sie mit Schmidt auf ihre Insel. Danholmen war beinahe ein geheiligter Ort für ihn, Erholung von der Theaterwelt, vom Telefonieren und Verträgeschließen. Die kleine Insel war mittlerweile berühmt geworden, und wenn hin und wieder ein kleines Passagierschiff vorbeifuhr, wies der Führer auf die Insel hin. Wenigstens einmal stand Ingrid Bergman auf einem Felsen und winkte den Passagieren zu, wie sie es einst bei den vorüberfahrenden Zügen in Santa Marinella getan hatte.[12]

In diesem Sommer lud sie den Drehbuchautor Stirling Silliphant auf die Insel ein, sie wollten über einen Film sprechen, der nach dem Roman *Die Frau des anderen (A Walk in the Spring Rain)* von Rachel Maddux entstehen sollte. Silliphant, der einen Oscar für sein Drehbuch zu *In der Hitze der Nacht (In the Heat of the Night)* bekommen hatte, besaß einen Vertrag mit Columbia, für Drehbuch und Produktion. Als er den Roman gelesen hatte, wollte er, daß Ingrid Bergman die Hauptrolle spielte.

Silliphant traf Ingrid Bergman zum ersten Mal an der kleinen Holzpier auf Danholmen, als er mit Schmidts Schnellboot ankam. Ihm kam das Ganze wie eine Szene aus einem Ingmar-Bergman-Film vor, und über sein Essen bei Kerzenschein mit Ingrid und Lars sagt er, es sei »der kultivierteste und angenehmste Abend, den ich, glaube ich, je in meinem Leben verbracht habe«, gewesen. Ingrid Bergman servierte frisches Brot auf einem Holzbrett, Lars Schmidt schenkte guten französischen Wein ein, und sie aßen Fisch, den er selbst gefangen hatte.[13]

Lars Schmidt gehörte zu den Menschen, die ein Gemälde nicht ansehen können, ohne sich zu fragen, ob es nicht besser gerahmt werden könnte. An diesem Abend beschwerte er sich über eine Radioantenne auf dem Festland, zehn Meilen von der Küste; an klaren Tagen konnte man von Danholmen aus die Mastspitze sehen. Für Lars Schmidt war diese Antenne der Anfang vom Ende, und Silliphant war beeindruckt von diesem ästhetischen Perfektionismus.

Ingrid Bergman hörte zu, wie die beiden Männer über die

Welt und das Segeln sprachen, aber sie wollte nur über *ihren* Film reden.

»Hätten Sie Lust, morgen mit mir Segeln zu gehen?« fragte Lars Schmidt.

»Verdammt noch mal«, fuhr sie dazwischen. »Sie sind hierher gekommen, und was ist jetzt mit dem Skript?«

»Ja, ich habe das Skript mitgebracht«, sagte Silliphant, dem plötzlich wieder einfiel, warum er auf die Insel gekommen war. »Aber ich habe erst ungefähr ein Drittel fertig.«

»Das ist furchtbar«, sagte Ingrid Bergman.

Als sie las, was er mitgebracht hatte, entschloß sie sich, die Rolle zu spielen, und Silliphant verbrachte mehrere Tage auf der Insel. »Ich werde Sie an einen Ort mitnehmen, wohin ich noch nie jemanden mitgenommen habe«, sagte Lars Schmidt eines Tages. Und er segelte mit dem Drehbuchautor zu einem kleinen Felsen, der aus dem Wasser ragte und aussah wie der Rücken einer riesigen Schildkröte oder eines kleinen Wals. »Sehr wenige Menschen, die ich kenne, hätten die Sensibilität, darauf zu reagieren«, sagte Lars Schmidt, als ob er Silliphant testen wollte. »Und ich hoffe, ich werde nicht enttäuscht.«

Silliphant zog seine Schuhe aus und sprang auf den Felsen, und er erlebte etwas Außergewöhnliches. Es war, als wäre er auf dem Rücken einer Meereskreatur.

»Was empfinden Sie?« fragte Lars Schmidt.

»Ich fühle mich, als ob ich Jonas bin, aber nicht im Rachen des Wals, sondern auf seinem Rücken.«

»Dafür mag ich Sie sehr. Hier komme ich immer her. Das ist mein Felsen.«

Ingrid Bergman hätte nicht verstanden, welche Freude Lars Schmidt an seinem Felsen hatte. Auch hier gab es Dinge, die sie trennten.

Ingrid Bergman bestand in ihren Gesprächen über den Film darauf, daß Anthony Quinn den Mann aus den Tennessee-Bergen spielen sollte, ihren Partner im Film. Der aus Mexiko gebürtige Quinn war ein guter Schauspieler, aber er spielte üblicherweise latein-amerikanische oder romanische Typen. Die Besetzung ergab keinen Sinn, es sei denn, man wußte, daß Quinn und Ingrid Bergman eine Liebesbeziehung gehabt hatten. Wie sie es mit Gary Cooper vor Jahren getan hatte, so wollte sie auch jetzt ihre Beziehung in einem zweiten Film fortsetzen. Und sie überredete Silliphant zu dieser Besetzung.

Nach ihrer Rückkehr nach Choisel bekam sie einen Anruf von Mike Frankovich, einem Hollywood-Produzenten, der sie fragte, ob sie in der Verfilmung einer Broadway-Komödie, *Die Kaktusblüte (Cactus Flower),* mitspielen wolle. Die Rolle war die einer Sprechstundenhilfe beim Zahnarzt, die sich zu ihrem Chef, Walter Matthau, hingezogen fühlt, einem Schwerenöter, der ein Auge auf eine sehr junge Frau geworfen hat, die von Goldie Hawn gespielt wird.

Ingrid Bergman hatte schon vor längerer Zeit erklärt, daß sie nicht die Absciht hatte, noch weiter jugendliche Liebhaberinnen darzustellen. Sie war dreiundfünfzig Jahre alt, beinahe doppelt so alt wie Goldie Hawn. Matthau mochte zwar wie ein alternder Bluthund aussehen, aber die Vorstellung, daß er Ingrid Goldie vorziehen würde, könnte zu einem Riesengelächter führen. Der Produzent flog nach Paris, um Ingrid Bergman dazu zu überreden, die Rolle anzunehmen.

Ingrid Bergman hatte jetzt zwei erstklassige Rollen. Eine der Personen, mit denen sie über ihre Pläne sprach, war Ann Todd, ihre alte Freundin. »Ingrid sagte, sie würde jetzt in die Staaten gehen und ihr Mann oder ihre Kinder kümmerten sie nicht weiter«, erinnert sich Ann Todd. »Sie sagte, sie kämen erst in zweiter Linie.«[14]

In Italien damals hatte Rossellini Ingrid Bergman »bocca della verità« genannt, Mund der Wahrheit. Sie war tatsächlich eine Frau, die immer die Wahrheit sagte, die dachte, was die meisten anderen nicht zu denken wagten, und sagte, was nur wenige dachten. Und doch suchten die Leute immer irgendeine höhere Wahrheit in ihren Worten, irgendeine größere Leidenschaft, die nicht da war. Sie hatte gesagt, was sie über ihre Ehe dachte und über ihre Familie. Nicht, daß sie ihr gleichgültig gewesen wäre. Sie interessierte sich schon für sie, aber auf ihre eigene Art.

In Hollywood hatte Ingrid Bergman viel Vergnügen beim Drehen; es hieß »Goldie« hier und »Walter« da, und immer Küßchen und Umarmungen. Die Öffentlichkeit stellte sich vor, daß ein Film wie *Die Kaktusblüte* eine brüderliche Angelegenheit wäre, Wochen voll Vergnügen und Kameradschaft.

Aber beim Drehen von Filmen wurden Karrieren gemacht, oder sie scheiterten, und die Stars hatten keine Zeit und wenig Interesse, langfristige Freundschaften zu entwickeln. Ingrid

Bergman stritt mit dem Regisseur über ihren Text und achtete darauf, daß sie nicht von Goldie Hawn im Filmdebüt dieses jungen Fernsehstars überrundet wurde. Mit Matthau hatte sie auch weiter keinen Umgang. »Wir waren uns nicht nahe«, sagt Matthau jetzt. »Ich denke nicht, daß man je die Chance hat, jemandem näher zu kommen, mit dem man arbeitet.«[15]

Wenn Ingrid Bergman ihren männlichen Filmpartner nahe war, dann stets auf erotischer Basis. Sie hatte Matthau wenig zu sagen, da diese erotische Basis fehlte. Es war schon genug, daß sie gemeinsam zu Mittag aßen.

Einmal saß sie mit Matthau und mit Gene Saks, dem Regisseur des Films, im Speiseraum bei Columbia Pictures und sah einem Schauspiel zu, in dem sie weder die Charaktere noch die Rollen kannte.

»In welchem Film spielt der mit?« fragte sie, als sie einen jungen Mann sah, dessen langes blondes Haar mit einer Haarspange zurückgehalten wurde.

»Er spielt nicht in einem Film mit«, sagte Matthau. »Er schreibt einen.«

Zu Ingrid Bergmans Zeit hatten Drehbuchautoren wie Drehbuchautoren ausgesehen. Sie sah einen weiteren jungen Mann, der wie ein Hippie aussah und kam zu dem logischen Schluß: »Ah, dann muß der auch ein Drehbuchautor sein.«

»Nein«, klärte Saks sie auf, »das ist Peter Fonda, der Schauspieler.«

»Und der kleine Mann?« fragte sie und traute sich nicht, irgendwelche Vermutungen über die Beschäftigung des dicken Mannes anzustellen, der etwas trug, das wie eine Hose ohne Reißverschluß schien.

»Ein Vizepräsident von Columbia Pictures.«

»Hollywood hat sich dramatisch verändert, seitdem ich fort bin.«[16]

Bald nachdem sie *Die Kaktusblüte* beendet hatte, war sie in den Bergen von Tennessee, um *Die Frau des anderen (A Walk in the Spring Rain)* zu drehen. Sie hatte Anthony Quinn dazu überredet, die Rolle des Mannes aus den Bergen anzunehmen, es war eine sehr seltsame Besetzung, so ungefähr, als würde Woody Allen den Sorbas spielen. »Ich wußte, daß es falsch für mich war, aber sie wollte mich für die Rolle, und ich habe es gemacht«, sagt Quinn, der in dem Film einen eigenartigen Akzent sprach, eher den Bergen von Shangri-La angemessen als den Great Smokies.[17]

Ihr letzter gemeinsamer Film war in einer alten Stadt ewiger Faszination gedreht worden, wo ein schlechter Film kaum das Ende der Welt schien. Gatlinburg, Tennessee, wohin Ingrid Bergman jetzt geflogen war, war eine Stadt der Motels, der Fast-Food-Restaurants und Souvenirläden, die vollgestopft waren mit den Reichtümern Taiwans, und drumherum die großartigen Berge.

Ingrid Bergman entdeckte ziemlich schnell, wie weit Silliphant gegangen war, um für ihr leibliches Wohl zu sorgen. Tennessee war trocken, und er wußte, daß das nicht das Rechte für Ingrid Bergman sein würde. Also richtete er in dem eher schäbigen Hotel, das ihr Zuhause war, einen privaten Cocktail-Raum ein. Er importierte einen Barkeeper, einen Filipino, aus dem Beachcomber's-Restaurant in Los Angeles, dazu Unmengen von Fruchtsäften und genug von Ingrid Bergmans Lieblingsgetränk Rum, daß sie in Rum Toddies, Mai Tais und anderen exotischen Drinks schwimmen könnte, selbst wenn die Dreharbeiten ein Jahr dauern sollten. Und er malte sich Tage mit glücklicher Filmarbeit aus und Abende mit Trinkgelagen mit Ingrid Bergman und Quinn und anderen.

Fast vom ersten Augenblick an war deutlich, daß sich die Beziehung zwischen Ingrid Bergman und Quinn verändert hatte, da prickelte nichts mehr. »Sie waren wie Leute, die sich früher mal geliebt hatten, aber jetzt nicht mehr«, sagt Silliphant. »Man konnte die Trennung spüren. Ich hatte gehofft, daß es eine Neuauflage der Affäre geben und etwas von der Leidenschaft sich auf den Film übertragen würde.«[18]

Ingrid Bergman spielt in dem Film die Frau eines Professors — dargestellt von Fritz Weaver —, der seinen einjährigen Forschungsurlaub mit ihr in den Smoky Mountains verbringt. Sie verliebt sich in Will Cade, den Mann aus den Bergen. Als die Proben begannen, erhob sich die Frage, ob die Professorengattin auch physisch dem Charme des Mannes aus den Bergen erliegen würde. Ingrid Bergman hatte während ihrer drei Ehen Affären gehabt, aber sie wollte keine auf der Leinwand haben. Sie sagte, sie verteidige — im Namen ihrer Generation — die Liebe gegen die Pornografie.[19] Sie war davon überzeugt, daß ihre Figur niemals Ehebruch begehen würde.

»Sieh mich an«, sagte Quinn, wie Silliphant die Szene in Erinnerung hat. »Ich bin ein Tier. Sieh mich an! Du willst mir sagen, daß diese Frau meiner Wärme und meiner Liebe und meinem erotischen Zauber nicht erliegen würde?«

»Tony, natürlich nicht«, sagte Ingrid Bergman, als ob sie nie etwas mit dem Schauspieler gehabt hätte. »Sie würde es nicht.«

»Du irrst dich«, beharrte Quinn.

Silliphant mußte seine beiden Stars zufriedenstellen, und so bewahrte er im Drehbuch eine gewisse Unklarheit. Ingrid Bergman konnte ihre Rolle spielen als tugendhafte Frau, die sich einen harmlosen Flirt gestattet, während Quinn seinen Part spielen konnte, als würden die Hügel von Brunstgeräuschen widerhallen.

Schon während der Proben wurde Silliphant klar, daß er vor Beendigung der Produktion seinen Anteil an Mai Tais und Rum Toddies gebrauchen könnte. Am Abend vor dem ersten Drehtag arbeitete er bis drei Uhr morgens und schrieb nochmal das Drehbuch um. Bald nach dem Aufwachen wurden ihm Nachrichten vom Drehort übermittelt, die wie Schlachtberichte klangen. Im Laufe des Tages wurden die Berichte immer schlimmer. Als der Regieassistent zurück ins Motel kam, erzählte er Silliphant, er sei »in der Scheiße« und »Ingrid wirklich stocksauer«.

Silliphant war sich keiner Schuld bewußt und war furchtbar erschrocken, was wohl mit seinem Film und seinem Star passiert sein mochte. Als er erfuhr, daß Ingrid Bergman mit ihm sprechen wollte, rief er sie in ihrem Zimmer an und bat sie nach unten in die Bar zu einem Privatgespräch.

»Sie haben mich heute im Stich gelassen«, sagte sie und machte sich nicht die Mühe, ihre Gefühle zu beschönigen.

»Was meinen Sie damit?« fragte Silliphant.

»Ich dachte, Sie wüßten, wie wichtig es für eine Schauspielerin ist, den Autor und Produzenten, die Person, mit der sie das ganze Projekt angefangen hat, am ersten Drehtag dabeizuhaben«, unterwies sie ihn. »Die Tatsache, daß Sie nicht da waren und mir nicht zugesehen haben, bringt mich dazu, mir Gedanken darüber zu machen, ein wie guter Produzent Sie wirklich sind.«

»Junge, das ist aber ein schwerer Vorwurf«, sagte Silliphant. »Ich könnte versuchen zu sagen, daß ich erschöpft war, nachdem ich bis drei Uhr aufgewesen bin, aber ich sehe schon, daß das Ihre Meinung nicht ändern wird.«

»Ganz und gar nicht«, sagte Ingrid Bergman, »Wenn Sie die ganze Nacht aufgeblieben wären, hätten Sie zu den Dreharbeiten kommen müssen, nur so lange, um zu mir zu kommen, den Arm um mich zu legen und zu sagen, Ingrid, Sie sind brillant, ich liebe Sie, ich weiß, daß Sie großartig sein werden; und dann hätten Sie wieder schlafen gehen können.«

Mittlerweile weinte Ingrid Bergman. »Ich erzählte Ihnen das bloß, weil ich Sie wirklich mag, aber Sie müssen diese Dinge begreifen. Und Sie werden sie nie lernen, wenn es Ihnen keiner sagt.«

»Ich bin Ihnen sehr dankbar«, sagte Silliphant und schwor sich, nie wieder einen ersten Drehtag zu versäumen.

Ingrid Bergman war nicht immer vom Produzenten so behandelt worden, wie sie meinte, daß es sein sollte. Aber sie hatte in genügend Filmen mitgespielt, um zu wissen, daß dies eine lange, ermüdende Produktion werden würde, und sie ließ ihre Frustration am geeignetsten Kandidaten aus.

Als die ersten Kopien Hollywood erreichten, wußte man bei Columbia, daß sich zwischen den beiden Stars nichts mehr abspielte. »Die Romanze war beendet«, sagt John Veitch, der die Produktion für Columbia überwachte. »Da war überhaupt nichts mehr zwischen ihnen, nicht auf der Leinwand und nicht bei den Dreharbeiten.«[20]

Quinn hatte so die Nase voll von Ingrid Bergman und der ganzen Produktion, daß er ein Haus mietete, um wegzukommen. Vom Film selbst konnte er nicht wegkommen. Silliphant hoffte immer noch, daß Ingrid Bergman nachgeben und ihrer Gestalt eine Affäre erlauben würde, aber sie tat es nicht, und der Film hat so viel Dramatik wie ein Sonntagsschul-Picknick.

»Eine meiner großen Tragödien ist, daß ich mir wünsche, ich hätte einen erfolgreichen Film mit Ingrid gemacht, weil wir so sehr aneinander glaubten«, sagt Quinn. »Doch manchmal im Film liebt man jemanden so sehr, aber es klappt nicht auf der Leinwand. Und du magst jemand nicht, und auf der Leinwand bist du wunderbar. Die beiden größten Talente, mit denen ich gearbeitet habe, waren Ingrid und Anna Magnani. Aber ich würde es vorziehen, mit Anna Magnani zu arbeiten, die ich nicht mochte, als mit Ingrid, die ich geliebt habe.«[21]

Bei den Dreharbeiten hatte Quinn sich gefühlsmäßig und physisch von Ingrid Bergman getrennt. Er hatte nicht ihren Vorstellungen den Film betreffend nachgegeben, wie er bei dem Film *Der Besuch* nachgegeben hatte. Was immer sie beabsichtigt hatte, als sie ihn dazu brachte, die Rolle zu übernehmen — es war nichts dabei herausgekommen. Ihre Beziehung mit Quinn hatte sie nicht erneuern können, und jetzt, nach über einem halben Jahr in Amerika, war sie bereit, zu Lars Schmidt und zu ihrer Ehe zurückzukehren.

»Ich bin jetzt etwas ruhiger geworden«, schrieb sie an ihn. »Ich verstehe, daß ich anderen manchmal auf die Nerven gehen kann . . . Mein lieber Alter, ich hab mich schon sehr gebessert, wart's nur ab.«[22]

20.

»Liebling, das bist du, die weint«

Ingrid Bergman liebte es, mit ihrem Mann über ihre Arbeit zu reden, und als sie wieder bei Lars Schmidt war, hatte sie ihm viel über das halbe Jahr in Amerika zu erzählen.

Sie behauptete, eine Frau von vollkommener Offenheit zu sein, aber wenn das stimmte, hätte sie damit bei ihren Ehemännern anfangen müssen. Wie in ihren vorangegangenen zwei Ehen, hatte sie auch in dieser Beziehungen mit anderen Männern gehabt. Ihre Ehe war voll von großen und kleinen Täuschungsmanövern, aber ihrem Mann und der Welt gegenüber spielte sie die treue und liebende Ehefrau.

Doch auch Lars Schmidt hatte ihr etwas vorgespielt. Er hatte eine Affäre mit einer schönen jungen Schwedin aus guter Familie.

Raymond Gérôme zufolge hatte Monate zuvor auf einer Dinnerparty einer der Gäste, ein schwedischer Regisseur, ganz nonchalant gesagt: »Ich redete mit Kristina und . . .« Er nahm an, daß Ingrid Bergman über die Beziehung ihres Mannes mit Kristina Belfrage Bescheid wußte. Sie wußte es nicht, und sie fühlte sich verraten; aber sie hatte beschlossen, ruhig zu sein und abzuwarten.

Am Abend ihrer Rückkehr aus den Staaten erzählte Schmidt ihr von Kristina. Sein großer Fehler war nicht seine Untreue, sondern, daß er sie zugab. Sie war böse mit ihm, aber beschloß, abzuwarten, ob er seine Affäre nicht vielleicht beenden würde.

Ingrid Bergman, in der viele das Symbol romantischer Liebe und großen Mutes sahen, richtete sich also in einem Leben voller Kompromisse und Mißtrauen ein, lieber das, als allein zu leben. Auch bei Rossellini war sie bereit gewesen, sich mit einer

Ehe zufriedenzugeben, die wenig mehr war als ein Arrangement, bis dann der öffentliche Skandal dazwischenkam. Mit Lars Schmidt könnte solch ein Arrangement auf unbestimmte Zeit fortdauern, denn er war ein unendlich diskreter Mensch.

Eine scheiternde Ehe bringt sehr viel Einsamkeit mit sich, aber Ingrid Bergman blieb in Choisel, blieb auf den Überresten ihrer Ehe hocken. Vor so vielen Jahren hatte sie an Lindström geschrieben, daß sie ihn allein in den Ruinen zurücklasse. Sie hatte auch Rossellini verlassen, der in den Trümmern seiner frühen Karriere zurückblieb, während sie zu neuer Berühmtheit gelangte. Dieses Mal war sie diejenige, die allein in den Ruinen war. Sie spürte, daß sie zu alt war, um neu anzufangen. Das Leben hatte wenige Rollen für alternde Schauspielerinnen, weder auf der Bühne noch sonst.

Sie hatte niemanden außer Lars Schmidt, und sie wollte lieber nur einen Teil von ihm haben als allein sein.

»Es war ein sehr seltsames Schicksal«, überlegte Pater Lisandrini im Gespräch. »Sie war die Königin der Welt, und sie hatte niemanden, den sie lieben konnte. Ingrid sagte einmal: ›Ich bin eine unglückliche Frau. Ich habe keinen Ehemann in meinem Leben. Mit Roberto war es nur eine kurze Zeit, und es ist immer schlimmer geworden.‹ Die Einsamkeit dieser universalen Schauspielerin war außerordentlich. Keine Frau war einsamer, aber sie hatte keine Zeit, über ihre Einsamkeit nachzudenken, und keiner bemerkte, daß sie allein war.«

Ingrid Bergman arbeitete nicht während der zweiten Hälfte des Jahres 1969 und das ganze Jahr 1970 nicht. Gérôme versuchte sie zu überreden, sich ein Appartement in Paris zu nehmen, aber nicht einmal das wollte sie. Sie neigte nicht zur Selbstbetrachtung, und es war ihr kaum klar, wie schlecht es ihr mittlerweile ging. Sie lebte mit der Hoffnung, daß Lars Schmidt in eine Ehe zurückkehren würde, die ihr niemals wirklich am Herzen gelegen hatte. Jetzt bedeutete die Ehe ihr etwas. Sie brauchte Lars.

Fiorella Mariani war einer der wenigen Menschen, mit denen Ingrid Bergman offen reden konnte. Fiorella bewunderte Ingrid ungeheuer; ohne ihre angeheiratete Tante hätte sie es nie gewagt, ihre eigene Karriere als Bühnenbildnerin zu beginnen. Eines Abends redeten sie miteinander bis vier Uhr morgens, wie sie es vor Jahren so oft in Santa Marinella getan hatten.

»Lars ist ein schwacher Mann«, erinnert Fiorella Mariani

sich gesagt zu haben. »Er ist niemals glücklich, niemals zufrieden mit sich selbst. Er versucht immer irgend etwas zu erreichen, aber ohne Leidenschaft. Er tut mir wirklich leid. Ich mag ihn, weil ich seine Schwächen verstehe.«

»Wie kannst du das sagen?« warf Ingrid Bergman ein. »Wie kannst du sagen, du magst ihn wegen seiner Schwächen?«

»Etwas stimmt nicht mit seiner Stärke, Ingrid. Siehst du das nicht?«[1]

Robert Anderson kam Ende April 1970 zu Besuch. Seine Gefühle für Ingrid Bergman waren zu Freundschaft geworden. »Ingrid und Lars machten eine schlimme Zeit durch«, sagt Anderson. »Lars kam entweder gar nicht zurück, oder er kam und ging am Morgen schon wieder, bevor ich auf war. Ich saß da und hörte mir ihre Geschichten an. Sie sagte: ›Das passiert jeder französischen Hausfrau mittleren Alters.‹ Ich sagte: ›Hältst du dich für eine französische Hausfrau mittleren Alters?‹ Sie tat es.«[2]

Lars Schmidt hätte versuchen können, seiner Frau Zuversicht einzuflößen, aber statt dessen verhielt er sich, als wäre ihre Karriere beendet und Ingrid nur noch ein Anhängsel für ihn.

1971 arbeitete Ingrid Bergman endlich wieder. Der britische Produzent Binkie Beaumont bot ihr die Rolle der Lady Cicely Waynflete in George Bernard Shaws *Kapitän Brassbounds Bekehrung (Captain Brassbound's Conversion)* an. Ingrid Bergman fand das Stück »langweilig« und »unglaubwürdig« — eine wohlwollende Beurteilung —, aber die Rolle herrlich. Lady Cicely ist eine unerschrockene britische Lady von hoher Geburt. Sie bricht in Begleitung von Kapitän Brassbound nach Marokko auf. Keiner ist immun gegen Lady Cicelys Charme, nicht eines der dreiundzwanzig Ensemblemitglieder, alles Männer — keiner, außer Liebhaber eines guten Stücks.

Doch was für eine Gelegenheit für eine fünfundfünfzig Jahre alte Schauspielerin, deren Mann sich mit einer Frau eingelassen hat, die halb so alt ist wie sie, und die glaubt, daß die Zeiten vorbei sind, als sie charmant und begehrenswert war. Ingrid und dreiundzwanzig Männer. Es war eigentlich nicht so sehr ein Stück, sondern ein Vehikel für die mythische Ingrid Bergman, die so wenig mit der Frau zu tun hatte, die in Choisel saß, trank und rauchte und an die alten Zeiten dachte.

Nachdem Beaumont Ingrid Bergman verpflichtet hatte, rief

er Frith Banbury an und fragte ihn, ob er die Regie übernehmen wollte.

»Nun, die Lady Cicely Waynflete ist eine britische Aristokratin«, sagte Banbury, etwas überrascht über diese Rollenbesetzung.

»Das spielt keine Rolle«, beharrte Beaumont.

»Sie werden allerhand Kritik bekommen.«

»Ich weiß.«

»Also, was wollen Sie, einen richtigen *Kapitän Brassbound*, oder soll Ingrid Bergman nur herausgestellt werden?«

»Ingrid Bergman soll herausgestellt werden.«[3]

Am ersten Probentag hatte Griffith James, der Manager der Kompanie, Stühle auf die Bühne des Brighton Theatre stellen lassen. Alle waren da außer Ingrid Bergman, und James ging zur Bühnentür, um auf sie zu warten.

Wenn Ingrid Bergman zu spät kam, dann üblicherweise nur so viel, daß sie damit den Auftritt einer bedeutenden Person signalisierte. Heute traf sie nicht später als zehn Minuten nach dem vorgesehenen Beginn ein.

»Sie kommen zu spät«, sagte James.[4] Er wollte die Kompanie so führen, wie sie geführt werden mußte. Als er noch jünger war, hatte er selber gespielt, aber er fühlte sich viel wohler hinter der Bühne, wo er mit den tausend Kleinigkeiten einer Produktion zu tun hatte. Er liebte das Theater so sehr wie irgendein Schauspieler oder Dramatiker oder Regisseur, und er machte seine Arbeit so gut wie irgendeiner von ihnen die seine.

Kapitän Brassbounds Bekehrung wurde zuerst in Brighton aufgeführt, bevor es am 18. Februar 1971 in London Premiere hatte. Das Stück hatte einen gewaltigen Erfolg, obwohl das Originellste Ingrid Bergmans Akzent war. Die anderen Schauspieler wußten, daß das Publikum nicht kam, um ein Stück zu sehen, sondern Ingrid Bergman.

»Sie spielte eine Rolle nur, wenn sie sich mit dem Charakter identifizieren konnte, so daß sie etwas von sich selbst darin sehen konnte«, sagt Joss Ackland, der den Kapitän Brassbound spielte und ein guter Freund wurde. »Vom Handwerklichen her war nichts von ihr zu erwarten. Ich sagte: ›Um Himmels willen, stehen Sie still.‹ Sie spielte eine Engländerin aus dem 19. Jahrhundert, was sie nie und nimmer konnte. Aber sie war so voller Begeisterung. In diesem und in ihren anderen Stücken arbeitete sie mit wunderbaren Bühnenschauspielern zusammen, mit Leuten wie Redgrave; wenn die über ihr Theaterspielen sprachen, lächelten sie bloß.«[5]

Ingrid Bergman war der neue große Star der Saison. Sie war voller Leben. All die Schwierigkeiten mit Lars Schmidt schienen vorbei zu sein. Sie telefonierte mit ihm und erzählte ihm von dem Stück, von Filmen, die sie gesehen hatte, von den anderen Schauspielern und von Dinnerparties. Sie lachte und schwatzte mit ihm und fühlte sich wohl, daß er ihr Mann war. Es war besser auf diese Weise, und sie schätzte seinen Rat und sein Interesse.

Das Leben war wieder gut. Ingrid Bergman kam immer zwei Stunden vor Beginn der Vorstellung ins Theater. In ihrer Garderobe war alles in Ordnung, ihre Garderobiere Louie Hollis sorgte dafür. Louie Hollis kam aus dem Londoner East End, sie sprach mit so starkem Cockney-Akzent, daß Ingrid Bergman sie manchmal nicht verstehen konnte. Louie Hollis gab acht auf die Frau, die sie »my lady« nannte.[6] Es war nicht angebracht, daß ihre Lady sich die Hände an Handtüchern abtrocknete, die andere benutzt hatten, und so brachte Louie Hollis ihre eigenen Leinenhandtücher mit. Sie wußte, wie sehr ihre Lady es mochte, wenn die Sachen rein und sauber waren, und wenn Ingrid Bergman auf der Bühne war, war Louie Hollis immer beschäftigt und brachte die kleine Garderobe in Ordnung, bis alles blitzsauber war.

Das Cambridge Theatre hatte keine Klimaanlage. An Sommerabenden herrschte hinter der Bühne eine tropische Hitze. Jedesmal wenn Ingrid Bergman von der Bühne kam, war Griff James oder jemand anders da, der sie zur Tür brachte, wo sie nach draußen trat und etwas frische Luft schnappte, bevor sie zurückeilte, um ihr Stichwort nicht zu verpassen.

In dieser Zeit schloß Ingrid Bergman sich sehr an Griff James an. Der Bühnenmanager, ein großer Mann mit Brille, war nicht an einer Liebesbeziehung interessiert, er wollte nur ihr Freund sein. Er mag ein wenig wie ein trauriger Basset ausgesehen haben, aber er war ein Mann mit wachem, scharfem Verstand. Er war auch ein Mann mit starken Gefühlen, und Ingrid Bergman bedeutete ihm ungeheuer viel. Er gehörte zu ihrer Generation, er hatte keine Frau und keine Familie. Er liebte das Theater wie sie, und es gab wenig außerhalb des Theaters für ihn.

Nach der Vorstellung kam James für gewöhnlich in die Garderobe, während Louie Hollis ihre tägliche Arbeit erledigte. Ingrid Bergman war nicht wie manche junge Schauspieler, die aus der Bühnentür stürzen, während der Applaus noch nachklingt, und forteilen zu einer Verabredung oder einem Drink mit Freunden. Louie Hollis behauptete, »sie konnte jeden Abend ausgehen, aber sie zog es vor, allein nach Hause zu gehen«. Ihr Leben spielte sich tatsächlich hier ab, nicht nur auf der Bühne, sondern auch in dieser Garderobe und auf den engen Fluren des Theaters. Sie liebte den Geruch, die Geschäftigkeit und Wärme des Theaterlebens. Sie liebte die überschwenglichen Worte der Zuneigung unter den Schauspielern — und daß sie trotzdem Distanz bewahrten. Ihren alten Freunden gegenüber war sie loyal und aufmerksam, sie vergaß niemals einen Geburtstag und schickte immer Ansichtskarten. Sie war furchtbar gut organisiert, aber manchmal war sie doch etwas irritiert von diesen Ritualen.

Wenn sie neue Leute kennenlernte, konnte sie sich keine Namen merken oder gar Gesichter. Es wurde alles zu einem verschwommenen Bild für sie, manchmal galt das sogar für Leute, mit denen sie gearbeitet hatte. Eines Tages war sie bei Burberry's und kaufte einen Trenchcoat für Lars Schmidt, als sie Walter Matthau sah, ihren Partner aus *Die Kaktusblüte*.

»Walter, ich bin's, Ingrid«, sagte sie und stürzte auf ihn zu.

»Ingrid wer?« fragte Matthau, der ebenso bekannt dafür war wie sie, die Namen der Leute zu vergessen.

»Ingrid Bergman«, sagte sie und merkte nicht, daß Matthau sich einen kleinen Scherz erlaubte.[7]

Kapitän Brassbounds Bekehrung war solch ein Erfolg, daß es ab Anfang 1972 auch in Amerika gespielt wurde, mit amerikanischen Schauspielern in den Nebenrollen. Für das heutige Amerika war das Stück noch weniger geeignet als für London, aber niemand schien das zur Kenntnis zu nehmen, am allerwenigsten das Publikum in den vollen Häusern in Wilmington, Washington, Toronto und New York.

Es gab keinen Star wie Ingrid Bergman, keinen, der noch den Zauber des alten Hollywood ausstrahlte, keine Schauspielerin, die ein Leben gehabt hatte, das dramatischer war als jeder ihrer Filme. Für das amerikanische Publikum war sie eine Ikone der Kultur, wie ein kostbares Kunstwerk.

Sie war eine solche Attraktion, daß in Washington *Kapitän*

Brassbound im Opernhaus mit seinen 2300 Plätzen aufgeführt wurde, wo man sonst üblicherweise nur Musicals spielte. An dem Tag, als Ingrid Bergman vor dem Nationalen Presseklub sprach, war der Raum gedrängt voll. Die Liste derjenigen, die keinen Platz bekommen hatten, war die längste in der Geschichte des Klubs. Während des Essens saß sie auf einer erhöhten Plattform, zusammen mit anderen bedeutenden Persönlichkeiten. Journalisten, Presseagenten und Lobbyisten füllten an ihren Tischen Fragen aus, die dann nach vorn gereicht wurden.

Es war so vieles passiert in den zweieinhalb Jahrzehnten, seit Ingrid Bergman zuletzt in Washington aufgetreten war. 1946 war eine vergangene Epoche und Ingrid Bergman eine Überlebende aus einer Zeit, die die meisten im Publikum nur von vergilbten Zeitungsausschnitten kannten. Die Frage, die fast auf der Hälfte der Karten stand, war, wieso sie mit sechsundfünfzig Jahren noch immer so strahlend aussah.

Ingrid Bergman lachte und sagte, sie könnte ihnen ja erzählen, daß sie einen guten Schönheitschirurgen in Schweden hätte, aber sie habe tatsächlich immer jung ausgesehen.

Wie üblich suchten die Leute bei ihr Interessen und Gefühle, die sie nicht hatte. Sie erzählte den Zuhörern, daß sie kein wirkliches Interesse an Politik habe. »Ich bin immer eine Entertainerin gewesen . . . Ich versuche so zu leben, daß ich anderen eine Hilfe sein kann, aber das hat nichts mit Politik zu tun.« Sie behauptete durchaus nicht, einen intellektuellen Zugang zum Theaterspielen zu haben: »Ich habe nicht viele von diesen Büchern über das Theaterspielen gelesen. Stanislawskij, den habe ich versucht durchzuackern. Ich denke, instinktiv, schon beim ersten Mal, wenn ich ein Drehbuch lese, weiß ich genau, wie die Frau ist. Darum lehne ich viele Dinge ab, die ich nicht verstehe.«

»Man sagt uns, daß das ›Goldene Zeitalter Hollywoods‹ für immer vorbei ist«, sagte einer der Fragesteller. »Ist das ein großer Verlust oder eine gute Sache?«

»Ich denke, es ist in gewisser Hinsicht ein Verlust«, sagte Ingrid Bergman. »Aber die Zeit schreitet voran. Ich glaube, alles muß sich verändern. Alles ist so unrealistisch geworden, da war so viel falscher Glanz, und das war einer der Gründe, warum ich fortgegangen bin . . . Ich muß hier sagen, als ich nach Italien ging, gab es einen Senator in Washington, der eine Rede gegen mich gehalten hat, und er sagte zum Schluß, daß aus Hollywoods Asche ein besseres Hollywood hervorgehen wird . . .«

Sie hatte sagen wollen: »aus Ingrid Bergmans Asche«, aber das Hollywood, das sie gekannt hatte, war tatsächlich in Flammen aufgegangen am Tag, da sie es verließ. Ein neues Hollywood und ein neues Washington hatten sich entwickelt, und das neue Washington war bereit, seine eigene Wiedergutmachung zu leisten für die halb vergessenen Worte von Senator Johnson aus Colorado.

Charles Percy aus Illinois, ein Politiker der sich der Bedeutung der Publicity sehr wohl bewußt war, ergriff im Senat das Wort: »Mr. President, eine der hübschesten, liebenswürdigsten und talentiertesten Frauen der Welt wurde vor zweiundzwanzig Jahren in diesem Haus das Opfer einer erbitterten Attacke. Heute möchte ich gern Ingrid Bergman den seit langem überfälligen Tribut zollen, einem wirklichen Star in jedem Sinne des Wortes. Unsere Kultur wäre in der Tat ärmer ohne ihre Kunst. Für das amerikanische Publikum wird sie immer einen Platz in unserem Herzen behalten als eine der größten Darstellerinnen unserer Zeit . . . Miss Bergman ist nicht nur willkommen in Amerika, wir fühlen uns durch ihren Besuch zutiefst geehrt.«

An einem Abend besuchte Ingrid Bergman eine Sondervorführung von *Casablanca* vom American Film Institute. Sie konnte es nicht ertragen, den Film wiederzusehen. »Sie sagte: ›Wenn ich sterbe, zeigen sie es hoffentlich nicht auch wieder‹«, erinnert sich Griff James. Ingrid Bergman kam an, als die letzte Filmrolle gezeigt wurde und saß Balkon, letzte Reihe.[8]

Die Leute sahen sich den Film nicht an, weil er ein verstaubtes Kultur-Artefakt war oder einfach einer der großen amerikanischen Filme; sie sahen ihn an als Akt der Huldigung. Es gab ›Rick's Cafés‹ überall, von Jamaika bis Deutschland. Es gab Leute, die hatten den Film Dutzende von Malen gesehen und konnten die Dialoge herbeten. Es verging kaum ein Tag, an dem *Casablanca* nicht irgendwo gezeigt wurde und Ingrid Bergman auf dem Rollfeld stand und Rick auf Wiedersehen sagte, auf Wiedersehen für immer.

Als Rick zu Louis sagte: »Ich glaube, das ist der Beginn einer wunderbaren Freundschaft«, da lachte das Publikum voller Verständnis, und Ingrid Bergman lachte mit ihm. Sie hatte den

Versuch aufgegeben, zu verstehen, warum die Leute den Film so liebten. Die Zuschauer erhoben sich, um sie zu begrüßen, und sie ging in dem vollbesetzten Theater nach vorn.

Sie hatte schon so viele Male über *Casablanca* gesprochen. Sie hatte immer wieder dieselben Fragen beantwortet, nach Bogie und Henreid und den anderen, sie konnte sich kaum noch erinnern, wie oft. Aber sie liebte es, über die Vergangenheit zu sprechen, *ihre* Vergangenheit, und ihre Antworten klangen so frisch wie *Casablanca*.

Sie fuhr nach New York und spielte dort in *Kapitän Brassbounds Bekehrung*. In New York übernahm sie auch die Titelrolle in einem Kinderfilm, *Die Ausreißer (From the Mixed-up Files of Mrs. Basil E. Frankweiler)*. Sie verbrachte ziemlich viel Zeit mit Pia, die in New York wohnte und als Fernsehjournalistin arbeitete.

Eines Abends traf Ingrid Bergman in Pias Appartement Joseph Daly. Daly, ein lebhafter Amerikaner irischer Herkunft, hatte als Vertreter für Damenunterwäsche angefangen, und jetzt war er im Immobiliengeschäft tätig, mit Erfolg. Daly erzählte Ingrid Bergman, daß Pia im Studio aufgehalten worden sei. Sie ging ins Wohnzimmer — sie trug ihr Chanel-Kostüm — und blieb dort einen Moment stehen. Wie immer wenn sie nervös war, redete sie zu schnell.

Auf Dalys Gesicht malte sich Entsetzen. »Miss Bergman, da ist etwas, das ich Ihnen sagen muß. Wir haben einen jungen Hund, er ist neu, und . . .«

Sie sah hinunter auf den Teppich. Sie stand mit ihrem Designer-Schuh in einem Hundehäufchen.

Sie lachte. Bald lag sie auf den Knien, bürstete den Teppich ab und erzählte ihrem zukünftigen Schwiegersohn Geschichten aus ihrem Leben.[9]

Im Dezember 1971 war Ingrid Bergman bei der Hochzeit des Paares dabei. Beim Tanz im Hotel Carlyle sah sie Lindström wieder, zum ersten Mal seit sie ihn mit Pia in England getroffen hatte. Seine Jugendlichkeit war so bemerkenswert wie ihre; er war vierundsechzig, sah aber mindestens zehn Jahre jünger aus. Seine Frau Agnes war zwanzig Jahre jünger als er, sie waren ein hübsches Paar. Sie hatten ihre neunjährige Tochter Brita, eines ihrer vier Kinder, mit.

Lindström war ein prominenter Neurochirurg in den Vereinigten Staaten. In Europa war er Berater der schwedischen Regierung. Er war nach wie vor argwöhnisch in bezug auf die Motive seiner Ex-Frau und sorgte dafür, daß keine Fotos von ihnen gemeinsam gemacht wurden.

Im Juni 1973 nahm Ingrid Bergman Robertino mit zu den Filmfestspielen nach Cannes, wo sie als Jury-Präsidentin fungierte. Man holte sie, führte sie vor bei verschiedenen Versammlungen und Essen und brachte sie dann zurück in ihr Hotelzimmer, etwa so, wie mexikanische Bauern ihre Lieblingsheiligen durch die Dorfstraßen tragen und dann wieder verstauen. Oft war sie in ihrer Suite alleingelassen. Es hätte ihr gefallen, häufiger eingeladen zu werden, aber keiner schien zu wissen, daß sie Gesellschaft wollte oder daß sie einsam sein könnte.

Ingrid Bergman hatte ihre Kinder, aber sie wußte nicht recht, wie sie mit ihnen umgehen sollte. Sie waren aufgewachsen wie Treibhausblumen. Keines von ihnen hatte seine Ausbildung beendet.

»Schon von früh an lernten die Kinder, frei zu sein, zu tun, was sie wollten«, sagt Fiorella Mariani. »Sie waren frei, aber sie hatten kein Verantwortungsgefühl. Als Robertino seine Immatrikulationsprüfung ablegen mußte, sagte er mir: ›Hoffentlich falle ich durch. Wenn ich nicht durchfalle, muß ich Verantwortung übernehmen.‹«[10]

So häufig hatte Isotta im Schatten ihrer auffallenderen Schwester gestanden. Sie ging jetzt mit Alberto Acciarito, einem Sohn aus der Arbeiterklasse. Obwohl Isotta ihn anfangs als einen »Prinzen des Volkes« betrachtete, hielten einige aus ihrer Familie ihn für launisch und streitsüchtig. Ingrid Bergman war bereit, ihre Tochter mit dem jungen Mann zusammenleben zu lassen, und sie würde auch aushelfen, aber das letzte, was sie wollte, war eine Heirat.

»Das war das einzige Mal, daß es Spannungen mit Vater und Mama gab«, sagt Isotta Rossellini. »Sie wußten, daß wir uns viel stritten, und sahen nicht das Wesentliche. Ein paar Monate lang war ich ganz allein und redete nicht mit ihnen. Wir sahen uns nicht sehr häufig, weil es so peinlich war. Ich erinnere mich, daß Mama mir ein sehr hübsches Foto von uns beiden schickte, Hand in Hand auf dem Land. Es war ein kleiner Brief dabei, so sollten wir immer sein, uns an den Händen halten.«[11]

Als Isotta aber Acciarito einfach heiratete, besuchten ihre Eltern sie eine Zeitlang nicht. Rossellini zeigte sich sogar noch weniger versöhnlich als Ingrid Bergman, aber am Ende schlossen beide einen dürftigen Frieden mit ihrem neuen Schwiegersohn.

Ingrid Bergman wußte nicht, wie sie sich bei ihren Kindern verhalten sollte. »Sie hat Robertino Autos geschenkt, Sportwagen«, sagt Ann Todd. »Ich sagte: ›Ingrid, du solltest das nicht tun.‹ Sie sagte: ›Wie sollen sie mich sonst lieben?‹«[12]

Ingrid Bergmans nächste Rolle war die Constanze in W. Somerset Maughams Stück *Finden Sie, daß Constanze sich richtig verhält? (The Constant Wife).* Die Constanze ist eine viel faszinierendere Figur als die Lady Cicely. Constanze entdeckt, daß ihr Mann eine Affäre mit ihrer besten Feundin hat. Anstatt ihm Vorwürfe zu machen, fragt sie ihn lieb, ob sie eine Stellung als Innenarchitektin annehmen könnte. Sie ist sofort erfolgreich in ihrem neuen Job. Ein Jahr später fährt sie in den Urlaub nach Italien und nimmt einen Mann mit, der vielleicht ihr Liebhaber wird, vielleicht auch nicht.

Finden Sie, daß Constanze sich richtig verhält? ist ein witziges, amüsantes Stück. Die Londoner Produktion hatte exzellente Schauspieler zur Verfügung und mit John Gielgud als Regisseur einen der großen Namen des englischen Theaters.

Gielgud wußte, daß Ingrid Bergman kaum dem Idealbild einer englischen Aristokratin entsprach. Bei den Proben sagte sie den Satz: »Ich möchte wissen, was meine Mutter dazu sagen würde.« »Wäre es nicht möglich«, sagte Gielgud ironisch, »den Satz in ›meine *skandinavische* Mutter‹ zu ändern?«

Als das Stück im Albery Theatre im Londoner West End Premiere hatte, nahmen die Zuschauer kaum Notiz von Ingrid Bergmans seltsamem Akzent und die meisten Kritiker auch nicht. Das Stück war einer der größten Erfolge der Saison. Die Zuschauer liebten die Geschichte einer so zivilisierten Rache.

Lars Schmidt kam gelegentlich zu Besuch nach London, und das Unangenehmste war nicht, daß er über seine Beziehung mit Kristina redete, sondern sein Verhalten Ingrid Bergmans neuestem und liebstem Freund gegenüber, Griff James. Schmidt wußte von Anfang an nicht, was er mit James anfangen sollte. Er zog sich sorgfältig und elegant an, Griff James dagegen war ein Mann, der seinen Arbeitsbereich hinter der Bühne hatte, und das sah man auch an seiner Kleidung. Schmidt würdigte nicht die Eigenschaften, die James zu einem so guten Begleiter machten — oder er hatte kein Interesse daran, sie zu würdigen. Es kam jedenfalls soweit, daß James verschwand, wenn Ingrid Bergmans Mann in der Stadt war.

Eines Abends Ende November kehrte Ingrid Bergman nach der Vorstellung in ihre hübsche Wohnung an der Mount Street in Mayfair zurück. Sie konnte niemals gleich ins Bett gehen und schlafen und nahm für gewöhnlich noch ein paar Drinks. Sie lag im Bett und blätterte ein Magazin durch. Sie wurde auf einen Artikel über Brustkrebs aufmerksam, ein Leiden, das jetzt beinahe zur Epidemie zu werden schien; Betty Ford, die Frau des amerikanischen Präsidenten, litt darunter, und andere berühmte Frauen auch. Als Ingrid Bergman las, wie Frauen selber ihre Brust nach Knoten abtasten sollten, untersuchte sie ihre eigenen Brüste, auf unsystematische Weise. Plötzlich spürte sie unterhalb ihrer linken Brust etwas. Ein kleiner Knoten. Sie täuschte sich nicht. Ein kleiner, harter Knoten. Sie war immer vollkommen gesund gewesen. Sie dachte: Nein, mir kann das nicht passieren.

Es war schon spät. Aber wie sie es immer tat, wenn sie ein Problem hatte, rief sie Lars in Frankreich an. Er sagte ihr, sie sollte sofort zum Arzt gehen. Aber sie sagte, das könne sie nicht. Sie spiele doch gerade in einem Stück.

Ingrid Bergman versuchte den Knoten in ihrer Brust zu vergessen. Die Kritiker mochten Hymnen auf ihre jugendliche Schönheit singen, doch sie wußte, daß sie eine Frau von achtundfünfzig Jahren war, deren Ehemann sich eine Geliebte genommen hatte, die halb so alt war wie sie. Trotzdem war sie noch immer eine begehrenswerte Frau, dessen war sie sich sicher. Die Vorstellung, daß sie ihre Brust verlieren könnte, war undenkbar.

Doch schließlich ging Ingrid Bergman zu einem Spezialisten in der Harley Street, der exklusivsten Londoner Ärzte-Adresse.

»Sie müssen etwas dabei tun«, sagte ihr der Arzt.

Doch sehr oft hören die Leute die Art von medizinischem Rat, die sie hören wollen. Laut Ingrid Bergman sagte der Arzt zu ihr: »Ja, Sie müssen etwas dabei tun, aber es ist nicht dermaßen eilig.« Sie konnte warten mit der Gewebeuntersuchung, die zeigen würde, ob es sich um einen bösartigen Knoten handelte.[13]

Das war der Aufschub, den sie wollte. Sie warf sich in ihre Rolle als Constanze. Jeder Abend war ein Abenteuer für die Schauspieler, die mit ihr zusammen spielten. Sie wußten nie, wie sie ihren Text sprechen oder wo sie stehen würde. Ein Kritiker, der eine Vorstelllung im Januar 1974 besuchte, berichtete: »Was das Handwerkliche anging, war es mit Miss Bergmans Darstellung nicht weit her. Manche ihrer Sätze kamen klar aus ihrem Mund, andere waren wie Geräusche ohne Sinn.«[14] Eines Abends stand Ingrid Bergman in den Kulissen und redete mit Griff James, und sie versäumte ihren Auftritt; fröhlich kam sie auf die Bühne gerauscht und sagte: »Tut mir leid, daß ich zu spät komme. Ich hab' mit Griff geredet.«[15] Ein anderes Mal stand sie am Ende eines Aktes allein auf der Bühne, als der Vorhang nicht fiel. Sie stand einfach da und lachte und sagte: »Eigentlich hätte der Vorhang herunterkommen sollen.« Eine andere Schauspielerin wäre wütend hinter die Bühne gekommen und hätte mit dem Bühnenmanager geschimpft. Für Ingrid Bergman war es nur amüsant, und für das Publikum war es etwas Besonderes.

Das Stück hatte weiterhin einen ungewöhnlichen Erfolg, und der Produzent wollte es noch bis weit ins Jahr 1974 hinein auf dem Spielplan lassen. Als Laurence Evans, Ingrid Bergmans Agent im Londoner Büro von ICM, ihr das erzählte, vertraute sie sich ihm wegen ihrer Krankheit an. Es war undenkbar, noch weiter zu spielen und die Operation noch länger aufzuschieben. Aber sie tat es. Doppelt undenkbar, daß sie auch noch eine Rolle in einem neuen Film annehmen sollte, selbst wenn es etwas so Ausgezeichnetes war wie *Mord im Orient-Express (Murder on the Orient Express)*. »Halten Sie das für klug?« fragte Evans sie, und sie sagte ja.[16]

An den Abenden spielte sie in *Finden Sie, daß Constanze sich richtig verhält?*, tagsüber spielte sie in *Mord im Orient-Express*. Sidney Lumet, der Regisseur, hatte den Film mit einer außergewöhnlichen Kollektion von Stars besetzt, von Albert Finney bis Anthony Perkins, Richard Widmark bis Sean Connery, Lauren Bacall bis Vanessa Redgrave, und einem halben Dutzend anderer. Lumet wollte, daß Ingrid Bergman eine ältere russische Prinzessin spielte, nur natürlich für sie nach *Anastasia*. Als Ingrid Bergman das Drehbuch sah, wollte sie lieber die altmodische schwedische Missionarin spielen, eine ganz kleine Rolle, mit nur fünfundzwanzig Zeilen Dialog. Es war ungewöhnlich für einen Star ihres Formats und Alters, eine solche Rolle zu wählen. Es wurde eine brillante komödiantische Darbietung.

Zum Ende des Frühjahrs, als *Finden Sie, daß Constanze sich richtig verhält?* vom Spielplan abgesetzt wurde, wollte Dr. David Handley, daß Ingrid Bergman für die Biopsie ins Krankenhaus ginge. Doch sie beschloß, nach New York zu fliegen, um ihren ersten Enkel zu sehen, Justin, den Sohn von Pia und Joe Daly. Und dort in Amerika holte sie, ein halbes Jahr nach der ersten Diagnose, die Meinung eines zweiten Arztes ein.

Der New Yorker Spezialist brauchte nicht lange, um zu erkennen, daß Ingrid Bergman bereits unabsehbare Risiken für ihre Gesundheit und ihr Leben eingegangen war. Er teilte ihr unverblümt und kategorisch mit, daß sie sofort zur Operation in die Klinik müßte. Ingrid Bergman sagte, sie habe zu viel zu tun. Sie behandelte die ganze Angelegenheit, als wäre es ein Problem zwischen dem Arzt und der Krankheit und hätte mit ihr überhaupt nichts zu tun. Sie benahm sich, als täte sie dem Arzt einen riesigen Gefallen, daß er sie untersuchen durfte, wo sie doch so viele wichtigere Dinge zu tun hatte.

Um Ingrid Bergman den Ernst der Lage klarzumachen, rief der New Yorker Arzt Dr. Handley in London an und sprach eine Weile mit ihm. Dann übergab er Ingrid Bergman den Hörer. Dr. Handley sagte ihr, sie sollte sofort nach London zurückkommen. Sie antwortete, sie habe zu viel zu tun.

Sie flog nach Europa zu Lars Schmidts Geburtstag. Sie rief ihre Kinder an und erzählte ihnen von der Operation. »Ich muß ins Krankenhaus«, sagte sie zu Isotta, die sie vor kurzem in London besucht und keine Ahnung von der Krankheit hatte. »Ich habe da einen kleinen Knoten und ich muß untersuchen lassen, was das ist.« Isotta glaubte, daß ihre Mutter so gesund war, daß es sich nicht um ein großes Problem handeln konnte.[17]

Nach der Geburtstagsparty in Choisel kehrte Ingrid Bergman nach London zurück und ging am 15. Juni 1974 als Mrs. Schmidt in die Klinik.

Alle ihre vier Kinder und Lars Schmidt flogen nach London, jetzt bei ihrer Krankheit waren sie eng zusammen, wie sie es selten gewesen waren, als die Mutter gesund war. Sie warteten, daß sie aus der Narkose erwachte. »Oh, wie lästig diese Frau ist, sie weint die ganze Zeit«, sagte Ingrid Bergman, als sähe sie mand anderem zu. »Bitte, sagt ihr doch, sie soll nicht mehr weinen. Sie weint und weint einfach bloß.«

Sie hörte eine Stimme im Halbschlaf: »Liebling, das bist du, die weint.«

Ingrid Bergman hielt die Arme so eng gegen ihre Brust gepreßt, daß keiner sie bewegen konnte. Sie blickte auf und sah, wie Dr. Handley auf sie herabstarrte. Sie wußte ohne ein Wort, daß er ihre Brust entfernt hatte.

Sie rief Laurence Evans an. »Es ist alles vorbei«, sagte sie.[18]

Bald danach erschien Lars Schmidt in Evans Büro und teilte ihm mit, daß nicht alles vorbei war; der Tumor war bösartig.

»Ist es das Schlimmste?« fragte Evans. »Nein, ich denke nicht«, sagte Lars Schmidt ruhig. »Wir sollten optimistisch sein.«

Ihren Kindern war Ingrid Bergman immer als eine Frau von geradezu furchterregender Stärke erschienen, mit einer fast unglaublichen Energie. Sie waren aufgewachsen mit der Vorstellung, daß sie immer irgendwo unterwegs war und etwas Wunderbares und Aufregendes tat. Es war beinahe unvorstellbar, daß sie krank sein sollte. Ingrid Bergman selbst benahm sich, als ob die Entdeckung, daß der Tumor bösartig war, keine große Sache wäre, kaum wichtiger als ein nicht schließender Vorhang oder eine schlechte Kritik.

Gleich nach der Operation flog sie mit den Kindern nach Paris, um zwei Wochen in Choisel zu verbringen.

Ingrid Bergman sagte oft, daß Lars ein besserer Freund als ein Ehemann sei. In ihrem Schmerz und Zweifel wandte sie sich an ihn, wie sie es während der Ehe nicht getan hatte. Er sah sie wie kein anderer, sah ihren Zorn, die Bitterkeit, die Angst. Er, der sich um so vieles kümmerte, um die Produktion von Stücken, um Konten, Investitionen, Häuser, er übernahm jetzt die Aufsicht über Ingrid Bergmans Krankheit.

Sie hatte schreckliche Dinge über die Strahlenbehandlung gehört und kehrte mit schlimmen Ahnungen nach London zurück. Die Ärzte hatten ihr gesagt, sie könnte müde werden und deprimiert und sich wünschen zu sterben. Sie hatte immer Isabella oder Isotta bei sich, und sie waren da, wenn sie aus dem Bestrahlungsraum kam, um ihr zu helfen und sie zu pflegen. Ihre Kleider wurden umgearbeitet, damit keiner erkennen konnte, daß sie »verstümmelt« war, wie sie es nannte. Und langsam, sehr langsam, wurde ihr klar, daß es nicht so schrecklich war, daß die Leiden durch die Behandlung nicht andauerten, und daß es immer noch Leben da draußen auf den Straßen gab, in den Geschäften und den Restaurants, wie es immer gewesen war.

Anfang 1975 machte Ingrid Bergman sich auf zu einer Amerika-Tournee mit *Finden Sie, daß Constanze sich richtig verhält?* und reiste nach Los Angeles, Denver, Washington, Boston und New York. Sie hatte Los Angeles nie besonders gemocht, und ein Ort wie Century City, wo sich das Shubert Theater befand, war einer der Gründe, warum sie es noch immer nicht leiden konnte. Eine Gruppe hoher Bürogebäude über Beverly Hills und West Los Angeles; als hätte man den verzweifelten Versuch, eine Stadt zu errichten, aufgegeben und eine Enklave von Handel und Kultur hinterlassen, die nur mit dem Auto zu erreichen ist.

Wenn Ingrid Bergman auf der Bühne war, war alles gut, aber eine Schauspielerin, selbst wenn sie arbeitet, hat endlos viel Zeit. An einem Sonntagnachmittag ging sie in ein Filmtheater, in dem sich mehrere Kinos befanden. »Ich bin in vier Kinos gewesen«, erzählte sie Griff James später.

»Das muß Sie aber eine Menge Geld gekostet haben«, sagte er im Scherz.

»O nein«, antwortete sie. »Drei Dollar.«

»Oh, Ingrid, es wird von Ihnen erwartet, daß Sie in jedem bezahlen.«[19]

Sie nahm ihn mit und zeigte ihm ihre alten Wirkungsstätten. Los Angeles hatte sich so sehr verändert, die meisten Restaurants waren nicht mehr da oder sahen anders aus, und in Hollywood gab es so viele Wracks wie Erinnerungen.

Sie besuchte Jean Renoir. Benedict Canyon war bebauter und belebter geworden. Den ganzen Weg bis zum Mulholland Drive hinauf standen Häuser, und auf der gewundenen Straße staute sich manchmal der Verkehr. Früher hatte sie immer das Haus von Jean und Dido Renoir von ihrem eigenen aus sehen können. Aber jetzt gab es viel mehr Laub. Das Haus der Renoirs lag in einer kleinen Sackgasse. Das Haus hatte sich nicht verändert, der Wohnraum war warm und freundlich wie ein französisches Landhaus. An den Wänden hingen Meisterwerke von Jeans Vater Auguste Renoir. Jean Renoir lag im Sterben und nahm die Welt um ihn herum nur noch zum Teil wahr. Ingrid Bergman hielt seine Hand und redete zu ihm von guten Filmen und den alten Zeiten.

Manchmal schien es ihr, daß jeder krank war oder im Sterben lag oder tot war. Jean Renoir. Lewis Milestone. Leo McCarey. Und nur weil so viele Schweigen bewahrten, wußte niemand, daß sie krank war.

Alf Kjellin, der schwedische Schauspieler und Regisseur, kam sie besuchen. Keiner war mehr da, der sie schon seit so langer Zeit kannte. Er hatte in ihrem letzten Film in Schweden mitgespielt. Er hatte sie schon vorher gekannt, als sie, frisch wie die Morgenröte, im Studio in Stockholm ankam. »Sie war in einem verzweifelten Stadium«, sagt Kjellin. »Sie war in einem verzweifelten Stadium auch sinnlich. Sie wollte einfach mit jemandem zusammensein.«[20]

Das Stück war allerdings immer noch die große Sache für sie, und die Zuschauer ließen sie vergessen. Und Ingrid Bergman ging gern spazieren, selbst in Los Angeles, wo ein Fußgänger ein so seltenes Schauspiel ist wie eine Naturblondine. Nach einer Sonnabend-Matinee entschied sie, daß sie und ihre Freunde zu Fuß in ein französisches Restaurant zum Essen gehen würden.

Sie war noch nicht sehr weit gekommen, als sie über einen Stein stolperte und sich den Knöchel verrenkte. Ihre Freunde halfen, daß sie zum Theater zurückhumpeln konnte. Ein Arzt aus Beverly Hills teilte ihr mit, daß im linken Fuß ein Knochen gebrochen sei. Er legte ihr einen Gipsverband an.

Das war nicht gerade das, was ihre Rolle verlangte. James rief den Theatermanager an und teilte ihm mit, daß er die ausverkaufte Vorstellung absagen müßte. Der Manager malte sich aus, wie tausend erzürnte Zuschauer die Kassen stürmten, um sich das Eintrittsgeld wiedergeben zu lassen. Ingrid Bergman kam zu dem Schluß — gebrochener Fuß oder nicht —: The show must go on.

Der Bühnenmanager trat vor den Vorhang und begann zu sprechen. In solchen Momenten haben die Zuschauer Angst vor einer Enttäuschung, sie wissen, daß man ihnen aller Voraussicht nach mitteilen wird, daß irgendein Ersatzdarsteller einspringen wird. Der Mann dort vorn erzählte ihnen jedoch, daß, weil Miss Bergman sich den Fuß gebrochen hatte, das Stück eine Stunde später anfangen würde, der Gips müsse noch hart werden. Sie nahmen diese Ankündigung wie alte Kollegen auf.

Ingrid Bergman spielte sowieso immer Ingrid Bergman; an diesem Abend spielte sie Ingrid mit einem gebrochenen Fuß, die Constanze spielt. Da der Rest des Ensembles daran gewöhnt war, daß sie im Zentrum der Aufmerksamkeit stand, ihren Text verkorkste und sich auf unerklärliche Weise über die Bühne bewegte, hatten sie ein gutes Training, um ihr folgen zu können, als der Butler sie in einem grauen Drehstuhl, der aus einem der Büros genommen worden war, über die Bühne schob. Das Publikum genoß jeden köstlichen Fauxpas, jeden Scherz für Eingeweihte, der über Mr. Maugham und sein bejahrtes Stück gemacht wurde.

Theaterbesucher hörten bald von Ingrid Bergmans gebrochenem Fuß, es war ein doppeltes Vergnügen. Ingrid Bergman liebte die effektvolle Darbietung, und sie setzte sich selbst mit ihrem Rollstuhl in Bewegung und fuhr vorwärts und zurück. Selbst als ein Arzt ihr sagte, daß sie wieder laufen könnte, spielte sie noch eine Weile vom Rollstuhl aus. Und als sie schließlich ohne ihn spielte, verbeugte sie sich noch vom Rollstuhl aus.

Ingrid Bergman wurde für ihre Nebenrolle als schwedische Missionarin in *Mord im Orient-Express* für den Oscar nominiert. Sie war sicher, daß die Auszeichnung an Valentina Cortese gehen würde für ihre Darstellung in François Truffauts Film über das Filmemachen, *Die amerikanische Nacht (La nuit américaine)*. Das war eine richtige Rolle, und ihre Rolle in *Mord im Orient-Express* war so winzig, daß es nicht möglich schien, daß sie gewinnen könnte.

Ingrid Bergman ging zur Verleihungszeremonie hauptsächlich aus einem anderen Grund: um einen speziellen Ehrenpreis, der Jean Renoir verliehen wurde, entgegenzunehmen. Renoir bedeutete ihr sehr viel. Sie besuchte ihn immer, wenn sie nach Los Angeles kam. Und sie schrieb ihm von überallher, kleine Grüße, mit denen sich viele Stars gar nicht aufgehalten hätten.

Als sie auf die Bühne ging, erhielt sie eine stehende Ovation. Sie trug ein langes seidiges Kleid mit weiten, langen Ärmeln, worin sie etwas matronenhaft aussah. Doch es ging immer noch dieses Leuchten von ihr aus.

»Er hinterläßt eine Sammlung von Meisterwerken auf Film,

so wie sein Vater sie auf Leinwand hinterlassen hat«, sagte Ingrid Bergman. Sie hatte die Worte selber geschrieben, und sie sprach sie so fest, als ob sie sie der Zeit einprägte. »Im Universum des Films ist er ein lebender Gott. Wir sind voller Dankbarkeit, danke, wir lieben dich, Jean.«

Als bekanntgegeben wurde, welche Schauspielerin den Oscar für die beste Nebenrolle erhalten hatte, hörte Ingrid Bergman ihren Namen. Schauspieler sagen bei Oscar-Verleihungszeremonien immer, daß sie gar nicht glauben können, daß sie gewonnen haben, wenn sie in Wirklichkeit meinen, daß jedes andere Ergebnis eine empörende Fehlentscheidung gewesen wäre. Dieses Mal glaubte Ingrid Bergman wirklich, daß sie nicht hätte gewinnen sollen.

»Vielen, vielen Dank«, sagte sie und nahm ihren dritten Oscar entgegen. »Es ist immer sehr schön, einen Oscar zu bekommen . . . In der Vergangenheit hat er gezeigt, daß er sehr vergeßlich ist und auch das falsche Timing hat, denn letztes Jahr, als *Die amerikanische Nacht* gewonnen hat (bester ausländischer Film), da konnte ich nicht glauben, daß Valentina Cortese nicht nominiert worden war, denn sie hat so gut gespielt in dem Film . . . Deshalb ist es so komisch, daß sie dieses Jahr nominiert ist, wenn doch der Film letztes Jahr gewonnen hat. Ich verstehe das nicht ganz, aber hier bin ich, und ich bin ihre Rivalin und mir gefällt das überhaupt nicht. Bitte, vergeben Sie mir, Valentina, ich wollte nicht . . .«

Während Ingrid Bergman sprach, warf Valentina Cortese ihr eine Kußhand zu, und Ingrid Bergman warf eine zurück. Die beiden anderen Kandidatinnen, Diane Ladd und Talia Shire, warfen keine Kußhände. Und Ingrid Bergman erkannte, daß eine Liebenswürdigkeit einer Person gegenüber von anderen als ihnen gegenüber durchaus nicht liebenswürdig betrachtet werden kann.

»Oh, wir machen jetzt gleich die Wein-Szene«, sagte Ingrid Bergman, während sie majestätisch auf einem Divan saß. Sie ließ den Maskenbildner kommen.[21]

Es war Herbst 1975, und Ingrid Bergman arbeitete wieder in Rom, sie drehte den Film *Eine Frage der Zeit (A Matter of Time)* mit Liza Minnelli und Charles Boyer. Sie spielte eine alte Contessa, die nichts mehr auf der Welt hat außer Erinnerungen und ein Zimmer in einem billigen Hotel. Ingrid Bergman drehte gerade die erste große dramatische Szene mit Liza Minnelli, die ein Zimmermädchen spielte.

Liza Minnelli war in einer Ecke. Auch sie würde in der Szene weinen müssen. Sie stand da und dachte an alles Schlimme in ihrem Leben. Doch dann fiel ihr Blick auf Ingrid Bergman, und sie hielt inne. Ingrid Bergman, die schöner weinte als jede andere Filmschauspielerin, wie Liza Minnelli glaubte, ließ sich vom Maskenbildner Glyzerin für die Augen geben.

Liza Minnelli ging hinüber zum Divan. »Was machen Sie da?« fragte sie ungläubig, während der Maskenbildner ihr weiterhin Glyzerin verabreichte, bis ihre Augen zu tränen begannen.

»Die Wein-Szene«, sagte Ingrid Bergman.

Liza Minnelli ging zurück in ihre Ecke. Sie hatte Ingrid Bergman gerade erst kennengelernt und wußte nicht, was sie sagen sollte.

»Liza, was machen Sie denn?« fragte Ingrid Bergman und rief sie zurück.

»Nun, ich versuche zu weinen«, sagte sie.

»Richtig weinen?«

»Ja«, sagte Liza Minnelli schüchtern.

»Nun, benutzen Sie Glyzerin.«

Liza Minnelli dachte einen Moment nach. »Ingrid, aber weinen Sie denn nicht richtig?«

»Nein«, sagte Ingrid Bergman sachlich. »Wenn ich richtig weinte, wäre ich unglücklich.«

Liza Minnelli lachte, als ob sie eine große Entdeckung gemacht hätte. »Als Sie Humphrey Bogart ansahen und Tränen in den Augen hatten, das . . .«

»Glyzerin.«

»Ingrid, wir können das den Leuten nicht sagen.«

»Nein, natürlich können wir das nicht. Aber ich verrate Ihnen ein Geheimnis, und es ist etwas, woran Sie als Schauspielerin denken sollten. Es geht nicht darum, ob du wirklich weinst. Es geht darum, ob das Publikum denkt, du weinst.«

Sie drehten ihre Szene gemeinsam, und nur Ingrid Bergman benutzte Glyzerin. An dem Abend beeilte sich Liza Minnelli, um die erste Kopie zu sehen. Ingrid Bergman sah aus, als hätte sie gerade erfahren, daß ihre ganze Familie von einem Massenmörder ausgelöscht worden war. Und Liza Minnelli sah aus, als ob sie einen leichten Schnupfen hätte.

Ingrid Bergman war froh, wieder in Rom zu sein und einen Film zu drehen, obwohl *Eine Frage der Zeit* von Anfang an nach Mißerfolg aussah. Vincente Minnelli war einst ein guter Regisseur gewesen, aber das war lange her, und er hatte diesen Auftrag zum Teil deswegen bekommen, weil er Liza Minnellis Vater war. Und der sechsundsiebzig Jahre alte Boyer war weit davon entfernt, guter Stimmung zu sein.

Ingrid Bergmans Zwillingstöchter waren bei dem Film auch dabei, und sie sah sie jeden Tag. Isabella hatte ihr Filmdebüt mit einer winzigen Rolle als Nonne, und Isotta arbeitete beim Maskenbildner mit. Ingrid Bergman verbrachte viele Stunden im Studio, obwohl die Bühnen mit tragbaren Gasbrennern beheizt wurden, die den Sauerstoff aus der Luft zogen und Kopfschmerzen verursachten.

Bei Ingrid Bergman mußte fast jede Szene mehrmals gedreht werden, bevor sie saß, aber sie hatte besondere Schwierigkeiten bei *Eine Frage der Zeit*. An einem Vormittag hatte sie eine lange Szene eine paarmal geschmissen, danach aß sie mit Joel E. Siegel, einem jungen Filmwissenschaftler, zu Mittag. »Es geht mich wirklich nichts an«, sagte er, »aber ich glaube, da ist ein Tippfehler. Da fehlt ein Wort. Deswegen ergibt das keinen Sinn.«

Ingrid Bergman beugte sich zu Siegel hinüber: »Es ist *alles* Unsinn.«[22]

Selbst wenn es alles Unsinn war, das Filmemachen in Italien hatte etwas Menschliches, ganz anders als in Hollywood. Beim Essen konnte Ingrid Bergman mit Schauspielern, Regisseuren und Produzenten von einem halben Dutzend anderer Filme, die gerade im Studio gedreht wurden, zusammensitzen. Sie sprachen über alle ihre Filme, über ein halbes Dutzend verschiedene Plots und ein Dutzend Figuren, und sie tauschten Anekdoten aus. Es war, als ob sie den Tod betrügen würden, ein Dutzend Leben leben innerhalb eines Augenblicks, und ein Dutzend Lebenszeiten. Sie sprachen auch über die Vergangenheit, und das war eine andere Lebenszeit, eine Lebenszeit, die in glücklicher Erinnerung all ihren Schmerz verloren hatte. An sie mußte Ingrid Bergman immerzu denken, sie konnte nicht anders.

21.

»Meine Tage sind gezählt«

Ingrid Bergman und Roberto Rossellini waren wieder Freunde, und in Rom sah sie ihren früheren Mann ziemlich oft. Seine intellektuellen Zwiegespräche mit sich selbst konnte sie nicht besser verstehen als vor einem Vierteljahrhundert, aber sie kümmerte sich um ihn. Seit der Scheidung hatte er nicht den großen internationalen Erfolg gehabt wie sie. Aber er wurde gefeiert von einer neuen Generation von Filmemachern, und mehrere seiner Filme fürs Fernsehen waren beinahe so einzigartig und innovativ wie *Rom — offene Stadt* und *Paisà*. Er hatte mehr Schulden als je zuvor, und seine Beziehung mit Sonali war schließlich in die Brüche gegangen — wie sollte es anders sein — wegen einer jüngeren Frau, Silvia d'Amico, einer Drehbuchautorin.

Rossellini sah aus wie ein fetter, träger Kater. Stundenlang lag er im Bett oder auf einem Sofa, er nahm lange heiße Bäder und parfümierte danach seinen Körper. Er flog zu Konferenzen in die Vereinigten Staaten und sprach dort über die menschliche Gesellschaft, als ob er, Roberto Rossellini, die Ereignisse und Vorstellungen seiner Zeit beeinflußte.

Am Morgen seines siebzigsten Geburtstages, am 8. Mai 1976, waren die römischen Zeitungen voll von Artikeln über ihn. Ingrid Bergman war in Rom, aber sie tat so, als ob sie noch am selben Tag nach Paris fliegen wollte. Am Abend brachten Isabella und Isotta Roberto zu seinem Lieblingsrestaurant. Und da, an einem u-förmigen Tisch, der bedeckt war mit falschen Dollars und Lire, da saßen sie alle — Ingrid Bergman; Rossellinis erste Frau; seine Schwester; sein ältester Sohn; seine Nichten; die Enkelkinder — alle saßen sie da, außer Robertino, der in Paris war, wo er für Lars Schmidt arbeitete.

Rossellini nahm die Speisekarte von dem weißgekleideten Kellner entgegen und begann sie zu studieren.

»Papa! Ich bin's«, rief der Kellner schließlich laut. »Papa! Ich bin's, Robertino.«

Sie waren immer eine Familie der großen Augenblicke gewesen — Ingrid Bergman, die für ein paar Tage hergejettet kam, Rossellini, der zu Hause einfiel wie ein Wanderzirkus, der nur für einen Abend gastiert. Für die Kinder war dieses Leben oft wenig sinnvoll gewesen, aber jetzt, da sie erwachsen waren, kam es der ganzen Familie zugute, und ihre Zusammenkünfte waren so häufig Zeiten des Gedenkens.

Die Vergangenheit ließ Ingrid Bergman jetzt nicht mehr los. Sie beschloß, Alan Burgess ihre autorisierte Biografie schreiben zu lassen und wollte die Honorare mit ihm teilen. Sie kannte den BBC-Journalisten, seitdem sie in *Die Herberge zur sechsten Glückseligkeit* gespielt hatte; der Film basiert auf seinem Buch. Er war ein geistreicher Erzähler von Anekdoten, und sie genoß die Stunden mit ihm sehr. Burgess war jedoch nicht der einzige, der daran dachte, Ingrids Buch zu schreiben. Joe Steele hatte von Ingrid Bergman ebenfalls eine Zusage bekommen.[1] Während Steele sich auf das Projekt freute, wußte er nicht, daß auf der anderen Seite des Atlantiks die Arbeit an Ingrid Bergmans offizieller Biografie begonnen hatte. Ingrid Bergman war gut im Vergessen, und außerdem meinte sie, daß Joe Steele alt und schrullig wurde und nicht in der Verfassung war, ein Buch zu schreiben.

Zuerst mußte sie all die Papiere und Zeitungsausschnitte und Kopien von Briefen durchgehen, die sie all diese Jahre aufbewahrt hatte und die in Choisel lagerten. Sie hatte jemand, der ihr dabei half, Pavo Turtiainen, ein junger Finne, der seit 1970 hin und wieder für sie und Lars Schmidt gearbeitet hatte. Schmidt hatte Turtiainen aus einem Restaurant in Helsinki herausgeholt, wo er sie eines Tages tadellos bedient hatte. Er war ein gewissenhafter, äußerst diskreter junger Mann, und er arbeitete den ganzen Tag lang an Ingrid Bergmans Seite.[2]

Sie beschloß, mit den Fotos anzufangen. Das würde am leichtesten sein. Dann fingen sie an, die Briefe durchzugehen und das andere Material. Nach zwei Monaten wurde es Ingrid Bergman zuviel — zu viele Erinnerungen, zu viel vergilbtes Gestern. »Ich kann das nicht mehr sehen«, sagte sie. Sie ließ Turtiainen allein, und er beschäftigte sich zwei weitere Monate damit, das Material zu ordnen.[3]

»Ich gebe Ihnen ein Tonbandgerät, und wenn Sie nachts

aufwachen, können Sie gleich auf Band sprechen«, sagte Burgess zu Ingrid Bergman.[4]

»Was, Alan, ohne Publikum?« Ingrid Bergman lachte. Sie hatte Freude daran, über ihre Vergangenheit zu sprechen, und wenn sie das für ein Buch tat, dann wollte sie, daß Burgess da wäre, ihr zuhörte und ihr Fragen stellte. Und so begannen sie viele Stunden und Tage miteinander zu verbringen, und Ingrid Bergman erging sich in Erinnerungen.

Im Herbst 1976 flog sie zu einem Besuch nach New York. Isabella lebte jetzt dort und arbeitete als Journalistin für das italienische Fernsehen. An einem Abend besuchten Ingrid Bergman und Isabella Warren Thomas in seinem Appartement auf der Upper West Side, es gab eine Party zum dreißigsten Geburtstag der Alvin Gang. Warren Thomas' Wohnung war ein Heiligtum, das der Verehrung Ingrid Bergmans geweiht war. Und Ingrid Bergmans größter Fan betrachtete es wie ein Wunder, daß sie in sein Haus kam. Er war der Erwählte, und er war entsetzt, daß einige der anderen nicht wußten, wie sie sich zu benehmen hatten. Eines der alten Alvin-Gang-Mitglieder machte immerzu Fotos von ihr. Ein anderes Mitglied, Eleanor, war zu scheu, um überhaupt zu erscheinen, als ob es Ingrid Bergmans Image zerstören könnte, sie in natura zu sehen. Warren war ein freundlicher Mann, und er arrangierte es, daß Eleanor Ingrid Bergman in ihrem Wagen die Hand schütteln konnte, aber als Eleanor guten Tag sagte, kamen andere Fans, und Eleanor kam gar nicht zum Zuge.

Ingrid Bergman verbrachte viel Zeit damit, sich etwas vorzumachen — daß ihr keine Brust abgenommen worden war; daß sie glücklich war, daß ihre Ehe noch existierte. Choisel war nicht mehr ein Zuhause, sondern ein Grab von Erinnerungen. Sie hoffte immer noch, daß die Dinge irgendwie ins Lot kommen würden, und falls wirklich nicht, sie hatte die Absicht, dieses Leben in Illusion bis ans Ende ihrer Tage fortzuführen.

Doch jetzt, im Frühjahr 1977, war Kristina schwanger. Ingrid Bergman brauchte Lars Schmidt, und selbst jetzt wollte er nicht zugeben, daß sie zusammen nicht mehr weitermachen konnten und daß alles vorbei war.

Ingrid Bergman konnte es nicht ertragen, in Choisel herumzusitzen. Sie zog ins Hotel Raphaël, wo sie während der Tage von *Tee und Sympathie* gewohnt hatte. Bald nach ihrer Ankunft rief Rossellini sie an. Er war zufällig für ein paar Tage in Paris. Als er in sein Lieblingshotel einzog, hatte ihm der Portier gleich erzählt, daß Ingrid Bergman auch dort wohnte.

Rossellini war ein guter Freund in schlechten Zeiten. Die bloße Tatsache, daß Ingrid Bergman allein in Paris war, sagte ihm, daß etwas nicht stimmte. Er nahm sie an dem Abend mit zum Essen, und dann brachte er sie mit einer Wärmflasche und Aspirin-Tabletten ins Bett. Und am nächsten Tag aß er mit ihr zu Mittag.

Er war seltsam zurückhaltend, was die Erörterung des privaten Lebens anging. Er war mit Ingrid Bergman verheiratet gewesen. Er kannte sie, womöglich, zu gut. Und doch fragte er sie nicht danach, was nicht in Ordnung war, warum sie so deprimiert war. Und sie sagte es ihm nicht. Er sprach nicht von der Vergangenheit oder vom Leid der Gegenwart, sondern von der Zukunft, von dem Leben, das vor ihnen lag. Er sagte ihr, sie solle immer nach vorn blicken.

Er küßte sie zum Abschied auf die Wange und flog zurück nach Italien. »Hat Ingrid irgendwelche Probleme?« fragte er Isabella in Rom und erzählte seiner Tochter nicht, daß er sie gerade gesehen hatte.

»Ja, ich denke, Lars bekommt bald ein Baby«, sagte Isabella. Rossellini sah sehr traurig aus.[5]

»Er sagte, Ingrid sei wie seine Tochter«, sagt Francesca Rodolfi, Rossellinis Assistentin während der letzten Jahre. »Für Ingrid war Rossellini alles, was sie an Familie hatte. Die Beziehung war zärtlich, wie zwischen Bruder und Schwester. Er redete über sie wie über ein junges Mädchen.«[6]

Rossellini lernte seine eigenen Lektionen in Einsamkeit. Er hatte immer noch diesen großen Hunger nach Menschen, ihrem Sprechen, Rufen, Weinen, Lachen, Streiten, all den Geräuschen der Menschen. Aber zum ersten Mal seit Jahren war er ohne eine richtige Familie. Er war in eine Wohnung nach Parioli gezogen, gegenüber der Wohnung seiner ersten Frau Marcella. Und Marcella sorgte für ihn in seinen letzten Jahren, wie sie es so viele Jahre zuvor getan hatte.

Rossellini fragte seine Nichte Fiorella, ob er einige von ihren Freundinnen treffen könnte. »Frauen können verstehen«, sagte er.[7] Und so kamen sie eines Abends, und sie redeten und sie lachten, Rossellini und die jungen Frauen, und der Raum war lebendig mit Menschenstimmen.

Ingrid Bergman konnte es nicht ertragen, in Paris oder sonstwo herumzusitzen. Sie nahm die Rolle der reichen, exzentrischen Helen Lancaster in N. C. Hunters *Die Wasser des Mondes (Waters of the Moon)* im Theater von Chichester in England an. Das Stück war Anfang der fünfziger Jahre ein gewaltiger Erfolg im West End gewesen. Falls es ein wenig altmodisch war — es gab eine doppelte Attraktion bei der Sommer-Produktion, denn die andere weibliche Hauptrolle war mit Wendy Hiller besetzt, einer der großen Schauspielerinnen des englischen Theaters.

Ingrid Bergman wohnte mit Ruth Roberts in einem reizenden Cottage außerhalb der Stadt, und sie fuhren mit dem Fahrrad über Land. Nach all den Jahren war Ruth Roberts Ingrid Bergman so ergeben wie eh und je, aber es war manchmal schwierig, wenn Ingrid Bergman behauptete, daß sie so gesund wäre wie zu der Zeit, als sie Ruth kennengelernt hatte.

»Was ist los mit ihr?« fragte Wendy Hiller während der Proben, als Ingrid Bergman furchtbar müde aussah.

»Es geht ihr nicht gut, und sie will John Clements (den Regisseur) nicht fragen, ob sie nach Hause gehen kann.«

Dame Wendy war eine furchterregende Lady, die große Rollen im Film und auf der Bühne gespielt hatte. »Was ist los, Ingrid?« fragte sie.

»Ich glaube, ich habe Gürtelrose«, sagte Ingrid Bergman. »Aber ich will John Clements nicht fragen . . .«

Dame Wendy marschierte zum Regisseur. »Wenn Sie Ingrid nicht nach Hause gehen lassen, und zwar sofort, werden wir bald in Schwierigkeiten sein.«[8]

Ingrid Bergman ging nach Hause in das Cottage und nahm sich zwei Tage frei. Rossellini rief einmal an, um ihr zu sagen, daß er zum Präsidenten der Jury bei den Filmfestspielen in Cannes gewählt worden sei. Als Ingrid Bergman und Ruth Roberts am 3. Juni 1977 vom Essen in das Cottage zurückkamen, lag eine telefonische Nachricht von Fiorella Mariani vor.

Ingrid Bergman rief in Rom an. Fiorella teilte ihr mit, daß Roberto an einem Herzanfall gestorben war. Er hatte sich gerade in seiner Wohnung umgezogen für eine Verabredung mit dem Direktor des staatlichen italienischen Fernsehens, als er Schmerzen im Herzen verspürte. Er telefonierte nach Marcella; in ihren Armen war er dann gestorben.

Ingrid Bergman glaubte, es nicht über sich bringen zu können, an diesem Abend zu spielen. Sie konnte andere nicht zum Lachen bringen. Sie rief Griff James in London an und bat ihn zu kommen, aber er sagte, er könne nicht.

»Ich weiß nicht, wie ich auf die Bühne kommen soll, Griff«, sagte sie.

»Nun, Sie werden es schon schaffen«, sagte er barsch. »Sie müssen. Es kann niemand für Sie einspringen.«[9]

Griff James wußte — und das war gut für Ingrid Bergman —, daß in solch einer Zeit ein vorgetäuschter Mangel an Mitgefühl das höchste Mitgefühl darstellt. Je mehr er fühlte, je mehr er sich für sie interessierte, desto mehr benahm er sich, als ob er nicht fühlte und sich nicht interessierte.

Dame Wendy spürte im Theater nichts von Ingrid Bergmans überwältigendem Kummer.[10] Das war Ingrids große Vorstellung an dem Abend.

Am nächsten Tag rief Lars Schmidt an und teilte ihr mit, daß Kristina einen Sohn bekommen hatte. Diese beiden so nahe beieinanderliegenden Ereignisse, die Geburt und der Tod, zeigten Ingrid Bergman deutlich, wie allein sie war.

Bald danach sah sie in einer schwedischen Zeitung die Schlagzeile: HERZLICHEN GLUECKWUNSCH, MR. SCHMIDT. Als sie die Worte las, wurde sie wütend. Auch sie hatte einen unehelichen Sohn geboren. Keine Zeitung hatte die Geburt von Robertino begrüßt.

Rossellini hinterließ nichts als Filme, Erinnerungen und Schulden. Er hatte 200 000 Lire auf der Bank, das reichte nicht einmal, um ihn zu beerdigen, und er hatte Schulden im Wert von über einer Million Dollar. Sein Begräbnis wurde zu einem dramatischen Ereignis und paßte zu der Art, wie er gelebt hatte. Sie trugen den Sarg durch die Straßen der Stadt, und sie waren alle da — die Christlichen Demokraten und die Kommunisten, die Reichen und die Armen, die Berühmten und die Unbekannten. Und als sie ihn zur letzten Ruhe betteten, da begruben sie nicht nur Roberto Rossellini, sondern eine ganze Ära.

Nach dem Begräbnis flog Isabella nach England, um bei ihrer Mutter zu sein. Auf der Fahrt vom Flughafen fragte Ingrid Bergman: »Glaubst du, daß Vater über Lars Bescheid wußte?«

»Ja, ich habe es ihm vor einem Jahr gesagt«, sagte Isabella.[11]

Als Ingrid Bergman Rossellini das letzte Mal gesehen hatte, erzählte sie ihm, daß Ingmar Bergman, der schwedische Regisseur, einen Film mit ihr drehen wollte. Er hielt das für eine wunderbare Idee.

Seit Jahren hatten die Leute darüber geredet, daß Ingmar Bergman einen Film mit Ingrid Bergman inszenieren sollte. Sie waren die bekanntesten schwedischen Künstler im Ausland, sie gehörten derselben Generation an. Ingmars Vater Erik Bergman, ein bekannter Pastor, hatte Ingrid konfirmiert und Pia getauft. Er war ein Geistlicher, der in seinen Predigten die Bilder von Verdammnis und Erlösung beschwören konnte.

Es ist etwas Dämonisches an Ingmar Bergman. Er bringt den dunklen Zauber auf die Leinwand, mit dem die Theaterkunst einst vertraut war, als die Menschen die Schauspieler noch fürchteten und sie der Hexerei verdächtigten. Er vermag es, Bilder von Verdammnis und Erlösung im Film zu beschwören.

Als junger Regisseur schon hatte Ingmar Bergman alles über die legendäre Ingrid Bergman, Hollywoods großen Star, gewußt. Er hatte ihre Filme gesehen und war »fasziniert von ihrem Gesicht . . . die Haut, die Augen, der Mund — besonders der Mund — da war dieses sehr eigenartige Strahlen und eine enorme erotische Anziehungskraft«. Er hatte sie auch einmal gesehen, einen Winter in Stockholm im Hotel, als sie seit kurzem mit Lars Schmidt verheiratet war.

Die meisten Regisseure hätten auf der Stelle mit einer solchen Schauspielerin arbeiten wollen, wenn sie sie getroffen hätten. Aber Ingmar Bergman arbeitet nur mit solchen, die er als wirkliche Schauspieler ansieht. »Es gibt furchtbar viele Leute, die spielen im Film und im Theater, spielen im absolut schlimmsten Sinne des Wortes«, sagte er einmal. »Sie haben nicht das geringste Talent zum Spielen, aber sie kommen durch wegen der Kraft ihrer Persönlichkeit und irgendeiner besonderen Ausstrahlung, die äußerst schwer zu definieren ist — eine Form von Sinnlichkeit, denke ich, die bewirkt, daß die Kamera ihnen ganz nahe kommt und das Publikum sie liebt.«[12]

In den Jahren seit Ingmar Bergman Ingrid Bergman in Stockholm getroffen hatte, hatte er sie nur einmal in einem Stück gesehen. »Sie war nicht sehr gut«, sagt er. »Sie spielte wie ein begeisterter Amateur.«[13]

Diese Ingrid Bergman bat er, in seinem Film *Herbstsonate (Höstsonaten)* die Rolle der weltberühmten Pianistin Charlotte zu übernehmen, die nach langer Abwesenheit ihre Tochter besucht. Liv Ullmann spielt Charlottes Tochter Eva. Die Tochter von Liv Ullmann und Ingmar Bergman, Linn, stellt Eva als Kind dar. Gunnar Björnstrand hat eine kleine Rolle in dem Film, er war damals mit Ingrid Bergman zusammen an der Schauspielschule des Königlich Dramatischen Theaters gewesen; mit ihm hatte sie auch 1967 in dem achtteiligen schwedischen Film *Stimulanz (Stimulantia)* gespielt, in einer Episode nach einer Erzählung von Guy de Maupassant. Dann wurde noch Mimi Pollak engagiert, mit der Ingrid Bergman seit ihrer Heirat mit Lars Schmidt befreundet war.

Die Produktionsmanagerin, deren Name zufällig auch Ingrid Bergman war, war die Frau von Ingmar. Seine frühere Frau, Käbi Laretei, eine Konzertpianistin, spielte das Chopin-Prélude, das Charlotte und Eva im Film spielen.

Als Ingrid Bergman das Drehbuch zu *Herbstsonate* zuerst sah, war sie gar nicht beeindruckt. Sie traf Mimi Pollak bald nachdem sie es gelesen hatte, und sie kehrte ihren Daumen nach unten.[14]

Charlotte ist eine Künstlerin, die ganz und gar nur mit sich selbst beschäftigt ist, und ihre Kunst hat alles andere aus ihrem Leben verdrängt. Eine Frau von gewaltiger Hybris; sie hat in ihrer Kunst die Vollkommenheit gesucht, die sie im täglichen Leben nicht zu finden vermag. Vor Jahren hat sie ihr krankes Kind in ein Heim gegeben. Und ihre andere Tochter hat sie seit sieben Jahren nicht einmal besucht.

Personen, die sowohl Ingrid Bergman als auch Ingmar Bergman nahestehen, behaupten, er habe ihr Leben im Kopf gehabt, als er die Figur der Charlotte konzipierte. Da ist etwas von Ingrid Bergman in Charlotte, aber die Kenntnisse über das Leben einer Musikerin stammen zum Teil von Käbi Laretei. Mit Charlottes Affäre spielt er auf seine eigene Mutter an, die sich während ihrer Ehe sehr zu einem anderen Mann hingezogen gefühlt hatte. Und sicher ist etwas von Ingmar Bergman selbst in die Figur der Charlotte eingeflossen, ein ichbezogener Künstler wie Charlotte, der die Schauspieler nach seiner Absicht und seinem Willen formt.

Obwohl viel von Ingrid Bergman in der Gestalt der Charlotte ist — Charlotte ist nicht Ingrid. Ingrid Bergman verfügte nicht über Charlottes Selbsterkenntnis. Sie hatte auch nicht ihre Willensstärke. Und nie in ihrem Leben war sie mit der Realität ihrer Existenz konfrontiert, wie Charlotte in *Herbstsonate.*

Die Charlotte kam ihrem Innersten näher als jede Gestalt, die sie bisher gespielt hatte; die Rolle war die größte Herausforderung ihrer Schauspielerkarriere, nicht nur in emotionaler, sondern auch in physischer Hinsicht. Sie spielte eine starke, gesunde Frau, zu einer Zeit, als ihr Arzt eine vergrößerte Drüse unter ihrem rechten Arm entdeckt hatte. Sie sprach Schwedisch in dem Film und konnte sich vor der Gestalt, die sie spielte, nicht hinter einer erlernten Sprache verbergen. Sie spielte mit einer stolzen, disziplinierten Gruppe von Schauspielern, die einander so gut kannten wie sie ihren Text kannten. Und Ingmar Bergman führte Regie, von dem man ihr erzählt hatte, es sei »teuflisch, mit ihm zu arbeiten«.

Sie hatte während ihrer Karriere die Leute meistens unterhalten. Mit Rossellini hatte sie versucht, eine andere Art von Filmen zu drehen, doch er behandelte Schauspieler wie Marionetten. Sie hatte nie in ihr Inneres hinabsteigen müssen.

Anfang September flog sie nach Stockholm, um am Schwedischen Filminstitut mit den Proben zu beginnen. Im Jahr zuvor hatte sich Ingmar Bergman von der schwedischen Steuerbehörde gedemütigt gefühlt, man hatte ihn aus dem Königlich Dramatischen Theater entfernt und zeitweise seinen Paß eingezogen. Er hatte sich geschworen, nie wieder einen Film in Schweden zu drehen. Also wurde für diesen Film zwei Wochen in Schweden geprobt, die Dreharbeiten würden jedoch in Oslo stattfinden.

An dem Tag als Ingrid Bergman zur ersten Probe eintraf, waren die anderen Mitglieder des Ensembles schon da, die Versammlung sah mehr nach Schulbehörde aus als nach Theater.[15] Ingmar Bergman saß in einer blauen Wolljacke an dem langen Konferenztisch, er trug eine Hornbrille, hatte einen Hängebauch und sein Kopf wurde allmählich kahl. Liv Ullmann hatte das Gesicht einer Frau, die auf dem Studentenball Punsch verschüttet hat und noch nach Jahren nicht über diese Schande hinwegkommt. Ingrid Bergman wirkte ziemlich matronenhaft und sah so alt aus, wie sie war, zweiundsechzig. Sie strahlte eine gewisse Männlichkeit aus, ihr Körper, ihre Gestik, ihre großen Schritte. Ihre Stimme war tief, die eines Rauchers, sie klang, als wären ihre Stimmbänder versengt.

Ingmar Bergman hatte sich entschlossen, noch eine Dimension hinzuzufügen, nämlich das Filmen zu filmen, einen Dokumentarfilm über die Dreharbeiten zu drehen. Und so spielten die Schauspieler sich selbst und spielten auch, wenn sie nicht spielten.

Ingrid Bergman wartete kaum eine Stunde, bevor sie das tat, was sie üblicherweise am Anfang eines Films tat: sie begann, ihren Regisseur zu testen. Dieses Mal tat sie es allerdings mit zivilisierter Heftigkeit, als würde sie mehr verteidigen als nur ihre Rolle.

»In gewisser Hinsicht verstand sie nicht«, sagt Ingmar Bergman. »Sie hatte nicht soviel Phantasie. Sie hatte diese Vorstellung: ›Ich bin Ingrid Bergman.‹ Die ersten Tage waren entsetzlich. Sie hatte die ganze Darstellung geplant. Sie hatte sie bis ins Detail geplant. Als ich ihr also sagte, so kannst du das nicht machen, da war sie wütend.

Es jagte ihr Angst ein. Alle Schauspieler haben Angst, alle guten Schauspieler, und Ingrid war wirklich eine gute Schauspielerin. Gute Schauspieler wissen, daß sie tief in ihr Inneres gehen müssen, um die wahren Emotionen und Gefühle zu finden. Es ist der einzige Weg. Sie fand das unmöglich. Sie ging bis zu einer bestimmten Grenze und lehnte es ab, über diese Grenze hinauszugehen. Ich mußte sie mitnehmen, mit Gewalt. Wir kämpften die ganze Zeit miteinander. Manchmal war es sehr ermüdend. Sie wußte, was sie wollte, und ich wußte, was ich wollte. Ich mußte ihr sagen, das bist nicht du. Das ist die Pianistin.«[16]

Nach dem ersten Lesen am ersten Tag ging Liv Ullmann ins andere Zimmer und weinte. Sie war sicher, daß der Film nicht gelingen würde.

Im Zentrum des Films steht die Beziehung zwischen Charlotte und Eva. Die meisten Probentage wurden dazu verwendet, mit Ingrid Bergman und Liv Ullmann zu arbeiten. In ihrer großen gemeinsamen Szene, dem Höhepunkt des Films, konfrontiert die Tochter die Mutter mit den Realitäten des Lebens. Charlotte ist niedergeschmettert und betroffen. Sie klagt über ihren Rücken, legt sich auf den Fußboden, und dort beginnt ihr Monolog.

»Wenn ich mich auf den Boden lege, wird das Publikum lachen«, sagte Ingrid Bergman, als ob *sie* es auf dem Boden wäre und nicht Charlotte.[17]

»Wenn ein Pianist Schmerzen hat, legt er sich auf den Boden«, entgegnete Ingmar Bergman.

»Wir haben über das Leben und den Tod gesprochen, und

jetzt erwartet man von mir, daß ich mich hinlege. Ich fühle mich sehr unbehaglich.«

»Genauso sollst du dich auch fühlen.«

Ingmar Bergman ließ nicht locker. »Du legst dich auf den Boden und deine Sachen nimmst du mit.«

»Und dann, ›ich erinnere mich an kaum etwas aus meiner Kindheit‹«, las Ingrid Bergman aus dem Drehbuch vor. »Ich wundere mich über diese Stelle. Erinnert sich nicht jeder an etwas aus seiner Kindheit? Könnte ich nicht einfach sagen: ›ich erinnere mich an sehr wenig aus meiner Kindheit‹. Das scheint mir ein bißchen besser.«

»Ja, das kannst du sagen«, meinte Ingmar Bergman. »Ich denke, das ist bei den verschiedenen Leuten sehr unterschiedlich. Es kommt häufig vor, daß es da eine Blockierung gibt.«

»Ich kann mich an nichts erinnern, bevor ich acht oder neun war«, sagte Liv Ullmann.

»Ich kann mich sehr gut an meine Kindheit erinnern«, behauptete Ingrid Bergman stolz. »Ich erinnere mich an alles.«

»Sie meint, von drei oder vier Jahren an«, sagte Ingmar Bergman und kehrte zum Drehbuch zurück.

»Aber es ist trotzdem besser, zu sagen: ›ich erinnere mich an sehr wenig‹«, beharrte Ingrid Bergman.

Dann lag sie auf dem Fußboden und sprach ihren Text:

»Ich kann mich nicht erinnern, daß auch nur einer von beiden Eltern mich oder meine Brüder jemals körperlich berührt hätte, sei es zärtlich, sei es strafend. Ich hatte tatsächlich keine Ahnung von all dem, was Liebe bedeutet: Zärtlichkeit, Berührung, Nähe, Wärme. Nur in der Musik fand ich eine Möglichkeit, meine Gefühle zu äußern. Nachts, wenn ich manchmal wach liege, frage ich mich, ob ich überhaupt gelebt habe.«

Am Tag der Kostümproben war eine andere Kamera im Raum, die richtige Kamera. Und als die Ingrid Bergman aufnahm, schien sie lebendig zu werden. Sie sah aus wie ein Filmstar, oder wie eine weltberühmte Pianistin.

Schließlich fuhren sie nach Oslo, und dort gab es — Ingrid Bergman nur zu vertraut — erst mal eine Pressekonferenz. Sie, Ingmar Bergman, Liv Ullmann und Sven Nykvist, der Kameramann, saßen auf einem Podium, vor ihnen ungefähr fünfzig Reporter. Fast immer hatte sie bei solchen Versammlungen im Zentrum der Aufmerksamkeit gestanden, doch heute wurden an Ingmar Bergman die meisten Fragen gerichtet. Sie saß da und rauchte Gauloises, und ihre Hände verrieten ihre Nervosität.

Bald waren die Reporter gegangen, und sie blieben allein mit der Kamera und dem Drehbuch. Es waren nur fünfzehn Leute an der Produktion beteiligt, zwei Drittel von ihnen Frauen. Besucher waren bei den Dreharbeiten nicht zugelassen.

Vierzig Tage lang waren die Schauspieler und das Team zusammen. Ingrid Bergman freundete sich mit einigen Frauen aus dem Filmteam an, aber trotzdem war sie isoliert von den anderen.

Sie hatte niemals eine Rolle gehabt, die so viel von ihr verlangte. Ingmar Bergman schmeichelte ihr, drängte sie, brachte sie dazu, in ihr eigenes Innere zu gehen, die Kamera benutzte er wie ein Vergewaltigungsinstrument. In einer Szene liegt Ingrid Bergman im Bett, auf zerknüllten Laken, neben ihr Lena Nyman, die ihre kranke Tochter spielt, ein Mädchen, das an Katatonie leidet. Wenn die Leute in Ingrid Bergmans Filmen krank waren, dann so wie in *Die Glocken von St. Marien,* wo sie an Tuberkulose litt und ein wenig auf der Leinwand hustete, oder es gab ein wenig malerischen Alkoholismus, wie in *Berüchtigt* und *Sklavin des Herzens.*

Doch dies war eine Art von Krankheit, mit der Ingrid Bergman noch nie konfrontiert gewesen war, nicht auf der Leinwand und nicht im Leben. Es war eine fürchterliche Herausforderung an Charlottes Menschlichkeit. Lena Nyman spielt ihre Rolle so erschreckend realistisch, daß sie gar keine Schauspielerin zu sein scheint. Da liegt eine arme, hoffnungslose Kreatur auf den zerknüllten Laken, ein Wesen, das sich zu leben bemüht, mit sabbernden, unverständlichen, kaum menschlichen Lauten.

Ingrid Bergman schwitzte. Dicht über ihr die Kamera. Darüber die Dokumentarfilm-Kamera. Sie lag da und versuchte, ihre Emotionen unter Kontrolle zu halten, als ob sie es nicht aushalten könnte, angerührt zu werden. Plötzlich hörte sie ein klirrendes Geräusch. Jemand hatte etwas fallen lassen. Sie sprang auf, sie war mit ihren Nerven beinahe am Ende.

Sie und Ingmar Bergman saßen auf einem Sofa und redeten miteinander.

»Meine Tage sind gezählt«, sagte sie.[18]

Sie hatte ihre Krankheit vorher nie erwähnt. Ingmar Bergman wußte, daß es schwer für sie war, besonders nachts. Lars Schmidt hatte angerufen und ihn gebeten, sich zu beeilen; Ingrid müsse noch einmal operiert werden.

Ingmar Bergman nahm Streichungen im Drehbuch vor und verkürzte die Dreharbeiten um drei Wochen; für die Außenaufnahmen entschloß er sich, ein Double zu nehmen. Aber er konnte nicht die Emotionen aus dem Film kürzen und nicht das, was er von Ingrid Bergman verlangte.

Die große Konfrontationsszene zwischen Mutter und Tochter sollte jetzt gedreht werden. Es ist nach Mitternacht, die Stunde der Wahrheit. Die ängstliche kleine Eva erhebt sich in einem furchtbaren Anfall von Zorn und trifft ihre stolze, selbstbeherrschte Mutter mit vernichtenden Worten, brutal öffnet sie ihr die Augen über die Wahrheit ihrer Beziehung. Ingrid Bergman probierte die Szene immer wieder, aber sie konnte sie nicht ganz erfassen. Sie hatte kein Verständnis für das, was da vor sich ging. Sie verstand auch nicht ihre eigene Reaktion als Charlotte, die ihre Tochter um Vergebung und Liebe bittet und sich selbst ganz preisgibt. Sie hatte nie um Liebe oder Verzeihung gebeten. Wenn sie einen Vorwurf akzeptierte, tat sie es für gewöhnlich mit Stolz, es war etwas, das sie leicht auf sich nahm.

Ingmar Bergman versuchte ihr die Szene zu erklären, und dann drehte er sie.

»Menschen wie du sind lebensgefährlich«, sagt Liv Ullmann als Eva. »Man müßte euch einsperren und unschädlich machen.« Während sie spricht und ihrer Mutter vorwirft, daß sie Helena in einem Pflegeheim gelassen hätte, wird Ingrid Bergmans Gesicht rot, wie vor Scham. »Sieh mich an, Mama«, sagt Liv Ullmann. »Es gibt nur die Wahrheit oder Lüge. Es gibt keine Vergebung.«

»Dann kannst du mir auch nicht die Schuld geben«, antwortet Ingrid Bergman.

»Für dich soll immer eine Ausnahme gemacht werden. Du hast dir mit dem Leben eine Art Rabattsystem ausgehandelt; aber du mußt endlich einmal begreifen, daß deine Übereinkunft einseitig ist. Du mußt endlich einsehen, daß auch du Schuld hast, du wie alle anderen.«

»Was für Schuld?« fragt Ingrid Bergman. Ihre Augen sind naß vor Tränen und ihr Gesicht so feucht, als ob die Tränen aus ihrer Haut flössen. »Mein Geliebtes, kannst du mir nicht verzeihen, was ich falsch gemacht habe? Ich will versuchen, mich zu ändern. Du mußt mir helfen. Wir werden miteinander sprechen, viel, oft. Aber hilf mir. Ich ertrage es nicht länger, dein Haß ist so entsetzlich. Ja, ich war dumm und selbstsüchtig und kindisch und ängstlich. Faß mich wenigstens an, schlag mich, wenn du willst. Mein Liebes, hilf mir doch!«[19]

»Ingrid war eine Anarchistin, eine unberechenbare Anarchistin«, sagt Ingmar Bergman. »Als sie jedes Make-up entfernte und ihr nacktes Gesicht in der Mitternachts-Szene zeigte, das war die Anarchistin. Das war die Anarchistin, die nicht daran denkt, zurückzuschauen.

Ich erinnere mich, eines Tages standen Liv und Ingrid vor einem Spiegel und starrten sich selbst an. Es war eine Zeit, als sie beide schrecklich aussahen. Ingrid sagte: ›Ich glaube nicht, daß Liv und ich je wieder Engagements bekommen, aber du und Sven, ihr werdet eure Auszeichnungen bekommen.‹«[20]

22.

»Oh, Wendy, es ist doch nur ein Spiel«

Gleich nach ihrer letzten Szene in *Herbstsonate* flog Ingrid Bergman nach London. Innerhalb weniger Wochen war der Knoten unter ihrem Arm so groß wie ein Ei geworden. Sie wurde ins Krankenhaus gebracht, wo sie drei Tage blieb; das Gewächs wurde entfernt. Es war bösartig.

Jeden Morgen um neun brachte Griff James sie mit dem Taxi nach Middlesex. »Sie ging durch diese Tür, auf der ›Nuklearmedizin‹ stand, und sie kam eine halbe Stunde später wieder heraus«, sagt James.[1] Danach brachte er sie, wieder mit dem Taxi, ins Phoenix Theatre zu den Proben von *Die Wasser des Mondes (Waters of the Moon)*, die um halb elf begannen. Ingrid Bergman spielte die Helen Lancaster, eine reiche, verwöhnte Frau, die mit ihrem Rolls-Royce in einer Schneewehe steckenbleibt und von der Außenwelt abgeschnitten ist.

Griff James fragte nie, was hinter der Tür mit der Aufschrift ›Nuklearmedizin‹ geschah, und Ingrid Bergman erzählte es ihm nie. Er machte weiter seine Scherze, womöglich noch grimmiger, tadelte sie, setzte sie herab. Er konnte sich nicht vorstellen, daß seine Ingrid jemals schwach sein könnte, ernsthaft krank sein könnte, oder gar sterben. Er wachte über sie während der stundenlangen Proben und ließ sie nie wissen, wie sehr er aufpaßte.

Schauspieler können so sehr mit sich selbst beschäftigt sein, daß sie kaum etwas um sich herum wahrnehmen, und so bemerkten die anderen es eigentlich nicht, wenn Ingrid Bergman erschöpft war. Sie sagte nichts, sondern machte weiter, so gut sie konnte. Es war James, der zu Patrick Garland, dem Regisseur, ging. »Patrick, ich denke, Sie sollten aufhören, denn Ingrid wird doch ziemlich müde.«

Obwohl Ingrid Bergman jetzt allein war, hatte sie immer noch Lars Schmidt. Sie hatte sich mit ihm ausgesöhnt und Kristina und das Baby kennengelernt. Er kümmerte sich um all die Details, mit denen sie nie zurechtgekommen war. Sie sprach praktisch jeden Tag mit ihm. Einmal rief sie ihn aus Los Angeles in Paris an und fragte ihn, wieviel Trinkgeld sie im Hotel geben sollte. Er machte sie darauf aufmerksam, daß der Anruf teurer wäre als jedes Trinkgeld, aber sie wollte nicht abfahren, ohne es richtig gemacht zu haben.[2]

Es gab einen neuen Mann in Ingrid Bergmans Leben, John Van Eyssen, ein Amerikaner, der im Filmgeschäft tätig war und in London lebte. Van Eyssen war geschieden, ein gebildeter, aufmerksamer Mann, der wenig Forderungen an Ingrid Bergman stellte. »Ich habe sie wirklich geliebt«, sagt Van Eyssen. »Wir hatten eine wundervolle Beziehung. Wir haben viel gelacht. Ich hielt sie für einen großartigen, wunderbaren Menschen. Dieses Lachen. Sie hegte keinerlei Groll. Sie war nicht böswillig. Wenn die Leute sie nicht mochten, tant pis. Wenn die Dinge wirklich schlimm waren, sie lachte.«[3]

Die Generalprobe vor Publikum in Brighton war so, daß man verstehen konnte, warum Schauspieler so abergläubisch sind. Alles ging schief. Am Ende des ersten Aktes sollte Wendy Hiller Klavier spielen und die anderen dazu tanzen. Sie begann auf die Tasten zu hämmern — nichts als Stille. Sie fing noch einmal an, aber die Bandmaschine lieferte immer noch keine Musik. Die Zuschauer begannen zu flüstern.

»Es tut mir schrecklich leid, aber das Klavier funktioniert offenbar nicht«, sagte Ingrid Bergman. »Verzeihen Sie uns bitte, aber wir müssen den Vorhang einen Moment herunterlassen.«

Am nächsten Tag erörterten Regisseur und Schauspieler den Vorfall. Wendy Hiller war drei Jahre älter als Ingrid Bergman, aber auch mit fünfundsechzig noch immer die Perfektionistin. Auch sie hatte die Jeanne d'Arc gespielt, aber es war Shaws Heilige Johanna gewesen, der Dramatiker hatte sie selbst für die Rolle ausgewählt. Sie hatte O'Neill gespielt, Shakespeare und Ibsen, brillant gespielt, und sie wollte nicht vor einem Brightoner Publikum in Verlegenheit gebracht werden. Sie schäumte vor Wut.

»Oh, Wendy«, sagte Ingrid Bergman ruhig. »Es ist doch nur ein Spiel.«[4]

Als *Die Wasser des Mondes* am 26. Januar 1978 im Haymarket Theatre in London Premiere hatte, funktionierte das Tonbandgerät, und das Stück wurde der große Erfolg der Saison. Wendy Hiller bekam bessere Kritiken als Ingrid Bergman, aber Ingrid Bergmans wegen standen die Leute an der Kasse Schlange. Die beiden Schauspielerinnen machten ständig ihre Scherze über Wendys Kritiken und Ingrids Fans. Einmal, das Stück lief noch nicht lange, kam Wendy Hiller zu Ingrid Bergman in die Garderobe. »Wenn mich wieder jemand auf der Straße anhält und sagt: ›Ah, Miss Hiller, ist das nicht ein herrliches Stück und ist Miss Bergman nicht schön‹, dann werde ich sagen, Miss Bergman ist nicht schön. Sie ist eine fürchterliche Frau und es ist schrecklich, mit ihr zu spielen.« Am nächsten Tag überreichte Ingrid Bergman ihrer Partnerin eine Azalee, »von der fürchterlichen Bergman«.[5]

An der Vorderseite des Theaters hatte die Direktion Zitate aus Kritiken angeschlagen, die Wendy Hillers Darstellung feierten. Ingrid Bergman ließ sich vor diesen Kritiken fotografieren, breit und höhnisch grinsend wie ein Schurke im Stummfilm, und sie verteilte die Bilder an Wendy Hiller und andere Mitglieder der Kompanie.

Wie die meisten Schauspieler in London hatte Ingrid Bergman immer im Haymarket Theatre spielen wollen, einem Gebäude aus dem Jahre 1720. Mit seinem herrlichen Portikus, den Kristallkronleuchtern, der Blattgoldverzierung und blauen Polsterung ist das Haymarket das eleganteste Theater von ganz London. Hinter der Bühne allerdings sind die Räume schäbig und beengt, so daß es geradezu eine Erleichterung für die Schauspieler sein muß, auf die Bühne gehen zu können. Ingrid Bergman hatte sich nicht die Star-Garderobe oben ausgesucht, sondern Nr. 1 unten, einen einfachen, kleinen Raum, weiß und cremefarben; er war mit zwei Lampen beleuchtet, die an Schnüren von alten Gasinstallationen herabhingen. Die Holztreppe vor ihrer Tür sah fast durchgetreten aus.

An Matinee-Tagen gingen Ingrid Bergman und Griff James gemeinsam zum Essen in ein kleines italienisches Pizza-Restaurant, das sie entdeckt hatten. Für gewöhnlich saß sie vor Beginn der Vorstellung in ihrer Garderobe, schrieb Briefe und plauderte mit Griff James oder Mitgliedern der Kompanie.

Louie Hollis war siebzig Jahre alt und pensioniert. Aber sie war zurückgekommen, um »my lady« zu helfen. Als ihre Garderobiere wußte sie über Ingrid Bergmans Krankheit Bescheid, aber sie sagte nie etwas und versuchte, so gesprächig und fröhlich wie immer zu sein. Sie war dagewesen an dem Tag, als Ruth Roberts kam, und als Ruth Roberts wieder gegangen war, hatte sie Ingrid Bergman weinend auf dem Fußboden sitzen sehen, als sie sich die Fotos im Silberrahmen ansah: ihre Mutter, ihr Vater, ihre Tante.

»Louie, sie sind alle tot«, sagte sie.

»Was hat ihnen denn gefehlt?« fragte Louie Hollis.

»Krebs.«

»Ich hoffe doch, daß Sie drumherumkommen«, sagte Louie Hollis. »Das wollen wir doch alle.«[6]

Obwohl Ingrid Bergman und Wendy Hiller ihren freundlichen Schlagabtausch fortsetzten, fand die britische Schauspielerin es frustrierend, mit Ingrid Bergman zu arbeiten. Wendy Hiller war keine Starpersönlichkeit. Wenn sie nach einer Vorstellung nach Buckinghamshire abzog und sich ihren Weg durch die Fans bahnte, die hauptsächlich auf Ingrid Bergman warteten, hätte sie die nette alte Dame vom Teegeschäft an der Ecke sein können. Wendy Hiller war ihre Rolle. Wenn sie am besten war, in einer großen Rolle in einem großen Stück, wußte das Publikum, daß es etwas sah, das innerhalb der Zeitspanne einer Vorstellung entstand, lebte und verging.

Wendy Hiller brauchte ein Drehbuch, das Grenzen setzt und disziplinierend wirkt. Sie brauchte einen Regisseur, der das Stück geformt hatte. Sie mußte mit Schauspielern arbeiten, die ihren Text kannten und den Anweisungen des Regisseurs folgten. Sie war schon fünfmal auf dieser bedeutenden Bühne aufgetreten, zusammen mit einigen der größten Schauspieler des englischen Theaters, und jetzt spielte sie mit Ingrid Bergman, aus deren Mund höchst seltsame Wörter und Sätze kamen und die ständig über die Bühne wanderte.

»Es war eine etwas heikle Situation«, sagt Wendy Hiller, »einem internationalen Star zu sagen: um Gottes willen, nun stehen Sie doch mal still.«[7]

Es war Griff James, dem Wendy Hiller sich anvertraute. Er sprach mit Ingrid Bergman, aber seine Ermahnungen schienen es nur noch schlimmer zu machen.

Nach einer Vorstellung, in der Ingrid Bergman einige Sätze Kauderwelsch von sich gegeben hatte, rief Wendy Hiller Patrick Garland an. »Sie müssen herkommen«, sagte sie. »Sie redet schon wieder Chinesisch.«[8]

Der Regisseur kam ins Haymarket, um mit seinem Star zu reden. Ingrid Bergman lachte nur. »Ich habe am Morgen mit Lars geschwatzt und dabei Schwedisch gesprochen. Am Nachmittag kamen die Kinder, und ich habe Italienisch gesprochen. Und meine französischen Freunde sind am frühen Abend gekommen. Und dann schnell das Stück, und dann bin ich zu Bett gegangen.«

Garland hatte genug Stücke inszeniert, um zu wissen, daß, selbst wenn Ingrid Bergman ihren halben Text vergaß, das Publikum sich kaum darum kümmerte. Nach einer Vorstellung kam ein amerikanischer Regisseur zu Garland und gratulierte ihm. »Das war ein sehr schönes Stück«, sagte er. »Und was für eine wunderbare Idee, das ganze Stück hindurch das Spotlight auf Ingrid zu richten. Nur diese eine Figur angeleuchtet von einem winzigen Spotlight.«

»Aber da war gar kein Spotlight«, sagte Garland.

Garland hatte von Griff James erfahren, daß Ingrid Bergman Krebs hatte. »Wenn sie mal sehr erschöpft ist, verstehen Sie das bitte«, sagte James. Garland kannte all die Witze darüber, wie Ingrid Bergman bei *Finden Sie, daß Constanze sich richtig verhält?* ihren Text vergessen hatte, und er konnte kaum glauben, daß sie krank war. Sie hatte solch eine Vitalität.

Es war ein paar Tage, bevor das Stück vom Spielplan abgesetzt wurde; Louie Hollis half Ingrid Bergman in ihr Kostüm für den letzten Akt. Wie sie es immer tat, hielt sie sich an der Schulter ihrer Garderobiere fest. Louie Hollis sah, daß ihr Gesicht zu einer Grimasse verzerrt war.

»Was ist denn los?« fragte sie.[9]

»Es hat wieder angefangen«, sagte Ingrid Bergman, sie spürte den Schmerz, von dem sie gehofft hatte, er sei für immer verschwunden. Dieses Mal jedoch verspürte sie ihn an einer anderen Stelle des Körpers, in ihrer rechten Brust.

Wenn ein Stück nicht mehr gespielt wurde oder ein Film abgedreht war, das hatte Ingrid Bergman immer wie einen Todesfall in der Familie erlebt. *Die Wasser des Mondes* konnte wahrhaftig ihr letztes Stück sein. Am Sonnabendabend, am 1. Juli 1978, war das Haus voll, wie es vom ersten Abend an voll gewesen war. Am Schluß applaudierten die Zuschauer, als könnten sie bloß durch die Gewalt ihrer Zustimmung den Abend ewig dauern lassen. Aber schließlich verebbte der Beifall, und der Vorhang schloß sich, und Ingrid Bergman ging zurück in ihre Garderobe.

Louie Hollis war damit beschäftigt, Dinge wegzupacken. Sie sah, daß Ingrid Bergman »nicht ganz da zu sein schien, in solch einem Zustand war sie«..Louie Hollis faltete die Handtücher zusammen, die sie extra für Ingrid Bergman mitgebracht hatte.

»Tu das nicht, Louie«, sagte Ingrid Bergman. »Tu das nicht, kleine Lou.«

Louie Hollis hörte auf zu arbeiten. Ingrid Bergman entfernte ihr Make-up und zog sich um. Sie sagte den anderen Schauspielern auf Wiedersehen, umarmte sie und wünschte ihnen alles Gute. Schließlich waren sie alle gegangen.

»Warum gehen Sie nicht nach Hause?« fragte Louie Hollis.

»Nein, ich will nicht.«

Der Wagen, der Ingrid Bergman nach Hause bringen sollte, kam nicht. Sie ging zurück ins Theater und sah es ein letztes Mal an. Sie hatte erwartet, die Bühne dunkel und leer vorzufinden, doch es herrschte viel Betrieb, da die Bühnenarbeiter dabei waren, die Kulissen abzubauen. In ihrem ganzen Leben im Theater hatte sie das noch nicht gesehen. In wenigen Stunden wären all die Requisiten, die monatelang ihr Leben bestimmt hatten, abtransportiert. Neue Kulissen würden errichtet werden, und am Montagabend würde eine ganze neue Welt auf der Bühne sein.

»Ich wußte nicht, was da alles passiert«, erzählte sie James.

Anthony Peek, der stellvertretende Theaterdirektor, kam und setzte sich eine Weile zu ihr. Peek sprach darüber, wie erfolgreich das Stück gewesen war, sechs Monate, und nie ein leerer Platz. Er erzählte ihr von den japanischen Touristen, die ins Theater gekommen waren, um sie zu sehen und ihre Stimme zu hören, obwohl sie kein Wort verstehen konnten.[10] Ingrid Bergman bewahrte solche Komplimente in ihrer Erinnerung auf, so wie sie Zeitungsausschnitte in ihre Alben klebte. Doch Erinnerungen sind Erinnerungen, auch die, die noch ganz frisch sind. Bald war die Bühne leer. Die Bühnenarbeiter waren gegangen. Es war Zeit, die Lichter zu löschen.

Kurze Zeit später ging Ingrid Bergman in die Klinik in der Harley Street. Dr. William Slack öffnete ihre rechte Brust, stellte fest, daß der Tumor bösartig war und führte eine Brustamputation durch. Wieder einmal fuhr Ingrid Bergman jeden Tag zur Strahlenbehandlung ins Krankenhaus nach Middlesex. Sie fühlte sich besser. Trotzdem sagte sie auf Anraten der Ärzte ihre Amerika-Tournee mit *Die Wasser des Mondes* ab; damit wurde bekannt, daß sie krank war.

Ingrid Bergman hatte jetzt nichts als Zeit, und vielleicht im ganzen nicht mehr viel Zeit. Sie hatte, zum ersten Mal in ihrem Leben, ihre eigene Wohnung. »Sie war sehr glücklich, allein zu sein«, sagt Fiorella Mariani. »Sie sagte: ›Jetzt verstehe ich.‹«[11]

Sie hatte ein Backsteinhaus in Chelsea gekauft, Cheney Gardens Nr. 9. Es war ein Zweifamilienhaus, sie erreichte ihre Wohnung mit einem kleinen Privatfahrstuhl. Sie war recht einfach möbliert, die bemerkenswerteste Dekoration im Wohnraum waren die drei Oscars.

Chelsea ist sowohl eine erstklassige Wohngegend als auch Künstlerviertel. Die Straße hinunter hatte Ingrid Bergman eine Schneiderin, einen Gemüsehändler, den Beehive Pub und das Bow Tie Café, ein Etablissement, das sich durch nichts als seinen Namen auszeichnete. Sie brauchte nur einen Häuserblock weit bis zur Themse zu gehen, die King's Road war zwei Blocks entfernt. Dort hielt der Bus, und dort ging sie gern spazieren, sah sich die gräßlichen Kleider in den Schaufenstern an und die gräßlichen jungen Leute mit ihren lila Haaren und Ketten.

Im Oktober flog Ingrid Bergman nach New York, um die englische Fassung von *Herbstsonate* zu synchronisieren. Sie verbrachte einige Zeit mit Pia, die als Theater- und Filmkritikerin für die Fernsehgesellschaft NBC arbeitete. Ihr Besuch bei ihrer ältesten Tochter in deren geräumiger Wohnung am Central Park West glich nicht ganz einer Szene aus *Herbstsonate*. Doch der Schmerz und die Erinnerungen waren lebendig, und es war nicht ohne Schrecken.

»Mutter dachte, sie würde eine Weile in New York leben«, sagt Isabella Rossellini. »Pia meinte: ›Du kannst immer hier bleiben.‹ Aber Pia sagte, daß Mutter sich beklagte, daß die Kinder nicht mit Messer und Gabel äßen oder kein Gemüse wollten. Offensichtlich gab es da Spannungen. Pia sagte zu ihr, nächstes Mal solltest du vielleicht lieber im Hotel wohnen.

Um Pia bei der Einrichtung zu helfen, hat Mutter ihr ein Bettsofa gekauft. Pia glaubte, sie hätte es deshalb getan, weil sie dort wohnen wollte. Mutter war verletzt, als es zurückgeschickt wurde. Mutter weinte und sagte, sie habe einen Fehler gemacht. Und dann bekam sie einen Brief, da stand: ›Ich will Dich nicht.‹ Ich rief Pia an. Ich war offen mit ihr. Pia sagte: ›Ich habe es zurückgeschickt, weil es so aussah, als ob ich gierig wäre. Es sollte keine Ohrfeige für sie sein.‹ Aber es war ein ziemlicher Aufruhr, und Mutter hat geweint. Alle haben geweint.«[12]

Die Kinder wußten, daß ihre Mutter todkrank war, und das große Unaussprechliche war nicht der Krebs, sondern ihr Erbteil. Es gab die Befürchtung, daß das Vermögen, das schließlich auf über vier Millionen Dollar geschätzt wurde, am Ende ungerecht verteilt werden könnte.

Selbst nach der Scheidung hatte Lars Schmidt weiterhin die Geschäfte seiner Ex-Frau verwaltet. Er kannte sich sehr gut aus mit Steuer- und Investitionsgesetzen, und Ingrid Bergmans Gelder waren in sicheren Aktiengesellschaften und auf Schweizer Banken. Persönlich besaß sie nichts, nicht einmal ihr Londoner Stadthaus. Es gab Leute, zu ihnen gehörte Ann Todd, die redeten mit ihr darüber, daß sie ihre finanziellen Angelegenheiten in Ordnung bringen sollte, damit ihre Kinder das bekämen, was ihnen zustand.[13] Am Ende erbte jedes der Kinder ungefähr eine Million Dollar.

Für ihre Rolle in *Herbstsonate* erhielt Ingrid Bergman Lob und Anerkennung wie nie sonst im Laufe ihrer Karriere. Die Kritiker schwärmten nicht von ihrer Persönlichkeit auf der Leinwand, sondern von ihrer Darstellung. Sie wurde als beste Schauspielerin für den Oscar nominiert; hätte sie gewonnen, wäre sie der einzige Mensch gewesen, der vier Oscars für darstellerische Leistungen erhalten hätte. Es gab genug Trost für sie, sie bekam, unter anderem, den Preis der New Yorker Filmkritik als beste Schauspielerin und den Donatello, die italienische Version des Oscar.

Im Frühjahr 1979 flog Ingrid Bergman nach Hollywood. Jean Renoir war ein paar Wochen zuvor gestorben, sie ließ sich den Benedict Canyon hinauffahren und besuchte seine Witwe. Sie fuhr hinaus zum Motion Picture Home und besuchte Joe Steele und brachte ihm heimlich etwas Whisky mit.

Es war Steeles großer Traum gewesen, seine Biografie von Ingrid Bergman noch einmal zu schreiben und damit ein finanzielles und literarisches Vermächtnis zu hinterlassen. Er glaubte, ihre Billigung und Unterstützung zu haben, aber sie hatte mit ihrem eigenen Projekt weitergemacht. Und Steele und sein Mitarbeiter Bill Davidson verloren ihren Verleger.[14] Obwohl Ingrid Bergman, wie verlautet, Steele finanziell unterstützte, fühlte er sich verraten, und ohne sein Projekt, das ihn aufrechterhielt, ging es ihm immer schlechter, und schließlich starb er.

In Los Angeles nahm Ingrid Bergman an einer Veranstaltung teil, auf der das amerikanische Filminstitut Alfred Hitchcock den ›Life Achievement Award‹ verlieh, eine Auszeichnung für sein Lebenswerk. Sie hatte damit gerechnet, ein paar Worte zu sagen, ein paar Leute vorzustellen und sich dann hinzusetzen, aber einen Tag vorher teilte ihr der Regisseur George Stevens Jr. mit, daß sie den Abend hindurch die Conférence machen sollte. Das war nicht das, was sie gern tat, besonders nicht so kurzfristig. Aber es ging um »Hitch«, und die Leute drängten und drängten, und sie erklärte sich einverstanden.

Am Abend der Gala-Veranstaltung kam Ben Benjamin, ein ICM-Agent, der sich um Ingrid Bergmans Angelegenheiten in Hollywood kümmerte, zum Beverly Wilshire Hotel, um sie abzuholen. Er rief in ihrer Suite an, und sie sagte, daß sie jemanden brauchte, ob seine Frau Carla ihr nicht helfen könnte.[15] Also ging Carla Benjamin in ihre Suite und stellte fest, daß sie außerstande war, ihr Kleid zuzuhaken. Carla Benjamin erkannte, daß Ingrid Bergman kränker war, als irgend jemand in Hollywood annahm. Ingrid Bergman zog sich zu Ende an, breitete einen Schal über die Schultern und ging mit majestätischem Schritt durch die Hotelhalle.[16]

Sie waren alle da an dem Abend im Beverly Hilton Hotel, die alten Stars und die neuen. Cary Grant, James Stewart, Jane Wyman, Olivia de Havilland, Christopher Reeve, Walter Matthau, Michael Caine, Barbra Streisand. Und Hitchcock. Der neunundsiebzig Jahre alte Hitchcock hatte einen Herzschrittmacher, Arthritis, ein Alkoholproblem und beinahe hundert Pfund Übergewicht. Er watschelte mit winzigen affektierten Schritten in den Saal, wie ein Kind, das gerade laufen lernt. Seinen finsteren Blick sah man kaum vor Hängebacken. Es schien ein Akt der Unbarmherzigkeit, ihn hierher gebracht zu haben. Er saß zwischen seiner Frau Alma, die krank war, und Cary Grant an einem Tisch, an dem außerdem Ingrid Bergman, James Stewart, Sidney Bernstein und Lew Wasserman von ICM Platz gefunden hatten. Sie waren alle alte Freunde, doch Hitchcock saß da, als wäre er allein, und in seinem Gesicht zeigte sich keine Emotion.

Ingrid Bergman machte die Conférence und führte durch den Abend, sie sprudelte über vor Lebendigkeit. Sie anzusehen und dann Hitchcock, war wie aufs Leben und den Tod zu blicken, auf die Jugend und das Alter. Den größten Teil des Abends erwachte Hitchcock kaum aus seiner Schläfrigkeit. Zum Schluß, als er seine Auszeichnung entgegengenommen und seine kleine Rede gehalten hatte, redete Ingrid Bergman ein letztes Mal.

»Wir müssen dich jetzt verlassen, aber weil es den Film gibt, wird Hitchs Werk uns nie verlassen«, sagte sie. »Da ist nur noch eine kleine Sache, die ich erledigen möchte, bevor wir diesen Abend beenden.«[17]

Ingrid Bergman sah hinüber zu Hitch.

»Du erinnerst dich an diese qualvolle Aufnahme, für die du so eine Art Fahrstuhl gebaut hattest. Es war ein Korb oder so was, für dich und den Kameramann. Und du hast diese Party-Szene in *Berüchtigt* gedreht. Und du bist dann mit deinem Fahrstuhl heruntergesaust gekommen bis zu meiner Hand, bis du den Schlüssel in Großaufnahme hattest.

Nun, du weißt, daß Cary den Schlüssel hinterher gestohlen hat. Ja. Und er hat ihn behalten. Er hat ihn ungefähr zehn Jahre lang behalten. Und eines Tages hat er ihn mir in die Hand gelegt. Und er sagte: ›Ich hab den lange genug gehabt. Jetzt ist er für dich. Er soll dir Glück bringen.‹ Ich habe ihn zwanzig Jahre lang gehabt. Und in dieser selben Hand da ist der Schlüssel.«

Als Ingrid Bergman den Schlüssel hochhielt, klatschte das Publikum. Sogar Hitchcock schlug seine Hände aneinander. Dann ging Ingrid Bergman etwas Schreckliches auf. Sie hielt den falschen Schlüssel in die Höhe.[18]

»Er hat mir sehr viel Glück gebracht und ein paar gute Filme auch. Und jetzt werde ich ihn dir übergeben und darum bitten, daß er dir einige gute Türen öffnen möge. Gott segne dich, lieber Hitch. Ich komme jetzt und gebe dir den Schlüssel.«

Sie kam herunter und quer durch den Saal gerauscht, wie sie es in so vielen Filmen getan hatte. Sie umarmte Hitchcock, und als sie ihm den Schlüssel gab, lächelte der alte Mann.

Später schickte sie ihm mit der Post den richtigen Schlüssel, zusammen mit einer Entschuldigung. In jüngeren Jahren hätte Hitchcock die Verwechslung sehr amüsant gefunden, eine

Anekdote, die man immer wieder erzählen konnte. Aber er antwortete nicht auf den Brief. Sie schrieb ihm einen zweiten Brief und einen dritten. Schließlich antwortete er mit einer einzigen Zeile: »Ich habe den Schlüssel bekommen.«

Ein paar Monate später, als Ingrid Bergman nach Hollywood zurückkehrte, besuchte sie Hitchcock noch einmal. »Er nahm meine beiden Hände«, sagte sie, »und Tränen strömten über sein Gesicht, und er sagte: ›Ingrid, ich werde sterben.‹ Ich antwortete ihm: ›Aber natürlich wirst du einmal sterben, Hitch — wir sterben alle.‹ Und dann erzählte ich ihm, daß auch ich kürzlich sehr krank gewesen war und daß ich auch ans Sterben gedacht hatte. Und für einen Augenblick schien ihn diese Logik etwas friedlicher werden zu lassen.«[19]

Im Juli 1979 bekam Ingrid Bergman einen Besuch von Lindström. Er unterstützte Alan Burgess bei der Arbeit an Ingrid Bergmans Biografie, gab ihm Material, Briefe und unzählige Interviews. Burgess war mit den besten Empfehlungen von George und Phyllis Seaton zu ihm gekommen, und der britische Journalist war, wie Lindström es ausdrückt, »irgendwie eine Art Beichtvater für beide Seiten geworden«.

»Sobald Petter wußte, daß ich ein Buch über Ingrid Bergman schrieb, war er daran interessiert, sie zu treffen«, sagt Burgess. »Ich sagte zu Ingrid: ›Möchtest du ihn treffen?‹ Sie meinte: ›Ich weiß nicht. Ich denke schon.‹«[20]

Wie Lindström sagt, hatte Burgess ihn gebeten, sich mit Ingrid zu treffen, auf ihr Verlangen. »Ich wußte, wenn ich nein sagte, dann würde da stehen, daß Dr. Lindström sich geweigert hätte, seine frühere Frau zu sehen, die an Krebs leidet.«

Lindström konnte manchmal hoffnungslos naiv in bezug auf Menschen sein, er vertraute ihnen rückhaltlos und dann schließlich mißtraute er ihnen. Er hatte schon Gerüchte gehört, daß Ingrid Bergman den entscheidenden Einfluß auf das Buch hätte, aber Burgess blieb dabei, daß Lindström ein Wort mitzureden hätte. Und so gab er Burgess weiterhin Informationen und Unterstützung, für ein Buch, das in Wirklichkeit Ingrid Bergmans autorisierte Biografie war.

Ingrid Bergman war nicht allein, als Lindström an einem Nachmittag im Juli in ihr Haus in London kam. Burgess war auch da, weil sie befürchtete, es könnte ein unerfreuliches Zusammentreffen werden, nichts als gegenseitige Vorwürfe. Ingrid Bergman und Petter Lindström schienen dann so gut miteinander auszukommen, daß Burgess bald verschwand.

Lindström saß allein mit ihr im Wohnzimmer. Er hatte zwei Flaschen Wein mitgebracht und einige Sandwiches, sowie einen alten Zeitungsausschnitt. Er beharrte ihr gegenüber darauf, daß sie Pia nicht nur 1951, sondern auch 1953 und 1955 getroffen hätte, doch Ingrid Bergman blieb dabei, daß sie sie in den Jahren nicht gesehen habe. Sie hörte ihm zu, obwohl sie nicht interessiert war an etwas, das sie für lange zurückliegende Kämpfe und Verwundungen hielt.

Sie kamen ziemlich gut miteinander aus. Sie lud ihn sogar ein, ein zweites Mal zu ihr zu kommen. An dem Tag sah er sich ihren geschwollenen Arm an und schlug ihr vor, ein Baumwolltrikot zu tragen. Nach seinem Besuch schrieb er ihr, fügte einige Trikotmuster bei und schickte ihr neue Fotos von Stöde, wo sie vor so vielen Jahren geheiratet hatten. Er redete sie mit »Liebe Oma« an und gab ihr medizinische Informationen über ihre Krankheit.

Lindström sprach auch ihre gemeinsame Vergangenheit im Brief an und konfrontierte sie noch einmal mit Dingen wie ihren Affären mit Capa und Adler, Pias Londonreisen und den Einzelheiten des Treffens in Messina. »Es ist verständlich, wenn einige Details und Daten von damals nicht so eindeutig für uns sind«, schrieb er. »Ich habe in der Vergangenheit nie etwas veröffentlicht, um die Fülle der Interviews zu korrigieren, die veröffentlicht wurden, um mich ziemlich verachtenswert aussehen zu lassen. Es schien mir jedoch das beste, einige Themen klarzustellen, die bei unseren kürzlichen Treffen in London zur Sprache gekommen sind.«

Ingrid Bergman beantwortete seinen Brief sofort, sie schrieb mit der Hand, auf Luftpostpapier. Sie untersuchte ihrer beider Vergangenheit nicht, als ob sie ein Historiker wäre und Daten, Fakten und Details erörterte. Sie betrachtete ihre Vergangenheit als etwas, woran man seine Freude hatte, worüber man sich in Erinnerungen erging. Wie sie es immer tat mit dem, was unangenehm und langweilig war, sie schob es beiseite. Sie erwähnte Lindströms Fragen nicht einmal. Sie dankte ihm für die Fotos von Stöde, die er ihr geschickt hatte; es sehe dort noch genauso aus, wie sie es in Erinnerung habe.

Ingrid Bergman reiste viel in diesem Sommer, so daß sie, wie sie Lindström schrieb, keine Zeit für Krankheit hatte. Im August fuhr sie nach Schweden und reiste mit dem Zug, dem Bus und der Fähre, und nicht nur nach Danholmen, sondern auch nach Stockholm.

Isotta war schwanger. Dann rief Isabella an und sagte, daß sie beabsichtige, Martin Scorsese zu heiraten, den italo-amerikanischen Filmregisseur. Sie hatte ihn kennengelernt, als sie ihn in New York für das italienische Fernsehen interviewte. Scorsese war ein großer Bewunderer ihres Vaters, und es entwickelte sich schnell eine Beziehung zwischen den beiden.

»Bringt er dich aus der Ruhe?« fragte Ingrid Bergman.

»Was meinst du damit?« wunderte sich Isabella.

»Bringt er dich wirklich aus der Ruhe?« fragte Ingrid Bergman noch einmal.

»Ja, Mutter, er bringt mich völlig aus der Ruhe.«[21]

»Ich glaube, ich habe Dir erzählt, daß Isabella am 30. September heiratet«, schrieb Ingrid Bergman an Lindström. »So sind jetzt also meine drei Mädchen aus dem Nest — nun, ein Nest war es ja eigentlich nicht gerade, mit nur dreien.«

Als das jungverheiratete Paar nach London flog, besuchten sie Ingrid Bergman in ihrem Stadthaus. Scorseses Regiekollegen Steven Spielberg und George Lucas waren zufällig auch gerade in London. Scorsese lud sie ein, mitzukommen und die Frau kennenzulernen, die er nur als »Mutter meiner Frau« beschrieb. Sie waren äußerst überrascht, als sie entdeckten, daß Isabellas Mutter Ingrid Bergman war. Nachdem sie ihr vorgestellt worden waren und auch Ann Todd, setzten sie sich hin und sagten sehr wenig.

Weder Ingrid Bergman noch Ann Todd waren sich darüber klar, daß diese schweigsamen bärtigen jungen Männer zu den größten Talenten im neuen Hollywood gehörten, mit Filmen wie *Der weiße Hai* und *Krieg der Sterne.* Sie sahen schließlich nicht so aus, wie man es von Regisseuren erwartete. Spielberg trug Cowboystiefel und hätte ein Atelierarbeiter sein können.

Scorsese war in New Yorks »Little Italy« aufgewachsen, er kannte sich dort aus und fand Gefallen an den rauhen Sitten, die dort manchmal herrschten. Aber an diesem Nachmittag spielte er den guten Schwiegersohn, bemühte sich, Smalltalk mit Ann Todd zu machen, während er versuchte, seine schweigsamen Freunde in die Unterhaltung miteinzubeziehen.[22]

Ann Todd war Ingrid Bergmans engste Freundin in London.

Die beiden Schauspielerinnen hatten viel gemeinsam. Beide waren jetzt geschieden. Und jede hatte Probleme mit ihren Kindern gehabt. In mancher Hinsicht war Ann Todd allerdings etwas eigenartig. Sie glaubte, »Wirklichkeit ist nur in der Welt des Geistes«[23] und redete ständig über Mystik. Aber die beiden Frauen lachten viel miteinander und verbrachten schöne Wochenenden in Ann Todds Cottage in Suffolk. Und als Ingrid Bergman kränker wurde, spürte Ann Todd, daß sie auf sie achtgeben mußte.

Ann Todd redete selber gern, aber sie hörte ruhig Scorseses Monologen zu, die immer schneller und lauter wurden. Isabella nahm das als Zeichen, daß Scorsese eine schreckliche Angst vor Ingrid Bergman hatte.[24]

Was Ann Todd anbetraf, so hatte sie allerdings genug von diesem Martin Scorsese und seinen bärtigen Freunden; sie war sicher, daß er Ingrid Bergman herabsetzte und seine Schwiegermutter behandelte, als wäre sie eine alte Dame.

»Geben Sie denn niemandem eine Chance, zu reden?« unterbrach sie ärgerlich einen seiner Monologe, der klang wie Maschinengewehrfeuer. »Reden *Sie* die ganze Zeit, junger Mann?«[25]

Scorsese beruhigte sich, und der Nachmittag endete doch noch angenehm. Aber es war Ingrid Bergman klar, daß sich ihre Welt so verändert hatte, daß sie manchmal einfach nicht verstand, was vor sich ging.

Im November flog Ingrid Bergman nach Los Angeles zu einer Gala, die ihr zu Ehren von den »Variety Clubs of America« veranstaltet wurde, der Erlös war für ein Krankenhaus bestimmt. Diese Gala-Veranstaltungen hatten sich zu einer kleinen Wachstumsindustrie in Hollywood entwickelt, es war soviel Berechnung wie Sentimentalität dabei. An dem Abend, als Ingrid Bergman auf die Bühne 9 im Warner-Brothers-Studio ging, hatte sich eine formell gekleidete Gruppe in den alten Kulissen von ›Rick's Café‹ versammelt.

Sie trug ein bodenlanges weißes Abendkleid, hochgeschlossen und mit langen Ärmeln. Sie trug eine mit Diamanten und Smaragden besetzte Halskette, die eine halbe Million Dollar wert war, ein Geschenk von Lars Schmidt. Es war das erste Mal, daß sie sie in der Öffentlichkeit trug, ihr früherer Mann hatte darauf bestanden. Im Laufe des Programms erhielt sie ein

Ordensband vom schwedischen Konsul. Er befestigte es so, daß das Band um ihren Hals lag und die Juwelen vollständig bedeckte.

»Ingrid hat sehr hart für ihre Rede auf der Gala gearbeitet«, sagt ihre Cousine Britt Engström, die für diesen Abend nach Los Angeles geflogen war. »Sie wollte eine große Vorstellung daraus machen. Während der Veranstaltung sagte sie: ›Warum redet Goldie Hawn? Ich habe kaum mit ihr geredet während der Dreharbeiten an *Die Kaktusblüte*.‹«[26]

Wenigstens hatte Goldie Hawn mit Ingrid Bergman gearbeitet. Die meisten derjenigen, die Lobreden auf sie hielten, kannten sie kaum. Jack Albertson war nicht ihr Freund, obwohl sie Tränen in den Augen hatte, als er für sie sang: »You Ought to Be in Pictures«. Victor Borge, der dänische Komiker, hatte, außer daß er auch aus Skandinavien kam, keine Beziehung zu Ingrid Bergman.

Peter Falk hatte bekanntgegeben, daß Ingrid Bergman den Oscar als beste Nebendarstellerin gewonnen hatte — sonst bestand keine Verbindung zwischen ihnen. Signe Hasso hatte den kurzen Text, den man für sie vorbereitet hatte, lieber verändert, als daß sie eine engere Beziehung behauptete, als zwischen den beiden schwedischen Schauspielerinnen bestand. Cary Grant hatte tiefe Gefühle für Ingrid Bergman, doch er besuchte sie nicht einmal, als er in London war.

Außer ihrer Familie waren nur wenige da, die Ingrid Bergman wirklich kannten. Lewis Milestone saß im Rollstuhl in einer Ecke, er war nicht einmal fähig, sich zu erheben, um sie zu begrüßen. Ruth Roberts war da, aber auch sie war alt und kränklich.

Es war vierzig Jahre her, seit Ingrid Bergman das erste Mal nach Kalifornien gekommen war, und dreißig Jahre, seit sie es verlassen hatte. Hollywood hatte sich verändert, und die Leute, die sie in den vierziger Jahren gekannt hatte, waren zum größten Teil tot, oder sie waren todkrank. Es war nicht Ingrid Bergman, auf die man an diesem Abend Lobreden hielt, es war ein prächtiges goldenes Image, und sie konnte es betrachten, als wäre es eine andere Person, ihre schönste Schöpfung.

Zum Ende des Abends stand Ingrid Bergman auf, um ihre Rede zu halten. »Ich dachte, ich sollte Ihnen eine Überraschung bereiten«, sagte sie. »Sie wissen nicht, wie lange ich schon in der Filmindustrie bin. Sehen Sie, als mein Vater entdeckte, daß es da etwas Neues gab, und zwar den Film, da war er so begeistert, daß er an meinem Geburtstag hinging und eine Kamera mietete, die er mit der Hand bediente.«[27]

Ein winziges Baby auf dem Arm der Mutter. Ein kleines Mädchen, das eine Schubkarre schiebt; es ist sein zweiter Geburtstag. Eine junge Mutter, die ihre Tochter hält. Ein kleines Mädchen an einem Grab.

»Ich war immer artig, wenigstens auf der Leinwand«, sagte Ingrid Bergman. »Ich bin drei Jahre alt und komme zum Grab meiner Mutter. Ich bin so glücklich, diese Aufnahmen zu haben, so kann ich wenigstens sehen, wie sie sich bewegt.«

Weiter flimmerten Bilder über die Leinwand. Ein kleines Mädchen, das seine Verwandten aus Deutschland begrüßt. Das Mädchen, jetzt etwas größer, mit seiner Cousine Britt. Ingrid und Greta, die Geliebte ihres Vaters. Ein Teenager, der aus einem kleinen Boot in der Nähe des Ferienhauses aussteigt.

Ingrid Bergman sprach mit soviel Stolz, als ob es Bilder aus ihren berühmten Filmen wären. Es lag in der Tat eine Wahrheit in diesen Filmbildern, die über das hinausging, was auf der Veranstaltung gesagt worden war. Man spürte soviel Wärme und Geborgenheit darin. Aber dann ist die Mutter tot, und die Kamera zieht sich zurück. Da sind Verwandte und Freunde auf den Bildern, und Ingrid ist nicht mehr der Mittelpunkt. Dann schließlich ein junges Mädchen in einem dicken Mantel, das aus einem Boot steigt, allein.

»Ich bin aus einem ganz kleinen Schiff gestiegen«, sagte Ingrid Bergman, »und dann, zehn Jahre später, bin ich im Hafen von New York aus einem viel größeren Schiff gestiegen.«

Als Ingrid Bergman in Los Angeles war, ging sie mit Griff James zum Farmer's Market. Es war einer der Orte, die sie in Los Angeles immer gemocht hatte, dorthin hatte sie auch Rossellini mitgenommen. Es war jetzt so etwas wie eine Touristenfalle geworden, aber Ingrid Bergman ignorierte das und genoß ihr Mittagessen. Während des Essens sprang James plötzlich auf und rannte hinüber zu einem Zeitungsstand. Da lagen Stapel vom »National Enquirer« mit der Schlagzeile: INGRID BERGMAN HAT KREBS. James drehte die Zeitungen um und kehrte an den Tisch zurück, er hoffte nur, daß Ingrid Bergman nichts bemerkt hatte.[28]

An dem Tag als sie Los Angeles verließ, stand sie vor dem

Beverly Wilshire. Eine Parade von Limousinen und exotischen Wagen bewegte sich die lange gewundene Auffahrt hinauf zum überdachten Hoteleingang.

»Sie warten auf ihre Limousine, Miss Bergman?« fragte der Portier.

»Ich glaube, es wird nicht gerade eine Limousine sein«, sagte sie.

Während sie noch redete, kam ein gemieteter Ford Fiesta mit losem Auspuffrohr klappernd die Auffahrt herauf. Ingrid Bergman sprang in den Wagen, neben Alan Burgess, ihr Gepäck wurde hinten verstaut, und sie brachen auf nach San Diego, um Lindström zu besuchen.

»Wo ist die Kette?« fragte Burgess, als sie südwärts fuhren.

»Ich hab' sie bei mir.«

Burgess schluckte. »Sie haben sie bei sich! Eine Kette zu einer halben Million Dollar!«

Burgess fühlte sich nicht sicher, bevor sie im Coronado Hotel in San Diego waren und das Bulgari-Stück in einem Schließfach verstaut war.[29]

Ingrid Bergman und Brugess bezogen ihre Räume im Coronado. Am nächsten Tag waren sie in Lindströms Haus zu Besuch, das auf einer Klippe mit Blick auf den Ozean lag. Es war Thanksgiving. Obwohl Lindström sie ostentativ nicht gebeten hatte, an der Festtagsmahlzeit teilzunehmen, lud er die beiden jetzt zum Essen ein.

Ingrid Bergman trank sehr viel. Lindström sah, daß sie Schmerzen hatte. Er wußte, daß es eine spezielle Art von Schlinge gab, die ihr helfen würde. Am nächsten Tag nahm er sie mit zu einem Geschäft für medizinische Artikel, um die Schlinge für sie anfertigen zu lassen.

Ingrid Bergman schrieb Petter und Agnes einen herzlichen kleinen Dankesbrief vom Hotel Pierre in New York aus. Es sei »eine Freude« für sie gewesen, seine Familie zu besuchen. »Ich vermisse die köstliche Luft von San Diego!«

Welche Hoffnung sie auch immer in bezug auf eine Aussöhnung mit Lindström gehegt haben mochte — das war vorbei, als er die Seiten las, die Burgess bei ihm gelassen hatte. Es gab zwar ein ausführliches Interview mit Lindström, doch in den meisten wichtigen Punkten hatte Burgess Ingrid Bergmans Partei ergriffen und ihre Version akzeptiert.

Burgess schrieb an Lindström, es täte ihm leid, daß er verärgert über das Gelesene sei. Er entschuldigte sich dafür, daß er das Material, das er von ihm erhalten habe, noch nicht genau durchgegangen sei, er wolle es aber dann in das Buch nehmen.

Ingrid Bergman versuchte die Sache zu überspielen, indem sie das Problem mit dem Buch ganz einfach ignorierte. Am 26. März 1980 schrieb sie ihm einen fröhlichen kleinen Brief, redete ihn mit »Lieber Opa« an, dankte ihm für weitere Fotos von seiner Familie und wünschte ihm ein frohes Osterfest. Am selben Tag schrieb Lindström einen langen Brief an sie, mit der Anrede »Liebe Oma«.

»In den vergangenen dreißig Jahren hast Du und haben Deine Freunde niemals aufgehört, schlimmen Klatsch über mich zu veröffentlichen, grobe Verdrehungen, zum Teil reine Lügen«, begann er seine fünfseitige Mitteilung. »Ich habe nie darauf reagiert, nie ein Interview über Dich oder unsere Beziehung gegeben, obwohl ich immer wieder dazu aufgefordert und gedrängt wurde . . . Die Zeiten haben sich geändert. Jemand hat mich neulich an die alte Redensart erinnert: Wenn eine Lüge oft genug wiederholt wird, wird sie zur Wahrheit . . . Ich habe Alan ausführliche Berichte und Kommentare vorgelegt, und ich schlage vor, daß Du Dir das alles durchliest.«

Lindström erfuhr kurz danach, daß das, was nach Burgess' Aussage eine objektive Biografie war, im Herbst 1980 als Ingrid Bergmans Autobiografie erscheinen würde. Er fühlte sich doppelt getäuscht, und er und Pia verlangten, daß ihre Briefe aus dem Buch herausgenommen würden. Man konnte von Lindström nicht erwarten, daß er eine so unwahrscheinliche Geschichte glaubte — doch es war der Verlag, Delacorte Press, der Ingrid Bergman davon überzeugte, daß der Anteil der in der ersten Person — also von ihr — erzählten Beiträge erhöht werden und sie ihren Namen auf das Buch setzen sollte, das dadurch zur Autobiografie würde.[30]

Diese Form erlaubte es ihr, so Burgess, »zu sagen, was sie sagen wollte, und ich, der Erzähler, sagte, was sie nicht sagen wollte oder wirklich nicht sagen konnte«.[31] Jetzt war es noch unwahrscheinlicher, daß Ingrid Bergman *ihr* Buch zu einer Debatte mit Lindström werden lassen würde und ihm das Recht gab, seine Version darzustellen, wie Burgess es ihm 1978 versprochen hatte.

»Lieber Alan Burgess, den ich zu kennen glaubte«, schrieb Lindström am 29. Juli 1980 an Burgess:

Ich habe Schwierigkeiten zuzugeben, daß ich einen Fehler gemacht haben könnte, als ich mich auf Sie verlassen habe und all Ihren mündlichen und schriftlichen Versprechen in bezug auf das Buch vertraute . . . Ich habe die Kopie eines Briefes von Ihnen erhalten, in dem Sie von Verleumdung sprechen und eventuelle rechtliche Schritte andeuten. Es könnte von einigem Interesse sein, zu sehen, wie Sie und Ihre »Heldin«, wie Sie sie nennen, vor Gericht erscheinen, im Kreuzverhör. Da I. B. vor kurzem dem Husmodern-*Magazin in Stockholm am Telefon mitgeteilt hat, daß sie sich nie in ihrem Leben besser gefühlt habe, versichere ich Ihnen, daß sie durchaus in der Verfassung sein wird, vor Gericht zu erscheinen und nicht nur bei ihren öffentlichen Auftritten, die offenbar schon als Werbemaßnahmen für Ihr Buch geplant sind.*

Ich habe wohl allmählich genug erlebt an Widersprüchen und Märchen, zu denen I. B. bei ihrer immerwährenden Schauspielerei fähig ist. Wie ich Ihnen erklärt habe, es war mein Eindruck, über mehrere Jahre, daß I. B. im Grunde ein ehrlicher und netter Mensch ist, mit viel Sinn für Humor, allerdings ganz und gar besessen von ihrer Karriere und ihrem Bild in der Öffentlichkeit. Nichts anderes hat sie wirklich interessiert.

Lindström und Pia nahmen beide, getrennt voneinander, Kontakt auf mit Harriet Pilpel, einer prominenten New Yorker Anwältin für literarische Fragen, die sich ihrerseits wegen der strittigen Briefe und Interviews an Delacorte Press wandte. Lindström hatte gute moralische, wenn nicht sogar rechtliche Gründe für sein Vorgehen. Ingrid Bergman sah es nicht so, und sie nahm die maßvollen Anwaltsbriefe als persönliche Attacken.

»Ingrid sagte, sie sei so fassungslos über den Ärger und Zorn, der nach all den Jahren noch in Petter brodelte, daß sie das Buch beinahe aufgegeben hätte«, erzählt Ross Claiborne, damals Cheflektor bei Delacorte.[32]

Die Lektorin Jeanne Bernkopf erinnert sich: »Sie arbeitete jeden Tag. Eines Tages kam sie weinend an und sagte: ›Ich kann damit nicht weitermachen. Es zerreißt mich. Es ist zu viel.‹ Sie war äußerst unglücklich wegen der Probleme mit Pia und Petter.

Da kam eine Fülle rechtlicher Probleme auf mich zu. Unsere Reaktion war: die Briefe paraphrasieren. Aber was die Interviews mit Petter betraf, da sagte ich schließlich, nehmt einfach all die Dinge, die Petter erzählt hatte, heraus, all die Pro-Petter-Geschichten. Ingrid mochte sie sowieso nicht und wollte sie nicht in dem Buch haben.«[33]

Ingrid Bergman glaubte, daß auf diese Weise jedermann mit dem Buch zufrieden wäre. Doch sie entdeckte bald, daß es kein reines Vergnügen ist, Autorin zu sein. Irene Selznick war darüber aufgebracht, wie Ingrid Bergman sie in dem Buch porträtiert hatte und ärgerte sich auch über die Behandlung von Sidney Bernstein.[34] Ingrid Bergman wurde klar, daß sie die meisten Leute, die im Buch erwähnt waren, verärgert hatte, ebenso die, die nicht erwähnt waren.

Um für ihr Buch *Mein Leben (My Story)* zu werben, machte sie in den letzten Monaten des Jahres 1980 ausgedehnte Reisen durch die Vereinigten Staaten und Europa. Sie wurde dabei nicht empfangen wie noch eine weitere Berühmtheit, die die Werbetrommel rührt für einen Bestseller, sondern wie ein großer Star, ein großer Star, der todkrank war. Wenn sie konnte, sah sie sich im Fernsehen ihre aufgezeichneten Interviews an. Sie war so selbstkritisch wie immer. Doch sie betrachtete ein Interview als Erfolg, wenn Lindström nicht erwähnt wurde, den sie in ihrem Tagebuch »Dr. L.« nannte, und keine aufdringlichen Fragen nach ihrer Krankheit gestellt wurden.

An einem sonnigen Nachmittag in Paris bemerkte sie ein Plakat mit ihrem Namen darauf, es wurde für eine Zeitungsgeschichte geworben, die über ihren Kampf gegen den Tod berichtete: »La dernière lutte contre la mort.« Sie kaufte die Zeitung, setzte sich in ein Straßencafé und las über sich selbst und ihre Krankheit.

23.

»Ich will nicht, daß der Film vorbei ist«

Im November 1980 versammelte Harve Bennett, ein Paramount-Produzent, eine Gruppe von Leuten in seinem Büro, um mit ihnen über die Besetzung bei seinem neuen Projekt zu sprechen, einer Fernsehserie über das Leben von Golda Meir, der verstorbenen israelischen Premierministerin. Es war eine große Rolle, aber Bennett und den anderen wollte beim besten Willen kein geeigneter Name einfallen. Liz Taylor? Faye Dunaway? Bette Midler? Jane Alexander? Barbra Streisand?

Bennetts Sekretärin, Silvia Rubinstein, hörte diesen Vorschlägen zu und dachte, daß das Ganze allmählich lächerlich würde. Sie hatte Mühe, sich Liz Taylor als Golda Meir vorzustellen. Dann erinnerte sie sich an die Gala zu Ehren von Ingrid Bergman, die im Fernsehen übertragen worden war und daß sie überrascht gewesen war, wie alt Ingrid Bergman ausgesehen hatte.

»Ich habe einen Vorschlag«, sagte sie. »Wie wäre es mit Ingrid Bergman?«

»Sie arbeitet nicht mehr«, sagte Bennett.

»Ich glaube nicht, daß es eine Schauspielerin gibt, die nicht mehr arbeitet«, sagte Silvia Rubinstein.

Bennett dachte einen Moment darüber nach. »Es ist eine großartige Idee.« Je mehr er darüber nachdachte, desto besser hörte es sich an. »Wirklich eine großartige Idee, Silvia.«[1]

Bevor Bennett Kontakt mit Ingrid Bergman aufnahm, überprüfte er die Situation so gut er konnte. Golda Meir war ein Name, der den meisten Juden heilig war. Es hatte einen furchtbaren Tumult gegeben, als Vanessa Redgrave, eine erklärte Anhängerin der Palästinenser, in einem Fernsehfilm die Rolle einer Jüdin in einem Konzentrationslager spielte. So etwas wollte er nicht. Er erfuhr, daß »einige Leute glaubten, die jüdische Gemeinde würde Anstoß daran nehmen, daß Ingrid die Rolle spielte«. Aber die Leute in Hollywood haben immer Angst, daß alles schiefgeht.

Bennett hatte Marilyn Hall auf seiner Seite. Sie war von Anfang an an dem Projekt beteiligt, und sie hatte so gute Kontakte zur jüdischen Gemeinde wie nur irgend jemand. Sie war mit Monty Hall, einem Fernseh-Showmaster, verheiratet und sehr gut darin, Gelder für jüdische Organisationen aufzutreiben.

Marilyn Hall schien jeden zu kennen. Sie telefonierte mit Mike Frankovich, dem Produzenten von *Die Kaktusblüte*, und bat ihn, Ingrid Bergman in London anzurufen.[2]

Frankovich rief sie von Hollywood aus an, und sie sagte ihm auf der Stelle und mit Nachdruck nein. Die Golda Meir war nicht Ingrid Bergmans neue Johanna von Orléans, eine Rolle, mit der sie sich identifizierte und von der sie geträumt hatte. Sie wußte sehr wenig über Golda Meir, außer daß sie sehr klein war, Jüdin und vor kurzem, 1978, verstorben. Die Leute erinnerten sich an jeden Zug ihrer Persönlichkeit. Sie würden keine Golda Meir akzeptieren, die groß war, Protestantin und mit schwedischem Akzent sprach. Damit war die Sache erledigt.

Obwohl Ingrid Bergmans Arm immer mehr angeschwollen war, konnte sie die Vorstellung nicht ertragen, einfach herumzusitzen und auf Besuche von ihren Kindern und Freunden zu warten. Anfang 1981 brach sie mit ihrer Cousine Britt Engström zu ihrer ersten Israelreise auf.

Obgleich dies eine reine Touristenreise war, konnte Ingrid Bergman nicht anders, sie mußte manchmal an Golda Meir denken.[3] Überdies wurde sie umworben, manchmal auf Weisen, die ihr nicht ganz klarwurden. Marilyn Hall hatte Teddy Kollek, den Bürgermeister von Jerusalem, angerufen. Obgleich er nicht gerade ein Bewunderer der Premierministerin gewesen war, verbrachte er mehrere Stunden damit, Ingrid Bergman Filme über Golda Meir zu zeigen und ihr von den Anfangsjahren Israels zu erzählen.

Ingrid Bergman erhielt einen Anruf von Gene Corman, dem Produzenten am Drehort von *Eine Frau namens Golda (A Woman Called Golda).*

Corman drehte gerade einen anderen Film in Israel, hatte aber Zeit, Ingrid Bergman zu umwerben. »Außer daß ich Filmproduzent bin, bin ich auch ein Filmfan, und ich würde sehr gern mit Ihnen essen.«

»Das ist sehr aufmerksam, Gene«, sagte sie. »Warum rufen Sie mich nicht übermorgen noch einmal an.«

Corman rief an und hinterließ eine Nachricht, aber sie rief nicht zurück. Er rief wieder an und traf eine Verabredung für den folgenden Abend.

Corman war in der Tat ein Filmfan, und als er Ingrid Bergman in die Lobby des King David Hotels in Tel Aviv kommen sah, war er im ersten Augenblick fassungslos.[4] Hätte er nicht gewußt, daß sie es war, die die Treppe herunterkam, er hätte sie nicht erkannt. Die Krankheit hatte ihre Schönheit zerstört. Aber dann, als sie im Kerzenschein an der Hotelbar saßen, geschah das Außerordentliche. Im flackernden Licht sah er wieder Ingrid Bergman vor sich, die Ingrid aus *Casablanca* und *Spiel mit dem Schicksal* und *Anastasia*, die Ingrid seiner Jugend.

»Ich möchte mit Ihnen über Golda sprechen«, sagte der Produzent.

»Ich bin keine Jüdin.«

»Das spielt keine Rolle.«

»Sie war winzig. Ich bin einsfünfundsiebzig. Ich bin zwei Goldas.«

»Golda hat sich selbst nie in Zentimetern gemessen.«

Corman erzählte Ingrid Bergman alles, was er über Golda Meir wußte. Das war keine Hollywood-Heldin, über die er sprach. Das war eine Golda Meir, die um ihrer Karriere willen Mann und Kinder verlassen hatte; eine Frau, die während ihrer Ehe Liebhaber hatte; die nicht nur für Israel gekämpft hatte, sondern für sich selbst, für ihre Anerkennung und ihren Erfolg. Und doch eine Golda Meir, die man in der Küche beim Essenkochen antreffen konnte, auch als sie Premierministerin war. Und schließlich eine Golda Meir, die starb nach einem langen Kampf gegen die Leukämie.

Während Corman das Leben der Golda Meir skizzierte, konnte er sehen, daß Ingrid Bergman immer stärker reagierte. Er sah Tränen in ihren Augen. Und als er fertig war und sie auseinandergehen mußten, bat sie ihn um einige Bücher über Golda Meir.

Es war ein Hinweis auf ihre Ambitioniertheit als Schauspielerin, daß sie es überhaupt in Erwägung zog, eine solche Frau darzustellen; viele alternde, einst schöne Stars hätten diese Rolle ohne weiteres abgelehnt. Politiker und Filmstars haben viel gemeinsam, und je mehr Ingrid Bergman über Golda Meir las, desto stärker wurde die Resonanz in ihr. Hier hatte sie eine Persönlichkeit vor sich, die ihr eigenes Image geschaffen hatte. Und diese kleine Frau hatte das Selbstbewußtsein und den Ehrgeiz gehabt, Ehe und Familienleben hinter sich zu lassen und Höhen der Macht zu erklimmen, die nur wenige Frauen je erreicht haben. Und hier war eine Frau, die die Schuld kannte, als Ehefrau und als Mutter.

Als sie sich entscheiden mußte, ob sie die Rolle der Golda Meir spielen sollte, war Ingrid Bergman nicht viel anders als ein Politiker, der sich entscheiden muß, ob er noch einmal kandidiert. Sie redete praktisch mit jedem über Golda Meir. Laurence Evans, ihr Agent in England, hielt sie für diese Rolle für nicht geeignet.[5] Auch Sidney Bernstein war dagegen, nicht nur wegen der Rolle, er dachte auch an eventuelle Gefahren in Israel. Kay Brown war ursprünglich auch nicht begeistert gewesen, aber sie kannte Ingrid Bergman so gut, daß sie wußte, alles, was sie wieder zur Arbeit bringen könnte, war angebracht.

Als Ingrid Bergman nach London zurückkehrte, wartete das Drehbuch zu *Eine Frau namens Golda* schon auf sie. Obwohl sie sehr interessiert an dem Film war, entschloß sie sich, die Rolle abzulehnen. Sie schrieb am 9. April 1981 an Bennett, sie empfinde soviel Hochachtung vor Golda Meir, daß sie sie nicht im Film darstellen könne.

Einen Monat später nahm Ingrid Bergman an einem großen Essen teil, das von den »International Variety Clubs« gegeben wurde. Ganz in ihrer Nähe saß Marilyn Hall, deren Mann Monty Ehrenvorsitzender war. Marilyn Hall versuchte den ganzen Abend, Ingrid Bergman dazu zu bewegen, ihre Meinung bezüglich der Rolle zu ändern.

»Sie nannte als Hauptgrund, daß die Israelis sie kaum akzeptieren könnten, da ihre Mutter Deutsche war«, sagt Marilyn Hall. Es gab größere Probleme in Ingrid Bergmans Vergangenheit. Keiner hat ein Gedächtnis wie die Juden, und es gab gewiß Leute in Israel, die Bescheid wußten über ihre kurze Karriere bei der UFA und den Film, den sie 1938 in Nazi-Deutschland gedreht hatte.

Ingrid Bergman hatte auch Grund, sich Sorgen zu machen,

daß Lindström irgendeine Erklärung zu der Angelegenheit abgeben würde. Er war sehr verärgert gewesen über bestimmte Passagen ihrer Autobiografie und hatte angedeutet, daß er sein Schweigen brechen könnte. Er hatte ihr geschrieben: »Du hattest wirklich sehr wenig vom Nazismus begriffen und konntest meine nazifeindliche Einstellung nicht verstehen. Deine Tante und ihr Freund, ein sehr wohlhabender Fabrikant, der Uniformen an die SS verkaufte, waren fanatische Nazis. Mit ihrer Hilfe warst Du entschlossen, einen zweiten Film bei der UFA zu drehen, und Du warst ganz begeistert und hast erklärt, Du würdest ein größerer Star werden als die Schwedin Zarah Leander, die damals die größte Sängerin und Schauspielerin bei der UFA war.«

An dem Abend im Ballsaal im Grosvenor House brachte Ingrid Bergman andere Entschuldigungen vor. »Das Leben von Golda ist noch zu frisch in der Erinnerung der Leute«, sagte sie. »Wenn es jemand wie Isadora Duncan wäre, würde ich es riskieren.« Und sie gab zu: »Wissen Sie, ich weiß nichts über Israel. Ich bin ein unpolitischer Mensch.«[6]

Am Schluß des Abends erklärte sich Marilyn Hall einverstanden, einen Fahrer zu schicken, der das Drehbuch abholen sollte. Als sich niemand bei Ingrid Bergman in ihrem Haus blicken ließ, rief sie Marilyn Hall im Hotel an.

»Oh, das tut mir sehr leid mit dem Fahrer . . .«

»Das spielt keine Rolle«, sagte Ingrid Bergman brüsk. »Wenn ich Golda Meir spielen wollte und meinte, daß ich es könnte, dann wäre ich bereit, die Rolle zu spielen. Warum kommen Sie nicht zu mir und wir reden darüber.«

Marilyn Hall kam, und Ingrid Bergman sprach mit Eifer über die Rolle. Auf dem Tisch lag das Skript, das sie hatte zurückgeben wollen. Überall waren Striche und Seiten waren umgeknickt. »Sie wissen, Sie können mich nicht versichern lassen«, sagte Ingrid Bergman. »Und ich muß Probeaufnahmen machen.«

Das letzte Mal, daß sie richtige Probeaufnahmen gemacht hatte, war bei *Wem die Stunde schlägt*, aber sie wollte welche diesmal.

»Aber warum?« fragte Bennett, als sie am Telefon miteinander sprachen.

»Ich will weder Golda noch mich selbst zum Gespött machen.« Sie spielte darauf an, daß sie als Golda Meir sehr stark geschminkt werden müßte. »Ich habe nie im Leben mit einer Maske gespielt. Ich will prüfen, ob ich das kann.«[7]

Bennett machte Pläne, für die Probeaufnahmen nach London zu fliegen. Er hatte Fotos von Ingrid Bergman aus jüngster Zeit gesehen und meinte, es würde nicht so schwierig sein, sie wie Golda Meir aussehen zu lassen. »Mir kam in den Sinn, daß das Problem ihre Selbstwahrnehmung war«, sagt Bennett. »Sie sah nicht, wie sie sich selbst verändert hatte, so wie keiner von uns die Veränderungen erkennt, wenn er an sich selbst denkt, wie er früher war. Sie wollte sich nicht wahrnehmen als jemanden, der Golda Meir ähnlich sieht.«

Für ihre Vorbereitungen bekam Ingrid Bergman Videobänder und Tonbandaufnahmen mit Golda Meirs Stimme geschickt, darunter ein ausführliches Interview mit der BBC. Allein schon Golda Meirs Stimme enthielt die Geschichte ihres Lebens. Man konnte es hören: die Weiten Rußlands, wo sie geboren war; die Ironie und der Humor des Jiddischen; die dreiste, rauhe Großstadtsprache der Bierbrauerstadt Milwaukee, wo sie als junge Frau gelebt hatte; das mühselige Leben, die Anstrengungen in Palästina, wohin sie als Zionistin kam.

Ingrid Bergman hatte in ihrer Laufbahn in fünf Sprachen gespielt — Schwedisch, Deutsch, Englisch, Italienisch und Französisch — aber immer mit *ihrem* Akzent. Wenn sie jedoch Golda Meirs Stimme nicht richtig hinbekam, würde sie die ganze Rolle nicht richtig hinbekommen. Sie übte, unter der Dusche, in der Küche. Sie spielte sich die Bänder vor und ging dabei im Zimmer auf und ab. Sie übte immer wieder.

Pia kam aus New York zu Besuch, und eines Tages hörte sie ihre Mutter unter der Dusche rezitieren. Pia klopfte an die Tür. »Bist du das da drinnen, oder ist das Golda?« fragte sie.

»Ist es *so* gut?« fragte Ingrid Bergman.[8]

Am Tag der Probeaufnahmen ging Ingrid Bergman in das kleine Studio und dann in den Make-up-Raum, wo Wally Schneiderman mit seiner Arbeit begann. Als Alan Gibson, der aus Kanada gebürtige Regisseur, Ingrid Bergman dort neben einem großen Foto von Golda Meir sitzen sah, verließ ihn der Mut. Er dachte bei sich: »Sie wird nie und nimmer so aussehen wie Golda Meir.«[9]

Schneiderman war seit beinahe vierzig Jahren im Gewerbe und einer der besten Maskenbildner beim Film. Er hatte in seinen Unterlagen Bilder von Golda Meir aufgehoben, in der

Hoffnung, daß er eines Tages diesen Auftrag bekommen würde.[10] Bei dem modernen Filmmaterial benötigte er nicht das schwere Make-up, das er früher hätte benutzen müssen. Glanzlichter und Schatten würden schon ausreichen, dazu eine graue Perücke. Während Ingrid Bergman kritisch zusah, trug er Make-up auf ihr Gesicht und veränderte ihren Nasenrücken mit einer kleinen Plastik.

Als sie ins Studio zurückging, herrschte einen Augenblick lang Stille. Das war nicht mehr Ingrid Bergman, sondern eine Frau, die wirkte wie Golda Meir, die ihren Gang und ihr Aussehen hatte.

Eine gute Schauspielerin kann dick aussehen, obwohl sie dünn ist, klein, obwohl sie hochgewachsen ist; das Erstaunlichste war, Ingrid Bergman schien nicht einmal mehr groß zu sein, sondern wirkte wie eine sehr kleine, untersetzte alte Dame. Sie blickte Frederick Young an, der hinter der Kamera stand, dann ging sie auf ihn zu und umarmte ihn. Young war der Kameramann bei *Indiskret* und *Die Herberge zur sechsten Glückseligkeit* gewesen, und sie redeten eine Weile über die alten Zeiten. Ingrid Bergman fühlte sich wohl, wenn sie mit Leuten arbeitete, die sie kannte; Young war der einzige hier, mit dem sie schon früher gearbeitet hatte, er war nur für diesen einen Tag engagiert worden. Die meisten anderen behandelten sie mit größter Hochachtung und Vorsicht, als könnte ein barsches Wort sie zu sehr erschüttern.

Während Gibson die Einstellungen mit einem Double probte, saß Ingrid Bergman in einem Sessel und rauchte eine Zigarette nach der anderen. Corman bemerkte, daß ihre Hände zitterten. Er dachte: »Was haben wir bloß gemacht?« Er ging zu ihr hinüber, kniete neben ihr nieder und versuchte, irgendein Gespräch anzufangen, das beruhigend auf sie wirken könnte.

»Sie wissen, daß ich nervös bin«, sagte sie.

»Ingrid, wir sind alle sehr aufgeregt, Sie bei uns zu haben, und Sie engagieren sich so sehr für die Sache, daß Sie Probeaufnahmen machen lassen wollen.«

Während Corman redete, wurde die Kamera immer näher herangefahren.

Ingrid Bergman sah am Produzenten vorbei, zur Kamera.

»Oh, wissen Sie, ich sehe einen alten Freund«, sagte sie.

»Wenn Sie bereit sind, fangen wir jetzt an, Ingrid«, sagte Gibson mit seiner sanften Stimme.

Sie drehte vier Szenen an dem Tag, die Golda Meir in verschiedenen Stadien ihres Lebens zeigten. Golda als junge Frau würde von einer anderen Schauspielerin dargestellt werden, aber die sechsundsechzigjährige Ingrid Bergman sollte Golda Meir von ihrem mittleren Alter an bis fast achtzig spielen. Es gab keinen an dem Tag, der nicht beeindruckt war. Doch wie immer, die Bestätigung würde sich erst im Film finden, und am folgenden Nachmittag ging Ingrid Bergman ins Büro der Paramount, um sich die Probeaufnahmen anzusehen.

Die Lichter gingen aus, und die erste Szene war auf der kleinen Leinwand zu sehen. Die Kamera hatte Ingrid Bergman immer geliebt, hatte sie geliebt, als sie zweiundvierzig Jahre zuvor in ihrem ersten Farbfilmtest für Selznick vor Jugend und Schönheit leuchtete, hatte sie geliebt, als sie Schwester Benedict war und Anastasia.

Und jetzt fuhr die Kamera auf sie zu, und sie liebte sie auch noch als die unscheinbare alte Golda, liebte die Nuancen und Linien ihres Gesichts, liebte die Traurigkeit und Tiefe.

Es war kein Laut im Raum zu hören außer gelegentlich ein nervöses Husten. Als der kleine Film zu Ende war, bat Ingrid Bergman darum, daß er noch einmal gezeigt würde. Und als sie die Aufnahmen noch einmal gesehen hatte und das Licht anging, drehte sie sich in ihrem Sessel um und Tränen glänzten in ihren Augen. »Wenn Sie mich haben wollen, ich bin dabei«, sagte sie, und dann hatten auch Corman und Bennett und Gibson Tränen in den Augen.

Ingrid Bergman lud alle zu sich nach Hause ein, um zu feiern und Champagner zu trinken. Sie ließ die Probeaufnahmen immer wieder vor ihrem inneren Auge vorbeiziehen und fing an, sie auseinanderzupflücken.

»Vielleicht brauche ich gar nicht viel Maske«, sagte sie, als gewöhnte sie sich allmählich an die Vorstellung. »Nein, ich brauche wirklich nicht dies ganze Make-up, oder?«

Ingrid Bergman hatte nur eine Flasche Champagner in der Wohnung, aber die anderen brachten noch einige Flaschen mit. Sie trank ein Glas nach dem anderen, und die anderen versuchten, so gut sie konnten, mitzuhalten.

»Haben Sie noch irgendwelche Kommentare?« fragte Ingrid Bergman, ein wenig betrunken vom Champagner.

Bennett hatte etwas anzumerken, aber wäre der Champagner nicht gewesen, hätte er wohl darauf verzichtet. Als er die

Probeaufnahmen sah, hatte er an die Zeit zurückdenken müssen, als er noch ein Junge war, in die Synagoge ging und den Kantor mit einem Schluchzer in der Stimme singen hörte. Ingrid Bergman hatte auch einen Schluchzer in der Stimme, eine Art zu sprechen, daß man weinen möchte. Er hätte am liebsten geweint, als er *Casablanca* sah und *Wem die Stunde schlägt*. Und auch jetzt im Vorführraum bewirkte diese Stimme, daß er weinen wollte, aber er hatte das Gefühl, wenn Golda Meir sie gehört hätte, hätte sie gesagt: »Ich bin nicht so sentimental.«

»Da ist nur eine Sache.«

»Ja«, sagte Ingrid Bergman, plötzlich nüchtern.

»Achten Sie auf das Selbstmitleid.«

»Sie haben es bemerkt?«

»Ja.«

»Ja, ja, ja, ich kann das kontrollieren«, sagte sie.[11]

Ingrid Bergman hatte nicht vor, ihre Darstellung durch irgend etwas beeinträchtigen zu lassen. Als Nastassja Kinski für die Rolle der jungen Golda vorgeschlagen wurde, meinte sie, daß eine weniger bekannte Schauspielerin vorzuziehen sei. Es wurde der Vorschlag gemacht, daß ihre Tochter Isabella die junge Golda spielen sollte, doch das verwarf sie auch. Statt dessen wurde die australische Schauspielerin Judy Davis für die Rolle engagiert.

Am 4. September 1981 flog Ingrid Bergman von London nach Tel Aviv, begleitet von Margaret Johnstone, die von nun an mehr Zeit mit ihr verbringen sollte als irgend jemand sonst. Margaret Johnstone war eine große, grobknochige Frau, die mehr wie eine schwedische Bauersfrau aussah als wie die in England geborene Masseuse und erfahrene Köchin, die sie war.

Ingrid Bergman hatte sich wegen einer Massage an sie gewandt, als sie nach dem amerikanischen Gastspiel von *Finden Sie, daß Constanze sich richtig verhält?* nach England zurückkehrte. Vor einer Masseuse konnte sie ihre Krankheit nicht verbergen, und die beiden Frauen sprachen darüber. »Ich habe Leid und Schmerz durchgemacht, und Sie auch«, sagte Margaret Johnstone und zeigte Ingrid Bergman eine Narbe von einer gutartigen Wucherung.[12] In den folgenden Monaten war Ingrid Bergman abhängiger von Margaret Johnstone geworden, sie massierte sie nicht nur, sondern kochte auch für sie, machte Besorgungen und leistete ihr Gesellschaft. Für sie war das eine aufregende neue Welt, und sie freute sich sehr, als sie Ingrid Bergman nach Israel begleiten durfte.

Ingrid Bergman wußte, daß die Dreharbeiten nach einem strapaziösen Zeitplan stattfinden würden. Dies war schließlich kein aufwendiger Spielfilm, sondern eine vierstündige Fernsehserie, die in einem Drittel der Zeit gedreht wurde wie ein Hollywoodfilm. Überdies war das Budget, das zur Verfügung stand, nicht sehr groß.

In Israel war *Eine Frau namens Golda* ein Ereignis von großer kultureller und politischer Bedeutung. Jeder im Land hatte eine Meinung über Golda Meir. Den Film in Israel zu drehen — das war so, wie wenn ein Porträtmaler sich um größtmögliche Ähnlichkeit bemüht, während Familienmitglieder, Nachbarn, Feinde und eine Schar von Besserwissern dabeistehen und jeden Pinselstrich kritisieren. In diesem Fall erlaubten die Produzenten den Zuschauern jedoch, selbst einen Pinsel zur Hand zu nehmen und ein paar Striche zu malen. Mosche Dayan, ehemaliger Verteidigungsminister und Kriegsheld, machte sich Sorgen, wie er wohl dargestellt würde. Ihm wurde sein Text gezeigt, und er bastelte daran herum, bis er das Gefühl hatte, er käme gut heraus.

Golda Meirs Kinder wollten mit dem Film nichts zu tun haben. Sie hatten die Befürchtung geäußert, daß Golda Meirs Liebesleben offen und anschaulich dargestellt werden würde. Im Drehbuch wurde darauf Rücksicht genommen, es wurde ihr nur eine Beziehung mit einer aus mehreren Gestalten zusammengesetzten Figur, Ariel, zugeschrieben, mit der versteckten Andeutung, daß er und Golda ein Liebespaar gewesen sein könnten. Die Produzenten hatten die volle Unterstützung der israelischen Regierung, und das Drehbuch war weit davon entfernt, ein ausgewogenes Porträt des Kampfes der Zionisten für die Geburt Israels zu liefern. Im Film kam viel über arabische Terroristen vor, aber nichts wurde über jüdischen Terrorismus zur Zeit der Staatsgründung oder über das Leben der Palästinenser gesagt.

Es ging in diesem Film nicht um die harten Tatsachen der Geschichte. Auch nicht um den Preis, den der Mensch für die Macht zahlen muß. Philip Gillon schrieb in der *Jerusalem Post*, Golda Meir, zusammen mit Ben-Gurion, »wußte zu hassen . . . Von dieser Fähigkeit zu hassen haben wir nichts im Film gesehen . . . Golda tritt in Erscheinung als das ehrgeizige junge Mädchen, das den falschen Mann heiratet, aber dann schließlich eine unerbittliche, starke Mamma wird, die den Kleinen mit gräßlichen jüdischen Delikatessen zusetzt.«

Ingrid Bergman rettete den Film. »Ich habe das Gefühl, was ich als Produzent erfaßt habe, und Harold Gast als der Drehbuchautor, und Alan Gibson als der Regisseur, war eine romantisierte Version von Golda, unser Ideal«, sagt Bennett. »Aber ich denke, Ingrid ist darüber hinausgegangen.«

In ihren ersten Tagen in Israel vertiefte sich Ingrid Bergman noch mehr in das Leben von Golda Meir. Sie verbrachte einen Tag im Filmarchiv und sah sich in einem Studio einen Film über Golda Meir an. Sie fuhr nach Jerusalem, um einen dreistündigen Dokumentarfilm bei einem Fernsehsender zu sehen. Sie verbrachte einen Nachmittag mit Lou Kaddar, der langjährigen Sekretärin und Vertrauten von Golda Meir. Sie traf mit Mosche Dayan zusammen, ein paar Tage, bevor er starb.

Ingrid Bergman beklagte sich nicht, als ihr der kleine Wohnwagen gezeigt wurde, der ihr als Garderobe diente. Hier schminkte sie Schneiderman jeden Morgen eineinviertel Stunden lang, dann kam der Friseur und paßte eine der vier Perücken an. Schneiderman benutzte weniger Make-up als bei den Probeaufnahmen und die Nasenplastik verwendete er auch nicht mehr. Ingrid Bergman hatte viel Gewicht verloren, und sie trug eine Spezialpolsterung um ihre Beine.[13]

Sie hatte Golda als Mutter in den Vierzigern zu spielen und als fast achtzigjährige Großmutter, die an Leukämie leidet und todkrank ist. Das wäre Herausforderung genug gewesen, aber sie mußte die Rolle spielen mit einem rechten Arm, der grotesk angeschwollen war. Als ihr die rechte Brust abgenommen wurde, wurden die Lymphdrüsen in Mitleidenschaft gezogen, und viel von ihrer Körperflüssigkeit floß in ihren Arm. Wenn sie nicht gefilmt wurde, stützte sie den Arm auf einen teleskopartigen Ständer, den sie »das Gewehr« nannte. Nachts schlief sie mit ihrem Arm oberhalb des Kopfes festgeschnallt.

Für Alan Greenberg, den israelischen Kameramann, war die Herausforderung außergewöhnlich. Er sah, wie die Hitze der Scheinwerfer Ingrid Bergman zu schaffen machte, und er versuchte, die Beleuchtung auf ein Minimum zu beschränken. Die Kostümabteilung hatte sie mit langärmeligen Kleidern ausgestattet, doch Greenberg mußte die Kamera so führen, daß die

Zuschauer nicht merkten, daß Ingrid Bergman einen riesigen, fast unbeweglichen Arm hatte. Schlimmer noch, in einigen der Anfangsszenen mußte er eine kranke sechsundsechzigjährige Schauspielerin aussehen lassen wie eine lebhafte, gesunde Frau in den Vierzigern.[14]

An einem Abend noch ziemlich zu Beginn der Dreharbeiten sah Greenberg sich zusammen mit Ingrid Bergman und anderen die erste Kopie an. »Sie sollte jung sein, aber sie sah sehr alt aus«, erinnert Greenberg sich. »Ihr Verhalten war sehr schlimm, als sie sah, wie sie aussah. Ich habe die ganze Nacht damals nicht geschlafen. Aber daraus lernte ich, wie man mit ihr arbeiten muß.«

Als die Dreharbeiten begannen, stand Ingrid Bergman am Morgen um Viertel vor sechs auf. Sie verließ das Hotel eine Stunde später, wurde angekleidet und geschminkt und war um halb neun fertig für die Filmaufnahmen. Selbst wenn es am Drehort eine Klimaanlage gegeben hätte, wäre ihre mit Gummi überzogene Beinpolsterung unangenehm gewesen, aber in der Hitze und Sonne Israels war es, wie wenn man den ganzen Tag in der Sauna sitzt. Am Morgen war Ingrid Bergman gewöhnlich lebhaft und voller Energie, aber wenn Schneiderman am Nachmittag ihr Make-up auffrischte, sah er die Erschöpfung in ihrem Gesicht.

Margaret Johnstone wohnte bei Ingrid Bergman in ihrer Suite in Tel Aviv. Sie wußte besser als jeder andere, wie müde Ingrid Bergman wurde. »Laßt uns doch später anfangen«, schlug sie vor.

»O nein, Budget und Zeitplan sind ganz knapp«, sagte Ingrid Bergman, die die Dreharbeiten nicht noch schwieriger machen wollte.

Als Sidney Bernstein zu Besuch kam, regte er sich sehr darüber auf, daß Ingrid Bergman praktisch im Morgengrauen aufstehen mußte. Margaret Johnstone rief Corman an und von da an fing Ingrid Bergman jeden Morgen einige Stunden später an.

Nörgeln ist der Nationalsport in Israel, und als Ingrid Bergman ankam, gab es Leute, die dachten, sie könnte niemals Golda Meir spielen. Doch beinahe von dem Augenblick an, als sie bei den Dreharbeiten erschien, hörte man solche Reden nicht mehr. Jeder wußte, daß sie krank war und was sie durchmachte, um die Rolle zu spielen. Wegen ihrer Krankheit hatten die Produzenten den Film nicht versichern lassen können. Die große unausgesprochene Sorge war, daß sie den Film nicht beenden könnte und alles verloren wäre. »Es gab diese Unruhe, ob sie es schaffen würde«, sagt Leonard Nimoy, der Goldas Mann Morris spielte. »Ich erlebte eine sehr talentierte Frau, die alle Stadien des Selbstzweifels durchmachte und merkte, wie ihre Zuversicht wuchs. Es war sehr mutig, was sie tat, wirklich schwierig und mitreißend.«[15]

Ingrid Bergman begriff, was sie wert war, und es machte ihr Kummer, daß Paramount das nicht verstand. Eines Abends rief sie Corman in ihre Suite. »Ich denke, ich habe in finanzieller Hinsicht einen sehr schlechten Vertrag geschlossen«, sagte sie.

»Ehrlich, Ingrid, ich hätte mich darauf nicht eingelassen«, sagte der Produzent.

»Ich würde gern einen besseren Vertrag haben«, sagte sie.

Um solche Dinge wollte Corman sich nicht gern kümmern. »Als ich sah, daß aus dem Projekt etwas werden würde, sagte ich meinem Anwalt, was ich haben wollte«, sagte er.

»Ja, aber meine Situation ist anders«, sagte Ingrid Bergman. »Sie sind doch bei diesem Film sehr engagiert, glauben Sie nicht, Sie hätten helfen sollen?«

»Ingrid, aber deswegen hat man doch Agenten und Anwälte! Ich kann nur sagen, es gibt gar nicht genug Geld, um Sie für das zu bezahlen, was Sie tun.«[16]

Am späten Nachmittag des 6. Oktober 1981 trag Ingrid Bergman am Bialik-Platz in Tel Aviv ein. Aber heute war das der Unabhängigkeits-Platz, dort sollten die Feiern zu Israels Unabhängigkeitserklärung im Jahre 1948 gedreht werden. Mehrere hundert Statisten waren auch da und verbrachten die Nacht damit, in den Straßen zu tanzen und zu singen, einen der großen Augenblicke in der kurzen Geschichte des Landes zu feiern.

Dann verbreitete sich die Nachricht in der Menschenmenge: Ägyptens Präsident Sadat war ermordet worden. F-15-Maschinen heulten durch die Nacht. In Israel ist die Geschichte allgegenwärtig; die Zeitungsschlagzeilen liest man wie das Tagebuch seines eigenen Lebens. Einige hatten Angst, daß am nächsten Morgen Krieg sein würde, und da war keiner, der nicht eine gewisse Besorgnis empfand.

Doch für Ingrid Bergman war Geschichte nur eine Störung. Das, worauf es ankam, war immer der Film, und sie war beinahe verwundert, daß auch sie innerhalb der Geschichte lebte. »Unmöglich!« sagte sie. »Warum wissen die Leute das Leben nicht zu schätzen? Die Welt wird immer verrückter; seht doch nur, was mit dem Papst passiert ist.«

Die Hitze war unerträglich, und Ingrid Bergman wurde immer schwächer. Sie beklagte sich zwar nicht, aber sie hatte kaum je mit solchen Bedingungen fertigwerden müssen und niemals mit solch einem Zeitplan. Sie versuchte sich in dem Wohnwagen auszuruhen, aber die Klimaanlage funktionierte nicht immer, und es wurde so heiß wie in einem Ofen.

Gewöhnlich war Israel im Oktober kühler, doch jetzt verbrannte die Sonne die Erde, und selbst für die Gesündesten war es anstrengend. An einem Tag waren es beinahe 37 Grad Celsius — ein Hund in einem geschlossenen Auto wäre in wenigen Stunden gestorben —, als Ingrid Bergman in Jerusalem eine Szene in einem Auto drehen mußte. Der Wagen war voll, der Fahrer, der Kameramann und Lampen, und als sie zurückkam, war sie erschöpft und sehr reizbar. Sie ließ ihre Wut an dem einzigen Menschen, der nichts mit dem Film zu tun hatte, aus, an Margaret Johnstone.

Die nächste Szene an dem Tag sollte in einem Café mit Blick auf die Klagemauer gedreht werden.

»Ich weiß nicht, ob ich das machen kann«, sagte Ingrid Bergman zu Corman.

Sie saß auf einem Stuhl, mit einem Mantel um die Schultern, während die Szene aufgebaut wurde. Teddy Kollek kam zufällig an diesem Nachmittag zum Drehort, aber Corman bat ihn, nicht mit Ingrid Bergman zu sprechen.

Die Aufnahme wurde gemacht, und sie kam schließlich zurück ins Solomon Sheraton Hotel. Als Margaret Johnstone in die Suite kam, fand sie Ingrid Bergman draußen auf dem Balkon.

»Liebes, es tut mir leid, wenn es für dich heute ein wenig schwierig war, aber ich weiß, du verstehst — wenn ich sterben muß, dann schon mitten in der Arbeit.«

Trotz der Strapazen der Dreharbeiten fand Ingrid Bergman die Zeit, Interviews zu geben und Einladungen anzunehmen. An einem Abend war sie der Ehrengast bei der Eröffnung des Israelischen Filmarchivs. Sie sprach ein paar Worte, bevor *Wem die Stunde schlägt* gezeigt wurde, und dann setzte sie sich neben Monty Hall. *Wem die Stunde schlägt* war ihr erster Farbfilm, und ihre jugendliche Schönheit ist erstaunlich, sie strahlt blühende Gesundheit aus, und ihre sonnengebräunte Haut scheint die Farbe des Lebens selbst zu sein. Ingrid Bergman sah ein paar Minuten lang zu, dann wandte sie sich an Monty Hall: »Sie müssen mir verzeihen. Ich kann es nicht ertragen.«[17]

An einem Tag filmten sie in einem Krankenhaus, und Ingrid Bergman nahm sich die Zeit, einige der Kranken und Alten zu besuchen. »Es war, als wären die kleinen alten Damen im Himmel«, erinnert Margaret Johnstone sich. »Die kleinen alten Damen dachten, es wäre sie, Golda wäre zurückgekehrt, um sie zu besuchen.«

Ingrid Bergman sah jetzt allerdings mehr als genug von Krankenhäusern, besonders an den Tagen, an denen Margaret Johnstone und Marilyn Hall sie zur Chemotherapie brachten. Sie verlor ständig an Gewicht.

Golda Meir litt in den letzten vierzehn Jahren ihres Lebens an Leukämie. In einer Szene erzählt ein Arzt ihr von der Krankheit.

Ingrid Bergman war im selben Alter wie Golda in der Szene, sechsundsechzig Jahre.

»Wie lange habe ich noch?« fragte Ingrid Bergman, und sie spielte mit solchem Understatement und solcher Schärfe, daß ein bloßes Flüstern mehr Kraft hatte als ein Schrei.

»Ich würde sagen, Sie haben noch ein paar Jahre vor sich.«

»Nun, ich bin sechsundsechzig. Mit wie vielen Jahren kann ich noch rechnen?«

Als sie diese Sätze sprach, wandte Greenberg seinen Kopf von der Szene ab, die er filmte. »Ich kann ihr einfach nicht zusehen«, sagte er leise zu Gibson.

In der folgenden Szene erzählt Golda Lou Kaddar, daß sie krank ist, sagt ihr aber nicht, daß sie Leukämie hat. »Aber ich verstehe nicht, warum sie das tut«, sagte Ingrid Bergman zu Gibson.

»Weil ihr klar ist, welche Wirkung das auf andere Menschen hat«, sagte der Regisseur.

Sie überlegte einen Moment. »Das stimmt«, sagte sie und machte weiter mit der Szene.

Ingrid Bergman machte sich bei dem, was sie darzustellen hatte, Gedanken um jede Nuance. Sie hatte das berühmte Foto von Golda Meir gesehen, die hört, daß sie zur Premierministerin ernannt wird und in einer Geste des Erstaunens beide Hände vors Gesicht hält. Es sah so aus, als ob Ingrid Bergman wegen ihres Ödems ein Double für diese Szene brauchte. Sie bestand darauf, daß die Hände des Doubles alt und wettergegerbt sein müßten.

Am Morgen der Aufnahme hatte Corman eine Frau mittleren Alters für diese Szene verpflichtet. In der Nacht zuvor hatte Ingrid Bergman jedoch ihren rechten Arm hoch über ihrem Kopf festgeschnallt, um die Flüssigkeit zum Abfließen zu bringen. Sie schlief nur sehr wenig, aber als sie aufstand, erschien ihre Hand fast normal.

Corman drehte die Szene, sobald Ingrid Bergman aus ihrem Wohnwagen herauskam. Sie brauchte nichts zu sagen, nur ihre Hände vors Gesicht zu heben, und als es vorüber war, rief sie aus: »Ich habe es gemacht!«

Ingrid Bergman wurde immer schwächer und es ging so schnell, daß es unmöglich war, die Verschlechterung ihres Zustandes zu verbergen; um diese Zeit trafen Lars Schmidt und Isabella zu einem Besuch ein. Mehrere Male in den vergangenen Monaten hatte Schmidt geglaubt, Ingrid Bergman sei kurz davor, zu sterben. Aber sie hatte ein Kräftereservoir, das ihn in Erstaunen setzte.[18]

Lars Schmidt war der einzige Mensch, dem Ingrid Bergman all ihre Klagen anvertraute. An einem Tag besuchten Ingrid Bergman, Schmidt und Isabella die Klagemauer. »Sieh mal, jetzt stehst du zwischen zwei Klagemauern«, sagte Ingrid Bergman.[19]

Lars Schmidt lachte, aber er machte sich große Sorgen. Gleich nach Beendigung der Dreharbeiten in Israel sollte Ingrid Bergman eigentlich nach Los Angeles fliegen, um die Szenen in Amerika zu drehen. Aber Schmidt bezweifelte, daß sie einer so langen Reise gewachsen war. »Lars äußerte sich ziemlich drastisch über ihren Zustand«, erinnert sich Marilyn Hall. »Er sagte, ihr Tod stehe unmittelbar bevor. Seine Worte haben mich ganz fertiggemacht.«

»Ich freue mich nicht auf diesen Flug nach L. A.«, erzählte Ingrid Bergman Corman. Weniger als zwei Wochen vor Beendigung der Dreharbeiten in Israel kamen Corman und Gibson zu dem Schluß, daß sie den Film in London würden fertigstellen müssen.

Am Vorabend von Ingrid Bergmans Rückkehr nach England gab es eine große Party im Tel Aviv Hilton. Es gab Bauchtänzerinnen, Musik, Unmengen von Essen und sogar ein Kamel, und Ingrid Bergman blieb und blieb. Am nächsten Morgen hatte der El Al-Flug nach London vier Stunden Verspätung. Als Ingrid Bergman, Margaret Johnstone, Gibson und Schneiderman schließlich am Flughafen ankamen, erfuhren sie, daß die Fluggesellschaft streikte.

Am Abend flogen sie mit der einzigen zur Verfügung stehenden Verbindung aus Tel Aviv weg, mit einem Airbus der Air France. Es gab nur noch einen einzigen Sitzplatz in der Ersten Klasse, aber Ingrid Bergman wollte den nicht und blieb statt dessen bei ihren Kollegen. Als das Flugzeug Nizza erreichte, war sie sehr müde. Sie wollte aussteigen und schlafen, aber ihr Gepäck war nach Paris eingecheckt worden. Es war schon nach eins, als die Gruppe in ein Pariser Hotel einzog, und das Restaurant war geschlossen. Ingrid Bergman war erschöpft, aber sie konnte noch darüber lachen, daß Margaret Johnstone wegen eines gerissenen Schuhriemens barfuß ins Hotel ging.

Es war noch Arbeit zu tun, ein Film fertigzustellen. Die letzte Szene spielt im Jahre 1948. Golda Meir, die in die Vereinigten Staaten gegangen ist, um Geld für Waffen aufzutreiben, erfährt, daß der Krieg im Nahen Osten schon begonnen hat, und sie ist Tausende von Meilen entfernt.

Die Szene wurde in White's Hotel in Lancaster Gate in der Nähe vom Hyde Park gedreht. Als die Kamera langsam auf sie zufuhr, sollte Ingrid Bergman den Satz sagen:

»In zweiundsiebzig Stunden wird alles vorbei sein.«

Die Kamera kam näher, stoppte und richtete sich auf Ingrid Bergmans Gesicht. Sie saß da. Schweigen. Die Kamera rollte weiter.

»Mein Gott«, sagte Ingrid Bergman. »Ich habe es vergessen . . . Ich will nicht, daß der Film vorbei ist.«

24.

»Ich bin allein«

Solange das Licht der Kamera auf ihr ruhte, war kein Schatten des Todes auf Ingrid Bergmans Gesicht. Aber sobald der Film abgedreht war und die Kameras ausgeschaltet, schien sie zu verschrumpeln. Sie zog sich in ihr Haus in Cheney Gardens zurück und in sich selbst und wagte sich kaum hinaus.

Als Lars Schmidt zu Besuch kam, war er wieder einmal sicher, daß dies der Anfang vom Ende war. Er sagte Ingrid Bergman, sie sollte Margaret Johnstone anrufen, ihr sagen, daß sie sich nicht wohl fühle und ihre Hilfe brauche. Er telefonierte morgens um sieben vom Flughafen aus mit Margaret Johnstone, um zu erfahren, ob Ingrid Bergman angerufen hatte.

Bei seinem nächsten Besuch, ein paar Tage später, rief er Margaret Johnstone noch einmal an.[1] Sobald sie seine Stimme am Telefon hörte, wußte sie, daß er sie bitten würde, den ganzen Tag für Ingrid Bergman zu sorgen. Und sie wußte, ihre Antwort würde ja lauten. »Sie war solch eine starke Persönlichkeit, daß ich mir nie vorstellen konnte, daß sie nicht da wäre«, sagt Margaret Johnstone. »Sie selbst betrachtete das ziemlich amüsiert. Sie sagte: ›Du weißt nicht, was du auf dich genommen hast. Alte Damen können ganz schön schwierig sein.‹«

Häufig sind todkranke Menschen von brutaler Offenheit, während die anderen um sie herum sich in eine Welt der Euphemismen und Halbwahrheiten zurückziehen. Ingrid Bergman hatte sich oft unverblümt geäußert. Jetzt waren ihre Wahrheiten wie Keulenschläge. Zu Weihnachten flog sie nach Choisel, um die Feiertage mit Lars Schmidt und Mitgliedern ihrer Familie zu verbringen. »Sie war sehr traurig«, erinnert sich Isabella Rossellini. »Ich wußte, sie spürte, es war das letzte Mal . . . Ich wußte, sie war sehr verloren, sie redete auf der Party über den Tod. Sie konnte nicht schlafen. Sie sagte:

›Welches ist der beste Weg, zu gehen?‹ Ich erkannte, daß sie über Selbstmord sprach. Sie zeigte mir Artikel über Euthanasie.«[2]

Als Ingrid Bergman nach London zurückkehrte, zog Margaret Johnstone in das Stadthaus ein. Sie war unendlich besorgt, aber Ingrid Bergman fand es nicht einfach, sie 24 Stunden am Tag im Haus zu haben. Sie machte die Dinge nicht in der Art, wie Ingrid Bergman sie machte. Sie versuchte, Ingrid Bergmans Leben zu verwalten. Doch sie brauchte jemanden, der bereit und fähig war, da zu sein.

Die Reichen dürfen nicht einfach sterben. Sie werden untersucht und mit Medikamenten behandelt, bis an die Grenzen ihrer Geduld und ihrer Widerstandskraft. Obwohl Dr. Edward MacLellan in ihrem Fall seine Zweifel in bezug auf eine Chemotherapie hatte, ging sie während der nächsten vier Monate für fünf jeweils eine Woche dauernde Aufenthalte ins St. Thomas-Krankenhaus in Lambeth. Um zu verhindern, daß ihr Haar ausfiel, bekam sie Eispackungen vor jeder Behandlung, so wurden die Haarwurzeln eingefroren.[3]

Chemotherapie ist Krieg gegen den Körper, und Ingrid Bergman litt sehr unter ihren Behandlungen, sie verspürte Übelkeit und hatte Temperaturschwankungen. Bei all der Qual half die Therapie nicht einmal, und nach jeder Behandlung schien Ingrid Bergman mehr in sich zusammenzusinken. Rae Pober sagt, sie habe ihr geschrieben, daß Ruth Roberts Geld brauche, und Ingrid Bergman habe kurz geantwortet, sie habe ihre eigenen Sorgen.

»Das Schlimme für Ingrid war, daß sie diesen Arm hatte«, sagt Fiorella Mariani. »Es war wie eine Wurst. Es war so schrecklich, ich mochte nicht einmal daran denken. Sie hatte drei Spiegel in der Wohnung, und sie saß da und guckte in einen Spiegel.«

Ingrid Bergman verbrachte viele Stunden vor dem Fernsehapparat. Wenn sie Briefe schrieb, sagte sie nichts darüber, wie sie sich fühlte. Manchmal war sie voller Draufgängertum, als wäre sie eine Figur aus einem Stück. Am 14. März schrieb sie an die italienische Journalistin Oriana Fallaci über ihren Arm: »Ich nenne ihn meinen Hund, ich scherze mit ihm: ›Du bist ein Hund, ein garstiger kranker Hund. Komm, gehen wir spazieren.‹«

Lars Schmidt trug Margaret Johnstone auf, sie sollte dafür

sorgen, daß Ingrid Bergman auch aus dem Hause kam. »Ich handelte immer in Lars' Namen«, sagt Margaret Johnstone. »Sie hat sich nie beklagt, aber sie muß gedacht haben, ich wäre furchtbar hart. Manchmal gingen wir ins Kino. Wir nahmen immer meinen kleinen Wagen. Sie sagte, daß wir gut auskämen, weil wir diese Routine hätten.« Ingrid Bergman liebte das Kino, aber sie konnte den vulgären Realismus und die schmutzige Sprache vieler neuer Filme — wie sie es sah — nicht ertragen. Wenn ihr das nicht gefiel, was sie auf der Leinwand sah, ging sie nach ein paar Minuten wieder hinaus.

Ingrid Bergman hatte nicht viele Freunde, aber die, die sie hatte, waren gute Freunde, und Griff James war der beste von allen. Bei ihm brauchte sie nicht »Ingrid Bergman« zu spielen. Sie rief ihn an, und gewöhnlich kam er gleich zu ihr herüber. Und sie redeten und lachten, und er schimpfte mit ihr oder machte Scherze.

Einmal sprachen sie über das Sterben. »Du kommst zu meiner Beerdigung«, sagte Griff James. »Ich gehe in die größte Requisitenkammer im Himmel.«

»Ich will, daß bei meiner Beerdigung *Romeo und Julia* von Prokofiew gespielt wird«, sagte Ingrid Bergman.

»Ich möchte bei meiner die Musik aus *Vom Winde verweht.*«

»Das sollst du haben«, sagte Ingrid Bergman und tat so, als wäre sie erzürnt, »auch wenn es nicht aus einem Ingrid-Bergman-Film ist.«

Sie lachten, und dann redeten sie von etwas anderem.[4]

Lars Schmidt rief jeden Tag an, wo er auch war. Ingrid Bergman wartete auf seinen Anruf wie ein junges Mädchen, das einen neuen Verehrer hat. Es gab Leute, die sagten, Lars Schmidt fühle sich schuldig wegen Ingrid Bergman, aber Schuld war vielleicht ein zu kleines Wort für das, was er fühlte. Er hatte jetzt seinen Sohn, aber die Beziehung mit Kristina hatte nicht funktioniert. Er war in einem Alter, in dem die meisten Männer die Dinge etwas langsamer hätten angehen lassen, aber er führte weiter sein ruheloses Leben, als ob er wüßte, daß er nirgendwo mehr hingehörte.

Eines Tages Anfang April rief er aus Stockholm an. Britt Engström war zu Besuch, Ingrid Bergman war im Bett.

»Gibt es nicht irgend etwas, das du gern hättest?« fragte Lars Schmidt.

»Ich würde gern einige ›fastlagsbullar‹ haben«, sagte Ingrid Bergman; das sind kleine Marzipankuchen, die in Schweden vor allem zu Ostern serviert werden.[5]

Schmidt arrangierte alles, vier Kuchen sollten per Expreß nach London geschickt werden, wo ein Chauffeur wartete, der sie liefern würde. Aber die Kuchen kamen nicht rechtzeitig ins Flugzeug und trafen erst am folgenden Tag ein. Britt Engström wärmte sie auf, und Ingrid Bergman aß zwei davon sofort, die beiden anderen am nächsten Morgen.

Wenn sie ins Theater ging, nahm sie immer einen Platz am Gang, damit nichts ihren Arm berühren konnte. »Sie war so glücklich im Theater«, sagt Ann Todd. »Ich denke, sie mochte das Klatschen gern hören.«[6]

Ingrid Bergman konnte es nicht ertragen, daß die Leute auf sie aufmerksam wurden, so, wie sie jetzt aussah. Eines Abends fuhr sie mit Ann Todd zum Theater, und vor dem Eingang wartete eine Gruppe von Fotografen. Sie gab dem Chauffeur Anweisung, zu wenden und nach Chelsea zurückzufahren.

»Komm, was macht das schon?« widersprach Ann Todd. »Da kommen wir durch.«

Die beiden Schauspielerinnen drängten sich durch die Fotografen hindurch, aber Ingrid Bergman war wütend, als der Theaterdirektor sie zu ihren Plätzen führte. »Wer hat der Presse erzählt, daß ich komme?« fragte sie.

»Keiner«, sagte der Mann sanft. »Sie warten auf Prinzessin Margaret.«

Ingrid Bergman und Ann Todd lachten immer wieder über diese Geschichte. Aber es kam der Tag, da warteten wirklich Fotografen auf Ingrid Bergman. Mitte April, als sie entschied, daß sie kräftig genug war, nach New York zu fahren zur ersten Vorführung von *Golda,* da verkündeten die Boulevardblätter, daß sie um ihr Leben kämpfte. INGRID BERGMAN BATTLES FOR LIFE hieß es auf der Titelseite des *Daily Mirror,* und im *Express* stand: STAR INGRID IN FIGHT FOR LIFE.

Draußen auf dem Bürgersteig in Cheney Gardens begannen die Fotografen Wache zu halten. Sie hatten Teleobjektive, und Ingrid Bergman traute sich nicht einmal in die Nähe des Vorderfensters. So etwas hatte sie nicht erlebt seit damals in der Klinik in Rom, als die Skandalreporter warteten, aber auf eine Geburt, nicht auf einen Tod. »Sie warten darauf, meine Leiche zu sehen«, sagte sie zu Fiorella Mariani , die sie besuchte.[7]

An einem schönen Aprilmorgen kam Shirley Green, eine englische Freundin von Marilyn Hall, und brachte ein Fläschchen von Ingrid Bergmans Lieblingsparfüm, L'Air du Temps.[8] Als Griff James die Tür aufmachte, drängten die Fotografen nach vorn.

»Geht weg, ihr Geier«, sagte James. »Macht doch Fotos von Elizabeth Taylor.«

»Die ist zu langweilig«, schrie einer der Fotografen.

Wenn Ingrid Bergman nicht in ihrem eigenen Haus eingesperrt bleiben wollte, dann mußte sie nach draußen gehen und die Fotografen die Bilder machen lassen, die sie haben wollten. Und sie rief Ann Todd an, die zu ihr kam und ihr half, sich zurechtzumachen. Sie trug einen wollenen Umhang, der ihren Arm verbarg, und sie setzte sich auf eine Bank in der Nähe der Themse und ließ die Fotografen gewähren. »Ich bin nicht mehr so jung wie früher«, sagte sie. »Aber meine Gesundheit ist gut. Ich sterbe noch nicht.«

Schließlich hatte Ingrid Bergman etwas, worauf sie sich freuen konnte: Isabella und Isotta feierten eine Party in New York zu ihrem dreißigsten Geburtstag am 18. Juni 1982.

Isabella begann gerade eine neue Karriere, als Fotomodell. Ingrid Bergman kam gar nicht darüber hinweg, wieviel Geld sie verdienen konnte nur mit Posieren, ohne daß sie einen Satz auswendig zu lernen hatte. Isotta lebte jetzt auch in New York, ihre Ehe war in die Brüche gegangen. Sie hatte Angst vor ihrem Mann; um sich und ihren Sohn zu schützen, war sie nach Amerika gezogen.

Ingrid Bergman bereitete sich auf die Reise vor wie für eine große Theateraufführung. Sie wollte für die Kinder so gut wie möglich aussehen. Sie ging zu Franka, ihrer Modeschöpferin, und ließ sich neue Kleider machen. Sie hatte alles genau durchdacht, auch, welche Kleider sie brauchen würde, von dem, was Franka »ihr kleines Tageskleid« nennt bis zu formellerer Kleidung.[9]

Am 15. Juni flog sie mit der Concorde nach New York, Robertino begleitete sie. »Sie war sehr müde«, erinnert er sich. »Sie war richtig dünn. Aber sie hatte immer diesen Sinn für Humor.« Alle ihre drei Töchter lebten jetzt in New York, doch sie wohnte für sich im Wyndham Hotel. Eines Tages fuhren sie und Isotta im Fahrstuhl mit zwei älteren Damen, die Ingrid

Bergman eingehend musterten. »Ist sie das?« flüsterte die eine. »Das kann sie nicht sein«, flüsterte die zweite zurück. »Sie ist so alt.«[10]

Einer von denen, die Ingrid Bergman in New York sahen, war Steven Weiss, ein Bankfachmann, der mit Lars Schmidt befreundet war und sich einst mit Pia getroffen hatte. »Wir haben über ihren Tod geredet«, sagt Weiss. »Der Tod war Teil von ihr. Sie sagte, sie könnte mit ihm umgehen. Sie überwältigte einen geradezu mit ihrer Ehrlichkeit, aber ich bin nicht sicher, daß sie sich über die inneren Teile ihres Lebens im klaren war. Ich denke, wenn man es wirklich analysierte, könnte man sagen, daß sie sich nur bei ihrer Karriere wohl fühlte. Ihren drei Ehemännern gegenüber war sie nicht wirklich emotional engagiert. Sie war so aufrichtig und offen, und doch schien sie sich selbst vor den Dingen abzuschirmen. Selbst bei ihren Kindern hatte sie nicht Zeit für die kleinen Dinge. Ingrid war Ingrid. Sie war beinahe eine Insel für sich.«[11]

Die Geburtstagsparty war Ingrid Bergmans Party, und sie half, den Abend zu planen. Sie hatte erfahren, daß Pavo, der junge Finne, der in Choisel für sie gearbeitet hatte, in der Stadt war. Sie engagierte ihn, er sollte das Smörgåsbord zusammenstellen. Ein Chor der Heilsarmee würde kommen und »Happy Birthday« singen.

An dem Abend machte sie sich mit besonderer Sorgfalt zurecht. Sie trug ein langärmeliges, hochgeschlossenes Kleid, mit einer Schlinge in derselben Farbe. Sogar das Sitzen im Auto war für sie anstrengend, aber sie lächelte den Gesichtern zu, die durch die Wagenfenster blickten.[12] Als sie vor Pias Wohnung am Central Park West ankam, warteten draußen die Fotografen. Und Warren Thomas war auch da, er wartete an diesem Tag auf sie, wie er seit über drei Jahrzehnten auf sie gewartet hatte.[13]

Die Verwandten und Freunde hatten sich in dem geräumigen Wohnraum mit Blick auf den Park versammelt. Ingrid Bergman versuchte, ganz entspannt zu wirken, aber ihr Arm machte ihr ständig zu schaffen, die kleinste Berührung schmerzte.

Sie hatte ein Gefühl für geeignete Geschenke. Sie gab den Zwillingen zwei alte Perlenhalsbänder, die ihrer Mutter gehört hatten. Und dazu schenkte sie ihren Töchtern ein Bild ihrer schwedischen Großmutter, wie sie die Perlen trägt.

Ingrid Bergman war immer noch Schwedin und mußte eine Rede halten. Selbst in der Familie war es ihr nicht angenehm, aus dem Stegreif zu sprechen, sie las ein paar Sätze vor, die sie bei Peter Ustinov gefunden hatte. Sie begann zu sprechen, und es wurde absolut still im Raum.

»Jugend ist nicht eine Zeit des Lebens — sie ist ein Zustand des Geistes«, sagte sie. »So lange dein Herz Botschaften der Schönheit, der Freude, des Mutes, der Größe und der Kraft empfängt von der Erde, vom Menschen und vom Unendlichen, so lange bist du jung. Wenn die Verbindung abgerissen ist und es keine Drähte mehr gibt und dein Herz mit dem Schnee des Pessimismus bedeckt ist, dann bist du alt und Gott möge sich deiner Seele erbarmen.«

Es war eine denkwürdige Party, und die Aussicht darauf hatte Ingrid Bergman für viele Wochen Kraft gegeben. Selbst bei einem solchen Treffen dachte sie mit bitteren Gedanken an Lindström. »Eine Menge Rossellinis waren in New York, aus Italien«, schrieb sie an Barbro Alving in Schweden. »Ich frage mich, was Petter gesagt hätte, wenn er all die Leute in der Wohnung seiner Tochter gesehen hätte.«[14]

Ingrid Bergman blieb länger als geplant in New York, sie erging sich in Erinnerungen und traf mit Menschen zusammen. Am 3. Juli flog sie schließlich zurück nach London, Griff James und Margaret Johnstone holten sie ab.

Ingrid Bergman hatte immer den Sommer geliebt. Die Juli- und Augusttage waren eine Zeit für die Insel und die Kinder gewesen, für Champagner und Lachen, eine kurze Erholung von der Arbeit. Jetzt war der Sommer eine Zeit der Hitze und der langen Tage, ein Leben, das vor ihr lag ohne Arbeit und ohne ein Ziel.

Fiorella kam zu Besuch; sie erhielt einen Anruf und wurde informiert, daß ein Freund Selbstmord begangen hatte.

»Er ist so gestorben wie er leben wollte«, sagte Fiorella.

»Welch ein Mut«, sagte Ingrid Bergman, und Fiorella glaubte, daß sie daran dachte, sich selbst zu töten.[15]

Fiorella Mariani war nicht die einzige, die sich Sorgen machte, daß Ingrid Bergman an Selbstmord denken könnte. »Ingrid hatte etwas Probleme mit dem Schlafen«, sagt Margaret Johnstone. »Lars brachte immer diese Pillen mit, die aus der Schweiz kamen. Als er sie mitbrachte, sagte er: ›Wir müssen sie verstecken, sie hat nämlich gesagt, wenn sie jemals genug Pillen hat . . .«[16]

»Am Ende war sie sehr traurig, wissen Sie«, sagt Isabella Rossellini. »Sie fühlte sich äußerst deprimiert. Ich glaube, sie hätte sich selbst töten wollen. Ich glaube, deswegen sind Griff und Margaret die ganze Zeit dagewesen. Ich glaube, sie hat es nicht gemacht, weil sie nicht noch einen Skandal haben wollte. Ich glaube, sie wäre sehr glücklich gewesen, wenn es einen Unfall gegeben hätte, sie die Treppen heruntergefallen wäre oder so was. Aber die hatten Angst, daß sie solch' eine Situation herbeiführen würde.

Mutter wollte keine Leute um sich haben, die Mitleid mit ihr hatten. Deswegen bin ich alle drei Wochen hingegangen, aber nicht länger, denn wenn sie gemerkt hätte, daß ich deswegen da war, wäre sie empört gwesen. Sie wäre so furchtbar heftig geworden, wenn ich deswegen dagewesen wäre. Wenn man nur dasaß und ferngesehen hat, wurde sie ärgerlich. ›Was tust du da, fernsehen! Warum tust du nicht irgend etwas! Ich hasse es, wenn du mich einfach bloß anguckst!‹«[17]

Auch Isotta machte Besuche in London. »Für Mama war das ein ständiger Kampf. Ich hab' sie sehr deprimiert gesehen. Manchmal ging ich nach London, und sie wollte sterben. Manchmal. Sie sagte: ›Ich kann nicht mehr weiter. Ich habe keine Kraft mehr.‹ Was soll man da sagen? Was soll man erzählen? Sie wollte uns nicht. Als Mutter wollte sie nicht, daß ich dasitze und mich langweile. Nach einer Woche sagte sie: ›Geh nach Haus.‹ Wir wußten, daß wir ausgeschimpft werden würden. Sehr oft hat sie gesagt: ›Wenn ich sehr krank werde und hilflos bin, dann springe ich aus dem Fenster.‹ Aber ich wußte, daß das nicht stimmte. Sie war vom Leben angerührt. Sie sagte: ›Ich will nicht weggehen, aber ich kann nicht mehr weitermachen.‹ Mama liebte das Leben.«[18]

Ingrid Bergmans Kinder hatten ihre eigenen Gründe, daß sie nicht für längere Zeit bei ihrer Mutter blieben. Robertino, der in Paris oder Monaco lebte, war zwar näher als seine Schwestern, aber er zog von Ort zu Ort. Für manche hatte er einen Lebensstil, der beneidenswert war mit zwanzig, amüsant mit dreißig und der mit vierzig traurig sein würde. Aber er sah das nicht so. Er lebte ein Leben voller Amüsement und Vergnügen. Er hatte sich mit Prinzessin Caroline angefreundet und verbrachte seine Zeit mit ihr und anderen Freunden.

Ingrid Bergman wollte ihren Kindern so viel Schmerz ersparen, wie sie konnte. Und doch, ihrer Cousine Britt Engström gegenüber äußerte sie sich anders. »Sie sagte, wenn die Mädchen sie besuchten, hatten sie immer etwas zu tun«, sagte Britt Engström. »Ich habe das Gefühl, sie fühlte sich ein bißchen einsam.«[19]

Margaret Johnstone und Griff James glaubten, daß ihnen eine Last übertragen worden war, die auch von Familienmitgliedern hätte mitgetragen werden müssen.

Eines Tages rief Marilyn Hall Ingrid Bergman in London an. *Golda* war ein großer Erfolg im amerikanischen Fernsehen gewesen; Marilyn rief als Freundin an und wollte wissen, wie es ihr ging.

»Margaret hat Grippe«, sagte Ingrid Bergman. »Meine Cousine Britt war hier, aber sie mußte nach Schweden zurückfliegen.«

»Sie sind doch nicht allein?« fragte Marilyn Hall.

»Doch, ich bin allein. Und es ist wahnsinnig heiß.«

»Warum haben Sie keine Klimaanlage?«

»Nächstes Jahr brauche ich sie ja doch nicht mehr.«

»Wo sind Ihre Kinder?«

»Sie sind nicht hier. Ich bin allein.«[20]

Sie war allein, aber sie war immer allein gewesen. Und daher, aus ihrem Alleinsein, war alles gekommen. Sie war allein gewesen in ihrem Zimmer bei Tante Hulda, und sie war gegangen und hatte ihre Karriere beim Theater angefangen. Sie war allein gewesen in Amerika, mit Leuten, die sie nur teilweise verstand. Sie war allein gewesen bei Lindström, und sie war geflohen. Sie hatte sich in Rollen geflüchtet und in die Arme von Liebhabern, in neue Ehen und andere Länder. Sie war dem Alleinsein in Choisel entflohen und dem Alleinsein der Inaktivität. Jetzt lebte sie im Alleinsein, und doch wußte sie nicht einmal, wie allein sie war.

Ingrid Bergman verbrachte Stunden damit, an ihre Vergangenheit zu denken und darüber zu reden. Sie dachte nicht über ihr Leben nach, um es zu rechtfertigen oder einen Sinn daraus zu gewinnen, sie wollte sich eher selbst bestätigen, daß es gut war, so wie es war.

Ingrid Bergmans Freunde sprachen über die Zukunft, so, wie eine Krankenschwester ein Kissen aufschüttelt. Sie sprachen über einen Besuch in Martha Gellhorns Cottage in Wales, obwohl sie unmöglich so weit reisen konnte. Sie sprachen darüber, die Internationalen Festspiele in Edinburgh zu besuchen, im September, obgleich keiner sicher war, daß sie noch so lange leben würde.

»Wie fühlst du dich, Liebes?« fragte Ann Todd an einem Sommerabend, an dem sie, wie sie später wußte, das letzte Mal gemeinsam aus gewesen waren.

»Gut«, sagte Ingrid Bergman. »Es ist nur dieser Schmerz im Rücken, der mir zu schaffen macht.«

»Vielleicht hast du Zug gekriegt.«

»Ja, das wird es wohl sein.«[21]

Für einen Schweden ist im Juli Hochsommer, und für Ingrid Bergman hatte der Sommer immer die Insel Danholmen bedeutet. Der Juli war jetzt vorbei, und es waren nicht mehr so viele Menschen in Fjällbacka, aber die Sonne stand fast noch genauso hoch, und das Meer war noch warm. So schwach wie sie war, sie wollte die winzige Insel besuchen. Und so flog sie am 10. August nach Stockholm, sie bewegte sich im Rollstuhl durch die Flughäfen. Britt Engström wartete in Stockholm auf sie.

Für Lars Schmidt hatte Danholmen etwas Magisches. Er bewahrte Ingrid Bergmans Kleider und was ihr sonst gehörte in einem der Schlafräume auf, als ob sie noch miteinander verheiratet wären. Am Anfang war sie noch nicht kräftig genug, um ihren täglichen Spaziergang um die Insel zu machen, aber ihre Haut nahm Farbe an und sie wurde zusehends kräftiger. »Zuerst saß sie nur in der Sonne«, erinnert sich Lars Schmidt. »Wir machten den ersten kleinen Spaziergang. Sie fing an zu gehen. Mit dem Gewicht ihres Arms hat sie es geschafft, um die Insel zu laufen. Selbst das hat sie geschafft.«[22]

Ingrid Bergman sagte, daß ihr Leben schön und erfüllt gewesen sei und daß sie nichts anders gemacht hätte. Sie sagte das immer wieder, wie eine Litanei. Sie gestattete sich nicht ein einziges Bedauern. Aber als sie auf der Insel saß und den Windsurfern zusah, da sagte sie, sie wünschte, sie hätte das wenigstens einmal gemacht, sie wünschte, sie wäre um Danholmen gesegelt, wie Lars und seine Freunde das so oft taten.

Sie hatten schöne Zeiten auf der Insel erlebt, gute Kameradschaft, so viele gute Freunde und schöne Abende. Wenn Gäste zum Essen kamen, dann bereitete Lars Schmidt den Abend vor, als wäre es ein Dinner in Choisel, er benutzte sogar einen eleganten Tafelaufsatz.

Lars Schmidt rief Lasse Lundberg an, einen guten Freund, der eine Segelschule in Fjällbacka betrieb, und sagte: »Ingrid geht es nicht gut, aber laßt uns eine Party am Sonnabend machen.«[23] Sie kamen, Lasse und seine Frau Ingela, und sie brachten Langusten mit, die Ingrid Bergman so sehr liebte. Sie mochte auch die Gesellschaft der Lundbergs, außerdem waren noch Britt Engström und Pavo Turtiainen da.

Für eine Weile hatte es so ausgesehen, als würde sie kräftiger, aber an diesem Abend brauchte sie Hilfe, um zum Haupthaus zu gehen. Im Eßzimmer saß sie in einem der gepolsterten gelben Stühle und blickte aufs Meer hinaus. An der Wand war ein Wandgemälde, das das Meer darstellte. Wohin Ingrid Bergman blickte, sie sah das tiefe Blau des Wassers.

Es gibt auf der Welt wenige Sonnenuntergänge wie die an der schwedischen Küste an einem Sommertag. Für eine Weile scheint der Horizont in Flammen zu stehen, dann glüht er nur noch, und die Nacht kommt, nicht als Schwärze, sondern als sanftes Dämmerlicht. So viele Male hatte Ingrid Bergman hier an diesem Tisch gesessen und hatte die Sonne untergehen sehen, als ob sie und Lars Schmidt und ihre Gäste die einzigen Menschen auf der Welt wären. Und an diesem Tag sah sie auch dem Sonnenuntergang zu und sprach von der Vergangenheit.

»Als Robertino noch klein war, habe ich ihm immer Gutenachtgeschichten erzählt«, sagte Ingrid Bergman und lachte vor sich hin. »Einmal sagte ich: ›Bitte, erzähl' *mir* eine.‹ Er sagte: ›Gut, da war dieser arme kleine Junge. Er lebte mit seinen armen Eltern in einem armen Haus. Er war so arm, daß er von zu Hause weggehen mußte. Er nahm seinen Rolls-Royce und fuhr davon.‹«

Ingrid Bergman hatte diese Geschichte schon früher erzählt, aber alle lachten.

»Unser Beisammensein erinnert mich an das Abendmahl in der Bibel«, sagte sie. Wieder lachten alle.[24]

Lars Schmidt verließ die Insel einen Tag vor Ingrid Bergman. Pavo Turtiainen und Britt Engström würden dann alles abschließen. Es sah Schmidt eigentlich nicht ähnlich, und Turtiainen glaubte, daß er es nicht ertragen könnte, da zu sein, wenn Ingrid Bergman zum letzten Mal von der Insel wegfuhr.

Sie hatte vor, ein paar Tage in Stockholm zu verbringen, bevor sie nach London zurückkehrte. Sie war jetzt so schwach und litt unter Schmerzen, daß es klar war, daß sie das Flugzeug nehmen mußte, aber sie wollte davon nichts hören. Sie wollte nicht, daß irgendwelche Fotografen sie so aufnahmen, wie sie jetzt aussah. Sie bestand darauf, gefahren zu werden.

Dann verließen sie Danholmen. Der Himmel wurde grau und bedrohlich. Britt Engström und Pavo Turtiainen halfen Ingrid Bergman in das kleine Fischerboot. Die beiden Frauen saßen im Heck, geschützt von einem blauen Sonnensegel. Turtiainen sah zu den schwarzen Wolken hinauf und dachte, daß sie vielleicht warten sollten. Aber dann entschloß er sich doch, die Insel zu verlassen, und als sie aufs Festland zufuhren, brach der Sturm über das Meer herein.[25]

In Fjällbacka verabschiedete sich Ingrid Bergman von den Lundbergs und stieg dann in Lars Schmidts Citroën, sie saß hinten. Turtiainen sah, daß jede Berührung, jeder Stoß ihr weh tat, und er fuhr so schnell und doch so sanft er konnte nach Stockholm.

In Stockholm wohnte Ingrid Bergman in Britt Engströms kleiner Wohnung, nur ein paar Straßen von der Wohnung entfernt, wo sie als Teenager gewohnt hatten. »Sie hat oft bei mir gewohnt«, sagt Britt Engström. »Aber dieses Mal gefiel ihr alles nicht, das Bett war falsch, alles.«[26]

So krank wie sie war, sie besuchte alte Freunde, um sich an alte Zeiten zu erinnern. In diesem Viertel war sie als junges Mädchen spazierengegangen.

An ihrem letzten Abend in Stockholm, am 23. August, fuhren Ingrid Bergman und Britt Engström zum Mälarstrand, ans Wasser. Dort lebte Greta Danielsson mit ihrem Mann in einer großen Wohnung. Als Ingrid Bergman ankam, dachte Greta Danielsson, daß sie immer noch schön war und nicht durch die Krankheit gezeichnet — wie sie gehört hatte.[27] Sie sprachen von den alten Zeiten, und Greta Danielsson erinnerte Ingrid Bergman an den Besuch in Örebro, wo sie damals mit ihrem Mann gewohnt hatte, in einer Wohnung mit Blick auf den Marktplatz; und die Leute hatten auf der Straße gestanden und gerufen, daß Ingrid Bergman auf den Balkon kommen sollte. Und Ingrid Bergman hatte gesagt: »Ich bin doch kein Mitglied der Königsfamilie«, aber sie war doch auf den Balkon gegangen, und die Leute hatten ihr zugejubelt.

Greta Danielsson wurde jetzt klar, daß Ingrid Bergman gekommen war, um auf Wiedersehen zu sagen.

»Ich habe keine Angst zu sterben«, sagte sie. »Ich habe ein reiches Leben gehabt. Ich bin zufrieden.«

Ingrid Bergman erzählte Griff James: »Ich habe allen auf Wiedersehen gesagt«, als ob sie damit alles in Ordnung hätte, in der Art, wie sie nachts die Strümpfe in die Schuhe steckte.[28]

Ihr siebenundsechzigster Geburtstag, am 29. August 1982, war weniger als eine Woche hin, es war ein Sonntag. Als sie am Sonnabendmorgen aus dem Bad stieg, fühlte sie einen Schmerz, anders als alles, was sie zuvor verspürt hatte. Der Krebs war in ihre Wirbelsäule vorgedrungen.

Um ihre Schmerzen zu lindern, gab Dr. MacLellan ihr starke schmerzstillende Spritzen. Zum ersten Mal in den sieben Jahren ihrer Krankheit war sie ans Bett gefesselt, mit wenig Aussicht, jemals wieder aufzustehen.

Die ganze Woche hatte es Telefongespräche zwischen Ingrid Bergman und ihren Kindern gegeben. Sie hatte darauf bestanden, daß sie sich nicht die Mühe zu machen brauchten, nach London zu kommen. Aber es war doch seltsam — wenn man bedachte, wieviel Sinn für besondere Anlässe Ingrid Bergman hatte —, daß keines ihrer Kinder zu ihrem Geburtstag da war.

»Ich bin so müde, Liebes«, sagte sie zu Ann Todd am Telefon. »Ich bin so müde.«

»Wie schön, Ingrid, wie schön. Du gehst einfach schlafen.«[29]

Am Sonntagmorgen gab es mehrere Anrufe, von Freunden, die nicht wußten, wie krank sie geworden war; es gab auch Anrufer, die ihr zum Geburtstag gratulierten, aber sie verlor immer wieder das Bewußtsein. Dr. MacLellan kam und stellte fest, daß ihre rechte Lunge nicht mehr arbeitete, und die linke auch nur noch zu einem Drittel. Der Arzt sagte, daß das Ende nahe war.

Ingrid Bergman wußte, daß James kommen wollte, um ihr zum Geburtstag zu gratulieren. »Sehe ich gut aus?« fragte sie Margaret Johnstone. »Gib mir meine Bürste und das Make-up.«[30]

Griff James kam und auch Lars Schmidt, der eine Schachtel mit Blumen mitbrachte. Sie standen alle vor Ingrid Bergmans Bett und tranken mit Champagner auf ihr Wohl. Sie strichen ihr Champagner auf die Lippen, und sie lächelte, und dann ließen sie sie allein, und das Zimmer war ruhig.

Griff James und Lars Schmidt gingen wieder, und am Abend, als Britt Engström und Margaret Johnstone ins Bett gingen, war das einzige Geräusch Ingrid Bergmans mühsames Atmen.

Britt Engström war im angrenzenden Raum, sie schlief nur unregelmäßig. Um halb vier wurde ihr bewußt, daß sie Ingrid nicht mehr atmen hören konnte. Sie ging in ihr Zimmer und sah, daß winzige Blutstropfen auf Ingrid Bergmans Lippen waren. Sie nahm einen Spiegel und hielt ihn vor die Lippen, obwohl sie schon wußte, daß sie tot war.

Das endlose Meer

Im Oktober kamen sie in die Kirche St. Martin's-in-the-Fields in London, um Ingrid Bergman auf Wiedersehen zu sagen, im ganzen zwölfhundert Menschen. Die Kinder waren da: Pia, Robertino, Isabella und Isotta. Lars Schmidt war da, und die Rossellinis: Fiorella, Marcella, Franco und andere. Britt Engström war da, und viele aus Schweden. Gérôme war aus Paris gekommen. Liv Ullmann war auch da und Sir John Gielgud und Dame Wendy Hiller und Joss Ackland. Warren Thomas war jetzt einer von ihnen, einer von der Familie und den Freunden. Und einige von Ingrid Bergmans anderen Fans kamen, die, die viele von ihren fünfundvierzig Filmen gesehen hatten, ihren Stücken und Fernsehspielen.[1]

Worte von Shakespeare und Saint-Exupéry wurden ihr zu Ehren verlesen. Birgit Nilsson sang ein Lied von Beethoven. Ein Kinderchor kam den Gang herunter und sang »This Old Man« aus *Die Herberge zur sechsten Glückseligkeit.* Aber nichts war so ergreifend wie der Augenblick, als man aus einer entfernten Ecke der Kirche eine Geige die Melodie »As Time Goes By« spielen hörte.

Ingrid Bergman war in den Mythos eingegangen. Die Frau, die gelebt hatte, die Frau aus Fleisch und Blut, die war nicht mehr. Und doch lebte sie weiter, im Leben derer, die sie gekannt hatten. Es war aber niemand, der alle Freude und Gefühle, all ihre Einsamkeit und Angst mit ihr geteilt hatte. Manche, wie Griff James, Margaret Johnstone und Warren Thomas, traf der Verlust sehr tief, als ob sie einen Teil ihres eigenen Körpers verloren hätten, und sie betrauerten sie, als wäre sie eine Verwandte. Für Pia war die Mutter, im Leben wie im Tod, ein vieldeutiges Vermächtnis, und sie schien in einem emotionalen Niemandsland zwischen der Erinnerung an die Mutter und der lebendigen Gegenwart des Vaters zu leben. Als sie für ihre Mutter den Emmy für *Golda* entgegennahm, ahnte wohl keiner, der sie an dem Abend hörte, wie kompliziert ihre

Gefühle Ingrid Bergman gegenüber waren. Ingrid Bergmans andere Kinder hatten freundlichere Erinnerungen an ihre Mutter.

Lars Schmidt lebte auf seiner eigenen Insel, einer Insel, die isolierter ist als Danholmen. Er war der Kurator von Ingrid Bergmans Image geworden, und er liebte sie in der Erinnerung, wie er sie als lebendigen Menschen nicht geliebt hatte.

Im Juni lud er eine kleine Gruppe von Verwandten und Freunden nach Danholmen ein. Sie gingen zu einer kleinen Bucht, sie trugen Körbe mit Blumen, die sie auf der Insel gepflückt hatten. Sie standen auf den grauen Felsen und blickten aufs Meer.

Lars Schmidt und Isotta fuhren in einem kleinen Boot aufs Wasser hinaus, Lasse Lundberg und ein schwedischer Pastor waren auch dabei. Dort streuten sie Ingrid Bergmans Asche ins Meer, die, die am Ufer geblieben waren, warfen ihre Körbe in die Brandung.[2]

Das Meer war ruhig, und die Körbe trieben langsam hinaus. Sie kamen schließlich zu einem Fischer mit seinen Hummerkörben. Er wußte nicht, warum das Wasser voller Blumen war, aber er rührte die Körbe nicht an, und die Blumen trieben weiter hinaus und verschwanden im endlosen Meer.

Danksagung

Obwohl dies keine autorisierte Biografie ist, haben mich fast alle, die Ingrid Bergman nahestanden, bei meiner Arbeit unterstützt. Seit 35 Jahren sind Journalisten und Autoren immer wieder mit der Bitte um Interviews an Dr. Petter Lindström herangetreten, doch er mochte nicht reden. Er war bereit mit mir zu sprechen nur auf meine Zusicherung hin, daß ich mich bemühen würde, in objektiver Weise über seine Ehe mit Ingrid Bergman zu schreiben.

Lars Schmidt, Ingrid Bergmans dritter Ehemann, war ebenfalls außerordentlich hilfsbereit. Ich habe nicht nur zwei Interviews in Paris mit ihm führen können, er hat mich auch in Schweden auf die Insel Danholmen eingeladen.

Ingrid Bergmans Kinder waren genauso zuvorkommend. Ich traf Robertino auf einer Gedenkveranstaltung zum ersten Todestag seiner Mutter in Venedig. Isabella, Isotta und Pia fanden sich mit meinen unzähligen Fragen ab. Besonders möchte ich Isabella danken, sie hat viele Stunden mit mir verbracht und hätte nicht hilfsbereiter sein können.

Journalisten in fünf Ländern haben mich an ihrem Wissen teilhaben lassen. Costanzo Costantini von *Il Messagero*, ein hervorragender Journalist und Autor, hat mich in römisches Leben und römische Kultur eingeführt. Logan Bentley, ein amerikanischer Journalist in Rom, war ebenfalls sehr entgegenkommend. In Paris öffnete Gisèle Galante das Archiv von *Paris Match* für mich. In Stockholm war es Marie Anne Jansson, die mir viel über Schweden erzählte; Stig Nahlbom, Kolumnist bei *Expressen*, widmete mir großzügig seine Zeit. Der Filmhistoriker Torsten Jungstedt war außerordentlich hilfsbereit. Er arrangierte sogar einen Flug nach Stöde für mich, damit ich dort den Kameramann Åke Dahlquist interviewen konnte, und er fungierte als mein Dolmetscher. Alan Burgess, der Autor von Ingrid Bergmans Autobiografie, verbrachte einen Nachmittag und Abend mit mir in Houston, Texas — nicht viele wären so liebenswürdig zu einem Kollegen gewesen, der mit einem ähnlichen Projekt beschäftigt ist wie sie selbst es waren. In Hollywood sprach Bill Davidson über eine Erfahrungen beim Schreiben über Ingrid Bergman. Auch der Filmwissenschaftler Tag Gallagher, der an einer Biografie über Roberto Rossellini arbeitet, war sehr entgegenkommend.

Ich habe zwei ausgedehnte Reisen nach Europa unternommen, und Familie und Freunde von Ingrid Bergman erwiesen sich überall als hilfsbereit. In Rom waren es Fiorella Mariani, Marcella Mariani und Franco Rossellini, die mir Auskünfte über die Familie Rossellini gaben. Federico Fellini war so liebenswürdig, mich zu sich nach Hause einzuladen, wo ich seine Frau, die Schauspielerin Giulietta Masina, interviewen konnte. In Paris gewann ich durch Raymond Gérôme mancherlei Einsichten über Ingrid Bergman. In London widmeten mir Griff James, Margaret Johnstone und Ann Todd sowie viele andere ihre Zeit und sprachen mit mir über ihre Erinnerungen. In Stockholm habe ich mit Greta Danielsson und Britt Engström gesprochen, aber ich kann unmöglich allen Leuten dort oder an anderen Orten, die mir geholfen haben, für ihre Hilfe danken. Danken möchte ich noch der Archäologin Iris Love für Hilfe in Venedig.

Es gibt sehr viel gedrucktes Material über Ingrid Bergmans Leben und Karriere, und ich habe Archive und Bibliotheken in vier Ländern durchforscht. Ich brauchte zehn Tage, um das Material über Ingrid Bergman in der David O. Selznick-Sammlung im Humanities Research Center der University of Texas durchzugehen, Dr. Ray Daum habe ich es zu verdanken, daß mir diese Zeit so angenehm geworden ist.

Hilfsbereit waren auch die Mitarbeiter der Lincoln Center Library for the Performing Arts und der Margaret Hedrick Library of the Academy of Motion Picture Arts and Sciences in Beverly Hills. Liebenswürdige Unterstützung wurde mir zuteil bei der Warner Brothers-Sammlung an der University of Southern California, im Archiv von RKO Pictures, Inc., in Los Angeles und im American Film Institute in Los Angeles. Ich möchte auch MGM für die Erlaubnis danken, ihr Archiv-Material einsehen zu dürfen, und Mary Anne Dolan, der Herausgeberin des *Los Angeles Herald-Examiner,* möchte ich ebenfalls für die Erlaubnis danken, Einblick in das Archiv der Zeitung zu nehmen. Ich konnte meine Recherchen betreiben in der

Library of Congress, der Forschungsbibliothek an der University of California in Los Angeles (UCLA), der Santa Monica Public Library und der Los Angeles Public Library. Hilfe wurde mir ferner von der Rochester Public Library und der Bibliothek der *Rochester Times-Union* zuteil. Die Organisation ehemaliger Warner Brothers-Mitarbeiter erlaubte mir, ihre Mitglieder auf Erinnerungen an Ingrid Bergman anzusprechen.

Ich hatte die Möglichkeit, mehrere selten gezeigte Ingrid-Bergman-Filme im Film-Archiv an der UCLA vorgeführt zu bekommen. In Schweden, am Schwedischen Filminstitut, war Ollie Rosberg sehr hilfsbereit, genau wie der Mitarbeiterstab bei Svensk Filmindustri. Weiterhin fand ich im British Film Institute in London nützliches Material. Außerdem möchte ich William Hifner, dem Bibliothekar bei der *Washington Post*, für seine Unterstützung danken.

Meine Frau Vesna Obradovic Leamer hat für mich in den USA recherchiert und in Italien war sie meine Dolmetscherin, sie war auch mein erster und bester Kritiker. Daß es solch ein Vergnügen für mich war, dieses Buch zu schreiben, hat viel mit ihr zu tun, und ich habe das Buch ihr gewidmet.

Jeder Autor kann sich nur wünschen, Larry Ashmead als Lektor zu haben, ich habe schon zum zweiten Mal dieses Glück. Craig Nelson, ein junger Lektor bei Harper & Row, steuerte seine stets klugen Kommentare zu dem Manuskript bei. Margaret Wimberger, jetzt selbst Lektorin bei Harper & Row, hat sich mit Sachverstand und guter Laune um alle Details des Projekts gekümmert. Ferner habe ich meinem literarischen Bevollmächtigten Kenneth P. Norwick zu danken, ein hervorragender Anwalt und ein Mann mit hohen Prinzipien. Und dankbar bin ich auch meiner Agentin Carol Mann für ihre Arbeit an dem Buch.

Als ich mein Interview mit Ingmar Bergman beendete, sagte er: »Ich hätte Ihnen Geschichten erzählen können, aber ich habe Ihnen die Wahrheit erzählt.« Ich bin ihm zu Dank verpflichtet für die Einsichten, die er mir vermittelt hat, und dafür, daß ich seine private Dokumentation über die Dreharbeiten an *Herbstsonate* anschauen durfte.

Mein Dank gilt allen anderen Freunden, Partnern und Verwandten von Ingrid Bergman, die mir auch nicht nur Geschichten erzählt haben, sondern was sie für die Wahrheit hielten: Joss Ackland, Larry Adler, Robert Anderson, Frith Banbury, Frank Barrena, Kate Barrett, Greg Bautzer, Ben und Carla Benjamin, Harve Bennett, Michel Bernheim, Jeanne Bernkopf, Gunnar Björnstrand, Kay Brown, Igor Cassini, George Christy, Ross Claiborne, Richard Coe, Claudette Colbert, Bob Colman, Gene Corman, Åke Dahlquist, Joe Daly, Silvia d'Amico, Suso Cecchi d'Amico, Brad Darrach, Olivia de Havilland, Giuseppe De Santis, Madame De Sica, George Diehl, Stanley Donen, Frank Edwards, Julius Epstein, Laurence Evans, José Ferrer, Mel Ferrer, Armiene Field, Silvia Field, Rhonda Fleming, Joan Fontaine, Franka, Charles Futoran, Patrick Garland, Martha Gellhorn, Alan Gibson, David Goldring, Sam Goldwyn Jr., Cary Grant, Shirley Green, Alan Greenberg, Marilyn und Monty Hall, Dora Jane Hamblin, Doris Hare, Signe Hasso, Helen Hayes, Charlton Heston, Wendy Hiller, Louie Hollis, Celeste Holm, Elsa Holm, John Houseman, Noel Howard, Paul Hume, Christopher Isherwood.

Marion Keyes, Alf Kjellin, David Ladd, Disa Lauhren, David Lean, Reginald LeBorg, Francesco Leseur, Richterin Mildred Lillie, Pater Antonio Lisandrini, Carlo Lizzani, Norman und Peggy Lloyd, Gina Lollobrigida, Lasse und Ingela Lundberg, Marcel Machu, Aldo Martini, Giulietta Masina, Ella McCann, Fiorella Mariani, Marcella Mariani, Walter Matthau, Liza Minnelli, Gunilla Mohlin, Roger Moore, Stig Nahlbom, Elsa und Vincent Neptune, Elsa Neuberger, Ellen Neuwald, Mark Nichols, Leonard Nimoy, Tom J. A. Olsson, Frederick O'Neal, Robert Orbach, Guya Palavachini, Malcolm Peattie, Gregory Peck, Major Peek, Mimi Pollak, Anthony Quinn, Senator Charles Percy, Anthony Perkins, Rae Pober. Jenia Reissar, Madame Renoir, Tony Reyes, Don Roberts, Francesca Rodolfi, Toby Rowland, Franco Rossellini, Lina Rossellini, Renzo Rossellini, Billy Rowe, Silvia Rubinstein, Åke Sandler, Carl Schaeffer, Wally Schneiderman, Maximilian Schell, Martin Scorsese, Phyllis Seaton, Danny Selznick von Monday Productions, Irene Selznick, Sonali Senroy, Ralph Serpe, Stirling Silliphant, Catharine Stackelberg, Frank Sundström, Warren Thomas, Umberto Tirelli, Eva Tissell, Aldo Tonti, Helen Tubbs, Pavo Turtiainen, Raf Vallone, John Van Eyssen, Peter Veger, John Veitch, Rune Waldekranz, Hal Wallis, Steven Weiss, Sandra Westin, Richard Whelan, Bob William.

Anmerkungen

Bei den Recherchen zu diesem Buch habe ich, glaube ich, mit fast jeder Person gesprochen, die eine Rolle in Ingrid Bergmans Leben gespielt hat. Ich habe mich vor allem gestützt auf Interviews, die ich geführt habe, und auf Dokumente wie Briefe, Tagebücher, Verträge etc., die ich persönlich gesehen habe. Gelegentlich habe ich aus Büchern, Zeitungen und Zeitschriften zitiert. Um die Anmerkungen nicht zu umfangreich werden zu lassen, habe ich nicht jede Information aus meinen Interviews als Zitat kenntlich gemacht. Briefe und Aktennotizen von der Selznick-Organisation befinden sich im Selznick-Archiv an der University of Texas. Zeitungs- und Zeitschriftenartikel sind in den Anmerkungen aufgeführt, die genauen bibliografischen Angaben zu den Büchern finden sich im Literaturverzeichnis.

Der Star, der alles hatte

1 Interview mit Ellen Neuwald in New York.
2 Interview mit Federico Fellini in Rom.

1. »Papa, das will ich auch einmal machen!«

1 Interview mit Disa Lauhren in Stockholm.
2 Biografische Informationen über die Familie Bergman aus der Familiengenealogie, die sich in Ingrid Bergmans Besitz befand.
3 I. B. erzählte Steele, ihr Vater sei 18 Jahre älter als ihre Mutter gewesen; aus der Grabsteininschrift und aus Urkunden geht jedoch hervor, daß Justus Bergman 1871 geboren wurde und Friedel Adler im Jahre 1884.
4 Interview mit Lauhren.
5 Interview mit Lauhren.
6 Interview mit Greta Danielsson in Stockholm; ihr Mädchenname, den sie damals führte, ist Haugran.
7 Interview mit Danielsson.
8 Interview mit Danielsson.
9 Interview mit Britt Engström in Stockholm.
10 I. B. und Alan Burgess: I. B., Mein Leben, S. 28. (Abk. B/B)
11 Interview mit Torsten Jungstedt in Stockholm.
12 B/B, S. 33.
13 Interview mit Lauhren.
14 Interview mit Engström.
15 Interview mit Engström.
16 Interview mit Danielsson.

17 Interview mit Jungstedt.
18 Interview mit Rune Waldekranz in Stockholm.
19 Steele, S. 18.
20 B/B, S. 19.
21 B/B, S. 21.
22 Irving Wallace: Smorgasbord Circuit, in: *Collier's*, 21. Dezember 1946, S. 12 und S. 96.

2. »Oh, sie fängt aber gut an, findet ihr nicht?«

1 B/B, S. 39.
2 Interview mit Dr. Petter Lindström. Sofern nicht anders vermerkt, stammen alle Zitate aus einer Serie von Interviews, die in Santa Monica und San Diego geführt wurden.
3 Interview mit Engström.
4 Interviews mit Signe Hasso in Los Angeles sowie mit Frank Sundström und Gunnar Björnstrand in Stockholm.
5 Adolphson, S. 213f.
6 Tengroth, S. 111—117.
7 Adolphson, S. 213f.
8 Interview mit Åke Dahlquist in Malmö.
9 Tengroth, S. 111—117.
10 zitiert nach Barbro Alving, in: *Dagens Nyheter*, 11. Juli 1937.

3. »Für Hollywood bestimmt«

1 B/B, S. 56.
2 Interview mit Elsa Holm in Stockholm.
3 Interview mit Dahlquist.
4 Interview mit Kay Brown in New York.
5 Brief von Brown an David O. Selznick (D. O. S.) vom 26. Juli 1938, Selznick-Archiv (S.-A.).
6 Aktennotiz von D. O. S. an Brown, 15. August 1938, S.-A.
7 Telegramm von D. O. S. an Brown, 16. August 1938, S.-A.
8 D. O. S. an Brown am 16. August 1938, zitiert in Behlmer, S. 123.
9 Aktennotiz von Val Lewton an D. O. S., 6. Mai 1938, S.-A.
10 Brief von Jenia Reissar an Brown, S.-A.
11 Interview mit Reissar in London.
12 Brief von Reissar an Brown vom 4. Oktober 1938, S.-A.
13 Brief von Reissar an Brown vom 28. Januar 1939, S.-A.
14 Steele, S. 24.
15 Brief von Brown an Daniel O'Shea vom 24. Februar 1939, S.-A.
16 Vertrag datiert 14. Februar 1939, S.-A.
17 Telegramm von D. O. S. an Brown, 12. Februar 1939, S.-A.
18 Telegramm von Brown an O'Shea, 16. März 1939, S.-A.
19 Brief von Lindström an Brown vom 15. März 1939, S.-A.
20 Telegramm von D. O. S. an Brown, 6. April 1939.

4. »Eine Person, mit der man zu rechnen hat«

1 Dieses Datum ist im S.-A. angegeben; I. B. nannte in ihrer Autobiografie als Ankunftsdatum den 6. Mai 1939.
2 Brief von D. O. S. an Brown vom 27. Februar 1939, S.-A.
3 Brief von Brown an D. O. S. vom 24. April 1939, S.-A.
4 Interview mit Elsa Neuberger in New York.
5 Die Beschreibung des ersten Treffens mit Selznick stützt sich auf B/B, S. 70ff.
6 Brief von D. O. S. an I. B. vom 3. November 1945, S.-A.
7 Irene Selznick, S. 225.
8 Kyle Crichton: Big Girl, in: *Collier's*, 14. September 1940, S. 13.
9 Ebenda.
10 Interview mit Joe Finnochio in Los Angeles.
11 Aktennotiz von D. O. S. an Ratoff/Kopie Toland, 22. Juni 1939, S.-A.
12 Interview mit Reginald LeBorg in Hollywood.
13 Brief von Brown an Lewton vom 17. Juli 1939, S.-A.
14 Interview mit Åke Sandler in Los Angeles.
15 Brief von D. O. S. an Brown vom 28. Juli 1939, S.-A.
16 Aktennotiz von D. O. S. an Calvert, 28. Juli 1939, S.-A.
17 Aktennotiz von Calvert an Hebert vom 31. Juli 1939, S.-A.

5. »Eine große Lady der Leinwand«

1 Brief von I. B. an Irene Selznick vom 7. September 1939, S.-A.
2 In: *Los Angeles Examiner*, 21. September 1939.
3 Aktennotiz von D. O. S. an Birdwell, 26. September 1939, S.-A.
4 Telegramm I. B. an Selznick, 29. September 1939, S.-A.
5 Aktennotiz von Brown an O'Shea, 11. Oktober 1939, S.-A.
6 Brief von I. B. an D. O. S. vom 29. September 1939, S.-A.
7 Brief von D. O. S. an I. B. vom 16. Oktober 1939, S.-A.
8 Aktennotiz von D. O. S. an Brown, 17. Oktober 1939, S.-A.
9 Brief von I. B. an Brown vom 28. Oktober 1939, S.-A.
10 Vgl. *The New York Times* vom 13. Januar 1940.
11 Interview mit Martha Gellhorn in England.
12 In: Aktennotiz von Brown an D. O. S., 10. Januar 1940, S.-A.
13 In: Aktennotiz von Brown an D. O. S., 9. Februar 1940, S.-A.
14 Aktennotiz von D. O. S. an Brown, 6. Februar 1940, S.-A.
15 Aktennotiz von Brown an D. O. S., 9. Februar 1940, S.-A.
16 Interview mit Brown in Ney York.
17 Telegramm Brown an D. O. S., 20. März 1940, S.-A.
18 Brief von I. B. an D. O. S. vom 27. März 1940, S.-A.
19 *New York World Telegram*, 30. März 1940.
20 Crichton, S. 30.
21 O'Shea an D. O. S., 23. Mai 1940, S.-A.
22 Aktennotiz von O'Shea an D. O. S., 21. Juni 1940, S.-A.
23 Aktennotiz an O'Shea von D. O. S., 24. Juni 1940, S.-A.

6. »Die Gitter meines Käfigs sind gebrochen«

1 Brief von I. B. an Selznick vom 15. Juli 1940, S.-A.
2 Telegramm von O'Shea an D. O. S., 25. Juni 1940, S.-A.
3 B/B, S. 95.
4 Interview mit Rae Pober in Hollywood.
5 MGM-Archiv.
6 Interview mit Christopher Isherwood in Santa Monica.
7 Interview mit Dr. Ray Daum in Austin, Texas.
8 B/B, S. 97.
9 Aktennotiz von D. O. S. an Brown, 10. Dezember 1940, S.-A.
10 Ebenda.
11 Interview mit Gellhorn.
12 Aktennotiz von D. O. S. an Brown, 31. Januar 1940, S.-A.
13 Interview mit Charles Schram in Los Angeles.
14 Cameraman Asks for Divorce After Love Balm Suit, in: *Los Angeles Daily News*, 14. März 1934.
15 B/B, S. 106.
16 Interview mit John Houseman in Brentwood.
17 In: Brief von D. O. S. an Benny Thau vom 4. März 1941, S.-A.
18 B/B, S. 106.
19 Ebenda.
20 Interview mit Olivia de Havilland in Venedig.
21 *New York Journal American*, 26. August 1941.
22 *New York Post*, 26. August 1941.
23 Telegramm von Lindström an D. O. S., 5. September 1941, S.-A.

7. »As Time Goes By«

1 Von Homer C. Hosmer, in: *Rochester Times-Union.*
2 Brief von I. B. an D. O. S. vom 29. September 1941.
3 Aktennotiz von O'Shea an D. O. S., 11. Oktober 1941, S.-A.
4 Telegramm von D. O. S. an O'Shea, 31. Oktober 1941, S.-A.
5 Brief von I. B. an D. O. S. vom 7. November 1941, S.-A.
6 Breif von Lindström an Brown vom 24. Oktober 1941, S.-A.
7 Interview mit Ella McCann in Rochester, N. Y.
8 Aktennotiz von Selznick an Brown, 28. Januar 1942, S.-A.
9 B/B, S. 111.
10 Brief von I. B. an Roberts vom 21. Februar 1941, zit. in B/B, S. 112f.
11 Brief von Lindström an Brown vom 24. Oktober 1941, S.-A.
12 Aktennotiz von Brown an D. O. S., 16. März 1942, S.-A.
13 S.-A., 24. März 1942.
14 Aktennotiz von D. O. S. an Brown, 31. März 1942, S.-A.
15 Aktennotiz von Brown an D. O. S., 2. April 1942, S.-A.
16 Aktennotiz von D. O. S. an Brown, 7. April 1942, S.-A.
17 Telegramm I. B. an D. O. S., 20. April 1942, S.-A.
18 Aktennotiz von Wallis an Trilling, 14. Februar 1942, Warner-Archiv an der University of Southern California. (Abk.: W.-A.)
19 Aktennotiz von Wallis an Curtiz, 1. April 1942, W.-A.
20 Wallis/Higham, S. 94.

21 Interview mit Hal Wallis in Beverly Hills.
22 David Zimman: Casablanca: The Enduring Oscar-Winner, in: *The Newsday Magazine*, 10. April 1983; und Interview mit Julius Epstein in Los Angeles.
23 Interview mit Epstein.
24 Francisco, S. 106f., und W.-A.
25 Vertrauliche Aktennotiz von D. O. S. an O'Shea, 17. März 1942, S.-A.
26 Pete Martin: Champion Language Assassin, in: *Saturday Evening Post*, 2. August 1947.
27 Aktennotiz von Virginia Olds an D. O. S., 28. Mai 1942, S.-A.
28 Interview mit Wallis.
29 Aktennotiz von Trilling an Wallis, 1. Mai 1942, W.-A.
30 Aktennotiz von Paul Nathan an Aeneas MacKenzie, 3. Januar 1942, W.-A.
31 Das Lied ist von Herman Hupfeld.
32 Benchley, S. 112.
33 Benchley, S. 104.
34 Interview mit Bob William in Los Angeles.
35 Henreid, S. 126.
36 Warner-Archiv.
37 Interview mit Carl Schaeffer in Hollywood.
38 Martin, S. 63.

8. »Eine Tigerin, die ihre Beute erlegt hat«

1 Aktennotiz von D. O. S. an O'Shea, 27. Juli 1942, S.-A.
2 In: *Hollywood Reporter*, 29. Juli 1942.
3 Anweisungen für die Probeaufnahmen von D. O. S., 28. Juli 1942, S.-A.
4 Henreid, S. 131f.
5 Chierichetti, S. 62.
6 Telegramm von Roberts an O'Shea, 7. August 1942, S.-A.
7 Brief von I. B. an O'Shea vom 10. August 1942, S.-A.
8 B/B, S. 120.
9 Brief von I. B. an O'Shea vom 10. August 1942, S.-A.
10 Brief von I. B. an Irene Selznick vom 29. August 1942, S.-A.
11 Nicht abgesandtes Telegramm von D. O. S. an Lindström, datiert vom 6. August 1942, S.-A.
12 Telegramm von D. O. S. an Flagg, 28. Dezember 1942.
13 Telegramm von Steele an MacFadden, 15. Februar 1943, S.-A.
14 Brief von I. B. an D. O. S. vom 31. Dezember 1942, S.-A.
15 Aktennotiz von Obringer an Wallis, 19. Mai 1943, W.-A.
16 Interview mit Wallis.
17 Aktennotiz von D. O. S. an Flagg, 29. Dezember 1942, S.-A.
18 Steele, S. 4.
19 Bergman, the Beautiful, in: *Movieland*, Januar 1944.
20 Brief von Obringer an Jack Warner, 19. März 1943, W.-A.
21 Interview mit Frank Barrena in Los Angeles.
22 Bacon, S. 60.
23 B/B, S. 123.

24 *Time*, 2. August 1943.
25 Interview mit Keyes.
26 Brief von I. B. an D. O. S. u. Irene Selznick vom 29. August 1943, S.-A.
27 Irene Selznick, S. 258.
28 Brief von I. B. an D. O. S. vom 27. Dezember 1943, S.-A.

9. »Ingrid, Sie haben gewonnen!«

1 In einem Brief an D. O. S. (vom 27. Juli 1944) teilt der *Box Office Digest* mit, daß I. B. im vorhergehenden Jahr die Nummer eins war.
2 Interview mit Dido Renoir in Beverly Hills.
3 Interview mit Gregory Peck in Los Angeles.
4 Interview mit Pia Lindström in New York.
5 Davidson, S. 158f.
6 Interview mit Alf Kjellin in Los Angeles.
7 Notiz, 14. Juni 1944, S.-A.
8 Aktennotiz von D. O. S. an Colby, 22. Juni 1944, S.-A.
9 B/B, S. 163.
10 Spoto, S. 320.
11 Interview mit Norman Lloyd in Los Angeles.
12 Joseph Henry Steele: Portrait of Ingrid Bergman, in: *Photoplay*, April 1945, S. 36.
13 Interview mit William in Los Angeles.
14 Aktennotiz von D. O. S. an O'Shea, 9. Dezember 1944, S.-A.
15 Aktennotiz RKO-Archiv; und Interview mit Peck.
16 Aktennotiz von D. O. S. an O'Shea, 23. Januar 1945, S.-A.
17 Zeitungsausschnitte aus Los Angeles, im Archiv der Academy of Motion Picture Arts and Sciences.
18 Brief von I. B. an D. O. S. vom 13. Juni 1945, S.-A.
19 Interview mit Larry Adler in London. Siehe auch Adler, S. 140.
20 Interview mit Adler.
21 Interview mit Robert L. Orbach und Brief von ihm.
22 Interview mit Adler; und Adler, S. 141.
23 Vgl. die Bücher von Whelan und Capa.
24 Whelan, S. 100.
25 Interview mit Adler.
26 Interview mit Adler.
27 Interview mit Adler; B/B, S. 156f.
28 Interview mit Adler.

10. »So long, Ingrid!«

1 Interview mit Adler.
2 Interview mit Ellen Neuwald.
3 Interview mit Grant in Beverly Hills.
4 Spoto, S. 335.
5 Spoto, S. 339.
6 Steele, S. 286.
7 Brief von D. O. S. an O'Melveny, 26. Oktober 1945, S.-A.

8 Aktennotiz von Hungate an O'Shea, S.-A.
9 Telegramm von Reissar an D. O. S., 16. November 1945, S.-A.
10 Telegramm von O'Shea an D. O. S., 16. Dezember 1945, S.-A.
11 Interview mit Elsa Neptune in Santa Monica.
12 Steele, S. 79.
13 Davidson, S. 160.
14 Laurence Stallings, in: *Esquire,* August 1950.
15 Interview mit Grant.
16 Steele, S. 90.
17 Interview mit Marcel Machu in Los Angeles.
18 Interview mit Norman Lloyd.
19 Interview mit Lloyd.
20 Interview mit Michel Bernheim.
21 Interview mit Lloyd.
22 Interview mit Adler.
23 My Mother, Ingrid Bergman (Pia Lindström im Gespräch mit George Christy), in: *Good Housekeeping,* Oktober 1964.

11. »Der Kampf um Johanna hat begonnen!«

1 Sam Wanamaker: Sonnet to a Lady; ca. 1947 in einer ungenannten Zs. ersch. Gesammelt in der Ingrid-Bergman-Sammlung in der Lincoln Center Library of the Performing Arts.
2 Interviews mit Frederick O'Neal und Billy Rowe in New York.
3 *AP,* 28. Oktober 1946.
4 Steele, S. 115.
5 Whelan, S. 233.
6 Lincoln Barrett: Ingrid of Lorraine, in: *Life,* 24. März 1947.
7 Maxwell Anderson: How Ingrid Became Joan, in: *Photoplay,* April 1947.
8 S. J. Woolf: Backstage with Miss Bergman, in: *New York Times Magazine,* 29. Dezember 1946.
9 Interviews mit Frank Edwards in Beverly Hills und mit Warren Thomas.
10 Interview mit Lloyd.
11 Miss Bernstein Promises to Return, in: *New York Times,* 11. Mai 1947.
12 Brief von Fleming an I. B., zit. in B/B, S. 182.
13 Interview mit Michel Bernheim in Los Angeles.
14 Interview mit Pia Lindström.
15 Brief von Capa an I. B., zit. in B/B, S. 181.
16 Brief von Lindström an Wyler vom 31. Januar 1947.
17 Davidson, S. 158.
18 Aktennotiz im RKO-Archiv.
19 Brief von Fleming an I. B., undatiert, 1947.
20 Steele, S. 139.
21 Brief von I. B. an Roberts, zit. in B/B, S. 180.
22 Brief von I. B. an Roberts, zit. in B/B, S. 182.
23 Brief von Fleming an I. B., zit. in B/B, S. 185.
24 Interviews mit Edwards und Thomas.
25 Steele, S. 148.
26 Interview mit Celeste Holm in Washington, D.C.

27 Steele, S. 155.
28 Interview mit Adler.
29 Lambert, S. 86.
30 Interview mit Noel Howard in Los Angeles.
31 Laurence Stallings: The Real Ingrid Bergman Story, in: *Esquire*, August 1950.
32 Produktionsnotizen im RKO-Archiv.
33 Interview mit José Ferrer in Los Angeles.
34 Interview mit Howard.
35 Interview mit Ferrer.
36 Aktennotiz von Henligson an Wanger, 17. Dezember 1947, RKO.
37 B/B, S. 170.
38 Interview mit Adler.
39 Brief von I. B. an Roberts, zit. in B/B, S. 197.

12. »Ti amo«

1 Dies ergab eine Überprüfung von Zeitungen aus Los Angeles vom Frühjahr 1948.
2 Steele, S. 92, und Filmanzeigen in der *New York Times* in der fraglichen Zeit. Auch Lindström sagt, er habe den Film nie mit I. B. gesehen.
3 Irene Selznick, S. 374f.
4 B/B, S. 10.
5 Brief von I. B. an Milestone vom 19. April 1947; im Archiv der Library of Academy of Motion Picture Arts and Sciences.
6 Overbey, S. 102f.
7 Interview mit Marcella Mariani in Rom.
8 Interview mit Reissar in London.
9 Brief von Rossellini an D. O. S., S.-A.
10 Brief von D. O. S. an Reissar, 19. Juni 1948, S.-A.
11 Interview mit Howard.
12 Stern, S. 171.
13 Interview mit Pater Lisandrini in Rom.
14 Interview mit Helen Tubbs in New York.
15 Telegramm von Rossellini an Jones, S.-A.
16 Brief von Reissar an D. O. S., 28. September 1948, S.-A.
17 B/B, S. 200f.
18 Steele, S. 168.
19 *The Hollywood Reporter*, 16. November 1948.
20 Interview mit Peter Veger.
21 Steele, S. 159.
22 Steele, S. 168; und Interview mit Lindström.
23 Interview mit Helen Tubbs.
24 Interviews mit Veger und Lindström.
25 Davidson, S. 162.
26 Lamarr, S. 101f.
27 Interview mit Sam Goldwyn Jr. in Los Angeles.
28 Davidson, S. 162.
29 Vgl. Steele, S. 169.

30 Louella Parsons: The Bergman Bombshell, in: *Photoplay*, Juli 1949.
31 Interview mit Celeste Holm.

13. »Stackars lilla pappa, stackars lilla mamma«

1 Interview mit Ferrer.
2 News of the Screen, in: *New York Herald Tribune*, 14. März 1949.
3 Irene Selznick, S. 375.
4 Ebenda und Interview mit I. Selznick.
5 Interview mit Neuwald.
6 Tannenbaum, S. 237.
7 *The New Yorker*, 20. November 1948.
8 Interview mit Tubbs.
9 Interview mit Suso Cecchi d'Amico.
10 Ingrid Bergman Meets the Press in Rome, and Near-Riot Ensues; *Associated Press*, 22. März 1949.
11 Interview mit S. C. d'Amico.
12 Interview mit Marcella Mariani.
13 Beweisstück A in der Gerichtsverhandlung 1952.
14 Interview mit Marcella Mariani.
15 Davidson, S. 163.
16 Genet: Letter from Rome, in: *The New Yorker*, 19. März 1949.
17 Michael Wilson: Ingrid's Love Affair, in: *People* (GB), 3. Dez. 1950.
18 Interview mit Neuwald.
19 Wilson, in: *People*, a. a. O.
20 Interviews mit George Diehl in Arizona und mit Lindström.
21 Interview mit Igor Cassini in Mailand.
22 Interview mit Neuwald.
23 Stern, S. 174f.
24 Telegramm von Wanger an I. B., zit. in B/B, S. 246.
25 Brief von Breen an I. B., zit. in B/B, S. 245.
26 Interview mit Marcella Mariani.
27 Interview mit Brown.
28 Steele, S. 183.
29 Interview mit Brown.
30 Davidson, S. 163.
31 Ingrid's Mate Boards Plane, *United Press*, Rom, 6. Mai 1949.
32 Interview mit Britt Engström.
33 *Los Angeles Examiner*, 17. Juni 1952.
34 *Los Angeles Times*, 18. Juni 1952.
35 Wilson, in: *People* (GB), 27. November 1950.
36 Interview mit Neuwald.
37 Steele, S. 205.
38 Interview mit Pater Lisandrini.
39 Brief von I. B. an Steele, zit. in Steele, S. 255.
40 Overbey, S. 107.
41 Wilson, in: *People* (GB), 4. Dezember 1950.
42 Steele, S. 205.
43 Steele, S. 207—213.

14. »Allein in den Ruinen«

1 Steele, S. 219.
2 B/B, S. 267.
3 Ingrid Bares Her Troubles, in: *Los Angeles Times*, 10. Aug. 1949.
4 Steele, S. 229.
5 *Los Angeles Daily News*, 16. August 1949.
6 In: Ingrid and Pia Tell Their Own Stories, in der Lewis Sweyd Collection an der University of Southern California.
7 Interview mit Franco Rossellini in Rom.
8 Interview mit Cassini.
9 Steele, S. 238.
10 Interview mit Sandler.
11 *Los Angeles Herald Examiner*, 23. September 1949.
12 Steele, S. 283.
13 *New York Mirror*, 10. Oktober 1949.
14 Steele, S. 242.
15 Ebenda.
16 Brief von I. B. an Steele, zit. in Steele, S. 250.
17 Interview mit Pia Lindström.
18 Brief von I. B. an Steele vom 1. Dezember 1949, zit. in Steele, S. 257.
19 Brief von I. B., zit. in Steele, S. 254f.
20 Brief von Steele, zit. in Steele, S. 256f.
21 Steele, S. 259f.
22 *Los Angeles Examiner*, 12. Dezember 1949.
23 Interview mit Peck.
24 *The New York Times*, 15. Dezember 1949.
25 *International News Service*, von Michael Chinigo, Rom, 3. Februar 1949.
26 Brief von I. B. an Steele, zit. in Steele, S. 275.
27 Brief von I. B. an Steele, zit. in Steele, S. 277.
28 Genet: Letter from Rome, in: *The New Yorker*, 8. April 1950.

15. »Ein Kind der Liebe«

1 Interview mit Pater Lisandrini.
2 Vatican Attack on Rossellini, in: *Daily Telegraph*, 16. Februar 1950.
3 *London News*, 12. Februar 1950.
4 *Washington Post*, 10. Februar 1950.
5 *The Worker*, 22. Februar 1950.
6 Brief von I. B. an Steele, zit. in Steele, S. 284.
7 B/B, S. 291.
8 Interviews mit Ann Todd in London und mit David Lean in Beverly Hills.
9 Interview mit Fellini.
10 Interview mit Giulietta Masina.
11 Interview mit Fiorella Mariani in Rom.
12 Brief von D. O. S. an Reissar, 13. Juni 1950, S.-A.
13 Brief von I. B. an Steele, zit. in Steele, S. 295.

14 Interview mit einem prominenten italienischen Filmregisseur. In getrennten Interviews mit zweien seiner engsten Mitarbeiter bestätigt.
15 Interview mit Francesca Rodolfi.
16 Interview mit Pater Lisandrini.
17 Steele, S. 282.
18 *Los Angeles Examiner*, 24. Juni 1952.
19 *The New York Times*, 2. November 1950.
20 Brief von Brinn an Lindström, 17. November 1950.
21 Interview mit Fiorella Mariani.
22 Ausschnitt aus einer ungenannten Londoner Zeitung vom 7. Juli 1951, in der Bibliothek des British Film Institute.
23 Interview mit Todd.
24 Am 4. Juni 1952 im Superior Court of California.
25 *Los Angeles Daily News*, 30. August 1951.
26 Davidson, S. 159.
27 Rome Crowd Boos Ingrid, in: *Los Angeles Herald*, 16. Juni 1951.
28 Interview mit Masina.
29 *Bianco e Nero* No. 2, 1952, S. 15f.
30 Interview mit Bautzer in Los Angeles.
31 *Los Angeles Times*, 5. Juni 1952.
32 Pia Lindströms Tagebuch.
33 Interview mit Seaton in Beverly Hills.
34 *Los Angeles Examiner*, 14. Juni 1952.
35 Interview mit Bautzer.
36 Ingrid Sobs at Loss of Pia's Love, in: *New York Daily News*, 17. Juni 1952.
37 *Los Angeles Examiner* und *Los Angeles Times*, 27. Juni 1952.
38 B/B, S. 309f.

16. »Ich bin die große Bergman«

1 Interview mit Fiorella Mariani.
2 Interview mit Ralph Serpe in Beverly Hills.
3 Interview mit Isabella Rossellini.
4 Interview mit Pater Lisandrini.
5 Interview mit Peck.
6 *Daily Telegraph*, 25. Juni 1952.
7 Hedda Hopper: Behind Bergman's Closed Doors, in: *Modern Screen*, Mai 1952.
8 Interview mit Gina Lollobrigida in Venedig.
9 Interview mit Fiorella Mariani.
10 Interview mit Renzo Rossellini in New York.
11 Frank, S. 212.
12 Brief von I. B. an Steele, zit. in Steele, S. 312.
13 Interview mit Tubbs.
14 Ingrid Bergman to Quit Films, in: *New York Times*, 16. März 1953.
15 *Hollywood Reporter*, 8. Mai 1953.
16 A. E. Hotchner: The Enduring Courage of Ingrid Bergman, in: *McCall's*, Mai 1982.

17 *Vecko-Journalen*, 26. Februar 1955.
18 Davidson, S. 169f.
19 Ebenda, S. 170.
20 Ebenda, S. 171.
21 Interview mit Pater Lisandrini.
21a Brown, S. 124.
22 Brief von I. B. an Steele, zit. in Steele, S. 315.
23 Interview mit Dido Renoir.
24 *Citizen News*, 7. Juni 1955.
25 *Los Angeles Times*, 29. Juni 1955.
26 Interview mit Fellini.

17. »Willkommen zu Hause, Miss Bergman«

1 Interview mit Ferrer.
2 Interview mit Brown.
2a *Variety*, 21. Dezember 1955.
3 *Daily Mail*, 27. Juni 1956.
4 Interview mit Fiorella Mariani.
5 Interview mit Helen Hayes in New York.
6 *New York Times*, 4. Dezember 1956.
7 Davidson, S. 173.
8 B/B, S. 344.
9 Interview mit Robert Anderson in New York.
10 Interview mit Robertino Rossellini in Monte Carlo.
11 *The New York Times*, 5. August 1956.
12 *Newsweek*, 13. August 1956.
13 Interview mit Pia Lindström.
14 Brief von I. B. an Steele, zit. in Steele, S. 326.
15 Interviews mit Frank Edwards und Warren Thomas.
16 Dokumentation des Public Broadcasting Service.
17 Dick Williams, in: *New York Mirror-News*, 23. Januar 1957.
18 Ingrid's Return, in: *Newsweek*, 28. Januar 1957.
19 Brief von I. B. an Anderson.
20 Interview mit Grant.
21 Steele, S. 331.
22 *Los Angeles Herald Express*, 27. Mai 1957.
23 Interview mit Aldo Tonti in Rom.
24 *Los Angeles Times*, 21. Mai 1957.
25 Davidson, S. 173.
26 Brief von I. B. an Steele, zit. in Steele, S. 332.
27 Interview mit Todd.
28 My Mother, Ingrid Bergman, in: *Good Housekeeping*, Oktober 1964.
29 Interview mit Stanley Donen.
30 Interview mit Sonali Senroy in Rom.
31 *New York Times*, 8. November 1957.
32 Interview mit Pater Lisandrini.

18. »Das ist alles für mich«

1 Warner-Archiv.
2 Interview mit Isotta Rossellini in New York.
3 Brief von I. B. an Steele, zit. in Steele, S. 338.
4 Interview mit Donen.
5 Interview mit Grant.
6 Interview mit Anderson.
7 Warner-Archiv.
8 Zu Schmidts Biografie vgl. Dora Jane Hamblin: Hardly Anybody Knows Him — That's The Way He Wants It, in: *Life*, 16. Oktober 1964; außerdem Interviews mit Hamblin in Rom und mit Lars Schmidt in Paris.
9 Interview mit Schmidt.
10 Interview mit Schmidt.
11 Brief von I. B. an Steele, zit. in Steele, S. 343.
12 *Los Angeles Times*, 12. Juli 1958.
13 Ebenda.
14 Interview mit Schmidt.
15 Interview mit Franco Rossellini in Rom.
16 Herb Stein: Inside Hollywood, in: *Daily Racing Form, Los Angeles*, 3. Juni 1959.
17 Interview mit Danny Selznick in Washington, D.C.
18 Interview mit Schmidt.
19 Interview mit Dora Jane Hamblin.
20 Interview mit Schmidt.
21 Interview mit Isabella Rossellini.
22 Interview mit Schmidt.
23 *The New York Times*, 25. Januar 1959.
24 Interview mit Isabella Rossellini.
25 Interviews mit Isabella und Isotta Rossellini.
26 *Los Angeles Times*, 4. April 1959.
27 Vgl. *AP*, 17. April und 9. September 1959; *Washington Post*, 10. September 1959; *Newsweek*, 21. September 1959.
28 *The New Yorker*, 10. Oktober 1959.
29 *Newsweek*, 19. Oktober 1959.
30 *New York News Syndicate*, 14. Oktober 1959.
31 Interview mit Isabella Rossellini.
32 *Los Angeles Times*, 25. November 1960.
33 Hedda Hopper, in: *Los Angeles Times*, 25. November 1960.
34 Erskine Johnson-Kolumne, in: *Los Angeles Mirror*, 10. Februar 1961.
35 Interview mit Anthony Perkins in Los Angeles.
36 Brad Darrach: Psycho II, in: *People*, 13. Juni 1983.
37 Interview mit Perkins. Brad Darrach bleibt bei seiner Version.
38 Interview mit Perkins.
39 Interview mit Anthony Quinn. Das Interview führte Vesna Obradovic Leamer.
40 Interview mit Quinn.
41 Interview mit Mark Nichols in Boston.

42 *Daily Express*, 27. Juni 1964.
43 Warner-Archiv.
44 Interview mit Nichols.
45 Interview mit Fiorella Mariani.
46 Interview mit Sonali Senroy in Rom.
46a *UPI*, 12. Dezember 1961.
47 *Newsweek*, 25. November 1963.
48 Interview mit Pia Lindström.
49 *New York Daily News*, 27. Juni 1964.
50 Interview mit Quinn.
51 *New York Daily News*, 27. Juni 1964.
52 *Good Housekeeping*, Oktober 1964.
53 Interview mit Pia Lindström.
54 Interview mit Pia Lindström.
55 Interview mit Marcella Mariani.
56 Interview mit Pia Lindström.
57 *Los Angeles Herald-Examiner*, 31. Juli 1965.
58 *Modern Screen*, November 1965.

19. »Man lebt einfach so«

1 Interview mit Raymond Gérôme in Paris.
2 *Life*, 16. Oktober 1964.
3 Interview mit Isabella Rossellini.
4 Interview mit Maximilian Schell in Venedig.
5 Interview mit Isabella Rossellini.
6 Interview mit Isabella Rossellini.
7 *Los Angeles Times West Magazine*, 10. September 1967.
8 *The New York Times*, 14. September 1967.
9 Dokumentation des Public Broadcasting Service.
10 Interview mit Thomas.
11 Interview mit Isotta Rossellini.
12 Interview mit Stig Nahlbom.
13 Interview mit Stirling Silliphant in Beverly Hills.
14 Interview mit Todd.
15 Interview mit Walter Matthau in Venedig.
16 Muriel Davidson: Ingrid Bergman: The New Happiness in Her Life, in: *Good Housekeeping*, Mai 1969.
17 Interview mit Quinn.
18 Interview mit Silliphant.
19 *Los Angeles Herald-Examiner*, 7. Juni 1969.
20 Interview mit John Veitch in Los Angeles.
21 Interview mit Quinn.
22 B/B, S. 418f.

20. »Liebling, das bist du, die weint«

1 Interview mit Fiorella Mariani.
2 Interview mit Anderson.

3 Interview mit Frith Banbury in London.
4 Interview mit Griffith James.
5 Interview mit Joss Ackland in London.
6 Interview mit Louie Hollis in London.
7 Interview mit Matthau.
8 *Washington Post*, 28. März 1972.
9 Interview mit Joseph Daly in Venedig.
10 Interview mit Fiorella Mariani.
11 Interview mit Isotta Rossellini.
12 Interview mit Todd.
13 Michael Thornton über den Tod von I. B., in: *Daily Express*, 27. bis 30. September 1982.
14 *Los Angeles Times*, 16. Januar 1974.
15 Interview mit James.
16 Interview mit Laurence Evans in London.
17 Interview mit Isotta Rossellini.
18 Interview mit Evans.
19 Interview mit James, in Venedig und London.
20 Interview mit Kjellin.
21 Interview mit Liza Minnelli in Venedig.
22 Interview mit Joel E. Siegel in Washington, D.C.

21. »Meine Tage sind gezählt«

1 Interviews mit Bill Davidson und Danny Selznick.
2 Interview mit Pavo Turtiainen in New York.
3 Interview mit Turtiainen.
4 Interview mit Alan Burgess in Houston.
5 Interview mit Isabella Rossellini.
6 Interview mit Francesca Rodolfi.
7 Interview mit Fiorella Mariani.
8 Interview mit Wendy Hiller.
9 Interview mit James.
10 Interview mit Hiller.
11 Interview mit Isabella Rossellini.
12 Einleitung zu Winquist/Jungstedt.
13 Interview mit Ingmar Bergman.
14 Interview mit Mimi Pollak in Stockholm.
15 Private Dokumentation zu den Dreharbeiten an *Herbstsonate*.
16 Interview mit Ingmar Bergman.
17 Dokumentation zu *Herbstsonate*.
18 Interview mit Ingmar Bergman.
19 Ingmar Bergman, S. 72 und S. 83ff.
20 Interview mit Ingmar Bergman.

22. »Oh, Wendy, es ist doch nur ein Spiel«

1 Interview mit James.
2 Interview mit Schmidt.

3 Interview mit John Van Eyssen.
4 Interview mit Patrick Garland.
5 Interview mit Hiller.
6 Interview mit Hollis.
7 Interview mit Hiller.
8 Interview mit Garland.
9 Interview mit Hollis.
10 Interview mit Anthony Peek.
11 Interview mit Fiorella Mariani.
12 Interview mit Isabella Rossellini. Pia Lindström hat keinen Kommentar zu dem Zwischenfall abzugeben.
13 Interview mit Todd.
14 Interview mit Bill Davidson und Lindström.
15 Interview mit Ben und Carla Benjamin in Beverly Hills.
16 Interview mit Carla Benjamin.
17 Videoaufzeichnung, im American Film Institute in Los Angeles.
18 Interview mit Isabella Rossellini.
19 Spoto, S. 644.
20 Interview mit Burgess.
21 Interview mit Isabella Rossellini.
22 Interview mit Martin Scorsese in New York.
23 Todd, S. 220.
24 Interview mit Isabella Rossellini.
25 Interviews mit Todd und Isabella Rossellini.
26 Interview mit Engström.
27 Videoaufzeichnung der Veranstaltung.
28 Interview mit James.
29 Interview mit Burgess.
30 Interviews mit Ross Claiborne und Jeanne Bernkopf.
31 Interview mit Burgess.
32 Interview mit Claiborne.
33 Interview mit Bernkopf.
34 Tagebuch von I. B., eingesehen im Hause von Isabella Rossellini.

23. »Ich will nicht, daß der Film vorbei ist«

1 Interviews mit Harve Bennett und Silvia Rubinstein in Los Angeles.
2 Interview mit Hall in Beverly Hills.
3 Interview mit Engström.
4 Interview mit Gene Corman.
5 Interview mit Evans.
6 Interview mit Marilyn Hall.
7 Interview mit Bennett.
8 Interview mit Pia Lindström.
9 Interview mit Alan Gibson in London.
10 Interview mit Wally Schneiderman in London.
11 Interview mit Bennett.
12 Interview mit Margaret Johnstone in London.
13 Interview mit Schneiderman.

14 Interview mit Alan Greenberg in Los Angeles.
15 Interview mit Leonard Nimoy in Hollywood.
16 Interview mit Corman in Los Angeles.
17 Interview mit Monty Hall.
18 Interview mit Schmidt.
19 Interview mit Isabella Rossellini.

24. »Ich bin allein«

1 Interview mit Johnstone
2 Interview mit Isabella Rossellini.
3 Thornton, in: *Daily Express*, 30. September 1982.
4 Interview mit James.
5 Interview mit Engström.
6 Interview mit Todd.
7 Interview mit Fiorella Mariani.
8 Interview mit Shirley Green in Beverly Hills.
9 Interview mit Franka in London.
10 Interview mit Isotta Rossellini.
11 Interview mit Steven Weiss in New York.
12 Interview mit Van Eyssen.
13 Interview mit Thomas.
14 Brief von I. B. an Alving vom 6. Juli 1982, zit. in der schwedischen Zeitschrift *Saxons*.
15 Interview mit Fiorella Mariani.
16 Interview mit Johnstone.
17 Interview mit Isabella Rossellini.
18 Interview mit Isotta Rossellini.
19 Interview mit Engström.
20 Interview mit Hall.
21 Interview mit Todd.
22 Interview mit Schmidt.
23 Interview mit Lasse Lundberg in Fjällbacka.
24 Interviews mit Lasse und Ingela Lundberg.
25 Interview mit Turtiainen.
26 Interview mit Engström.
27 Interview mit Danielsson.
28 Interview mit James.
29 Interview mit Todd.
30 Interview mit Johnstone.

Das endlose Meer

1 *The Times of London*, 15. Oktober 1982.
2 Interviews mit Schmidt sowie mit Lasse und Ingela Lundberg.

Literaturverzeichnis

Adler, Larry: It Ain't Necessarily So. London 1984.
Adolphson, Edvin: Edvin Adolphson berättar om sitt liv med fru Thalia, fru Filmia och andra fruar. Stockholm 1972.
Anobile, Richard Jr.: Casablanca. New York 1974.
Arce, Hector: Gary Cooper. New York 1980.
Austin, Paul Britten: On Being Swedish: Reflections Towards a Better Understanding of the Swedish Character. London 1968.
Avallone, Michael: A Woman Called Golda. New York 1982.
Bacon, James: Made in Hollywood. New York 1977.
Barnett, Lincoln: Writing on Life: Sixteen Close-Ups. New York 1951.
Barzini, Luigi: Cäsaren, Casanovas und Banditen. München 1973.
Behlmer, Rudy: America's Favorite Movies Behind the Scenes. New York 1982.
Behlmer, Rudy (Hg.): Memo from Selznick. New York 1972.
Benchley, Nathaniel: Humphrey Bogart. Boston 1975.
Béranger, Jean: La Grande Aventure du Cinéma Suédois. Paris 1956.
Berenson, Bernard: The Passionate Sightseer: From the Diaries 1947—1956. New York 1960.
Bergman, Ingmar: Herbstsonate. Hamburg 1978.
Bergman, Ingrid, und Burgess, Alan: Ingrid Bergman — Mein Leben. Frankfurt/M. — Berlin — Wien 1984.
Boccardi, Luciana (Hg.): Dossier Ingrid Bergman. Una Vita per il Cinema. Venedig 1983.
Bondanella, Peter: Italian Cinema from Neorealism to the Present. New York 1983.
Bowers, Ronald: The Selznick Players. New York 1976.
Brown, Curtis F.: Ingrid Bergman. Ihre Filme — ihr Leben. 4., überarb. Aufl. München 1984.
Capa, Robert: Slightly out of Focus. New York 1947.
Chierichetti, David: Hollywood Costume Design. New York 1977.
Cowie, Peter: Ingmar Bergman, A Critical Biography. New York 1982.
—: Swedish Cinema. London 1966.
Crick, Bernard: George Orwell. Ein Leben. Frankfurt/Main 1984.
Davidson, William: The Real and the Unreal. New York 1961.
Dyer, Richard: Stars. London 1982.
Francisco, Charles: You Must Remember This . . . The Filming of Casablanca. Englewood Cliffs, N. J. 1980.
Frank, Gerold: Zsa Zsa Gabor: My Story. Cleveland und New York 1960.
Guarner, Luis José: Roberto Rossellini. New York 1970.
Henreid, Paul, und Fast, Julius: Ladies' Man: An Autobiography. New York 1984.

Higham, Charles, und Greenberg, Joel: Hollywood in the Forties. New York 1968.
Hotchner, A. E.: Choice People. New York 1984.
Hyams, Joe: Bogie: The Biography of Humphrey Bogart. New York 1966.
Katz, Roberto: Death in Rome. New York 1967.
Koch, Howard: As Times Goes By. New York 1979.
—: Casablanca: Script and Legend. Woodstock 1973.
Lamarr, Hedy: Ecstasy and Me: My Life as a Woman. New York 1966.
Lambert, Gavin: GWTW: The Making of Gone With the Wind. Boston 1973.
Liehm, Mira: Passion and Defiance: Film in Italy from 1942 to the Present. Berkeley 1984.
Madsen, Axel: William Wyler, the Authorized Biography. New York 1973.
McBride, Joseph (Hg.): Persistence of Vision. Madison 1968.
Millichap, Joseph R.: Lewis Milestone. Boston 1981.
Oakley, Stewart: A Short History of Sweden. New York 1966.
Overbey, David (Hg.): Springtime in Italy: A Reader on Neo-Realism. Hamden, Conn. 1978.
Procaci, Giuliano: History of the Italian People. New York 1968.
Quirk, Lawrence J.: Ingrid Bergman und ihre Filme. München 1982.
Ranvaud, Don: Roberto Rossellini. London 1981.
Rhode, Eric: A History of the Cinema from Its Origins to 1970. Middlesex 1979.
Roncoroni, Stefano (Hg.): The War Trilogy of Roberto Rossellini. New York 1973.
Rosenzweig, Sidney: Casablanca and Other Major Films of Michael Curtiz. Ann Arbor, Mich. 1982.
Sanders, George: Memoirs of a Professional Cad. New York 1960.
Scott, Franklin D.: Sweden: The Nation's History. Minneapolis 1977.
Selznick, Irene: A Private View. New York 1983.
Shipton, David: The Great Movie Stars: The Golden Years. New York 1979.
Sklar, Robert: Movie-Made America: A Cultural History of American Movies. New York 1975.
Skoglund, Gunnar: God min i brokigt spel. Stockholm 1983.
Smith, Dennis Mack: Mussolini: A Biography. New York 1983.
Spoto, Donald: Alfred Hitchcock. Die dunkle Seite des Genies. Hamburg 1984.
Steele, Joseph Henry: Ingrid Bergman: An Intimate Portrait. New York 1959.
Stern, Michael: No Innocence Abroad. New York 1952.
Swindell, Larry: The Reluctant Lover: Charles Boyer. Garden City, N. Y. 1983.
Tannenbaum, Edward R.: The Fascist Experience: Italian Society and Culture 1922—1945. New York 1972.
Taylor, John Russell: Ingrid Bergman. New York 1983.
—: Fremde im Paradies. Emigranten in Hollywood 1933—1950. Berlin 1984.
Tengroth, Birgit: Livs levande . . . Stockholm 1952.

Thomas, Bob: Selznick. New York 1970.
Todd, Ann: The Eighth Veil. New York 1981.
Trevelyan, Raleigh: Rome '44: The Battle for the Eternal City. New York 1982.
Verdone, Mario: Roberto Rossellini. Paris 1963.
von Heidenstam, O. G.: Swedish Life in Town and Country. New York 1904.
von Zweigbergk, Eva: Stockholm to Delight You. Stockholm 1960.
Walker, Alexander: Stardom: The Hollywood Phenomenon. New York 1970.
Wallis, Hal, und Higham, Charles: Star Maker. New York 1981.
Warner, Marina: Joan of Arc: The Image of Female Heroism. New York 1981.
Welch, David: Propaganda and the German Cinema. Oxford 1983.
Whelan, Richard: Robert Capa. New York 1985.
Winquist, Sven, und Jungstedt, Torsten: Svenskt filmskådespelarlexikon. Stockholm 1973.
Yeadon, David: Backroad Journey of Southern Europe. New York 1981.

Filme, Theater- und Fernsehauftritte

In Klammern die Filmtitel, von denen keine deutsche Fassung existiert.

Munkbrogreven *(Der Graf von der Mönchsbrücke)*
Svensk Filmindustri, 1934
Produktion: AB Fribergs Filmbyrå
Regie: Edvin Adolphson und Sigurd Wallén
Drehbuch: Gösta Stevens, nach dem Bühnenstück *Greven av Gamla Sta'n* von Arthur und Siegfried Fischer
Besetzung: Valdemar Dahlquist, Sigurd Wallén, Eric Abrahamsson, Weyler Hildebrand, Artur Cederborg, Edvin Adolphson, Ingrid Bergman, Tollie Zellman, Julia Caesar, Arthur Fischer, Emil Fjellström, Wiktor Andersson

Bränningar *(Brandungen)*
Svensk Filmindustri, 1935
Produktion: Film AB Skandinavien
Regie: Ivar Johansson
Drehbuch: Ivar Johansson, nach einer Idee von Henning Ohlsson
Besetzung: Tore Svennberg, Sten Lindgren, Carl Ström. Ingrid Bergman, Bror Olsson, Knut Frankman, Carin Swensson, Weyler Hildebrand, Georg Skarstedt, Henning Ohlsson, Wera Lindby, Viktor Öst, Emmy Albiin, Wiktor Andersson, Helga Brofeldt, Carl Browallius, Olle Grenberg, Holger Löwenadler, E. Rosén

Swedenhielms *(Die Swedenhielms)*
Svensk Filmindustri, 1935
Produktion: AB Svensk Filmindustri
Regie: Gustav Molander
Drehbuch: Stina Bergman, nach dem Bühnenstück von Hjalmar Bergman
Besetzung: Ingrid Bergman, Gösta Ekman, Karin Swanström, Håkan Westergren, Björn Berglund, Tutta Rolf, Sigurd Wallén, Nils Ericsson, Adéle Söderholm, Mona Geijer-Falkner, Hjalmar Peters, Sven Jerring

Valborgsmössoafton *(Walpurgisnacht)*
Svensk Filmindustri, 1935
Produktion: AB Svensk Filmindustri
Regie: Gustaf Edgren
Drehbuch: Oscar Rydquist und Gustaf Edgren

Besetzung: Lars Hanson, Karin Carlsson (Karin Kavli), Victor Sjöström, Ingrid Bergman, Erik Berglund, Sture Lagerwall, Georg Blickingberg, Stig Järrel, Richard Lund, Linnéa Hillberg, Marie-Louise Sorbon

På Solsidan *(Auf der Sonnenseite)*
Svensk Filmindustri, 1936
Produktion: Aktiebolaget Wivefilm
Regie: Gustav Molander
Drehbuch: Oscar Hemberg und Gösta Stevens, nach dem Bühnenstück von Helge Krog
Besetzung: Lars Hanson, Ingrid Bergman, Karin Swanström, Edvin Adolphson, Einar Axelsson, Marianne Löfgren, Carl Browallius, Erik Bullen Berglund, Eddie Figge, Olga Andersson, Wiktor Andersson, Eric Gustafson

Intermezzo *(Intermezzo)*
Svensk Filmindustri, 1936
Produktion: AB Svensk Filmindustri
Regie: Gustav Molander
Drehbuch: Gustav Molander und Gösta Stevens, nach einer Erzählung von Gustav Molander
Besetzung: Gösta Ekman, Ingrid Bergman, Inga Tidblad, Hasse Ekman, Erik Berglund, Hugo Björne, Emma Meissner, Britt Hagman, Anders Henrikson, George Fant, Folke Helleberg, Millan Bolander, Carl Ström

Dollar *(Dollar)*
Svensk Filmindustri, 1938
Produktion: AB Svensk Filmindustri
Regie: Gustav Molander
Drehbuch: Stina Bergman und Gustav Molander, nach einer Komödie von Hjalmar Bergman
Besetzung: Georg Rydeberg, Ingrid Bergman, Kotti Chave, Håkan Westergren, Birgit Tengroth, Elsa Burnett, Edvin Adolphson, Gösta Cederlund, Erik Rosén, Carl Ström, Axel Högel, Millan Bolander

En kvinnas ansikte *(Das Gesicht einer Frau)*
Svensk Filmindustri, 1938
Produktion: AB Svensk Filmindustri
Regie: Gustav Molander
Drehbuch: Gösta Stevens, nach *Il était une fois* von François de Croisset
Besetzung: Ingrid Bergman, Anders Henrikson, Karin Kavli, Magnus Kesster, Erik Berglund, Gösta Cederlund, Georg Rydeberg, Bror Bügler, Tore Svennberg, Göran Bernhard, Gunnar Sjöberg, Hilda Borgström, Sigurd Wallén

Die vier Gesellen
UFA, 1938
Produktion: UFA
Regie: Carl Froelich

Drehbuch: Jochen Huth, nach seinem Bühnenstück
Besetzung: Ingrid Bergman, Sabine Peters, Carsta Löck, Hans Söhnker, Ursula Herking, Leo Slezak, Erich Ponto, Heinz Weizel, Willi Rose, Karl Haubenreiber, Wilhelm P. Krüger, Lotte Braun

En enda natt *(Nur eine Nacht)*
Svensk Filmindustri, 1939
Produktion: AB Svensk Filmindustri
Regie: Gustav Molander
Drehbuch: Gösta Stevens, nach der Erzählung *En eneste nat* von Harold Tandrup
Besetzung: Ingrid Bergman, Edvin Adolphson, Aino Taube, Olof Sandborg, Erik Berglund, Marianne Löfgren, Magnus Kesster, Sophus Dahl, Ragna Breda, John Eklöf, Tor Borong, Wiktor Andersson, Ka Nerell

Intermezzo: A Love Story / Intermezzo
Selznick International-United Artists, 1939
Produktion: David O. Selznick
Regie: Gregory Ratoff
Drehbuch: George O'Neil, auf der Grundlage des schwedischen Szenariums von Gustav Molander und Gösta Stevens
Besetzung: Leslie Howard, Ingrid Bergman, Edna Best, John Halliday, Cecil Kellaway, Enid Bennett, Ann Todd, Douglas Scott, Eleanor Wesselhoeft, Moira Flynn

Juninatten *(Die Juninacht)*
Svensk Filmindustri, 1940
Produktion: AB Svensk Filmindustri
Regie: Per Lindberg
Drehbuch: Ragnar Hyltén-Cavallius und Per Lindberg, nach einer Erzählung von Tora Nordström-Bonnier
Besetzung: Ingrid Bergman, Marianne Löfgren, Gunnar Sjöberg, Olof Widgren, Marianne Aminoff, Lill-Tollie Zellman, Gabriel Alw, Olof Winnerstrand, Sigurd Wallén, Hasse Ekman, Gudrun Brost

Liliom / Liliom
Bühnenstück von Ferenc Molnár, Bühnenbearbeitung: Benjamin Glazer
Produktion: Vinton Freedley
Inszenierung: Benno Schneider
Uraufführung: Forty-fourth Street Theater, New York, 25. März 1940
Besetzung: Burgess Meredith, Ingrid Bergman, Margaret Wycherly, John Emery, Ann Mason, Elia Kazan, Beatrice Pearson, Elaine Perry

Adam Had Four Sons / Adam hatte vier Söhne
Columbia, 1941
Produktion: Robert Sherwood
Regie: Gregory Ratoff
Drehbuch: William Hurlbutt und Michael Blankfort
Besetzung: Ingrid Bergman, Warner Baxter, Susan Hayward, Fay Wray,

Richard Denning, Johnny Downs, Robert Shaw, Charles Lind, Helen Westley, June Lockhart, Pete Sosso, Gilbert Emery, Renie Riano, Clarence Muse, Billy Ray, Steven Muller, Wallace Chadwell, Bobby Walberg

Rage in Heaven / Gefährliche Liebe
Metro-Goldwyn-Mayer, 1941
Produktion: Gottfried Reinhardt
Regie: W. S. Van Dyke II
Drehbuch: Christopher Isherwood und Robert Thoeren, nach der Romanvorlage von James Hilton
Besetzung: Robert Montgomery, Ingrid Bergman, George Sanders, Lucile Watson, Oscar Homolka, Philip Merivale, Matthew Boulton, Aubrey Mather, Frederic Worlock, Francis Compton, Gilbert Emery, Ludwig Hart

Dr. Jekyll and Mr. Hyde / Arzt und Dämon
Metro-Goldwyn-Mayer, 1941
Produktion und Regie: Victor Fleming
Drehbuch: John Lee Mahin, nach einer Erzählung von Robert Stevenson
Besetzung: Ingrid Bergman, Spencer Tracy, Lana Turner, Ian Hunter, Donald Crisp, Barton MacLane, C. Aubrey Smith, Sara Allgood, Peter Godfrey, Frederick Worlock, William Tannen, Francis Robinson, Denis Green, Billy Bevan, Forrester Harvey, Lumsden Hare, Lawrence Grant, John Barclay

Anna Christie / Anna Christie
Bühnenstück von Eugene O'Neill
Produktion: Selznick Company
Regie: John Houseman und Alfred de Liagre Jr.
Uraufführung: Lobero Theater, Santa Barbara, 30. Juli 1941; Aufführungen in San Francisco und New Jersey
Besetzung: Ingrid Bergman, Damian O'Flynn, Jessie Bosley, J. Edward Bromberg, John Miller, Peter Bronte, Edmund Glover, Walter Brooke, William Alland

Casablanca / Casablanca
Warner Brothers, 1942
Produktion: Hal B. Wallis
Regie: Michael Curtiz
Drehbuch: Julius J. und Philip G. Epstein sowie Howard Koch, nach dem Bühnenstück *Everybody Comes to Rick's* von Murray Burnett und Joan Alison
Besetzung: Humphrey Bogart, Ingrid Bergman, Paul Henreid, Claude Rains, Conrad Veidt, Sydney Greenstreet, Peter Lorre, S. Z. Sakall, Madeleine LeBeau, Dooley Wilson, Joy Page, John Qualen, Leonid Kinsky, Helmut Dantine, Curt Bois, Marcel Dalio, Corrina Mura, Ludwig Stossel, Ilka Gruning, Charles La Torre, Frank Puglia, Dan Seymour

Swedes in America *(Schweden in Amerika)*
Office of War Information, 1943
Produktion: Office of War Information's Overseas Bureau
Regie: Irving Lerner
Besetzung: Ingrid Bergman und Charles Swenson und seine Familie in Chisago, Minnesota, sowie einige ihrer Nachbarn

For Whom the Bell Tolls / Wem die Stunde schlägt
Paramount, 1943
Produktion und Regie: Sam Wood
Drehbuch: Dudley Nichols, nach dem Roman von Ernest Hemingway
Besetzung: Gary Cooper, Ingrid Bergman, Akim Tamiroff, Katina Paxinou, Joseph Calleia, Vladimir Sokoloff, Arturo de Cordova, Michail Rasumny, Eduardo Ciannelli, Fortunio Bonanova, Duncan Renaldo, Alexander Granach, Leonid Snegoff, George Coulouris, Frank Puglia, Pedro de Cordoba, Michel Visaroff, Konstantin Shayne, Martin Garralaga, Jean Del Val, Jack Mylong, Feodor Chaliapin, Mayo Newhall, Michael Dalmatoff, Antonio Vidal, Robert Tafur, Armand Roland

Saratoga Trunk / Spiel mit dem Schicksal
Warner Brothers, 1943
Produktion: Hal B. Wallis
Regie: Sam Wood
Drehbuch: Casey Robinson, nach dem Roman von Edna Ferber
Besetzung: Gary Cooper, Ingrid Bergman, Flora Robson, Jerry Austin, Florence Bates, John Warburton, John Abbott, Curt Bois, Ethel Griffies, Minor Watson, Louis Payne, Fred Essler, Adrienne D'Ambricourt, Helen Freeman, Sophie Huxley, Maria Shelton, Sarah Edwards, Jacqueline de Wit, Thurston Hall, William B. Davidson, Theodore Von Eltz, Glenn Strange, Monte Blue, Georges Renavent, Alice Fleming, Alan Bridge, Ruby Dandridge, Ralph Dunn

Gaslight / Das Haus der Lady Alquist
Metro-Goldwyn-Mayer, 1944
Produktion: Arthur Hornblow Jr.
Regie: George Cukor
Drehbuch: John Van Druten, Walter Reisch und John L. Balderston, nach dem Bühnenstück *Angel Street* von Patrick Hamilton
Besetzung: Charles Boyer, Ingrid Bergman, Joseph Cotten, Dame May Whitty, Angela Lansbury, Barbara Everest, Emil Rameau, Edmund Breon, Halliwell Hobbes, Tom Stevenson, Heather Thatcher, Lawrence Grossmith

The Bells of St. Mary's / Die Glocken von St. Marien
RKO Radio, 1945
Produktion und Regie: Leo McCarey für Rainbow Produktions
Drehbuch: Dudley Nichols, nach einer Erzählung von Leo McCarey
Besetzung: Bing Crosby, Ingrid Bergman, Henry Travers, William Gargan, Ruth Donnelly, Joan Carroll, Martha Sleeper, Rhys Williams, Dickie

Tyler, Una O'Connor, Bobby Fresco, Aina Constant, Gwen Crawford, Matt McHugh, Edna Wonacott, Jimmy Crane, Minerva Urecal, Pietro Sosso, Cora Shannon, Joseph Palma, Jimmy Dundee, Dewey Robinson

Spellbound / Ich kämpfe um dich
Selznick-United Artists, 1945
Produktion: David O. Selznick
Regie: Alfred Hitchcock
Drehbuch: Ben Hecht, Bühnenbearbeitung von Angus MacPhail nach dem Roman *The House of Doctor Edwards* von Francis Beeding
Besetzung: Ingrid Bergman, Gregory Peck, Michael Chekhov, Jean Acker, Donald Curtis, Rhonda Fleming, Leo G. Carroll, Norman Lloyd, John Emery, Paul Harvey, Steven Geray, Erskine Sanford, Janet Scott, Victor Kilian, Wallace Ford, Dave Willock, Bill Goodwin, George Meader, Matt Moore, Harry Brown, Art Baker, Regis Toomey, Joel Davis, Clarence Straight, Teddy Infuhr, Richard Bartell, Addison Richards, Edward Fielding

Notorious / Weißes Gift, später: Berüchtigt
RKO Radio, 1946
Produktion und Regie: Alfred Hitchcock
Drehbuch: Ben Hecht
Besetzung: Cary Grant, Ingrid Bergman, Claude Rains, Louis Calhern, Madame Konstantin, Ivan Triesault, Reinhold Schünzel, Moroni Olsen, Alex Minotis, Wally Brown, Ricardo Costa, Sir Charles Mendl, Eberhard Krumschmidt, Fay Baker

Joan of Lorraine / Johanna aus Lothringen
Bühnenstück von Maxwell Anderson
Dargeboten von The Playwrights Company
Regie: Margo Jones
Alvin Theater, New York, 1946
Besetzung: Ingrid Bergman, Sam Wanamaker, Kenneth Tobey, Gilmore Brush, Romney Brent, Roger De Koven, Kevin McCarthy, Joseph Wiseman

Arch of Triumph / Triumphbogen
Enterprise-United Artists, 1948
Produktion: David Lewis für Enterprise Studios
Regie: Lewis Milestone
Drehbuch: Lewis Milestone und Harry Brown, nach dem Roman von Erich Maria Remarque
Besetzung: Ingrid Bergman, Charles Boyer, Charles Laughton, Louis Calhern, Roman Bohnen, Stephen Bekassy, Ruth Nelson, Curt Bois, J. Edward Bromberg, Michael Romanoff, Art Smith, John Laurenz, Leon Lenoir, Franco Corsaro, Nino Pepitoni, Vladimir Rashevsky, Alvin Hammer, Jay Gilpin, Ilia Khmara, Andre Marsauden, Hazel Brooks, Byron Foulger, William Conrad, Peter Virgo, Feodor Chaliapin

Joan of Arc / Johanna von Orléans
Sierra Pictures-RKO-Radio, 1948
Produktion: Walter Wanger
Regie: Victor Fleming
Drehbuch: Maxwell Anderson und Andrew Solt, nach dem Bühnenstück *Joan of Lorraine* von Maxwell Anderson
Besetzung: Ingrid Bergman, José Ferrer, George Coulouris, Richard Derr, Selena Royle, Jimmy Lydon, Francis L. Sullivan, Irene Rich, Gene Lockhart, Nicholas Joy, Richard Ney, Colin Keith-Johnston, Leif Erickson, John Emery, John Ireland, Ward Bond, J. Carroll Naish, Hurd Hatfield, Cecil Kellaway, Philip Bourneuf, Sheppard Strudwick, Taylor Holmes

Under Capricorn / Sklavin des Herzens
Warner Brothers, 1949
Produktion: Transatlantic Pictures
Regie: Alfred Hitchcock
Drehbuch: James Bridie, nach Hume Cronyns Bearbeitung des Bühnenstücks von John Colton und Margaret Linden und dem Roman von Helen Simpson
Besetzung: Ingrid Bergman, Joseph Cotten, Michael Wilding, Margaret Leighton, Cecil Parker, Denis O'Dea, Jack Watling

Stromboli / Stromboli
RKO Radio, 1950
Produktion und Regie: Roberto Rossellini
Erzählung von Roberto Rossellini in Zusammenarbeit mit Art Cohn und Renzo Cesana
Besetzung: Ingrid Bergman, Mario Vitale, Renzo Cesana, Mario Sponza

Europa '51 / Europa '51
I.F.E. Releasing Corp., 1951
A Ponti-De Laurentiis Production
Produktion und Regie: Roberto Rossellini
Drehbuch: Roberto Rossellini, Sandro de Leo, Mario Pannunzio, Ivo Perilli und Brunello Rondi, nach Roberto Rossellinis Erzählung
Besetzung: Ingrid Bergman, Alexander Knox, Ettore Giannini, Giulietta Masina, Teresa Pellati, Sandro Franchina, William Tubbs, Alfred Browne

Siamo Donne *(Wir Frauen)*
Titanus, 1953
The Chicken, das dritte von fünf Segmenten, Erzählungen und Stücken von Cesare Zavattini; Luigi Chiarini wirkte am Drehbuch mit
Regie: Roberto Rossellini
Besetzung: Ingrid Bergman, Anna Magnani, Isa Miranda, Alida Valli, Emma Danieli, Anna Amendola

Giovanna d'Arco al Rogo / Johanna auf dem Scheiterhaufen
Oratorium von Arthur Honegger, Libretto von Paul Claudel
Produktion und Regie: Roberto Rossellini

Teatro San Carlo, Neapel, 1953, und anderswo
Besetzung: Ingrid Bergman, Tullio Carminati, Marcella Pobbe, Florence Quartarar, Miriam Pirazzini, Giacinto Prandelli

Viaggio in Italia / Liebe ist stärker, später: Reise nach Italien
Titanus, 1954
Produktion: Roberto Rossellini zusammen mit Sveva-Junior Films
Regie: Roberto Rossellini
Erzählung und Drehbuch von Roberto Rossellini und Vitaliano Brancati
Besetzung: Ingrid Bergman, George Sanders, Paul Muller, Anna Proclemer, Maria Mauban, Leslie Daniels, Natalia Rai, Jackie Frost

Giovanna d'Arco al Rogo *(Johanna auf dem Scheiterhaufen)*
ENIC, 1954
Produktion und Regie: Roberto Rossellini
Drehbuch: Roberto Rossellini, nach Erzählung und Dialog von Paul Claudel sowie dem Oratorium von Paul Claudel und Arthur Honegger
Besetzung: Ingrid Bergman, Tullio Carminati, Giacinto Prandelli, Augusto Romani, Plinio Clabassi, Saturno Melletti

Angst / La Paura
Minerva Films, 1955
Produktion: Minerva Films
Regie: Roberto Rossellini
Drehbuch: Roberto Rossellini, Sergio Amidei und Franz Graf Treuberg, nach dem Roman *Angst* von Stefan Zweig
Besetzung: Ingrid Bergman, Mathias Wieman, Renate Mannhardt, Kurt Kreuger, Elise Aulinger

Elena et les hommes / Weiße Margeriten, später: Elena und die Männer
Franco-London Film / Films Gibé (Paris), 1956
Produktion und Regie: Jean Renoir
Drehbuch: Jean Renoir, nach seiner Erzählung
Besetzung: Ingrid Bergman, Mel Ferrer, Jean Marais, Juliette Greco, Marjane, George Higgins, J. Richard

Anastasia / Anastasia
20th Century-Fox, 1956
Produktion: Buddy Adler
Regie: Anatole Litvak
Drehbuch: Arthur Laurents, Bearbeitung von Guy Bolton nach dem Bühnenstück von Marcel Maurette
Besetzung: Ingrid Bergman, Yul Brynner, Helen Hayes, Akim Tamiroff, Martita Hunt, Felix Aylmer, Sacha Piteoff, Ivan Desny, Natalie Schäfer, Gregoire Gromoff, Karel Stepanek, Ina De La Haye, Katherine Kath

Tea and Sympathy / Tee und Sympathie
Bühnenstück von Robert Anderson, französische Fassung: Roger-Ferdinand, präsentiert von Elvire Popesco und Hubert de Malet

Regie: Jean Mercure
Uraufführung: Théâtre de Paris, 2. Dezember 1956
Besetzung: Ingrid Bergman, Jean-Loup Philippe, Yves Vincent, Georges Berger, Simone Paris, Bernard Lajarrige, Guy Sarrazin, Guy Kerner, Bernard Klein, Jean Mondani, Pierre Derone

Indiscreet / Indiskret
Warner Brothers, 1958
Produktion und Regie: Stanley Donen für Grandon Productions
Drehbuch: Norman Krasna, nach seinem Bühnenstück *Kind Sir*
Besetzung: Cary Grant, Ingrid Bergman, Cecil Parker, Phyllis Calvert, David Kossoff, Megs Jenkins, Oliver Johnston, Middleton Woods

The Inn of the Sixth Happiness / Die Herberge zur sechsten Glückseligkeit
20th Century-Fox, 1958
Produktion: Buddy Adler
Regie: Mark Robson
Drehbuch: Isobel Lennart, nach dem Roman *The Small Woman* von Alan Burgess
Besetzung: Ingrid Bergman, Curd Jürgens, Robert Donat, Michael David, Athene Seyler, Ronald Squire, Moultrie Kelsall, Richard Wattis, Peter Chong, Tsai Chin, Edith Sharpe, Joan Young, Lian Shin Yang

The Turn of the Screw *(Bis zum Äußersten)*
NBC-TV, 1959
Produktion: Hubbell Robinson Jr.
Regie: John Frankenheimer
Fernsehbearbeitung: James Costigan, nach der Novelle von Henry James
Besetzung: Ingrid Bergman, Hayward Morse, Alexandra Wager, Isobel Elsom, Laurinda Barrett, Paul Stevens

Goodbye Again / Lieben Sie Brahms?
United Artists, 1961
Produktion und Regie: Anatole Litvak
Drehbuch: Samuel Taylor, nach dem Roman *Aimez-vous Brahms?* von Françoise Sagan
Besetzung: Ingrid Bergman, Yves Montand, Anthony Perkins, Jessie Royce Landis, Jackie Lane, Pierre Dux, Jean Clarke, Peter Bull, Michele Mercier, Uta Taeger, Andre Randall, David Horne, Lee Patrick, A. Duperoux, Raymond Gérôme, Jean Hebey, Michel Garland, Paul Uny, Colin Mann, Diahann Carroll

Twenty-four Hours in a Woman's Life *(24 Stunden aus dem Leben einer Frau)*
CBS-TV, 1961
Produktion: Lars Schmidt
Regie: Silvio Narizzano
Drehbuch: John Mortimer, nach einer Erzählung von Stefan Zweig
Besetzung: Ingrid Bergman, Rip Torn, John Williams, Lili Darvas, Helena de Crespo, Jerry Orbach

Hedda Gabler / Hedda Gabler
Bühnenstück von Henrik Ibsen, übersetzt von Gilbert Sigaux
Produktion: Lars Schmidt
Regie: Raymond Rouleau
Uraufführung: Théâtre Montparnasse, Paris, 10. Dezember 1962
Besetzung: Ingrid Bergman, Claude Dauphin, Jean Servais, Jacques Dacomine

Hedda Gabler *(Hedda Gabler)*
CBS-TV, 1963
Produktion: David Susskind, Lars Schmidt und Norman Rutherford
Regie: Alex Segal
Bearbeitung für das Fernsehen: Phil Reisman Jr., nach Eva Le Galliennes Übersetzung des Bühnenstücks von Henrik Ibsen
Besetzung: Ingrid Bergman, Michael Redgrave, Ralph Richardson, Trevor Howard, Dilys Hemlett, Ursula Jeans, Beatrice Varley

The Visit / Der Besuch
20th Century-Fox, 1964
Produktion: Julian Derode
Regie: Bernhard Wicki
Drehbuch: Ben Barzman, nach dem Bühnenstück von Friedrich Dürrenmatt
Besetzung: Ingrid Bergman, Anthony Quinn, Irina Demick, Valentina Cortese, Ernst Schröder, Paolo Stoppa, Hans-Christian Blech, Romolo Valli

The Yellow Rolls-Royce / Der gelbe Rolls-Royce
Metro-Goldwyn-Mayer, 1965
Produktion: Anatole De Grunwald
Regie: Anthony Asquith
Drehbuch: Terence Rattigan
Besetzung: Ingrid Bergman, Omar Sharif, Joyce Grenfell, Wally Cox

A Month in the Country / Ein Monat auf dem Lande
Bühnenstück von Ivan Turgenjew
Produktion und Regie: Michael Redgrave
Uraufführung: Yvonne Arnaud Memorial Theatre in Guilford, England, im Juni 1965, später am Cambridge Theatre in London
Besetzung: Ingrid Bergman, Michael Redgrave, Fay Compton, Daniel Massey, Max Adrian, Jennifer Hilary, Geoffrey Chater, Peter Pratt

Stimulantia *(Stimulanz)*
Omnia Films, 1967
Ein Film in acht Teilen. Ingrid Bergman wirkte in der Episode *Smycket (Das Halsband)* mit.
Drehbuch und Regie: Gustav Molander, nach der Erzählung von Guy de Maupassant
Besetzung: Ingrid Bergman, Gunnar Björnstrand, Gunnel Broström

More Stately Mansions / Alle Reichtümer der Welt
Bühnenstück von Eugene O'Neill
Inszenierung: José Quintero
Uraufführung: Ahmanson Theater in Los Angeles, September 1967, danach am Broadhurst Theater in New York, Oktober 1967
Besetzung: Ingrid Bergman, Colleen Dewhurst, Arthur Hill, Fred Stewart, Barry McCallum, Vincent Dowling, Helen Craig, John Marriott, Lawrence Linville, Kermit Murdock

The Human Voice *(Die geliebte Stimme)*
ABC-TV, 1967
Produktion: David Susskind und Lars Schmidt für Stage 67
Regie: Ted Kotcheff
Bühnenbearbeitung für das Fernsehen: Clive Exton, nach der Übersetzung von Carl Wildman einer Erzählung von Jean Cocteau
Besetzung: Ingrid Bergman

Cactus Flower / Die Kaktusblüte
Columbia, 1969
Produktion: M. J. Frankovich
Regie: Gene Saks
Drehbuch: I. A. L. Diamond, nach dem Bühnenstück von Abe Burrows
Besetzung: Ingrid Bergman, Walter Matthau, Goldie Hawn, Jack Weston, Rick Lenz, Vito Scotti, Irene Hervey, Eve Bruce, Irwin Charone, Matthew Saks

A Walk in the Spring Rain / Die Frau des anderen
Columbia, 1970
Produktion: Stirling Silliphant
Regie: Guy Green
Drehbuch: Stirling Silliphant, nach dem Roman von Rachel Maddux
Besetzung: Ingrid Bergman, Anthony Quinn, Fritz Weaver, Katherine Crawford, Tom Fielding, Virginia Gregg, Mitchell Silberman

Captain Brassbound's Conversion / Kapitän Brassbounds Bekehrung
Bühnenstück von George Bernard Shaw
Produktion: Roger Stevens und Arthur Cantor
Aufgeführt in England und in den USA, 1971 und 1972
Besetzung in den USA: Ingrid Bergman, Leo Leyden, Geoff Garland, Yusef Bulos, Eric Berry, Zito Kozan, Joss Ackland

From the Mixed-up Files of Mrs. Basil E. Frankweiler / Die Ausreißer
Cinema 5, 1973
Produktion: Charles G. Mortimer Jr.
Regie: Fielder Cook
Drehbuch: Blanche Hanalis, nach einem Roman von E. L. Königsburg
Besetzung: Ingrid Bergman, Sally Prager, Johnny Doran, George Rose, Georgann Johnson, Richard Mulligan, Madeline Kahn

The Constant Wife / Finden Sie, daß Constanze sich richtig verhält?
Bühnenstück von W. Somerset Maugham
Produktion: Arthur Cantor
Regie: John Gielgud
London und Shubert Theater, New York, 1973 bis 1975
Besetzung: Ingrid Bergman, Jack Gwillim, Brenda Forbes, Carolyn Lagerfelt, Marti Stevens

Murder on the Orient Express / Mord im Orient-Express
Paramount Pictures, 1974
Produktion: John Brabourne und Richard Goodwin
Regie: Sidney Lumet
Drehbuch: Paul Dehn, nach dem Roman von Agatha Christie
Besetzung: Ingrid Bergman, Albert Finney, Lauren Bacall, Martin Balsam, Jacqueline Bisset, Jean-Pierre Cassel, Sean Connery, John Gielgud, Wendy Hiller, Anthony Perkins, Vanessa Redgrave, Rachel Roberts, Richard Widmark, Michael York, Colin Blakely, George Coulouris, Denis Quilley

A Matter of Time *(Eine Frage der Zeit)*
American International Pictures, 1976
Produktion: Jack H. Skirball und J. Edmund Grainger
Regie: Vincente Minnelli
Drehbuch: John Gay, nach dem Roman *The Film of the Memory* von Maurice Druon
Besetzung: Ingrid Bergman, Liza Minnelli, Charles Boyer, Isabella Rossellini, Spiros Andros, Tina Aumont, Fernando Rey

Höstsonaten / Herbstsonate
Personafilm, 1978
Produktion, Drehbuch und Regie: Ingmar Bergman
Besetzung: Ingrid Bergman, Liv Ullmann, Lena Nyman, Halvar Björk, Arne Bang-Hansen, Georg Løkkeberg, Gunnar Björnstrand, Erland Josephson, Linn Ullmann, Knut Wigert, Eva von Hanno, Marianne Aminoff, Mimi Pollak

Waters of the Moon *(Die Wasser des Mondes)*
Aufgeführt während der Sommerspielzeit des Chichester Theatre und am Haymarket Theatre, London, 1979
Produktion: Duncan C. Weldon und Louis Michaels
Regie: Patrick Garland
Besetzung: Ingrid Bergman, Wendy Hiller, Doris Hare, Frances Cuka, Derek Godfrey, Charles Lloyd Pack, Paul Hardwick, Brigitte Kahn, Carmen Silvera, Paul Geoffrey

A Woman Called Golda / Eine Frau namens Golda
Paramount Television, 1982
Leitung: Harve Bennett
Co-Produktion: Marilyn Hall

Produzent: Gene Corman
Geschrieben von Harold Gast und Steven Gethers
Besetzung: Ingrid Bergman, Ned Beatty, Franklin Cover, Judy Davis, Anne Jackson, Roberto Loggia, Leonard Nimoy, Jack Thompson, Anthony Bate, Ron Berglas, Bruce Boa, David de Keyser, Barry Foster, Nigel Hawthorne, Louis Mahoney

Personen- und Filmregister

Ingrid Bergman selbst, ihre Ehemänner und Kinder sowie David O. Selznick werden nicht im Register nachgewiesen.

Acciarito, Alberto (Schwiegersohn) 376f.
Ackland, Joss 370, 453
Adam hatte vier Söhne 86f.
Adler, Buddy 304, 329
Adler, Elsa (Tante Mutti) 17, 38f., 42
Adler, Larry 137f., 140ff., 144f., 155, 157, 175f., 196f., 211
Adolphson, Edvin 30f., 32f., 35, 41, 46f.
Ahlgren, Stig 285f.
Aisner, Robert 109
Albertson, Jack 416
Alison, Joan 105
Alle Reichtümer der Welt (O'Neill) 353ff.
Alving, Barbro 43, 445
Alw, Gabriel 22
Amidei, Sergio 184, 201
Anastasia 289, 292, 294f., 299f., 302, 304
Anderson, Maxwell 138, 159ff., 167
Anderson, Robert 297f., 305ff., 317, 369
Angst 288
Anna Christie (O'Neill) 94ff.
Appelbe, Ambrose 324
Arzt und Dämon 90f., 93ff.
Auf der Sonnenseite 35f.
Ausreißer, Die 375
Avanzo, Renzo 204
Aylmer, Felix 294

Baker, Mel 108
Banbury, Frith 370
Barrymore, Lionel 52
Barthelmess, Richard 63
Bautzer, Gregson 232f., 259, 270, 272f.
Beaumont, Binkie 369f.
Beck, Myer 77
Belfrage, Kristina 367, 377, 390, 393, 403, 441
Benjamin, Ben 410
Benjamin, Carla 410
Bennett, Harve 422f., 425ff., 429f., 432
Bennett, Joan 65
Benny, Jack 138, 141f.
Benny, Mary 144
Bergman, Ellen (Tante) 13ff.
Bergman, Friedel (Mutter) 11ff., 38
Bergman, Hulda (Tante) 17f., 20
Bergman, Ingmar 394ff.
Bergman, Justus Samuel (Vater) 11ff., 30, 42, 44
Bergman, Otto (Onkel) 17ff., 44
Bernheim, Alain 162
Bernheim, Claude 162
Bernheim, Michel 162
Bernstein, Sidney 182, 216, 263, 324, 410, 421, 425, 433
Bertolucci, Bernardo 282
Berüchtigt 143f., 145f., 411
Besuch, Der 336ff.
Bis zum Äußersten (Henry James) 330f.
Björnstrand, Gunnar 29, 395
Bjuvstedt, Sussie 287
Bogarde, Dirk 348f.
Bogart, Humphrey 105ff., 280, 386
Borge, Victor 416
Boyer, Charles 52, 57, 122, 147, 153f., 156f., 385, 387
Brackett, Charlie 194
Brando, Marlon 277
Brandungen 34f.
Brecht, Bertolt 154
Breen, Joseph 52, 211f.
Brent, Romney 161
Brinn, Lawrence E. 262
Briskin, Sam 163, 165
Brown, Harry 154
Brown, Kay 50ff., 55ff., 59ff., 69, 71, 73ff., 98, 100ff., 116, 212ff., 292, 297, 307
Brynner, Yul 292
Buckner, Simon Bolivar jr. 124
Burgess, Alan 389f., 412f., 418ff.
Burnett, Murray 105

Caldwell, Erskine 60

Callaway, Fuller E., III 340
Capa, Robert 139ff., 144f., 152, 156f., 161ff., 170, 174ff., 182f., 188
Caroline, Prinzessin von Monaco 446
Casablanca 36, 102ff., 112f., 116, 374f.
Cassini, Igor (Cholly Knickerbocker) 208, 231ff.
Chater, Geoffrey 349
Chevalier, Maurice 325
Clarke, Thurmond 261
Claudel, Paul 325
Clements, John 392
Cohn, Art 213f.
Cohn, Marta 213f., 218
Colman, Ronald 52
Condee, Newcomb 262f.
Cooper, Gary 114f., 117f., 120f., 150
Corman, Gene 423f., 428f., 433ff., 437
Cortese, Valentina 384f.
Cotten, Joseph 182
Crawford, Joan 45, 233, 338
Crosby, Bing 134f.
Curie, Adaire 162, 302
Curtiz, Michael 104, 106, 108f.

Dacomine, Jacques 335
Dahlquist, Åke 33, 45
Daly, Joseph (Schwiegersohn) 375, 380
Daly, Justin (Enkel) 380
d'Amico, Silvia 388
d'Amico, Suso Cecchi 199f.
Danielsson, Greta 15ff., 20, 22, 42, 450f.
Das Gupta, Hari 308
Das Gupta, Sonali 308ff., 313, 321, 328, 331, 339f., 388
Dauphin, Claude 335
Davidson, Bill 410
Davis, Bette 100, 106, 338
Davis, Judy 430
Day, Richard 165
Dayan, Mosche 431f.
de Havilland, Olivia 95, 103, 118
De Laurentiis, Dino 275
Delon, Alain 338
de Marchis, Marcella 184, 388, 391, 392
De Sica, Vittorio 198, 201, 341
DeSylva, Buddy 111
Dewhurst, Colleen 354, 356
Dietrich, Marlene 138, 182
Dollar 41
Donat, Robert 321
Donati, Enrico 227
Donen, Stanley 312, 315, 317
Dreyer, Carl Theodor 143

Edwarde, Frank 168
Ekman, Gösta 19, 34f.
Elena und die Männer 291, 295
Elia, Mario 313
Engström, Britt (Cousine) 18ff., 216, 423, 441f., 447ff.
Enwall, Helmer 50, 56

Epstein, Julius 103, 105
Epstein, Philip 103, 105
Essen, Göran und Marianne von 324
Europa '51 267ff., 320f.
Evans, Laurence 379, 381, 425

Falk, Peter 416
Fallaci, Oriana 440
Feldman, Charles 101
Fellini, Federico 9, 253, 266, 290
Ferrer, José 172f., 197
Ferrer, Mel 291
Finden Sie, daß Constanze sich richtig verhält? (Maugham) 377ff., 382ff.
Finnocchio, Joe 67
Fleming, Victor 89f., 93f., 163ff., 171ff., 188
Fonda, Jane 348
Fonda, Peter 362
Fontanne, Lynn 336
Frage der Zeit, Eine 385ff.
Franka 443
Frankenheimer, John 330
Frankovich, Mike 361, 423
Frau des anderen, Die 359f., 362ff.
Frau namens Golda, Eine 422ff., 447, 453
Freeman, Frank 121
Froelich, Carl 47

Gable, Clark 150
Gabor, Zsa Zsa 280
Garbo, Greta 21, 33, 46, 69f., 74f., 96, 122, 338, 348
Garland, Patrick 402f., 405f.
Gast, Harold 432
Gefährliche Liebe 88f., 279
Gelbe Rolls-Royce, Der 338
Geliebte Stimme, Die (Cocteau) 353
Gellhorn, Martha 76, 92, 447
Gérôme, Raymond 346ff., 367f., 453
Gesicht einer Frau, Das 45f., 54
Gibson, Alan 427ff., 432, 436ff.
Gielgud, Sir John 377, 453
Giesler, Jerry 273
Girosi, Marcello 250
Glocken von St. Marien, Die 134f., 147, 179
Goldwyn, Samuel jr. 192
Goldwyn, Samuel sen. 191f., 255
Graf von der Mönchsbrücke, Der 30ff., 35

Grant, Cary 143, 145f., 151ff., 250, 306, 312, 315ff., 348, 410f., 416
Green, Shirley 443
Greenberg, Alan 432f., 436
Greene, Graham 277
Guidotti, Pier Luigi 244
Guilaroff, Sydney 114
Guttoso, Renato 314

Hall, Marilyn 423, 425f., 436f., 447
Hall, Monty 423, 425, 436
Hamblin, Dora Jane 325
Handley, David 380f.
Hanson, Lars 35
Harrison, Rex 304, 338
Hasso, Signe 29, 43, 47, 53f., 57, 80, 416
Haus der Lady Alquist, Das 122, 135
Hawn, Goldie 361f., 416
Hayes, Helen 250, 292, 294f., 300
Head, Edith 114
Hedda Gabler (Ibsen) 335f.
Heifetz, Jascha 54
Hemingway, Ernest 91f., 114, 150, 250, 284, 325
Henreid, Paul 105f., 112f.
Hepburn, Audrey 348
Herberge zur sechsten Glückseligkeit, Die 318, 320f., 389
Herbstsonate 36, 394ff., 408f.
Hicks, Joynson 55f.
Hill, Arthur 354
Hiller, Wendy 392f., 403ff. 453
Hitchcock, Alfred 130f., 143f., 145f., 153, 155, 182f., 357, 410ff.
Hitchcock, Alma 146, 410
Hollis, Louie 371, 404f., 406f.
Holm, Celeste 194
Holm, Cyril 45, 48, 56
Holm, Elsa 45, 47f.
Honegger, Arthur 325
Hopkins, Miriam 63
Hopper, Hedda 226ff., 239f., 289f., 305, 332
Hotchner, A. E. 284
Houseman, John 94f.
Howard, Leslie 52f., 56ff., 66, 68, 75
Howard, Noel 165, 172f.
Howard, Trevor 335
Hughes, Howard 151ff., 170, 193, 232, 234, 238, 277
Huston, John 178, 280

Ich kämpfe um dich 130ff., 147
Indiskret 315ff.
Intermezzo (1936) 36f., 50ff., 67
Intermezzo (1939) 51ff., 66ff., 74f., 78, 89, 179
Isherwood, Christopher 88

James, Griffith 370ff., 377f., 379, 382f., 393, 402, 404ff., 417, 441, 443, 445ff., 451ff.
Johanna auf dem Scheiterhaufen (Claudel/Honegger) 283ff.
Johanna aus Lothringen (Anderson) 138, 155, 157, 159ff.
Johanna von Orléans 163ff., 168ff., 187f., 259
Johnson, Edwin C. 240, 248f., 374
Johnstone, Margaret 430f., 433, 435f., 438ff., 445ff., 451ff.
Jones, Jennifer 147, 149, 163, 180f., 186, 280, 292
Juninacht, Die 75f., 129
Jürgens, Curd 321

Kaddar, Lou 432
Kaktusblüte, Die 361f.
Kapitän Brassbounds Bekehrung (Shaw) 369ff.
Kerr, Deborah 296
Keyes, Marion 122
Killy, Ed 210
Kinski, Nastassja 430
Kjellin, Alf 128f., 383
Koch, Howard 105, 107
Kollek, Teddy 423, 435
Kylberg, Ruth 22

Ladd, Diane 385
Lamarr, Hedy 67, 102, 192
Laretei, Käbi 395
Lauhren, Disa 15, 19
Lean, David 253, 263f., 310
Leander, Zarah 47, 426
LeBeau, Madeleine 109
LeBorg, Reginald 68f.
Leeds, Andrea 52
Leigh, Vivien 80, 118
Lewis, David 155, 266
Lewis, Harold 210f., 223
Lewton, Val 52, 69
Liebe ist stärker 279f., 282
Lieben Sie Brahms? 332ff.
Liliom (Molnár) 80f.
Lillie, Mildred D. 270ff.
Lisandrini, Antonio 184f., 221, 247, 256, 314, 368
Litvak, Anatole 292, 334
Lloyd, Norman 154, 163
Lollobrigida, Gina 277, 280
Lopert, Ilya 186, 191, 193, 198
Loren, Sophia 341f.
Lorre, Peter 108
Lubitsch, Ernst 65f., 78

Lucas, George 414
Lumet, Sidney 379
Lundberg, Ingela 449
Lundberg, Lasse 449, 454

MacArthur, Charles 294
McCann, Ella 100
McCarey, Leo 134ff., 383
MacDonald, Monroe E. 231f.
Machu, Marcel 153, 155
MacLaine, Shirley 338
MacLellan, Edward 440, 451
Magnani, Anna 184f., 190, 195, 199f., 236, 244, 251, 266, 365
Marais, Jean 291
March, Fredric 78
Mariani, Fiorella 254f., 263, 275, 278, 287, 339, 368f., 376, 391f., 408, 440, 442, 445
Mariani, Marcella 201, 203f., 212, 219, 254, 318, 344
Masina, Giulietta 254, 266ff., 287
Massey, Daniel 349
Massey, Raymond 60
Mastroianni, Marcello 341
Matthau, Walter 361f., 372
Maxwell, Elsa 63
Mayer, Louis B. 62
Meredith, Burgess 80f., 95
Methot, Mayo 107
Milestone, Lewis 128, 147, 154, 156f., 163, 178f., 383, 416
Minnelli, Liza 385ff.
Minelli, Vincente 387
Molander, Gustav 30, 33, 41, 44f., 51, 53
Molander, Olof 33f.
Monat auf dem Lande, Ein (Turgenjew) 348ff.
Montand, Yves 333
Moore, Grace 63
Mord im Orient-Express 379
Moreau, Jeanne 338
Morgan, Anne 76
Morgan, Michèle 102
Muratori, Lodovici 222f.

Neptune, Elsa 149
Neuberger, Elsa 50, 60
Neuwald, Ellen 125, 145, 198, 207, 209, 219
Nichols, Mark 337, 339
Nilsson, Birgit 453
Nimoy, Leonard 434
Nur eine Nacht 46
Nykvist, Sven 398, 401
Nyman, Lena 399

O'Gorman, John 336
Orbach, Robert 138
Osborne, John 350
O'Shea, Daniel 70, 84, 98, 115, 148

Pacht, Isaac 261, 270
Paisà 177f., 191
Paley, William S. 60
Paris, Simone 296, 309f.
Parsons, Louella 73, 135, 233, 239f.
Pascal, Gabriel 75
Payson, Joan 60
Peck, Gregory 128, 130ff., 134, 239, 277
Peek, Anthony 407
Percy, Charles 374
Perkins, Anthony 333f.
Pilpel, Harriet 420
Pober, Rae 88, 440
Pohorylles, Gerda 139
Pollak, Mimi 395
Powell, William 52
Presley, Elvis 300

Quinn, Anthony 336ff., 342, 360, 362ff.
Quintero, José 354ff.

Ratoff, Gregory 66f., 86f.
Redgrave, Michael 335, 349
Redgrave, Vanessa 422
Reissar, Jenia 50ff., 181, 186, 255
Renoir, Dido 126f., 409
Renoir, Jean 126f., 144, 288f., 291, 382ff., 409
Richardson, Ralph 335
Roberts, Ruth 66f., 87f., 114f., 149f., 155, 159f., 219, 356, 392, 405, 416, 440
Robinson, Casey 105
Rodolfi, Francesca 256, 391
Romm, May E. 130
Rossellini, Franco 231
Rossellini, Renzo 184, 194, 278
Rovnanek, Abnes (Lindström) 274, 375
Rubinstein, Artur 252
Rubinstein, Silvia 422
Rubirosa, Don Porfirio 280
Russell, Rosalind 101f.

Saks, Gene 362
Sanders, George 279f.
Sandler, Åke 70, 233
Schaeffer, Carl 109
Schell, Maximilian 350
Schneiderman, Wally 427f., 432f., 438
Schram, Charles 93
Schweden in Amerika 118
Scorsese, Martin (Schwiegersohn) 414f.
Scott, George C. 338
Seaton, George 127, 194, 233, 412

Seaton, Mary 127
Seaton, Phyllis 127, 258, 260, 271, 412
Selznick, Irene 61ff., 66, 114f., 122, 125, 127, 147, 152, 178, 197f., 304, 421
Selznick, Myron 91
Serpe, Ralph 275
Servais, Jean 335
Sharif, Omar 338
Shaw, George Bernard 158
Shaw, Irwin 139, 154
Sheridan, Ann 102
Shire, Talia 385
Siegel, Joel E. 387
Silliphant, Stirling 359f., 363ff.
Silverberg, Mendel 223
Simenon, Georges 250
Sjöberg, Alf 28
Sjöström, Victor 18, 21
Sklavin des Herzens 155, 182f., 189, 235, 259
Skouras, Spyros P. 292f.
Slack, William 407
Söderbaum, Kristina 47
Solmsen, Rudolph 186
Spångberg, Gunnar 19, 29f.
Sam Spiegel 277
Spielberg, Steven 414
Spiel mit dem Schicksal 117ff., 141, 147
Staffa, Dino 247
Stallings, Laurence 151, 171
Steele, Joseph Henry 22, 118f., 123, 129, 132f., 150, 152f., 159ff., 163, 166, 170, 177, 189, 219f., 223, 225f., 235f., 237f., 323, 389, 409f.
Steinbeck, John 250, 277
Stevens, George jr. 178, 410
Stevens, Gösta 51
Stewart, James 410
Stiller, Mauritz 18, 21
Stimulanz 395
Stradling, Harry 67f.
Stromboli 179f., 187, 193ff., 205ff., 218ff., 228, 230, 238, 248f., 259f.
Sullivan, Ed 300
Sundström, Frank 29
Susskind, David 335
Swanson, Gloria 52
Swanström, Karin 29f., 44
Swedenhielms, Die 34f.

Taylor, Elizabeth 443
Tee und Sympathie (Robert Anderson) 295ff., 313
Tengroth, Birgit 31f., 40f., 43
Thomas, Warren 162, 302f., 358, 390, 444, 453
Tidblad, Inga 31
Tierney, Gene 227
Tilton, Martha 138
Todd, Ann 253, 263f., 310, 361, 377, 409, 414f., 442, 448, 451
Toland, Gregg 68
Tonti, Aldo 308
Tracy, Spencer 89, 93f., 99
Triumphbogen 147, 153ff., 178, 181f.
Tubbs, Bill 185, 190
Tubbs, Helen 185, 199, 281f.
Turner, Lana 90, 233
Turtiainen, Pavo 389, 444, 449f.

Ullmann, Liv 395ff., 453
Ustinov, Peter 445

Van Dyke, W. S., II 88f.
Van Eyssen, John 403
Veger, Peter 188, 191
Veidt, Conrad 109
Veitch, John 365
Verdozzi, Signor 223f., 231
Vernon, John 233f., 259
Vernon, Lydia 208, 233, 243
Vier Gesellen, Die 47f.
Vierundzwanzig Stunden aus dem Leben einer Frau (Zweig) 334f.
Vitale, Mario 204, 220

Waldekranz, Rune 21, 46
Wallis, Hal 54, 102ff., 118
Walpurgisnacht 35
Wanamaker, Sam 160f.
Wanger, Walter 165, 172, 211, 277
Warner, Jack 119
Wasser des Mondes, Die (Hunter) 392, 402ff.
Wasserman, Lew 410
Weaver, Fritz 363
Weiss, Steven 444
Wem die Stunde schlägt 91f., 97f., 111ff., 121f., 436
Whitney, John Hay 58
Wilder, Billy 178, 193
William, Bob 108, 132f.
Wilson, Dooley 107
Wilson, Michael 206, 219, 222
Wir Frauen 278
Wood, Sam 98, 111f., 117, 151
Wyler, William 56, 66, 163, 165, 178

Young, Frederick 428
Young, Loretta 54, 348

Zanuck, Darryl F. 292
Zellman, Tollie 32f.
Zorina, Vera 111ff.